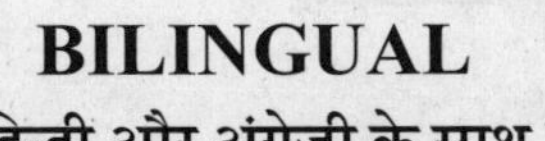

(हिन्दी और अंग्रेजी के साथ)

CTET
SST

सामाजिक विज्ञान

(NCERT पर आधारित)

YOUTUBE

SACHIN ACADEMY

Published by

Invincible Publication Pvt. Ltd.

1103-A, 11th Floor SAS Tower, Sector 38, Gurugram - 12200

www.invinciblepublishers.com

Second Edition 2025

Book Name: CTET SST

Author: SACHIN CHOUDHARY | FARMAN MALIK

ISBN: 978-93-5886-155-6

Invincible Publication Pvt. Ltd.

Sales Office: 4760-61/23, Basement, Pratap Street, Ansari Road,

Daryaganj, New Delhi- 110002

Email: invinciblepublishers@gmail.com

Acknowledgement

This book owes its existence to the unwavering guidance and mentorship of Sachin Choudhary. Your wisdom and insight have shaped every page and inspired every word.

A heartfelt appreciation to Farman Malik, whose vast experience and knowledge have been invaluable in crafting this work. His invaluable assistance and unwavering support throughout the journey of completing this book. Your contributions have enriched the content beyond measure.

Sachin Sir , alongside Farman Sir, spent months meticulously crafting and compiling the content, ensuring its depth and accuracy. As a result of their collaboration, we proudly present the best book for CTET SST in the market.

CONTENTS

SST

(सामाजिक अध्ययन / विज्ञान)

&

PEDAGOGY

(शिक्षाशास्त्र)

1. Reservation of seats in legislation and in Government jobs was granted by the Indian Constitution to:
भारतीय संविधान द्वारा विधायिका में सीटों तथा सरकारी नौकरियों में आरक्षण दिया गया :

(A) Compensate for low grades and marks scored in School and University examinations, because of which people were not able to compete. / निम्न श्रेणी तथा स्कूल एवं महाविद्यालयी परीक्षाओं में कम अंकों की क्षतिपूर्ति हेतु, क्योंकि इस कारण से लोग प्रतिस्पर्धा करने योग्य नहीं थे।

(B) Compensate for years of historical suppression and educational deprivation. / वर्षों के ऐतिहासिक दमन तथा शैक्षणिक वंचिता के क्षतिपूर्ति हेतु।

(C) Appease people for political support and rally as vote banks. / वोट बैंक के रूप में राजनीतिक समर्थन तथा रैली के लिए लोगों को तुष्ट करने हेतु।

(a) Both (A) and (C) / (A) और (C) दोनों
(b) Both (B) and (C) / (B) और (C) दोनों
(c) Only (A) / केवल (A)
(d) Only (B) / केवल (B)

Ans. (d)

भारत में कानून और सरकारी नौकरियों में सीटों का आरक्षण एससी, एसटी और ओबीसी जैसे कुछ समुदायों के ऐतिहासिक दमन और शैक्षिक अभाव की भरपाई के लिए दिया गया था। इसका उद्देश्य सामाजिक असमानताओं को दूर करने के लिए इन समूहों को शिक्षा, रोजगार और राजनीतिक प्रतिनिधित्व में बेहतर अवसर प्रदान करना था।

2. Consider the following statements about grasslands and choose the correct option.
घास के मैदानों के बारे में दिए गए निम्न कथनों पर विचार कीजिए तथा सही विकल्प का चयन कीजिए।

(A) Climate plays an important role in the formation of grasslands. / घास के मैदानों के निर्माण में जलवायु एक महत्वपूर्ण भूमिका निभाती है।

(B) Annual rainfall is moderate in Prairies while velds could face drought in winter months. / प्रेयरीज् में वार्षिक वर्षा मध्यम स्तर की होती है जबकि वेल्ड्स में सर्दियों के महीने में सूखा पड़ सकता है।

(C) The vegetation cover is sparse in Velds. / वेल्ड्स में वनस्पति आवरण विरल है।

(D) Velds lie in the Northern Hemisphere while Prairies in the Southern Hemisphere. / वेल्ड्स उत्तरी गोलार्द्ध में पाया जाता है जबकि प्रेयरीज् दक्षिणी गोलार्द्ध में।

(a) Only (A), (C) and (D) are correct. / केवल (A), (C) तथा (D) सही हैं।
(b) All (A), (B), (C) and (D) are correct. / (A), (B) (C) तथा (D) सभी सही हैं।
(c) Only (A), (B) and (C) are correct. / केवल (A), (B) तथा (C) सही हैं।
(d) Only (B), (C) and (D) are correct. / केवल (B), (C) तथा (D) सही हैं।

Ans. (c)

तापमान और वर्षा के आधार पर वनस्पति का निर्धारण करके जलवायु घास के मैदान के निर्माण को महत्वपूर्ण रूप से प्रभावित करती है। प्रेयरीज़ में मध्यम वर्षा होती है, जिससे घास के मैदानों को समर्थन मिलता है, जबकि दक्षिणी अफ्रीका में वेल्ड्स को सर्दियों में सूखे का सामना करना पड़ता है और कम वर्षा के कारण विरल वनस्पति होती है। ये जलवायु कारक प्रत्येक घास के मैदान क्षेत्र के लिए अलग-अलग विशेषताएँ बनाते हैं।

3. Which of the following is the correct sequence of rock cycle?
निम्नलिखित में से शैल चक्र का सही क्रम क्या है?

(a) Magma, Metamorphic Rock, Sedimentary Rock / मैग्मा, कायांतरित शैल, अवसादी शैल
(b) Igneous Rock, Magma, Metamorphic Rock / आग्नेय शैल, मैग्मा, कायांतरित शैल
(c) Sedimentary Rock, Metamorphic. Rock, Magma / अवसादी शैल, कायांतरित शैल, मैग्मा
(d) Igneous Rock, Metamorphic Rock, Sedimentary Rock / आग्नेय शैल, कायांतरित शैल, अवसादी शैल

Ans. (c)

तलछटी चट्टानें संचित तलछट से बनती हैं, जो गर्मी और दबाव में रूपांतरित चट्टानों में बदल सकती हैं। इसके बाद रूपांतरित चट्टानें पिघलकर मैग्मा बन सकती हैं, जो ठंडी होकर ठोस होकर आग्नेय चट्टानें बनाती हैं, जिससे चट्टान चक्र जारी रहता है।

4. Who among the following are elected members of the Local Governments ?
निम्नलिखित में से कौन स्थानीय शासन का चुना हुआ सदस्य होता है?

(A) Ward member / वार्ड पंच
(B) Panchayat President / सरपंच
(C) Secretary / सचिव
(D) Ward Councillor / वार्ड पार्षद

(a) (A), (B) and (C) only / केवल (A), (B) और (C)
(b) (A), (B) and (D) only / केवल (A), (B) और (D)
(c) (A) and (B) only / केवल (A) और (B)
(d) (A) and (D) only / कैवल (A) और (D)

Ans. (b)

भारत में स्थानीय शासन में, वार्ड सदस्य, पंचायत अध्यक्ष और वार्ड पार्षद निर्वाचित पद होते हैं, जिनमें से प्रत्येक पंचायत या नगर पालिकाओं में विशिष्ट वार्डों का प्रतिनिधित्व करते हैं। हालाँकि, सचिव निर्वाचित नहीं होता बल्कि प्रशासनिक कर्तव्यों को संभालने के लिए नियुक्त किया जाता है।

5. Which of the following statements are true about the development of cotton industries in the late 18th and early 19th century colonised India?
अठारहवीं शताब्दी के अंत में और उन्नीसवीं शताब्दी के प्रारंभ में भारतीय उपनिवेश में विकसित सूती कपड़ा उद्योगों के संदर्भ में निम्नलिखित में से कौन से कथन सत्य हैं?

(A) Indian textile industry had to compete with British textiles in the European and American markets. / भारतीय कपड़ा उद्योग को यूरोपीय और अमेरिकी बाजारों में ब्रिटिश कपड़ा उद्योगों से प्रतिस्पर्धा करनी पड़ी।
(B) British market was now available for Indian textiles. / भारतीय कपड़ों के लिए अब ब्रिटिश बाजार उपलब्ध था।
(C) Exporting textile goods to England became increasingly difficult. / कपड़े की वस्तुओं को इंग्लैंड तक निर्यात करना लगातार कठिन होता गया।
(D) Bengal weavers were worst hit as English and European companies stopped buying Indian textile. / बंगाल के बुनकरों को सबसे अधिक नुकसान हुआ क्योंकि अंग्रेजी और यूरोपीय कंपनियों ने भारतीय कपड़ा खरीदना बंद कर दिया।

(a) (A) and (B) / केवल (A) और (B)
(b) (C) and (D) only / केवल (C) और (D)
(c) (A), (C) and (D) only / केवल (A), (C) और (D)
(d) (B), (C) and (D) only / केवल (B), (C) और (D)

Ans. (c)

भारतीय वस्त्रों को वैश्विक बाजारों में ब्रिटिश वस्त्रों के साथ प्रतिस्पर्धा करनी पड़ी, जिससे भारतीय वस्तुओं की मांग कम हो गई। ब्रिटिश बाजार ने तेजी से ब्रिटिश निर्मित वस्त्रों को पसंद करना शुरू कर दिया। ब्रिटिश मशीन-निर्मित सामानों के कारण इंग्लैंड में भारतीय वस्त्रों का निर्यात करना कठिन हो गया और भारतीय वस्त्रों की मांग कम होने के कारण बंगाल के बुनकरों को नुकसान उठाना पड़ा।

6. The term Pratham- Kulika in the Gupta period stands for:
गुप्त काल के 'प्रथम कुलिक' शब्द का अर्थ है:

(a) Chief Judicial Officer / मुख्य न्यायिक अधिकारी
(b) Chief Banker / मुख्य बैंकर
(c) Chief Merchant / मुख्य व्यापारी
(d) Chief Craftsman / मुख्य शिल्पकार

Ans. (d)

गुप्तकाल के प्रथम कुलिक शब्द का अर्थ है 'मुख्य

शिल्पकार। मुख्य न्यायिक अधिकारी को 'महादंड नायक' तथा मुख्य व्यापारी को 'सार्थवाह' कहा जाता था।
गुप्तवंश का प्रथम महान शासक चंद्रगुप्त प्रथम थे।

7. Consider the following statements regarding social science –
सामाजिक विज्ञान के संबंध में निम्नलिखित कथनों पर विचार कीजिए –

A. Social science helps us understand the workings of our social world. / सामाजिक विज्ञान हमें अपनी सामाजिक दुनिया की कार्यप्रणाली को समझने में मदद करता है।

B. Social science tells us about many aspects of life. / सामाजिक विज्ञान हमें जीवन के कई पहलुओं के बारे में बताता है।

Which of the above statements is true? / उपरोक्त में से कौन-सा कथन सत्य है?

(a) Only A is true. / केवल A सत्य है।
(b) Only B is true. / केवल B सत्य है।
(c) Both A and B are true. / A तथा B दोनों सत्य है।
(d) Both A and B are wrong. / A तथा B दोनों गलत है।

Ans. (c)

व्याख्या: सामाजिक विज्ञान हमें सामाजिक दुनिया की कार्यप्रणाली तथा जीवन के कई पहलुओं के बारे में बताता है। अतः कथन A तथा B दोनों सत्य है।

8. Where was the birch bark found on which hymns of the Rig Veda was written?
वो भूर्ज (बर्च) छाल कहाँ पाई गई जिस पर ऋग्वेद की वैदिक प्रार्थनाएँ (सूक्त) लिखी गई ?

(a) Kashmir / कश्मीर
(b) Maharashtra / महाराष्ट्र
(c) Bihar / बिहार
(d) Bengal / बंगाल

Ans. (a)

वो भूर्ज (बर्च) छाल 'कश्मीर' में पाई गई जिस पर ऋग्वेद की वैदिक प्रार्थनाएँ (सूक्त) लिखी गई। लगभग 150 वर्ष पहले ऋग्वेद को सबसे पहली बार छापने के लिए इस भूर्ज वृक्ष की छाल का उपयोग किया गया था। यह पाण्डुलिपि पुणे, महाराष्ट्र के पुस्तकालय में सुरक्षित है। ऋग्वेद में एक हजार से ज्यादा प्रार्थनाएँ है जिन्हे सूक्त कहा गया है।

9. Which one of the following Tamil works informs us about the lives of ordinary men and women?
निम्नलिखित में से कौन सी तमिल कृति हमें आम पुरुषों और महिलाओं के जीवन के बारे में सूचित करती है?

(a) Silappathikaram/ शिलाप्पादिकरम
(b) Valayapathi/ वलैयापति
(c) Manimegalai / मणिमेकलई
(d) Periyapuranam / पेरियापूरणम

Ans. (d)

बारहवीं शताब्दी की तमिल कृति 'पेरियापूरणग' में आम पुरूषों और महिलाओं के जीवन के बारे में सूचित करती है। शिलपदिकारम को 'तमिल साहित्य' के प्रथम महाकाव्य के रूप में जाना जाता है। इस महाकाव्य की रचना इलांगों आदिगल ने की थी। वलयापति संगमकालीन प्रसिद्ध महाकाव्य है। इसका तमिल साहित्य में महत्वपूर्ण स्थान है। मणिमेकलई तीस छंदो का महाकाव्य है, इसके रचनाकार चितलाई चतनार है।

10. Which of the following is not matched correctly?
निम्नलिखित में से कौन मेल नहीं खा रहा है?

(a) Khajuraho / खजुराहो – चंदेल / Chandellas:
(b) Aihole / ऐहोल – Chalukyas / चालुक्य
(c) Kanchipuram / कांचीपुरम – Pallavas / पल्लव
(d) Mahabalipuram / महाबलीपुरम - Cholas / चोल

Ans. (d)

महाबलीपुरम क्षेत्र का सम्बंध पल्लव वंश से है इस प्रकार है-

क्षेत्र	-	वंश
खजुराहो	-	चंदेल
एहोल	-	चालुक्य
कांचीपुरम	-	पल्लव
महाबलीपुरम	-	पल्लव

महाबलीपुरम मुख्य रूप से पल्लवों से संबंधित है, जबकि चोलों का इससे कोई प्रत्यक्ष संबंध नहीं है।

11. Consider the following statements:
निम्नलिखित कथनों पर विचार कीजिए:

(I) Tawarikh was written by learned men in Urdu / तवारीख को सुशिक्षित व्यक्तियों द्वारा उर्दू में लिखा गया था।

(II) The writer of Tawarikh used to live in urban areas / तवारीख के लेखक नगरों में रहते थे।

(III) They often wrote their histories for Sultans in the hope of rich rewards / वे प्राय: अपने इतिहास सुल्तानों के लिए उनसे ढ़ेर सारे पुरस्कार पाने की आशा में लिखा करते थे।

Which of the statement (s) is / are correct?
कौन सा कथन सही है/हैं?

(a) Both (I) and (II) / (I) और (II) दोनों दोनों
(b) Both (II) and (III) / (II) और (III)
(c) Both (I) and (III) / (I) और (III) दोनों
(d) Only (I) /केवल (I)

Ans. (b)

तवारीख के सम्बंध में कथन II और कथन III दोनों सही है। तवारीख के लेखक नगरों में रहते थे। अपने इतिहास सुल्तानों के लिए उनसे ढ़ेर सारे पुरस्कार पाने की आशा में लिखा करते थे। तवारीख के लेखक सचिव, प्रशासक कवि और दरबारियों जैसे सुशिक्षित व्यक्ति होते थे जो घटनाओं का वर्णन भी करते थे। ओर शासकों को प्रशासन सम्बंधी सलाह भी देते थे। तवारीख फारसी भाषा में लिखा गया था।

12. The Harappans belonged to the:
"हड़प्पा" निवासी संबंध रखते थे:

(a) Bronze Age/ काँस्य युग से
(b) Copper Age/ ताँबा (ताम्र) युग से
(c) Brass Age / पीतल
(d) Iron Age / लौह युग

Ans. (a)

हड़प्पा सभ्यता, जो भारतीय उपमहाद्वीप की सबसे प्राचीन सभ्यताओं में से एक है, कांस्य युग (Bronze Age) से संबंधित है। यह सभ्यता लगभग 2500 BCE के आसपास विकसित हुई और इसके निवासी धातु, विशेष रूप से कांस्य, का उपयोग करते थे।

13. Consider the following statements A and B and choose the correct option.
दिए गए कथनों (A) तथा (B) पर विचार कीजिए तथा सही विकल्प का चुनाव कीजिए

(A) Historians do see time just as a passing of hours, days or years/ कथन (A): इतिहासकार समय को केवल घंटों दिन या वर्षों के बीतने के रूप में देखते हैं।

(B) Time reflect changes in social and economic organization. / कथन (B) समय सामाजिक और आर्थिक संगठन में आने वाले परिवर्तन को दर्शाता है।

(a) Both (A) and (B) are true and (B) is the correct explanation of (A) / (A) और (B) दोनों सही हैं और (B) सही व्याख्या है (A) की।
(b) Both (A) and (B) are true and (B) is not the correct explanation of (A) / (A) और (B) दोनों सही हैं और (B) सही व्याख्या नहीं है (A) की
(c) (A) true, but (B) is false / (A) सही है पर (B) गलत है।
(d) (A) is false, but (B) is true / (A) गलत है पर (B) सही है।

Ans. (d)

इतिहासकार समय को केवल घड़ी, कैलेंडर, घण्टों, दिन या वर्षों के बीतने के रूप में ही नहीं देखते है। उनका नजरिया यह है कि समय सामाजिक और आर्थिक संगठन में आने वाले परिवर्तनों को दर्शाता है, कि विचारों और विश्वासों में कितना स्थायित्व रहा है और कितना परिवर्तन आया है। इस प्रकार स्पष्ट है दिये गये दोनों कथनों में कथन A है गलत है तथा कथन B सही है।

14. Which of the following statements is false regarding the Gregorian calendar?
ग्रेगोरियन कैलेडर के संबंध में कौन-सा कथन असत्य हैं।

(a) It is considered to start from the year of birth of Jesus Christ. / इसका आरम्भ ईसा मसीह के जन्म वर्ष से माना जाता है।
(b) 'Common Era' refers to the years before the birth of Jesus Christ. / 'कॉमन एरा' ईसा मसीह के जन्म के पहले के वर्षों को इंगित करता है।

(c) No year is marked as 'zero' in the Gregorian calendar. / ग्रेगोरियन कैलेंडर में कोई भी वर्ष 'शून्य' के रूप में चिन्हित नहीं किया गया है।

(d) All of the above are false. / उपरोक्त सभी असत्य हैं।

Ans. (b)

व्याख्या: इस कैलेंडर का उपयोग अब विश्व-भर में होता है, जिसमें 365 दिन मिलकर बारह माह का निर्माण करते हैं एवं प्रत्येक चार वर्ष में एक अधिवर्ष होता है। पश्चिम में, सामान्यतः ईसा मसीह के जन्म वर्ष से कैलेंडर का आरंभ माना जाता है। ईसा मसीह के जन्म के बाद के वर्षों को 'कॉमन एरा, अथवा सी. ई. (ए. डी.) कहा जाता है। ग्रेगोरियन तिथिपत्र में कोई भी वर्ष 'शून्य' के रूप में चिन्हित नहीं किया गया है। वर्ष 1 सामान्य संवत (सा. सं.), 1 सामान्य संवत पूर्व (सा. सं.पू.) के तुरंत बाद आता है।

15. The sharing of architectural styles amongst different regions between the eighth and eighteenth centuries was because:
आठवीं और अठारहवीं सदी के मध्य विभिन्न क्षेत्रों में साझी वास्तुकला शैलियां पाई जाती हैं क्योंकि:

(a) the creation of large empires brought different regions together resulting in cross- fertilization of forms and styles / बड़े साम्राज्यों द्वारा विभिन्न क्षेत्रों को साथ लाना और परिणाम स्वरूप उनकी आकार और शैलियों का परस्पर संकरण होना।

(b) the need to synchronize led to duplication of majestic creations of the powerful empire. / संक्रमण द्वारा शानदार रचनाओं का शक्तिशाली साम्राज्यों में पुर्नावृत्ति की आवश्यकता पैदा करना।

(c) the emperors wanted to spread their architectural legacy across regions to mark supremacy. / सम्राट विभिन्न क्षेत्रों में अपना प्रभुत्व जमाने के लिए अपनी वास्तुकला का प्रसार करना चाहते थे।

(d) smaller kingdoms wanted to show their loyalty and copied the architectural style of the bigger empire. / अपनी स्वामी भक्ति को प्रकट करने के लिए छोटे राजाओं द्वारा बड़े साम्राज्य की वास्तुशैली नकल की गई।

Ans. (a)

आठवीं और अठारहवीं सदी के मध्य विभिन्न क्षेत्रों में साझी वास्तुकला शैलियाँ पाई जाती है। क्योंकि बड़े साम्राज्यों द्वारा विभिन्न क्षेत्रों को साथ लाना और परिणामस्वरूप उनकी आकार और शैलियों का परस्पर संकरण होना था। विजयनगर में राजाओं की गजशालाओं पार बीजापुर और गोलकुंडा जैसी आस-पास की सल्तनतों की वास्तुकलात्मक शैली का बहुत प्रभाव पड़ा था।

16. Consider the statements A and B and choose. the correct option.
निम्न कथनों पर विचार करें और सही विकल्प का चयन करें।

A: About 2000 years ago, there was a famous physician named Charaka. He stated that human body has 360 bones / कथन (A): आज से लगभग 2000 साल पहले चरक नाम के एक वैद्य पैदा हुए थे। उन्होंने कहा था कि मनुष्य के शरीर में 360 हड्डियाँ होती हैं।

B: Charaka arrived at his figure by counting the teeth, joints, and cartilages / कथन (B) दांतों के जोड़ और उपास्थियों के संयोजन से चरक इस संख्या पर पहुँचे थे।

(a) Both A and B are true. / A और B दोनों सही हैं।

(b) Both A and B are false. / A और B दोनों गलत हैं।

(c) A is true and B is false. / A सही है और B गलत हैं।

(d) B is true and A is false. / B सही है और A गलत हैं।

Ans. (a)

आज से लगभग 2000 साल पहले चरक नामक वैद्य ने कहा था, कि मनुष्य के शरीर में 360 हड्डियाँ होती है। यह आधुनिक शरीर रचना विज्ञान की 206 हड्डियों से काफी ज्यादा है। सम्भवतः चरक ने अपनी गिनती में दाँत, हड्डियों के जोड़ और कार्टिलेज को जोड़कर यह संख्या बताई थी इस प्रकार प्रश्नगत दोनों कथन सही है।

17. _____ are grand, long compositions about heroic men and women, and include stories about Gods.

_____ शूरवीरों एवं वीरांगनाओं के बारे में भव्य एवं लंबी रचनाएँ हैं तथा इनमें देवताओं से संबंधित कहानियाँ (कथाएँ) भी सम्मिलित हैं।

(a) Historical texts / ऐतिहासिक लेख
(b) Epics / महाकाव्य
(c) Narratives/ वृत्तांत (आख्यान)
(d) Bibliographies/संदर्भिकाएँ

Ans. (b)

महाकाव्य शूरवीरों एवं वीरांगनाओं के बारे में भव्य एवं लंबी रचनाएँ हैं तथा इनमें देवताओं से संबंधित कहानियाँ (कथाएँ) भी सम्मिलित हैं। महाकाव्य में किसी महापुरुष के जीवन का सम्पूर्ण चित्रण व्यापक रूप से किया जाता है। महाकाव्य की रचना में इतिहास की प्रसिद्ध कथाएँ शामिल होती हैं एवं इसका नायक उदात्त एवं महान चरित्र धारण करने वाला व्यक्ति होता है।

18. Consider the following statements:
निम्नलिखित कथनों पर विचार करें:

Statement-I: A new form of Buddhism developed during the rule of King Kanishka. / कथन (I): बौद्ध धर्म की एक नई धारा का विकास राजा कनिष्क के (शासन) के समय में हुआ।

Statement-II: Mahayana Buddhism had two distinct features; Buddha's presence was depicted through signs and the belief in Bodhisattvas. कथन (II) : बौद्ध धर्म की नई धारा महायान की दो मुख्य विशेषताएँ थीं, बुद्ध की उपस्थिति सिर्फ कुछ संकेतों एवं बोधिसत्व में आस्था के माध्यम से दर्शाई जाती थी।

विकल्प;

(a) Both (I) and (II) are true and (II) is linked to (I)./ कथन (I) और (II) दोनों सही हैं एवं कथन (II), कथन (1) से संबंधित है।
(b) (I) is false but (II) is true. / कथन (I) गलत परन्तु कथन (II) सही है।
(c) Both (I) and (II) are true but (II) is not linked to (I). /कथन (I) और (II) दोनों सही हैं परन्तु कथन (II) कथन (I) से संबंधित नहीं है।
(d) (I) is true but (II) is false. / कथन (I) सही है परन्तु कथन (II) गलत है।

Ans.(d)

कनिष्क के समय आयोजित चतुर्थ बौद्ध संगीति में बौद्ध धर्म औपचारिक रूप से दो शाखाओं हीनयान और महायान में विभाजित हो गया। बौद्ध धर्म में बढ़ती रूढ़िवादिता महायान के उदय का एक कारण रही। विदेशी शासकों ने बौद्ध धर्म में रूचि दिखायी और बौद्ध धर्म के नियमों को अनुकूल व सरल बनाने का प्रयास किया। महायान शाखा में बुद्ध के प्रतीकों की पूजा का स्थान अब बुद्ध की प्रतिमाओं ने ले लिया। यही कारण था कि व्यापारियों के साथ-साथ शासकों द्वारा भी बौद्ध धर्म से संबंधित स्थापत्य कला, जैसे स्तूप, विहार, मंदिर आदि को प्रोत्साहन दिया। अतः कथन (I) सही है परन्तु कथन (II) गलत है।

19. Consider the following statements:
निम्नलिखित कथनों पर विचार करें:

Statement-I: The best known of the rulers who controlled the silk route were the Kushans. / कथन - (I) सिल्क रूट पर नियंत्रण रखने वाले शासकों में सबसे प्रसिद्ध कुषाण थे।

Statement-II: Kushans ruled over Central Asia and Northwest India and were earliest rulers to issue gold coins which were used by traders. / कथन (II) : कुषाणों ने मध्य एशिया तथा पश्चिमोत्तर भारत पर शासन किया एवं वे सबसे पहले सोने के सिक्के जारी करने वाले शासक थे जिनका उपयोग व्यापारियों ने किया।

(a) Both (I) and (II) are true and (II) is linked to (I). /कथन (I) और (II) दोनों सही हैं एवं कथन (II), कथन (I) से संबंधित है।
(b) (I) is false but (II) is true. कथन (I) गलत परन्तु कथन (II) सही है।
(c) Both (I) and (II) are true but (II) is not linked to (I)./कथन (I) और (II) दोनों सही हैं परन्तु कथन (II) कथन (I) से संबंधित नहीं है।
(d) (I) is true but (II) is false / कथन (I) सही है परन्तु कथन (II) गलत है।

Ans. (c)

सिल्क रूट पर नियंत्रण रखने वाले शासकों में सबसे प्रसिद्ध कुषाण थे। कनिष्क ने चीन से रोम को जाने वाले सिल्क मार्ग पर अपना नियंत्रण स्थापित किया था। कुषाणों ने मध्य एशिया तथा पश्चिमोत्तर भारत पर शासन किया एवं वे सबसे पहले सोने के सिक्के जारी करने वाले शासक थे जिनका उपयोग व्यापारियों ने किया। विमकडफिसेस पहला कृषाण शासक था जिसने भारत में सोने के सिक्कों की शुरूआत की। अतः कथन और | दोनों सही हैं परन्तु कथन II कथन I से संबंधित नहीं है।

20. Which of the following is not matched correctly?
निम्न में कौन सा सुमेलित नहीं है?

Planet / ग्रह	No. of moons/चन्द्रमा की संख्या
(a) Mars / मंगल	02
(b) Jupiter / बृहस्पति	53
(c) Uranus / यूरेनस	52
(d) Neptune / नेप्यून	13

Ans. (b, c, d)

बृहस्पति ग्रह में चंद्रमा की संख्या (उपग्रह) 52 न होकर 27 है। नेप्च्यून (वरुण) में चंद्रमा की संख्या 13 न होकर 14 है। मंगल नामक ग्रह के 2 उपग्रह (चंद्रमा की संख्या) है, फोबोस और डीमोस।

21. Read the following statements (A) and (R) and choose the appropriate option given below:
निम्नलिखित कथन (A) तथा (R) को पढ़िए तथा उपयुक्त विकल्प का चयन कीजिए।

Assertion (A): The areas lying between the Arctic Circle and the North Pole are very cold. /कथन (A): उत्तरी ध्रुव वृत्त और उत्तरी ध्रुव के बीच के क्षेत्र में बहुत ठंड होती है।

Reason (R): The sun rays are always slanting and provide less heat. / कारण (R): सूर्य की किरणें हमेशा तिरछी होती हैं और कम ऊष्मा देती है।

Choose the correct option. सही विकल्प चुनें:

(a) Both (A) and (R) are true and (R) is the correct explanation of (A) / (A) और (R) दोनों सही हैं और (R), (A) की सही व्याख्या है।
(b) Both (A) and (R) are true but (R) is not correct explanation of (A) / (A) और (R) दोनों सही हैं लेकिन (R), (A) की सही व्याख्या नहीं है।
(c) (A) is true but (R) is false. / (A) सही है परन्तु (R) गलत हैं।
(d) (A) is true but (R) is false (A) गलत है परन्तु (R) सही है।

Ans. (b)

कथन (A) सही है, क्योंकि उत्तरी ध्रुव वृत्त और उत्तरी ध्रुव के बीच के क्षेत्र में वास्तव में बहुत ठंड होती है। कारण (R) भी सही है, क्योंकि सूर्य की किरणें तिरछी होती हैं, जिससे कम ऊष्मा मिलती है, लेकिन यह (A) का पूरी तरह से सही व्याख्या नहीं है। (A) में दी गई ठंड का कारण केवल तिरछी किरणें नहीं हैं; इसमें अन्य कारक भी शामिल हैं, जैसे कि ध्रवीय जलवायु और ठंडी हवाएँ। इसलिए, (R) (A) का सही व्याख्या नहीं है।

22. Sun rises in the east because:
सूर्य पूर्व में उदय होता है क्योंकि:

(a) Earth rotates from east to west / पृथ्वी पूर्व से पश्चिम की ओर चक्कर लगाती है।
(b) Earth rotates from west to east / पृथ्वी पश्चिम से पूर्व की ओर चक्कर लगाती है।
(c) Earth is tilted on its axis / पृथ्वी अपने अक्ष पर झुकी हुई है।
(d) Earth rotation takes 24 hours / पृथ्वी का चक्कर 24 घंटे लेता है।

Ans. (b)

सूर्य पूर्व में उदय होता है क्योंकि पृथ्वी पश्चिम से पूर्व की ओर चक्कर लगाती है। पृथ्वी द्वारा सूर्य की एक परिक्रमा करने में लगने वाले समय को सौर वर्ष कहते है। पृथ्वी सूर्य के चारों ओर 29.7 किमी / सेकंड के वेग से चक्कर लगाती है। पृथ्वी से सम्बंधित प्रमुख तथ्य पृथ्वी को जल की उपस्थिति के कारण इसे 'नीला ग्रह' भी कहा जाता है। पृथ्वी का एकमात्र उपग्रह चंद्रमा है।

23. The opening time of Central Government offices in India is 9: 00 a.m. IST. What will be the local time of opening of the Central Government offices located at 76° 45 'East Longitude near Chandigarh and 88° 15' East Longitude near Kolkatta, respectively?
भारत में केन्द्रीय सरकारी कार्यालयों के खुलने का समय पूर्वाह्न 9 बजे (भारतीय मानक समय) है। चंडीगढ़ के पास 76°45' पू. देशांतर पर और कलकत्ता के पास 88°15' पू. देशांतर क्रमशः पर स्थित केंद्र सरकार के कार्यालयों के खुलने का स्थानीय समय क्या होगा?

(a) 08: 37 a.m. and 09:37 a.m. respectively / 08:37 पूर्वाह्न और 09: 37 पूर्वाह्न क्रमशः
(b) 09:37 a.m. and 08: 37 a.m. respectively / 09:37 पूर्वाह्न और 08: 37 पूर्वाह्न क्रमशः
(c) 09: 23 a.m. and 08: 37 a.m. respectively / 09: 23 पूर्वाह्न और 08:37 पूर्वाह्न क्रमशः
(d) 08: 37 a.m. and 09:23 a.m. respectively / 08:37 पूर्वाह्न और 09: 23 पूर्वाह्न क्रमशः

Ans. (d)

भारत में केन्द्रीय सरकारी कार्यालयों के खुलने का समय पूर्वाह्न 9 बजे (भारतीय मानक समय) है। चंडीगढ़ के पास 76°45 पू. देशांतर पर और कलकत्ता के पास 88°15 पू. देशांतर क्रमशः पर स्थित केंद्र सरकार के कार्यालयों के खुलने का स्थानीय समय 08:37 पूर्वाह्न और 9:23 पूर्वाह्न और 9:23 पूर्वाह्न क्रमशः होगा।

24. Deccan plateau is bordered by which physical feature in its western side?
दक्कन पठार अपने पश्चिमी भाग पर कौन सी भौतिक विशेषता से जुड़ा हुआ है?

(a) Satpura ranges / सतपुड़ा श्रेणी
(b) Vindhya ranges / विंध्य श्रेणी
(c) Sahyadri / सह्याद्रि
(d) Nilgiris / नीलगिरि

Ans.(c)

दक्कन पठार पश्चिमी तरफ सह्याद्रि पर्वत श्रृंखला से जुड़ा हुआ है, जो न केवल भौगोलिक संरचना में एक महत्वपूर्ण भूमिका निभाता है, बल्कि जलवायु, जैव विविधता और आर्थिक गतिविधियों पर भी गहरा प्रभाव डालता है। यह संबंध इस क्षेत्र के पारिस्थितिकी तंत्र और सामाजिक-आर्थिक विकास को प्रभावित करता है।

25. Match the following columns and choose the correct option.
मिलान करें और उचित विकल्प का चयन कीजिए।

Column-I कॉलम 1	Column-II कॉलम II
(a) Marble संगमरमर	(i) Sedimentary rocks अवसादी शैल
(b) Sandstone बलुआ पत्थर	(ii) Fossils Fuels जीवाष्म ईंधन
(c) Coal/कोयला	(iii) Igneous rocks आग्नेयशैल
(d) Granite ग्रेनाइट	(iv) Metamorphic rocks / कायान्तरित शैल

Options:/विकल्पः
(a) (a)-(iv), (b)-(i), (c)-(ii), (d)-(iii)
(b) (a)-(ii), (b)-(iii), (c)- (iv), (d)-(i)
(c) (a)-(i), (b)-(iv), (c)-(iii), (d)-(ii)
(d) (a)-(iii), (b)-(ii), (c)-(i), (d)-(iv)

Ans. (c)

सही सुमेलन इस प्रकार है-

(a) संगमरमर	-	अवसादी शैल
(b) बलुआ पत्थर	-	कायान्तरित शैल
(c) कोयला	-	आग्नेय शैल
(d) ग्रेनाइट	-	जीवाष्म ईंधन

26. Which of the following statements is/are correct about planets ?
ग्रहों के बारे में निम्नलिखित में से कौनसा/से कथन सही है/हैं?

(A) They are lit by the light of the stars. / वे तारों के प्रकाश से प्रकाशित होते हैं।
(B) They are made up of only rocks. / वे केवल चट्टानों से बने होते हैं।
(C) All planets have their moons. / सभी ग्रहों के अपने चाँद होते हैं।

(a) Only (B) and (C) / केवल (B) तथा (C)

(b) All (A), (B) and (C) / (A), (B) तथा (C) सभी
(c) Only (A) / केवल (A)
(d) Only (A) and (B) / केवल (A) तथा (B)

Ans. (c)

ग्रह दृश्यमान हैं क्योंकि वे अपना स्वयं का प्रकाश उत्पन्न करने के बजाय, सूर्य जैसे तारों से प्रकाश को प्रतिबिंबित करते हैं। उदाहरण के लिए, पृथ्वी सूर्य के प्रकाश को परावर्तित करती है, जिससे वह हमें दिखाई देती है। इसके विपरीत, तारे परमाणु संलयन के माध्यम से अपना प्रकाश स्वयं उत्पन्न करते हैं। ग्रह अदीप्त हैं और देखने के लिए बाहरी प्रकाश स्रोतों पर निर्भर हैं।

27. Match the following and choose the appropriate option.
निम्नलिखित का सुमेल कीजिए तथा उपयुक्त विकल्प का चयन कीजिए:

A	B
(a) Punch marked coins / आहत सिक्के	(i) Stamped glazed pottery / मुहर लगे चमकदार बर्तन
(b) Northern Black polished ware / उत्तरी काले चमकीले पात्र	(ii) Tall double handled jars / लंबा दोहरे हत्थे वाला पात्र
(c) Amphorae / एंफोरा	(iii) Extremely fine pottery / मिट्टी के बहुत ही पतले और सुंदर बर्तन
(d) Arretine ware / एरेटिन वेयर	(iv) Stamped with symbols using dyes / डाई के प्रयोग से चिन्हों की मुहर लगे हुए

(1) (a) (iv), (b) - (ii), (c) - (iii), (d) - (i)
(2) (a) (iv), (b) - (i), (c) - (iii), (d) - (ii)
(3) (a) (iv), (b) - (i), (c) - (ii), (d) - (iii)
(4) (a) (iv), (b) - (iii), (c) - (ii), (d) - (i)

Ans. (4)

- आहत सिक्कों पर रंगों का उपयोग करके प्रतीकों की मुहर लगाई जाती है।
- उत्तरी काले पॉलिश वाले बर्तन अत्यंत उत्तम मिट्टी के बर्तनों को संदर्भित करते हैं।
- एम्फोरा लंबे दो हाथ वाले जार होते हैं।
- एरेटाइन वेयर मुद्रांकित चमकीले मिट्टी के बर्तन हैं।

28. According to the Uttaramerur inscription, who could become a member of a Sabha ?
उत्तरमेरूर अभिलेख के अनुसार सभा का सदस्य कौन हो सकता था?

(A) The owners of land from which land revenue is collected. / ऐसी भूमि का स्वामी जहाँ से भूराजस्व वसूला जाता था।
(B) They should be between 25 and 70 years of age. / उनकी उम्र 25 और 70 के बीच होनी चाहिए।
(C) They should have their own houses. / उनके पास अपना घर होना चाहिए।
(D) They should have knowledge of the Vedas. / उन्हें वेदों का ज्ञान होना चाहिए।

(a) Only (A) and (D) / केवल (A) और (D)
(b) Only (A), (C) and (D) / केवल (A), (C) और (D)
(c) Only (A) / केवल (A)
(d) Only (A) and (B) / केवल (A) और (B)

Ans. (b)

उत्तरामेरुर शिलालेख प्राचीन तमिलनाडु में स्थानीय सभा में सदस्यता के मानदंडों को रेखांकित करता है, जिसमें सामाजिक और बौद्धिक स्थिति पर जोर दिया गया है। योग्य सदस्यों को ज़मीन का मालिक होना चाहिए, उनके पास अपना घर होना चाहिए और वेदों का ज्ञान होना चाहिए, जो आर्थिक स्थिरता, सामुदायिक भागीदारी और बौद्धिक क्षमता को दर्शाता हो। आयु को आवश्यकता के रूप में निर्दिष्ट नहीं किया गया था।

29. The most important factor that influences the distribution of temperature on earth is:
पृथ्वी पर जो तापमान के वितरण को प्रभावित करता है, वह महत्त्वपूर्ण कारक है :

(a) Asphalt of roads / अस्फाल्ट से बनी सड़कें
(b) Crowded high rise buildings / भीड़ वाले ऊँचे भवन
(c) Insolation or Incoming Solar Radiation / आतपन अथवा सूर्य से आने वाली विकरण
(d) Seasons / ऋतुएँ

Ans. (c)

सूर्यातप, या आने वाला सौर विकिरण, पृथ्वी पर तापमान वितरण को प्रभावित करने वाला मुख्य कारक है। यह अक्षांश, वर्ष के समय और दिन के समय के अनुसार बदलता रहता है, जिससे तापमान पैटर्न प्रभावित होता है। भूमध्य रेखा के पास के क्षेत्रों को अधिक सीधी धूप मिलती है और वे गर्म होते हैं, जबकि ध्रुवों पर कम धूप मिलती है और वे ठंडे होते हैं। सूर्यातप पृथ्वी की जलवायु, मौसम और मौसमी तापमान भिन्नता को आकार देता है।

30. Neolithic sites are different than Palaeolithic sites because of the following:
निम्नलिखित में से किन कारणों से नवपाषाण युगीनस्थल पुरापाषाण युगीनस्थलों से भिन्न हैं :

(i) Mortars and pestles were used for-grinding grains. / ओखली और मूसल का प्रयोग अनाज को पीसने के लिए किया जाता था।
(ii) Pots were used for cooking food. / बर्तनों का प्रयोग खाना बनाने के लिए किया जाता था।
(iii) Cloth was woven using different kinds of material. / विभिन्न प्रकार की चीजों से कपड़े चुने जाते थे।
(iv) Use of stone tools began. / पत्थर के औज़ारों का प्रयोग आरंभ हो गया।

Choose the correct option. / सही विकल्प का चयन कीजिए।

(a) (i) and (iv) only / केवल (i) और (iv)
(b) (i), (ii) and (iv) only / केवल (i), (ii) और (iv)
(c) (i) and (ii) only / केवल (i) और (ii)
(d) (i), (ii) and (iii) only / केवल (i), (ii) और (iii)

Ans. (d)

अनाज पीसने के लिए ओखली और मूसलों के उपयोग, भोजन पकाने के लिए बर्तनों के उपयोग और प्राकृतिक रेशों से कपड़े की बुनाई के कारण नवपाषाणकालीन स्थल पुरापाषाणकालीन स्थलों से भिन्न हैं। ये प्रगति नवपाषाण काल की प्रमुख विशेषताएं थीं, जो कृषि, मिट्टी के बर्तन और कपड़ा उत्पादन की ओर बदलाव को दर्शाती हैं।

31. Consider the following statements:
निम्नलिखित कथनों पर विचार कीजिए:

A. Bachendri Pal was the first Indian woman to climb Mount Everest in 1984. For this she was awarded Padma Shri (1984) and Padma Bhushan (2019). / बछेंद्री पाल 1984 में माउंट एवरेस्ट पर चढ़ने वाली प्रथम भारतीय महिला थीं। इसके लिए उन्हें पद्मश्री (1984) एक पद्मभूषण (2019) से सम्मानित किया गया।

B. Arunima Sinha climbed Mount Everest in 2013. She was awarded Padma Shri in 2015. / अरुणिमा सिन्हा ने 2013 में माउंट एवरेस्ट पर चढ़ाई की। उन्हें 2015 में पद्मश्री से सम्मानित किया गया।

Which of the above statements is/are true? / उपरोक्त में से कौन-सा / से कथन सत्य हैं.

(a) Only A is true. / केवल A सत्य है।
(b) Only B is true. / केवल B सत्यु है।
(c) Both A and B are true. / A और B दोनों सत्य हैं।
(d) Both A and B are false. / A और B दोनों असत्य हैं।

Ans. (c)

व्याख्या: बछेद्री पाल ने बहुत काम आयु में ही पर्वतारोहण प्रारंभ कर दिया था और उन्होंने अनेक महिलाओं द्वारा किए जाने वाले पर्वतारोहण अभियानों का नेतृत्व किया। बछेद्री पाल 1984 में माउंट एवरेस्ट पर चढ़ने वाली प्रथम भारतीय महिला थीं। इसके लिए उन्हें पद्मश्री (1984) एवं पद्मभूषण (201१) से सम्मानित किया गया। अरुणिमा सिन्हा जब अवर्ष की थी, तब एक दुर्घटना में उन्होंने अपना स्क पैर गवाँ दिया था। बछेद्री पाल के प्रोत्साहन एवं प्रशिक्षण से 2013 में उन्होनें माउंट एवरेस्ट पर चढ़ाई की। इसके बाद उन्होंने सभी महाद्वीपों की सबसे ऊँची चोटियों पर भी चढ़ाई की। अंटाकीटिक की माउंट विंसन सहित इन उपलठिप्पयों पर इन्हें 2015 में पद्मश्री से सम्मानित किया गया।

32. Which of the following structures connects the continent of North America to the continent of South America?
निम्नलिखित में से कौन सी संरचना उत्तरी अमेरिका महाद्वीप को दक्षिण अमेरिका महाद्वीप से जोड़ती है?

(a) Mountain Range / पर्वत शृंखला
(b) Isthmus / स्थलसंधि
(c) Canal / नहर
(d) Strait / जलडमरूमध्य

Ans. (b)

स्थल संधि के संरचना उत्तरी अमेरिका महाद्वीप को दक्षिण अमेरिका महाद्वीप से जोड़ती है। उत्तरी अमेरिका तथा दक्षिणी अमेरिका महाद्वीप पनामा देश की पूर्वी सीमा में एक संकरे स्थल से जुड़े है जिसे 'पनामा स्थल संधि' कहा जाता है तथा यह स्थल संधि अटलांटिक महासागर को प्रशांत महासागर से अलग करती है।

33. Identify the type of forest based on features A, B and C listed below.
निम्न सूचीबद्ध लक्षणों A, B और C के आधार पर बन के प्रकार की पहचान कीजिए:

(A) These forests are also called monsoon forests. / इन वनों को मानसूनी वन भी कहा जाता है।
(B) Important trees of these forests are sal, teak, peepal, neem and shisham. / इन वनों के महत्वपूर्ण पेड़ साल, सागौन, पीपल, नीम एवं शीशम है।
(C) They are found in Madhya Pradesh, Uttar Pradesh, Bihar, Jharkhand, Chhattisgarh, Orissa and in parts of Maharashtra. / ये मध्यप्रदेश, उत्तरप्रदेश, बिहार, झारखंड, छत्तीसगढ़, ओडिशा तथा महाराष्ट्र के कुछ भागों में पाए जाते हैं।

(a) Tropical deciduous forest / उष्ण कटिबंधीय पतझड़ बन
(b) Tropical Rain forest / उष्ण कटिबंधिय वर्षा वन
(c) Mangrove forest / मंग्रौव वन
(d) Mountain forest / पर्वतीय वन

Ans. (a)

उष्णकटिबंधीय पतझड़ वन को मानसूनी वन भी कहा जाता है। इनमें साल, सागौन, पीपल, नीम और शीशम जैसे महत्वपूर्ण पेड़ होते हैं। ये वनों का वितरण मध्य प्रदेश, उत्तर प्रदेश, बिहार, झारखंड, छत्तीसगढ़, ओडिशा और महाराष्ट्र के कुछ हिस्सों में पाया जाता है, जो इनके पतझड़ के लक्षण को दर्शाता है।

34. The type and thickness of natural vegetation varies from place to place because of the variation in which of the following factors?
इनमें से कौन घटकों में अंतर के कारण किसी स्थान की प्राकृतिक वनस्पति की सघनता एवं प्रकार में भी परिवर्तन होता है?

(A) Temperature and moisture / तापमान एवं नमी
(B) Latitude and altitude / अक्षांश एवं ऊँचाई
(C) Slope and thickness of soil / ढाल एवं मिट्टी की परत की मोटाई
(D) Direction of wind blowing / पवन के बहने की दिशा

Choose the appropriate option: / उपयुक्त विकल्प का चयन कीजिए:

(a) (A) and (C) only / केवल (A) और (C)
(b) (C) and (D) only / केवल (C) और (D)
(c) (A), (B) and (C) only / केवल (A), (B) और (C)
(d) (A), (B) and (D) only / केवल (A), (B) और (D)

Ans.(c)

स्थल की ऊँचाई एवं वनस्पति की विशेषताएँ एक दूसरे से सम्बन्धित है। ऊँचाई में परिवर्तन के साथ जलवायु में परिवर्तन होता है तथा इसके कारण प्राकृतिक वनस्पति में भी बदलाव आता है । वनस्पति की वृद्धि तापमान एवं नमी पर निर्भर करता है। ढाल एंव मिट्टी की परत की मोटाई में अंतर के कारण भी किसी स्थान की प्राकृतिक वनस्पति की सघनता एंव प्रकार में भी परिवर्तन होता है।

35. Rhine Valley and Vosges Mountains are example of:
राइन घांटी और वॉसजेस पर्वत उदाहरण हैं:

(a) Block Mountains / अशोत्थ पर्वत
(b) Fold Mountains / वलित पर्वत

(c) Volcanic Mountains / ज्वालामुखी पर्वत
(d) Glaciers/ ग्लेशियर

Ans.(a)

राईन घाटी तथा वॉसजेस पर्वत अंशोत्थ पर्वत के उदाहरण है। जब बहुत बड़ा भाग टूट जाता है तथा ऊर्ध्वाधर रूप से विस्थापित हो जाता है तब भ्रशोत्थ पर्वतों का निर्माण होता है। ऊपर उठे हुए खण्ड को उत्खंड (हास्ट) तथा नीचे से हुए खण्ड को द्रोणिका भ्रंश (ग्राबेन) कहा जाता है।

36. Which of the following is an example of desert?
निम्नलिखित में से कौन-सा रेगिस्तान का उदाहरण है?

(a) Sunderban / सुंदरवन
(b) Eastern Ghats / पूर्वी घाट
(c) Ladakh / लद्दाख
(d) Sahyadri / सह्याद्रि

Ans.(c)

लद्दाख रेगिस्तान का उदाहरण है। जम्मू एवं कश्मीर के पूर्व में वृहत हिमालय में स्थित लद्दाख एक ठंडा रेगिस्तान है। चूँकि यह हिमालय के वृष्टि या क्षेत्र में स्थित है। अतः यहाँ वर्षा बहुत ही कम होती है। अत्यधिक ऊँचाई के कारण यहाँ की जलवायु अत्यधिक शीतल एवं शुष्क होती है।

37. Which of the following statement / statement explain the cause for less variation in temperature over the sea.
निम्नलिखित में से कौन सा / कौन से कथन समुद्र के ऊपर तापमान में कम भिन्नता को समझाता / समझाते हैं:

(A) Presence of ocean currents maintain a constant temperature. समुद्री धाराओं की उपस्थिति तापमान को स्थिर बनाए रखती है।

(B) Most of the seas are located near the poles. अधिकतर समुद्र ध्रुवों के आस-पास पाए जाते है।

(C) Sea water gets heated slowly and loses heat slowly. समुद्र का पानी धीरे-धीरे गर्म और धीरे-धीरे ठंडा होता है।

(D) Presence of high atmospheric pressure contributes to less of variation temperature. / उच्च वायुदाब की उपस्थिति तापमान में कम भिन्नता में योगदान देती है।

(a) Only (A) is correct केवल (A) सही है।
(b) Only (B) is correct/ केवल (B) सही है।
(c) Only (C) is correct केवल (C) सही है।
(d) Both (C) and (D) are correct / दोनो (C) तथा (D) सही है।

Ans.(c)

समुद्र का पानी धीरे-धीरे गर्म और धीरे-धीरे ठंडा होता है। यह कथन समुद्र के ऊपर तापमान में कम भिन्नता को समझाता / समझाते है, क्योंकि गर्म महासागरी धाराएं ठंडे क्षेत्रों में तापमान को बढ़ा देती है, जबकि ठंडी धाराएं गर्म महासागरीय क्षेत्रों में तापमान को घटा देती है।

38. Debt trap in rural areas mainly illustrates the exploitative relationship between.
कर्ज का जाल ग्रामीण इलाकों में मुख्यतः के बीच एक शोषणकारी संबंध को दर्शाता है।

(a) Moneylenders and small farmers / साहूकार और छोटे किसान
(b) Small farmers and agricultural labours / छोटे किसान और खेतीहर मज़दूर
(c) Agricultural landless labours and village cooperatives/ भूमिहीन खेतीहर संबंधी मज़दूर और ग्रामीण सहकारिता
(d) Village cooperatives and moneylenders / ग्रामीण सहकारिता और साहूकार

Ans. (b)

कर्ज का जाल ग्रामीण इलाकों में मुख्यतः छोटे किसानों और खेतीहर मजदूरों के बीच एक शोषणकारी संबंध को दर्शाता है। छोटे किसान अक्सर अपनी आर्थिक स्थिति को सुधारने के लिए ऋण लेते हैं, लेकिन उच्च ब्याज दरों के कारण वे कर्ज में फंस जाते हैं। इससे उनके लिए आर्थिक स्वतंत्रता प्राप्त करना कठिन हो जाता है। इस प्रकार, छोटे किसान और मजदूर दोनों इस शोषण से प्रभावित होते हैं, और यह संबंध उनके बीच असमानता और निर्भरता को बढ़ाता है।

39. Statement (A): Due to indiscriminate cutting of trees, a large amount of natural vegetation has been destroyed.
कथन(A): पेड़ों की अंधाधुंध कटाई के कारण भारी मात्रा में प्राकृति वनस्पतियां समाप्त हो गई हैं।

Reason (R): We can tell more and more people about the importance of these trees by celebrating some special events like Vanmahotsav. And can keep the earth green.

कारण (R): हम लोग कुछ खास आयोजन जैसे वनमहोत्सव मनाकर अधिक से अधिक लोगों को इस पेडों के महत्व के बारे में बता सकते हैं। तथा पृथ्वी को हरा-भरा रख सकते हैं।

(a) Both A and R are correct. R is the correct explanation of A. / A तथा R दोनों सही है R, A की सही व्याख्या करता है।

(b) Both A and R are correct, but R does not correctly explain A. / A तथा R दोनों सही है R, A की सही व्याख्या नहीं करता है।

(c) A is correct, and B is wrong. / A सही है तथा B गलत है।

(d) A is wrong, and R is correct. / A गलत है तथा R सही है।

Ans. (b)

व्याख्या: मानव के द्वारा पेड़ों की अधिक कटाई के कारण भारी मात्रा में प्राकृतिक वनस्पतियां समाप्त होती जा रही हैं इसलिए हम लोगों को पर्यावरण से संबंधित कार्यक्रमों का संचालन करके पेड़ पौधों के महत्व के बारे में ज्यादा से ज्यादा लोगों को बताना चाहिए और पृथ्वी को हरा भरा रखने के लिए हर संभव प्रयास करना चाहिए।

40. Consider the following statements.
निम्नलिखित कथनों पर विचार कीजिए।

Statement / कथन (A): Climate changes with change in altitude. / ऊचाई में परिवर्तन के साथ जलवायु में परिवर्तन होता है।

Reason / कारण (R): The growth of vegetation depends on temperature and moisture. / वनस्पति की वृद्धि ताप और नमी पर निर्भर करती है।

(a) Both A and R are correct, and R is the correct explanation of A. / A और R दोनों सही हे तथा R, A की सही व्याख्या करता है।

(b) Both A and R are correct, but R is not the correct explanation of A. / A और R दोनों सही हैं तथा R., A की सही व्याख्या नहीं करता है।

(c) A is correct, but R is wrong. / A सही है किंतु R गलत है।

(d) A is wrong but R is correct. / A गलत है किंतु R सही है।

Ans. (b)

व्याख्या: जैसे-जैसे स्थल की ऊंचाई बढ़ती है वैसे-वैसे तापमान घटता है जिसके कारण जलवायु में परिवर्तन होने लगता है जलवायु में परिवर्तन के कारण वायुमंडल की नमी एवं ताप में परिवर्तन होता है जिससे वनस्पति की वृद्धि भी प्रभावित होती है

41. Read the statements (A) and (R) and choose the appropriate option.
निम्नलिखित कथनों (A) तथा (R) को पढ़िए तथा उपयुक्त विकल्प का चयन कीजिए।

Assertion (A): In a democracy, an independent media is important / अभिकथन (A): लोकतंत्र में, स्वतंत्र संचार माध्यम (मीडिया) महत्त्वपूर्ण है।

Reason (R): Information available through media should be reliable and not biased / कारण (R) संचार माध्यम (मीडिया) से प्राप्त सूचना विश्वसनीय होनी चाहिए ना कि पक्षपातपूर्ण

(a) Both (A) and (R) are true and (R) is the correct explanation of (A) / (A) और (R) दोनों सही हैं तथा (R), (A) की सही व्याख्या है।

(b) Both (A) and (R) are true but (R) is not the correct explanation of (A) / (A) और (R) दोनों सही हैं लेकिन (R), (A) की सही व्याख्या नहीं है।

(c) (A) is true but (R) is false (A) सही है परन्तु (R) गलत है।

(d) Both (A) and (R) are false दोनों (A) तथा (R) गलत हैं।

Ans. (a)

लोकतंत्र में स्वतंत्र मीडिया अत्यंत महत्वपूर्ण है क्योंकि यह नागरिकों को सही और निर्बाध जानकारी प्रदान करता है, जिससे वे सूचित निर्णय ले सकें। मीडिया की विश्वसनीयता और निष्पक्षता जरूरी है; पक्षपाती

या गलत जानकारी नागरिकों को भ्रमित कर सकती है, जो लोकतांत्रिक प्रक्रिया को प्रभावित कर सकती है। इसलिए, निष्पक्ष और विश्वसनीय सूचना के लिए स्वतंत्र मीडिया आवश्यक है।

42. In India, the government works at ________.
भारत में सरकार ________ पर काम करती है

(A) Ward level / वार्ड स्तर
(B) State level / राज्य स्तर
(C) National level/राष्ट्रीय स्तर
(D) Regional level / क्षेत्रीय स्तर

Which of the following option is correct? / निम्नलिखित में से कौनसा विकल्प सही है?

(a) (A) & (B) / (A) और (B)
(b) (B) & (C) / (B) और (C)
(c) (C) & (D) / (C) और (D)
(d) (A) & (C) / (A) और (C)

Ans. (b)

भारत में सरकार राज्य स्तर (State level) और राष्ट्रीय स्तर (National level) दोनों पर काम करती है। राज्य स्तर पर, राज्य सरकारें विभिन्न नीतियों और कार्यक्रमों को लागू करती हैं, जबकि राष्ट्रीय स्तर पर, केंद्रीय सरकार देश के समग्र विकास और नीति निर्माण में भूमिका निभाती है। वार्ड स्तर और क्षेत्रीय स्तर भी महत्वपूर्ण हैं, लेकिन मुख्य रूप से राज्य और राष्ट्रीय स्तर पर सरकार की गतिविधियाँ होती हैं।

43. Who acts as a panchayat president?
कौन सरपंच की तरह कार्य करता है?

(a) The Secretary of the Gram Sabha / ग्राम सभा का सचिव
(b) Block Development Officer / खंड विकास अधिकारी
(c) One ward member elected by other ward members / अन्य वार्ड सदस्यों द्वारा चयनित (चुना गया) एक वार्ड सदस्य
(d) Ward members by rotation / बारी-बारी से वार्ड सदस्य

Ans. (c)

ग्राम पंचायत के सरपंच (पंचायत अध्यक्ष) का चुनाव पंचायत के वार्ड सदस्यों में से किया जाता है। अन्य वार्ड सदस्य मिलकर एक सदस्य को सरपंच के रूप में चुनते हैं, जो पंचायत की कार्यवाहियों का नेतृत्व करता है और पंचायत की बैठकों की अध्यक्षता करता है।

44. What is a labour chowk?
"लेबर चौक" किसे कहते हैं?

(a) A place where bonded labour system is practiced / ऐसी जगह जहाँ बेगारी की प्रथा प्रचलित हो
(b) A place where labours are sold / ऐसी जगह जहाँ मज़दूरों की बिक्री होती हो।
(c) A place where daily wage labours assemble in search of work / ऐसी जगह जहाँ दिहाड़ी मज़दूर काम की तलाश में इकट्ठा होते हैं।
(d) A place where labours are given night shelters / ऐसी जगह जहाँ मज़दूरों को रैन बसेरा दिया जाता है।

Ans. (c)

लेबर चौक उस जगह को कहते हैं जहाँ दिहाड़ी मजदूर काम की तलाश में इकट्ठा होते हैं। लेबर चौक पर जो मजदूर रहते हैं उनमें से अधिकतर अपने रहने की स्थायी व्यवस्था नहीं कर पाते है। इसलिए ये मजदूर काम की तलाश में एक साथ चौक पर इकट्ठा रहते हैं।

45. There are different ways in which people of different communities greet each other. This is a mark of:
विभिन्न समुदायों के लोग विभिन्न प्रकार (तरीकों) से एक-दूसरे का अभिवादन करते हैं। यह चिह्न है:

(a) socialism / समाजवाद का
(b) secularism / धर्मनिरपेक्षवाद का
(c) diversity / विविधता का
(d) social justice सामाजिक न्याय का

Ans.(c)

विभिन्न समुदायों के लोग विभिन्न प्रकार (तरीकों) से एक दूसरे का अभिवादन करते है जो विविधता को प्रदर्शित करता है। भारत विविधताओं का देश है हम विभिन्न भाषाएँ बोलते है। विभिन्न प्रकार का खाना खाते है,

अलग-अलग त्योहार मनाते है और भिन्न- भिन्न धर्मों का पालन करते हैं। वास्तव में हम एक ही तरह की चीजें करते हैं, केवल हमारे करने के तरीके अलग हैं।

46. Consider the following statements and choose the correct option.
निम्नलिखित कथनों को ध्यान में रखकर सही विकल्प का चयन कीजिए:

Statement A: The head of the state is the Governor. / कथन A: राज्य का प्रमुख राज्यपाल होता है।

Statement B: The Governor is appointed by the state government to ensure that the particular state works in accordance with the Constitution. / कथन B: राज्यपाल की नियुक्ति राज्य सरकार द्वारा यह सुनिश्चित करने के लिए होती है कि राज्य सरकार संविधान के नियमानुसार अपना कामकाज चलाए।

(a) A is correct and B is incorrect / A सही है तथा B गलत है।
(b) A is incorrect and B is correct / A गलत है तथा B सही है।
(c) Both A and B are correct / A तथा B दोनों सही है।
(d) Both A and B are incorrect / A तथा B दोनों गलत है।

Ans.(a)

राज्यपाल, राज्य का कार्यकारी प्रमुख (संवैधानिक मुखिया) होता है यह केंद्र सरकार के प्रतिनिधि के रूप में भी कार्य करता है। राज्यपाल की नियुक्ति राष्ट्रपति के मुहर लगे आज्ञापत्र के माध्यम से होती है। इसका पद राष्ट्रपति के प्रसादपर्यंत होता है। इस प्रकार कथन A सही तथा कथन B गलत है।

47. Preeti's family owns 15 acres of fertile land. Her father borrowed one lakh rupees from a government bank. However, untimely rains flooded the fields, and the entire harvest was damaged. Preeti is relieved that they have. grains for next few months. She is most likely belonging to a family of:
प्रीति के परिवार के पास 15 एकड़ उर्वर भूमि है। उसके पिता ने एक सरकारी बैंक से 1 लाख रुपये का ऋण लिया। हालाँकि असमय वर्षा से खेतों में बाढ़ आ गई और उनकी फसल बर्बाद हो गई। प्रीति को इस बात की राहत है कि अगले कुछ महीनों के लिए उनके पास अनाज है। संभवतः वह किस प्रकार के परिवार से है?

(a) Agricultural Workers / कृषि मजदूर
(b) Small farmers/ छोटे किसान
(c) Large farmers/ बड़े किसान
(d) Small shopkeepers / छोटे दुकानदार

Ans.(c)

प्रीति के परिवार के पास 15 एकड़ उर्वरभूमि है। उसके पिता ने एक सरकारी बैंक से 1 लाख रुपये का ऋण लिया हालांकि असमय वर्षा से खेतों में बाढ़ आ जाने से फसल बर्बाद हो गयी। प्रीति को इस बात की राहत है कि अगले कुछ महीनों के लिए उनके पास अनाज है। सम्भवतः वह बड़े किसान परिवार के है। मझोले और बड़े किसान अपने उत्पादन से हुई बचत से अगले मौसम के लिए पूंजी की व्यवस्था कर लेते हैं। दूसरी ओर छोटे किसानों के लिए, जो भारत में किसानों की कुल संख्या 80% है, पूंजी की व्यवस्था करना बहुत कठिन है। उनके भूखण्ड का आकार छोटा होने के कारण उनको उत्पादन पर्याप्त नहीं होता। अतिरिक्त साधनों की कमी के कारण वे अपनी बचत से पूँजी नहीं निकाल पाते अतः उन्हें कर्ज लेना पड़ता है।

48. The Hindu Succession Amendment Act 2005 provides for which of the following?
हिन्दू उत्तराधिकार (संशोधन) अधिनियम, 2005 निम्नलिखित में से क्या प्रदान करता है?

(a) The choice of not adopting the family surname./कुलनाम ना अपनाने की स्वतंत्रता
(b) Equal share in father's property to sons and daughters पिता की संपत्ति पर पुत्र और पुत्री का समान अधिकार
(c) Women's right to invalidate marital status under the Hindu Marriage Act./ महिलाओं द्वारा हिन्दु विवाह अधिनियम के अन्तर्गत वैवाहिक अवस्था को खारिज करने का अधिकार

(d) Hereditary rights of sons to agricultural property / कृषि भूमि पर पुत्रों का वंशागत अधिकार

Ans. (b)

हिन्दू उत्तराधिकार (संशोधन) अधिनियम, 2005 पिता की संपत्ति पर पुत्र और पुत्री को समान अधिकार प्रदान करता है । हिन्दू उत्तराधिकार (संशोधन) अधिनियम 2005 में संपत्ति विभाजन के मामले में महिलाओं को सहदायक / कॉपर्सेनर के रूप में मान्यता दी गई। इस अधिनियम में कॉपर्सेनर की पुत्री को भी जन्म से ही पुत्र के समान कॉपर्सेनर माना गया। इस संशोधन के तहत पुत्री को भी पुत्र के समान अधिकार और देनदारियाँ दी गई।

49. Dr. Bhim Rao Ambedkar converted to which religion in search of equality?
समानता की खोज में डा. भीम राव अंबेडकर ने धर्म परिवर्तन कर किस धर्म को अपनाया?

(a) Jainism / जैन धर्म
(b) Christianity इसाई धर्म
(c) Buddhism बौद्ध धर्म
(d) Islam/ इस्लाम

Ans. (c)

समानता की खोज में डा० भीमराव अंबेडकर ने धर्म परिवर्तन कर 14 अक्टूबर, 1956 को अपने 3 लाख से अधिक अनुयायियों के साथ बौद्ध धर्म धारण किया था तथा बुद्ध आदशों का पालन करने की शपथ ली थी।

50. Which among the following is NOT a valid example of diversity?
निम्नलिखित में से क्या विविधता का एक वैध उदाहरण नहीं है?

(a) A village has members of different communities who practice different religion. / एक गांव में अलग-अलग समुदाय के लोग हैं जो अलग-अलग धर्मो का पालन करते है।
(b) A village has people belonging to different castes who are in hierarchical seen manner. / एक गांव में अलग-अलग जाति के लोग हैं जिन्हें पदानुक्रम से देखा जाता है।
(c) A village has a public place where different festivals are celebrated. / एक गांव में एक सार्वजनिक स्थान है जहाँ अलग-अलग त्योहारों को मनाया जाता है।
(d) A village has many people who speak Hindi and some also English and they often engage in common conversation. / एक गांव में कई लोग हिन्दी बोलते हैं और कुछ अंग्रेजी बोलते हैं और वे सब अक्सर सामान्य वार्तालाप करते है।

Ans. (b)

एक गाँव में अलग-अलग जाति के लोग है जिन्हें पदानुक्रमित तरीके से देखा जाता है विविधता का वैध उदाहरण नहीं है। गरीबी अमीरी, जाति व्यवस्था विविधता का उदाहरण न होकर असमानता का उदाहरण है जबकि दिये गये अन्य विकल्प धार्मिक, भाषयी और सांस्कृतिक विविधता के उदाहरण है।

51. Which of the following is true about common property resources ?
साझी संपत्ति संसाधनों के बारे में निम्न में से क्या सही है?

(A) These are owned by government. / इन पर सरकार का स्वामित्व होता है।
(B) These are owned by private companies. / इन पर निजी कम्पनियों का स्वामित्व होता है।
(C) These are owned by communities. / इन पर समुदायों का स्वामित्व होता है।

(a) Only (B) and (C) / केवल (B) व (C)
(b) Only (A) and (C) / केवल (A) व (C)
(c) Only (A) and (B) / केवल (A) व (B)
(d) Only (B) / केवल (B)

Ans. (b)

सामान्य संपत्ति संसाधन (सीपीआर), जैसे कि जंगल, चरागाह भूमि और जल निकाय, समुदायों या सरकारों द्वारा सामूहिक रूप से साझा और प्रबंधित किए जाते हैं। यह सच है क्योंकि स्थिरता और सार्वजनिक पहुंच सुनिश्चित करने के लिए सरकारें अक्सर सीपीआर को विनियमित करती हैं। यह भी सच है क्योंकि कई ग्रामीण समुदाय इन संसाधनों का प्रबंधन सामूहिक रूप से करते हैं, और सभी सदस्यों के लाभ के लिए निर्णय लेते हैं।

52. Which of the following Kingdoms was established by Kadamba Mayurasharman?
निम्नलिखित में से कौन सा राज्य कदंब मयूरशर्मण ने स्थापित किया था?

(a) Gujarat / गुजरात
(b) Madhya Pradesh / मध्य प्रदेश
(c) Karnataka / कर्नाटक
(d) Rajasthan / राजस्थान

Ans. (c)

कदंब मयूरशर्मन ने चौथी शताब्दी ईस्वी के आसपास कर्नाटक में कदंब राजवंश की स्थापना की, और बनवासी में अपना शासन स्थापित किया। उनके शासनकाल में दक्षिणी भारत में एक महत्वपूर्ण और प्रभावशाली साम्राज्य की शुरुआत हुई, जिसने कर्नाटक के प्रारंभिक मध्ययुगीन इतिहास में महत्वपूर्ण भूमिका निभाई।

53. On which of the following dates Gandhiji asked the Indian people to observe a day of non-violent opposition to the 'Rowlatt Act'?
निम्नलिखित में से किस तारीख को गाँधीजी ने भारतीय लोगों को 'रॉलट एक्ट' के अहिंसक विरोध का दिन मनाने को कहा था?

(a) 15 December 1919 / 15 दिसम्बर 1919
(b) 6 December 1919 / 6 दिसम्बर 1919
(c) 6 April 1919 / 6 अप्रैल 1919
(d) 13 April 1919 / 13 अप्रैल 1919

Ans. (c)

6 अप्रैल 1919 को, गांधीजी ने रोलेट एक्ट के खिलाफ अहिंसक विरोध शुरू किया, जिसने अंग्रेजों द्वारा मनमानी गिरफ्तारी की अनुमति दी। इससे पूरे भारत में व्यापक विरोध प्रदर्शन शुरू हो गया, जिसकी परिणति 13 अप्रैल 1919 को जलियांवाला बाग नरसंहार में हुई और इसने भारतीय स्वतंत्रता आंदोलन को मजबूत करने में महत्वपूर्ण भूमिका निभाई।

54. World Environment Day is celebrated every year on which one of the following days?
निम्नलिखित में से सेकिस दिन प्रत्येक वर्ष पर्यावरण दिवस मनाया जाता है?

(a) 5th July / 5 जुलाई
(b) 5th August / 5 अगस्त
(c) 5th May / 5 मई
(d) 5th June / 5 जून

Ans. (d)

प्रत्येक वर्ष 5 जून को मनाए जाने वाले विश्व पर्यावरण दिवस का उद्देश्य पर्यावरण संबंधी मुद्दों के बारे में जागरूकता बढ़ाना और ग्रह की सुरक्षा के लिए कार्रवाई को बढ़ावा देना है। 1972 में संयुक्त राष्ट्र द्वारा स्थापित, यह वैश्विक स्थिरता प्रयासों को प्रोत्साहित करने के लिए हर साल एक नए विषय के साथ जलवायु परिवर्तन, प्रदूषण और जैव विविधता हानि जैसी चिंताओं पर ध्यान केंद्रित करता है।

55. Maps can be best used for __________.
मानचित्र का सही इस्तेमाल निम्न में से किस लिए हो सकता है?

(a) Studying lives of people living in different times in a logical sequence / अलग समय पर रहने वाले लोगों के जीवन को तर्कसंगत तरीके से पढ़ने हेतु
(b) Marking places where people have lived at different points in history / इतिहास में अलग-अलग समय में रहने वाले लोगों के स्थानों को चिन्हित करने हेतु
(c) Arranging sequence of events in history / इतिहास में घटनाओं को क्रमबद्ध करने हेतु
(d) Elaborating on the most important events in history / इतिहास में सबसे जरूरी घटना को विस्तृत करने हेतु

Ans. (b)

मानचित्र उन स्थानों को चिह्नित करने के लिए उपयोगी होते हैं जहां पूरे इतिहास में लोग रहते हैं या घटनाएं घटी हैं, ऐतिहासिक विकास का स्थानिक प्रतिनिधित्व प्रदान करते हैं और समय के साथ सभ्यताओं और घटनाओं के वितरण को समझने में मदद करते हैं।

56. What is the more popular name for the Council of States in India?
काउंसिल ऑफ स्टेट्स का भारत में ज्यादा प्रचलित नाम क्या है?

(a) Sansad / संसद
(b) Lok Sabha/ लोक सभा
(c) Rajya Sabha / राज्य सभा
(d) Vidhan Sabha / विधान सभा

Ans.(c)

भारत की संसद में राष्ट्रपति के साथ दो अन्य सदन होते हैं, जो लोक सभा (हाउस ऑफ पीपल) और राज्य सभा (काउंसिल ऑफ स्टेट्स) में विभाजित है।

57. The "questions hour" in the Parliament ensures.
संसद में 'प्रश्नकाल' सुनिश्चित करता है।

(a) Executive accountability towards legislature. / कार्यपालिका की विधायिका के तरफ जवाबदेही
(b) Judicial independence from legislature. / न्यायपालिका की विधायिका से स्वतंत्रता
(c) Legislative control over judiciary / विधायिका की न्यायपालिका पर नियंत्रण
(d) Judicial cooperation with the legislature. / न्यायपालिका का विधायिका के साथ सहयोग

Ans.(a)

संसद में प्रश्नकाल कार्यपालिका की विधायिका के तरफ जवाबदेही सुनिश्चित करता है। सामान्यतया, लोकसभा की बैठक का पहला घंटा प्रश्नों के लिए होता है और उसे प्रश्नकाल कहा जाता है। प्रश्न चार प्रकार के होते हैं- तारांकित, अतारांकित, अल्य सूचना प्रश्न और गैर सरकारी सदस्यों से पूछे गए प्रश्न।

58. Which among the following is not a type of market?
निम्नलिखित में से क्या बाजार का एक प्रकार नहीं है?

(a) Weekly Market / साप्ताहिक बाजार
(b) Shopping Complex / शॉपिंग कॉम्प्लेक्स
(c) Putting Out System / दादन व्यवस्था
(d) Malls / मॉल

Ans.(c)

दादन व्यवस्था बाजार का एक प्रकार नहीं है। यह घरेलू स्तर पर निर्मित वस्तुओं को खरीदने और बेचने की एक पुरानी प्रथा थी जिसमें व्यापारी कच्चे माल की आपूर्ति करते थे। बाजार से अभिप्राय किसी दिये गये क्षेत्र में उस व्यवस्था से है जिसके द्वारा वस्तुओं के क्रय-विक्रय के लिए क्रेता तथा विक्रेता प्रत्यक्ष अथवा अप्रत्यक्ष रूप से सम्पर्क में आते हैं। साप्ताहिक बाजार, शॉपिंग कॉम्प्लेक्स, मॉल बाजार के प्रकार है।

59. Which one of the following compositions are not compiled by Surdas?
निम्नलिखित में से कौन सी रचना सूरदास द्वारा संकलित नहीं है?

(a) Sursagar / सूरसागर
(b) Surasaravali / सूरसारावली
(c) Sahitya Ratna / साहित्य रत्ना
(d) Sahitya Lahari / साहित्य लहरी

Ans. (c)

साहित्य रत्ना सूरदास द्वारा संकलित नहीं है। सूरसागर, सूरसारावली, सहित्य लहरी यह तीनों सूरदास द्वारा संकलित है। सूरदास हिन्दी के भक्तिकाल के महान कवि थे, ये भगवान श्री कृष्ण के अनन्य उपासक और ब्रजभाषा के श्रेष्ठ कवि थे। सूरदास हिंदी साहित्य के सूर्य माने जाते है।

60. Statement A: Practically, it is very important for a human being to have knowledge of social sciences.
कथन A: व्यवहारिक तौर पर मनुष्य के लिये सामाजिक विज्ञान का ज्ञान होना अति आवश्यक है।

Reason R: We get used to the environment of the society in which we live. We assume that the world has always been like this. Whereas life was not always the way we see it today.

कारण R: हम जिस समाज में रहते है उसके परिवेश की हमें आदत पड़ जाती है। हम यह मान लेते है कि दुनिया हमेशा ऐसी ही रही है। जबकि जीवन हमेशा वैसा नहीं था जैसा हमे आज दिखता है।

(a) Both A and R are true, and R is the correct explanation of A. / A तथा R दोनों सत्य है और R, A की सही व्याख्या करता है।।
(b) Both A and R are true, but R is not the correct explanation of A. / A तथा R दोनों सत्य है, परंतु R, A की सही व्याख्या नहीं करता है।
(c) A is correct but R is wrong. / A सही है किन्तु R गलत है।
(d) A is wrong but R is correct. / A गलत है किन्तु R सही है।

Ans. (a)

व्याख्या: हम अपने परिवेश से है। सीखते है। हम जैसा देखते है वैसा ही सोचते है जबकि जीवन सदैन एक जैसा नहीं होता।

61. Consider the following statements (A) and (R) and choose the correct answer. निम्नलिखित कथन तथा कारण पर विचार करें तथा सही विकल्प चुनें।

Assertion (A): Through the 18th century, the Mughal empire gradually fragmented into a number of independent regional states. / कथन (A) 18वीं शताब्दी के दौरान, मुगल साम्राज्य धीरे-धीरे कई स्वतंत्र, क्षेत्रीय राज्यों में बिखर गया।

Reason (R) With the decline of the Mughal emperors, the governors of large provinces, subadars and the great zamindars consolidated their authority in different parts of Indian sub-continent. / कारण (R) : मुगल सम्राटों की सत्ता के पतन के साथ, कई प्रांतों के सूबेदारों और बड़े जमींदारों ने भारतीय उपमहाद्वीप के विभिन्न हिस्सों में अपनी शक्ति और प्रबल कर ली।

Choose the correct option: सही विकल्प चुनें:

(a) Both (A) and (R) are true and (R) is the correct explanation of (A) / (A) और (R) दोनों सही हैं और (R) सही व्याख्या करता है (A) की।
(b) Both (A) and (R) are true but (R) is not the correct explanation of (A). / (A) और (R) दोनों सही हैं लेकिन (R) सही व्याख्या नहीं करता है (A) की।
(c) (A) is true but (R) is false / (A) सही है लेकिन (R) गलत है।
(d) Both (A) and (R) are false (A) और (R) दोनों गलत है।

Ans. (a)

मुगलों की केंद्रीय शक्ति कमजोर होने के कारण सूबेदारों और जमींदारों ने अपने क्षेत्रों में स्वतंत्रता हासिल की, जिससे 18वीं शताब्दी में मुगल साम्राज्य कई स्वतंत्र क्षेत्रीय राज्यों में बिखर गया और उसका विघटन हुआ।

62. In which region landowners were known as Vellalars?
किस क्षेत्र में भूस्वामियों को वेल्लार कहा जाता था?

(a) Maharashtra region / महाराष्ट्र क्षेत्र
(b) Tamil region / तमिल क्षेत्र
(c) Punjab region / पंजाब क्षेत्र
(d) Bengal region / बंगाल क्षेत्र

Ans. (b)

तमिल क्षेत्र के भूस्वामियों को "वेल्लार" कहा जाता है, जो धनी और प्रभावशाली जमींदारों का प्रतिनिधित्व करते हैं। यह समुदाय कृषि में सक्रिय था और भूमि सुधार, कृषि उत्पादन, और स्थानीय प्रशासन में महत्वपूर्ण भूमिका निभाता था।

63. Read the statements (A) and (B) and choose the correct answer:
कथनों (A) तथा (B) को पढ़ें एवं सही उत्तर का चुनाव करें।

(A) People such as Raja Ram Mohan Roy are described as reformers because they felt that changes were necessary in society. राजा राममोहन रॉय जैसे लोगों को सुधारक इसलिए कहा जाता है क्योंकि वे मानते थे कि समाज में परिवर्तन लाना और अन्यायपूर्ण तौर-तरीकों से छुटकारा पाना जरूरी है।

(B) The reformers thought that the best way to ensure such changes was by persuading people to give up old practices and adopt a new way of life. / सुधारकों का विचार था कि इस तरह के परिवर्तन लाने के लिए लोगों को इस

बात के लिए प्रेरित किया जाना चाहिए कि वे पुराने व्यवहार को छोड़कर जीवन का नया ढंग अपनाने के लिए तैयार हों।

(a) (A) is true but (B) is false / (A) सही है किन्तु (B) गलत।

(b) (A) is false but (B) is true / (A) गलत है किन्तु (B) सही।

(c) Both (A) & (B) are true / दोनों (A) एवं (B) सही है।

(d) Both (A) & (B) are false दोनों (A) एवं (B) गलत है।

Ans. (c)

कथन (A) एवं (B) दोनों सही है। राजा राममोहन रॉय जैसे सुधारकों को इसलिए सुधारक कहा जाता है क्योंकि उन्होंने समाज में परिवर्तन और अन्यायपूर्ण प्रथाओं के खिलाफ आवाज उठाई। सुधारकों का मानना था कि सकारात्मक परिवर्तन लाने के लिए लोगों को पुरानी प्रथाओं को छोड़कर नए विचारों को अपनाने के लिए प्रेरित करना आवश्यक है।

64. Consider the following statements regarding Panchag -
पंचाग के संबंध में निम्नलिखित कथनों पर विचार कीजिए -

A. Panchag is a book of tables, in which the days of each month along with the related astronomical data are listed. / पंचाग तालिकाओं की एक पुस्तक है, जिसमें प्रत्येक माह के दिनों के साथ-साथ संबंधित खगोलीय आंकड़ों को सूचीबद्ध किया जाता है।

B. It accurately estimates the events like solar eclipse, lunar eclipse, sunrise and sunset etc. / यह सूर्यग्रहण, चंद्रग्रहण, सूर्योदय एवं सूर्यास्त आदि व्घटनाओं का सटीक आकलन करता है।

C. Panchag is still used at the bed level in India for weather forecast, dates and time determination of festivals etc. / मौसम के पूर्वानुमान, त्योहारों की तिथियों और समय - निर्धारण आदि के लिये आज भी भारत में पंचाग का बेड स्तर पर उपयोग होता है।

Which of the above statements are correct - / उपरोक्त में से कौन-सा । से कथन सही हैं-

(a) A and B are correct. / A व B सही है।

(b) B and C are correct. / B व C सही है।

(c) A and C are correct. / A व C सही है।

(d) A, B and C are correct. / A, B और C सहीं हैं।

Ans. (d)

व्याख्या: अनेक भारतीय तिधिपत्र महीनों एवं दिनों के निर्धारण के लिए सूर्य एवं चंद्रमा की स्थिति पर निर्भर करते हैं। 'पंचांग' तालिकाओं की एक पुस्तक है जिसमें प्रत्येक माह के दिनों के साथ-साथ संबंधित खगोलीय आँकड़ों को सूचीबद्ध किया जाता है। उदाहरणार्थ यह सूर्यग्रहण, चंद्रग्रहण, सुर्यदिय एवं सूर्यास्त आदि जैसी घटनाओं का सटीक आकलन करता है। मौसम के पूर्वानुमान, त्योहारों की तिथियों और समय-निर्धारण आदि के लिए आज भी भारत में पंचांग का बड़े स्तर पर उपयोग होता है।

65. Which of the following is the correct order (Starting form earliest revolt) of communities revolted against the rule?
निम्नलिखित समुदायों का सही क्रम कौन-सा है जिन्होंने शासकों के खिलाफ विद्रोह किया (प्रारंभिक विद्रोह से आरंभ करते हुए)

(a) Santhals, Kols, Bastar, Warli / संथाल, कोल, बस्तर, वर्लीी

(b) Kols, Snathals, Bastar, Warli / कोल, संथाल, बस्तर, वर्ली

(c) Snathals, Bastar, Kols, Warli / संथाल, बस्तर, कोल, वर्ली

(d) Kols, Snathals, Warli, Bastar / कोल, संचाल, वली, बस्तर

Ans. (b)

कोल विद्रोह -1831-32

संथाल विद्रोह - 1855

बस्तर विद्रोह -1910

वर्ली विद्रोह -1940

इस प्रकार विद्रोह का सही क्रम है- कोल, संथाल, बस्तर तथा वर्ली।

66. Consider the following statements about tribals in India and choose the correct option.
आदिवासियों के विषय में निम्नलिखित वक्तव्यों पर विचार करें और सही विकल्प की पहचान करें-

(A) Tribal chiefs lost much of their administrative powers during colonial time. / आदिवासी मुखियाओं ने औपनिवेशिक काल में अपनी प्रशासनिक शक्तियों को खो दिया।

(B) Tribal chiefs were allowed to keep their land titles over cluster of villages. / आदिवासी मुखियाओं को कुछ गाँवों की भूमि पर अपना स्वामित्व बनाए रखने की अनुमति दी गई।

(C) Tribal chiefs enjoyed their traditional authority among their people. / अपने लोगों में आदिवासी मुखियाओं का परंपरागत आधिपत्य बना रहा।

(a) Both (A) and (B) are true / (A) और (B) सही है।
(b) Both (B) and (C) are true (B) और (C) सही हैं।
(c) Both (A) and (C) are true / (A) और (C) सही हैं।
(d) All (A), (B) and (C) are true / (A), (B) और (C) सही हैं।

Ans.(a)

ब्रिटिश शासन के तहत आदिवासी मुखियाओं के कामकाज और अधिकार काफी बदल गये थे उन्हें कई-कई गाँवों पर जमीन का मालिकाना हक तो मिला रहा, लेकिन उनकी शासकीय शक्तियाँ छिन गई और उन्हें ब्रिटिश अधिकारियों द्वारा बनाए गये नियमों को मानने के लिए बाध्य कर दिया गया। उन्हें अंग्रेजों को नजराना देना पड़ता था और अंग्रेज के प्रतिनिधि की हैसियत से अपने समूहों को अनुशासन में रखना पड़ता था। इस प्रकार दिये गये प्रश्नगत कथनों में कथन A और B सही है।

67. Consider the following statements on women and reform and choose the correct option.
महिलाओं और सुधार के संदर्भ में निम्नलिखित वक्तव्य को पढ़ें और सही विकल्प का चयन करें।

Statement A: The knowledge of ancient texts helped reformers promote new laws during British rule. / वक्तव्य A: ब्रिटिश शासन के दौरान प्राचीन ग्रंथों के ज्ञान ने सुधारकों को नए कानूनों को प्रचारित करने में सहायता की।

Statement B: The reformers discarded ancient texts in order to go in for reforms in social practices. / वक्तव्य B: सामाजिक प्रथाओं में सुधार के सुधारकों ने प्राचीन ग्रंथों को नकार दिया।

(a) A is true but B is false / A सही है, परन्तु B गलत है।
(b) A is false but B is true / A गलत है, परन्तु B A सही है।
(c) Both A and B are true / A और B दोनों सही है।
(d) Both A and B are false / A और B दोनों गलत है।

Ans. (c)

ब्रिटिश शासन के दौरान प्राचीन ग्रंथों के ज्ञान ने सुधारकों को नए कानूनों को प्रचारित करने में सहायता की। इन सुधारकों में स्वामी दयानंद सरस्वती प्रमुख रूप से थे। सामाजिक प्रथाओं में सुधार के लिए कुछ सुधारकों ने प्राचीन ग्रंथो को नकार दिया। इस प्रकार दिये गये दोनों प्रश्नगत कथन सही है।

68. Consider the following statements:
निम्नलिखित कथनों पर विचार करें:

Statement-I: King in every dynasty wanted to emphasize it their moral right to be rulers. / कथन-(I): प्रत्येक राजवंश के राजा शासक होने के अपने नैतिक अधिकार पर बल देना चाहते थे।

Statement-II: Kings constructed places of worship to proclaim their close relationship to God. कथन (II): ईश्वर के साथ अपने घनिष्ठ संबंध की उद्घोषणा करने के लिए राजाओं ने उपासना के स्थानों का निर्माण किया।

(a) Statement (I) is true but (II) is false. /कथन (I) सही है परन्तु (II) गलत है।
(b) Both statement (I) and (II) are true and is (I) explanation for (II)/ कथन (1) और (II) दोनों सही हैं तथा (I), (II) की व्याख्या है।

(c) Statement (I) is false but (II) is true. / कथन (I) गलत परन्तु (II) सही है।

(d) Both statement (I) and (II) are true but (I) is not explanation for (II) / कथन (I) और (II) दोनों सही हैं परन्तु (I), (II) की व्याख्या नहीं है।

Ans. (b)

जैसे-2 प्रत्येक नया राजवंश सत्ता में आया राजा अपने शासक होने के नैतिक अधिकार पर जोर देना चाहते थे। इसलिए पूजा के स्थानों का निर्माण करने से शासकों को परमेश्वर के साथ अपने घनिष्ठ संबंध की घोषणा करने का अवसर मिला, जो कि तीव्र राजनीतिक परिवर्तन के युग में विशेष रूप से महत्वपूर्ण है। अतः कथन (I) और (II) दोनों सही है तथा (I) (II) की व्याख्या है।

69. Match the places and/or communities to their crafts.
जगहों और/अथवा समुदायों का उनके शिल्प कला के साथ सुमेल कीजिए-

A. Bidar / बीदर	(I) Iron work लौह-संबंधित कार्य / लोहार
B. Surat / सूरत	(II) Weaving / बुनाई
C. Panchalas / पांचाल	(III) Textile with gold lace bonders / सुनहरे गोटा-किनारियों (जरी) वाले वस्त्र
D. Saliyar / सालियार	(IV) Inlay work in silver and copper / ताँबे तथा चाँदी में जड़ाई का काम

	A	B	C	D
(a)	(IV)	(I)	(III)	
(b)	(IV)	(II)	(I)	
(c)	(I)	(II)	(IV)	
(d)	(IV)	(III)	(I)	(II)

Ans.(d)

सही सुमेलित है-

जगह / समुदाय शिल्प कला

बीदर - ताँबे तथा चाँदी में जड़ाई का काम

सूरत - सुनहरे गोटा किनारियों (जरी) वाले वस्त्र

पांचाल - लोह संबंधित कार्य/लोहार

सालियार - बुनाई

70. Consider the following statements :
निम्नलिखित कथनों पर विचार करें:

Statement-I: In his inscriptions Ashoka suggested that rituals are not useful.

कथन-(I) अशोक ने अपने अभिलेखों में यह सुझाव दिया कि कर्मकांड किसी काम के नहीं हैं।

Statement-II: People in Mauryan empire followed different religions and this sometimes led to conflict and animal sacrifice. / कथन- (II) मौर्य वंश के साम्राज्य में लोग विभिन्न धर्मों का अनुसरण करते थे तथा यह कभी-कभी विवाद एवं पशु बलि तक पहुँच जाता था।

(a) I is false and II is true. /(I) गलत है एवं (II) सही है।

(b) II is false and I is true. /(II) गलत है एवं (I) सही है।

(c) Both I and II are true but II is not a cause for I / (I) और (II) दोनों सही हैं परन्तु (II), (I) के लिए कारण नहीं है।

(d) Both I and II are true and II is a cause of I. / (I) और (II) दोनों सही हैं तथा (II), (I) का कारण है।

Ans. (d)

मौर्य साम्राज्य के लोग विभिन्न धर्मों का पालन करते थे। और इससे कभी - 2 संघर्ष भी होता था। जानवरों की बलि दी जाती थी एवं दासों और नौकरों के साथ बुरा व्यवहार किया जाता था। अशोक ने यह महसूस कि इन समस्याओं को हल करना उसका कर्तव्य है। इसलिए उसने अधिकारियों को नियुक्त किया जिसे धम्म महामात्य के नाम से जाना जाता था। उसने अपने अभिलेखों के माध्यम से लोगों से व्यर्थ के कर्मकांडों को त्यागने को कहा। उन्होंने अपनी प्रजा को दासों और सेवकों के साथ कोमल व्यवहार करने की सलाह दी। अतः कथन (1) और (II) दोनों सही है तथा (II), (I) का कारण है।

71. Match the following and choose the correct option.
निम्न का मिलान करे और सही विकल्प का चुनाव करें-

A	B
(A) Narration charts / विवरण चार्ट	(i) steps in a process / एक प्रक्रिया के चरण
(B) Relationship charts / संबंध चार्ट	(ii) data in the form of table / तालिका के रूप में डेटा
(C) Flow charts / फ्लो चार्ट	(iii) historical development / ऐतिहासिक विकास
(D) Tabulation charts / सारणीकरण चार्ट	(iv) show cause-and-effect relationships / कार्य-कारण संबंधों को दर्शाता है

(a) (A)-(iv), (B)-(iii), (C)-(ii), (D)-(i)
(b) (A)-(ii), (B)-(iii), (C)-(iv), (D)-(i)
(c) (A)-(iii), (B)-(iv), (C)-(i), (D)-(ii)
(d) (A)-(iv) (B)-(ii), (C)-(i), (D)-(iii)

Ans. (c)

- विवरण चार्ट का उपयोग आमतौर पर ऐतिहासिक विकास को दिखाने के लिए किया जाता है।
- संबंध चार्ट कारण-और-प्रभाव संबंध दिखाते हैं,
- फ़्लो चार्ट का उपयोग किसी प्रक्रिया के चरणों को दर्शाने के लिए किया जाता है।
- सारणीकरण चार्ट डेटा को तालिका के रूप में प्रदर्शित करते हैं।

72. Nelson Mandela spent 28 years of imprisonment along with thousands of black and coloured people.
नेल्सन मंडेला ने कैद के 28 वर्ष हजारों अश्वेत लोगों के साथ बिताए

(a) to get powerful positions in Government. / सरकारी सत्ताधारी पदों की प्राप्ति के लिए।
(b) to raise voice against King and royal monarchy. / राजा और राजशाही के खिलाफ आवाज उठाने के लिए।
(c) for opposing apartheid and struggle against policies of segregation. / रंग भेद का विरोध करने और अलगाव की नीतियों के खिलाफ संघर्ष करने के लिए।
(d) to get punishment for offence. / अपराध के लिए सजा पाने के लिए।

Ans. (c)

नेल्सन मंडेला ने दक्षिण अफ्रीका में नस्लीय अलगाव की व्यवस्था, रंगभेद का विरोध करने के लिए 28 साल जेल में बिताए। उनका कारावास काले और रंगीन लोगों पर अत्याचार करने वाली नीतियों के प्रति उनके प्रतिरोध का परिणाम था। मंडेला के प्रयासों ने रंगभेद को समाप्त करने और सभी दक्षिण अफ्रीकी लोगों के लिए समानता को बढ़ावा देने में महत्वपूर्ण भूमिका निभाई।

73. Read the statements (A) and (B) and choose the appropriate option.
कथन (A) और (B) को पढ़िए तथा उपयुक्त विकल्प का चयन कीजिए।

Statement (A): Contemporary challenges to the principle of a democratic society are conflicts such as those between individual rights and social responsibilities. / कथन (A) : लोकतांत्रिक समाज के सिद्धांतों की समकालीन चुनौतियाँ हैं जैसे कि व्यक्तिगत अधिकार और सामाजिक उत्तरदायित्वों के बीच विवाद।

Statement (B): Within a social science classroom, conflict resolution approach could be used to engage students to study 'Problems of democracy'. / कथन (B) : सामाजिक विज्ञान कक्षा के भीतर, लोकतंत्र की समस्याओं के अध्ययन में विद्यार्थियों को संलग्न रखने के लिए विवाद समाधान उपागम का प्रयोग किया जा सकता है।

(a) (A) is true but (B) is false. / (A) सही है लेकिन (B) गलत है।
(b) (A) is false but (B) is true. / (A) गलत है लेकिन (B) सही है।
(c) Both (A) and (B) are true. / (A) और (B) दोनों सही हैं।
(d) Both (A) and (B) are false. / (A) और (B) दोनों गलत हैं।

Ans. (c)

दोनों कथन (A) और (B) सत्य हैं। कथन (A) इस बात पर प्रकाश डालता है कि आधुनिक लोकतांत्रिक समाज व्यक्तिगत अधिकारों और सामाजिक जिम्मेदारियों के बीच चुनौतियों का सामना करते हैं। कथन (B) भी सही है, क्योंकि संघर्ष समाधान विधियां सामाजिक विज्ञान कक्षाओं में छात्रों को चर्चा को प्रोत्साहित करके और विविध दृष्टिकोणों को समझकर लोकतांत्रिक मुद्दों से जुड़ने में मदद कर सकती हैं।

74. Indian Constitution lays down ________.
भारतीय संविधान निर्धारित करता है-

(a) the structure of religious institutions / धार्मिक संस्थानों की संरचना।
(b) norms for participation of people into social movements that seek to challenge the Government / सामाजिक आंदोलनों में उन लोगों जो सरकार को चुनौती देना चाहते हैं, की भागीदारी के लिए नियम।
(c) the national curriculum framework / राष्ट्रीय पाठ्यचर्या रूपरेखा
(d) the basic laws or rules that have to be followed by everyone / बुनियादी कानून या नियम जिनका पालन सभी को करना होता है।

Ans. (d)

भारतीय संविधान सर्वोच्च कानूनी दस्तावेज है जो भारत की सरकारी संरचना, नागरिकों के अधिकारों और शाखाओं के बीच शक्तियों के पृथक्करण को परिभाषित करता है। यह लोकतंत्र, न्याय और समानता को बढ़ावा देता है, नियंत्रण और संतुलन सुनिश्चित करता है, साथ ही स्वतंत्रता की रक्षा और राष्ट्रीय जिम्मेदारियों को प्रोत्साहित करने के लिए मौलिक अधिकारों और कर्तव्यों की रक्षा करता है।

75. The objective of establishing Panchayati Raj institutions in India was to achieve ________.
भारत में पंचायती राज संस्थानों की स्थापना करने का उद्देश्य ________ उपार्जित करना था।

(A) Participatory governance / सहभागिता द्वारा शासन
(B) Cultural homogeneity / सांस्कृतिक एकरूपता (समांगता)
(C) Democratic decentralization / लोकतांत्रिक विकेंद्रीकरण
(D) Religious diversity / धार्मिक विविधता

Choose the correct option. / सही विकल्प का चयन कीजिए।

(a) (C) and (D) / (C) और (D)
(b) (A) and (C) / (A) और (C)
(c) (A) and (B) / (A) और (B)
(d) (B) and (C) / (B) और (C)

Ans. (b)

भारत में पंचायती राज संस्थानों का उद्देश्य सहभागी शासन और लोकतांत्रिक विकेंद्रीकरण को बढ़ावा देना था, जिससे नागरिकों को निर्णय लेने में शामिल होने और स्वशासन को मजबूत करने और स्थानीय प्रशासन और विकास में सुधार करने के लिए स्थानीय सरकारों को शक्तियां हस्तांतरित करने की अनुमति मिल सके।

76. Match the term with its corresponding role in the villages in North India.
निम्नलिखित शब्दों का उत्तर भारत के गाँवों में उनकी अनुरूप भूमिका के साथ मिलान कीजिए:

A. Grama Bhojaka ग्राम भोजक (I) Work on other's fields/दूसरों की जमीन पर काम करने वाले
B. Grehapati गृहपति (II) Craftsperson शिल्पकार
C. Dasa Karmakara दास कर्मकार (III) Free farmers स्वतंत्र कृषक
(IV) Village headman भू-स्वामी (ग्राम प्रमुख)

	A	B	C
(a)	(IV)	(III)	(I)
(b)	(II)	(III)	(I)
(c)	(IV)	(II)	(I)
(d)	(II)	(IV)	(I)

Ans.(a)

सही सुमेलित है-

ग्राम भोजक - भू-स्वामी (ग्राम प्रमुख)

गृहस्पति - स्वतंत्र कृषक

दास कर्मकार - दूसरों की जमीन पर काम करने वाले

77. Consider the following statements:
निम्नलिखित कथनों पर विचार करें:

Statement-I: The Ryotwari system of revenues built a direct relationship with the cultivators and tillers. / कथन-(I): राजस्व की रैयतवारी व्यवस्था ने किसानों (रैयतों) और खेतिहर कृषकों के बीच सीधा संबंध स्थापित किया।

Statement-II: The Ryotwari system emphasized the extraction of revenue through the village headman. Choose the correct option: कथन (II): रैयतवारी व्यवस्था ने ग्राम प्रमुख के माध्यम से राजस्व की उगाही पर बल दिया। सही विकल्प का चयन कीजिए।

(a) (A) is true, (B) is false (A) सही है. (B) गलत है।
(b) (A) is false, (B) is true. / (A) गलत है, (B) सही है।
(c) Both (A) and (B) are true (A) और (B) दोनों सही हैं।
(d) Both (A) and (B) are false (A) और (B) दोनों गलत है।

Ans.(a)

मद्रास के तत्कालीन गवर्नर टॉमस मुनरो ने रैख्यतवाड़ी व्यवस्था आरम्भ की। यह व्यवस्था मद्रास, मुंबई एवं असम के कुछ भागों में लागू की गई रैयतवाड़ी व्यवस्था के तहत लगभग 51 प्रतिशत भूमि आई। इसमें रैयतों या किसानों को भूमि का मालिकाना हक प्रदान किया गया अब किसान (रैय्यत) स्वयं कंपनी को भू-राजस्व देने के लिए उत्तरदायी थे इस व्यवस्था में भू-राजस्व का निर्धारण उपज के आधार पर नहीं बल्कि भूमि की क्षेत्रफल के आधार पर किया गया। अतः कथन (I) सही है और (II) गलत है।

78. Consider the following pairs:
निम्नलिखित युग्मों पर विचार कीजिए।

Landforms/ स्थल रूप	Agents/ घटक
A. Levees / तट बंध	i. Wind/पवन
B. Stacks / स्टैक	ii. Sea waves/समुद्री तरंग
C. Mushroom Rocks/ क्षत्रक शैल	iii. River / नदी
D. Moraines/ हिमढ़	iv. Glaciers / हिमनद

Which of the following options is correct? / उपर्युक्त युग्मों में कौन से युग्म सही है?

(a) Only (a) and (b) / केवल (a) और (b)
(b) Only (b) and (c) / केवल (b) और (c)
(c) Only (b) and (d) / केवल (b) और (d)
(d) Only (a) and (d) / केवल (a) और (d)

Ans.(c)

सही युग्म इस प्रकार है

स्थल रूप — घटक

Levees → Rivers (तट बंध नदी के द्वारा बनते हैं)

Stacks → Sea Waves (स्टैक समुद्री तरंगों द्वारा बनते हैं)

Mushroom Rocks → Wind (क्षत्रक शैल पवन द्वारा बने होते हैं)

Moraines → Glaciers (हिमढ़ हिमनदों द्वारा बनते हैं)

79. The climate of Ladakh is extremely cold and dry. Which of the following factors is responsible for it?
लद्दाख की जलवायु अत्यधिक शीतल और शुष्क निम्न में से कौन सा कारक इसके लिए उत्तरदायी है?

(a) Latitude / अक्षांश
(b) Altitude / ऊंचाई
(c) Pressure and winds / वायुदाब एवं पवने
(d) Distance from the sea / समुद्र से दूरी

Ans. (b)

लद्दाख की जलवायु अपनी ऊँचाई के कारण अत्यधिक शीतल और शुष्क है। लद्दाख, उत्तर-पश्चिमी हिमालय के पर्वतीय क्रम में आता है, जहाँ का अधिकांश धरातल कृषि योग्य नहीं हे। यहाँ की जलवायु अत्यन्त शुष्क एवं कठोर है।

80. Read the Statements (A) and (R) and choose the correct option.
निम्नलिखित कथनों (A) तथा (R) को पढ़ें तथा सही विकल्प का चयन कीजिए।

Assertion (A): The air is cold in areas having lower temperature. / कथन (A) : कम तापमान वाले क्षेत्रों में वायु ठंडी होती है।

Reason (R): Air is heavy in cold areas. / कारण (R): ठंडे क्षेत्रों में वायु भारी होती है।

विकल्प:

(a) Both these statements (A) and (R) are true and (R) is the correct explanation of (A) / (A) और (R) दोनों सही हैं और (R), (A) की सही व्याख्या है।

(b) Both these statements (A) and (R) are true but (R) is not the correct explanation of (A). / (A) और (R) दोनों सही हैं लेकिन (R), (A) की सही व्याख्या नहीं है।

(c) (A) is true (R) is false (A) सही है परन्तु (R) गलत है।

(d) Both (A) and (R) are false (A) तथा (R) दोनों गलत हैं।

Ans. (a)

कम तापमान वाले क्षेत्रों में वायु ठंडी होती है। तथा ठंडे क्षेत्रों में वायु भारी होती है। कथन (A) और कारण (R) दोनों सही है और (R), (A) की सही व्याख्या करता है। कम तापमान वाले क्षेत्रों में वायु ठंडी और भारी होती है। वायुदाब, पृथ्वी की सतह पर वायु के भार द्वारा उत्पन्न होता है और समुद्र स्तर पर सर्वाधिक होता है। ऊँचाई पर वायुदाब घटता है। गर्मी से वायु ऊपर उठती है, जिससे निम्न दाब क्षेत्र बनता है, जो बादलयुक्त और नम मौसम से जुड़ा होता है। इसके विपरीत, ठंडी वायु भारी होकर उच्च दाब क्षेत्र बनाती है, जो स्पष्ट और स्वच्छ आकाश की ओर ले जाती है। वायु हमेशा उच्च दाब से निम्न दाब की ओर गतिमान होती है।

81. Match the following:
निम्नलिखित का मिलान करें:

Peaks / चोटियाँ	Location / स्थान
A. Kanchenjunga / कंचनजंगा	(i) South America / दक्षिण अमेरिका
B. Mount Aconcagua / माउंट अकोंकागुआ	(ii) Kerala / केरल
C. Mount Kilimanjaro / माउंट किलिमंजारो	(iii) Sikkim / सिक्किम
D. Anaimudi / अनाईमुडी	(iv) Africa / अफ्रीका

Code / कूट:

	A	B	C	D
(a)	(i)	(ii)	(iii)	(iv)
(b)	(iii)	(i)	(iv)	(ii)
(c)	(iii)	(i)	(ii)	(iv)
(d)	(iv)	(iii)	(i)	(ii)

Ans. (b)

व्याख्या: कंचनजंगा भारत के सिक्किम राज्य में स्थित भारत की सबसे ऊँची चोटी है। माउंट अकोंकागुआ एंडीज पर्वत की सबसे ऊँची चोटी है, जो अर्जेंटिना (दक्षिण अमेरिका) में स्थित है। माउंट किलिमंजारो अफ्रीका के तंजानिया में स्थित एक पृथक पर्वत है, जो किसी श्रृंखला से संबंधित नहीं है। अनाईमुडी भारत के केरल राज्य में स्थित अन्नामलाई पर्वत की सबसे ऊँची चोटी है।

अनाईमुडी दक्षिण भारत की भी सबसे ऊँची (ऊँचाई – 2695 m) चोटी है।

82. Where do we not find Mediterranean type of vegetation?
भूमध्यसागरीय प्रकार की वनस्पति कहाँ पाई जाती है?

(a) Around the Mediterranean type of vegetation? / यूरोप, अफ्रीका एवं एशिया के भूमध्यसागर के समीप वाले प्रदेशों में

(b) California in the United states of America / संयुक्त राज्य अमेरिका के केलिफोर्निया

(c) South West Africa / दक्षिण-पश्चिमी अफ्रीका

(d) South East Africa/ दक्षिण-पूर्वी अफ्रीका

Ans. (d)

भूमध्य सागरीय वनस्पति दक्षिण-पूर्वी अफ्रीका में पाई जाती है, जहां की वनस्पति शुष्कता प्रतिरोधी होती है। इन पेड़ों की मोटी, चिकनी, और चमकदार पत्तियाँ होती हैं, और उनकी शाखाएँ कांटेदार तथा मोटी होती हैं, जो उन्हें ग्रीष्म ऋतु के वाष्पोत्सर्जन से बचाती हैं।

83. Identify the layer of the atmosphere on the basis of the given statements.
दिए गए कथनों के आधार पर वायुमंडल की परत को पहचानें:

(A) The layer is almost free from clouds and associated weather phenomenon यह परत बादलों एवं मौसम संबंधी घटनाओं से लगभग मुक्त होती है।

(B) It contains a layer of ozone gas. इसमें ओजोन गैस की परत होती है।

(a) Thermosphere / बाह्य वायुमंडल
(b) Mesosphere / मध्यमंडल
(c) Troposphere / क्षोभमंडल
(d) Stratosphere / समतापमंडल

Ans. (d)

समतापमंडल बादलों एवं मौसम सम्बंधी घटनाओं से लगभग मुक्त होती है। जिसके फलस्वरूप यहाँ की परिस्थितियाँ हवाई जहाज उड़ाने के लिए आदर्श होती है समताप मंडल की एक महत्वपूर्ण विशेषता ओजोन गैस की परत का होना है। धरातल से समताप मंडल की ऊँचाई 50 किमी. है। यह क्षोभमंडल के ऊपर वाली परत है। इस परत की खोज टीजरेंस डी बोटं ने किया था।

84. Consider the following statements and choose the correct option.
निम्न कथनों पर विचार कीजिए तथा सही विकल्प का चयन कीजिए।

(A) Human beings cannot survive if there is no air and air pressure in the atmosphere. यदि वायुमंडल में वायु व वायुदाब उपस्थित न हो तो मनुष्य जीवित नहीं रह सकता।

(B) Air presses us with a great force on our body similarly our body exerts a counter pressure. वायु हमारे शरीर पर उच्च दाब के साथ बल लगाती है। उसी तरह हमारा शरीर भी विपरीत बल लगाया है।

(a) Both (A) and (B) are true and (B) is the correct explanation of (A) दोनों (A) तथा (B) सही हैं तथा (B), (A) की सही व्याख्या करता है।
(b) Both (A) and (B) are true and (B) is not the correct explanation of (A) दोनों (A) तथा (B) सही हैं किन्तु (B), (A) की सहीं व्याख्या नहीं करता है।
(c) (A) is true and (B) is false (A) सही है तथा (B) गलत है।
(d) (A) is false and (B) is true (A) गलत है तथा (B) सही है।

Ans.(a)

यदि वायुमण्डल में वायु व वायुदाब न हो तो मनुष्य जीवित नहीं रह सकता। वायु हमारे शरीर पर उच्च दाब के साथ बल लगाती है किन्तु इसका हम अनुभव नहीं करते क्योंकि वायु का दाब हमारे ऊपर सभी दिश।ओं से बल लगाता है और हमारा शरीर विपरीत बल लगाता है। इस प्रकार दोनों कथन सही है, तथा B, A की सही व्याख्या करता है।

85. Read the following and choose the correct sentence/ sentences about the means of transport.
यातायात के साधनों के संदर्भ में निम्नलिखित कथनों को पढ़ें और सही कथन / कथनों का चयन कीजिए।

(A) Roadways are most commonly used means of transport especially for short distances. / कम दूरी यातायात के लिए सबसे अधिक उपयोग किए जाने वाले सड़क मार्ग हैं।

(B) Waterways are the cheapest for carrying heavy and bulky goods over long distance. / अधिक दूरी में भारी व बड़े आकार वाले सामानों को ढोने के लिए जलमार्ग सबसे सस्ता है।

(C) Railways are extremely useful in reaching inaccessible and difficult terrains. अगम्य और दुर्गम क्षेत्रों में पहुंचने के लिए रेलमार्ग बहुत ही सहायक हैं।

(D) Airways are most expensive and only mode to reach the most remote and distant areas . वायु बातायात सबसे महंगा है तथा दुर्गम व दुरूह स्थानों तक पहुँचने का एकमात्र साधन है।

(a) Only (A) and (B) are correct / केवल (A) और (B) सही हैं।
(b) Only (C) and (D) are correct / केवल (C) और (D) सही है।
(c) Only (A), (B) and (C) are correct / केवल (A) (B) और (C) सही है।
(d) Only (A), (B) and (D) are correct. / केवल (A). (B) और (D) सही है।

Ans. (d)

परिवहन के चार मुख्य साधन है- सड़क मार्ग, रेलमार्ग, जलमार्ग एवं वायुमार्ग। कम दूरी यातायात के लिये सबसे अधिक उपयोग किये जाने वाले मार्ग सड़क है, जबकि अधिक दूरी में भारी एवं बड़े आकार वाले सामानों को ढोने के लिए जल मार्ग सबसे सस्ता साधन है। इसके अलावा वायुमार्ग में ईंधन की लागत अधिक होने के कारण यह सर्वाधिक महँगा साधन है तथा यह यातायात का अकेला साधन है जो सर्वाधिक दुर्गम एवं दुरुह स्थानों तक पहुँच सकता है।

86. While teaching about migration is her class which of the following factors could be considered as relevant by the teacher?
एक शिक्षिका द्वारा कक्षा में प्रवास विषय पढ़ाते हुए निम्न में कौन से कारक प्रासंगिक समझे जाएंगे?

(A) Availability of work opportunities कार्य के बेहतर अवसर उपलब्ध होना।
(B) Improving standards of living जीवन यापन के बेहतर होते तरीके।
(C) Marriage/ विवाह

Choose the correct option. सही विकल्प का चयन कीजिए।

(a) Only (A) and (B) केवल (A) और (B
(b) Only (B) and (C) केवल (B) और (C)
(c) Only (A) and (C)/ केवल (A) और (C)
(d) All (A), (B) and (C) सभी (A) (B) और (C

Ans. (d)

प्रवासन के अध्ययन में कार्य के अवसरों, जीवन स्तर में सुधार और विवाह जैसे कारक महत्वपूर्ण हैं। इन कारकों का संयुक्त प्रभाव प्रवासन के निर्णय को प्रभावित करता है, जिससे यह स्पष्ट होता है कि प्रवासन केवल आर्थिक पहलुओं से नहीं, बल्कि सामाजिक और सांस्कृतिक कारकों से भी जुड़ा है।

87. Consider the following statement regarding Solar System.
सौर मंडल के बारे में दिए गए निम्नलिखित कथनों पर विचार करें:

(A) Inner planets are made of gases and liquids whereas outer planets are made of rocks/ आंतरिक ग्रह भैंस और तरल पदार्थों से बने होते हैं जबकि बाह्य ग्रह चट्टानों से बने होते हैं।
(B) Outer planets are bigger in size as compared to inner planets and some of the outer planets have rings around them / बाह्य ग्रह आंतरिक ग्रहों की तुलना में बड़े आकार के होते हैं और कुछ बाह्य ग्रहों के चारों ओर छल्ले हैं।

Choose the correct option. /सही विकल्प चुनें।

(a) Both (A) and (B) are true. / (A) और (B) दोनों सही है।
(b) Both (A) and (B) are false (A) और (B) दोनों गलत है।
(c) (A) is true but (B) is false / (A) सही है लेकिन (B) गलत है।
(d) (A) is false but (B) is true. / (A) गलत है लेकिन (B) सही है।

Ans. (d)

आंतरिक ग्रह (बुध, शुक्र, मंगल, पृथ्वी) चट्टानों से बने होते हैं जबकि वाहा ग्रह गैस में लिपटे हुए विशाल ग्रह है। वाढ ग्रह (बृहस्पति, शनि, अरुण, वरूण) आंतरिक ग्रहों की तुलना में बड़े आकार के होते हैं और कुछ वाह्य ग्रहों के चारों ओर छल्ले (शनि) होते है। अतः (A) गलत है लेकिन (B) सही है।

88. Which of the following are Antarctic Substations of India?
निम्न में से कौन से अंटार्कटिक में भारत के सब स्टेशन है?

(A) Maitri/ मैत्री
(B) Dakshin Gangotri/ दक्षिण गंगोत्री
(C) Bharati भारती
(D) Aditi / अदिति

(a) (A) and (D) only. / केवल (A) और (D)
(b) (B) and (C) only / केवल (B) और (C)
(c) (A) (B) and (C) only. / केवल (A), (B) और (C)
(d) (B), (C) and (D) only. / केवल (B) (C) और (D)

Ans. (c)

दक्षिण गंगोत्री (पहला), मैत्री (दूसरा 1989), तथा भारती (तीसरा, 2012) अंटार्कटिक में भारत के सब स्टेशन हैं। भारती, वर्ष 2012 से भारत का नवीनतम अनुसंधान स्टेशन है। इसका निर्माण खराब मौसम में शोधकर्ताओं को सुरक्षा प्रदान करने के लिए किया गया है।

89. Tropic of Cancer, Equator and Tropic of Capricorn do not pass through which of the following continent/s?
कर्क रेखा, विषुवत रेखा और मकर रेखा निम्नलिखित में से किन महाद्वीप महाद्वीपों से नहीं गुजरती है?

(a) North America and Antarctica / उत्तर अमेरिका और अंटार्कटिका
(b) Australia and Antarctica/ आस्ट्रेलिया और अंटार्कटिका
(c) Europe and Antarctica/ यूरोप और अंटार्कटिका
(d) Only Antarctica केवल अंटार्कटिका

Ans. (c):

कर्क रेखा, विषुवत रेखा और मकर रेखा - यूरोप और अंटार्कटिका महाद्वीपों से नहीं गुजरती हैं।

90. The longitude of 82 ½° E is treated as the standard meridian for India. It passes through which of the following region?
भारत में 82 ½° पू. को मानक याम्योत्तर माना गया है।। यह रेखा निम्नलिखित में से किस क्षेत्र से होकर गुजरती है।

(a) Great Indian Desert / भारतीय महामरुस्थल
(b) Western Ghats / पश्चिमी घाट डेल्टा
(c) Sundarbans Delta / सुन्दरवन
(d) Eastern Ghats / पूर्वी घाट

Ans. (d)

भारत में 82½° पू० को मानक याम्योत्तर रेखा माना गया है। यह रेखा पूर्वी घाट से होकर गुजरती है भारतीय मानक समय रेखा भारत के पाँच राज्यों उत्तर प्रदेश, मध्य प्रदेश, छत्तीसगढ़, उड़ीसा एवं आन्ध्र प्रदेश से होकर गुजरती है।

91. Which type of vegetation occur in the Western Ghats?
पश्चिमी घाट में किस तरह की वनस्पति पाई जाती है?

(a) Tropical rain forest on the Western slopes and thorny bushes on the Eastern slopes / पश्चिमी ढालों पर उष्ण कटिबंधीय वर्षा वन तथा पूर्वी ढालों पर कंटीली झाड़ियाँ
(b) Thorny bushes on the Western slopes and tropical rain forest on the Eastern slopes / पश्चिमी ढालों पर कंटीली शड़ियाँ तथा पूर्वी ढालों पर उष्ण कटिबंधीय वर्षा वन
(c) Tropical rain forest on the both slopes. दोनों ढालों पर उष्ण कटिबंधीय वर्षा वन
(d) Thorny bushes on the both slopes / दोनों ढालों पर कंटीली झाड़ियाँ

Ans. (a)

पश्चिमी घाट में पश्चिमी दालों पर उष्णकटिबंधीय वर्षा वन तथा पूर्वी ढालों पर कटीली झाड़ियाँ तरह की वनस्पति पायी जाती है। पश्चिमी ढलानों में उष्णकटिबंधीय और उपोष्णकटिबंधीय (चौड़ी पत्ती वाले) वन हैं, जिसमें मुख्यतः रोजवुड, महोगनी, देवदार आदि शामिल है। पश्चिमी घाट के पूर्वी ढलानों में मुख्य रूप से सागौन, साल, शीशम, जैसे शुष्क और आई पर्णपाती वन है।

92. What would happen if the earth does not rotate?
अगर पृथ्वी घूर्णन नहीं करे, तो क्या होगा?

(a) There will be shorter day and longer night. / दिन छोटा होगा और रात बड़ी होगी।
(b) There will be longer day and shorter night. / दिन बड़ा होगा और रात छोटी होगी।
(c) There will be rapid change in seasons. / मौसम में अचानक बदलाव आएगा।
(d) Life would not have been possible on the earth. / पृथ्वी पर जीवन संभव नहीं हो पाएगा।

Ans. (4)

पृथ्वी के घूर्णन के बिना, अत्यधिक तापमान (एक तरफ गर्म, दूसरी तरफ जमी हुई), बाधित जलवायु (कोई हवा या समुद्री धारा नहीं), और समान गुरुत्वाकर्षण (महासागरों और वायुमंडल में परिवर्तन) के कारण जीवन संभव नहीं होगा। इससे यह ग्रह रहने योग्य नहीं रहेगा।

93. The opening time of the Central Government offices in India is 9:00 a.m. IST. What will be the local time of opening of the Central Government offices located at 77°30′east longitude near Bengaluru and 91°15′ east longitude near Agartala, respectively?

भारत में केन्द्रीय सरकार के कार्यालयों के खुलने का समय सुबह के 9:00 बजे IST (भारतीय मानक समय) का है। क्रमशः बेंगलुरू के पास 77°30′ पूर्व देशांतर तथा अगरतला के पास 91°15′ पूर्व देशांतर पर स्थित केन्द्रीय सरकार के कार्यालयों के खुलने का स्थानीय समय क्या होगा?

(a) 9:35 a.m. and 8:40 a.m. / सुबह के 9:35 बजे तथा सुबह के 8:40 बजे

(b) 8:40 a.m. and 9:35 a.m. / सुबह के 8:40 बजे तथा सुबह के 9:35 बजे

(c) 9:20 a.m. and 8:25 a.m. / सुबह के 9:20 बजे तथा सुबह के 8:25 बजे

(d) 8:25 a.m. and 9:20 a.m. / सुबह के 8:25 बजे तथा सुबह के 9:20 बजे

Ans. (b)

विभिन्न देशांतरों पर सरकारी कार्यालयों के खुलने के समय की गणना करने के लिए, हम आईएसटी मेरिडियन (82.5°E) से समय के अंतर पर विचार करते हैं। बेंगलुरु, 77°30’ पूर्व पर स्थित है, IST से 20 मिनट पहले है, इसलिए कार्यालय खुलने का समय सुबह 8:40 बजे होगा। दूसरी ओर, अगरतला, 91°15’ पूर्व पर स्थित है, IST से 35 मिनट देर से है, इसलिए कार्यालय खुलने का समय सुबह 9:35 बजे होगा।

94. Which type of rural settlement is mostly found in hilly tracts, thick forests and regions of extreme climate?

किस प्रकार की ग्रामीण बस्तियाँ मुख्यतः पहाड़ी क्षेत्रों, घने जंगलों एवं चरम जलवायु वाले क्षेत्रों में पाई जाती हैं?

(a) Compact / सघन

(b) Nucleated / केन्द्रीकृत

(c) Scattered / प्रकीर्ण

(d) Linear / रेखीय

Ans. (c)

बिखरी हुई ग्रामीण बस्तियाँ बड़े क्षेत्रों में फैली हुई हैं, अक्सर अलग-अलग समूहों या व्यक्तिगत घरों में। ये बस्तियाँ कठिन भूभाग वाले क्षेत्रों में पाई जाती हैं, जैसे पहाड़ी इलाके, घने जंगल, या अत्यधिक जलवायु, जहाँ केंद्रित समुदायों का निर्माण चुनौतीपूर्ण होता है। इन क्षेत्रों में, लोग सुलभ भूमि और संसाधनों का उपयोग करके पर्यावरण के अनुकूल अनुकूलन करने के लिए छोटे समूहों में या व्यक्तिगत रूप से बसते हैं।

95. Match List-I with List-II:

सूची-I का सूची-II से मिलान कीजिए:

List-I / सूची-I	List-II / सूची-II
(A) P waves / P तरंगे	(i) Transverse waves / अनुप्रस्थ तरंगें
(B) L waves / L तरंगे	(ii) Longitudinal waves / अनुदैर्ध्य तरंगें
(C) S waves / S तरंगे	(iii) Surface waves / पृष्वीय तरंगे

Choose the correct option. / सही विकल्प का चयन कीजिए।

(a) (A)-(iii), (B)-(i), (C)-(ii)

(b) (A)-(i), (B)-(ii), (C)-(iii)

(c) (A)-(ii), (B)-(iii), (C)-(i)

(d) (A)-(iii), (B)-(ii), (C)-(i)

Ans. (c)

- P तरंगें (प्राथमिक तरंगें) अनुदैर्ध्य तरंगें हैं, जो तरंग प्रसार की दिशा में चलती हैं।
- L तरंगें (प्रेम तरंगें) सतही तरंगें हैं, जो पृथ्वी की सतह पर यात्रा करती हैं।

- S तरंगें (द्वितीयक तरंगें) अनुप्रस्थ तरंगें हैं, जो तरंग प्रसार की दिशा में जमीन को लंबवत घुमाती हैं।

96. Which of the following concepts can be depicted on a map in a geography class?
भूगोल कक्षा में निम्नलिखित में से किन अवधारणाओं को मानचित्र पर चित्रित किया जा सकता है?

A. Ocean basins of the world / विश्व के महासागरीय बेसिन
B. Strait of Gibraltar / जिब्राल्टर जलसन्धि (खाड़ी)
C. Delhi's atmosphere / दिल्ली का वायुमंडल
D. Rainfall in the month of July / जुलाई माह में वर्षा

Choose the correct option. / सही विकल्प का चयन कीजिए।

(a) A, B and C / A, B और C
(b) B, C and D / B, C और D
(c) A, B and D / A, B और D
(d) A, C and D / A, C और D

Ans. (3)

दुनिया के महासागरीय घाटियाँ, जिब्राल्टर जलडमरूमध्य और जुलाई के महीने में होने वाली वर्षा सभी को एक मानचित्र पर दर्शाया जा सकता है। महासागरीय घाटियाँ और जिब्राल्टर जलडमरूमध्य भौगोलिक विशेषताएं हैं जिन्हें विश्व मानचित्र पर दिखाया जा सकता है, जबकि जुलाई के लिए वर्षा पैटर्न को विषयगत मौसम मानचित्रों का उपयोग करके दर्शाया जा सकता है।

97. Read the following statements.
निम्नलिखित कथनों को पढ़ें:

A. Hot air always rises. / गर्म वायु हमेशा ऊपर उठती है।
R. Hot air is denser. / गर्म वायु सपन होती है।

Choose the correct option. / सही विकल्प का चयन कीजिए।

(a) Both A and R are correct and R is the correct explanation of A. / A और R दोनों सही है तथा R, A की सही व्याख्या है।
(b) Both A and R are correct but R is not the correct explanation of A. / A और R दोनों सही है लेकिन R. A की सही व्याख्या नहीं है।
(c) A is correct but R is incorrect. / A सही है, R गलत है।
(d) A is incorrect but R is correct. / A गलत है, R सही है।

Ans. (c)

कथन A सही है क्योंकि ठंडी हवा की तुलना में कम घनत्व के कारण गर्म हवा ऊपर उठती है। कथन R गलत है क्योंकि गर्म हवा वास्तव में ठंडी हवा की तुलना में कम घनी होती है।

98. One-fourth of the world's electricity is produced by which resource?
विश्व के एक-चौथाई विद्युत् का उत्पादन किस संसाधन द्वारा होता है?

(a) Thermal power / ऊष्मीय शक्ति
(b) Hydel power / जलविद्युत् शक्ति
(c) Solar energy / सौर ऊर्जा
(d) Nuclear power / नाभिकीय शक्ति

Ans. (b)

जलविद्युत ऊर्जा जनरेटर से जुड़े टर्बाइनों को घुमाने के लिए, आमतौर पर बांधों के माध्यम से, पानी की गति का उपयोग करके बिजली उत्पन्न करती है। यह एक नवीकरणीय ऊर्जा स्रोत है जो जल चक्र पर निर्भर करता है और इसका पर्यावरणीय प्रभाव न्यूनतम होता है। जलविद्युत वैश्विक बिजली उत्पादन का लगभग एक-चौथाई हिस्सा है और टिकाऊ ऊर्जा में महत्वपूर्ण भूमिका निभाता है, खासकर प्रचुर जल संसाधनों वाले क्षेत्रों में।

99. What is meant by polyp?
पॉलिप से तात्पर्य है?

(a) a species of plant / पौधों की एक प्रजाति
(b) skeletons of small marine animals / छोटे समुद्री जन्तुओं के कंकाला
(c) special species of sea fish / समुद्र में पायी जाने वाली मछली की विशेष प्रजाति
(d) remains of old mountains / पुराने पर्वतों के अवशेष

Ans. (b)

व्याख्या: छोटे समुद्री जंतुओं के कंकाल को पॉलिप कहा जाता है।

100. Which statement is false regarding natural vegetation?

प्राकृतिक वनस्पति के संबंध में कौन-सा कथन असत्य है?

(a) Tropical rain forests shed their leaves at different times of the year. / उष्ण कटिबंधीय वर्षा वन वर्ष के अलग-अलग समय में अपनी पत्तियाँ गिराते हैं।

(b) Tropical deciduous forests shed their leaves at certain times of the year. / उष्ण कटिबंधीय पतझड़ वन वर्ष के निश्चित समय में अपनी पत्तियाँ गिराते हैं।

(c) In the mountains, there is variation in vegetation according to altitude because the temperature increases with increase in altitude. /पर्वतों में ऊँचाई के अनुसार वनस्पतियों में विभिन्नता पायी जाती है क्योंकि ऊँचाई के बढ़ने पर तापमन बढ़ता है।

(d) To reduce water loss, the leaves of thorny bushes have less width and more thickness. / पानी की क्षति को कम करने के लिये कंटीली झाडियों की पत्तियों की चौडाई कम तथा मोटाई अधिक होती है।

Ans. (c)

व्याख्या: पर्वतों में ऊंचाई के बढ़ने पर वनस्पतियों में भिन्नता पाई जाती है क्योंकि ऊंचाई के बढ़ने पर तापमान घटता है।

101. Read the following statements and choose the correct option.

निम्नलिखित कथनों को पढ़ें और सही विकल्प चुनें।

(A) Weaver's cooperatives are one way to reduce the dependence on the merchant / बुनकरों की सहकारी संस्था व्यापारियों के ऊपर निर्भरता कम करने का एक साधन है।

(B) And to earn a higher income for the merchant / और व्यापारियों की आमदनी बढ़ाने का जरिया है।

Options / विकल्प

(a) Only (A) is true / केवल (A) सही है।

(b) Only (B) is true / केवल (B) सही है।

(c) Both (A) and (B) are true / दोनों (A) और (B) सही हैं।

(d) Both (A) and (B) are false / दोनों (A) और (B) गलत हैं।

Ans. (a)

कथन "बुनकरों की सहकारी संस्था व्यापारियों के ऊपर निर्भरता कम करने का एक साधन है।" सही है क्योंकि बुनकरों की सहकारी संस्थाएँ व्यापारियों पर निर्भरता कम करने का एक उपाय हैं, जिससे बुनकर अपने उत्पादों को सीधे बाजार में बेच सकते हैं और अधिक लाभ कमा सकते हैं। कथन "व्यापारियों की आमदनी बढ़ाने का जरिया है।" गलत है क्योंकि सहकारी संस्थाएँ व्यापारियों की आमदनी को बढ़ाने का जरिया नहीं हैं, बल्कि उनका उद्देश्य बुनकरों की आमदनी को बढ़ाना और उन्हें व्यापारियों की उच्च कीमतों से मुक्त करना है।

102. Read the statements (A) and (R) and choose the appropriate option.

निम्नलिखित कथनों (A) और (R) को पढ़िए तथा उपयुक्त विकल्प का चयन कीजिए।

Assertion (A): No country can be said to be completely democratic. अभिकथन (A) किसी भी देश को पूरी तरह से लोकतांत्रिक नहीं कहा जा सकता।

Reason (R): Individuals and communities always try to expand the idea of democracy. कारण (R) व्यक्ति और समुदाय सदैव लोकतंत्र को नए अर्थ देने का प्रयास करते हैं।

(a) Both (A) and (R) are true and (R) is the correct explanation of (A) / (A) और (R) दोनों सही हैं तथा (R), (A) की सही व्याख्या है।

(b) Both (A) and (R) are true but (R) is not the correct explanation of (A) (A) और (R) दोनों सही हैं लेकिन (R), (A) की सही व्याख्या नहीं है।

(c) (A) is true but (R) is false (A) सही है परन्तु (R) गलत है।

(d) Both (A) and (R) are false दोनों (A) तथा (R) गलत है।

Ans. (a)

अभिकथन (A) सही है क्योंकि कोई भी देश पूरी तरह से लोकतांत्रिक नहीं हो सकता है; लोकतंत्र एक निरंतर विकसित होने वाली प्रक्रिया है जिसमें विभिन्न मुद्दों और चुनौतियों का सामना करना पड़ता है। कारण (R) भी सही है क्योंकि व्यक्ति और समुदाय हमेशा लोकतंत्र के विचार को बढ़ाने और उसे नया अर्थ देने का प्रयास करते हैं, जो दर्शाता है कि लोकतंत्र का अर्थ और इसकी व्याख्या समय के साथ बदलती रहती है। इसलिए, (R) (A) की सही व्याख्या करता है।

103. Gender inequality needs to be dealt with at _______.

जेंडर असमानता का समाधान -------- के स्तर पर करने की ज़रूरत है।

(a) Family level only / केवल परिवार

(b) Family, society and government levels / परिवार, समाज और सरकार

(c) Government level only / केवल सरकार

(d) Family and society levels / परिवार और समाज

Ans. (b)

लैंगिक असमानता का तात्पर्य लैंगिक आधार पर महिलाओं के साथ भेदभाव से है। जेंडर असमानता एक जटिल मुद्दा है जिसे परिवार, समाज और सरकार के सभी स्तरों पर संबोधित करने की आवश्यकता है। परिवार स्तर जागरूकता और शिक्षा के माध्यम से पूर्वाग्रहों को कम करना आवश्यक है। समाज स्तर सांस्कृतिक और सामाजिक मान्यताओं को चुनौती देकर समानता को बढ़ावा देना चाहिए। सरकार स्तर नीतियों और कानूनों के माध्यम से जेंडर समानता को सुनिश्चित करने की दिशा में काम करना चाहिए।

104. Which one of the following is NOT a Fundamental Right?

निम्नलिखित में से कौन सा मौलिक अधिकार नहीं है?

(a) Right to freedom of remedies धार्मिक स्वतंत्रता का अधिकार

(b) Right to constitutional remedies / संवैधानिक उपचार का अधिकार

(c) Right to property / संपत्ति का अधिकार

(d) Availing elementary education / प्रारंभिक शिक्षा ग्रहण करना

Ans. (c)

भारत के संविधान में मौलिक अधिकारों में से "संपत्ति का अधिकार" पहले मौलिक अधिकार के रूप में था, लेकिन 44वें संविधान संशोधन (1978) के तहत इसे मौलिक अधिकारों की सूची से हटा दिया गया और इसे एक कानूनी अधिकार में परिवर्तित कर दिया गया।

105. Which of the following is true about weavers' cooperative?

निम्नलिखित में से कौन सा बुनकर सहकारी संस्थाओं के संदर्भ में सही है?

(A) Help reduce dependence on merchants and bring higher income for the weavers. व्यापारियों के ऊपर निर्भरता को कम करने और बुनकरों की आय बढ़ाने में सहायता करती हैं।

(B) Indirectly provides support to large companies. अप्रत्यक्ष रूप से बड़ी कम्पनियों को सहायता करती हैं।

(C) Member weavers work with putting out system. बुनकर सदस्य 'दादन व्यवस्था' में काम करते हैं।

(D) Cooperatives are involved in marketing. सहकारी संस्थाएँ विपणन में संलिप्त रहती हैं।

Choose the correct option. / सही विकल्प का चयन कीजिए-

(a) A and B only केवल A तथा B

(b) B and C only | केवल B तथा C

(c) C and D only / केवल C तथा D

(d) A and D only / केवल A तथा D

Ans. (d)

व्यापारियों के ऊपर निर्भरता को कम करने के लिए और बुनकरों की आमदनी बढ़ाने के लिए सहकारी व्यवस्था एक साधन है। बुनकरों की सहकारी संस्था में बुनकर एक समूह बनाकर कुछ गतिविधियाँ सामूहिक रूप से करते हैं। वे सूत व्यापारी से सूत प्राप्त करते हैं और उसे बुनकरों में बाँट देते है सहकारी संस्थाएँ विक्रय का कार्य भी करती है।

106. In India, a democratic country, Universal Adult Franchise means:
भारत जो कि एक लोकतांत्रिक देश है, में सार्वभौमिक वयस्क मताधिकार का अर्थ:

(a) every person is equal before law कानून के समक्ष प्रत्येक व्यक्ति समान है।

(b) providing free education to integrate children with disabilities in mainstream schools / विकलांग बच्चों को विद्यालयों की मुख्यधारा में सम्मिलित करने के लिए निःशुल्क शिक्षा देनी है।

(c) women above 18 years of age has the right to vote/ 18 साल से ऊपर की उम्र की महिलाओं को मन देने का अधिकार है।

(d) every individual above 18 years of age has the right to vote irrespective of their social and economic backgrounds. / प्रत्येक व्यक्ति जो 18 साल से ऊपर की उम्र का है, उसे मत देने का अधिकार है चाहे उसकी सामजिक एवं आर्थिक पृष्ठभूमि कैसी भी हो।

Ans. (d)

भारत जो कि एक लोकतांत्रिक देश है, में सार्वभौमिक वयस्क मताधिकार का अर्थ है। प्रत्येक व्यक्ति जो 18 साल से ऊपर की उम्र का है, उसे मत देने का अधिकार है चाहे उसकी सामाजिक एवं आर्थिक पृष्ठभूमि कैसी भी हो। सार्वभौमिक वयस्क मताधिकार का विचार समानता के विचार पर आधारित है, क्योंकि यह घोषित करता है कि देश का हर वयस्क स्त्री/पुरुष चाहे उसका आर्थिक स्तर या जाति कुछ भी क्यों न हो; एक वोट का हकदार है।

107. Boys and girls are socialized to choose certain subjects for their higher education not because she/he has an aptitude for it, but because they are internalized and meant to select specific disciplines as per their gender. This can be seen as a form of:
उच्च शिक्षा हेतु लड़कों व लड़कियों को विभिन्न विषयों को चुनने के लिए इसलिए समाजीकृत नहीं किया जाता क्योंकि उनमें उस विषय के लिए अभिवृत्ति पाई जाती है, बल्कि उन्हें अपने लिंगानुसार विषयों को आत्मसात करने व चुनने के लिए तैयार किया जाता है। इसे निम्न रूप में देखा जा सकता है:-

(a) discrimination/ भेदभाव

(b) violation / हनन / उल्लंघन

(c) stereotype/ रूढ़िबद्ध धारणा

(d) sexual harassment/ यौन-शेषण

Ans.(c)

प्रश्नगत कथन से यह स्पष्ट होता है कि व्यक्ति में रूढ़िबद्ध धारणा का समावेश है। रूढ़िबद्ध धारणा किसी व्यक्ति विशेष इत्यादि में देखा जा सकता हैं जो पारंपरिक मान्यताओं का अनुकरण तार्किकता या वैज्ञानिकता के स्थान पर केवल आस्था के आधार पर करता है। जिसमें किसी एकलिंगी प्रधान विचारों का समावेश पाया जाता है।

108. Read the following Child Rights as mentioned in the Children's Bill of Rights-
बाल अधिकार बिल में वर्णित इन बाल अधिकारों पर ध्यान दें-

(A) I have the Right to a good education, and everyone has the Responsibility to encourage all children to go to school. (Article 28, 19, 23) मुझे अच्छी शिक्षा का अधिकार है और सब बच्चों को स्कूल जाने के लिए प्रोत्साहित करने का दायित्व सबका है। (अनुच्छेद 28, 19, 23)

(B) I have the Right to express my views freely which should be taken seriously, and everyone has the responsibility to listen to others. (Article 12, 13) मुझे अपने विचार व्यक्त करने का अधिकार है जिन्हें गंभीरता से लिया जाना चाहिए, सबका दायित्व है कि वे दूसरों को सुनें (अनुच्छेद 12, 13)

Which of the following articles of the Indian constitution are complimentary to the above Child Rights? भारतीय संविधान के निम्नलिखित अनुच्छेदों में से कौन-सा अनुच्छेदों उपरोक्त बाल अधिकारों का पूरक है?

(a) Article 21] and 19/ अनुच्छेद 21 और 19
(b) Article 14 and 16/ अनुच्छेद 14 और 16
(c) Article 51 and 78/ अनुच्छेद 51 और 78
(d) Article 32 and 44/ अनुच्छेद 32 और 44

Ans.(a)

भारतीय संविधान के अनुच्छेद 21 और 19 अनुच्छेद उपरोक्त बाल अधिकारों का पूरक है। अनुच्छेद 21 क में 6 से 14 साल की आयु वाले सभी बच्चों के लिए अनिवार्य और निःशुल्क प्रारंभिक शिक्षा का प्रावधान किया गया है। अनुच्छेद-24 में 14 वर्ष से कम उम्र के बच्चों को जोखिम वाले कार्य करने से सुरक्षा प्रदान की गई है। अनुच्छेद-19 के तहत लिखित और मौखिक रूप से अपना मत प्रकट करने हेतु अभिव्यक्ति की स्वतंत्रता के अधिकार का प्रावधान किया गया है।

109. Which of the following features of the Indian Constitution protect citizens against arbitrary and absolute exercise of power by the state?
भारतीय संविधान की निम्नलिखित विशेषताओं में से कौन-सी विशेषता नागरिकों की राज्य की सत्ता के मनमाने और निरंकुश अधिकार के प्रयोग से रक्षा करती है?

(a) Federalism / संघवाद
(b) Fundamental Rights/ मौलिक अधिकार
(c) Separation of Powers between Legislature, executive and the judiciary विधायिका, कार्यपालिका और न्यायपालिका के बीच शक्तियों का बटवारा
(d) Parliamentary form of government संसदीय शासन पद्धति

Ans. (b)

राष्ट्रवादी चाहते थे कि स्वतंत्र भारत में राज्य की सत्ता के दुरुपयोग से बचने के लिए कुछ लिखित अधिकार होने चाहिए। मौलिक अधिकार देश के सभी नागरिकों को राज्य की सत्ता के मनमाने और निरकुंश इस्तेमाल से बचाते हैं। इस तरह संविधान राज्य और अन्य व्यक्तियों के समक्ष व्यक्तियों के अधिकारों की रक्षा करता है। भारतीय संविधान के भाग-3 के अनुच्छेद 12 से 35 तक में मूल अधिकारों का वर्णन है।

110. What is the disadvantage for a weaver in the "Putting-Out System" of making a living?
जीविकोपार्जन के लिए अपनाए गए 'दादन व्यवस्था' से एक बुनकर को क्या नुकसान होता है?

(a) Weaver is supplied the new material by the merchant / बुनकर को व्यापारी द्वारा कच्चा माल पहुंचता है।
(b) Weaver has to bear the cost of transportation of clothes to market. / बुनकर को कपड़ा बाजार तक ले जाने का परिवहन लागत देना पड़ता है।
(c) Weaver has no control over pricing of cloth in market and the merchant walks away with the profit. / बाज़ार में कपड़े के मूल्य पर बुनकर का कोई नियंत्रण नहीं होता और सारा मुनाफा व्यापारी का हो जाता है।
(d) Weaver has to work from his/her home in Weaving the yarn into cloth. / बुनकर को सूत काटकर कपड़ा बुनने का काम घर से करना होता है।

Ans. (c)

जीविकोपार्जन के लिए अपनाए गए 'दादन व्यवस्था' से एक बुनकर का बाजार में कपड़े के मूल्य पर कोई नियंत्रण नहीं होता है और सारा मुनाफा व्यापारी का हो जाता है। इस व्यवस्था में बनकरों के पास यह जानने का कोई साधन नहीं है कि वे किसके लिए कपड़ा बना रहे है और वह किस कीमत पर बेचा जाएगा। इस तरह से बाजार का झुकाव व्यापारियों के हित में ही अधिक होता है। भारत के अनेक क्षेत्रों में कपड़ा बुनाई के उद्योग में यह व्यवस्था प्रचलित है।

111. Rosa Parks' refused to give up her seat to a White man in a bus. This was the commencement of which great movement in modern history?
रोज़ा पार्क्स ने बस में एक श्वेत पुरुष के लिए अपनी सीट देने से इनकार किया। यह आधुनिक इतिहास में किस बड़े आन्दोलन की शुरूआत थी?

(a) Civil Rights movement in United States of America. / संयुक्त राज्य अमेरिका का नागरिक अधिकार आंदोलन

(b) Anti-Apartheid movement in South Africa. दक्षिण अफ्रीका का रंगभेद विरोधी आन्दोलन

(c) French Revolution in France / फ्रांस की फ्रांसीसी क्रान्ति

(d) Women's Suffrage movement in England. / इंग्लैंड का महिला मताधिकार आन्दोलन

Ans. (a)

रोजा पार्क्स एक अफ्रीकी अमेरीकी कार्यकर्ता थी जिन्हें अमेरिकी नागरिक अधिकार आंदोलन की जननी के रूप में जाना जाता है। 1955 में अलबामा प्रांत में रोजा पार्क्स ने बस में एक श्वेत पुरुष के लिए अपनी सीट देने से इंकार कर दिया था। रोजा पार्क्स के नागरिक अधिकारों के लिए आंदोलन का असर सिविल राइट एक्ट के रूप में सामने आया जिसे अमेरिकी कांग्रेस ने 1964 में लागू किया था।

112. What is Anganwadi?
आंगनवाड़ी क्या है?

(a) Women Protection Homes / महिला संरक्षण गृह

(b) Child-Care Centers / बालगृह

(c) Mid-Day Meal Centers / मिड डे मील केन्द्र

(d) Old Age Homes / वृद्ध आश्रम

Ans. (b)

आंगनबाड़ी एक बालगृह है। आंगनबाड़ी राज्यों अथवा केन्द्र शासित प्रदेशों द्वारा कार्यान्वित एक केन्द्र प्रायोजित योजना है। जो भारत में ग्रामीण बच्चों और मातृ देखभाल केन्द्र के रूप में कार्य करती है। एक कार्यक्रम के तौर पर इसकी शुरूआत भारत सरकार द्वारा वर्ष 1975 में बाल कुपोषण की समस्या से निपटने के लिए की गई थी।

113. The Right to move courts in case a citizen's Fundamental Rights are violated has been established by which of the following?
किसी नागरिक के मौलिक अधिकारों का हनन होने पर उसके द्वारा न्यायालय में जाने का अधिकार निम्नलिखित में से कौन सुनिश्चित करता है?

(a) Right against exploitation / शोषण के विरूद्ध अधिकार

(b) Right to Constitutional Remedies / संवैधानिक उपचार का अधिकार

(c) Right to Life / जीवन का अधिकार

(d) Right to Personal Liberties / व्यक्तिगत स्वतंत्रता का अधिकार

Ans. (b)

भारतीय संविधान का अनुच्छेद 32 (संवैधानिक उपचारों का अधिकार) किसी नागरिक के मौलिक अधिकारों का हनन होने पर उसके द्वारा न्यायालय में जाने का अधिकार सुनिश्चित करता है। डॉ० भीमराव अम्बेडकर ने इस अधिकार को 'संविधान की आत्मा और हृदय' कहा है।

114. Veda Samaj established in the erstwhile Madras (Chennai) was inspired by:
पूर्व मद्रास (चेन्नई) में स्थापित वेद समाज प्रेरित था:

(a) Prarthana Samaj / प्रार्थना समाज द्वारा

(b) Arya Samaj / आर्यसमाज द्वारा

(c) Brahma Samaj / ब्रह्मसमाज द्वारा

(d) Young Bengal Movement / युवा बंगाल आंदोलन द्वारा

Ans. (c)

वेद समाज की स्थापना पूर्व मद्रास (अब चेन्नई) में 1864 में हुई थी, और यह ब्रह्मसमाज से प्रेरित था। ब्रह्मसमाज की स्थापना 1828 में राजाराम मोहन राय द्वारा की गई थी, जिसका मुख्य उद्देश्य भारतीय समाज में व्याप्त कुरीतियों और अंधविश्वासों को समाप्त करना और सामाजिक सुधार करना था।

115. Consider the following statements with reference to the people who lived on the banks of the Narmada River long ago.
नर्मदा नदी के तट पर बहुत समय पूर्व रहने वाले लोगों के संदर्भ में निम्नलिखित कथनों पर विचार करो।

A. Some of the early people who lived here were skilled gatherers. / यहाँ रहने वाले आरंभिक लोगों में से कुछ कुशल संग्राहक थे।

B. They were familiar with the vast wealth of the surrounding forests. / ये लोग आस-पास के जगलों की विशाल संपदा से परिचित थे।

C. They gathered roots, fruits and hunted animals for food. / भोजन के लिये ये जड़ों, फलों तथा जानवरों का शिकार करते थे।

Which of the above statements is true? / उपरोक्त में से कौन-सा कथन सत्य है?

(a) A and B are true. / A तथा B सत्य है।
(b) B and C are true. / B तथा C सत्य है।
(c) A and C are true. / A तथा C सत्य है।
(d) All of the above are true. / उपरोक्त सभी सत्य हैं।

Ans. (d)

व्याख्या: नर्मदा नदी के तट पर कई लाख वर्ष पहले से लोग रह रहे हैं। यहाँ रहने वाले आरंभिक लोगों में से कुछ कुशल संग्राहक थे जो आस-पास के जंगलों की विशाल संपदा से परिचित थे और अपने भोजन के लिए जड़ों, फलों तथा जगल के अन्य उत्पादों का प्रयोग व जानवरों का शिकार करते थे।

116. Read the following statements (A) and (R) and choose the appropriate option. निम्नलिखित कथनों (A) तथा (R) को पढ़िए और उपयुक्त विकल्प का चयन कीजिए:

Assertion (A): E.V. Ramaswamy Naicker or Periyar was critical of Hindu scriptures such as Codes of Manu, Bhagavad Gita and the Ramayana/ कथन (A): ई.वी. रामास्वामी नायकर और पेरियार मनु संहिता, भगवद् गीता और रामायण जैसे ग्रंथों के आलोचक थे।

Reason (R): Periyar viewed that these texts were used to establish authority of upper castes over lower castes and domination of men over women / कारण (R): पेरियार ने देखा कि ये ग्रंथ निम्न जातियों के ऊपर उच्च जातियों और महिलाओं के ऊपर पुरुषों का वर्चस्व स्थापित करने के लिये उपयोग में लाये जाते हैं।

Choose the correct option:/सही विकल्प चुनें:

(a) Both (A) and (R) are true and (R) is the correct explanation of (A) / (A) और (R) दोनों सही हैं और (A) की (R) सही व्याख्या करता है।
(b) Both (A) and (R) are true but (R) is not the correct explanation of (A) (A) और (R) दोनों सही हैं लेकिन (A) की (R) सही व्याख्या नहीं करता हैं।
(c) (A) is true but (R) is false (A) सही है लेकिन (R) गलत है।
(d) Both (A) and (R) are (R) are false / (A) और (R) दोनों गलत हैं।

Ans. (a)

कथन (A) सही है क्योंकि पेरियार, जिन्होंने जातिवाद और सामाजिक अन्याय के खिलाफ आवाज उठाई, ने वास्तव में हिंदू ग्रंथों की आलोचना की थी। कथन (R) भी सही है, क्योंकि पेरियार का मानना था कि ये ग्रंथ उच्च जातियों और पुरुषों के वर्चस्व को स्थापित करने में सहायक थे। इसलिए (A) और (R) दोनों सही है और कथन (A) की कारण (R) सही व्याख्या करता है।

117. Which Governor General pronounced that Bahadur Shah Zafar would be the last Mughal king?
किस गवर्नर जनरल ने घोषणा की थी कि बहादुर शाह जफर अंतिम मुगल राजा होंगे?

(a) Canning / कैनिंग
(b) Dalhousie / डलहौज़ी
(c) Hardinge / हार्डिंग
(d) Elgin / एल्गिन

Ans. (a)

लॉर्ड कैनिंग नामक गवर्नर जनरल ने घोषणा की थी कि बहादुर शाह जफर अंतिम मुगल राजा होगें 1857 ई. के विद्रोह में भाग लेने के कारण अंग्रेजों द्वारा बहादुर शाह जफर को बंदी बनाकर रंगून भेज दिया गया था।

डलहौजी	-	व्यपगत के सिद्धांत का आरंभ
हार्डिंग	-	नरबलि प्रथा प्रतिबंध
एल्गिन	-	वाहषी आंदोलन का दमन

118. Small workshops and factories prefer to employ casual workers because ________.
छोटी कार्यशालाएँ और कारख़ाने अनियमित श्रमिकों को रोजगार देने में तरजीह देते हैं क्योंकि ________ ।

(A) state has already taken care of workers' benefits / राज्य ने पहले ही श्रमिकों के लाभ का ख्याल रखा हुआ है

(B) they can be fired without any prior notice / उन्हें बिना किसी पूर्व नोटिस के नौकरी से निकाला जा सकता है

(C) most of them are not literate / उनमें से अधिकांश शिक्षित नहीं होते हैं

(D) they could be paid lowest possible wages / उन्हें न्यूनतम संभावित वेतन दिया जा सकता है

(a) (C) and (D) / (C) और (D)

(b) (A) and (C) / (A) और (C)

(c) (A) and (B) / (A) और (B)

(d) (B) and (D) / (B) और (D)

Ans. (d)

छोटी कार्यशालाएँ और कारखाने आकस्मिक श्रमिकों को नियुक्त करना पसंद करते हैं क्योंकि वे श्रम लागत प्रबंधन में लचीलापन प्रदान करते हैं। कैज़ुअल श्रमिकों में नौकरी की सुरक्षा की कमी होती है, जिससे नियोक्ता उन्हें आसानी से नौकरी पर रख सकते हैं और निकाल सकते हैं, और उन्हें कम वेतन दिया जाता है क्योंकि उन्हें पूर्णकालिक कर्मचारियों की तरह लाभ नहीं मिलता है। इससे व्यवसायों को श्रम लागत बचाने और मांग के आधार पर अपने कार्यबल को समायोजित करने में मदद मिलती है।

119. Which of the following emerged as an important religion in modern Adivasi history, during the nineteenth century?

उन्नीसवीं शताब्दी के दौरान आधुनिक आदिवासी इतिहास में कौन सी धर्म एक बहुत ही महत्वपूर्ण धर्म के रूप में उभरा ?

(a) Hinduism / हिन्दुत्व

(b) Islam / इस्लाम

(c) Buddhism / बौद्ध धर्म

(d) Christianity / ईसाई धर्म

Ans. (d)

उन्नीसवीं सदी में ईसाई मिशनरियों के प्रयासों के कारण ईसाई धर्म आदिवासी समुदायों के बीच एक महत्वपूर्ण धर्म बन गया। इन मिशनरियों ने स्कूलों, चर्चों और सामाजिक सुधार आंदोलनों की स्थापना करके झारखंड, ओडिशा और पूर्वोत्तर जैसे क्षेत्रों में ईसाई धर्म फैलाने में मदद की।

120. Consider the following statements (A) and (B).

निम्न कथनों (A) तथा (B) को पढ़िए।

(A) The Government of India Act 1909, allowed for some elected representation system in India. / 1909 में बने गवर्नमेंट ऑफ इंडिया एक्ट ने कुछ हद तक भारत में निर्वाचित प्रतिनिधित्व की व्यवस्था को मंज़ूरी दी थी।

(B) Through Government of India-Act 1909 all adults were given the right to vote. / 1909 के गवर्नमेंट ऑफ इंडिया एक्ट द्वारा सभी वयस्कों को वोट डालने का अधिकार दिया गया।

Choose the correct option. / सही विकल्प का चयन कीजिए।

(a) Both (A) and (B) are true / (A) तथा (B) दोनों सही हैं।

(b) Neither (A) nor (B) is true / न तो (A) सही है और न ही (B) सही है।

(c) Only (A) is true / केवल (A) सही है।

(d) Only (B) is true / केवल (B) सही है।

Ans. (c)

भारत सरकार अधिनियम 1909 ने सीमित निर्वाचित प्रतिनिधित्व की शुरुआत की, जिससे भारतीयों के केवल कुछ समूहों को प्रतिनिधियों का चुनाव करने की अनुमति मिल गई। हालाँकि, इसने सार्वभौमिक मताधिकार प्रदान नहीं किया, जिसे बाद में 1950 में भारतीय संविधान के साथ पेश किया गया था।

121. In the seventeenth century, the town of Masulipatnam was a centre of intense activity and it laid on the delta of the ________ river.

सत्रहवीं शताब्दी में मसूलीपट्टनम भिन्न-भिन्न प्रकार की गतिबिधियों का नगर था तथा यह ________ नदी के डेल्टा पर स्थित था।

(a) Kaveri / कावेरी

(b) Godavari / गोदावरी

(c) Hugli / हुगली

(d) Krishna / कृष्णा

Ans. (d)

आंध्र प्रदेश में कृष्णा नदी के डेल्टा पर स्थित मसुलीपट्टनम (मछलीपट्टनम) 17वीं सदी का एक प्रमुख व्यापार केंद्र था। यह डच और अंग्रेजी ईस्ट इंडिया कंपनियों के लिए एक महत्वपूर्ण बंदरगाह के रूप में कार्य करता था, जो मसालों और वस्त्रों जैसे सामानों को संभालती थी। अपने मछली पकड़ने के उद्योग के लिए जाना जाता है, इसने "फिश पोर्ट टाउन" उपनाम अर्जित किया और वैश्विक व्यापार में अपने रणनीतिक स्थान और भूमिका के कारण फला-फूला।

122. Match List-l with List-II:
सूची-I का सूची-II से मिलान कीजिए:

List-I / सूची-I	List II / सूची-II
(a) Hiranyagarbha / हिरण्यगर्भ	(i) Inscription / शिलालेख
(b) Prashasti / प्रशस्ति	(ii) Ritua / अनुष्ठान
(c) Pishtaq / पिश्ताक़	(iii) Gateway / प्रवेशद्वार
(d) Nastaliq / नस्तलिक़	(iv) Writing style / लेखन-शैली

Choose the correct option. / सही विकल्प का चयन कीजिए।

(1) (a)-(ii), (b)-(i), (c)-(iii), (d)-(iv)
(2) (a)-(i), (b)-(ii), (c)-(iv), (d)-(iii)
(3) (a)-(iii), (b)-(iv), (c)-(i), (d)-(ii)
(4) (a)-(ii), (b)-(iv), (c)-(iii), (d)-(i)

Ans. (1)

- हिरण्यगर्भ: एक अनुष्ठान को संदर्भित करता है।
- प्रशस्ति: एक शासक की प्रशंसा करने वाला शिलालेख।
- पिश्ताक: इस्लामी वास्तुकला में एक प्रवेश द्वार।
- नस्तालिक: एक फ़ारसी लेखन शैली।

123. How is time calculated in history?
इतिहास में समय की गणना किस प्रकार की जाती है?

A. Every society and culture has had its own system of calculating time. / प्रत्येक समाज एवं संस्कृति के पास समय की गणना करने की अपनी प्रणालियाँ रही हैं।

B. For calculating time in history, the birth of a particular person or the beginning of the rule of a ruler was considered the beginning of a new era. / इतिहास में समय की गणना के लिये किसी विशेष व्यक्ति का जन्म अथवा किसी शासक के शासन का आरंभ, एक नये युग का आरंभ माना जाता था।

C. Today, the Gregorian calendar is commonly used throughout the world. / आज के समय में विश्व भर में सामान्यत: ग्रेगोरियन कैलेंडर का उपयोग होता है।

Which of the statements are true regarding calculation of history? / इतिहास की गणना के संबंध में कौन-से कथन सत्य है?

(a) Only A is true. / केवल A सत्य है।
(b) A and B are true. / A तथा B सत्य है।
(c) B and C are true. / B तथा C सत्य हैं।
(d) A, B and C are true. / A, B तथा C सत्य है।

Ans. (d)

व्याख्या: प्रत्येक समाज एवं संस्कृति के पास समय की गणना करने की अपनी प्रणालियाँ रही हैं। प्रमुख घटनाएँ जैसे- किसी व्यक्ति विशेष का जन्म अथवा किसी शासक के शासन का आरंभ, एक नए युग का आरंभ माना जाता रहा है। आज के समय में विश्व-भर में सामान्यतः ग्रेगोरियन कैलेंडर (तिथिपत्र) का उपयोग होता है; साथ ही त्योहारों की तिथियों की गणना एवं अन्य मांगलिक कार्यों के लिए हिंदू, मुस्लिम, यहूदी, चीनी आदि अन्य तिथिपत्रों का भी उपयोग होता है।

124. From which of the following Acts, many provisions have been adopted by the Indian Constitution?
निम्नलिखित में से किस एक्ट से भारतीय संविधान द्वारा काफी संख्या में प्रावधान लिए गए हैं?

(a) 1909 Act / 1909 एक्ट
(b) 1991 Act / 1991 एक्ट
(c) 1935 Act / 1935 एक्ट
(d) India Independence Act 1947 / भारत स्वाधीनता अधिनियम 1947

Ans. (c)

भारतीय संविधान में कई महत्वपूर्ण प्रावधान 1935 के गवर्नमेंट ऑफ इंडिया एक्ट से लिए गए हैं, जैसे कि संघीय ढांचा, प्रांतों की स्वायत्तता और विधान सभा की संरचना।

125. Periyar led the non-Brahman movement in Tamil Nadu. It posed several challenges to the caste system. Consider the following statements and choose the correct option.

तमिलनाडु में पेरियार ने गैर ब्राह्मण आन्दोलन आरंभ किया। इसने जाति प्रथा को कई चुनौतियाँ दी। निम्न कथनों पर विचार कीजिए और सही विकल्प चुनें।

(a) He started the temple-entry movement. / उन्होंने मंदिर प्रवेश आंदोलन आरंभ किया।

(b) He gave the slogan 'One Jati', one madam, one devam manushyan' (Human has one caste, one religion, one God). / उन्होंने "मानवता की एक जाति, एक धर्म, एक ईश्वर" का नारा दिया।

(c) He started the self-Respect movement. / उन्होंने स्वाभिमान आंदोलन आरंभ किया।

(d) He established the ved Samaj in Madras in 1864./ उन्होंने मद्रास में 1864 में वेद समाज की स्थापना की।

Ans.(c)

तमिलनाडु में पेरियार ने 20वीं शताब्दी के आरम्भ में गैर ब्राह्मण आन्दोलन की शुरुआत की। इसने जाति प्रथा को कई चुनौतियाँ दी तथा स्वाभिमान आंदोलन आरंभ किया। पेरियार का स्वाभिमान आंदोलन जाति प्रथा के खिलाफ एक महत्वपूर्ण सामाजिक परिवर्तन लाने में मददगार साबित हुआ और सामाजिक न्याय के लिए एक नया दृष्टिकोण पेश किया।

126. Jyotirao Phule criticized caste inequality by:

ज्योतिराव फुले ने जाति-असमानता की आलोचना किसके द्वारा की?

(a) reading and quoting religious texts to refute caste system / जाति व्यवस्था के खंडन हेतु धर्मग्रन्थों को पढ़ना और उनको उद्धृत करना।

(b) arguing that Aryans were foreigners and subjugated the local population to introduce caste system / यह तर्क देकर कि आर्य विदेशी थे और उन्होंने मूल निवासियों पर अधिपत्य स्थापित कर जाति- व्यवस्था लागू की।

(c) relying on scientific claims of biological [similarity of all humans / सभी मनुष्यों की विज्ञान आधारित जैविक समानता के दावे को मानकर

(d) getting influenced by Bhakti and Sufi Movements of previous centuries / पूर्व सदियों में भक्ति और सूफी आन्दोलनों से प्रभावित होकर

Ans. (b)

ज्योतिराव फुले ने जाति, असमानता की आलोचना की। इसके पीछे का तर्क था कि आर्य विदेशी थे, जो उपमहाद्वीप के बाहर से आये थे और उन्होंने इस मिट्टी के असली वारिसों को हराकर उन्हें गुलाम बना लिया था जब आर्यों ने अपना प्रभुत्व स्थापित कर लिया तो वे पराजित जनता को नीच, निम्न जाति वाला मानने लगे अर्थात् उन्होंने जाति व्यवस्था लागू की।

ज्योति राव फुले की "गुलामगिरी" (1873) अमेरिकी गृहयुद्ध के गुलामी-विरोधी कार्यकर्ताओं को समर्पित थी, जो भारत में निचली जातियों के संघर्षों को उजागर करती थी और उनकी दुर्दशा को व्यापक सामाजिक न्याय के मुद्दों से जोड़ती थी।

127. Mahatma Gandhi called for which campaign against Jallianwala Bagh massacre?

जलियाँवाला कांड के विरुद्ध महात्मा गांधी ने किस अभियान का आह्वान किया-

(a) Rowlett Satyagraha / रॉलट सत्याग्रह

(b) Non-Cooperation Movement / असहयोग आंदोलन

(c) Khilafat Movement / खिलाफत आंदोलन

(d) Civil Disobedience Movement / सविनय अवज्ञा आंदोलन

Ans. (b)

13 अप्रैल, 1919 को जलियांवाला बाग में आयोजित एक शांतिपूर्ण बैठक में शामिल लोगों पर ब्रिगेडियर

जनरल रंगीनाल्ड डायर ने गोली चलाने का आदेश दिया जिसमें हजारो निहत्थे पुरुष, महिलाएँ और बच्चे मारे गए थे। इसके विरोध में महात्मा गाँधी ने अपना पहला बड़े पैमाने पर और निरंतर अहिंसक विरोध (सत्याग्रह) अभियान, असहयोग आंदोलन (1920-22) की शुरुआत की।

128. If you had to use Moderate Methods in present times to voice your dissent against any authority, which of the following would be the correct method to apply?

यदि वर्तमान समय में आपको सत्ता के विरुद्ध अपनी नाराज़गी को संयत / नरमपंथी तरीके से कहना हो तो निम्नलिखित में से उसे लागू करने के लिए कौन सा तरीका होगा?

A. use of force / बल का प्रयोग

B. demonstrations / प्रदर्शन

C. writing articles / लेख लिखना

Choose the correct option. / सही विकल्प का चुनाव कीजिए-

(a) A and B / A तथा B

(b) A and C / A तथा C

(c) B and C / B तथा C

(d) A, B and C / A, B तथा C

Ans. (c)

Demonstrations (प्रदर्शन) एक संयत तरीका है जिसमें लोग शांतिपूर्ण ढंग से एकत्र होकर अपनी राय या नाराज़गी व्यक्त करते हैं। यह सार्वजनिक समर्थन और जागरूकता बढ़ाने का एक प्रभावी तरीका है। Writing Articles (लेख लिखना) भी एक संयमित और प्रभावी तरीका है, जिससे व्यक्ति अपने विचारों को विस्तार से साझा कर सकता है और समाज में जागरूकता फैला सकता है।

129. English continued to be used in India after independence because:

भारत में स्वतंत्रता के उपरान्त अंग्रेजी भाषा का प्रयोग जारी है क्योंकि-

(a) this was a condition given by the British Viceroy before leaving. / यह एक शर्त थी जो ब्रिटिश वायसरॉय ने भारत छोड़ने से पहले रखी थी।

(b) it would help in smooth transactions of administration from colonial to independent India. / यह प्रशासनिक परम्पराओं को औपनिवेशिक भारत से स्वतंत्र भारत में सरल रूप से परिवर्तित होने में सहयोग देगी।

(c) there was demand from non- Hindu speaking states for a language that was understood by them. / गैर-हिन्दी भाषी भारतीय राज्यों की मांग एक उनके समझ में आने वाली भाषा की थी।

(d) the Indian government wanted to control the demands for creation of linguistic states. / भारत सरकार भाषा आधारित राज्य बनाने की माँग पर काबू रखना चाहती थी।

Ans. (c)

स्वतंत्रता के बाद भारत में अंग्रेजी का प्रयोग जारी रहने का एक प्रमुख कारण यह था कि गैर-हिन्दी भाषी भारतीय राज्यों ने एक ऐसी भाषा की मांग की थी जिसे वे समझ सकें। इससे प्रशासनिक कार्यों में सुगमता बनी रही और विभिन्न भाषाई समुदायों के बीच संवाद स्थापित किया जा सका।

130. Match the following social reformers with their work.

निम्नलिखित सामाजिक सुधारकों को उनके कार्य के साथ सुमेलित कीजिए

A. Jyoti Rao Phule / ज्योतिराव फूले (I) started schools for girls in Patna and Calcutta. / पटना और कलकता में लड़कियों के लिए स्कूल खोले ।

B. Begum Rokeya Sakhawat / बेगम रुकैया सखावत (II) founded widow's home in Poona पूना में विधवागृह की स्थापना की।

C. Tarabai Shinde / ताराबाई शिंदे (III) opened schools for girls in Maharashtra / महाराष्ट्र में लड़कियों के लिए स्कूल खोले।

D. Pandita Ramabai / पंडिता रमाबाई (IV) wrote "Stripurushtulna."/ स्त्रीपुरुषतुलना लिखी

	A	B	C	D
(a)	(I)	(IV)	(II)	(III)
(b)	(III)	(I)	(IV)	(II)
(c)	(II)	(III)	(I)	(IV)
(d)	(IV)	(II)	(III)	(I)

Ans.(d)

सही सुमेलित है-

सामाजिक सुधारक	- उनके द्वारा किये गये कार्य
ज्योतिराव फूले	- महाराष्ट्र में लड़कियों के लिए स्कूल खोले
बेगम रूर्केया सखावत	- पटना और कलकत्ता में लड़कियों के लिए स्कूल खोले
ताराबाई शिंदे	- स्त्रीपुरुष तुलना लिखी
पंडित रामाबाई	- पूना में विधवा गृह की स्थापना की

131. If Ved Samaj condemned the superstitions of orthodox Hinduism, Prarthana Samaj sought _____.

अगर बंद समाज ने रूढ़िवादी हिंदुत्व के अंधविश्वासों की सख्त निंदा की तो प्रार्थना समाज ने ------ प्रयास किया।

(a) removal of caste restrictions/जातीय बंधनों के उन्मूलन के लिए
(b) freedom of thought / विचारों की स्वतंत्रता के लिए
(c) introduction of Western Science to Muslims/मुसलमानों को पश्चिमी विज्ञान से परिचित कराने के लिए
(d) permission for child marriage बाल विवाह की अनुमति के लिए

Ans. (a)

अगर वेद समाज ने रूढ़िवादी हिन्दुत्व के अंधविश्वासों की सख्त निंदा की तो प्रार्थना समाज ने जातीय बंधनों के उन्मूलन के लिए प्रयास किया प्रार्थना समाज ने रानाडे के नेतृत्व में जाति प्रथा, बाल-विवाह, मूर्ति पूजा तथा हिन्दू समाज की अन्य कुरीतियों के विरुद्ध आंदोलन किया।

132. Which of the following statements is true in case of social reform and caste abolition?

निम्नलिखित में से कौन से कथन सामाजिक सुधार और जातीय उन्मूलन के संदर्भ में सही है?

(A) Rammohun Roy wrote pamphlets written as a dialogue to spread his ideas. / राममोहन राय ने अपने विचारों के प्रसार के लिए पर्चे लिखे जो संवाद के रूप में थे।

(B) Singh Sabha leaders promoted modern education and Sikh teachings. / सिंह सभा के नेताओं ने आधुनिक शिक्षा और सिख सिद्धांतों का प्रोत्साहन किया।

(C) Periyar's teachings promoted the idea of equality through religion. / पेरियार के शिक्षण में समानता का विचार धर्म के माध्यम से प्रोत्साहित किया गया।

Choose the correct option. / सही विकल्प का चयन करें।

(a) Only (A) and (B) / केवल (A) और (B)
(b) Only (B) and (C) / केवल (B) और (C)
(c) Only (A) and (C) केवल (A) और (C)
(d) (A) (B) and (C) (A) (B) और (C)

Ans. (a)

पेरियार द्वारा शुरू किया गया आत्म-सम्मान आंदोलन का उद्देश्य हिन्दु सामाजिक व्यवस्था को उसकी समग्रता में शामिल करना और जाति, धर्म और ईश्वर के बिना एक नया तर्क संगत समाज बनाना था। पेरियार समाज में व्याप्त सभी असमानताओं के लिए धर्म को उत्तरदायी मानते थे पेरियार की राय में धर्म वास्तव में सभी बुराइयों का स्रोत हैं, अतः उन्होंने हिन्दू धर्म की आलोचना शुरू कर दी। कथन (A) और (B) सही है तथा (C) गलत है।

133. Arrange the following statements from earliest to recent, to reflect the emergence of Nationalism:

राष्ट्रवाद के उदय को प्रतिविम्बित करने के लिए निम्नलिखित को प्रारंभिक से नूतन क्रम मे लगाएँ:

(A) Rise of consciousness that Indian people should be sovereign. / भारतीय लोगो को संम्पन होना चाहिए यह चेतना जागृत हुई।

(B) Withdrawal of Ilbert Bill/ इल्बर्ट बिल को वापस लेना।
(C) Formation of Indian National Congress. / भारतीय राष्ट्रीय काँग्रेस की स्थापना
(D) Enactment of Vernacular Press Act / वर्नाक्यूलर प्रेस एक्ट का पारित होना।

(a) (C), (B), (A) and (D) / (C), (B), (A) और (D)
(b) (B), (A), (D) and (C) / (B), (A), (D) और (C)
(c) (A), (D), (B) and (C) / (A), (D), (B) और (C)
(d) (D), (C), (A) and (B)/ (D), (C), (A) और (B)

Ans.(c)

राष्ट्रवाद के उदय को प्रतिबिंबित करने का प्रारंभिक से नूतन क्रम - भारतीय लोगों को सम्प्रभू होना चाहिए, यह चेतना जागृत हुई वर्नाक्यूलर प्रेस एक्ट का पारित होना (1878), इल्बर्ट बिल को वापस लेना (1883), भारतीय राष्ट्रीय कांग्रेस की स्थापना (1885)

134. Consider the following resources:
निम्न संसाधनों पर विचार कीजिए।

(A) Mica / अभ्रक
(B) Forest / वन
(C) Natural Gas/प्राकृतिक गैस
(D) Soil / मृदा
(E) Water / जल

Which of the above are examples of renewable resource? / उपर्युक्त में से कौन सा से प्राकृतिक संसाधन नवीकरणीय संसाधन के उदाहरण है?

(a) Only (A), (B) & (C) / केवल (A), (B) और (C)
(b) Only (B), (C) & (D) /केवल (B), (C) और (D)
(c) Only (B), (D) & (E) / केवल (B), (D) और (E)
(d) Only (B), (C) & (E) / केवल (B), (C) और (E)

Ans.(c)

वन, मृदा, और जल नवीकरणीय संसाधन के उदाहरण हैं क्योंकि ये प्राकृतिक प्रक्रियाओं के माध्यम से पुन: उत्पन्न हो सकते हैं। वनों को काटने के बाद, उन्हें फिर से उगाया जा सकता है यदि उचित प्रबंधन किया जाए। उचित संरक्षण उपायों के माध्यम से, वन पर्यावरण को संतुलित रखते हुए, बायोडायवर्सिटी को भी बनाए रखते हैं। मृदा प्राकृतिक रूप से बनती है, और सही कृषि पद्धतियों के माध्यम से इसे फिर से तैयार किया जा सकता है। जल का पुनः उत्पादन जल चक्र के माध्यम से होता है, जिसमें वाष्पीकरण, संघनन, और वर्षा शामिल हैं।

135. Which factors play a major role in the formation of soil?
मृदा के विरचन / गठन में कौन से कारक मुख्य भूमिका निभाते हैं?

(A) Parent rock/मूल चट्टान
(B) Topography / स्थलाकृति
(C) Climatic factors / जलवायु संबंधी कारक
(D) Time / समय

(a) Only (A) केवल (A)
(b) Only (B) and (C) / केवल (B) तथा (C)
(c) Only (D) केवल (D)
(d) Only (A) and (C)/केवल (A) तथा (C)

Ans. (d)

मृदा का गठन मूल चट्टान से शुरू होता है, जो मृदा के खनिज सामग्री और संरचना को निर्धारित करती है। वर्षा, तापमान, और आर्द्रता जैसे जलवायु कारक मृदा के गठन में महत्वपूर्ण भूमिका निभाते हैं। ये मौसम की स्थिति और जैविक प्रक्रियाओं को प्रभावित करते हैं, जिससे मृदा के विकास में मदद मिलती है।

136. Which of the following is odd in reference to steel producing centers in India?
निम्नलिखित में से कौन सा युग्म भारत में इस्पात उत्पादन केन्द्रों के संदर्भ विषम है?

(a) Aligarh - Uttar Pradesh/ अलीगढ़ - उत्तर प्रदेश
(b) Vijay Nagar - Karnataka/ विजयनगर - कर्नाटक
(c) Vishakhapatnam - Andhra Pradesh विशाखापत्तनम - अन्ध्रप्रदेश
(d) Salem - Tamil Nadu/ सलेम – तमिलनाडु

Ans.(a)

अलीगढ़-उत्तर प्रदेश युग्म भारत में इस्पात उत्पादन केन्द्रों के संदर्भ विषम है। जबकि विशाखापट्टनम (आंध्र प्रदेश) स्थित विजाग इस्पात संयंत्र पहला पत्तन आधारित संयंत्र है। इसकी शुरुआत 1992 में हुई। विजय नगर इस्पात संयंत्र कर्नाटक में है। सलेम (तमिलनाडु) इस्पात संयंत्र की शुरुआत 1982 में की गई।

137. Read the statements and select the correct answer from the options below.
कथनों को पढ़िए और नीचे दिए गए विकल्पों में से सही उत्तर चुनिए

Statement A: Sericulture is breeding of fish in specially constructed tanks and ponds / कथन: सेरीकल्चर विशेष रूप से निर्मित तालाबों और पोखरों में मत्स्यपालन होता है।

Statement B: Pisciculture is commercial rearing of silkworms. / कथन B: पिसीकल्चर रेशम के कीटों का वाणिज्यिक पालन होता है।

(a) A is true but B is false / A सही है, B गलत है।
(b) A is false but B is true / A गलत है, B सही है।
(c) Both A and B are true / दोनों A और B सही है।
(d) Both A and B are false / दोनों A और B गलत है।

Ans. (d)

रेशम प्राप्त करने के लिए रेशम के कीटों को पालना रेशम कीट पालन (सेरीकल्चर) कहलाता है। सेरीकल्चर में (रेशम उत्पादन) रेशम के कीटों का वाणिज्यिक पालन होता है। इस प्रकार कथन A गलत है। जबकि पिसीकल्चर (मत्स्य पालन) विशेष रूप से निर्मित तालाबों और पोखरों में मत्स्य पालन होता है। इस प्रकार दिया गया कथन B भी गलत है।

138. The 5 rings in the symbol of Olympic Games represent:
ओलंपिक खेलों के प्रतीक में 5 छल्ले दर्शाते हैं:

(a) It symbolizes the gathering of athletes from all over the world. / विश्व - भर से खिलाड़ियों के एकत्र होने का प्रतीक हैं।
(b) It symbolizes world peace. / विश्व शांति का प्रतीक हैं।
(c) It symbolizes the 5 most powerful countries of the world. / विश्व के 5 सबसे शक्तिशाली देशों का प्रतीक हैं।
(d) It symbolizes the 5 oceans of the world. / विश्व के 5 महासागर का प्रतीक हैं।

Ans. (a)

व्याख्या: ओलंपिक खेलों के प्रतीकों में से एक प्रतीक, ओलंपिक के पाँच छल्ले हैं। ये छल्ले विश्व-भर से खिलाड़ियों के एकत्र होने का प्रतीक हैं। इन छल्लों को पाँच बसे हुए महाद्वीपों अफ्रीका, अमेरिका, एशिया, आस्ट्रेलिया और यूरोप का प्रतिनिधित्व करने के लिए चुना गया था।

139. Cave painting in Sahara Desert depicts rivers and different kinds of animals. It shows that:
सहारा मरुस्थल के गुफा चित्रों में नदियों और विभिन्न प्रकार के जानवरों को दिखाया गया है। यह दर्शाता है कि:

(a) People of Sahara had been highly imaginative / सहारा के लोग बहुत कल्पनाशील थे।
(b) People of Sahara had travelled across the world / सहारा के लोग दुनिया घूमे हुए थे।
(c) Climatic change occurred in the Saharan area/ सहारा के क्षेत्र में जलवायु परिवर्तन हुआ था।
(d) Foreigners were staying in Sahara / विदेशी सहारा के क्षेत्र में रहते थे।

Ans.(c)

सहारा मरुस्थल के गुफा चित्रों में नदियों और विभिन्न प्रकार के जानवरों को दिखाया गया है जो यह दर्शाता है कि सहारा क्षेत्र में जलवायु परिवर्तन हुआ था। हजारों साल पहले महारा रेगिस्तान बहुत सारे पानी के श्रोतों, वनस्पति और वन्य जीवन के साथ आज से बहुत अलग था। चाड़ में एनेडी की गुफाओं से गुफा चित्र और पेट्रोग्लिफ, अतीत में सहारा रेगिस्तान कैसा था, इस बारे में और जानने के लिए एक महत्वपूर्ण स्रोत है।

140. Assertion (A): Short stunted trees and grasses form the grasslands.
कथन (A) छोटे आकार वाले वृक्ष और घास, घास-स्थलों का निर्माण करते है।

Reason (R): Amount of moisture regulates the sizes of trees and their density. / कारण-(A) आर्दता की मात्रा वृक्षों के आकार और उसके घनत्व को प्रभावित करती है।

Choose the correct option.

(a) Both (A) and (R) are true and (R) is the correct explanation of (A) / (A) और (R) दोनों सही है और (R) सही व्याख्या करता है (A) की

(b) Both (A) and (R) are true but (R) is not the correct explanation of (A)/) (A) और (R) दोनों सही है और (R) सही व्याख्या नहीं करता है (A) की।

(c) (A) is true but (R) is false (A) सही है लेकिन (R) गलत है।

(d) Both (A) and (R) are false (A) और (R) दोनों गलत हैं।

Ans.(a)

वनस्पति की वृद्धि मुख्य रूप से तापमान और आर्द्रता पर निर्भर करती है। भारी वर्षा वाले क्षेत्रों में विशाल वृक्ष उग सकते हैं। इस प्रकार वन प्रचुर जल आपूर्ति वाले क्षेत्रों में ही पाए जाते है। जैसे-जैसे आर्द्रता कम होती है। वैसे-वैसे वृक्षों का आकार और उनकी सधनता कम हो जाती है। सामान्य वर्षा वाले क्षेत्रों में छोटे आकार वाले वृक्ष और घास उगती है जिससे विश्व के घास स्थलों का निर्माण होता है। अतः (A) और (R) दोनों सही है और (R) सही व्याख्या करता है (A) की।

141. Which of the following is a permanent wind?

निम्नलिखित में से कौन सी स्थायी पवनें हैं?

(a) Easterlies and Monsoon winds /पूर्वी पवनें और मानसूनी पवनें

(b) Loo and Monsoon winds / लू और मानसूनी पवनें

(c) Sea breeze and Westerlies / समुद्री समीर और पश्चिमी पवनें

(d) Trade winds and Westerlies / व्यापारिक पवनें और पश्चिमी पवनें

Ans. (d)

व्यापारिक पवनें और पश्चिमी पवनें स्थायी पवने हैं। स्थायी पवनें पूरे वर्ष चलती है। इसलिए इन्हें स्थायी पवनें कहते है। स्थायी पवनों के प्रकार

1. व्यापारिक पवनें

2. पूर्वी हवाएं

3. पश्चिमी पवनें

142. Consider the following statements (A) and (B) about the winds:

पवनों के बारे में दिए गए निम्न दो कथनों (A) और (B) पर ध्यान दें:

(A) The wind blows from high pressure to low pressure. / पवनें उच्च दाब से निम्न दाब की ओर बहती है।

(B) Rotation of the earth is also one of the factor which affects the direction of the winds. / पवनों की दिशा निर्धारण में पृथ्वी का अपने अक्ष पर घूमना भी एक कारक के रूप में प्रभावित करता है।

Choose the correct option. / सही विकल्प का चुनाव कीजिए:

(a) Both (A) and (B) are true and (B) is the correct explanation of (A) / (A) तथा (B) दोनों सही हैं तथा (B), (A) की सही व्याख्या है।

(b) Both (A) and (B) are true but (B) is not the correct explanation of (A) / दोनों (A) तथा (B) सही हैं किन्तु (B), (A) की सही व्याख्या नहीं है।

(c) (A) is true but (B) is false. (A) सही है किन्तु (B) गलत है।

(d) (A) is false but (B) is true (A) गलत है, किन्तु (B) सही है।

Ans. (b)

वायुदाब में क्षैतिज विषमताओं के कारण हवा उच्च वायुदाब क्षेत्र से निम्न वायुदाब क्षेत्र की ओर बहती है। पवनों की दिशा निर्धारण में पृथ्वी का अपने अक्ष पर घूमना भी एक कारक के रूप में प्रभावित करता है। (कोरिऑलिस बल के प्रभाव के कारण)। अतः कथन (A) और (B) दोनों सही है किन्तु (B), (A) की सही व्याख्या नहीं है।

143. Read the following statements (A) and (B):

निम्नलिखित कथनों (A) तथा (B) को पढ़ें

(A) Due to varied climatic conditions, India has a wide range of natural vegetation. विभिन्न जलवायविक दशाओं के चलते भारत में प्राकृतिक वनस्पतियों में काफी भिन्नता पाई जाती है।

(B) Natural vegetation of any area is dependent only on rainfall in that area. / किसी क्षेत्र विशेष की प्राकृतिक वनस्पति केवल वहाँ पर होने वाली वर्षा पर निर्भर करती है।

Choose the correct option. / सही विकल्प का चयन कीजिए।

(a) Only (A) is true. केवल (A) सही है।
(b) Only (B) is true. केवल (B) सही है।
(c) Both (A) and (B) are true. / दोनों (A) तथा (B) सही हैं।
(d) Neither (A) is true nor (B) न तो (A) सही है ना ही (B) सही है।

Ans. (a)

मिट्टी और जलवायु में विभिन्नता के कारण भारत में प्राकृतिक वनस्पतियों में काफी भिन्नता पायी जाती है। किसी क्षेत्र विशेष की वनस्पति वहाँ पर होने वाली वर्षा और तापमान पर निर्भर करती है। यह मिट्टी की मोटाई और ढलान जैसे कारकों पर भी निर्भर करती है। अतः केवल कथन (A) सही है।

144. Prince Charles mountains, which is associated with iron ore is located in:
लौह अयस्क से सम्बद्ध प्रिंस चार्ल्स पर्वत अवस्थित है-

(a) Australia/ ऑस्ट्रेलिया में
(b) Antarctica / अंटार्कटिका में
(c) North America/ उत्तर अमेरिका में
(d) South America/ दक्षिण अमेरिका में

Ans. (b)

लौह अयस्क से सम्बद्ध प्रिंस चार्ल्स पर्वत अंटार्कटिका में अवस्थित है।

145. Which of the given factors can change any substance into resource?
दिए गए कौन से कारक किसी भी पदार्थ को संसाधन में परिवर्तित कर सकते हैं।

(A) Time / समय
(B) Technology/प्रौद्योगिकी
(C) Need/ जरूरत

(a) (A) and (B) only / केवल (A) और (B)
(b) (B) and (C) only / केवल (B) और (C)
(c) (A) and (C) only / केवल (A) और (C)
(d) (A), (B) and (C) / (A), (B) और (C)

Ans. (d)

समय और प्रौद्योगिकी दो महत्वपूर्ण कारक है जो किसी पदार्थ को संसाधनों में बदल सकते है। दोनों लोगों की जरूरतों से सम्बन्धित है। कोई भी वस्तु जिसकी हमारे लिए कुछ उपयोगिता होती है, संसाधन कहलाती है। संसाधनों को आमतौर पर निम्न प्रकारों में वर्गीकृत किया जाता है- प्राकृतिक एवं मानव निर्मित और मानव संसाधन।

146. Which of the following plantations are found in the tropical regions of the world?
निम्नलिखित में से कौन सी रोपण कृषि विश्व के उष्ण कटिबंधीय प्रदेशों में पाई जाती है?

(a) Rubber in Malaysia/मलेशिया में रबड़
(b) Coffee in Brazil/ ब्राजील में कॉफी
(c) Tea in India/भारत में चाय
(d) Maize in Canada / कनाडा में मक्का

Ans. (c)

रोपण कृषि वाणिज्यिक कृषि का एक प्रकार है जहाँ चाय, काजू, रबड़, केला अथवा कपास की एकल फसल उगाई जाती है। इसमें वृहत पैमाने पर श्रम और पूंजी की आवश्यकता होती है। रोपण कृषि मुख्य क्षेत्र विश्व के उष्ण कटिबंधीय प्रदेशों में पाये जाते हैं। मलेशिया में रबड़, ब्राजील में कॉफी, भारत और श्रीलंका में चाय इसके कुछ उदाहरण है।

147. Statement (A): Population density is less in mountainous areas.
कथन(A): पर्वतीय क्षेत्रों में जनसंख्या घनत्व कम होता है।

Reason/कारण(R): The climate of mountainous areas is harsh and there is shortage of cultivable land.

कारण(R): पर्वतीय क्षेत्रों की जलवायु कठोर होती है तथा कृषि योग्य भूमि की कमी होती है।

(a) Both A and R are correct, and R is the correct explanation of A./A तथा R दोनों सहीं है और R, A की सही व्याख्या करता है।

(b) Both A and R are correct, and R is not the correct explanation of A./A तथा R दोनों सही है और R, A की सही व्याख्या नहीं करता है।

(c) A is correct, but R is wrong. / A सही है किन्तु R गलत है।

(d) A is wrong, but R is correct. / A गलत है किन्तु R सही है।

Ans. (a)

व्याख्या: पर्वतीय क्षेत्र में कृषि योग्य भूमि की कमी, आदर्श जीवन जीने की परिस्थितियां ना होना ,यातायात की सुगमता में कमी ,कठोर जलवायु का होना आदि के कारण जनसंख्या घनत्व कम होता है।

148. Statement (A): Most of the plains are formed by rivers and their tributaries.

कथन(A): अधिकांश मैदान नदियों तथा उनकी सहायक नदियों के द्वारा बने होते हैं।

Reason (R): Rivers deposit the materials brought with them [such as stones, sand and silt] in the valleys.

कारण(R): नदियाँ अपने साथ लाये गये पदार्थों जैसे-पत्थर, बालू तथा सिल्ट] को घाटियों में निक्षेपित कर देती हैं।

(a) Both A and R are correct, R is not the correct explanation of A. / A तथा R दोनों सहीं हैं, R, A का सही स्पष्टीकरण नहीं करता है।

(b) Both A and R are correct, and R is the correct explanation of A. / A तथा R दोनो सही हैं, और R, A का सही स्पष्टीकरण करता है।

(c) A is correct, but R is wrong. / A सही है किंतु R गलत है।

(d) A is wrong, but R is correct. / A गलत है किंतु R सही है।

Ans. (b)

व्याख्या: नदियां पहाड़ों से अपने साथ पत्थर बालू तथा सिल्ट को बहा कर लाती है और अपने रास्ते में उन्हें निक्षेपित कर देती है जिससे विशाल मैदाने का निर्माण होता है नदियों द्वारा निर्मित मैदान उपजाऊ जलोढ़ मृदा के बने होते हैं।

149. Which among the following statements is true about Judiciary in India?

भारत में न्यायपालिका के विषय में निम्नलिखित में से कौन सा वाक्य सही है?

(a) There is not hierarchy between different levels of the judiciary. / न्यायपालिका के विभिन्न स्तर पदानुक्रमित व्यवस्था में नहीं है।

(b) The Chief Justice of a High Court is the highest judge in the country. / एक उच्च न्यायालय का न्यायाधीश देश का सर्वोच्च न्यायाधीश होता है।

(c) An appeal can be made in a High Court against a judgement passed by the Supreme Court. / उच्चतम न्यायालय के फैसले के खिलाफ एक उच्च न्यायालय में सुनवाई की मांग की जा सकती है।

(d) Different levels of court are connected with each other through appellate an system. / न्यायपालिका के विभिन्न स्तर एक-दूसरे से अपील व्यवस्था के द्वारा जुड़े हुए हैं।

Ans. (d)

भारत में न्यायपालिक के 3 स्तर पाये जाते हैं, जिनमें सर्वोच्च स्थान पर भारत का उच्चतम न्यायालय है। ये एक दूसरे से अपील व्यवस्था द्वारा जुड़े हुए है। सर्वोच्च न्यायालय भारत का सर्वोच्च अपीलीय न्यायालय हैं। अन्य दिये गये विकल्प गलत है।

150. Hakim Sheikh and Paschim Banga Khet Mazdoor Samiti had filed a petition in the court to ensure which of the following?

हाकिम शेख एवं पश्चिम बंग खेत मजदूर समिति ने निम्नलिखित में से क्या मुहैया करवाने के लिए न्यायलय में याचिका दायर की थी?

(a) Medical Aid and health care / चिकित्सा एवं स्वास्थ्य सेवाएँ

(b) Minimum wage / न्यूनतम आय

(c) Right to shelter / आश्रय का अधिकार

(d) Land rights / भूमि अधिकार

Ans.(a)

हाकिम रेस एवं पश्चिम बंग खेल मजदूर समिति ने चिकित्सा एवं स्वास्थ्य सेवाएं मुहैया करवाने के लिए न्यायालय में याचिका दायर की थी।

151. Stereotyping a community often results in its

किसी समुदाय के बारे में रुढ़िबद्ध धारणाएँ अक्सर उसके का कारण बनती हैं।

(a) Development / विकास
(b) Empowerment / सशक्तिकरण
(c) Marginalization / हाशियाकरण
(d) Diversification / विविधीकरण

Ans.(c)

किसी समुदाय के रूढ़िबद्ध धारणाएँ अक्सर उसके : हाशियाकरण का कारण बनती है। किसी समूह के सभी सदस्यों के बारे में विश्वासों का ऐसा संग्रह जिसमें विवेकपूर्ण आधार की कमी होती है रूढ़िवादिता कहलाती है।

152. Judiciary has the power to strike down particular laws passed by the Parliament if it believes that they violate the structure of the Constitution. This is called:

यदि न्यायपालिका को लगता है कि संसद द्वारा पारित किया गया कोई कानून संविधान के आधारभूत ढाँचे का उल्लंघन कर रहा है तो उसे रद्द करने का उसके पास अधिकार है। यह कहलाता है:

(a) Dispute resolution / विवादों का निपटारा
(b) Judicial Review / न्यायिक समीक्षा
(c) Upholding Law and enforcing Fundamental Rights कानून की रक्षा और मौलिक अधिकारों का क्रियान्वयन
(d) Independent Judiciary / स्वतंत्र न्यायपालिका

Ans. (b)

संविधान की व्याख्या का अधिकार मुख्य रूप से न्यायपालिका के पास ही होता है। यदि न्यायपालिका को ऐसा लगता है कि संसद द्वारा पारित किया गया कोई कानून संविधान के आधारभूत ढाँचे का उल्लंघन करता है तो वह उस कानून को रद्द कर सकती है। इसे न्यायिक समीक्षा कहा जाता है।

153. Which of the following is correct about Rights of Persons with Disabilities Act, 2016?

निम्नलिखित में से कौन सा विकलांग व्यक्तियों के लिए बनाए गए, विकलांगता अधिनियम 2016 के संदर्भ में सही नहीं है?

(a) The government encourages education of disabled children in special schools. / सरकार विशेष विद्यालयों (स्कूलों) में विकलांग बच्चों की शिक्षा को प्रोत्साहित करती है।
(b) Persons with disabilities have equal rights for their full participation in the society / समाज में पूर्ण भागीदारी के लिए विकलांग व्यक्तियों को भी समान अधिकार प्राप्त हैं।
(c) The union government has to allot 10% seats in its educational institutions for persons with disabilities./ केन्द्र सरकार को विकलांग व्यक्तियों हेतु उच्च शिक्षा संस्थानों में 10% आरक्षण दिया जाना चाहिए।
(d) Only the central government offices and institutions to be made accessible and facilitated with ramps. केवल केन्द्र सरकार के ऑफिस तथा संस्थानों को पहुँच योग्य बनाना तथा उनमें रैम्प (ढलान) बनाए जाने चाहिए।

Ans. (a)

विकलांगता अधिनियम, 2016 में प्रावधान है कि उच्च शिक्षा की सभी सरकारी संस्थाएँ सरकार से सहायता प्राप्त कर सकती है सरकार सभी विद्यालयों (स्कूलों) में विकलांग बच्चों की शिक्षा को प्रोत्साहित करती है। अतः विकल्प (a) गलत है।

154. Which of the following is an accurate description of the Bhopal Gas Tragedy of 1984?

निम्नलिखित में से किसे 1984 की भोपाल गैस त्रासदी का एकदम सही वर्णन मानेंगे?

(a) Explosion in the Compressed Natural Gas (CNG) plant./सम्पीड़ित प्राकृतिक गैस (CNG) प्लांट में विस्फोट
(b) Blast in the store house of Liquefied Petroleum Gas (LPG) cylinder. / रसोई गैस सिलेंडर (LPG) गोदाम में विस्फोट

(c) Production of poisonous gas to kill rats in the local area spreading disease. / क्षेत्रिय स्तर पर बीमारी फैला रहे चूहों को मारने के लिए एक जहरीली गैस का उत्पादन

(d) Leakage of poisonous gas from a pesticide production plant कीटनाशक का उत्पादन करने वाले एक प्लांट से जहरीली गैस का रिसाव

Ans. (d)

1984 की भोपाल गैस सदी कीटनाशक का उत्पादन करने वाले एक प्लांट से जहरीली गैस के रिसाव के कारण हुआ था। इसका मुख्य कारण मिथाइल आइसोसाइनाइट का रिसाव था। मिथाइल आइसोसाइनाइट एक ऐसा लिक्विड है जिसका कोई रंग नहीं होता है। इसका उपयोग कीटनाशक और प्लास्टिक तैयार करने में किया जाता है।

155. Which of the following dance forms were recognized as 'classical' forms of dance after India's Independence?
निम्नलिखित में से किन नृत्य रूपों को भारत की स्वतंत्रता के पश्चात् 'शास्त्रीय' नृत्य रूपों के रूप में पहचान दी गई?

(a) Bihu, Bharatanatyam, Kathak, Kathakali, Odissi and Manipuri / बिहू, भरतनाट्यम, कथक, कथकली, ओडिसी एवं मणिपुरी

(b) Bharatanatyam, Kathak, Kathakali, Odissi, Kuchipudi and Manipuri / भरतनाट्यम, कथक, कथकली, ओडिसी, कुचिपुड़ी एवं मणिपुरी

(c) Bharatanatyam, Kathakali, Odissi, Bhangra, Kuchipudi and Manipuri / भरतनाट्यम, कथकली, ओडिसी, भांगड़ा, कुचिपुड़ी एवं मणिपुरी

(d) Bharatanatyam, Kathak, Bhangra, Odissi, Kuchipudi and Kathakali / भरतनाट्यम, कथक, भांगड़ा, ओडिसी, कुचिपुड़ी एवं कथकली

Ans. (b)

भारत की स्वतंत्रता के बाद, देश की सांस्कृतिक विरासत को संरक्षित करने के लिए छह शास्त्रीय नृत्य रूपों को आधिकारिक तौर पर मान्यता दी गई थी। ये हैं भरतनाट्यम, कथक, कथकली, ओडिसी, कुचिपुड़ी और मणिपुरी। प्रत्येक नृत्य शैली शैली में अद्वितीय है, जो अनुग्रह, कहानी कहने, जटिल आंदोलनों और गहरी सांस्कृतिक और ऐतिहासिक जड़ों की विशेषता है।

156. Consider the following statements about the Mansabdari system:
मनसबदारी व्यवस्था के संदर्भ में निम्नलिखित कथनों पर विचार कीजिए:

A. The term 'Mansabdar' referred to an individual who held a position. / 'मनसबदार' शब्द का प्रयोग ऐसे व्यक्तियों के लिए होता था, जिन्हें कोई पद मिलता था।

B. It was a grading system used to fix rank, salary and military responsibilities. / यह एक श्रेणी-व्यवस्था थी जिसके जरिए पद, वेतन और सैल्य उत्तरदायित्व निर्धारित किए जाते थे।

Choose the correct option. / सही विकल्प का चयन कीजिए।

(a) Both A and B are true. / A और B दोनों सत्य है।

(b) Both A and B are false. / A और B दोनों असत्य हैं।

(c) A is true but B is false. / A सत्य है लेकिन B असत्य है।

(d) A is false but B is true. / A असत्य है लेकिन B सत्य है।

Ans. (a)

मुगल साम्राज्य में मनसबदारी प्रणाली के तहत अधिकारियों (मनसबदारों) को रैंक दी जाती थी, जिससे उनकी स्थिति, वेतन और सैन्य कर्तव्यों का निर्धारण होता था। इसने दक्षता और जवाबदेही सुनिश्चित करते हुए, प्रत्येक रैंक के लिए जिम्मेदारियाँ, मुआवजा और सैनिक कोटा निर्धारित करके सेना और प्रशासन को संगठित किया। इसलिए, A और B दोनों कथन सत्य हैं।

157. Consider the following statements regarding Mehrgarh:
मेहरगढ़ के संबंध में निम्नलिखित कथनों पर विचार कीजिए:

A. Mehrgarh was the place where people learnt to grow rice and maize for the first time. / मेहरगढ़ वह स्थान था जहाँ लोगों ने पहली बार चावल एवं मको उगाना सीखा।

B. The bones of deer, sheep and goat were also found at Mehrgarh. / मेहरगढ़ में हिरणों, भेड़ों एवं बकरियों की हड्डियाँ भी पाई गई।

C. Mehrgarh houses were square or rectangular in size. / मेहरगढ़ में घर चौकोर अथवा आयताकार थे।

Choose the correct statement(s). / सही कथन/ कथनों का चयन कीजिए।

(a) A and B / A और B
(b) B and C / B और C
(c) A and C / A और C
(d) Only A / केवल A

Ans. (b)

मेहरगढ़ के लिए कथन B और C सही हैं। कथन बी सत्य है क्योंकि साइट पर पाए गए हिरण, भेड़ और बकरियों की हड्डियाँ शिकार और पशुपालन का सुझाव देती हैं। कथन सी भी सटीक है, क्योंकि मेहरगढ़ में घर वर्गाकार या आयताकार थे, जो कच्ची ईंटों और पत्थरों से बने थे, जो प्रारंभिक शहरी नियोजन को दर्शाता है। कथन A गलत है क्योंकि मेहरगढ़ के प्रारंभिक चरण में चावल और मक्का नहीं उगाए जाते थे।

158. Consider the following statements on 'challenging the caste system':
'जाति प्रथा की चुनौतियों' के संदर्भ में निम्नलिखित कथनों पर विचार कीजिए:

A. Raja Ram Mohan Roy translated an old Buddhist text that was critical of caste. / राजा राम मोहन राय ने उस पुरातन बौद्ध ग्रंथ का अनुवाद किया जो जाति प्रथा की आलोचना करता था।

B. The Prarthana Samaj adhered to the tradition of Bhakti that believed in spiritual equality of all castes. / प्रार्थना समाज भक्ति की परंपरा का पालन करता रहा जो सभी जातियों की आध्यात्मिक समानता में विश्वास करता था।

C. The Paramhans Mandali was founded in 1860 to work for the abolition of caste. / जाति प्रथा उन्मूलन हेतु 1860 में परमहंस मंडली की स्थापना की गई थी।

Choose the correct statement (s). / सही कथन/ कथनों का चयन कीजिए।

(a) A and B / A और B
(b) B and C / B और C
(c) Only B / केवल B
(d) Only A / केवल A

Ans. (a)

कथन A और B सही हैं। कथन A सटीक है क्योंकि राजा राम मोहन राय ने जाति व्यवस्था की आलोचना करने वाले ग्रंथों का अनुवाद किया और सामाजिक सुधारों की पुरजोर वकालत की। कथन B भी सही है क्योंकि प्रार्थना समाज ने भक्ति परंपरा से प्रभावित होकर आध्यात्मिक समानता के विचार को बढ़ावा दिया और जाति-आधारित भेदभाव को खारिज कर दिया।

159. Match List-I with List-II:
सूची-I का सूची-II से मिलान कीजिए:

List-I / सूची-I	List-II / सूची-II
(A) Leader of Salt Satyagraha in South India / दक्षिण भारत में नमक सत्याग्रह का नेता	(i) Veer Lakhan Nayak / वीर लखन नायक
(B) Organized Prabhat Pheris / प्रभातफेरियों का आयोजन किया	(ii) Subhas Chandra Bose / सुभाष चंद्र बोस
(C) Legendary tribal leader / विख्यात जनजातीय नेता	(iii) C. Rajagopalachari / सी० राजगोपालाचारी
(D) Radical nationalist / परिवर्तनशील राष्ट्रवादी	(iv) Ambabai / अम्बाबाई

Choose the correct option. / सही विकल्प का चयन कीजिए।

(a) (A)-(i), (B)-(ii), (C)-(iii), (D)-(iv)
(b) (A)-(ii), (B)-(iii), (C)-(iv), (D)-(i)
(c) (A)-(iii), (B)-(iv), (C)-(i), (D)-(ii)
(d) (A)-(iv), (B)-(iii), (C)-(ii), (D)-(i)

Ans. (3)

- सी. राजगोपालाचारी ने दक्षिण भारत में नमक

सत्याग्रह का नेतृत्व किया।

- अम्बाबाई ने सामाजिक और राजनीतिक जागरूकता के लिए प्रभात फेरी का आयोजन किया।
- वीर लखन नायक एक महान आदिवासी नेता थे जिन्होंने ब्रिटिश शासन के खिलाफ लड़ाई लड़ी थी।
- सुभाष चंद्र बोस एक कट्टरपंथी राष्ट्रवादी थे जिन्होंने भारतीय राष्ट्रीय सेना का नेतृत्व किया था।

160. Which of the following were demanded by the Indian National Congress in its early days?

भारतीय राष्ट्रीय काँग्रेस के आरंभिक दिनों में निम्नलिखित में से उनकी कौन-सी माँगें थीं?

A. Indianization of the administration / शासन का भारतीयकरण

B. Separation of the judiciary from the executive / न्यायपालिका को कार्यपालिका से अलग करना

C. Civil Service Examinations to be held in many Indian cities / भारत के कई शहरों में सिविल सेवा परीक्षा का आयोज

D. Purna Swaraj / पूर्ण स्वराज

Choose the correct option. / सही विकल्प का चयन कीजिए।

(a) Only A and B / केवल A और B
(b) A, B and C / A, B और C
(c) A, C and D / A, C और D
(d) B, C and D / B, C और D

Ans. (b)

सही उत्तर A, B और C है। अपने शुरुआती दिनों में, भारतीय राष्ट्रीय कांग्रेस (INC) ने प्रशासन के भारतीयकरण, न्यायपालिका को कार्यपालिका से अलग करने और सिविल सेवा परीक्षाओं की स्थापना सहित प्रमुख मांगें कीं। भारत। इन मांगों का उद्देश्य शासन में भारतीयों की भागीदारी बढ़ाना और अधिक स्वतंत्र न्यायिक प्रणाली सुनिश्चित करना था।

161. Match List-I with List-II in the context of List of Subjects currently in the Indian Constitution:

भारतीय संविधान में वर्तमान विषयों की सूची के संदर्भ में सूची-1 का सूची-II से मिलान कीजिए:

List-I / सूची-I	List-II / सूची-II
(A) State List / राज्य सूची	(i) Taxes / कर
(B) Union List / संघ सूची	(ii) Education / शिक्षा
(C) Concurrent List / समवर्ती सूची	(iii) Health / स्वास्थ्य

Choose the correct option. / सही विकल्प का चयन कीजिए।

(a) (A)-(ii), (B)-(i), (C)-(iii)
(b) (A)-(i), (B)-(ii), (C)-(iii)
(c) (A)-(iii), (B)-(i), (C)-(ii)
(d) (A)-(iii), (B)-(ii), (C)-(i)

Ans. (c)

- राज्य सूची में स्वास्थ्य जैसे विषय शामिल हैं जो राज्य के अधिकार क्षेत्र में हैं।
- संघ सूची में कर जैसे विषय शामिल हैं, जो केंद्र सरकार के नियंत्रण में हैं।
- समवर्ती सूची में शिक्षा जैसे विषय शामिल हैं, जिन पर केंद्र और राज्य सरकारें दोनों कानून बना सकती हैं।

162. The provision of Midday Meal Scheme in schools is extension of which of the fundamental rights granted to Indian citizens?

स्कूलों में मध्याह्न भोजन की योजना का प्रावधान निम्नलिखित में से भारतीय नागरिकों को प्राप्त किस मौलिक अधिकार का विस्तार है?

(a) Right to equality / समानता का अधिकार
(b) Right to life / जीवन का अधिकार
(c) Right against exploitation / शोषण के विरुद्ध अधिकार
(d) Right to freedom of religion / धार्मिक स्वतंत्रता का अधिकार

Ans. (b)

मध्याह्न भोजन योजना का उद्देश्य बच्चों को पोषण प्रदान करना है, जिससे उनका स्वास्थ्य और शिक्षा दोनों बेहतर हो सके। यह "जीवन का अधिकार" के अंतर्गत आता है, जो भारतीय संविधान के अनुच्छेद 21 में निहित है। इस योजना के माध्यम से, सरकार बच्चों के जीवन और स्वास्थ्य की गुणवत्ता में सुधार करने की कोशिश कर रही है, जो कि उनके लिए एक बुनियादी अधिकार है।

163. The phrase 'Justice delayed is Justice denied' refers to which of the following problems of the justice system in India?
"इंसाफ में देरी यानी इंसाफ का कत्ल, यह मुहावरा भारत की न्याय व्यवस्था से जुड़ी निम्नलिखित में से किस समस्या को दर्शाता है?

(a) Red tapism in bureaucracy / नौकरशाही में लालफीताशाही

(b) Inordinate delay in completion of trial by judiciary / न्यायालयों द्वारा सुनवाई खत्म करने में अप्रत्याशित देरी होना

(c) Long system of appeals going through various levels / अपील की लम्बी व्यवस्था जो कई स्तरों से होकर गुजरती है

(d) Grant of bail to the accused / आरोपी को जमानत दे देना

Ans. (b)

"इंसाफ में देरी यानी इंसाफ का कत्ल" का अर्थ है कि यदि न्याय मिलने में बहुत समय लग रहा है, तो असल में वह न्याय नहीं मिल रहा है। भारत में न्यायालयों में मामलों की लंबी सुनवाई और उनके निपटारे में होने वाली देरी इस समस्या को दर्शाती है। यह नागरिकों के अधिकारों और न्याय की अवधारणा के लिए एक गंभीर चुनौती है।

164. The Forest Rights Act (2006) is a law which recognizes the rights of:
2006 में लागू हुआ वन अधिकार अधिनियम एक ऐसा कानून है जो सुनिश्चित करता है। के अधिकारों को

(i) Forest Dwellers / वनवासी
(ii) Scheduled Tribes / अनुसूचित जनजाति
(iii) Paper Mill Owners / पेपरमिल मालिक
(iv) Animal rights activists / जानवर अधिकार कार्यकर्ता

Choose the correct option from the codes given below. / नीचे दिए गए कूटों में से सही विकल्प का चयन करें:

(a) (A) and (D)/(A) और (D)
(b) Only (A) केवल (A)
(c) (A) and (B) / (A) और (B)
(d) Only (D) केवल (D)

Ans.(c)

2006 में लागू हुआ वन अधिकार अधिनियम मुख्यतः वनवासी और अनुसूचित जनजातियों के अधिकारों को मान्यता देता है। यह अधिनियम इन समुदायों को उनके पारंपरिक वन संसाधनों और भूमि पर अधिकार सुनिश्चित करता है, जिससे उनकी पहचान और आजीविका की रक्षा होती है।

165. Marginalization is often associated to experiencing which of the following conditions?
निम्नलिखित में से किस स्थिति को अनुभव करने के साथ हाशियाकरण प्रायः संबंधित होता है?

(A) Disadvantage / अभाव / वंचन
(B) Discrimination / भेदभाव
(C) Equality / समानता
(D) pride / गर्व

Choose the correct option: / सही विकल्प का चयन कीजिए:

(a) (A) & (B) / (A) और (B)
(b) (A), (B) & (C) / (A), (B) और (C)
(c) (A) & (C) / (A) और (C)
(d) (A) & (D) / (A) और (D)

Ans. (a)

हाशियाकरण (Marginalization) अक्सर उन व्यक्तियों या समूहों के साथ जुड़ा होता है जो अभाव (Disadvantage) और भेदभाव (Discrimination) का अनुभव करते हैं। ये लोग समाज में कमजोर स्थिति में होते हैं और उनके अधिकारों और अवसरों को सीमित

किया जाता है। समानता और गर्व हाशियाकृत समूहों की स्थिति के विपरीत होते हैं।

166. The Indian judiciary upholds the rule of law, without any fear or external influence, and maintains effective control over the actions of the government because of:

भारतीय न्यायपालिका बिना किसी भय अथवा बाहरी दबाव के कानून का शासन की रक्षा करती है तथा सरकार के कार्यों पर प्रभावी नियंत्रण बनाए रखती है जिसकी वजह है:

(a) Supremacy of judiciary in India / भारत में न्यायपालिका की सर्वोच्चता
(b) Independence of judiciary in India / भारत में न्यायपालिका की स्वतंत्रता
(c) Judicial activism / न्यायिक सक्रियवाद
(d) Democratic values enshrined in Indian Constitution / भारतीय संविधान में प्रतिष्ठापित लोकतांत्रिक मूल्य

Ans. (b)

न्यायपालिका की स्वतंत्रता अदालतों को बाहरी प्रभाव के बिना काम करने की अनुमति देती है, जो कानून के शासन को बनाए रखने के लिए महत्वपूर्ण है। यह स्वायत्तता निष्पक्ष निर्णय लेने में सक्षम बनाती है और सरकार को जवाबदेह बनाती है, जिससे न्याय और कानून का उचित कार्यान्वयन सुनिश्चित होता है।

167. Fill in the blank with correct option. / रिक्त स्थान को सही विकल्प से भरें।

An alert and vigilant public is necessary for developing a strong ______.

एक दृढ़ ______ का विकास करने के लिए सतर्क और सजग जनता आवश्यक है।

(a) Monarchy / राजतंत्र
(b) Democracy / लोकतंत्र
(c) Oligarchy / गुटतंत्र
(d) Autocracy / एकतंत्र

Ans. (b)

सतर्क जनता लोकतंत्र के लिए महत्वपूर्ण है क्योंकि यह सक्रिय नागरिक सहभागिता और जवाबदेही को बढ़ावा देती है। यह भागीदारी सत्ता के दुरुपयोग को रोकने में मदद करती है, पारदर्शिता बढ़ाती है और यह सुनिश्चित करती है कि निर्वाचित अधिकारी लोगों की जरूरतों पर प्रतिक्रिया दें। संक्षेप में, एक जागरूक और चौकस आबादी एक स्वस्थ लोकतांत्रिक समाज की कुंजी है।

168. In Indian secularism, the state maintains a "Principled distance" with respect to religion. This means that:

भारतीय धर्मनिरपेक्षता में, राज्य, धर्म के संदर्भ में एक " सैद्धांतिक दूरी " बनाए रखता है। इसका अर्थ है:

(a) State could interfere in religious matters based on ideals laid out in the Constitution. / संविधान में दिए गए आदर्शों के आधार पर राज्य धार्मिक मामलों में हस्तक्षेप कर सकता है।
(b) State and religion can interfere in each other's matters. / राज्य और धर्म एक दूसरे के मामलों में हस्तक्षेप कर सकते हैं।
(c) State and religion cannot transgress each other's boundaries. / राज्य और धर्म एक दूसरे की सीमाओं का उल्लंघन नहीं कर सकते हैं।
(d) State can regulate religious affairs when need arises. / आवश्यकता पड़ने पर राज्य धार्मिक मामलों को नियंत्रित कर सकता है।

Choose the correct option: / सही विकल्प का चयन कीजिए:

(a) (a) and (b) / (a) और (b)
(b) (b) and (d) / (b) और (d)
(c) (a) and (d) / (a) और (d)
(d) (c) and (d) / (c) और (d)

Ans. (c)

भारतीय धर्मनिरपेक्षता में,, "सैद्धांतिक दूरी" का अर्थ है कि राज्य धार्मिक मामलों में हस्तक्षेप कर सकता है और संवैधानिक मूल्यों को बनाए रखने और सार्वजनिक हित की रक्षा के लिए आवश्यक होने पर धार्मिक मामलों को विनियमित कर सकता है, जबकि धर्म से सम्मानजनक दूरी बनाए रख सकता है।

169. Below are two statements A and B in the context of Khilafat Movement:
नीचे दो कथन A और B, ख़िलाफत आंदोलन के संदर्भ में हैं।

A. In 1920, the British imposed a harsh treaty on the Turkish Sultan (Khalifa). / 1920 में, अंग्रेज़ों ने तुर्की के सुल्तान (खलीफा) पर बहुत सख़्त संधि थोप दी थी।

B. Indian Muslims were keen that the Khalifa was not allowed to retain control over Muslim sacred places in the erstwhile Ottoman empire. / भारतीय मुसलमान चाहते थे कि पुराने ओटोमन साम्राज्य में स्थित पवित्र मुस्लिम स्थानों पर खलीफा का नियंत्रण नहीं होना चाहिए था।

Choose the correct option: / सही विकल्प का चयन कीजिए:

(a) A is true, but B is false. / A सही है, परन्तु B गलत है।
(b) Both A and B are false. / A और B दोनों ग़लत हैं।
(c) A is false, but B is true. / A ग़लत है, परन्तु B सही है।
(d) Both A and B are true. / A और B दोनों सही हैं।

Ans. (a)

कथन A सत्य है; सेवर्स की संधि (1920) ने ओटोमन साम्राज्य पर कठोर शर्तें लगाईं, जिसका असर सुल्तान (खलीफा) पर पड़ा। कथन B गलत है, क्योंकि भारतीय मुसलमानों ने ओटोमन साम्राज्य में मुस्लिम पवित्र स्थानों पर खलीफा के नियंत्रण का समर्थन किया और ब्रिटिश कार्यों का विरोध किया जिससे उस नियंत्रण को खतरा था।

170. Consider the following statements -
निम्नलिखित कथनों पर विचार कीजिए -

A. The early cities developed around 4700 years ago on the banks of the Indus and its tributaries. / सिंधु और इसकी सहायक नदियों के किनारे 4700 वर्ष पूर्व आरंभिक नगरों का विकास हुआ।

B. The cities developed around 2500 years ago on the banks of the Ganga and its tributaries and in the coastal areas. / गंगा व इसकी सहायक नदियों के किनारे तथा तटवर्ती इलाकों में नगरों का विकास लगभग 2500 वर्ष पूर्व हुआ।

Which of the above statements is correct? / उपरोक्त में से कौन सा कथन सत्य है?

(a) Only A is correct. / केवल A सही है।
(b) Only B is correct. / केवल B सही है।
(c) Both A and B are correct. / A तथा B दोनों सही हैं।
(d) Both A and B are incorrect. / A तथा B दोनो गलत हैं।

Ans. (c)

व्याख्या: सिंधु तथा इसकी सहायक नदियों के किनारे पर लगभग 4700 वर्ष पूर्व कुछ आरंभिक नगर फले-फूले। गंगा व इसकी सहायक नदियों के किनारे तथा समुद्र तटवर्ती इलाकों 4 में नगरों का निकास लगभग 2500 वर्ष पूर्व हुआ।

171. Read the following statements and choose the correct option:
निम्नलिखित कथनों को पढ़िए तथा सही विकल्प का चयन कीजिए:

Assertion (A): As the indigo trade grew, commercial agents and officials of the Company began investing in indigo production. / अभिकथन (A) : जैसे-जैसे नील का व्यापार बढ़ा, व्यावसायिक प्रतिनिधि तथा कम्पनी के कर्मचारी भी नील उत्पादन में निवेश करने लगे।

Reason (R): Attracted by the prospect of high profits, numerous Scotsmen and Englishmen came to India and became planters. / कारण (R) : इसमें होने वाले अधिक लाभ से आकर्षित होकर, बहुत से लोग स्कॉटलैंड और इंग्लैंड से भारत आए और बागान मालिक बन गए।

(a) (A) is true, but (R) is false. / (A) सही है, परन्तु (R) ग़लत है।

(b) Both (A) and (R) are true, but (R) is not the correct explanation of (A). / (A) और (R) दोनों सही हैं, परन्तु (R), (A) की सही व्याख्या नहीं है।

(c) (A) is false, but (R) is true. / (A) ग़लत है, परन्तु (R) सही है।

(d) Both (A) and (R) are true and (R) is the correct explanation of (A). / (A) और (R) दोनों सही हैं तथा (R), (A) की सही व्याख्या है।

Ans. (d)

दावा (A) सत्य है क्योंकि नील व्यापार की वृद्धि के कारण कंपनी के वाणिज्यिक एजेंटों और अधिकारियों द्वारा नील उत्पादन में निवेश किया गया। कारण (R) भी सच है, क्योंकि उच्च मुनाफे की संभावना ने कई स्कॉट्समैन और अंग्रेजों को बागान मालिक बनने के लिए भारत में आकर्षित किया, जो (A) में उल्लिखित प्रवृत्ति को समझाता है।

172. Which of the following statements are true about Buddha's teachings?
निम्नलिखित में से कौन-से कथन बुद्ध के उपदेशों के संबंध में सही हैं?

A. Our sufferings and unhappiness are a result of our past births. / हमारे कष्ट और दुख हमारे पिछले जन्मों के परिणाम हैं।

B. Our sufferings and unhappiness are a result of our cravings and desires. / हमारे कष्ट और दुख हमारी लालसाओं और इच्छाओं की वजह से हैं।

C. All believers had to accept and follow the teachings of Buddha for a happy life. / एक खुशहाल जीवन के लिए बुद्ध के सभी अनुयायियों को उनके उपदेशों को मानना और पालन करना आवश्यक था।

Choose the correct option: / सही विकल्प का चयन कीजिए:

(a) B and C / B और C
(b) A and C / A और C
(c) A, B and C / A, B और C
(d) A and B / A और B

Ans. (d)

कथन A सत्य है क्योंकि बौद्ध धर्म दुख को पुनर्जन्म (संसार) और पिछले कर्म के चक्र से जोड़ता है। कथन B भी सत्य है, जो दुख के प्रमुख स्रोतों के रूप में लालसाओं और इच्छाओं की पहचान करता है। हालाँकि, कथन C भ्रामक है, क्योंकि बौद्ध धर्म सभी विश्वासियों को खुशी के लिए इसकी शिक्षाओं को स्वीकार करने की आवश्यकता के बजाय व्यक्तिगत समझ और अभ्यास पर जोर देता है।

173. The increased demand for Indian textiles in European markets in the sixteenth and seventeenth centuries led to the following changes for Indian weavers:
सोलहवीं और सत्रहवीं शताब्दियों में यूरोपीय बाज़ारों में भारतीय कपड़ों की माँग में तेजी आने से भारत के बुनकरों में निम्नलिखित परिवर्तन आए:

A. Expanding crafts of spinning, bleaching and dyeing / अधिकाधिक लोगों ने कताई, धुलाई और रंगाई का धंधा अपना लिया

B. Increased independence in working of craftsperson / शिल्पकारों के कामकाज में स्वतंत्रता में बढ़ोतरी

C. Variety in designs and increased creativity of craftsperson / डिज़ाइनों में बहुलता और शिल्पकारों की कलात्मकता में बढ़ोतरी

D. Working on a new system of advance payments from agents / एजेंटों से पहले ही पेशगी लेकर काम करने की नई प्रणाली

Choose the correct option: / सही विकल्प का चयन कीजिए:

(a) A and D / A और D
(b) B and C / B और C
(c) C and D / C और D
(d) A and B / A और B

Ans. (a)

यूरोपीय बाज़ारों में भारतीय वस्त्रों की बढ़ती माँग के कारण कताई, ब्लीचिंग और रंगाई जैसे शिल्पों का विस्तार हुआ। इसने एजेंटों से अग्रिम भुगतान की एक प्रणाली भी शुरू की, जिसका उद्देश्य लाभदायक यूरोपीय बाजार के लिए उत्पादन सुरक्षित करना था।

174. "From the earliest times, a spiritual and cultural unity was established in India, which became an integral part of the life stream of this great humanity between the Himalayas and the two seas." Who said this?

"भारत में प्रारंभिक काल से ही आध्यात्मिक और सांस्कृतिक एकता स्थापित हो गई थी, जो हिमालय और दो समुद्रों के बीच इस महान मानवता की जीवनध्धारा का अभिन्न अंग बन गई।" यह कथन किसका है?

(a) Dr. Sarvepalli Radhakrishnan / डा० सर्वपल्ली राधा कृष्णन
(b) Shri Arvind / श्री अरविंद
(c) Shri Haridas / श्री हरिदास
(d) Munshi Prem Chand / मुंशी प्रेमचंद

Ans. (b)

व्याख्या: कथन श्री अरविंद का है, जो भारत की आध्यात्मिक और सांस्कृतिक एकता को दर्शाता है, जो हिमालय से लेकर समुद्रों तक फैली हुई है। यह एकता भारत की विविधता में एकता की महत्वपूर्ण भूमिका को इंगित करती है और बताता है कि यह एकता मानवता के जीवन का एक अभिन्न हिस्सा है।

175. Consider the following statements:
निम्नलिखित कथनों पर विचार कीजिए:

A. By the second half of the nineteenth century, people from within the non-Brahmin castes began organizing movements against caste discrimination and demanded social equality and justice. / उन्नीसवीं सदी के दूसरे अर्ध तक, गैर-ब्राह्मण जातियों के भीतर से भी लोग जातीय भेदभाव के खिलाफ आवाज़ उठाने लगे और सामाजिक समानता और न्याय की माँग करते हुए आंदोलनों की शुरुआत की।

B. The Satnami Movement in Central India was founded by Ghasidas who worked among the leather workers and organized a movement to improve their social status. / मध्य भारत में सतनामी आंदोलन की शुरुआत घासीदास ने की, जिन्होंने चमड़े का काम करने वालों के बीच काम किया एवं उनको संगठित किया और उनकी सामाजिक स्थिति में सुधार के लिए आंदोलन किया।

Choose the correct option: / सही विकल्प का चयन कीजिए:

(a) A is true, but B is false. / A सही है, परन्तु B ग़लत है।
(b) Both A and B are true, but B is not an example of A. / A और B दोनों सही हैं, परन्तु B, A का उदाहरण नहीं है।
(c) Both A and B are false. / A और B दोनों ग़लत हैं।
(d) Both A and B are true, and B is an example of A. / A और B दोनों सही हैं और B, A का उदाहरण है।

Ans. (d)

दोनों कथन सत्य हैं: विभिन्न गैर-ब्राह्मण जातियों ने उन्नीसवीं सदी के अंत में जातिगत भेदभाव का मुकाबला करने और सामाजिक समानता को बढ़ावा देने के लिए आंदोलन आयोजित किए। घासीदास द्वारा स्थापित सतनामी आंदोलन ने चमड़े के श्रमिकों की सामाजिक स्थिति में सुधार लाने पर ध्यान केंद्रित किया, जो इस व्यापक प्रवृत्ति का एक उदाहरण है।

176. Who among the following reinterpreted verses from Quran to argue for women's education?

निम्नलिखित में से किसने कुरान की आयतों की पुनर्व्याख्या करके कहा कि महिलाओं को भी शिक्षा का अधिकार मिलना चाहिए?

(a) Begum Anis Qidwai / बेगम अनीस किदवई
(b) Mumtaz Ali / मुमताज़ अली
(c) Hajara Beebi Ismail / हजारा बीबी इस्माइल
(d) Begum Rokeya Sakhawat Hossain / बेगम रुकैया सखावत हुसैन

Ans. (b)

मुमताज अली ने महिलाओं की शिक्षा के पक्ष में तर्क देने के लिए कुरान की आयतों की पुनर्व्याख्या की और कहा कि इस्लाम महिलाओं की शिक्षा का समर्थन करता है और प्रतिबंधात्मक सांस्कृतिक प्रथाएं सच्ची इस्लामी

शिक्षाओं के साथ संरेखित नहीं हैं।

177. We know very less about tribal groups in the medieval period because:
मध्यकाल में जनजातीय समूहों के बारे में हमें बहुत कम जानकारी है क्योंकि:

(a) they did not keep written records so there is less information. / वे लिखित दस्तावेज़ नहीं रखते थे इसलिए उनके बारे में कम जानकारी उपलब्ध है।
(b) they were not living in areas where medieval rulers ventured. / वे उन इलाकों में नहीं रहते थे जहाँ मध्यकालीन शासक गए।
(c) they came into limelight only after the British established their rule. / ब्रिटिश शासन के स्थापित होने के बाद ही वे लोगों की नज़र में आ पाए।
(d) they were isolated and lived in seclusion. / वे अलगाव में थे और एकांत में रहते थे।

Ans. (a)

हम मध्यकाल में जनजातीय समूहों के बारे में बहुत कम जानते हैं, इसका मुख्य कारण यह है कि वे लिखित रिकॉर्ड नहीं रखते थे, जिससे उनके जीवन और समाज के बारे में विस्तृत ऐतिहासिक जानकारी प्राप्त करना मुश्किल हो जाता था।

178. "In the register of God's creation, since her account did not fall under the column of men, how did she gain from all of her excellent qualities?" For whom was this passage written in the thirteenth century?
"खुदा की रचना के खाते में, उसका ब्योरा चूँकि मर्दों की सूची में नहीं आता, इसलिए इतनी शानदार खूबियों से भी उसे आखिर हासिल क्या हुआ?" यह लेखांश तेरहवीं शताब्दी में किसके लिए लिखा गया था?

(a) Didda / दिद्दा
(b) Raziya / रज़िया
(c) Gautami / गौतमी
(d) Rudramadevi / रुद्रमादेवी

Ans. (b)

"ईश्वर की रचना के रजिस्टर में, चूंकि उसका खाता पुरुषों के कॉलम में नहीं आता था, तो उसने अपने सभी उत्कृष्ट गुणों से कैसे लाभ उठाया?" अनुच्छेद दिल्ली सल्तनत की एकमात्र महिला शासक रजिया सुल्तान को संदर्भित करता है, उन्होंने अपने असाधारण गुणों और पितृसत्तात्मक समाज में एक महिला के रूप में सामना की जाने वाली कठिनाइयों पर जोर दिया।

179. Which of the following statements is/are true about technology used in the twelfth century?
बारहवीं शताब्दी में प्रयुक्त प्रौद्योगिकी के संबंध में निम्नलिखित में से कौन-सा/से कथन सही है/हैं?

A. Arches were constructed to transfer the weight of the superstructure. / मेहराबों का निर्माण अधिरचना के भार को स्थानांतरित करने के लिए किया जाता था।
B. The center of the arch was called the base stone. / मेहराब का मध्य भाग आधारशिला कहलाता था।

Choose the correct option: / सही विकल्प का चयन कीजिए:

(a) Only A / केवल A
(b) Neither A nor B / न तो A और न ही B
(c) Only B / केवल B
(d) Both A and B / A तथा B दोनों

Ans. (a)

वास्तुकला में मेहराबों का उपयोग अधिरचना के भार को स्थानांतरित करने के लिए किया जाता था, जिससे कथन A सत्य हो जाता है। कथन B गलत है क्योंकि मेहराब के केंद्र को "कीस्टोन" कहा जाता है, "आधारशिला" नहीं।

180. In which of the following Palaeolithic sites, were tools made of limestone found?
निम्नलिखित में से कौन-से पुरापाषाण स्थल में चूना-पत्थर से बने औज़ार मिले थे?

(a) Koldihwa / कोल्डिहवा
(b) Inamgaon / इनामगाँव
(c) Brahmagiri / ब्रह्मगिरि
(d) Hunsgi / हुंस्गी

Ans. (d)

हुन्सगी चूना पत्थर से बने पुरापाषाणकालीन उपकरणों की खोज के लिए उल्लेखनीय है, जो प्रारंभिक मानव प्रौद्योगिकी और सामग्री के उपयोग के बारे में बहुमूल्य जानकारी प्रदान करता है।

181. Which one of the following is not true for Mahajanapadas regarding the collection of regular taxes?
निम्नलिखित में से कौन-सा महाजनपदों के नियमित रूप से कर वसूलने के संदर्भ में सही नहीं है?

(a) Hunters and gatherers also had to provide forest produce to the Raja. / आखेटकों तथा संग्राहकों को भी जंगल से प्राप्त वस्तुएँ राजा को देनी होती थीं।

(b) There were taxes on goods that were bought and sold, through trade. / व्यापार में खरीदी व बेची जाने वाली वस्तुओं पर कर लगाया जाता था।

(c) Usually, tax on crops was fixed at (half) of what was produced. / ज्यादातर फसलों पर कर उपज का (आधा) हिस्सा निर्धारित होता था।

(d) Herders were expected to pay taxes in the form of animals and animal produce. / चरवाहों को जानवरों या उनके उत्पाद के रूप में कर देना पड़ता था।

Ans. (c)

यह कथन कि फसलों पर कर आम तौर पर उत्पादित उपज का आधा तय किया जाता था, महाजनपदों के लिए सटीक नहीं है। जबकि कर अस्तित्व में थे, उनकी दरें समान रूप से आधे पर निर्धारित होने के बजाय क्षेत्र और विशिष्ट परिस्थितियों के आधार पर भिन्न होती थीं। यह उस अवधि के दौरान कर प्रथाओं में विविधता को उजागर करता है।

182. The moderate leaders of the National Movement:
राष्ट्रीय आंदोलन के मध्यमार्गी नेताओं:

(a) felt British had no respect for the ideas of freedom when it came to Indians' just demands / को लगता था कि अंग्रेज स्वतंत्रता के आदर्शों का सम्मान तब नहीं करते जब भारतीयों की न्यायसंगत माँगों की बात आती है।

(b) emphasized self-reliance and constructive work. / ने आत्मनिर्भरता तथा रचनात्मक कामों पर बल दिया।

(c) politics of prayers had failed की निवेदन की राजनीति विफल रही।

(d) mobilized public opinion against the economic ruin of the country. / ने देश की आर्थिक तबाही के विरुद्ध जनमत निर्माण किया।

Ans.(d)

राष्ट्रीय आंदोलन के मध्यमारी नेताओं ने देश की आर्थिक तबाही के विरुद्ध जनमत निर्माण किया। उदारवादी नेता प्रारंभिक राष्ट्रवादी भारत के ब्रिटिश शोषण की व्याख्या करते हुए धन के निकासी सिद्धान्त के साथ आगे आए। इस प्रकार ब्रिटिश शासन में भारत के गरीबी और आर्थिक पिछड़ेपन का प्रमुख कारण होने के बारे में अखिल भारतीय राय बनाई। उन्होंने अपने भाषणों में ब्रिटिश शासन की आलोचना की और जनमत जुटाने के लिए देश के विभिन्न भागों में प्रतिनिधि भेजे।

183. Read the following statements:
निम्नलिखित कथनों को पढ़िए:

A. Pittsburgh was once an important steel city of the United States of America. / पिट्सबर्ग एक समय में संयुक्त राज्य अमेरिका का महत्त्वपूर्ण इस्पात शहर था।

R. Iron ore was available in plenty in Pittsburgh and coal came from the mines at Minnesota. / पिट्सबर्ग में लौह अयस्क प्रचुर मात्रा में उपलब्ध था तथा कोयला मिनेसोटा की खदानों से आता था।

Choose the correct option. / सही विकल्प का चयन कीजिए।

(a) Both A and R are true and R is the correct explanation of A. / A और R दोनों सत्य हैं तथा A की R सही व्याख्या करती है।

(b) Both A and R are true but R is not the correct explanation of A. / A और R दोनों सत्य हैं लेकिन A की R सही व्याख्या नहीं करता है।

(c) A is true but R is false. / A सत्य है लेकिन R असत्य है।

(d) Both A and R are false. / A और R दोनों असत्य है।

Ans. (c)

कथन A सत्य है क्योंकि क़ोयले और लौह अयस्क तक पहुंच के कारण पिट्सबर्ग अमेरिका में एक प्रमुख इस्पात शहर था। हालाँकि, कथन R गलत है, क्योंकि पिट्सबर्ग ने अपना लौह अयस्क मुख्य रूप से ग्रेट लेक्स क्षेत्र से प्राप्त किया था, अपने क्षेत्र से नहीं, और कोयला मिनेसोटा से नहीं, बल्कि पास की खदानों से आया था।

184. The States in India have begun to get reorganized in the year 1956 on the basis of which of the following criteria?
1956 में भारत में राज्यों के पुनर्गठन की शुरुआत निम्नलिखित में से किस आधार पर हुई थी?

(a) External and internal security / बाह्य व आंतरिक सुरक्षा
(b) Administrative facility / प्रशासनिक सुविधा
(c) Linguistic and cultural uniformity / भाषाई एवं सांस्कृतिक एकरूपता
(d) Geographic similarity and resource allocation / भौगोलिक समानता एवं संसाधन वितरण

Ans. (c)

1956 में, भारत ने राज्य पुनर्गठन अधिनियम के माध्यम से भाषाई और सांस्कृतिक एकरूपता के आधार पर अपने राज्यों को पुनर्गठित किया, प्रत्येक क्षेत्र में बहुसंख्यक भाषा के साथ राज्य की सीमाओं को संरेखित किया। इससे प्रशासन और शासन में सुधार हुआ, जो 1953 में आंध्र प्रदेश के निर्माण से प्रभावित हुआ और महाराष्ट्र, गुजरात और तमिलनाडु जैसे राज्यों का गठन हुआ।

185. Who among the following is/are associated with rural administration?
निम्नलिखित में से कौन ग्राम प्रशासन से जुड़ा/जुड़े है/हैं?

A. Ward Councillor / निगम पार्षद
B. Lekhpal / लेखपाल
C. Tehsildar / तहसीलदार
D. Patwari / पटवारी

Choose the correct option. / सही विकल्प चुनें

(a) B, C and D / B, C और D
(b) A and B / A और B
(c) A and C / A और C
(d) Only D / केवल D

Ans. (a)

लेखपाल ग्राम स्तर पर भूमि रिकॉर्ड और राजस्व संग्रह का प्रबंधन करता है, तहसीलदार तहसील स्तर पर भूमि प्रशासन और कानून प्रवर्तन की देखरेख करता है, और पटवारी गांवों में भूमि रिकॉर्ड और कृषि राजस्व संभालता है। ये भूमिकाएँ ग्रामीण शासन के लिए महत्वपूर्ण हैं, जबकि वार्ड पार्षद शहरी क्षेत्रों से जुड़ा हुआ है।

186. In which of the following systems, small producers/workers have more chances of getting a fair price for their products?
निम्नलिखित में से किस प्रणाली में छोटे पैमाने के उत्पादकों/श्रमिकों को अपने उत्पादों का एक उचित मूल्य प्राप्त होने की अधिक संभावना होती है?

(a) Putting out / दादन व्यवस्था
(b) Cooperative / सहकारी
(c) Subcontracting / उप-ठेका देना
(d) Outsourcing / आउटसोर्सिंग

Ans. (b)

एक सहकारी प्रणाली में, छोटे उत्पादक या श्रमिक सामूहिक रूप से व्यवसाय का प्रबंधन करते हैं, जिससे उन्हें मूल्य निर्धारण पर अधिक नियंत्रण मिलता है और उचित मुआवजा सुनिश्चित होता है। बिचौलियों को खत्म करके, सहकारी समितियाँ उत्पादकों को मूल्य निर्धारण और वितरण को सीधे प्रभावित करने की अनुमति देती हैं, जिससे सदस्यों के बीच मुनाफे का उचित और अधिक न्यायसंगत वितरण होता है।

187. Which of the following statements regarding urban livelihoods is/are true?
शहरी आजीविका के संदर्भ में निम्नलिखित में से कौन-सा/से कथन सत्य है/है:

A. Street vendors in urban areas do not have right to earn their livelihood because they are considered as engaged in unlawful activities. / शहरी क्षेत्रों में रेहड़ी-पटरी वालों को अपनी आजीविका कमाने का अधिकार नहीं है क्योंकि उनका गैर-कानूनी गतिविधियों में संलिप्त होना माना जाता है।

B. It is the Municipal Corporation or Town Panchayat which decides on which day of the week the market has to remain closed in urban areas. / यह नगरपालिका/शहर की पंचायत यह निर्धारित करती है कि शहरी क्षेत्रों में सप्ताह के किस दिन बाजार बंद रहेगा।

C. Casual workers often have to engage in more than one job. / प्राय: अनियमित कामगारों को एक से अधिक कार्य/रोजगार करना पड़ता है।

Choose the correct option. / सही विकल्प का चयन कीजिए।

(a) Only A / केवल A
(b) A and B / A और B
(c) A and C / A और C
(d) B and C / B और C

Ans. (d)

कथन B सत्य है क्योंकि नगर निगम या नगर पंचायतें शहरी क्षेत्रों में भीड़भाड़, लोक कल्याण और धार्मिक अनुष्ठानों के प्रबंधन के लिए बाजार के खुलने और बंद होने के दिनों को विनियमित करती हैं। कथन C भी सत्य है क्योंकि कम वेतन, नौकरी की असुरक्षा और सीमित पूर्णकालिक अवसरों के कारण आकस्मिक श्रमिक अक्सर कई नौकरियां लेते हैं।

188. Consider the following statements:
निम्नलिखित कथनों पर विचार करें:

Statement-I: Second five-year plan was formulated in 1954. / कथन (I): 1954 में दूसरी पंचवर्षीय योजना तैयार की गई।

Statement-II: / कथन-(II): Second five-year plan focused on development of heavy industries under the control of private players. / दूसरी पंचवर्षीय योजना में निजी संस्थानों के नियंत्रण में भारी उद्योगों के विकास पर बल दिया गया।

(a) Both (I) and (II) are true. / (I) और (II) दोनों सही हैं।
(b) Both (I) and (II) are false. / (I) और (II) दोनों गलत है।
(c) (I) is true but (II) is false. / (I) सही है परन्तु (II) है।
(d) (I) is false but (II) is true. / (I) गलत हैं परन्तु (II) सही है।

Ans. (b)

दूसरी पंचवर्षीय योजना की अवधि 1956-51 तक थीं दूसरी पंचवर्षीय योजना में सार्वजनिक क्षेत्र के नियंत्रण में भारतीय उद्योगों के विकास पर बल दिया गया। दूसरी पंचवर्षीय योजना में मिलाई, दुर्गापुर और राउरकेला में इस्पात संयंत्रों का निर्माण किया गया। दूसरी पंचवर्षीय योजना पी०सी० महालनोबिस मॉडल पर आधारित थी अतः कथन (I) और (II) दोनों गलत हैं।

189. On 26 December, India and 13 other countries around the Indian Ocean were hit by a massive tsunami. The tsunami was caused by:
26 दिसंबर के दिन, हिंद महासागर के आस-पास भारत और 2 अन्य 13 देश प्रचंड सुनामी से प्रभावित हुए। इस सुनामी के आने का कारण था:

(a) Nepal earthquake / नेपाल में आया भूकम्प
(b) Coral Sea earthquake / कोरल सागर में आया भूकम्प
(c) Indonesia earthquake / इंडोनेशिया में आया भूकम्प
(d) Japan earthquake / जापान में आया भूकम्प

Ans. (c)

व्याख्या: 26 दिसंबर 2004 के दिन, हिंद महासागर के आस- पास भारत और अन्य 13 देश प्रचंड सुनामी से प्रभावित हुए। यह सुनामी इंडोनेशिया में आए भूकंप के कारण आई थी। इस आपदा में दो लाख से अधिक लोगों की जान गई। भारत में अंडमान एवं निकोबार द्वीप समूह, तमिलनाडु और केरल के तटीय क्षेत्र इससे भीषण रूप से प्रभावित हुए और जान-माल की अत्यधिक क्षति हुई।

190. Natural vegetation varies from place to place, why do evergreen trees grow near equatorial region?
स्थान परिवर्तन से प्राकृतिक वनस्पति में भी परिवर्तन होता है। सदाबहार वृक्ष, भूमध्यवर्ती प्रदेश के समीप ही क्यों उगते हैं?

Choose the appropriate reason from the following: / निम्नलिखित में से उपयुक्त कारण का चयन कीजिए:

(a) Moderate temperature and moderate rainfall / मध्य तापमान और मध्य वर्षा
(b) Heavy rainfall and high temperature / भारी वर्षा और उच्च तापमान
(c) Low rainfall and high temperature / निम्न वर्षा और उच्च तापमान
(d) Moderate rainfall and low temperature / मध्य वर्षा और निम्न तापमान

Ans. (b)

भारी वर्षा और उच्च तापमान के कारण भूमध्यरेखीय क्षेत्र में सदाबहार पेड़ पनपते हैं। ये स्थितियाँ एक आर्द्र वातावरण बनाती हैं, जो उष्णकटिबंधीय वर्षावनों की विशिष्ट घनी और हरी-भरी वनस्पति का समर्थन करती है।

191. Consider the following statements about latitudes. Which of the following is correct?
अक्षांशों के बारे निम्नलिखित कथनों पर विचार कीजिए। निम्नलिखित में से कौन-सा सही है?

(a) Arctic Circle is at 23 north of the equator. / उत्तर- ध्रुवीय वृत्त विषुवत रेखा के 231°/2 उत्तर में स्थित है।
(b) Tropic of Capricorn passes through southern hemisphere. / मकर रेखा दक्षिणी गोलार्ध से होकर गुज़रती है।
(c) Antarctic Circle is at 23 south of the equator. / दक्षिण-ध्रुवीय वृत्त विषुवत रेखा के 23 दक्षिण में स्थित है।
(d) Tropic of Cancer passes through southern hemisphere. / कर्क रेखा दक्षिणी गोलार्ध से होकर गुज़रती है।

Ans. (b)

मकर रेखा भूमध्य रेखा के 23.5° दक्षिण में स्थित है और सबसे दक्षिणी बिंदु को चिह्नित करती है जहां ग्रीष्म संक्रांति के दौरान सूर्य सीधे सिर के ऊपर हो सकता है।

192. An imaginary line drawn on a globe to divide it into two equal parts is known as the ______.
ग्लोब को दो बराबर भागों में बाँटने के लिए खींची गई काल्पनिक रेखा को ______ कहा जाता है।

(a) Equator / विषुवत रेखा
(b) Tropic of Capricorn / मकर रेखा
(c) Arctic Circle / उत्तर- ध्रुवीय वृत्त
(d) Tropic of Cancer / कर्क रेखा

Ans. (a)

भूमध्य रेखा ग्लोब पर एक काल्पनिक रेखा है जो पृथ्वी को दो बराबर भागों में विभाजित करती है: उत्तरी गोलार्ध और दक्षिणी गोलार्ध। यह 0 डिग्री अक्षांश पर स्थित है और भौगोलिक और जलवायु संबंधी उद्देश्यों के लिए महत्वपूर्ण है।

193. Choose the correct statements about the globe from the following:
निम्नलिखित में से ग्लोब के बारे में सही कथनों का चयन कीजिए:

A. Longitudes and latitudes are drawn on the globe. / ग्लोब पर अक्षांश और देशांतर खींचे गए हैं।
B. It is tilting on its axis. / यह अपने अक्ष पर झुकी हुई अवस्था में है।
C. It is a true model of the Earth. / यह पृथ्वी का वास्तविक प्रतिरूप है।
D. It is oval. / यह अंडाकार आकृति में है।

Choose the correct option: / सही विकल्प का चयन कीजिए:

(a) B, C and D / B, C और D
(b) A, B and D / A, B और D
(c) A, C and D / A, C और D
(d) A, B and C / A, B और C

Ans. (d)

ग्लोब पर देशांतर और अक्षांश अंकित किए जाते हैं, जिससे भौगोलिक निर्देशांक दर्शाने में मदद मिलती है। पृथ्वी अपनी धुरी पर झुकी हुई है, जो ऋतुओं और जलवायु को प्रभावित करती है। ग्लोब पृथ्वी के एक सटीक मॉडल के रूप में कार्य करता है, जो इसके आकार और भौगोलिक विशेषताओं को दर्शाता है। ग्लोब गोलाकार है, अंडाकार नहीं।

194. Stratosphere has ideal conditions for flying airplanes.
समतापमंडल की परिस्थितियाँ हवाई जहाज़ उड़ाने के लिए आदर्श होती हैं।

Choose the correct reason: / सही कारण का चयन कीजिए:

(a) High air pressure / उच्च वायु दाब
(b) Low air pressure / निम्न वायुदाब
(c) Free from clouds and related weather phenomena / बादलों एवं मौसम संबंधी घटनाओं से मुक्त होना
(d) Windy conditions / आँधी वाली परिस्थितियाँ (तेज़ पवन)

Ans. (c)

समताप मंडल एक वायुमंडलीय परत है जो हवाई जहाज उड़ाने के लिए आदर्श स्थिति प्रदान करती है क्योंकि यह ज्यादातर बादलों और अशांत मौसम से मुक्त होती है। यह स्थिरता खराब हवा और प्रतिकूल मौसम की घटनाओं का सामना करने की संभावनाओं को कम करने में मदद करती है, जिससे उड़ानें आसान हो जाती हैं।

195. Match the following pairs correctly:
निम्नलिखित युगलों का सही मिलान कीजिए:

Column I / कॉलम I	Column II / कॉलम II
A. Ozone layer / ओज़ोन परत	I. Troposphere / क्षोभमंडल
B. Radio transmission / रेडियो प्रेषण	II. Exosphere / बहिमंडल
C. Weather phenomenon / मौसम संबंधी घटनाएँ	III. Stratosphere / समतापमंडल
D. Thin air / पतली वायु	IV. Thermosphere / बाह्य वायुमंडल

Choose the correct option: / सही विकल्प का चयन कीजिए:

(a) A-II, B-III, C-IV, D-I
(b) A-I, B-II, C-III, D-IV
(c) A-IV, B-I, C-II, D-III
(d) A-III, B-IV, C-I, D-II

Ans. (d)

कॉलम I	कॉलम II
A. ओज़ोन परत	III. समतापमंडल
B. रेडियो प्रेषण	IV. बाह्य वायुमंडल
C. मौसम संबंधी घटनाएँ	I. क्षोभमंडल
D. पतली वायु	II. बहिमंडल

196. Gulf Stream is a warm ocean current because it ________.
गल्फ स्ट्रीम, गर्म महासागरीय जलधारा है क्योंकि ये ________।

(a) moves from poles to equator / ध्रुवों से भूमध्यरेखा की ओर चलती है।
(b) gets heated from underground / अंतर्भौम (भूमि के नीचे) से गर्म होती है।
(c) gets heated by hot springs / गर्म पानी के झरनों (स्रोतों) द्वारा गर्म होती है
(d) originates near the equator / भूमध्यरेखा के निकट उत्पन्न होती है

Ans. (d)

गल्फ स्ट्रीम को गर्म समुद्री धारा के रूप में वर्गीकृत किया गया है क्योंकि यह भूमध्य रेखा के पास उत्पन्न होती है, जहां पानी का तापमान अधिक होता है। जैसे ही यह उत्तर की ओर उत्तरी अटलांटिक में बहती है, यह गर्म पानी ले जाती है, जिससे यह जिन क्षेत्रों से गुजरती है वहां की जलवायु को प्रभावित करती है।

197. Match the following pairs:
निम्नलिखित युगलों का मिलान कीजिए:

Types of Farming / कृषि के प्रकार	Areas / Regions / क्षेत्र / प्रदेश
A. Shifting cultivation / स्थानांतरी कृषि	I. Semi-arid and arid regions / अर्ध-शुष्क और शुष्क प्रदेश
B. Commercial grain farming / वाणिज्यिक अनाज कृषि	II. Thickly populated areas / सघन जनसंख्या वाले क्षेत्र

C. Intensive subsistence agriculture / गहन निर्वाह कृषि	III. Thickly forested areas / सघन वन वाले क्षेत्र
D. Nomadic herding / चलवासी पशुचारण	IV. Temperate Grasslands / शीतोष्ण घास के मैदान

Choose the correct option: / सही विकल्प का चयन कीजिए:

(a) A-I, B-II, C- IV, D-III
(b) A-III, B-IV, C-II, D-I
(c) A-II, B-III, C-I, D-IV
(d) A-IV, B-I, C-III, D-II

Ans. (b)

कृषि के प्रकार	क्षेत्र / प्रदेश
A. स्थानांतरी कृषि	III. सघन वन वाले क्षेत्र
B. वाणिज्यिक अनाज कृषि	IV. शीतोष्ण घास के मैदान
C. गहन निर्वाह कृषि	II. सघन जनसंख्या वाले क्षेत्र
D. चलवासी पशुचारण	I. अर्ध-शुष्क और शुष्क प्रदेश

198. Choose the false statement from the following statements on 'Energy Resources'.
निम्नलिखित कथनों में से 'ऊर्जा संसाधनों' पर असत्य कथन का चयन कीजिए।

(a) Biogas causes greenhouse effect. / बायोगैस, ग्रीनहाउस प्रभाव का कारण होती है।
(b) Solar energy is renewable energy. / सौर ऊर्जा नवीकरणीय ऊर्जा है।
(c) Tidal energy is exhaustible. / ज्वारीय ऊर्जा समाप्य होती है।
(d) Wind energy is non-polluting. / पवन ऊर्जा प्रदूषण-मुक्त होती है।

Ans. (c)

यह कथन कि "ज्वारीय ऊर्जा समाप्त होने योग्य है" गलत है क्योंकि ज्वारीय ऊर्जा एक नवीकरणीय संसाधन है। यह चंद्रमा और सूर्य के गुरुत्वाकर्षण खिंचाव से उत्पन्न होता है, जिसके परिणामस्वरूप लगातार ज्वारीय हलचलें होती हैं जिनका उपयोग बिना किसी कमी के लगातार किया जा सकता है।

199. Which of the following means of transport is cheapest for carrying heavy and bulky goods over long distances?
निम्नलिखित में से यातायात का कौन-सा साधन अधिक दूरी में भारी एवं बड़े आकार वाले सामानों को ढोने के लिए सबसे सस्ता है?

(a) Waterways / जलमार्ग
(b) Railways / रेलमार्ग
(c) Airways / वायुमार्ग
(d) Roadways / सड़कमार्ग

Ans. (a)

लंबी दूरी तक भारी और भारी सामान पहुंचाने का सबसे सस्ता साधन जलमार्ग है। कम ईंधन खपत और रेलवे, वायुमार्ग या रोडवेज की तुलना में बड़ा भार ले जाने की क्षमता के कारण बड़ी मात्रा में माल ले जाने के लिए परिवहन का यह तरीका अधिक लागत प्रभावी है।

200. Suggest the type of resources we should use more, in order to save our environment.
अपने पर्यावरण को बचाने के लिए जिस प्रकार के संसाधनों का हमें अधिक उपयोग करना चाहिए, वह सुझाइए।

(a) Non-renewable resources / अनवीकरणीय संसाधनों
(b) Renewable resources / नवीकरणीय संसाधनों
(c) Human made resources / मानव निर्मित संसाधनों
(d) Abiotic resources / अजैव संसाधनों

Ans. (b)

पर्यावरण की रक्षा के लिए हमें सौर, पवन और जल ऊर्जा जैसे अधिक नवीकरणीय संसाधनों के उपयोग पर ध्यान देना चाहिए। ये संसाधन टिकाऊ हैं और स्वाभाविक रूप से इनकी पूर्ति कर सकते हैं, जिसके परिणामस्वरूप गैर-नवीकरणीय संसाधनों की तुलना में पर्यावरणीय प्रभाव कम होता है, जो ख़त्म हो सकते हैं और प्रदूषण का कारण बन सकते हैं।

201. If Greenwich Meridian Time is 12 noon, then what will be the time at 45° East longitude?

यदि ग्रीनिच याम्योत्तर समय दोपहर के 12 बजे का है, तो 45° पूर्व देशांतर पर क्या समय होगा?

(a) 9 a.m. / 9 बजे पूर्वाह्न
(b) 3 p.m. / 3 बजे अपराह्न
(c) 10 a.m. / 10 बजे पूर्वाह्न
(d) 2 p.m. / 2 बजे अपराह्न

Ans. (b)

45° पूर्वी देशांतर पर समय ज्ञात करने के लिए जब दोपहर 12 जीएमटी हो, समय अंतर की गणना करें:

45° × 4 मिनट/डिग्री = 180 मिनट = 3 घंटे।

चूँकि 45° पूर्व GMT से आगे है, दोपहर 12 बजे में 3 घंटे जोड़ें:

दोपहर 12 बजे। + 3 घंटे = 3:00 अपराह्न

202. Consider the following statements.
निम्नलिखित कथनों पर विचार कीषिए।

A. Due to internal processes, at many places the Earth's surface rises and sinks at other places. / आंतरिक प्रक्रिया के कारण बहुत से स्थानों पर पृथ्वी की सतह कहीं ऊपर उठ जाती है तो कहीं धँस जाती है।

B. External process is the process of continuous formation and breakdown of space. / बाह्य प्रक्रिया स्थल के लगातार बनने एवं टूटने की प्रक्रिया है।

Which of the above statements are true? / उपरोक्त में कौनसे कथन सत्य हैं?

(a) Only A is correct. /केवल A सही है।
(b) Only B is correct. /केवल B सही है।
(c) Both A and B are correct. / A तथा B दोनों सही है।
(d) Both A and B are wrong. / A तथा B दोनों गलत हैं।

Ans. (c)

व्याख्या: पृथ्वी के आंतरिक भागों में प्लेटों में होने वाली गति के कारण पृथ्वी की सतह पर परिवर्तन होते रहते हैं पृथ्वी की बाहरी सतह पर परिवर्तन वायु , जल के बहने के कारण होते हैं जिसके कारण पृथ्वी पर नई संरचना बनती रहती है और टूटती रहती है।

203. Consider the following statements.
निम्नलिखित कथनों पर विचार कीजिए।

A. The wear and tear of the earth's surface is called erosion. /पृथ्वी की सतह का घिसकर टूटना अपरदन कहलाता है।

B. The re-formation of the earth's surface is called deposition. / पृथ्वी की सतह का फिर से निर्माण होना निक्षेपण कहलाता है।

C. The process of erosion and deposition occurs through flowing water, wind and ice. /अपरदन और निक्षेपण की प्रक्रिया बहते हुए जल, वायु तथा बर्फ के द्वारा होती है।

Which of the above statements are true? / उपरोक्त में से कौनसे कथन सत्य हैं?

(a) A and C is correct. / A तथा C सही है।
(b) B and C are correct. / B तथा C सहीं हैं।
(c) A and B are correct. / A तथा B सही है।
(d) A, B and C are correct. / A, B तथा C सही है।

Ans. (d)

व्याख्या: पृथ्वी की सतह का घिसकर टूटना तथा उसका फिर से निर्माण होना यह प्रक्रिया पृथ्वी की सतह पर होती रहती है इन प्रक्रियाओं को अपरदन और निक्षेपण कहते हैं। अपरदन और निक्षेपण की प्रक्रिया बहते हुए जल वायु तथा बर्फ के द्वारा होती है

204. During a class activity, the teacher asked students to select dolls which identified closely with Adivasis. Most of the students picked up dolls wearing colourful clothes, head gear and in dancing postures. What does this behaviour demonstrate?

एक कक्षा गतिविधि के समय, शिक्षक ने विद्यार्थियों से आदिवासियों जैसी दिखने वाली गुड़िया का चयन करने के लिए कहा। अधिकांश विद्यार्थियों ने रंग-बिरंगे कपड़े पहने हुई, सिर पर मुकुट लगाए और नृत्य मुद्रा वाली गुड़ियाँ उठा लीं। यह व्यवहार क्या दिखाता है?

(a) Discrimination / भेदभाव
(b) Stereotype / रूढ़िवाद
(c) Progressiveness / प्रगतिशीलता
(d) Prejudice / पूर्वाग्रह

Ans. (b)

छात्रों का व्यवहार एक रूढ़िवादिता को प्रदर्शित करता है, क्योंकि वे आदिवासियों को रंगीन कपड़े और नृत्य जैसे सरलीकृत लक्षणों से जोड़ते हैं। यह एक सामान्यीकृत धारणा को इंगित करता है जो आदिवासी संस्कृतियों के भीतर समृद्ध विविधता और व्यक्तित्व को नजरअंदाज करती है।

205. Read the following statements and choose the correct option:
निम्नलिखित कथनों को पढ़िए तथा सही विकल्प का चयन कीजिए:

Assertion (A): Federal system fulfils the needs and demands of the cultural diversities in India. / अभिकथन (A): संघीय व्यवस्था, भारत में सांस्कृतिक विविधताओं की आवश्यकताओं तथा माँगों का पालन करती है।

Reason (R): It establishes multiple levels of governance in the country. / तर्क (R): यह देश में अभिशासन के बहुलित चरण (स्तर) स्थापित करती है।

(a) (A) is true, but (R) is false. / (A) सही है, परन्तु (R) गलत है।
(b) Both (A) and (R) are true, but (R) is not the correct explanation of (A). / (A) और (R) दोनों सही हैं, परन्तु (R), (A) की सही व्याख्या नहीं है।
(c) (A) is false, but (R) is true. / (A) ग़लत है, परन्तु (R) सही है।
(d) Both (A) and (R) are true and (R) is the correct explanation of (A). / (A) और (R) दोनों सही हैं तथा (R), (A) की सही व्याख्या है।

Ans. (d)

दावा (A) सच है क्योंकि भारत में सघीय प्रणाली शासन के विभिन्न स्तरों की अनुमति देकर अपनी सांस्कृतिक विविधता की जरूरतों को पूरा करती है। कारण (R) भी सत्य है, क्योंकि शासन के कई स्तर होने से विभिन्न क्षेत्रों में विविध सांस्कृतिक आवश्यकताओं और मांगों के प्रबंधन में आसानी होती है।

206. Which of the following incidents are identified as violative of "The Scheduled Castes and the Scheduled Tribes (Prevention of Atrocities) Act, 1989'?
निम्नलिखित में से किन घटनाओं की पहचान 'अनुसूचित जाति और अनुसूचित जनजाति (अत्याचार रोकथाम) अधिनियम, 1989 के उल्लंघन के रूप में की गई?

A. Violence by 'upper caste' people against Scheduled Caste people. / 'ऊँची जाति' के लोगों द्वारा अनुसूचित जाति के लोगों के विरुद्ध हिंसा।
B. Forcing a member of a Scheduled Caste community to eat obnoxious substance. / अनुसूचित जाति समुदाय के सदस्य को आपत्तिजनक पदार्थ खाने के लिए बाध्य करना।
C. Allowing non-tribal timber merchants to exploit tribal land. / गैर-आदिवासी लकड़ी व्यापारियों को जनजातीय भूमि के दोहन की अनुमति देना।
D. Marrying a member of Scheduled Caste community. / अनुसूचित जाति समुदाय के सदस्य से विवाह करना।

Choose the correct option: / सही विकल्प का चयन कीजिए:

(a) A, B and D / A, B और D
(b) A, C and D / A, C और D
(c) A, B, C and D / A, B, C और D
(d) A, B and C / A, B और C

Ans. (d)

"अनुसूचित जाति के व्यक्तियों के खिलाफ 'उच्च जाति' के लोगों द्वारा हिंसा अधिनियम का उल्लंघन है, अनुसूचित जाति समुदाय के एक सदस्य को अप्रिय पदार्थ खाने के लिए मजबूर करना भी एक उल्लंघन है और गैर-आदिवासी लकड़ी व्यापारियों को आदिवासी

भूमि का शोषण करने की अनुमति देना एक अत्याचार है। अनुसूचित जनजाति के विरुद्ध" सही हैं। अनुसूचित जाति समुदाय के सदस्य से विवाह करना कोई उल्लंघन नहीं है; यह एक व्यक्तिगत पसंद है और इसे दंडित नहीं किया जाना चाहिए।

207. "The Mid-day meal scheme has helped reduce caste prejudices among students and promoted social justice."

"मध्याह्न भोजन योजना ने विद्यार्थियों में जातिगत पूर्वाग्रहों को कम करने में सहायता की है तथा सामाजिक न्याय को बढ़ावा दिया है।"

Explain the statement by choosing the correct option. / सही विकल्प के चयन द्वारा कथन को समझाइए।

A. Children of all castes eat together. / सभी जातियों के बच्चे साथ-साथ खाते हैं।

B. In many places, Dalit women are employed to cook meals. / कई स्थानों में, दलित महिलाओं को खाना पकाने के लिए रखा गया है।

C. Enrolment of poor children in schools has increased many times. / स्कूलों में गरीब बच्चों का प्रवेश लेना कई गुना बढ़ गया है।

D. Reduced the dropout rates in schools. / स्कूल छोड़ने की दरों में कमी आई है।

(a) A, B and D / A, B और D
(b) A, C and D / A, C और D
(c) A, B, C and D / A, B, C और D
(d) A, B and C / A, B और C

Ans. (c)

मध्याह्न भोजन योजना ने समानता को बढ़ावा देने, दलित महिलाओं को सशक्त बनाने, नामांकन बढ़ाने और स्कूल छोड़ने की दर को कम करने जैसे कई तरीकों से जातिगत पूर्वाग्रहों को कम करने और सामाजिक न्याय को बढ़ावा देने में महत्वपूर्ण योगदान दिया है।

208. Which among the following provisions ensures independence of Indian Judicial system?

निम्नलिखित में से कौन-से प्रावधान भारतीय न्यायिक व्यवस्था की स्वतंत्रता सुनिश्चित करते हैं?

A. The legislature is not involved in the process of appointment of judges / न्यायाधीशों की नियुक्ति की प्रक्रिया में विधायिका शामिल नहीं होती है

B. Fixed tenure of judges / न्यायाधीशों का निश्चित कार्यकाल

C. Parliament cannot discuss the conduct of judges / न्यायाधीशों के आचरण की संसद चर्चा नहीं कर सकती है

D. The President administers the oath to the Chief Justice of Supreme Court / सर्वोच्च न्यायालय के मुख्य न्यायाधीश को शपथ राष्ट्रपति दिलाते हैं।

Choose the correct option: / सही विकल्प का चयन कीजिए:

(a) A, B and D / A, B और D
(b) A, C and D / A, C और D
(c) A, B, C and D / A, B, C और D
(d) A, B and C / A, B और C

Ans. (d)

- भारतीय न्यायिक प्रणाली की स्वतंत्रता कई प्रमुख प्रावधानों द्वारा समर्थित है:
- न्यायाधीशों की नियुक्ति में विधायिका की गैर-भागीदारी न्यायिक स्वतंत्रता को बनाए रखने में मदद करती है।
- न्यायाधीशों के लिए निश्चित कार्यकाल उन्हें मनमाने ढंग से हटाने से बचाता है, उनकी स्वायत्तता को मजबूत करता है।
- न्यायाधीशों के आचरण पर चर्चा करने में संसद की असमर्थता उन्हें राजनीतिक दबाव से बचाती है।
- जबकि राष्ट्रपति मुख्य न्यायाधीश को शपथ दिलाते हैं, केवल इससे न्यायिक स्वतंत्रता सुनिश्चित नहीं होती है।

209. The work performed by a homemaker goes unnoticed and unpaid as compared to the official work performed by an office going lady who gets salary and

respect. Examine the possible reason behind this:

ऑफिस जाने वाली महिला जिसे वेतन एवं सम्मान मिलता है द्वारा निष्पादित ऑफिस संबंधी काम की तुलना में घरेलू महिला द्वारा निष्पादित काम अनदेखा तथा अदत्त जाता है । इसके पीछे के संभाव्य कारण की जाँच कीजिए:

(a) Overvaluation of official work / कार्यालयी काम का अतिमूल्यन

(b) Less time taken for household work / घरेलू काम के लिए कम समय लगना

(c) Patriarchal set-up of Indian society / भारतीय समाज की पितृक व्यवस्था

(d) Devaluation of household work / घरेलू काम का अवमूल्यन

Ans. (d)

गृहिणियों और कार्यालय जाने वाली महिलाओं के बीच मान्यता और भुगतान में विसंगति घरेलू काम के अवमूल्यन से उत्पन्न होती है। घरेलू कार्यों को अक्सर आधिकारिक कार्यों की तुलना में कम मूल्यवान माना जाता है, जिसके परिणामस्वरूप घरेलू भूमिकाओं के संबंध में सामाजिक मानदंडों से प्रभावित होकर मान्यता और मुआवजे की कमी होती है।

210. The Supreme Court has interpreted Right to food, right to privacy and right to pollution-free water and air under the ambit of which Fundamental Right granted to Indian citizens?

भारतीय नागरिकों को अनुदत्त किस मौलिक अधिकार की परिधि के अंतर्गत सर्वोच्च न्यायालय ने भोजन के अधिकार, निजता के अधिकार तथा प्रदूषण मुक्त जल एवं वायु के अधिकार की व्याख्या की है?

(a) Article 19 / अनुच्छेद 19

(b) Article 21 / अनुच्छेद 21

(c) Article 14 / अनुच्छेद 14

(d) Article 20 / अनुच्छेद 20

Ans. (b)

सुप्रीम कोर्ट ने भोजन के अधिकार, निजता के अधिकार और प्रदूषण मुक्त पानी और हवा के अधिकार की व्याख्या भारतीय संविधान के अनुच्छेद 21 के हिस्से के रूप में की है, जो जीवन और व्यक्तिगत स्वतंत्रता के अधिकार की गारंटी देता है। यह व्याख्या इस बात पर जोर देती है कि गरिमापूर्ण जीवन में आवश्यक संसाधनों तक पहुंच और एक स्वस्थ वातावरण शामिल है।

211. "Indian secularism is different from secularism practiced in the USA." Identify the correct options from below which identify the differences between the two.

"भारतीय धर्मनिरपेक्षता, अमेरिकी धर्मनिरपेक्षता से भिन्न है ।" दोनों के बीच के भेदों की पहचान करने वाले सही विकल्पों की निम्नलिखित में से पहचान कीजिए।

A. In USA, neither the state nor religion can interfere in each other's matters. / अमेरिका में, राज्य और धर्म में से कोई भी एक-दूसरे के मामलों में हस्तक्षेप नहीं कर सकता है।

B. In the Indian Constitution, there is a provision for Protection of Minority Rights. / भारतीय संविधान में अल्पसंख्यकों के अधिकारों की सुरक्षा का प्रावधान है।

C. Both USA and India maintain strict separation between state affairs and religious affairs. / अमेरिका और भारत दोनों ही राज्य के मामलों और धार्मिक मामलों में स्पष्ट पृथक्कीकरण बनाए रखते हैं।

D. In USA, state can allow religious reforms, unlike India. / अमेरिका में, भारत के विपरीत, राज्य धार्मिक सुधारों की अनुमति दे सकता है।

Choose the correct option: / सही विकल्प का चयन कीजिए:

(a) B and C / B और C

(b) A and C / A और C

(c) C and D / C और D

(d) A and B / A और B

Ans. (d)

A: संयुक्त राज्य अमेरिका राज्य और धर्म के बीच सख्त अलगाव बनाए रखता है, जिससे दोनों ओर से हस्तक्षेप को रोका जा सकता है। B: भारतीय संविधान में अल्पसंख्यक अधिकारों की रक्षा के प्रावधान हैं, जो विविध धार्मिक समुदायों की सुरक्षा के प्रति अपनी प्रतिबद्धता को प्रदर्शित करता है। प्रत्येक देश में अलगाव के अलग-अलग संदर्भों के कारण विकल्प C भ्रामक है, और विकल्प D गलत है क्योंकि भारत आमतौर पर संयुक्त राज्य अमेरिका की तरह धार्मिक सुधारों में राज्य के हस्तक्षेप की अनुमति नहीं देता है।

212. The term "All persons are equal before the law" means:
"सभी व्यक्ति कानून की दृष्टि में समान हैं" वाक्य का अर्थ है:

A. that all the citizens regardless of their socio-economic status have to obey the same law. / सभी नागरिकों को अपने सामाजिक-आर्थिक स्तर के अनपेक्ष समान कानून का पालन करना होगा।

B. no person can be discriminated against, in the eyes of the law, on the grounds of race/colour, religion, caste or gender. / कानून की दृष्टि में, किसी भी व्यक्ति के साथ उसके नस्ल/वर्ण, धर्म, जाति अथवा जेंडर के आधार पर भेदभाव नहीं किया जा सकता है।

C. inequalities cease to exist. / असमानताएँ समाप्त हो गई।

D. it ensures fair opportunities and a life of dignity for all the citizens. / यह समस्त नागरिकों के लिए निष्पक्ष अवसर तथा गौरवमय जीवन सुनिश्चित करता है।

Choose the correct option: / सही विकल्प का चयन कीजिए:

(a) A, B and D / A, B और D
(b) B, C and D / B, C और D
(c) A, B, C and D / A, B, C और D
(d) A, B and C / A, B और C

Ans. (a)

- सामाजिक-आर्थिक स्थिति की परवाह किए बिना सभी नागरिकों को समान कानून का पालन करना चाहिए।
- कानून की नज़र में नस्ल, रंग, धर्म, जाति या लिंग के आधार पर भेदभाव की अनुमति नहीं है।
- यह सिद्धांत सभी नागरिकों के लिए उचित अवसर और सम्मानजनक जीवन सुनिश्चित करता है।
- सी गलत है क्योंकि कथन का अर्थ यह नहीं है कि असमानताएं समाप्त हो जाएंगी; इसके बजाय यह समान कानूनी उपचार पर जोर देता है।

213. Which of the following pairs are correctly matched?
निम्नलिखित में से कौन-से युग्म सही सुमेलित हैं?

I **Work / काम**	**II** **Forms of Employment / रोज़गार के प्रकार**
A. Mason / राजमिस्त्री	Daily wage labourers / दिहाड़ी मज़दूर
B. Domestic worker / घरेलू कामगार	Casual workers / अनियमित मज़दूर
C. Vegetable vendor / सब्जी विक्रेता	Self-employed / स्वरोज़गार
D. Supervisor in a shop / दुकान में सुपरवाइजर	Businesspersons / व्यवसायी

Choose the correct option: / सही विकल्प का चयन कीजिए:

(a) A, B and D / A, B और D
(b) A, B and C / A, B और C
(c) A, C and D / A, C और D
(d) A and B / A और B

Ans. (b)

- राजमिस्त्री का मिलान दैनिक वेतन भोगी मजदूरों से सही ढंग से किया गया है, क्योंकि राजमिस्त्री अक्सर दैनिक वेतन के आधार पर काम करते हैं।

> ➢ घरेलू कामगारों का कैज़ुअल कामगारों के साथ सही मिलान किया गया है, क्योंकि घरेलू कामगारों के पास कोई निश्चित रोज़गार नहीं हो सकता है और वे अक्सर कैज़ुअल आधार पर काम करते हैं।
>
> ➢ सब्जी विक्रेता का स्व-रोज़गार से सही मिलान हुआ है, क्योंकि सब्जी विक्रेता आमतौर पर अपना स्वयं का व्यवसाय संचालित करते हैं।
>
> ➢ किसी दुकान में पर्यवेक्षक का गलत मिलान व्यवसायियों से किया जाता है, क्योंकि पर्यवेक्षक आमतौर पर व्यवसाय के मालिक के बजाय कर्मचारी होते हैं।

214. The cities have witnessed increasing rural-urban migration which has resulted in growth of slum areas near the industrial sites. The reasons for this type of migration are:

ग्रामीण क्षेत्रों से शहरी क्षेत्रों में बढ़ते प्रवसन के परिणामस्वरूप, शहरों में औद्योगिक स्थलों के निकट स्लम क्षेत्रों में वृद्धि देखी गई है। इस प्रकार के प्रवसन के कारण हैं:

A. Deterioration in living standards in urban areas / शहरी क्षेत्रों में जीवन के स्तर में अधोगति

B. Disruption of rural labour market / ग्रामीण कामगार बाज़ार में विघटन

C. Decreased agricultural productivity / घटी हुई कृषि उत्पादकता

D. Increased skilled workforce in rural areas / ग्रामीण क्षेत्रों में बढ़ी हुई कुशल कार्यबल की संख्या

Choose the correct option: / सही विकल्प का चयन कीजिए:

(a) A, B and D / A, B और D
(b) A, C and D / A, C और D
(c) A, B, C and D / A, B, C और D
(d) B and C / B और C

Ans. (d)

> ग्रामीण-शहरी प्रवास के कारण मलिन बस्तियों का विकास कई कारकों से प्रेरित है: ग्रामीण श्रम बाजार में व्यवधान, कृषि उत्पादकता में कमी, और शहरी क्षेत्रों में जीवन स्तर में गिरावट।

215. Which among the following services can be included in the 'Public Services'?

निम्नलिखित में से किन सेवाओं को 'सार्वजनिक सेवाओं" में सम्मिलित किया जा सकता है?

A. Police Services / पुलिस सेवाएँ

B. Judicial Services / न्यायिक सेवाएँ

C. Educational Services / शैक्षिक सेवाएँ

D. Construction Services / निर्माण सेवाएँ

Choose the correct option: / सही विकल्प का चयन कीजिए:

(a) A, B and D / A, B और D
(b) B, C and D / B, C और D
(c) A, B, C and D / A, B, C और D
(d) A, B and C / A, B और C

Ans. (d)

> पुलिस, न्यायिक और शैक्षिक सेवाओं को सार्वजनिक सेवाओं के रूप में वर्गीकृत किया गया है क्योंकि वे सार्वजनिक सुरक्षा सुनिश्चित करने, कानून को बनाए रखने और सभी नागरिकों को शिक्षा प्रदान करने के लिए सरकार द्वारा प्रदान किए जाने वाले महत्वपूर्ण कार्य हैं। करदाताओं के पैसे से वित्त पोषित, ये सेवाएँ पूरे समुदाय को लाभान्वित करती हैं और सामाजिक कल्याण और व्यवस्था के प्रति सरकार की प्रतिबद्धता को दर्शाती हैं।

216. The llbert Bill was opposed in 1883 because:

1883 में इल्बर्ट बिल के लागू करने पर विरोध हुआ क्योंकि:

A. Indians opposed the Bill as it gave a free hand to the British government to have trials of Indians without evidence. / भारतीयों ने इसका विरोध किया क्योंकि इस बिल ने ब्रिटिश सरकार को बिना सबूत के भारतीयों पर मुक़दमा चलाने की छूट दे दी थी।

B. Britishers opposed the Bill as Indians could take up trial of British or European people. / अंग्रेज़ों ने इस बिल का विरोध किया

क्योंकि अब भारतीय भी ब्रिटिश या यूरोपीय व्यक्तियों पर मुक़दमा चला सकते थे।

C. **the Bill sought equality between British and Indian judges. / बिल ने अंग्रेज़ और भारतीय न्यायाधीशों के बीच समानता स्थापित करने का प्रयास किया।**

D. **the Bill was racist towards Indian people. / बिल भारतीय लोगों के प्रति नस्लवादी नज़रिया रखता था।**

Choose the correct option: / सही विकल्प का चयन कीजिए:

(a) Only C / केवल C
(b) B and C / B और C
(c) Only D / केवल D
(d) A and D / A और D

Ans. (b)

इल्बर्ट बिल को मुख्य रूप से ब्रिटिशों के विरोध का सामना करना पड़ा क्योंकि इसने भारतीय न्यायाधीशों को ब्रिटिश या यूरोपीय व्यक्तियों पर मुकदमा चलाने की अनुमति दी, जिससे उनके विशेषाधिकार खतरे में पड़ गए। इसका उद्देश्य विवाद में योगदान करते हुए ब्रिटिश और भारतीय न्यायाधीशों के बीच समानता स्थापित करना भी था।

217. Which of the following statements are correct about the famous epic Silappadikaram:
निम्नलिखित में से कौन-से कथन प्रख्यात महाकाव्य सिलाप्पादिकारम के विषय में सही है:

A. **It was composed by Ilango. / यह इलांगो द्वारा रचित है**

B. **It was composed in Tamil language. / यह तमिल भाषा में रचित है**

C. **This describes the story of the daughter of Kavalan and Madhavi. / इसमें कोवलन और माधवी की बेटी की कहानी है**

D. **It was composed around 500 years ago. / उसकी रचना लगभग 500 वर्ष पूर्व की गई**

Choose the correct option- / सही विकल्प का चयन कीजिए-

(a) A and B only / केवल A और B
(b) B and C only / केवल B और C
(c) C and D only / केवल C और D
(d) A, C and D only / केवल A, C और D

Ans. (a)

सिलाप्पादिकारम के विषय में सही जानकारी, यह इलांगो द्वारा रचित है और यह तमिल भाषा में हैं। सिलाप्पादिकारम को तमिल साहित्य के प्रथम महाकाव्य के रूप में जाना जाता है। इसका शाब्दिक अर्थ है- "नूपुर की कहानी" इस महाकाव्य की रचना चेर वंश के शासक सेन गुट्टुवन के भाई इलांगो आदिगल ने लगभग ईसा की दूसरी-तीसरी शताब्दी में की थी। इस महाकाव्य के नायक कोवलन और नायिका कण्णगी हैं। इस महाकाव्य में कवि ने तत्कालीन तमिल समाज का सजीव चित्र प्रस्तुत करने के साथ-साथ समाज में प्रचलित नृत्यों, व्यवसायों आदि का भी परिचय दिया है।

218. Manuscript means?
पाण्डुलिपि का अर्थ है?

(a) Written by hand. / हाथ से लिखी।
(b) Written by the Pandavas. / पाण्डवों द्वारा लिखी।
(c) Written much older. / अधिक पुरानी लिखी।
(d) None of the above. / उपरोक्त में से कोई नहीं।

Ans. (a)

व्याख्या: अतीत की जानकारी हम कई तरह से प्राप्त कर सकते हैं। इनमें से एक तरीका अतीत में लिखी गई पुस्तकों को ढूँढ़ना और पढ़ना है। ये पुस्तकें हाथ से लिखी होने के कारण पाण्डुलिपि कही जाती है।

219. Which of the following political powers were the three parties, in the "tripartite struggle" for the control of Kannauj?
कन्नौज पर नियंत्रण के लिए निम्नलिखित राजनीतिक शक्तियों में कौन से 'त्रिपक्षीय संघर्ष' के तीन पक्ष थे?

(a) Gurjara-Pratihara, Rashtrakuta and Pala / गुर्जर-प्रतिहार, राष्ट्रकूट और पाल
(b) Chola, Chalukya and Pandya / चोल, चालुक्य और पांड्य
(c) Gurjara-Pratihara, Rasjhtrakuta and Chalukya / गुर्जर-प्रतिहार, राष्ट्रकूट और चालुक्य

(d) Rashtrakuta, Chalukya and Pala / राष्ट्रकूट, चालुक्य और पाल

Ans. (a)

कन्नौज पर नियंत्रण के लिये गुर्जर-प्रतिहार, राष्ट्रकूट और पाल ये तीनों राजनीतिक शक्तियाँ संघर्ष के पक्ष में थी। कन्नौज का व्यापारिक दृष्टिकोण से बहुत महत्वपूर्ण स्थान था । इसलिये तीनों शक्तियाँ अपने अधिकार में लेने के लिये संघर्षरत रहते थे। पाल साम्राज्य की स्थापना 750 ई. में गोपाल ने की थी। तिब्बती लामा व इतिहासकार तारानाथ के अनुसार गोपाल ने ओदंतपुरी में एक बौद्ध मठ का निर्माण करवाया था। प्रतिहार अग्निकुल के राजपूतों में सर्वाधिक प्रसिद्ध वंश था। ग्वालियर प्रशस्ति में इन्हें राम के छोटे भाई लक्ष्मण का वंशज बताया गया है। इस वंश की स्थापना हरिश्चन्द्र नामक राजा ने की थी। किन्तु इस वंश का प्रथम वास्तविक शासक नागभट्ट प्रथम था। राष्ट्रकूट वंश की स्थापना दंतिदुर्ग ने की थी दन्तिदुर्ग ने उज्जैन में हिरण्यगर्भ नामक महायज्ञ किया था।

220. Ashokan inscriptions have been found in several places within and outside the country. Which of the following options show the correct locations?

अशोक के शिलालेख देश के भीतर और बाहर कई जगहों पर मिले हैं। निम्नलिखित में से कौन-सा विकल्प सही जगहों को दर्शाता है?

(a) Kalibangan, chanhudaro, Dholavira, Sotkakoh / कालीबंगा, चन्द्रदड़ों, धौलावीरा, सोत्काकोह

(b) Jaugada, Maski, Topra, Lampaka / जौगड़, मस्की, टोपरा, लम्पक

(c) Ganweriwala, Inamgaon, Dao Jali Hading गंवेरीवाला, इनामगाँव, दाओजली हेडिंग

(d) Hongi, Bhimbetka, Kurnool, Paiyampalli / हुँगी, भीमबेटका, कुरनूल, पैय्यमपल्ली

Ans. (b)

अशोक के शिलालेख देश के भीतर और बाहर कई जगहों पर मिले हैं जिनमें से जौगड़, मस्की, टोपरा, लम्पक आदि है। मौर्य साम्राज्य बहुत बड़ा था इसलिये अलग-अलग हिस्सों पर अलग-अलग ढग से शासन किया जाता था। पाटलिपुत्र और उसके आस-पास के इलाकों पर सम्राट का सीधा नियंत्रण था।

अशोक के कुछ महत्वपूर्ण शिलालेख-

(i) जीगड़ - उड़ीसा के गंजाम जिले में स्थित है।

(ii) मस्की - कर्नाटक के रायचूर जिले में स्थित है।

(iii) दिल्ली - टोपरा यह प्रारम्भ में उ0प्र0 के सहारनपुर जिले में स्थापित था, बाद में फिरोजशाह तुगलक द्वारा दिल्ली लाया गया।

221. Two thousand years ago, a trader narrates that he has been to Gaza, Petra and Apologues. Which of the following trade routes has he travelled through?

दो हज़ार साल पहले, एक व्यापारी ने बताया कि वह गाज़ा, पेट्रा और अपोलोगोस में जा चुका है। निम्नलिखित में से कौन-से व्यापार मार्ग के माध्यम से उसने यात्रा की ?

(a) Route controlled by Roman emperors / मार्ग जिन पर रोमन शासकों का नियंत्रण था।

(b) Route under the rulers of Persia / मार्ग जिन पर फ़ारसी शासकों का नियंत्रण था।

(c) Route controlled by Kushans / मार्ग जिन पर कुषाणों का नियंत्रण था।

(d) Route under the rulers of China / मार्ग जिन पर चीनी शासकों का नियंत्रण था।

Ans. (a)

दो हजार साल पहले एक व्यापारी ने बताया कि वह गाजा, पेट्रा और अपोलोगोस में जा चुका है वह मार्ग जिस पर रोमन शासकों का नियंत्रण था के माध्यम से उसने यात्रा की। रोमन साम्राज्य को दो चरणों में बाँटा जा सकता है जिन्हें पूर्ववर्ती और परवर्ती चरण कह सकते हैं। सम्पूर्ण साम्राज्य में दूर-दूर तक अनेक नगर स्थापित किए गए थे जिनके माध्यम से समस्त साम्राज्य पर नियंत्रण रखा जाता था। इन शहरों के माध्यम से सरकार प्रांतीय ग्रामीण क्षेत्रों पर कर लगाने में सफल हो पाती है। जिससे साम्राज्य को कर वसूली और अपने क्षेत्रों के प्रशासन के कार्य में सक्रिय सहायता देते थे।

222. Read the statements and choose the correct option.

निम्न कथनों को पढ़िए तथा सही विकल्प का चयन कीजिए-

Statement (A): Behind emperor Shahjahan's throne Pietra dura images depicted the legendary Greek God Orpheus playing the lute. It was believed that Orpheum's music could calm ferocious beasts until they coexisted together peaceably. / कथन: सम्राट शाहजहाँ के सिंहासन के पीछे पितरा दूरा के जड़ाऊ काम में पौराणिक यूनानी देवता ऑर्फियस को बीणा बजाते हुए चित्रित किया गया था। ऐसा माना जाता था कि ऑर्फियस का संगीत आक्रामक जानवरों को भी शांत कर सकता था और वे शांतिपूर्वक एक-दूसरे के साथ रहने लगते थे।

Statement (B): The construction of Shahjahan's audience hall aimed to communicate where all could live together in harmony. / कथन B : शाहजहाँ के सार्वजनिक सभा भवन का निर्माण एक ऐसी दुनिया के निर्माण को सूचित करता था जहाँ सभी सद्भाव के साथ रह सकेंगे।

(a) (A) is true, but (B) is false. / (A) सही है, किन्तु (B) गलत है।
(b) (A) is false, but (B) is true. / (A) गलत है, किन्तु (B) सही है।
(c) Both (A) and (B) are true and (B) is the correct explanation of (A) / (A) और (B) दोनों सही हैं और (A) की सही व्याख्या (B) करता है।
(d) Both (A) and (B) are true but (B) is not the correct explanation of (A). / (A) और (B) दोनों सहीं है, किन्तु (A) की सही की व्याख्या (B) नहीं करता है।

Ans.(c)

सम्राट शाहजहाँ के सिंहासन के पीछे पितरा-दुरा के जड़ाऊ काम की एक श्रृंखला बनाई गई थी, जिसमें पौराणिक यूनानी देवता ऑर्फियस को वीणा बजाते हुये चित्रित किया गया था। ऐसा माना जाता था कि आर्फियस का संगीत आक्रामक जानवरों को भी शांत कर सकता था और वे शांतिपूर्वक एक-दूसरे के साथ रहने लगते थे और शाहजहाँ के सार्वजनिक भवन का निर्माण एक ऐसी दुनिया के निर्माण को सूचित करता था जहाँ सभी सद्भाव के साथ रह सकेंगे। इस प्रकार कथन (A) और (B) दोनों सही है। (A) की सही व्याख्या (B) करता है। शाहजहाँ ने दिल्ली के लाल किले में अपने नवनिर्मित दरबार में राजकीय न्याय और शाही दरबार के अन्तः सम्बन्ध पर बहुत बल दिया।

223. Which of the following are true about Rigvedic society?

ऋग्वैदिक काल के विषय में निम्नलिखित में से कौन-से कथन सत्य हैं?

A. There was no regular army. कोई स्थायी सेना नहीं होती थीं।

B. Some of the hymns were composed by women. / कुछ प्रार्थनाओं की रचना महिलाओं ने की थी।

C. Dasas and Dasses also performed sacrifices. / दास और दस्यु भी यज्ञ करते थे।

D. The Rajas did not have capital cities or places. / राजाओं के पास राजधानी, नगर या महल नहीं थे।

सही विकल्प का चयन कीजिए-

(a) A and B only y/केवल A और B
(b) A, B and D only केवल A, B और D
(c) B, C and D only केवल B, C और D
(d) B and D only/केवल B और D

Ans. (b)

ऋग्वैदिक काल के विषय में सही कथन हैं, कोई स्थायी सेना नहीं होती थी, कुछ प्रार्थनाओं की रचना महिलाओं ने की थी, और राजाओं के पास राजधानी, नगर या महल नहीं थे। ऋग्वैदिक काल में आर्यो के भौतिक जीवन के बारे में कुछ आभास मिलता है। भारत में उनकी सफलता के कारण थे घोड़े, रथ और संभवतः कांसे के कुछ अस्त्र-शस्त्र व उपकरण जिनके बारे में हमें पुरातात्विक प्रमाण मिले हैं। ऋग्वेद के प्राचीनतम काल में 'फाल' का उल्लेख मिलता है। आर्यों को विभिन्न ऋतुओं के बारे में जानकारी थी मैक्समूलर ने आर्यों का निवास स्थान मध्य एशिया माना है जो कि सर्वाधिक मान्य अवधारणा है।

224. "just as the waters of rivers lose their names and separateness when they flow into the mighty ocean, so are Varna and ranks and family forgotten.

"जिस तरह महासागरों में मिलने पर नदियों की अलग- अलग पहचान समाप्त हो जाती है ठीक उसी तरह वे अपना वर्ण, श्रेणी और परिवार सब त्याग देते हैं"। यह उद्धरण किस ग्रन्थ से लिया गया है?

(a) Buddhist text / बौद्ध ग्रंथ
(b) Jaina text / जैन ग्रंथ
(c) Pali text / पाली ग्रंथ
(d) Vedic text / वैदिक ग्रंथ

Ans. (a)

जिस तरह महासागरों के मिलने पर नदियों की अलग-अलग पहचान समाप्त हो जाती है ठीक उसी तरह बुद्ध के अनुयायी अपना वर्ण श्रेणी और परिवार सब त्याग देते हैं यह प्रसिद्ध उद्धरण बौद्ध ग्रंथ से संबंधित हैं। संघ में प्रवेश लेने वालों में ब्राह्मण, क्षत्रिय, व्यापारी, मजदूर, नाई, गणिकाएँ तथा दास शामिल थे। प्रायः किसी धनी व्यापारी, राजा अथवा भूस्वामी द्वारा दान में दी गयी भूमि पर विहार का निर्माण होता था स्थानीय व्यक्ति भिक्षु भिक्षुणियों के लिए भोजन वस्त्र तथा दवाईयाँ लेकर आते थे। जिसके बदले में उन लोगों को शिक्षा देते थे। आगे आने वाले शताब्दियों में बौद्ध धर्म उपमहाद्वीप के विभिन्न हिस्सों के साथ-साथ बाहरी क्षेत्रों में भी फैल गया।

225. The 'nij' system of indigo cultivation had its own set of problems for the peasants during the East India Company. Which of the following problems that they faced was a consequence of the 'nij' system?

ईस्ट इंडिया कंपनी के दौरान नील खेती की 'निज' व्यवस्था के किसानों के लिए अपनी अलग समस्याएँ थीं। उन्होनें 'निज' व्यवस्था के परिणामस्वरूप निम्नलिखित मैं से समस्याओं का सामना किया?

(a) Those living around the indigo factory faced eviction from their land. / जो नील की फैक्ट्री के आस-पास रहते थे, उन्हें उनकी ज़मीनों से हटवा दिया गया।
(b) One-fourth of their land were forced into indigo-cultivation. / उन्हें अपनी जमीन के एक-चौथाई हिस्से में नील की खेती करने के लिए मजबूर किया गया।
(c) Contracts got them cash advances but the debt kept increasing. / अनुबंधों ने उन्हें अग्रिम धन तो दिलाया परंतु उनके ऋण बढ़ते रहे।
(d) The village headmen were forcing them to sign contracts. / ग्राम प्रमुख उन्हें अनुबंध करने के लिए मजबूर कर रहे थे।

Ans. (a)

ईस्ट इंडिया कम्पनी के दौरान नील खेती की 'निज' व्यवस्था के किसानों के लिए अपनी अलग समस्याएँ थी, उन्होंने नील की फैक्ट्री के इर्द-गिर्द पट्टे पर जमीन लेने के प्रयास किए और वहाँ के किसानों को हटवा दिया गया। बागान मालिकों को निज खेती का क्षेत्रफल फैलाने में मुश्किल आ रही थी नील की खेती केवल उपजाऊ जमीन पर की जा सकती थी ऐसी जमीनों पर आबादी पहले से बहुत ज्यादा थी यहाँ छोटे मोटे खेत ही उनके हाथ लग पाते थे। नील की खेती करने के लिए उन्हें बड़े-बड़े भूखण्डों की जरूरत पड़ती थी इसलिए वहाँ से किसानों को हटवा दिया गया। इससे टकराव और तनाव पैदा हो जाता था।

226. Who among the following published a book, "Stripurushatulna' criticizing the social differences between men and women.

निम्नलिखित में से किसने स्त्री-पुरुष तुलना नाम से एक किताब प्रकाशित की जिसमें पुरुषों और महिलाओं के बीच मौजूद सामाजिक फ़र्कों की आलोचना की गई थी?

(a) Pandita Ramabai / पंडिता रमाबाई
(b) Savitribai Phule सावित्रीबाई फूले
(c) Ishwar Chandra Vidyasagar ईश्वरचंद्र विद्यासागर
(d) Tarabai Shinde ताराबाई शिंदे

Ans. (d)

ताराबाई शिंदे की एक किताब 'स्त्री-पुरुष तुलना' नाम : से प्रकाशित हुथी, जिसमें पुरुषों और महिलाओं के बीच मौजूद सामाजिक़ फर्को की आलोचना की गयी अपने

निबंध में शिंदे ने जाति की सामाजिक असमानता के साथ ही साथ अन्य कार्यकर्ताओं के पितृसत्तात्मक विचारों की आलोचना की जो हिन्दू समाज में जाति को ही विरोध भाव का मुख्य रूप मानते थे। इनका जन्म मराठी कुनबी परिवार में हुआ था। उनके पिता हरि शिंदे, ज्योतिबा फुले के ब्राह्मण विरोधी आन्दोलन से जुड़े थे। ताराबाई के पिता सत्यशोधक समाज के सदस्य थे।

227. Which of the following was associated with the movement against caste distinction?
निम्नलिखित में से किसका संबंध जातिगत भेदभाव के विरुद्ध आन्दोलन से था?

(a) Sanatana Dharma Sabha / सनातन धर्म सभा
(b) Bharat Dharma Mahamandal / भारत धर्म महामंडल
(c) Satnami Movement / सतनामी आन्दोलन
(d) Brahman Sabha / ब्राह्मण सभा

Ans.(c)

सतनामी आन्दोलन का संबंध जातिगत भेदभाव के विरुद्ध आन्दोलन से था। मध्य भारत में सतनामी आन्दोलन की शुरुआत घासीदास ने की थी। सामाजिक स्थिति में सुधार करने के लिए आन्दोलन छेड़ दिया। पूर्वी बंगाल में हरिदास ठाकुर के मतुआ पंच ने चाण्डाल कास्तकारों के बीच काम किया। हरिदास ने जाति प्रथा को सही ठहराने वाले ब्राह्मणवादी ग्रंथों पर सवाल उठाया। जातिगत भेदभाव के विरुद्ध कई अन्य नेता थे। जिनमें एक विशेष उल्लेखनीय योगदान ज्योतिबा फुले का था। इनका जन्म 1827 ई. में हुआ था। उन्होंने ब्राह्मणों के इस दावें पर खुलकर हमला बोला कि आर्य होने के कारण वे औरों से श्रेष्ठ हैं।

228. The country which is to the north of the ocean and to the south of the snow-clad mountains is called India. In which ancient text is this name of India mentioned?
वह देश जो समुद्र के उत्तर में और हिमाच्छादित पर्वतों के दक्षिण में है, उसे भारत कहते हैं। भारत का यह नाम किस प्राचीन ग्रंथ में है।

(a) Rigveda / ऋग्वेद
(b) Bhagavad Gita / भगवत गीता,
(c) Vishnu Purana / विष्णु पुराण
(d) Mahabharata / महाभारत

Ans. (c)

व्याख्या: भारत का यह नाम विष्णु पुराण में लिखा है। यह नाम 'भारत' आज भी प्रयोग में है। उत्तर भारत में इसे सामान्यत: 'भारत' लिखते हैं, जबकि दक्षिण भारत में प्राय: 'भारतम्' लिखते हैं।

229. Read the statements and choose the correct option.
निम्नलिखित कथनों को पढ़ें और सही विकल्प चुनें।

Assertion (A): The Non-cooperation Movement gained momentum through 1921-22. / कथन (A) 1921-22 के दौरान असहयोग आंदोलन को गति मिली।

Reason (R): Many lawyers such as Motilal Nehru, C.R. Das, C. Rajagopalachari and Asaf Ali gave up their practices. / कारण (R) मोतीलाल नेहरू, सी. आर. दास, सी. राजगोपालाचारी और आसफ़ अली जैसे 'बहुत सारे वकीलों ने वकालत छोड़ दी।

(a) Both (A) and (R) are true and (R) is the correct explanation of (A) / (A) और (R) दोनों सही हैं और (R) सही व्याख्या करता है (A) की।
(b) Both (A) and (R) are true but (R) is not the correct explanation of (A). / (A) और (R) दोनों सही हैं लेकिन (R) सही व्याख्या नहीं है (A) की।
(c) (A) is true but (R) is false. / (A) सही है लेकिन (R) गलत है।
(d) Both (A) and (R) are false. (A) और (R) दोनों गलत हैं।

Ans.(a)

1921 1922 के दौरान असहयोग आन्दोलन को गति मिली इस प्रकार कथन (A) सही है। मोतीलाल नेहरू, सी. आर. दास, सी. राजगोपालाचारी और आसफ़ अली जैसे बहुत सारे वकीलों ने वकालत छोड़ दी, इस प्रकार कारण (R) भी सही हैं। प्रश्न के अनुसार कथन और

कारण दोनों सही है (R) सही व्याख्या करता है। (A) की राष्ट्रवादियों ने दिल्ली में जामिया मिलिया और वाराणसी में काशी विद्यापीठ जैसे नई शिक्षण संस्थाएँ स्थापित की। लोगों ने अपनी सरकारी नौकरियाँ छोड़ दी। वकीलों ने अदालतों का बहिष्कार किया, सारे देश में सार्वजनिक हड़ताले हुयी। 1921 में अहमदाबाद में काँग्रेस का अधिवेशन हुआ जिसमें आंदोलन जारी रखने का निर्णय लिया गया था।

230. Read the following statements A and B and choose the correct option.

निम्न कथनों A तथा B को पढ़िये तथा सही विकल्प का चुनाव कीजिए।

(A) After 1919, the struggle against the British rule gradually became a mass movement, involving peasants, tribals, students and women and Mahatma Gandhi emerged as a mass leader / 1919 के बाद अंग्रेज़ों के खिलाफ़ चल रहा संघर्ष धीरे-धीरे एक जनांदोलन में तब्दील होने लगा जिसमें किसान, आदिवासी विद्यार्थी और महिलाएं बड़ी संख्या में जुड़ते गए और महात्मा गाँधी एक जन नेता के रूप में सामने आए।

(B) At times, using Gandhiji's name, tribals and peasants undertook actions that did not confirm to Gandhian ideals. / कई बार गाँधी जी का नाम लेकर आदिवासियों और किसानों ने ऐसी कार्रवाईयाँ की जो गाँधीवादी आदर्शों के अनुरूप नहीं थीं।

(a) (A) is true, but (B) is false. / (A) सही है, किन्तु (B) गलत है।

(b) (A) is false, but (B) is true. / (A) गलत है, किन्तु (B) सही है।

(c) Both (A) and (B) are true. / (A) और (B) दोनों सही हैं।

(d) Both (A) and (B) are false. / (A) और (B) दोनों गलत हैं।

Ans. (c)

1919 के बाद अंग्रेजों के खिलाफ चल रहा संघर्ष। धीरे-धीरे एक जन आन्दोलन में तब्दील होने लगा जिसमें किसान, आदिवासी, विद्यार्थी और महिलाएं बड़ी संख्या में जुड़ते गए और महात्मा गाँधी एक जन नेता के रूप में सामने आए। कई बार गाँधी जी का नाम लेकर आदिवासियों और किसानों ने ऐसी कारवाईयाँ की जो गाँधीवादी आदशों के अनुरूप नहीं थी। इस प्रकार कथन A और B दोनों सही हैं। 1920 ई. में कांग्रेस ने कलकत्ता के अपने विशिष्ट अधिवेशन में तथा नागपुर में 1920 ई. के अंत में आयोजित अपने वार्षिक अधिवेशन में गांधीजी के नेतृत्व में सरकार के विरुद्ध संघर्ष की एक नयी योजना तैयार की गई असहयोग आन्दोलन के समय कांग्रेस द्वारा विधान परिषदों के बहिष्कार का निर्णय लिया गया। इस विषय में कांग्रेस में दो मत थे।

231. Which of the following features are mentioned in the Indian Constitution, which came into effect on 26 January 1950?

निम्नलिखित में से कौन-सी विशेषताएँ भारत के संविधान, जिसे 26 जनवरी 1950 को लागू किया गया था, में मौजूद है?

(A) Adoption of Universal adult franchise. / सार्वभौमिक वयस्क मताधिकार को अपनाना।

(B) All Indians above the age of 21 would be allowed to vote in state and national elections. / 21 वर्ष से अधिक आयु के सभी भारतीयों को राज्य और राष्ट्रीय चुनावों में मतदान करने की अनुमति होगी। सही विकल्प का चयन कीजिए-

(a) (A) is incorrect, (B) is correct. / A गलत है. B सही है।

(b) Both (A) and (B) are correct. / A और B दोनों सही हैं।

(c) Both (A) and (B) are incorrect. / A और B दोनों गलत हैं।

(d) (A) is correct, (B) is incorrect. / A सही है, B गलत है।

Ans. (b)

भारत के संविधान को 26 जनवरी 1950 को लागू किया गया था। इसमें कुछ महत्वपूर्ण विशेषताएँ थी जैसे सार्वभौमिक वयस्क मताधिकार को अपनाना तथा 21 वर्ष से अधिक के सभी भारतीयों को राज्य और राष्ट्रीय चुनावों में मतदान करने की अनुमति होगी। इस प्रकार

कथन A और B दोनों सही हैं मूल संविधान में मतदान करने की आयु 21 वर्ष थी। बाद में 61 वें संविधन संसोधन अधिनियम द्वारा मतदान करने की उम्र 21 वर्ष से घटाकर 18 वर्ष कर दिया गया।

232. Identify the type of celestial bodies from the characteristics given below.

दी गयी विशेषताओं के आधार पर, खगोलीय पिंडों के प्रकार पहचानें-

A. They are made up of gases. / वे गैसों द्वारा बने हुए हैं।

B. They have their own heat and light. / उनकी अपनी रोशनी और गर्मी होती हैं।

C. They are big and hot/ वे बड़े और गर्म होते हैं।

(a) Galaxies / आकाश गंगा
(b) Stars / तारे
(c) Planets/ ग्रह
(d) Satellites / उपग्रह

Ans. (b)

कुछ खगोलीय पिंड गैसों द्वारा बने होते हैं, तथा कुछ बड़े आकार वाले गर्म होते हैं। उनके पास अपनी ऊष्मा तथा प्रकाश होता है जिसे वे बहुत बड़ी मात्रा में उत्सर्जित करते हैं। इन खगोलीय पिंडों को तारा कहते हैं। इस प्रकार ये सारी विशेषताएँ खगोलीय पिंड तारा के बारे में बताई गयी है। सूर्य, चन्द्रमा तथा वे सभी वस्तुएँ जो रात के समय में आसमान में चमकती है खगोलीय पिंड कहलाती हैं। आकाश गंगा करोड़ों तारों, बादलों तथा गैसों की एक प्रणाली है। इस प्रकार की लाखों आकाशगंगाएँ मिलकर ब्रह्माण्ड का निर्माण करती हैं कुछ खगोलीय पिण्ड में अपना प्रकाश एवं ऊष्मा नहीं होती है वे तारों के प्रकाश से प्रकाशित होते हैं, ऐसे पिंड ग्रह कहलाते हैं। उप्पह एक खगोलीय पिंड है जो ग्रहों के चारों और उसी प्रकार चक्कर लगाता है, जिस प्रकार ग्रह सूर्य के चारों ओर चक्कर लगाते हैं।

233. Which of the following represents the correct matching of heat zones of the earth?

निम्नलिखित में से कौन-सा मिलान पृथ्वी के ताप कटिबंध के विषय में सही है-

a. Torrid one / उष्ण कटिबंध	(i) Area lying between Tropic of Cancer and the Arctic Circle. / कर्क रेखा और मकर रेखा मध्यका क्षेत्र
b. Tempe rate one/ शीतोष्ण कटिबंध	(ii) Area lying between Arctic Circle and North Pole / कर्क रेखा और उत्तर ध्रुव वृत्त के मध्य का क्षेत्र
c. Frigid one / शीतकटि बंध	(iii) Area lying between Tropic of Cancer and Tropic of Capricorn / उत्तर ध्रुव वृत्त और उत्तर ध्रुव के मध्य का क्षेत्र

Choose the correct option. सही विकल्प का चयन कीजिए-

(a) a-(iii), b-(i), c-(ii)
(b) a-(ii), b- (iii), c- (i)
(c) a- (i), b-(iii), c- (ii)
(d) a- (i), b- (ii), c - (iii)

Ans. (a)

कर्क रेखा एवं मकर रेखा के बीच के सभी अक्षांशों पर सूर्य वर्ष में एक बार दोपहर में सिर के ठीक ऊपर होता है इसलिये इस क्षेत्र में सबसे अधिक ऊष्मा प्राप्त होती है, तथा इसे उष्ण कटिबंध कहा जाता है।

शीतोष्ण कटिबंध - कर्क रेखा और उत्तर ध्रुव वृत्त के मध्य का क्षेत्र तथा दक्षिणी गोलार्द्ध में दक्षिण ध्रुव वृत्त के मध्य का क्षेत्र शीतोष्ण कटिबंध कहलाता है।

शीत कटिबंध - उत्तरी गोलार्द्ध में उत्तर ध्रुव वृत्त एवं उत्तरी ध्रुव के मध्य का क्षेत्र शीत कटिबंध कहलाता है क्योंकि यहां सूर्य क्षितिज से ज्यादा ऊपर नहीं आ पाता है, इसलिये ये शीत कटिबंध कहलाते हैं।

नोट- इस प्रकार सही समेलित करने पर इसका उत्तर (d) होगा जबकि आयोग ने इसका उत्तर (2) माना है।

234. Identify the meridian of longitude from the given characteristics.

दी गयी विशेषताओं के आधार पर देशांतर याम्योत्तर पहचानें-

A. The value of the line is 0°. / इस रेखा का मान 0° है।

B. The line runs from North Pole to South Pole. / यह उत्तर ध्रुव से दक्षिण ध्रुव की ओर जाती है।

C. The line passes through Greenwich. / यह ग्रीनविच के मध्य से जाती है।

Choose the correct option. / सही विकल्प चुनें-

(a) 180° E and 180° W Meridian / 180° पू. और 180° प. देशांतर

(b) Tropic of cancer/कर्क रेखा

(c) Equator भूमध्य रेखा

(d) Prime Meridian प्रमुख याम्योत्तर

Ans. (d)

दी गयी विशेषताओं के आधार पर देशांतर याम्योत्तर की पहचान करने पर इस रेखा का मान 0° है। यह उत्तर ध्रुव से दक्षिण ध्रुव की ओर जाती है और ग्रीनविच के मध्य से जाती है। इस प्रकार ये सभी विशेषता प्रमुख याम्योत्तर की है ये याम्योत्तर विषुवत वृत्त को समकोण पर काटते हैं सुविधाजनक गणना के लिये ग्रीनविच वेधशाला (लंदन के निकट) से गुजरने वाली देशांतरीय याम्योत्तर को अन्तर्राष्ट्रीय समझौते के द्वारा प्रमुख याम्योत्तर माना गया है तथा इसे 10° का नाम दिया गया है। किसी स्थान का देशान्तर उस स्थान के प्रमुख याम्योत्तर के पूर्व या पश्चिम में उस स्थान की कोणीय दूरी होती है।

235. Which of the following is correct matching of the longitudes and latitudes?

निम्नलिखित में कौन सा मिलान अक्षांश और देशांतर रेखाओं के लिए सही है?

A. Indian Standard meridian/भारतीय याम्योत्तर (i) 0°

B. Greenwich Meridian/ ग्रीनविच याम्योत्तर (ii) $66\frac{1}{2}$ °S

C. Antarctic Circle दक्षिणी ध्रुव वृत्त (iii) $23\frac{1}{2}$ °N

D. Tropic of Cancer कर्क रेखा (iv) $82\frac{1}{2}$ °E

(a) A-(i), B-(ii), C-(iii), D-(iv)

(b) A-(ii), B-(i), C-(iv), D-(i)

(c) A-(iv), B-(i), C-(ii), D-(iii)

(d) A- (iii) B -(iv), C-(i), D -(ii)

Ans.(c)

भारत में $82\frac{1}{2}$ ° पूर्व (82°30 पूर्व) को मानक याम्योत्तर माना गया है। इस मानक याम्योत्तर के स्थानीय समय को परे देश का मानक समय माना जाता है इसे भारतीय मानक समय भी माना जाता है। पृथ्वी पर 0° देशान्तर पर खींची गई मध्याह्न रेखा प्रधान मध्याह्न रेखा या ग्रीनविच रेखा कहलाती है। दुनिया का मानक समय इसी रेखा से निर्धारित किया जाता है। $66\frac{1}{2}$ ° दक्षिण में दक्षिणी ध्रुव वृत्त । उत्तरी गोलार्द्ध में कर्क रेखा $23\frac{1}{2}$ उत्तर में है। समय को मापने का सबसे अच्छा साधन पृथ्वी, चन्द्रमा एवं ग्रहों की गति है। सूर्योदय एवं सूर्यास्त प्रतिदिन होता है। अतः स्वाभाविक ही है कि पूरे विश्व में समय निर्धारण का सबसे अच्छा साधन है।

236. Mediterranean vegetation is found in which of the following regions.

भूमध्यसागरीय वनस्पति निम्नलिखित में से कौन-से क्षेत्र में पायी जाती हैं?

A. Central America / मध्य अमेरिका

B. California in the USA / संयुक्त राज्य अमेरिका में कैलिफोर्निया

C. South-West Africa/ दक्षिण-पश्चिमी अफ्रीका

D. South-West Australia / दक्षिण-पश्चिमी आस्ट्रेलिया

(a) A., B and C / A, B और C

(b) A., B and D / A, B और D

(c) B, C and D / B, C और D

(d) A, C and D / A, C और D

Ans. (c)

भूमध्यसागरीय वनस्पति महाद्वीपों के पश्चिमी एवं दक्षिण पश्चिमी भागों में मिलती हैं। ये वनस्पतियों संयुक्त राज्य अमेरिका के कैलीफोर्निया, दक्षिण पश्चिमी अफ्रीका एवं दक्षिण पश्चिमी ऑस्ट्रेलिया में पायी जाती हैं। मध्य अमेरिका में इसका विस्तार नहीं मिलता है। इस प्रकार A गलत हैं और B, C तथा D सही हैं। इन प्रदेशों में गर्म शुष्क ग्रीष्म एव वर्षा वाली मुदत ऋतुएं होती हैं। इन प्रदेशों में आमतौर पर पर संतरा, अंजीर, जैतून, निंबू एवं

अंगूर जैसे फलों को पैदा किया जाता है। इस प्रदेश को विश्व का फलोद्यान भी कहा जाता है भूमध्य सागरीय वृक्ष शुष्क ग्रीष्म ऋतु में स्वयं को बाल लेते हैं। इनकी मोटी छाल एवं पत्तियाँ वाष्पोत्सर्जन को रोकती हैं।

237. Read the statements and choose the correct option.
नीचे लिखे कथन पढ़ कर सही विकल्प चुनें-

Assertion (A): Three-fourth of the earth's surface is covered by water. / अभिकथन (A): पृथ्वी की तीन-चौथाई सतह जल से ढकी है।

Reason (R) There is more salt water than fresh water on earth's surface. / कारण (R) पृथ्वी की सतह पर साफ़ पानी से अधिक खारा पानी है।

Choose the correct option. सही विकल्प का चयन कीजिए-

(a) Both (A) and (R) are true and (R) is the correct explanation of (A) / दोनों (A) और (R) सही हैं, (A) की (R) व्याख्या करता है।
(b) Both (A) and (R) are true but (R) is not the correct explanation of (A). / दोनों (A) और (R) सही हैं, (A) की (R) व्याख्या नहीं करता है।
(c) (A) is true but (R) is false. / (A) सत्य है, (R) असत्य है।
(d) Both (A) and (R) are false. / दोनों (A) और (R) असत्य हैं।

Ans. (b)

पृथ्वी की तीन चौथाई सतह जल से ढकी है। इस प्रकार कथन A सही है, तथा पृथ्वी की सतह पर साफ पानी से अधिक खारा पानी है R कारण भी सही है। लेकिन A की R सही व्याख्या नहीं करता है। पृथ्वी की सतह का लगभग 71% भाग जल से ढका हुआ है। पृथ्वी पर उपस्थित लगभग समस्त जल समुद्रों और महासागरों, नदियों, तालों, ध्रुवीय बर्फ, भौमजल और वायुमंडल में पाया जाता हैं, परंतु इसमें में अधिकांश जल इसी रूप में मानव उपयोग के लिये उपयुक्त नहीं है। उपयोग के लिये उपयुक्त जल अलवण जल है जिसे बोलचाल की भाषा में ताजा जल कहते हैं। पृथ्वी पर इतना जल होने के कारण अंतरिक्ष से देखने पर नीला दिखाई देता है। इस कारण पृथ्वी को नीला ग्रह भी कहते हैं। "जल है तो कल है"

नोट- "यदि जल उपलब्ध है तो आपका भविष्य सुरक्षित है।" विश्व जल दिवस 22 मार्च को मनाया जाता है।

238. From the given processes below choose the processes involved in a water cycle.
निम्नलिखित प्रक्रियाओं में से जल चक्र में निहित प्रक्रियाओं को चुनें-

A Condensation / संघनन
B. Insolation / आतपन
C. Evaporation / वाष्पीकरण
D. Precipitation / वृष्टिपात / वर्षण

(a) A, B and C / A, B और C
(b) A, B and D / A, B और D
(c) B, D and C / B, D और C
(d) A, C and D / A, C और D

Ans. (d)

संघनन, बाष्पीकरण, वृष्टिपात / वर्षण ये सभी प्रक्रियाएँ जल चक्र में निहित होती है सूर्य के ताप के कारण जल वाष्पित हो जाता है। ठंडा होने पर जलवाष्प संघनित होकर बादलों का रूप ले लेता है। यहाँ से यह वर्षा, हिम अथवा सहिम दृष्टि के रूप में धरती या समुद्र पर नीचे गिरता है जिस प्रक्रम में जल लगातार अपने स्वरूप को बदलता रहता है उसे ही जल चक्र कहते हैं। अलवण जल के मुख्य स्रोत नदी, ताल झीलें एवं हिमनद है। महासागरों एवं समुद्रों का जल लवणीय होता है। इसमें अधिकांश नमक- सोडियम क्लोराइड खाने में उपयोग किया जाने वाला नमक होता है।

239. Land breeze, sea breeze and loo are:
स्थल समीर, समुद्री समीर और लू कौन-सी पवन हैं-

(a) seasonal winds / मौसमी पवन
(b) planetary winds / ग्रहीय पवन
(c) local winds / स्थानीय पवन
(d) permanent winds / स्थायी पवन

Ans. (c)

स्थल समीर, समुद्री समीर और लू स्थानीय पवन हैं। उच्च दाब क्षेत्र से निम्न दाब क्षेत्र की ओर वायु की गति को पवन कहते हैं। पवन को मुख्यतः तीन प्रकारों में विभाजित

किया जा सकता है।

(i) स्थायी पवनें व्यापारिक पश्चिमी एवं पूर्वी पवनें, स्थायी पवने - है यह वर्ष भर लगातार निश्चित दिशा में चलती रहती हैं।

(ii) मौसमी पवनें ये पवने विभिन्न ऋतुओं में अपनी दिशा - बदलती रहती हैं। उदाहरण के लिये भारत में मानसूनी पहने

(iii) स्थानीय पवनें ये पवनें किसी छोटे क्षेत्र में वर्ष या दिन - के किसी विशेष समय में चलती है। उदाहरण के लिये स्थल एवं समुद्री समीर भारत के उत्तरी क्षेत्र की गर्म एवं शुष्क जलवायु पवन है, इसे ल कहते हैं।

240. Read the statements related to air pressure and choose the correct option.
वायुदाब के विषय में दिए गए कथन पढ़ें और सही विकल्प चुनें।

A. Air pressure is the pressure exerted by the weight of clouds on the earth's surface. वायुदाब बादलों के भार से पृथ्वी की सतह पर बना / पड़ा दबाव है।

B. Low pressure is associated with cloudy skies and wet weather. / निम्न दाब आसमान में बादल उपस्थित और मौसम से सम्बंधित है।

(a) Both A and B are true. / A और B दोनों सत्य हैं।
(b) A is false, B is true. / A असत्य है और B सत्य है।
(c) Both A and B are false. A और B दोनों असत्य हैं।
(d) A is true, B is false. / A सत्य है, B असत्य है।

Ans.(b)

वायुदाब के विषय में सही विकल्प निम्न दाब आसमान में बादल उपस्थित और मौसम से संबंधित है। इस प्रकार कथन (B) सत्य है।

वायुदाब बादलों के भार से पृथ्वी की सतह पर बना / पड़ा दबाव है। यह कथन A असत्य है जबकि कथन B सत्य हैं। पृथ्वी की सतह पर वायु के भार द्वारा लगाया गया दाब, वायुदाब कहलाता है। वायुमंडल में ऊपर की ओर जाने पर दाब तेजी से गिरने लगता है। समुद्र स्तर पर वायुदाब सर्वाधिक होता है और ऊँचाई पर जाने पर यह घटता जाता हैं। वायुदाब का क्षैतिज वितरण किसी स्थान पर उपस्थित वायु के ताप द्वारा प्रभावित होता है। अधिक तापमान वाले क्षेत्र में वायु गर्म होकर ऊपर उठती है जिससे निम्न दाब क्षेत्र का निर्माण होता है।

241. Which of the following is the correct matching of different resources and their characteristics?
निम्नलिखित में संसाधनों और उनकी विशेषताओं का सही मिलान है-

A. Non- renewable Resources / अनवीकरण संसाधन (i) get renewed or replenished quickly / जो शीघ्रता से नवीकृत या पुनः पूरित हो जाते हैं।

B. Actual Resources / वास्तविक संसाधन (ii) whose quantity is known / जिनकी संपूर्ण मात्रा ज्ञात है।

C. Renewable Resources / नवीकरण संसाधन (iii) whose entity quantity may not be known. / जिनकी संपूर्ण मात्रा ज्ञात नहीं है।

D. Potential Resources / संभाव्य संसाधन (iv) have limited stock. / जिनका भंडार सीमित है।

(a) A-(iii), B-(i), C-(ii), D-(iv)
(b) A-(ii), B-(iv), C-(ii), D-(i)
(c) A- (iii), B-(ii), C- (iv), D- (i)
(d) A- (iv), B- (ii), C- (i), D - (iii)

Ans.(d)

प्राकृतिक संसाधनों को विस्तृत रूप से नवीकरणीय और अनवीकरणीय संसाधनों में विभाजित किया जा सकता है। अनवीकरणीय संसाधन जिनका भण्डार सीमित है जैसे- कोयला पेट्रोलियम, प्राकृतिक गैस

वास्तविक संसाधन जिनकी सम्पूर्ण मात्रा ज्ञात है। नवीकरणीय संसाधन वे संसाधन जो शीघ्रता से नवीकृत अथवा पुनः पूरित हो जाते हैं इनमें से कुछ असीमित है और उन पर मानवीय क्रियाओं का प्रभाव नहीं होता, जैसे सौर ऊर्जा, पवन ऊर्जा।

संभाव्य संसाधन जिनकी सम्पूर्ण मात्रा ज्ञात नहीं है।

242. Which of the following is the correct way to conserve resources?
निम्नलिखित में से संसाधन संरक्षण का कौन-सा सही साधन है?

A. Reusing used items / वस्तुओं का पुनः उपयोग करना।
B. Discarding items after use / वस्तुओं का एक बार उपयोग करके उन्हें फेंक देना।
C. Reducing items consumed. / वस्तुओं का उपभोग कम करना।
D. Recycling items after use. / वस्तुओं को पुनः चक्रण में लाना।

Choose the correct option. / सही विकल्प का चयन कीजिए-

(a) A, B and C / A, B, C
(b) A. C and D / A, C और D
(c) A, B and D / A, B और D
(d) B, C and D / B, C और D

Ans.(b)

संसाधन संरक्षण का सही साधन वस्तुओं का पुनः उपयोग करना, वस्तुओं का उपभोग कम करना, वस्तुओं को पुनः चक्रण में लाना ये तीनों संसाधन संरक्षण से सम्बन्धित है, जबकि वस्तुओं का एक बार उपयोग करके उन्हें फेक देना संसाधन संरक्षण के अन्तर्गत नहीं आता हैं संसाधनों का सतर्कतापूर्वक उपयोग करना और उन्हें नवीकरणीय के लिये समय देना संसाधन संरक्षण कहलाता है। संसाधनों का उपयोग करने की आवश्यकता और भविष्य के लिए उनके संरक्षण में संतुलन बनाए रखना सततपोषणीय विकास कहलाता है। प्राकृतिक संसाधनों का वितरण भू-भाग, जलवायु, ऊंचाई जैसे अनेक भौतिक कारकों पर निर्भर करता है। पृथ्वी पर इन कारकों में विभिन्नता होने के कारण संसाधनों का वितरण असमान हैं।

243. Which of the following statement related to resources in incorrect?
निम्नलिखित में से संसाधनों से संबंधित कौन-सा कथन गलत /सही नहीं है?

(a) Air, water, soil and minerals are natural resources. / वायु, जल, मिट्टी और खनिज प्राकृतिक संसाधन हैं।
(b) Resources can become economically valuable with time. / समय के साथ संसाधन आर्थिक रूप से मूल्यवान हो सकते हैं।
(c) People themselves are not resources. / लोग स्वयं संसाधन नहीं हैं।
(d) Time and technology are two important. factors that can change substances into resources. /समय और प्रौद्योगिकी दो महत्वपूर्ण कारक हैं जो पदार्थों को संसाधन में परिवर्तित कर सकते हैं।

Ans.(c)

संसाधनों से सम्बन्धित कथन के अन्तर्गत लोग स्वयं संसाधन नहीं हैं जबकि वायु, जल, मृदा, खनिज प्राकृतिक संसाधन हैं, समय के साथ संसाधन आर्थिक रूप से मूल्यवान हो सकते हैं। तथा समय और प्रौद्योगिकी दो महत्वपूर्ण कारक है जो पदार्थों को संसाधन में परिवर्तित कर सकते हैं। मूल्य का अर्थ महत्व होता है। कुछ संसाधनों का आर्थिक मूल्य होता है, जबकि कुछ संसाधनों का आर्थिक मूल्य नहीं होता।

उदाहरणार्थं - धातुओं का आर्थिक मूल्य होता है, लेकिन एक मनोरम भूदृश्य का आर्थिक मूल्य नहीं होता है परन्तु ये दोनों संसाधन महत्वपूर्ण है और मनुष्य की आवश्यकताओं को पूरा करते हैं।

244. Match the following economic activities with the categories mentioned.
निम्नलिखित आर्थिक गतिविधियों का कार्य वर्गों के साथ सुमेल कीजिए-

A. Primary activities / प्राथमिक क्रियाएँ (i) Baking of bread and weaving / डबलरोटी (ब्रेड) पकाना और कपड़ा बुनना।
B. Secondary activities / द्वितीयक क्रियाएँ (ii) Agriculture and Fishing / कृषि और मत्स्यन
C. Tertiary activities / तृतीयक क्रियाएँ (iii) trade and transport / व्यापार और यातायात

Choose the correct option. सही विकल्प का चयन कीजिए-

(a) A-(i), B-(iii), C-(i)
(b) A-(ii), B-(i), C-(iii).
(c) A-(iii), B-(ii), C-(i)
(d) A-(i), B-(ii), C-(iii)

Ans. (b)

मानव के वे तमाम क्रियाकलाप जो आय सृजन में सहायक होते हैं। उन्हें आर्थिक क्रिया की संज्ञा दी गयी है। अर्थव्यवस्था में आर्थिक गतिविधियों को तीन श्रेणियों में बाँटा गया है। जिन्हें अर्थव्यवस्था का क्षेत्र कहा गया है।

प्राथमिक क्षेत्र- यह क्षेत्र प्रत्यक्ष रूप से पर्यावरण पर निर्भर होते हैं। इसके अन्तर्गत कृषि और मत्स्यन, पशुपालन, खनन आदि आते हैं।

द्वितीय क्षेत्र- प्राथमिक क्षेत्र से प्राप्त कच्चे माल को विनिर्मित करके उत्पाद तैयार किया जाता है जैसे गेहूँ से ब्रेड बनाना, कपास से कपड़ा बनाना आदि। तृतीयक क्षेत्र - इसमें विभिन्न प्रकार की सेवाओं के उत्पादन से सम्बन्धित है जैसे व्यापार, यातायात और बैकिंग आदि। इस प्रकार सही सुमेलित करने पर विकल्प (b) सही होगा।

245. Which statement is not correct regarding the Atlantic Ocean?
अटलांटिक महासागर के संदर्भ में कौनसा कथन सही नहीं है?

(a) It is in the shape of the letter S of the English language. /यह अंग्रेजी भाषा के S अक्षर के आकार का है।
(b) Its coastline is highly indented. / इसकी तट रेखा बहुत अधिक दंतुरित है।
(c) It is the busiest ocean in terms of trade. / व्यापार की दृष्टि से सबसे व्यस्त महासागर है।
(d) Its deepest place is the Mariana Trench. / इसका सबसे गहरा स्थान मेरियाना गर्त है।

Ans. (d)

व्याख्या: विश्व का सबसे गहरा स्थान मेरियाना गर्त प्रशांत महासागर में स्थित है।

246. How many themes are covered in Class – 6 Social Science book?
कक्षा – 6 की सामाजिक विज्ञान की पुस्तक में कितने थीमों को शामिल किया गया है?

(a) 4
(b) 5
(c) 6
(d) 7

Ans. (b)

व्याख्या: कक्षा-6 की सामाजिक विज्ञान की पुस्तक में 5 थीमों को शामिल किया गया हैं। जो इस प्रकार हैं:-

थीम – A : भारत एवं विश्व : भूभाग एवं उनके निवासी
थीम – B : अतीत के चित्रपट
थीम – C : हमारी सांस्कृतिक विरासत स्वं ज्ञान परंपराएँ
थीम – D : शासन और लोकतंत्र
थीम – E : हमारे आस-पास का आर्थिक जीवन

247. Kesar Saga is performed in which region of India?
भारत के किस क्षेत्र में केसर सागा पर नाटक खेला जाता है?

(a) West Bengal / पश्चिम बंगाल
(b) Assam / असम
(c) Ladakh / लद्दाख
(d) Sikkim / सिक्किम

Ans.(c)

भारत के लद्दाख क्षेत्र में 'केसर सागा' पर नाटक खेला जाता है केसर सागा एक प्राचीन तिब्बतीं महाकाव्य है जो मंगोलिया मध्य एशिया और चीन तक फैले पूरे तिब्बती क्षेत्र में वर्णित है। केसर सागा लद्दाख और तिब्बत का प्रसिद्ध ग्रंथ हैं। कहानीकार ने लंबी ठंडी सर्दियों की रातों के दौरान महाकाव्य का पाठ किया है।

पारम्परिक संगीत भक्ति और सांस्कृतिक गीतों के रूप में है।

रवीन्द्रनाथ ठाकुर द्वारा लिखित रवीन्द्र संगीत जिसे विशुद्ध भारतीय शास्त्रीय संगीत के पारम्परिक लोकगीतों में पिरोया गया है, जिसमें पश्चिम बंगाल के सांस्कृतिक जीवन पर प्रभाव डालता हैं।

असम भी उत्तम शिल्प और कलाकृतियों का खजाना है। बिहु असम का प्रसिद्ध लोकनृत्य है।

248. Read the statements and choose the correct option.
निम्न कथनों को ध्यान से पढ़िए तथा सही विकल्प का चयन कीजिए।

Statement (A): People with different cultural, religious and regional backgrounds participated in India's struggle for

independence and gained long awaited freedom. / कथन (A) भारतीय स्वतंत्रता संग्राम में भिन्न सांस्कृतिक, धार्मिक तथा क्षेत्रीय पृष्ठभूमि वाले लोगों ने हिस्सा लिया तथा देश को स्वतंत्रता दिलवाई।

Statement (B): India's diversity has always been a source of its strength. /कथन (B): भारतीय विविधता हमेशा इसकी ताकत रही है।

(a) (A) is true, but (B) is false. (A) सही है. (B) गलत है।
(b) (A) is false, but (B) is true. / (A) गलत है, (B) सही है।
(c) Both (A) and (B) are true and (B) is the reason for (A). / दोनों (A) तथा (B) सही हैं तथा (B) कारण है (A) का।
(d) Both (A) and (B) are true but (B) is not the reason for (A) दोनों (A) और (B) सही हैं किन्तु (B) कारण नहीं है (A) का।

Ans.(c)

भारतीय स्वतन्त्रता संग्राम में भिन्न सांस्कृतिक, धार्मिक तथा क्षेत्रीय पृष्ठभूमि वाले लोगों ने हिस्सा लिया तथा देश को स्वतंत्रता दिलवाई तथा भारतीय विविधिता हमेशा इसकी ताकत रही है। इस प्रकार दोनों कथन (A) तथा (B) सही है, (B) कारण है (A) का भारत विविधता में एकता के प्रतीक की भूमि है, भारतीय संस्कृति जातियों, धर्मों, रीति-रिवाजों और भाषाओं की बहुलता का भण्डार है। इस प्रकार भारत दुनिया में अद्वितीय है। भारत दुनिया के लगभग सभी धर्मों का घर है। इस प्रकार अनेक विविधताओं के बावजूद भी हम एक हैं।

249. State true or false.
सही और गलत बताएँ।

A. The Council of Ministers in a state constitutes the Chief Minister and ministers appointed by him. राज्य की मंत्री परिषद् में मुख्यमंत्री और उनके द्वारा नियुक्त मंत्री सम्मिलित होते हैं।

B. The Legislative Assembly composes of both opposition and ruling M. L. As / विधानसभा, विपक्षी दल और सत्ताधारी दल के विधायकों दोनों से बनी / संघटित होती है।

C. MP is the representative elected by people to become a member of Legislative Assembly/विधानसभा का सदस्य बनने के लिए संसद सदस्य लोगों द्वारा चयनित प्रतिनिधि होता है।

Choose the correct option. सही विकल्प का चयन कीजिए:

(a) Only A is true. केवल A सही है।
(b) Only A and B are true. केवल A और B सही हैं।
(c) Only B and Care true / केवल B और C सही हैं।
(d) Only C is true / केवल C सही है।

Ans. (b)

राज्य की मंत्रिपरिषद में मुख्यमंत्री और उनके द्वारा नियुक्ति मंत्री सम्मिलित होते हैं, विधानसभा विपक्षी दल और सत्ताधारी दल के विधायकों से बनी / संघटित होती हैं। इस प्रकार A और B सही है, जबकि विकल्प C के अन्तर्गत दिया गया कथन विधानसभा का सदस्य बनने के लिये संसद सदस्य लोगों द्वारा चयनित प्रतिनिधि होता है। यह कथन गलत है। राज्य की राजनीतिक और प्रशासनिक व्यवस्था का वास्तविक कार्यकारी अधिकारी मंत्रिपरिषद् का मुखिया यानि मुख्यमंत्री होता है। राज्यों में मुख्यमंत्री समेत मंत्रियों की अधिकतम संख्या विधानसभा की कुल सदस्य संख्या के 15% से अधिक नहीं होगी, किन्तु राज्यों में मुख्यमंत्री समेत मंत्रियों की न्यूनतम संख्या 12 से कम नहीं होगी। केन्द्र की तरह राज्य मंत्रिपरिषद के भी तीन वर्ग कैबिनेट राज्य एवं उपमंत्री होते हैं।

250. Which of the following is also a responsibility of the State governments? निम्नलिखित में से कौन-सा राज्य सरकार का दायित्व भी है?

(a) Defense / रक्षा
(b) Foreign Affairs / विदेशी मामले
(c) Education / शिक्षा
(d) Seaport / बंदरगाह

Ans. (c)

शिक्षा पर राज्य सरकार का भी दायित्व है। प्रारम्भ में शिक्षा राज्य सूची का विषय था। लेकिन 42वें संविधान संसोधन अधिनियम 1976 द्वारा शिक्षा को समवर्ती सूची में शामिल किया गया। तभी से शिक्षा की व्यवस्था करना केन्द्र और प्रान्तीय सरकारों दोनों की जिम्मेदारी है। बता

दे कि समवर्ती सूची में उन विषयों को सम्मिलित किया जाता है, जिस पर राज्य सरकार और केन्द्र सरकार दोनों कानून का निर्माण कर सकती हैं। दोनों सरकार द्वारा बनाए गये कानून में गतिरोध उत्पन्न होने पर केन्द्र सरकार के कानून प्रभावी होगे संविधान में स्पष्ट रूप से केन्द्र और राज्य सरकारों के बीच विधायी अधिकारों को तीन हिस्सों में बाँटा गया है- (i) संघ सूची (ii) राज्य सूची (ii) समवर्ती सूची

251. Weavers get the best price in the _______.
बुनकरों को _____ में उचित मूल्य मिलता है।

(a) Putting-out system / दादन व्यवस्था
(b) Co-operatives / सहकारी संस्थाओं
(c) Garment export factory / वस्त्र निर्यात के कारखाने / फैक्ट्री
(d) International market / अंतर्राष्ट्रीय बाजार

Ans. (b)

बुनकरों को सहकारी संस्थाओं में उचित मूल्य मिलता है। भारत में सहकारी संस्थाओं की शुरूआत 1904 ई. में पेड्रिक निकल्सन द्वारा सहकारी ऋण समिति की स्थापना के साथ हुयी, आज इसका दायरा विकसित हो गया है। भारत के संविधान के भाग 9 (ख) के अनु. 243 में इसका प्रावधान किया गया है। ददनी व्यवस्था के अन्तर्गत बुनकरों को उचित मूल्य नहीं मिल पाता था तथा बहुत कम पैसा देते थे। व्यापारियों के ऊपर निर्भरता कम करने और बुनकरों की आमदनी बढ़ाने के लिये सहकारी संस्था बनाई गयी एक सहकारी संख्या में वे लोग, जिनके हित समान है, इकट्ठे होकर परस्पर लाभ के लिये काम करते हैं। बुनकरों की सहकारी संस्था में बुनकर एक समूह बनाकर कुछ गतिविधियाँ सामूहिक रूप से करते हैं।

252. Why do agricultural labourers in India at times receive wages that are less than the market- prevailing wage rates?

ऐसा क्यों होता है कि भारत में कृषि मजदूरों को बाज़ार में प्रचलित मजदूरी दरों से कम मजदूरी मिलती है?

(A) A it is fixed by the government hence they accept. / चूंकि यह सरकार द्वारा निर्धारित है तो वे इसे स्वीकार करते हैं।

(B) They may have borrowed from the farmers who employ them. / जिन किसानों के यहाँ ये काम करते हैं उनसे इन्होने उधार पैसा लिया हो सकता है।

(C) They could get regular employment from low-usage paying farmers. / जो कम मजदूरी देते हैं उन किसानों से इन्हें नियमित रूप से रोज़गार मिलता होगा।

Choose the correct option. / सही विकल्प चयन कीजिए-

(a) Only (A) and (B) / केवल A तथा B
(b) Only (B) and (C) / केवल (B) तथा (C)
(c) Only (A) and (C) / केवल (A) तथा (C)
(d) Only (A) / केवल (A)

Ans. (b)

भारत में कृषि मजदूरों को बाजार में प्रचलित मजदूरी दरों से कम मिलती है क्योंकि ये जिन किसानों के यहाँ काम करते हैं। उनसे इन्होंने उधार पैसा लिया हो सकता है और जो कम मजदूरी देते हैं उन किसानों से इन्हें नियमित रूप में रोजगार मिलता होगा। इसलिए भारत में कृषि मजदूरों को कम मजदूरी मिलती है। इस प्रकार कथन (B) और (C) सही है। भारत में कृषि मजदूरों की मजदूरी बहुत कम है इसके कई कारण है जैसे कृषि मजदूर किसी व्यक्ति से पैसा ले लेता है और वह वापस करने में असमर्थ है तो वह मजदूर व्यक्ति उसके यहाँ काम करेगा। उसको इस काम के एवज में बहुत कम मजदूरी दे देगा। कृषि श्रमिकों की समस्याएँ-

(i) मौसमी रोजगार

(ii) ऋण अस्तता

(iii) निम्न मजदूरी आदि।

253. Read the following statements and choose the correct option.
निम्नलिखित कथनों को पढ़िए और सही विकल्प का चयन कीजिए।

Assertion (A): In a Democracy, people have the power to voice their opinion. / अभिकथन (A): लोकतंत्र में लोगों के पास अपनी राय व्यक्त करने / आवाज उठाने का अधिकार होता है।

Reason (R): India has a federal form of government. / कारण (R): भारत में संघीय शासन पद्धति है।

(a) Both (A) and (R) are true and (R) is the correct explanation of (A)/ (A) और (R) दोनों सही हैं तथा, (R) सही व्याख्या है (A) की।

(b) Both (A) and (R) are true but (R) is not the correct explanation of (A)/ (A) और (R) दोनों सही हैं परन्तु (R) सही व्याख्या नहीं है (A) की

(c) (A) is true but (R) is false. / (A) सही है परन्तु (R) गलत है।

(d) Both (A) and (R) are false. / दोनों (A) और (R) गलत हैं।

Ans. (b)

लोकतंत्र में लोगों के पास अपनी राय व्यक्त करने / आवाज उठाने का अधिकार होता है, भारत में संघीय शासन पद्धति है। इस प्रकार कथन और कारण दोनों सही हैं परन्तु (R) हैं सही व्याख्या नहीं है (A) की। भारतीय संविधान की प्रस्तावना में लोकतांत्रिक व्यवस्था का उल्लेख किया गया है। संविधान की प्रस्तावना में लोकतांत्रिक शब्द का इस्तेमाल बृहद रूप में किया गया। हैं जिसमें न केवल राजनीतिक लोकतंत्र बल्कि सामाजिक व आर्थिक लोकतंत्र को भी शामिल किया गया है। सरकार के दो भाग है- एकात्मक और संघात्मक एकात्मक सरकार वह है जिसमें समस्त शक्तियाँ एवं कार्य केन्द्रीय सरकार और क्षेत्रीय सरकार को निहित होती है संघीय शासन व्यवस्था में संघ स्तर पर केन्द्र, राज्य स्तर पर राज्य पद्धति को अपनाया गया है।

254. Read the statements given below and choose the correct option.
निम्नलिखित कथनों को पढ़िए और सही विकल्प का चयन कीजिए।

A. All societies do not think similarly about the roles that boys and girls play. / सभी समाज, लड़के और लड़कियों द्वारा निर्वाह की जाने वाली भूमिका के बारे में समान सोच नहीं रखते हैं।

B. Indian society does not make distinctions between boys and girls when they are growing up. / जब लड़के और लड़कियाँ बड़े हो रहे होते हैं तब भारतीय समाज उनमें कोई स्पष्ट अंतर नहीं करता है।

(a) Only A is true / केवल A सही है।

(b) Only B is true. / केवल B सही है

(c) Both A and B are true. / A और B दोनों सही हैं।

(d) Both A and B are false. / A और B दोनों गलत हैं।

Ans. (a)

सभी समाज, लड़के और लड़कियों द्वारा निर्वाह की जाने वाली भूमिका के बारे में समन सोच नहीं रखते। इसलिये कथन A सही है, जब लड़के और लड़कियाँ बड़े हो रहे होते हैं तब भारतीय समाज उनमें कोई स्पष्ट अंतर नहीं करता हैं। इस प्रकार B गलत है। समाज लड़के और लड़कियों में स्पष्ट अंतर करता है। यह बहुत कम आयु से ही शुरू हो जाता है, उदाहरण के लिये लड़कों को खरीदने के लिये प्रायः कारें दी जाती है और लड़कियों को गुड़ियाँ खिलौने बच्चों को यह बताने का माध्यम बन जाते हैं कि वे जब बड़े होकर स्त्री और पुरुष बनेंगे तो उनका भविष्य अलग-अलग होगा।

255. The tyranny of the majority means –
बहुमत की निरंकुशता का अर्थ है –

(a) the majority and minority take decisions collectively / जहाँ बहुसंख्यक व अल्पसंख्यक सामूहिक रूप से निर्णय लेते हैं।

(b) the interests of the majority are pursued at the cost of minority interests / बहुसंख्यक अल्पसंख्यक को अलग कर अपने हितों में लगा रहता है।

(c) the numerical dominance of one community / एक समुदाय का संख्यात्मक प्रभुत्त्व

(d) the majority and minority follow different paths / बहुसंख्यक और अल्पसंख्यक पृथक पथों का अनुसरण करते हैं।

Ans. (b)

बहुमत की निरंकुशता का अर्थ है- बहुसंख्यक, अल्पसंख्यक को अलग कर अपने हितों में लगा रहता है। लोकतंत्र में संविधान का एक महत्वपूर्ण काम यह होता है कि कोई भी ताकतवर समूह किसी दूसरे या कम ताकतवर समूह या लोगों के खिलाफ अपनी ताकत का इस्तेमाल न करे इस तरह के अस्वस्थ हालात लोकतांत्रिक समाजों में भी पैदा हो सकते हैं

जहाँ बहुमत वाला गुट लगातार ऐसे फैसले लागू करता रहता है जिनमें अल्पसंख्यकों की सहमति नहीं होती है और उनका नुकसान होता है। बहुमत की निरंकुशता का खतरा हर समाज में बना रहता हैं। संविधान में दिए गए नियमों से इस बात का ख्याल रखा जाता है। कि अल्पसंख्यकों को किसी ऐसी चीज से वंचित न किया जाए जो बहुसंख्यकों के लिये सामान्य रूप से उपलब्ध है।

256. Secularism as a concept in Indian Constitution, is reflected in which of the following situations?
भारतीय संविधान में धर्मनिरपेक्षता की संकल्पना निम्नलिखित में से कौन-सी परिस्थिति में प्रतिबिंबित होती है?

(a) In a particular place, only one religion is allowed to be practiced / किसी स्थान पर केवल एक धर्म के पालन की अनुमति है।
(b) Display of religious symbols in courts and police stations / अदालतों और पुलिस चौकियों में धार्मिक चिन्हों का प्रदर्शन।
(c) State refrains from intervening when members of one community dominate other members from same community. / जब एक समुदाय का सदस्य उसी समुदाय के दूसरे सदस्यों पर प्रभुत्व जमाता है तब राज्य हस्तक्षेप से दूर रहता है।
(d) People have the freedom to practice their religion without any discrimination. / व्यक्तियों को बिना किसी भेदभाव के अपने धर्म के पालन की स्वतंत्रता है।

Ans.(d)

भारतीय संविधान में धर्मनिरपेक्षता की संकल्पन लोगों / व्यक्तियों को बिना किसी भेदभाव के अपने धर्म के पालन की स्वतंत्रता जैसी परिस्थिति में प्रतिबिंबित होती है। धर्मनिरपेक्ष शब्द को 42वें संविधान संसोधन अधिनियम 1976 द्वारा प्रस्तावना में जोड़ा गया। जैसा कि उच्चतम न्यायालय ने भी 1974 में कहा था। यद्यपि 'धर्मनिरपेक्ष राज्य' शब्द का स्पष्ट रूप से संविधान में उल्लेख नहीं किया गया था तथापि इसमें कोई संदेह नहीं हैं कि संविधान निर्माता ऐसे राज्य की स्थापना करना चाहते थे। इसीलिये संविधान में अनुच्छेद 25 से 28 (धार्मिक स्वतन्त्रता का अधिकार) जोड़े गए। भारतीय संविधान में धर्मनिरपेक्षता की सभी अवधारणाएं विद्यमान है, अर्थात् हमारे देश में सभी धर्म समान है और उन्हें सरकार का समान समर्थन प्राप्त है।

257. Which of the following guarantees the independence of judiciary in India?
निम्नलिखित में से कौन-सा भारत में न्यायपालिका की स्वतंत्रता को सुनिश्चित करता है?

A. The other branches of government cannot interfere in the work of judiciary. / सरकार की अलग शाखाएँ न्यायपालिका के कार्यों में हस्तक्षेप नहीं कर सकती हैं?
B. The conduct of the judges can be discussed in the Parliament / न्यायधीशों के व्यवहार की संसद में चर्चा की जा सकती है।
C. The judges cannot be removed from the office on grounds mentioned in the Constitution. / न्यायधीशों को कार्यालय से हटाया नहीं जा सकता सिवाय उन आधारों पर जोकि संविधान में उल्लिखित हैं।
D. The judges can practice after retirement. / न्यायधीश सेवानिवृत्ति के पश्चात भी कार्य कर सकते हैं।

(a) B and D / B और D
(b) A and C / A और C
(c) Only A / केवल A
(d) Only D / केवल D

Ans. (b)

भारत में न्यायपालिका की स्वतन्त्रता को सुनिश्चित करता है सरकार की अलग शाखाएँ न्यायपालिका के कार्यों में हस्तक्षेप नहीं कर सकती है और न्यायाधीशों को कार्यालय से हटाया नहीं जा सकता सिवाय उन आधारों पर जोकि संविधान में उल्लिखित है, न्यायपालिका को स्वतन्त्रता कैसे दी जा सकती हैं और उसे सुरक्षित कैसे बनाया जा सकता है। भारतीय संविधान ने अनेक उपायों के द्वारा न्यायपालिका की स्वतन्त्रता सुनिश्चित की है। न्यायाधीशों की नियुक्ति के मामले में विधायिका को सम्मिलित नहीं किया गया है। इससे यह सुनिश्चित किया गया कि इन नियुक्तियों में दलगत राजनीति की कोई भूमिका नहीं रहे।

258. Why are minimum wages legislated?
न्यूनतम वेतन के लिए कानून क्यों बनाया गया?

A. To ensure workers are paid according to the labour they put in. / यह सुनिचिश्त करने के लिए कि मज़दूरों को उनकी मज़दूरी / मेहनत का हिसाब से मेहनताना मिले।

B. To prevent the employers from exploiting the workers. / मज़दूरों को मालिकों द्वारा शोषित होने से बचाने के लिए।

C. To reduce the profit of employers. / मालिकों के मुनाफ़े / लाभ को घटाने के लिए।

Choose the correct option. / सही विकल्प का चयन कीजिए।

(a) Only A and B / केवल A और B
(b) Only B and C / केवल B और C
(c) Only A and C / केवल A और C
(d) A, B and C / A, B और C

Ans. (a)

न्यूनतम वेतन के लिए कानून, यह सुनिश्चित करने के लिए बनाया गया कि मजदूरों को उनकी मजदूरी / मेहनत का हिसाब से मेहनताना मिल सके और मजदूरों को मालिकों द्वारा शोषित होने से बचाने के लिए इस प्रकार A और B सही हैं जबकि इसके अतिरिक्त मालिकों के मुनाफे लाभ को घटाने के लिये नियम बनाए गए इस प्रकार यह कथन C सही नही हैं। मजदूरों को उनका मेहनताना न देना कानून की नजर में गैर-कानूनी वा गलत है। मजदूरों को मेहनताना कम न मिले या उनको वाजिब मेहनताना मिले इस बात को सुनिश्चित करने के लिये न्यूनतम वेतन का भी कानून बनाया गया। इस कानून के तहत किसी भी मजदूर को न्यूनतम वेतन से कम मजदूरी नहीं दी जा सकती इस तरह के कानून से मजदूरों को सुरक्षा प्रदान की गई है।

259. A child worried about the increasing air pollution asks if her fundamental right is being violated?
एक बच्ची बढ़ते हुए वायु प्रदूषण से चिंतित होकर पूछती है कि क्या उसके मौलिक अधिकार का उल्लंघन किया गया है?

Which of the following articles can you ask her to read about before a discussion? / चर्चा से पहले आप उसे निम्नलिखित में से भारतीय संविधान का कौन-सा अनुच्छेद पढ़ने के लिए कह सकते हैं।

(a) Article 45 / अनुच्छेद 45
(b) Article 21 / अनुच्छेद 21
(c) Article 29/ अनुच्छेअ 29
(d) Article 44 / अनुच्छेद 44

Ans. (b)

एक बच्ची बढ़ते हुए वायु प्रदूषण से चिंतित होकर पूछती है कि क्या उसके मौलिक अधिकार का उल्लंघन किया गया हे चर्चा से पहले आप भारतीय संविधान का अनुच्छेद 21 पढ़ने के लिये कह सकते हैं। अनु0 21 में घोषणा की गयी है कि किसी व्यक्ति को उसके प्राण या दैहिक स्वतंत्रता से विधि द्वारा स्थापित प्रक्रिया के अनुसार ही बंचित किया जा सकेगा अन्यथा नहीं प्रसिद्ध गोपालन मामले में 1950 में उच्चतम न्यायालय ने अनु 21 की सूक्ष्म व्याख्या की। इसमें व्यवस्था की गयी कि अनुच्छेद 21 के तहत सिर्फ मनमानी कार्यकारी प्रक्रिया के विरुद्ध सुरक्षा उपलब्ध है न है कि विधानमंडलीय प्रक्रिया के विरुद्ध जबकि मेनका मामले 1978 में अनु. 21 के तहत सुरक्षा मनमानी कार्यकारी प्रक्रिया पर ही उपलब्ध नहीं बल्कि विधानमंडलीय क्रिया के विरुद्ध भी उपलब्ध है।

260. To develop perspective on the importance of 'gender equality', which of the following topic is most relevant?
'जैंडर समानता' के महत्त्व पर दृष्टिकोण विकसित करने हेतु निम्नलिखित में से कौन-सा विषय सबसे अधिक प्रासंगिक है?

(a) Number of women per 1000 men in different countries / विभिन्न देशों में प्रति 1000 पुरुषों पर महिलाओं की संख्या
(b) Gender as a social construct. / सामाजिक रचना के रूप में जैंडर
(c) List of gender based occupations. / जैंडर पर आधारित व्यवसायों की सूची
(d) Government healthcare schemes for women. / महिलाओं के लिए सरकारी स्वास्थ्य योजनाएँ

Ans. (b)

जैंडर समानता के महत्व पर दृष्टिकोण विकसित करने हेतु

सामाजिक रचना के रूप में जैंडर से सम्बन्धित विषय सबसे अधिक प्रासंगिक है। लैंगिक समानता का उद्देश्य पुरुषों और महिलाओं के बीच सभी सीमाओं और मतभेदों को दूर करना है। यह पुरुष और महिला के बीच किसी भी प्रकार के भेदभाव को समाप्त करता है लिंग समानता पुरुषों और महिलाओं दोनों के लिये समान अधिकार और अवसर सुनिश्चित करती है चाहे वह घर पर हो या शैक्षणिक संस्थानों में हर जगह उनको समान अवसर दिया जाना चाहिए। जैंडर समानता स्थापित करने की दृष्टि से विद्यालय की भूमिका अतिमहत्वपूर्ण है क्योंकि यहाँ पर बालक और बालिकाओं के साथ समान व्यवहार करने हेतु प्रेरित हो सकेंगे।

261. Assertion (A): Manholes were made at various places in the covered drains in Harappan cities.
कथन (A): हड़प्पा के नगरों में ढके हुए नालों में जगह-जगह मेनहोल बनाये गये थे।

Reason (R): So that the drains could be maintained and cleaned.

कारण (R): जिससे कि नालों की देखभाल और सफाई की जा सके।

(a) Both A and R are true, and R is the correct explanation of A. / A तथा R दोनों सत्य है और R.A की सही व्याख्या करता है।
(b) Both A and R are true, and R is not the correct explanation of A. / A तथा R दोनों सत्य हैं और R, A की सही व्याख्या नहीं करता है।
(c) A is true and R is false. / A सही और गलत है।
(d) A is false and R is true. / A गलत और R सही है।

Ans. (a)

व्याख्या: हड़प्पा के नगरों में ढके हुए नाले थे। इन्हें सावधानी से सीधी लाइन में बनाया जाता था। नालों के ढके होने के कारण जगह- जगह पर मेनहोल बनाए गए थे, जिनके जरिए इनकी देखभाल और सफाई की जा सके।

262. Consider the following Assertion (A) and Reason (R) and choose the correct option.
निम्नलिखित में कथन (A) और कारण (R) पर विचार करें और सही विकल्प का चयन करें-

Assertion (A): 'Hunters and gatherers, moved from place to place'. / कथन (A) आखेटक और खाद्य संग्राहक लोक एक जगह से दूसरी जगह पर घूमते रहते थे।

Reason (R): 'Depletion of plant and animal resources in an area is possible'. / कारण (R) किसी इलाके में पौधों और जानवरों जैसे संसाधनों का खत्म होना संभव है।

Choose the correct option. / सही विकल्प का चयन करें।

(a) Both (A) and (R) are true and (R) explains (A) / (A) और (R) दोनों सही हैं और (A) की (R) सही व्याख्या करता है।
(b) Both (A) and (R) are true but (R) does not explain (A) / (A) और (R) दोनों सही हैं लेकिन (A) की (R) सही व्याख्या नहीं करता है।
(c) (A) is true but (R) is false / (A) सही है लेकिन (R) गलत है।
(d) Both (A) and (R) are false. / (A) और (R) दोनों गलत हैं।

Ans. (a)

'आखेटक और खाद्य संग्राहक लोग से जगह सक दूसरी जगह पर घूमते रहते थे क्योंकि 'किसी इलाके में पौधों और जानवरों जैसे संसाधनों का ख़त्म होना संभव है यह दोनों कथन सत्य हैं और (A) की (R) सही व्याख्या करता है आखेटक एवं खाद्य संग्राहक समुदाय के एक जगह से दूसरी जगह पर घूमते रहने के कई कारण थे।

- पहला कारण यह है कि अगर वे एक ही जगह पर ज्यादा दिनों तक रहते तो आस-पास के पौधे, फलों और जानवरों को खाकर समाप्त कर देते थे, इसलिए भोजन की तलाश में इन्हें दूसरी जगहों पर जाना पड़ता था।
- दूसरा कारण यह है कि जानवर अपने शिकार, चारा आदि के लिए एक जगह से दूसरी जगह जाया करते थे।
- तीसरा कारण यह है कि पेड़ों में फल-फूल अलग-अलग मौसम में आते है इसलिए लोग उनकी तलाश में उपयुक्त मौसम के अनुसार अन्य इलाकों में घूमते रहते थे।

- चौथा कारण पानी है, कुछ नदियों झीलों, झरनों का पानी कभी नहीं सूखता कुछ का सूख जाता है, सूखने वाली नदियों, झीलों के किनारे रहने वाले लोगों को पानी की तलाश में इधर-उधर जाना पड़ता है।

263. "Widows, young women who are differently abled, nuns, mothers of courtesans, retired women servants of the king, women who have retired from service in temples, any be used for processing wool, bark, cotton, hemp and flax". This guideline on spinning and weaving workshops is described in which of the following texts?

"ऊन, पेड़ों की छाल, कपास, पटुआ तथा सन को तैयार करने के काम में विधवाओं, सक्षम- अक्षम महिलाओं, भिक्षुणियों, वृद्धों, वेश्याओं, राजा की अवकाश प्राप्त दासियों, सेविकाओं, और अवकाश प्राप्त देवदासियों को लगाया जा सकता है" यह कताई बुनाई कारखानों पर दिये गए निर्देश, निम्नलिखित में से किस ग्रंथ में वर्णित है?

(a) Mudrarakshas / मुद्राराक्षस
(b) Rajtarangini / राजतरंगिणी
(c) Arthashastra / अर्थशास्त्र
(d) Brihat Kathamanjari / बृहतंकथामंजरी

Ans. (c)

"ऊन, पेड़ों की छाल, कपास, पटुआ तथा सन को तैयार करने के काम में विधवाओं, सक्षम अक्षम महिलाओं, भिक्षुणियों, वृद्धों, वेश्याओं, राजा की अवकाश प्राप्त दासियों, सेविकाओं और अवकाश प्राप्त देवदासियों को लगया जा सकता है" यह कटाई-बुनाई कारखानों पर दिये गए निर्देश 'अर्थशास्त्र' ग्रंथ में वर्णित है। अर्थशास्त्र राजा के कौशल, आर्थिक नीति और सैन्य रणनीति पर एक प्राचीन भारतीय संस्कृत ग्रंथ हैं कौटिल्य, जिन्हें विष्णुगुप्त और चाणक्य के रूप में भी जाना जाता है, को अर्थशास्त्र के लेखक के रूप में जाना जाता है।

लेखक	ग्रंथ
विशाखादत्त	मुद्राराक्षस
कल्हण	राजतरंगिणी
चाणक्य	अर्थशास्त्र
पाणिनी	अष्टाध्यायी
कालीदास	कुमार संभवम्

264. Consider the following statement and choose the correct option.

निम्नलिखित कथनों पर विचार करें और सही विकल्प का चयन करें।

Statement 1: 7th century onwards rulers often tried to demonstrate their power and resources by building large temples. / कथन (I): सातवीं शताब्दी से शासकों ने बड़े मंदिरों का निर्माण करवा कर भी अपनी सत्ता और संसाधनों का प्रदर्शन करने का प्रयास किया।

Statement II: During 10th and 11th centuary when rulers attacked one another's kingdoms, they chose to target temples. / कथन (II) : दसवीं और ग्यारहवीं शताब्दी के दौरान शासक एक-दूसरे के राज्यों पर आक्रमण करते थे तो मंदिरों को अपना निशाना बनाते थे।

(a) Statement I is false but II is true / कथन (I) गलत है परन्तु (II) सही है।
(b) Both Statement I and II are true but I is not correct explanation for II / कथन (I) और (II) दोनों सही हैं परन्तु (I), (II) की सही व्याख्या नहीं है।
(c) Statement I is true but II is false / कथन (1) सही है परन्तु (II) गलत है।
(d) Both statement I and II are true but I is correct explanation for II / कथन (1) और (II) दोनों सही हैं तथा (I) (II) की सही व्याख्या है।

Ans. (d)

सातवीं शताब्दी से शासकों ने बड़े मंदिरों का निर्माण करवा कर भी अपनी सत्ता और संसाधनों का प्रदर्शन करने का प्रयास किया। दसवीं और ग्यारहवीं शताब्दी के दौरान शासक एक- दूसरे के राज्यों पर आक्रमण करते थे तो वे मंदिरों को अपना निशाना बनाते थे यह दोनों कथन सही है तथा कथन (I) कथन (II) की सही व्याख्या है। सातवीं शताब्दी में बड़े जमींदारों और प्रमुखों ने धन, शक्ति प्राप्त की और खुद को महा सामंत घोषित किया।

सातवीं शताब्दी के बाद कई नए राजवंशों का उदय हुआ तथा 11वीं शताब्दी की शुरुआत में भारत में राजनीतिक स्थिति बहुत अस्थिर थी। उस समय भारत कई छोटे राज्यों में विभाजित था। विभिन्न शासकों के बीच सत्ता के लिए हमेशा युद्ध होता रहा, सही या गलत विवादों को युद्ध द्वारा सुलझाया जाता था।

265. The architectural style of intersecting arches in high ceiling roof is common between:
ऊँची भीतरी छत में प्रतिच्छेदी मेहराबों वाली वास्तुकला की यह शैली के बीच समान हैं:

(a) Govind Deva temple in Vrindavan and Fatehpur Sikri palaces. / वृंदावन का गोविंददेव मंदिर और फतेहपुर सीकरी के महलों
(b) Bangla Dome temples and Jodha Bai palace. / बांग्ला गुंबद मंदिरों और जोधाबाई के महल
(c) Palace of Vijayanagar and Shahjahanabad. / विजयनगर और शाहजहांनाबाद के महलों
(d) Qutub Minar and Rajarajeshwara temple. / कुतुबमीनार और राजराजेश्वर मंदिर

Ans. (a)

ऊँची भीतरी छत में प्रतिच्छेदी मेहराबों वाली वास्तुकला की यह शैली वृंदावन का गोविंददेव मंदिर और फतेहपुर सीकरी के महलों के बीच समान है। वृंदावन का गोविंददेव मन्दिर का निर्माण 1590 में आमेर के राजा मान सिंह ने करवाया और फतेहपुर सीकरी की स्थापना अकबर ने की थी। यह उत्तर प्रदेश के आगरा जिले में स्थित है। राज राजेश्वर मंदिर केरल राज्य के कुन्नूर के तलिरम्बा में स्थित है और कुतुबमीनार दिल्ली में स्थित हैं। कुतुबमीनार को बनाने की शुरुआत कुतुबद्दीन ऐबक ने की थी और उसको पूरा इल्तुतमिश ने कराया था।

266. By the seventh century, the following political developments emerged in the Indian subcontinent:
सातवीं सदी के आते-आते, भारतीय उपमहाद्वीप में निम्नलिखित राजनीतिक बदलाव अस्तित्व में आ चुके थे।

(A) Big landlords and warrior chiefs could become kings. / बड़े भूस्वामी और योद्धा सरदार राजा बन सकते थे।
(B) Brahmanas gave up their traditional professions and took up arms. / ब्राह्मणों ने अपने परंपरागत पेशे को छोड़कर शस्त्र उठा लिए।

Choose the correct option. / सही विकल्प का चयन करें-

(a) Only (A) is correct / केवल (A) सही है।
(b) Only (B) is correct / केवल (B) सही है।
(c) Both (A) and (B) are correct / (A) और (B) दोनों सही हैं
(d) Both (A) and (B) are incorrect / (A) और (B) दोनों सही नहीं हैं।

Ans. (c)

सातवीं सदी के आते-आते, भारतीय उपमहाद्वीप में निम्नलिखित राजनीतिक बदलाव अस्तित्व में आ चुके थे-

- बड़े भूस्वामी और योद्धा सरदार राजा बन सकते थे। ब्राह्मणों ने अपने परंपरागत पेशे को छोड़कर शस्त्र उठा लिए।
- कई शासकों ने प्रशस्तियों में अपनी उपलब्धियों का बखान किया है।
- सातवीं शताब्दी के बाद कई राजवंशों का उदय हुआ।
- अधिक सत्ता और संपदा हासिल करने पर सामंत अपने आप को महा सामंत, महामंडलेश्वर (पूरे मण्डल का महान स्वामी) इत्यादि घोषित कर देते थे।

267. Consider the following statements on 18th century India and choose the correct option.
18वीं शताब्दी भारत के संदर्भ में निम्नलिखित कथनों पर विचार करें और सही विकल्प का चयन करें।

Statement (A): Craft and commerce underwent major changes as merchants and artisans were moved to 'black towns' by the European companies in the 18th century. / कथन (A): अठारहवीं शताब्दी में शिल्प और वाणिज्य में बड़े-बड़े परिवर्तन आए, जब व्यापारी और कारीगर यूरोपीय कंपनियों द्वारा स्थापित "ब्लैक टाउन्स" में स्थानांतरित हो गए।

Statement (B): The 'black' referred to native traders and craft persons, who lived in places like Fort St. George and Fort St. William. / कथन (B): 'ब्लैक' देसी व्यापारियों और शिल्पकारों को कहा गया है जो फोर्ट सेंट जॉर्ज और फोर्ट सेंट विलियम जैसी जगहों पर रहते थे।

(a) Only (A) is correct / केवल (A) सही है
(b) (A) and (B) are both true and (B) is a correct elaboration of (A) / (A) और (B) दोनों सही हैं तथा (B), (A) का सही वृत्तांत है।
(c) (A) is false, (B) is true / (A) गलत है, (B) सही है
(d) (A) and (B) are both true, but (p) is not a correct elaboration of (A) / (A) और (B) दोनों सही हैं परन्तु (B), (A) का सही वृत्तांत नहीं है।

Ans. (a)

अठारहवीं शताब्दी में शिल्प और वाणिज्य में बड़े-बड़े परिवर्तन आए, जब व्यापरी और कारीगर यूरोपीय कंपनियों द्वारा स्थापित "ब्लैक टाउन्स" में स्थानांतरित हो गए यह कथन सत्य है। तथा 'ब्लैक' टाउन्स देशी व्यापारियों और शिल्पकारों को कहा गया है जो केवल फोर्ट सेंट विलियम जैसी जगहों पर रहते थे अतः यह कथन असत्य है।

18वीं सदी की विशेषता –

- 18वीं सदी में गुलामी भारतीय समाज की प्रमुख विशेषताओं में से एक थी। राजपूत, खत्री और कायस्थ आमतौर पर दास महिलाओं को घरेलू काम के लिए रखते थे।
- अठारहवीं शताब्दी के भारत की सामाजिक-आर्थिक स्थिति अस्थिरता से प्रभावित थी सामान्य रूप से समाज ने अपनी अधिकांश परंपराओं को बरकरार रखा लेकिन समाज में कई बदलावों को प्रेरित किया गया।
- सामाजिक व्यवस्था के सबसे निचले स्तर पर अधिकांश गरीब थे।
- 18वीं शताब्दी के प्रारम्भ में औरंगजेब की मृत्यु के पश्चात् मुगल साम्राज्य का पतन प्रारम्भ हो गया।

268. In the context of Permanent settlement of Colonial India, which of the following statements is correct?
औपनिवेशिक भारत के स्थायी बंदोबस्त के संदर्भ में, निम्नलिखित में से कौन से कथन सही हैं?

(A) In 1793, Thomas Munro introduced the Permanent Settlement in Bengal. / 1793 में थॉमस मुनरों ने बंगाल प्रांत में स्थायी बंदोबस्त की शुरूआत की।

(B) Under Permanent settlement, the rajas and talukdars were recognized as Zamindars. / इसके तहत राजाओं और तालुकादारों को जमींदार के रूप में मान्यता दी गई।

(C) Zamindars were given the rights to collect rent from the peasants / जमींदारों को किसानों से लगान वसूल करने का अधिकार दिया गया।

(a) (A), (B) and (C) / (A), (B) और (C)
(b) Only (A) and (B) / केवल (A) और (B)
(c) Only (B) and (C) / केवल (B) और (C)
(d) Only (A) and (C) / केवल (A) और (C)

Ans. (c)

औपनिवेशिक्र भारत के स्थायी बंदोबस्त के संदर्भ में निम्नलिखित कथन सत्य हैं-

- इसके तहत राजाओं और तालुकादारों को जमींदार के रूप में मान्यता दी गई।
- जमींदारों को किसानों से लगान वसूल करने का अधिकार दिया गया।
- ईस्ट इंडिया कंपनी ने अपने राज्यक्षेत्र में स्थायी बंदोबस्त और महालवाड़ी बंदोबस्त लागू किए।
- इस बंदोबस्त को प्रत्यक्ष रूप से किसानों के लिए बनाया गया था, जिन्हें 'रैयत' कहा जाता था इस प्रकार इस बंदोबस्त को रैयतवाड़ी के नाम से जाना जाने लगा।
- इसे लॉर्ड कॉर्नवालिस द्वारा स्थायी बंदोबस्त अधिनियम 1793 के माध्यम से पेश किया गया था। इस प्रकार कथन (B) और (C) कथन सत्य है तथा A कथन असत्य है।

269. Which of the following is/are true about William Adam?

विलियम एडम के संदर्भ में निम्नलिखित में से कौन सा/ से सही है/हैं?

(i) **William Adam was a Scottish Missionary. / विलियम एडम एक स्कॉटिश प्रचारक थे।**

(ii) **He was a British administrator. / वह एक अंग्रेजी शासक थे।**

(iii) **He had been asked by the company to report on the progress of education in vernacular schools. / कंपनी ने उन्हें देशी स्कूलों में शिक्षा की प्रगति पर रिपोर्ट तैयार करने का जिम्मा सौंपा था।**

(iv) **He toured the districts of Bengal and Bihar to report on vernacular schools. / उन्होंने बंगाल और बिहार के जिलों के देशी स्कूलों पर रिपोर्ट बनाने के लिये भ्रमण किया।**

Choose the correct option / सही विकल्प का चयन करें।

(a) Only (i) and (iii)/ केवल (i) और (iii)
(b) Only (ii) and (iii)/ केवल (ii) और (iii)
(c) Only (i), (ii) and (iii) / केवल (i), (ii) और (iii)
(d) Only (i), (iii) and (iv) / केवल (i), (iii) और (iv)

Ans. (d)

विलियम एडम एक स्कॉटिश प्रचारक थे, कम्पनी ने उन्हें देशी स्कूलों में शिक्षा की प्रगति पर रिपोर्ट तैयार करने का जिम्मा सौंपा था और उन्होनें बंगाल और बिहार के जिलों का दौरा देशी स्कूलों पर रिपोर्ट बनाने के लिए किया। यह तीनों कथन सत्य है।

एडम एक शिक्षाविद् विद्वान एंव कर्तव्यनिष्ठ समाज सेवक थे। एडम का मानना था कि शिक्षा के द्वारा ही किसी भी समाज का विकास किया जा सकता है। तत्कालीन गवर्नर जनरल लॉर्ड विलियम बैटिक ने एड्म को बिहार तथा बंगाल में शिक्षा की स्थिति का सर्वेक्षण करने का कार्य दिया था। एडम ने अपनी पहली रिपोर्ट जुलाई, 1835 में प्रस्तुत की। इस रिपोर्ट में उसने सम्पूर्ण बंगाल प्रांत के स्कूल संबंधी आँकडे प्रस्तुत किये।

270. Match the Column (A) with Column (B).

कॉलम (A) का कॉलम (B) के साथ मिलान करें:

Column (A)/ कॉलम (A)	Column (B)/ कॉलम (B)
(a) Raja Ram Mohan Roy/ राजाराम मोहन रॉय	(i) Widow's Home / विधवा गृह
(b) Swami Dayanand Saraswati/ स्वामी दयानंद सरस्वती	(ii) Set up schools for girls / लड़कियों के लिए स्कूल बनवाए
(c) Pandita Ramabai/ पंडिता रमाबाई	(iii) Arya Samaj/ आर्य समाज
(d) Ishwar Chand Vidyasagar/ ईश्वरचन्द्र विद्यासागर	(iv) Brahmo Sabha/ ब्रह्मोसभा

Choose the correct answer. / सही विकल्प का चयन करें

(a) (a)- (i), (b)-(ii), (c) - (iii), (d) - (iv)
(b) (a)- (ii), (b)-(i), (c)-(iv), (d)-(iii)
(c) (a)- (iv), (b) (iii), (c)-(i), (d)-(ii)
(d) (a)-(iii), (b)-(ii), (c)-(iv), (d)-(i)

Ans.(c)

संस्थाएँ	स्थापना वर्ष	संस्थापक
ब्रह्मो सभा	1828	राजारांम मोहन रॉय
आर्य समाज	1875	स्वामी दयानन्द सरस्वती
विधवा गृह		पण्डिता रमाबाई
लड़कियों के लिए स्कूल बनवाए		ईश्वरचन्द्र विद्यासागर
वेद समाज	1867	आचार्य केशवचन्द्र सेन
वेल्लूर मठ	1887	स्वामी विवेकानन्द
विश्व भारती	1912	रवीन्द्र नाथ ठाकुर

271. The strategy adopted by Ishwar Chandra Vidyasagar to challenge a social evil was following.
किसी भी सामाजिक बुराई को चुनौती देने के लिए ईश्वरचंद्र विद्यासागर द्वारा अपनाई गई रणनीति निम्न प्रकार से थी:

(A) referring to western ideas / पश्चिमी विचारों का हवाला देना

(B) looking for supportive superstitions / समर्थन देने वाले अन्धविश्वास को खोजना

(C) finding a verse or sentence in ancient texts. / प्राचीन ग्रंथों मे श्लोक या वाक्यों को ढूँढना।

Choose the correct option. / सही विकल्प का चयन करें।

(a) Only (B) / केवल (B)
(b) Only (C) / केवल (C)
(c) (A) and (B) / (A) और (B)
(d) (A) and (C) / (A) और (C)

Ans. (d)

पश्चिमी विचारों का हवाला देना और प्राचीन ग्रंथों में श्लोक या वाक्यों को ढूँढना किसी भी सामाजिक बुराई को चुनौती देने के लिए ईश्वरचंद्र विद्यासागर द्वारा अपनाई गई रणनीति थी। 1820 में, ईश्वर चंद्र विद्यासागर का जन्म बंगाल के हुगली जिले के बिरसिंह गांव में एक बंगाली हिन्दू ब्राह्मण परिवार में हुआ था। ईश्वर चंद्र विद्यासागर 19वीं सदी में एक उल्लेखनीय कार्यकर्ता और विचारक थे। एक प्रसिद्ध विद्वान और समाज सुधारक के रूप में, उनके विचारों में भारतीय और पश्चिम दोनों आदर्श शामिल थे।

272. Which of the following movements/ agitation was / were the part of Gandhi's Non- Cooperation movement?
निम्नलिखित में से कौन से आन्दोलन गांधी जी के असहयोग आन्दोलन के हिस्सा थे?

(i) Patidar peasants' movement in Kheda, Gujarat. / खेड़ा, गुजरात के पाटीदार किसान आन्दोलन

(ii) Akali agitation in Punjab against corrupt mahants/ पंजाब के घूसखोर महन्तों के खिलाफ अकाली आन्दोलन

(iii) Salt - Satyagraha in Gujarat / गुजरात में नमक सत्याग्रह

(iv) Forest - Satyagraha by tribals and poor peasants of Guntur district of Andhra Pradesh/ आन्ध्र प्रदेश में गुंटूर जिले के गरीब किसान और जनजातियों द्वारा 'वन सात्याग्रह'

Choose the correct answer. /निम्नलिखित में से सही उत्तर को चुनें।

(a) Only (i) and (ii) are correct /केवल (i) एवं (ii) सही हैं.
(b) Only (i) and (iii) are correct/ केवल (i) एवं (iii) सही हैं।
(c) Only (i), (ii) and (iii) are correct / केवल (i), (ii) एवं (iii) सही हैं
(d) Only (i), (iii) and (iv) are correct / केवल (i), (iii) एवं (iv) सही हैं

Ans.(d)

असहयोग आंदोलन 1 अगस्त 1920 को शुरू किया गया था, बाद में फरवरी, 1922 में चौर चौरा की घटना के कारण वापस ले लिया गया। जहाँ 22 पुलिसकर्मियों को थाने में जिंदा जला दिया गया था।

खेड़ा, गुजरात के पाटीदार किसान आन्दोलन, गुजरात में नमक सत्याग्रह और आन्ध्र प्रदेश में गुंटूर जिले के गरीब किसान और जनजातियों द्वारा 'वन सत्याग्रह आन्दोलन गांधी जी के असहयोग आन्दोलन के हिस्सा थे।

273. The 'Swadeshi Movement' after the division of Bengal in 1905, was also known as 'Vandemataram Movement' in which part of India?
1905 के बंगाल विभाजन के बाद के 'स्वदेशी आन्दोलन' को भारत के किस क्षेत्र में 'वन्दे मातरम्' आन्दोलन के नाम से जाना गया?

(a) Bengal / बंगाल
(b) Andhra / आंध्र
(c) Assam / असम
(d) Punjab / पंजाब

Ans. (b)

1905 के बंगाल विभाजन के बाद के 'स्वदेशी आन्दोलन को भारत के आंध्र क्षेत्र में 'वन्दे मातरम्' आन्दोलन के नाम से जाना गया। यह गांधीवादी आंदोलनों के बाद सबसे सफल आंदोलन था, इसका उद्देश्य ब्रिटिश साम्राज्य का समाप्त करना और भारतीयों की आर्थिक स्थित में सुधार करना था। यह आन्दोलन 1911 में समाप्त हो गया था।

274. Consider the following statements and choose the correct option.
निम्नलिखित कथनों पर विचार करें और सही विकल्प का चयन करें।

(A) In 1950 the Indian government set up a planning commission to help design and execute suitable policies for economic development. / 1950 में भारत सरकार ने आर्थिक विकास के लिए नीतियाँ बनाने और उनको लागू करने के लिए एक 'योजना आयोग' का गठन किया।

(B) In 1956, the Second five year plan was formulated which strongly focused on agriculture and put emphasis on consumer goods industries. / 1956 में दूसरी पंचवर्षीय योजना तैयार की गई जिसमे कृषि तथा उपभोक्ता वस्तु उद्योगों पर पर्याप्त जोर दिया गया।

(a) Both (A) and (B) are true / (A) तथा (B) दोनों सही हैं

(b) Both (A) and (B) are false / (A) तथा (B) दोनों गलत हैं।

(c) (A) is true but (B) is false / (A) सही है किन्तु (B) गलत हैं

(d) (B) is true but (A) is false / (B) सही किन्तु (A) गलत हैं

Ans.(c)

1950 में भारत सरकार ने आर्थिक विकास के लिए नीतियाँ बनाने और उनकों लागू करने के लिए एक 'योजना आयोग' का गठन किया। स्वतंत्रता के बाद भारत ने सरकारी योजनाएं बनाने का एक ओपचारिक मांडल अपनाया और इसके तहत योजना आयोग' जो सीधे भारत के प्रधानमंत्री को रिपोर्ट करता था, का गठन 15 मार्च, 1950 को प्रधानमंत्री पं. जवाहरलाल नेहरु की अध्यक्षता में किया गया। योजना आयोग का नाम बदलकर 1 जनवरी, 2015 को 'नीति आयोग' कर दिया गया। नीति आयोग का अध्यक्ष प्रधान मंत्री होता है। 1956 में तैयार द्वितीय पंचवर्षीय योजना का मुख्य उद्देश्य बुनियादी और भारी उद्योगों के विकास पर विशेष जोर देने के साथ - साथ तीव्र औद्योगीकरण था। अतः कथन (A) सही है किन्तु (B) गलत है।

275. Which of the following statements on Jyoti Rao Phule are correct?
निम्नलिखित में से ज्योतिराव फूले पर कौन से कथन सही है?

(A) Phule studied in Christian missionary schools. / फूले ने ईसाई मिशनरी स्कूलों में पढ़ाई की थी।

(B) He countered Brahman's claims of superiority. / उन्होंने ब्राह्मणों के श्रेष्ठ होने के दावों पर खुलकर हमला किया था।

(C) He said that Aryans were foreigners. / उन्होंने कहा कि आर्य विदेशी थे।

(D) He was critical of anti-colonial nationalism. of his times. / वह अपने समय के उपनिवेशवाद-विरोधी राष्ट्रवाद के आलोचक थे।

(E) He dedicated his book Gulam Giri to anti-apartheid struggle of South Africa. / उन्होंने अपनी किताब 'गुलामगीरी' दक्षिण- अफ्रीका के रंगभेद विरोधी संघर्ष को समर्पित किया।

Choose the correct option. / सही विकल्प का चयन कीजिए:

(a) (A), (B), (C) and (D) / (A), (B), (C) और (D)
(b) (B), (C), (D) and (E)/(B), (C), (D) और (E)
(c) (A), (C), (D) and (E) / (A), (C) (D) और (E)
(d) (A), (B), (C) and (E) / (A), (B), (C) और (E)

Ans. (a)

ज्योतिराव फूले पर निम्न कथन सत्य है-

- फूले ने ईसाई मिशनरी स्कूलों में पढ़ाई की थी।
- उन्होंने ब्राह्मणों के श्रेष्ठ होने के दावों पर खुलकर हमला किया था।

- उन्होंने कहा कि आर्य विदेशी थे।वह अपने समय के उपनिवेशवाद विरोधी राष्ट्रवाद के आलोचक थे।
- दबे हुए वर्गों के लिए 'दलित' शब्द का इस्तेमाल सबसे पहले उनके द्वारा किया गया था।
- ज्योतिराव फूले गैर-ब्राह्मण आंदोलन के प्रारंभिक नेताओं में से एक है।

276. To depict planet sizes correctly in a role-play on the solar system a teacher selects two students of the same height and weight. Which of the following two planets could they be enacting?
एक 'रोल प्ले' (नाटक) में सौर मंडल के ग्रहों को सही आकार में दर्शाने के लिये, एक शिक्षक दो समान कद और वजन के छात्रों को चुनता हैं। निम्नलिखित में से कौन से दो ग्रहों का अभिनव वे कर सकते हैं?

(a) Mercury Venus / बुध शुक्र
(b) Saturn Earth / शनि पृथ्वी
(c) Earth Moon / पृथ्वी चंद्रमा
(d) Earth Venus / पृथ्वी शुक्र

Ans. (d)

एक 'रोल प्ले' (नाटक) में सौर मण्डल के ग्रहों को सही आकार में दर्शाने के लिए एक शिक्षक दो समान कद और बजन के छात्रों को चुनता हैं। दिए गए ग्रहों में से पृथ्वी-शुक्र दो ग्रहों का अभिनव वे कर सकते हैं। आकार के अनुसार ग्रहों का क्रम (घटते क्रम में) है-

बृहस्पति ⟶ शनि ⟶ अरुण ⟶ वरुण ⟶ पृथ्वी ⟶शुक्र ⟶ मंगल ⟶ बुध अर्थात सबसे बड़ा ग्रह बृहस्पति एंव सबसे छोटा ग्रह बुध है।

277. Consider the following statements about international date line and choose the correct option.
अन्तर्राष्ट्रीय तिथि रेखा के बारे में निम्नलिखित कथनों पर विचार कीजिए तथा सही विकल्प का चुनाव कीजिए:

(A) International date line is an imaginary line. / अन्तर्राष्ट्रीय तिथि रेखा एक काल्पनिक रेखा है।

(B) International date line passes through Pacific Ocean. / अन्तर्राष्ट्रीय तिथि रेखा प्रशांत महासागर से होकर गुजरती है।

(a) Only (A) is correct /केवल (A) सही है।
(b) Only (B) is correct / केवल (B) सही है।
(c) Both (A) and (B) are correct / दोनों (A) तथा (B) सही हैं।
(d) Both (A) and (B) are incorrect / दोनों (A) तथा (B) गलत हैं।

Ans. (c)

अन्तर्राष्ट्रीय तिथि रेखा के बारे में सत्य कथन निम्न है-

- अन्तर्राष्ट्रीय तिथि रेखा काल्पनिक रेखा है।
- अन्तर्राष्ट्रीय तिथि रेखा प्रशांत महासागर से होकर गुजरती है।
- अंतर्राष्ट्रीय तिथि रेखा के दोनों ओर के समय का अन्तर ठीक 12 घण्टे है।
- अन्तर्राष्ट्रीय तिथि रेखा प्रशान्त महासागर के बीचों बीच 180" याम्योत्तर पर उत्तर से दक्षिण की ओर खींची गई एक काल्पनिक रेखा है।

278. If it is 10:00 am at 60° West longitude, what will be the time at Greenwich?
यदि 60° पश्चिम देशांतर पर 10:00 पूर्वाह्न हैं, तो ग्रीन विच पर क्या समय होगा?

(a) 2:00 am. / 2:00 पूर्वाह्न
(b) 2:00pm. / 2:00 अपराह्न
(c) 6:00 am. / 6:00 पूर्वाह्न
(d) 6:00p.m. / 6:00 अपराह्न

Ans. (b)

पृथ्वी लगभग 24 घण्टे में 360° घूमती है, जिसका अर्थ है प्रति घण्टा यह 15° तथा 1°प्रति चार मिनट में घूमती है। इस प्रकार दिये गए प्रश्न में ग्रीनविच के 60° पश्चिम में स्थित देशांतर पर.समय 4 x 60 = 240 मिनट पीछे होगा।

240 मि. = 4 घण्टा

60° पश्चिम देशान्तर पर 1000 पूर्वाह्न है (दिया है) तो GMT पर 10 + 4 घण्टा = 02:00 अपराह्न होगा।

279. If you are at 0° latitude, you would be standing on the______.

अगर आप 0° अक्षांश पर हैं तो आप ------ खड़े होंगे।

(a) Equator विषुवव्
(b) North pole / उत्तरी ध्रुव
(c) Tropic of Capricorn / मकर रेखा
(d) Antarctic circle/दक्षिण ध्रुववृत्त

Ans. (a)

अगर आप (0°अक्षांश पर हैं तो आप 'विषुवत वृत्त' पर खड़े होंगे। वह काल्पनिक वृत्त जो पृथ्वी को उत्तर और दक्षिण गोलार्द्ध के दो बराबर भागों में बाँटता है, विषुवत वृत्त कहलाता है। यह पृथ्वी पर वहाँ स्थित है, जहाँ सूर्य की किरणें विषवत रेखा पर लम्बवत पड़ती है। और सर्वत्र दिन एवं रात बराबर होते हैं। 23 सितम्बर एवं 21 मार्च को सम्पूर्ण पृथ्वी पर दिन और रात बराबर होते हैं।

280. There are four domains of the natural environment. Two are Atmosphere and Biosphere. The other two are:
प्राकृतिक पर्यावरण के चार क्षेत्र हैं। इनमें से दो वायुमंडल और जैवमंडल हैं। बाकि दोनों हैं:

(a) Hydrosphere and Mesosphere / जलमंडल और मध्यमंडल
(b) Hydrosphere and Lithosphere / जलमंडल और स्थलमंडल
(c) Lithosphere and Mesosphere / स्थलमंडल और मध्यमंडल
(d) Lithosphere and Stratosphere / स्थलमंडल और समतापमंडल

Ans. (b)

भूमि, जल, वायु, पेड-पौधे एवं जीव जन्तु मिलकर प्राकृतिक पर्यावरण बनाते हैं प्राकृति पर्यावरण के चार क्षेत्र हैं- वायुमण्डल, जैवमण्डल एवं जलमण्डल और स्थलमण्डल इनमें से स्थलमण्डल वह क्षेत्र है, जो हमें वन, कृषि एवं मानव बस्तियों के लिए भूमि, पशुओं को चराने के लिए घास स्थल प्रदान करता है। यह खनिज सम्पदा का भी स्रोत है, जल क्षेत्र को जलमण्डल कहते हैं। यह जल के विभिन्न स्रोतों जैसे नदी, झील, समुद्र, महासागर - आदि और पृथ्वी के चारो तरफ फैली वायु की पतली परत को वायुमण्डल कहते हैं।

281. Which of the following is true about Tropical Rain Forest?
निम्नलिखित में से कौन उष्ण कटिबंधीय वर्षा वन के बारे में सही है?

(A) These forest are called evergreen forests. / इन्हें सदाबहार वन कहा जाता है।
(B) The trees in these forests shed their leaves at different times of the year. / इन वनों में वृक्ष अलग-अलग समय में अपनी पत्तियाँ गिराते हैं।
(C) Sal, Teak and Shisham are important trees of these forests. / इन वनों में पाए जाने वाले महत्वपूर्ण वृक्ष साल, सागौन और शीशम हैं।
(D) These forests are called monsoon forests. / इन वनों को मानसून वन भी कहते हैं।

Choose the correct option. / सही विकल्प का चयन करें।

(a) (A) and (B)/(A) और (B)
(b) (A) and (C) / (A) और (C)
(c) (B) and (D) / (B) और (D)
(d) (C) and (D)/(C) और (D)

Ans. (a)

उष्णकटिबंधीय वर्षा वन एक ऐसा क्षेत्र होता है जो भूमध्य रेखा के दक्षिण या उत्तर में लगभग 28 डिग्री के भीतर होता है वे एशिया, ऑस्ट्रेलिया व अमेरिका, मध्य अमेरिका, मैक्सिको और प्रशान्त महासागरीय पर पाए जाते हैं।

उष्णकटिबंधीय वर्षा वन के बारे में सही कथन निम्न है-

- इन्हें सदाबहार वन कहा जाता है।
- इन वनों में वृक्ष प्रायः अलग-अलग समय में अपनी पत्तियों गिराते है।

अतः केवल (A) और (B) सही हैं।

वर्षा वन उष्णकटिबंधीय आर्द्र जलवायु समूह से संबंधित हैं।

282. Which of the following is/are true about Amazon basin?
अमेजन बेसिन के बारे में निम्न में से कौन सा/से सही हैं?

(A) The river Nile flows through this region. / नील नदी इस प्रदेश से होकर बहती है।

(B) Both days and nights weather almost equally hot and humid here. / यहाँ का मौसम दिन एवं रात दोनों में ही समान रूप से गर्म एवं आर्द्र होता है।

(C) At night the temperature goes down but the humidity remains high. / रात के समय तापमान थोड़ा कम हो जाता है। लेकिन आर्द्रता उच्च बनी रहती है।

Choose the correct option. / सही विकल्प का चयन करें।

(a) Only (B) is true / (A) और (B)
(b) Only (C) is true / (A) और (C)
(c) (A) and (B) are true / (B) और (D)
(d) (B) and (C) are true / (C) और (D)

Ans. (d)

अमेजन बेसिन के बारे में निम्न कथन सत्य हैं-

- यहाँ का मौसम दिन एंव रात दोनों समय समान रूप से गर्म एवं आद्र होता है।
- रात के समय तापमान थोड़ा कम हो जाता है लेकिन आर्द्रता उच्च ही बनी रहती है।
- अमेजन बेसिन के लोग टैपिओका, अनानास और शकरकंद उगाते हैं। कॉफी, मक्का और कोको जैसी नकदी फसलें भी उगाई जाती है।
- अमेजन बेसिन दक्षिण अमेरिका का हिस्सा हैं जो अमेजन नदी और उसकी सहायक नदियों द्वारा सिंचित किया जाता है।
- इस प्रकार कथन (B) और (C) सही है तथा कथन (A) गलत है।

283. Which of the following is/are factors that cause variation in amount of insolation on earth?
पृथ्वी पर आतपन की मात्रा में भिन्नता का / के, निम्नलिखित में से क्या कारण हैं?

(A) पृथ्वी का अपने अक्ष पर घूमना / the rotation of the earth on its axis.

(B) the angle of inclination of the Sun's rays. / सूर्य की किरणों का नति कोण

(C) the length of the day. / दिन की अवधि

Choose the correct option. / सही विकल्प का चयन करें।

(a) Only (A) is true / केवल (A) सही है।
(b) Only (A) and (B) are true / केवल (A) तथा (B) सही है।
(c) Only (A) and (C) are true / केवल (A) तथा (C) सही हैं।
(d) (A), (B) and (C) all are true / (A), (B) तथा (C) सभी सही है।

Ans. (d)

पृथ्वी पर आतपन की मात्रा में भिन्नता के निम्न करण

- पृथ्वी का अपने अक्ष पर घूमना
- सूर्य की किरणों का नति कोण
- दिन की अवधि
- इस प्रकार दिये गये तीनों कथन सत्य हैं।
- आतपन सबसे महत्वपूर्ण कारक है जो पृथ्वी पर तापमान के वितरण को प्रभावित करता है। आतपन वह सौर विकिरण हैं जो सूर्य से पृथ्वी की सतह तक पहुँचता है।

284. Consider the following statements about air pressure and choose the appropriate option.
वायु दाब के बारे में दिए गए कथनों को पढ़िए तथा उपयुक्त विकल्प का चुनाव कीजिए।

(A) Air above us presses us with a great force on our bodies, however we don't even feel it. / वायु हमारे शरीर पर उच्च दाब के साथ बल लगाती है किन्तु हम इसका अनुभव नहीं करते हैं।

(B) Air presses us from all directions and out body exerts a counter pressure. / वायु का दाब हमारे ऊपर सभी दिशाओं से लगता है, और हमारा शरीर विपरीत बल लगाता है।

(a) Both (A) and (B) are true and (B) is the correct explanation of (A) / (A) तथा (B) दोनों सही हैं तथा (B) सही व्याख्या हैं (A) की
(b) Both (A) and (B) are true and (B) is not the correct explanation of (A) / (A) तथा (B) दोनों सही हैं, किन्तु (B) सही व्याख्या नहीं है (A) की

(c) Both (A) and (B) are false / (A) तथा (B) दोनों गलत हैं

(d) (A) is true but (B) is false (A) (A) सही है किन्तु (B) गलत है-

Ans. (a)

वायु हमारे शरीर पर उच्च दाब के साथ बल लगाती है। किन्तु हम इसका अनुभव नहीं करते हैं तथा वायु का दाब हमारे ऊपर सभी दिशाओं से लगाता है, और हमारा शरीर विपरीत बल लगाता है। इस प्रकार (A) तथा (B) दोनों सही है, तथा (B) सही व्याख्या करता है। (A) की।

धरातल पर या सागर तल के इकाई क्षेत्रफल के ऊपर स्थित वायुमण्डल की समस्त परतों द्वारा समुदतल पर पड़ने वाले भार को ही वायु दाब कहा जाता है। वायु दाब को मापने वाले यंत्र को बैरोमीटर या वायुदाबमापी कहा जाता है।

285. Consider the following statements.
निम्नलिखित कथनों पर विचार करें।

(A) Rock is an aggregate of one or more minerals with definite composition of constituent minerals. / शैल खनिज अवयवों के निश्चित संघटन वाले एक या एक से अधिक खनिजों का एक समूहन है।

(B) Minerals are created by natural process without any human interference. / खनिज बिना किसी मानवीय हस्तक्षेप के, प्राकृतिक प्रक्रियाओं द्वारा निर्मित होते हैं।

Choose the correct option.

(a) Both (A) and (B) are true / (A) और (B) दोनों सही हैं।

(b) Both (A) and (B) are false / (A) और (B) दोनों गलत हैं।

(c) (A) is true but (B) is false / (A) सही है लेकिन (B) गलत है।

(d) (A) is false, (B) is true / (A) गलत है लेकिन (B) सही है।

Ans. (d)

शैल खनिज अवयवों के निश्चित संघटन वाले एक या एक से अधिक खनिजों का समूहन है। यह कथन गलत हैं तथा खनिज बिना किसी मानवीय हस्तक्षेप के प्राकृतिक प्रक्रियाओं द्वारा निर्मित होता है। यह कथन सत्य है।

खनिज के संदर्भ में सही कथन –

- ये प्राकृतिक रूप से प्राप्त होते हैं।
- इनका एक निश्चित रासायनिक संगठन होता है।
- ये विभिन्न प्रकार के भू-वैज्ञानिक परिवेश में निर्मित होते हैं।
- कुछ खनिज संरचना में कठोर होते हैं जैसे हीरे।
- खनिज दो प्रकार के होते हैं- धातु और अधातु।

286. Fill in the blank with the correct option.
रिक्त स्थान को सही विकल्प से भरें।

The Prairies are ______. / प्रेअरी --------- है

(a) home to cheetah / चीतों का घर

(b) suitable place for Cattle rearing / मवेशी पालने के लिए उपयुक्त जगह।

(c) very hot during daytime and very cold at night / दिन के समय बहुत गर्म और रात के समय बहुत ठंडा

(d) cold deserts / ठंडे रेगिस्तान।

Ans. (b)

प्रेअरी मवेशी पालने के लिए उपयुक्त जगह है। प्रेयरी एक घास का मैदान है जो उत्तरी अमेरिका महाद्वीप में पाया जाता है। प्रेयरी उत्तरी अमेरिका महाद्वीप में संयुक्त राज्य अमेरिका, कनाड़ा और मैक्सिकों में विस्तृत शीतोष्ण कटिबंधीय घास के मैदान को प्रेयरी के नाम से जाना जाता है। यह विशाल घास का मैदान अन्न भण्डार है। 'प्रेयरी' क्षेत्र गेहूं उत्पादन के लिए दुनियाभर में जाना जाता है।

287. Which of the following factors leads to shortness in supply of fresh water?
निम्नलिखित में से अलवणीय जल की आपूर्ति की कमी के मुख्य कारक हैं:

(A) Increasing urbanization / बढ़ता नगरीकरण

(B) Rising standards of living / बेहतर होता जीवन स्तर

(C) Generating electricity through reservoir of dams / बाँधों के जलाशयों के माध्यम से विद्युत उत्पादन

(D) Rising demands of food and cash crops / भोजन और नकदी फसलों की बढ़ती माँग

Choose the correct options / सही विकल्प का चयन करें:

(a) (A), (B) and (D) / (A), (B) और (D)
(b) (A), (C) and (D) / (A), (C) और (D)
(c) (B), (C) and (D) / (B), (C) और (D)
(d) All of the above / उपरोक्त सभी

Ans. (a)

अलवणीय जल की आपूर्ति की कमी का मुख्य कारण निम्न है-

- बढ़ता नगरीकरण
- बेहतर होता जीवन स्तर
- भोजन और नगदी फसलों की बढ़ती माँग
- बढ़ती जनसंख्या
- बढ़ता अद्यौगीकरण

288. Match it.
मिलान कीजिए।

Mountain range / पर्वत श्रेणी	Continent / महाद्वीप
A. Ural / यूराल	(i) North America / उत्तरी अमेरिका
B. Andes / एण्डीज	(ii) Europe / यूरोप
C. Rockey / रॉकीज	(iii) Africa / अफ्रीका
D. Atlas / एटलस	(iv) South America / दक्षिणी अमेरिका

Code/कूट:

	A	B	C	D
(a)	(iii)	(i)	(ii)	(iv)
(b)	(ii)	(i)	(iv)	(iii)
(c)	(ii)	(i)	(iii)	(iv)
(d)	(iii)	(ii)	(iv)	(i)

Ans. (b)

व्याख्या: यूराल पर्वत यूरोप और एशिया के बीच सीमा बनाता है, एंडीज पर्वत दुनिया का सबसे बड़ा पर्वत है जो दक्षिण अमेरिका में स्थित है, रॉकी पर्वत उत्तरी अमेरिका का सबसे मुख्य पर्वत है, एटलस पर्वत यूरोप में स्थित है।

289. Consider the following statements about lithosphere.
स्थल मंडल के बारे में निम्नलिखित कथनों पर विचार करें।

A. It is made of rocks and minerals. / यह चट्टानों एवं खनिजों से बना है।

B. It is covered with a thin layer of soil. / यह मिट्टी की पतली परत से ढका होता है।

C. Various landforms like mountains, plateaus, plains, valleys etc. are found on it. / इस पर पहाड, पठार, मैदान घाटी आदि विभिन्न स्थल आकृतियां पायी जाती हैं।

D. Apart from the continents, these landforms are also found on the surface of the ocean. / ये स्थल आकृतियाँ महाद्वीपों के अलावा महासागर की सतह पर भी पायी जाती हैं।

Which of the above statements are true-/ उपरोक्त में से कौनसे कथन सत्य हैं-

(a) A and B are correct. / A व B सही हैं।
(b) A, B and C are correct. / A, B व C सही है।
(c) B, C and D are correct. / B, C व D सही है
(d) All / सभी

Ans. (d)

व्याख्या: स्थलमंडल चट्टानों एवं खनिजों से बना हुआ पृथ्वी का सबसे ऊपरी भाग होता है यह मिट्टी की एक पतली परत से ढका रहता है स्थलमंडल पर पहाड़, पठार, मैदान, घाटी आदि विभिन्न स्थल आकृतियां पाई जाती हैं यह सभी स्थल आकृतियां महाद्वीपों के अलावा महासागरों के अंदर सतह पर भी पाई जाती है।

290. Choose the most appropriate option.
सबसे उचित विकल्प का चयन करें:

Change in the land use pattern leads to cultural changes i.e society because it / भूमि उपयोग में परिवर्तन हमारे समाज में सांस्कृतिक परिवर्तनों के बढ़ावा देती हैं क्योंकि:

(a) increases the per capita income of that area / यह उस क्षेत्र के लोगों की प्रति व्यक्ति आय को बढ़ा देता है।

(b) spreads modern values and practices / आधुनिक मूल्यों और व्यवहार (अभ्यास) को विस्तार देता है।

(c) affects the local natural resources and settings / यह स्थानीय प्राकृतिक संसाधन और उसकी व्यवस्था को प्रभावित करती है।

(d) increases the infrastructural facilities / संरचनात्मक सुविधाओं को बढ़ाती है।

Ans. (c)

भूमि उपयोग में परिवर्तन हमारे समाज में सांस्कृतिक परिवर्तनों के बढ़ावा देती हैं क्योंकि यह स्थानीय प्राकृतिक संसाधनों और उसकी व्यवस्था को प्रभावित करती है। भूमि उपयोग परिवर्तन एक ऐसी प्रक्रिया है जिसमें प्राकृतिक परिदृश्य को प्रत्यक्ष रूप से बस्तियों, वाणिज्यिक एवं आर्थिक उपयोग तथा वानिकी गतिविधियों जैसे मानव-प्रेरित भूमि उपयोग के लिए परिवर्तित कर दिया जाता है।

291. Fixing someone into an image is called:
किसी को एक छवि में बाँधने का अर्थ है।

(a) photography / फोटो खींचना
(b) creating a stereotype / रूढ़िबद्ध धारणा बनाना
(c) acknowledging diversity / विविधता की सराहना करना
(d) differentiating / अंतर करना

Ans. (b)

किसी को एक छवि में बाँधने का अर्थ है रूढ़िबद्ध धारणा बनाना। जब हम सभी लोगों को एक ही छवि में बाँध देते हैं या उनके बारे में पक्की एवं निश्चित धारणा बना लेते हैं तो उसे रूढ़िबद्ध धारणा कहते हैं और जब इन रूढ़िबद्ध धारणाओं के अनुसार लोगों के साथ व्यवहार करने लगते हैं तो इसे भेद भाव कहते हैं। उदाहरण - लड़कों में लड़कियों की तुलना में बहुत अधिक शैक्षणिक क्षमताएं होती हैं। यह रूढ़िबद्ध धारणा का उदाहरण है।

292. Consider the following Assertion (A) and Reason (R) about equality.
समानता के संदर्भ में निम्नलिखित कथनों (A) एवं कारणों (R) को पढ़ें।

(A) People's struggle and positive actions by the government are necessary to make equality a reality. / कथन (A) समानता एक वास्तविकता बने, इसके लिए लोगों के संघर्ष और सरकार द्वारा सकारात्मक कदम उठाए जाने की बहुत आवश्यकता है।

(R) Equality is a value that we have to keep striving for and not something that will happen automatically. / कारण (R): समानता वह मूल्य है जिसके लिए हमें निरंतर संघर्ष करते रहना होगा, यह स्वतः नहीं होगा।

Choose the correct option. / सही विकल्प का चयन कीजिए।

(a) Both (A) and (R) are true and (R) is the correct explanation of (A) / (A) तथा (R) दोनों सही हैं और (R), (A) की सही व्याख्या है।
(b) Both (A) and (R) are true and (R) is not the correct explanation of (A) / (A) तथा (R) दोनों सही हैं और किन्तु, (R), (A) की सही व्याख्या नहीं हैं।
(c) (A) is true but (R) is false / (A) सही है, किन्तु (R) गलत है
(d) (A) is false but (R) is true / (A) गलत हैं, किन्तु (R) सही है।

Ans. (a)

समानता एक वास्तविकता बने, इसके लिए लोगों के संघर्ष और सरकार द्वारा सकारात्मक कदम उठाए जाने की बहुत आवश्यकता है और समानता वह मूल्य है जिसके लिए हमें निरंतर संघर्ष करते रहना होगा, यह स्वतः नहीं होगा। इसलिए दोनों कथन सत्य हैं और (R), (A) की सही व्याख्या करता है।

293. Which of the following statement is/are true?
निम्न में से कौन सा/से कथन सही हैं?

(A) Panch is also known as ward member under a panchayat area. / पंच को पंचायत क्षेत्र के वार्ड सदस्य के नाम से भी जाना जाता है।

(B) All the members of Gram Sabha elect a Panchayat President. / ग्राम सभा के सभी सदस्य मिलकर पंचायत मुखिया को चुनते हैं।

(C) The Gram Sabha is a meeting of all adults who live in a an area covered by a Panchayat. / ग्राम सभा एक पंचायत के क्षेत्र में रहने वाले सभी वयस्कों की सभा होती है।

Choose the correct option. / सही विकल्प का चुनाव कीजिए।

(a) (A) and (B) / (A) और (B)
(b) (A) and (B) / (A) और (B)
(c) (A) and (B) / (A) और (B)
(d) All (A), (B) and (C) / (A), (B) और (C) सभी

Ans. (d)

ग्राम सभा में पंच को पंचायत क्षेत्र के वार्ड सदस्य के नाम से भी जाना जाता है, ग्राम सभा के सभी सदस्य मिलकर पंचायत मुखिया चुनते हैं और ग्राम सभा एक पंचायत के क्षेत्र में रहने वाले सभी वयस्कों की सभा होती है। दिये गये तीनों कथन सही है। पंचायती राज का शुभारम्भ स्वतंत्र भारत में 2 अक्टूबर, 1959 ई. को भारत के प्रथम प्रधानमंत्री जवाहरलाल नेहरु के द्वारा राजस्थान राज्य के नागौर जिला में हुआ था। 73वाँ संविधान संशोधन पंचायती राज से संबंधित हैं। 73वें संविधान संशोधन अधिनियम, 1993 के द्वारा पंचायती राज को संवैधानिक दर्जा प्रदान किया गया।

294. Which of the following statements is correct about Rajya Sabha?
राज्यसभा के विषय में निम्नलिखित में से कौन से कथन सही हैं?

(A) Twelve (12) members of Rajya Sabha are nominated by the Prime Minister. / राज्यसभा के 12 सदस्य प्रधानमंत्री द्वारा नामांकित किए जाते हैं।

(B) The Rajya Sabha members are elected by the members of legislative assemblies of various states. / राज्यसभा के सदस्य का चुनाव विभिन्न राज्यों के विधान सभाओं के निर्वाचित सदस्य करते हैं।

(C) It functions primarily as the representative of the states in the Parliament. / यह मुख्यत: संसद में राज्यों के प्रतिनिधियों के रूप में कार्य करती है।

(D) It plays a role in reviewing and altering laws initiated by the Lok Sabha. / इसकी लोकसभा द्वारा प्रवर्तित नियमों की पुनरावृत्ति एवं परिवर्तन में भूमिका है।

(a) (A), (B) and (C) / (A), (B) और (C)
(b) (B), (C) and (D) / (B), (C) और (D)
(c) (A), (C) and (D) / (A), (C) और (D)
(d) (A), (D) and (B) / (A). (D) और (B)

Ans. (b)

भारत की संसद राष्ट्रपति, राज्य सभा तथा लोकसभा से मिलकर बनती है। राज्य सभा संसद का उच्च सदन है।

राज्य सभा के बारे में निम्न कथन सत्य है-

- वर्तमान समय में राज्यसभा में '245' सदस्य हैं, इनमें से 12' सदस्य राष्ट्रपति द्वारा मनोनीत किये जाते है न कि प्रधानमंत्री द्वारा।
- राज्यसभा के सदस्य का चुनाव विभिन्न राज्यों के विधान सभाओं के निर्वाचित सदस्य करते हैं।
- यह मुख्यतः संसद में राज्यों के प्रतिनिधियों के रूप में कार्य करती है।
- इसकी लोकसभा द्वारा प्रवर्तित नियमों की पुनरावृत्ति एवं परिवर्तन में भूमिका है।
- राज्यसभा के सदस्यों का कार्यकाल '6' वर्ष होता है तथा इसके एक-तिहाई सदस्य प्रति दो वर्ष बाद सेवा-निवृत्त हो जाते हैं।
- भारत का उपराष्ट्रपति राज्यसभा का पदेन सभापति होता है।

इसलिए कहा जा सकता है कि कथन (A) गलत है तथा शेष कथन (B), (C) (D) सही हैं।

295. Match the column I of service condition with the column II on occupation and choose the appropriate option.

निम्नलिखित कॉलम I के सेवाशर्त को कॉलम II के जीविका से सुमेलित करें और उपयुक्त विकल्प का चयन करें।

Column I कॉलम I	Column II कॉलम II
(a) Regular salaried / वेतनभोगी कर्मचारी	(i) Street vendors / फुटपाथ ठेला दुकानदार
(b) Casual work / अनियमित काम	(ii) Housewife / गृहणी
(c) Self-employment / स्वरोजगार	(iii) Construction worker / निर्माण मजदूर
(d) Unpaid labour / बिना वेतन का मजदूर	(iv) Teacher / शिक्षक

(a) (a) - (i), (b)- (ii), (c) - (iii), (d) -(iv)
(b) (a)-(iii), (b)-(iv), (c)-(i), (d)-(ii)
(c) (a)- (iv), (b)- (iii), (c)-(i), (d)-(ii)
(d) (a)-(ii), (b)- (i), (c)-(iv), (d)-(iii)

Ans. (c)

कॉलम-I	कॉलम-II
(A) वेतन भोगी कर्मचारी -	शिक्षक
(B) अनियमित काम -	निर्माण मजदूर
(C) स्वरोजगार -	फुटपाथ ठेला दुकानदार
(D) बिना वेतन का मजदूर -	गृहणी

296. The arrangement between a merchant and weavers whereby merchant supplies the raw material to weavers and receives the finished product from the weavers is known as:
व्यापारी और बुनकरों के बीच की व्यवस्था जहाँ व्यापारी बुनकरों को कच्चा माल देता है और उनसे तैयार माल प्राप्त करता है, कहलाती है।

(a) Import Export / आयात-निर्यात
(b) Co-operative / सहकारिता
(c) Putting out system / दादन व्यवस्था
(d) Chain of markets / बाजारों की शृंखला

Ans. (c)

व्यापारी और बनुकरों के बीच की व्यवस्था जहाँ व्यापारी बुनकरों को कच्चा माल देता है और उनसे तैयार माल प्राप्त करता है, वह व्यवस्था दादन व्यवस्था कहलाती हैं। दादन व्यवस्था प्रणाली घरेलू स्तर पर निर्मित वस्तुओं को खरीदने और बेचेने की एक पुरानी प्रथा है, इसे कुटीर उद्योग के रूप में भी जाना जाता है और आमतौर पर पूरा परिवार इस प्रक्रिया में मदद करता है। यह भारत के अधिकांश क्षेत्रों में बुनाई उद्योग में प्रचलित है।

297. Which of the following are valid reasons for arguing that there is a lesser possibility of famine in a democratic country?
निम्नलिखित में से इस तर्क के, कि लोकतांत्रिक देश मे अकाल की संभावना कम होती है, कौन से वैध कारण हैं?

(A) People are free to practice faith of their choice. / लोग अपनी आस्था का पालन करने के लिए स्वतंत्र हैं।
(B) Government is likely to respond quickly fearing its defeat in the next election./ सरकार अगले चुनाव में हार के भय से शीघ्र प्रतिक्रिया देगी।
(C) Opposition can draw attention to hunger and starvation. / विपक्ष भूख और भुखमरी की ओर ध्यान आकर्षित कर सकता है।
(D) Free Press can report suffering from famine. / स्वतंत्र प्रेस अकाल से हो रहे कष्टों की रिपोर्ट बना सकती है।

Choose the correct option. / सही विकल्प का चयन कीजिए।

(a) (A) and (B) only / केवल (A) और (B)
(b) Only (A), (B) and (C) / केवल (A), (B) और (C)
(c) Only (B), (C) and (D) / केवल (B), (C) और (D)
(d) Only (A), (B) and (D) / केवल (A), (B) और (D)

Ans. (c)

लोकतांत्रिक देश में अकाल की संभावना कम होती है, इसके निम्न वैद्य कारण हैं-

- सरकार अगले चुनाव में हार के भय से शीघ्र प्रतिक्रिया देगी।
- विपक्ष भूख और भूखमरी की ओर ध्यान आकर्षित कर सकता है।
- स्वतंत्र प्रेस अकाल से हो रहे कष्टो की रिपोर्ट बना सकता है।
- लोकतांत्रिक सरकारें लोगों के प्रति ज्यादा उत्तरदायी होती है।

'भारत दुनिया की सबसे लोकतांत्रिक व्यवस्था वाला देश है एवं यह एक युवा राष्ट्र है। वर्ष '1947' में आजादी के बाद भारत दुनिया का सबसे बड़ा लोकतांत्रिक देश बना।

298. If in a class only girls are asked to help in cleaning, this can be considered as an example of the following:
अगर किसी कक्षा में केवल लड़कियों को सफाई कार्य में सहायता के लिये कहा जाता है। इसे उदाहरण मान सकते हैं निम्नलिखित का:

(a) Division of labour / श्रमिकों का विभाजन
(b) Gender stereotypes / लैंगिक रूढ़िबद्ध धारणा
(c) Nutrition and care / पोषण एवं देखभाल
(d) Disciplining)/ अनुशासित करना

Ans. (b)

अगर किसी कक्षा में केवल लड़कियों को सफाई कार्य में सहायता के लिए कहा जाता है तो इस उदाहरण को लैंगिक रूढ़िबद्ध धारणा मान सकते है। रूढ़िबद्धता से अभिप्राय समाज में व्याप्त विभिन्न असामाजिक क्रियाएं एंव कुरितियों से है जो एक पीढ़ी से दूसरी पीढ़ी में अपने मूल रूप में स्थानांतरित होती रहती है इसकी सामाजिक उपयोगिता न होते हुए भी प्रत्येक वर्ग एवं समुदाय इसको मान्यताएं प्रदान करता हैं।

स्मिथ के अनुसार "रूढ़िबद्धता अंधविश्वासों का एक ऐसा समुच्चय है जो गलत या अधूरी सूचना पर आधारित है तथा जिसे पूरे समूह के लिए प्रयुक्त किया जाता है।

299. Which of the following is not true about the Constituent Assembly?
निम्नलिखित में से कौन सा संविधान सभा के संबंध में सही नहीं है?

(a) The Assembly had many members who were not with the Indian National Congress / सभा में कई सदस्य थे जो भारतीय राष्ट्रीय कॉग्रेस के साथ नहीं थे।
(b) The Assembly represented members from different social groups / सभा ने विभिन्न सामाजिक समूहों से आए सदस्यों का प्रतिनिधित्व किया।
(c) Members of the Assembly believed in different ideologies / सभा के सदस्य विभिन्न विचारधाराओं में विश्वास करते थे।
(d) The Assembly only had male members / सभा में केवल पुरुष सदस्य थे।

Ans. (d)

कैबिनेट मिशन की संस्तुतियों के आधार पर भारतीय संविधान का निर्माण करने वाली संविधान सभा का गठन जुलाई, 1946 ई. में किया गया। संविधान सभा के संबंध सही कथन-

- संविधान सभा में महिलाओं की संख्या 15 थी।
- संविधान सभा में कई सदस्य थे जो भारतीय राष्ट्रीय काँग्रेस के साथ नहीं थे।
- संविधान सभा के सदस्य विभिन्न विचार धाराओं में विश्वास करते थे।
- 9 दिसम्बर, 1946 को संविधान सभा की प्रथम बैठक नई दिल्ली स्थित कौंसिल चैम्बर के पुस्तकालय भवन हुई।
- सच्चिदानन्द सिंहा को सभा का अस्थायी अध्यक्ष तथा डॉ. राजेन्द्र प्रसाद को सभा का स्थायी अध्यक्ष चुना गया।

300. The Preamble of Indian Constitution ensure which two kinds of equality to all citizens?
भारतीय संविधान की प्रस्तावना सभी नागरिकों को किन दो प्रकार की समानता सुनिश्चित करता है?

(a) Status and Opportunity / प्रतिष्ठा और अवसर
(b) Income and Wealth / आय और धन
(c) Property and Status / संपत्ति और प्रतिष्ठा
(d) Opportunity and Income / अवसर और आय

Ans. (a)

भारतीय संविधान की प्रस्तावना सभी नागरिकों को प्रतिष्ठा और अवसर नामक दो प्रकार की समानता प्रदान कराता है। संविधान की प्रस्तावना का प्रस्ताव 13 दिसम्बर 1946 को संविधान सभा में जवाहरलाल नेहरु द्वारा पेश किए गए उद्देश्य प्रस्ताव के आधार पर 26 नवंबर 1949 को संविधान सभा द्वारा अपनाया गया था 42 वें संविधान संशोधन अधिनियम, 1976 ई. के द्वारा इसमें 'समाजवादी', 'पंथनिरपेक्ष' और 'राष्ट्र की अखण्डता' शब्द जोड़ा गया। प्रस्तावना में मुख्य शब्द प्रभुत्वसम्पन्न, समाजवादी,पंथनिरपेक्ष, लोकतांत्रिक गणराज्य हैं।

301. 'Legislature and Executive cannot interfere with the work of the Judiciary'. This statement stands for which principle of the Indian Constitution?
'विधायिका और कार्यपालिका, न्यायपालिका के काम में हस्तक्षेप नहीं कर सकते हैं।' यह कथन भारतीय संविधान के किस सिद्धांत को दर्शाता है?

(a) Judicial Review / न्यायिक समीक्षा
(b) Basic Structure Doctrine / आधारभूत संरचना का सिद्धांत
(c) Separation of Powers / शक्तियों का बँटवारा
(d) Judicial Activism / न्यायिक सक्रियता

Ans. (c)

विधायिका और कार्यपालिका, न्यायपालिका के काम में हस्तक्षेप नहीं कर सकते हैं यह कथन भारतीय संविधान के शक्तियों का बँटवारा सिद्धांत को दर्शाता है। भारतीय सर्वोच्च न्यायालय का उद्घाटन 28 जनवरी 1950 को किया गया था। इसने भारत के सधीय न्यायालय की स्थापना की, जो कि भारत सरकार अधिनियम 1935 के तहत स्थापित किया गया।

भारतीय न्यायपालिका की संरचना तीन स्तरीत है-

- उच्चतम न्यायालय
- उच्च न्यायालय
- अधीनस्थ न्यायालय

भारत के एक उच्चतम न्यायालय है और 25 उच्च न्यायालय हैं।

302. Read the statements (A) and (B) and choose the appropriate option.
कथन (A) और (B) को पढ़िए तथा उपयुक्त विकल्प का चयन कीजिए।

(A) There is no official religion of Indian state. / भारतीय राज्य का कोई आधिकारिक धर्म नहीं हैं।
(B) There is provision of reservation in government jobs for religious minorities. / सरकारी नौकरियों में धार्मिक अल्पसंख्यकों के लिए आरक्षण का प्रावधान है।

(a) (A) and (B) are true / (A) और (B) सही हैं।
(b) (A) and (B) are false / (A) और (B) गलत हैं।
(c) (A) is true (B) is false / (A) सही है, (B) गलत हैं
(d) (A) is false (B) is true / (A) गलत है, (B) सही हैं

Ans. (c)

भारतीय राज्य का कोई आधिकारिक धर्म नही है यह कथन सत्य है तथा सरकारी नौकरियों में धार्मिक अल्पसंख्यकों के लिए आरक्षण है यह कथन गलत हैं सरकारी नौकरियों में SC, ST, OBC, EWS और विकलांगों को आरक्षण दिया गया है जो कि सभी धर्म के लोगों के पिछड़े वर्ग हेतु है। इस प्रकार कहा जा सकता है कि कथन (A) सही है और कथन (B) गलत है।

303. The Indian National Congress in the early years raised a number of economic issues against the British. Choose the correct option.
आरंभिक वर्षों में भारतीय राष्ट्रीय कांग्रेस ने अंग्रेजों के खिलाफ बहुत सारे आर्थिक मुद्दे उठाएं। सही उत्तर का चुनाव करें।

(i) The Congress declared that the British rule had led to poverty and famines. / कांग्रेस ने घोषणा की कि ब्रिटिश शासन के कारण गरीबी और अकाल पड़ा है।

(ii) It demanded reduction of revenue and cut in military expenditure. / इसने राजस्व में कमी और सैन्य व्यय में कटौती की मांग की।

(iii) Congress demanded more funds for irrigation. / कांग्रेस ने सिंचाई के लिए अधिक धन की मांग की।

(iv) It raised the voice against entertainment tax. / इसने मनोरंजन कर के विरुद्ध आवाज उठाई।

(a) Only (i) and (ii) are correct / केवल (i) एर्ष (ii) सही हैं।

(b) Only (ii) and (iii) are correct / केवल (ii) एवं (iii) सही हैं।

(c) Only (i), (ii) and (iii) are correct / केवल (i), (ii) एवं (iii) सही हैं।

(d) Only (ii), (iii) and (iv) are correct / केवल (ii), (iii) एवं (iv) सही हैं।

Ans. (c)

भारतीय राष्ट्रीय कांग्रेस ने ब्रिटिश शासन के खिलाफ कई आर्थिक मुद्दों को संबोधित किया, इस बात पर जोर दिया कि यह गरीबी और अकाल का कारण बनता है, राजस्व और सैन्य खर्च में कटौती की मांग की, और सिंचाई के लिए अधिक धन की मांग की। हालाँकि, कांग्रेस के शुरुआती वर्षों में मनोरंजन कर के बारे में चिंताओं पर कोई खास ध्यान नहीं दिया गया था।

304. Which of the following statements is true in the context of urban life in Harappa?
हड़प्पा के नगरीय जीवन के संदर्भ में कौन - से कथन सत्य है?

(a) These cities also had scribes who used to write on seals. / इन नगरों में लिपिक भी होते थे जो मुहरों पर लिखते थे।

(b) Clay toys have also been found in these cities. / इन नगरों में मिटटी से बने खिलौने भी मिले हैं।

(c) Men and women craftsmen also lived in these cities. / इन नगरों में शिल्पकार स्त्री-पुरुष भी रहते थे।

(d) All of the above / उपरोक्त सभी

Ans. (d)

व्याख्या: हडप्पा नगरों में लिपिक भी होते थे, जो मुहरों पर तो लिखते ही थे, और शायद अन्य चीजों पर भी लिखते अलगद होगे, जो बच नहीं पाई है। इसके अलावा नगरों में शिल्पकार स्त्री-पुरुष भी रहते थे जो अपने घरों या किसी उद्योग - स्थल पर तरह-तरह की चीजें बनाते होगें। मिट्टी से बने कई खिलौने भी मिले हैं, जिनसे बच्चे खेलते होंगे।

305. Which of the following is true about Ashoka's dhamma?
निम्नलिखित में से कौन सा कथन अशोक के धम्य के विषय में सही है?

(a) It did not involve worship of a god. / इसमें किसी देवता की पूजा की आवश्यकता नहीं थी।

(b) It did not involve performance of a sacrifice. / इसमें किसी बली कर्मकांड की आवश्यकता नहीं थी।

(c) The ideas of dhamma were inspired by the teachings of Buddha. / धम्म के विचार बुद्ध के उपदेशों से प्रेरित थे।

(d) Ashoka appointed Buddhist monks to teach people about dhamma / लोगों को धम्म को शिक्षा देने के लिए अशोक ने बौद्ध भिक्षुओं की नियुक्ति की।

Choose the correct option: / सही विकाप का चयन करें।

(a) All (a), (b), (c) and (d) / (a), (b), (c) तथा (d) सभी

(b) Only (a) and (b) / केवल (a) तथा (b)

(c) Only (b) and (c) / केवल (b) तथा (c)

(d) Only (a), (b) and (c) / केवल (a), (b) तथा (c)

Ans. (d)

अशोक के धम्म ने धार्मिक अनुष्ठानों पर नैतिक आचरण पर जोर दिया, इसमें बलिदान शामिल नहीं थे, और नैतिक मूल्यों और करुणा पर ध्यान केंद्रित करते हुए बौद्ध शिक्षाओं से प्रेरित था।

306. Below are two statements (A) and (B) in the context of Shri Narayan Guru.
नीचे दो कथन (A) और (B) की नारायण गुरु के संदर्भ में हैं:

(A) He advocated equality of all within a single sect or caste. / उनके अनुसार सारी मानवता की एक ही जाति है।

(B) He inspired all of them to have faith in all gurus. / उन्होंने सभी को सभी गुरुओं में विश्वास रखने के लिए प्रेरित किया।

Choose the correct option: / सही विकल्प का चयन करें।

(a) Both (A) and (B) are true / (A) और (B) दोनों सही है

(b) Both (A) and (B) are false / (A) और (B) दोनों गलत हैं

(c) (A) is true but (B) is false / (A) सही है लेकिन (B) गलत है

(d) (A) is false but (B) is true / (A) गलत है लेकिन (B) सही है

Ans. (c)

श्री नारायण गुरु ने सभी लोगों की समानता की वकालत की और विभिन्न जातियों और समुदायों के बीच एकता पर जोर दिया (कथन A सत्य है)। हालाँकि, उन्होंने सभी गुरुओं में विश्वास को प्रोत्साहित नहीं किया; इसके बजाय, उन्होंने एक ही गुरु में विश्वास को बढ़ावा दिया (कथन B गलत है)।

307. Match the following in the context of people and objects in ancient times and choose the appropriate option.
अतीत में व्यक्तियों व वस्तुओं के संदर्भ में निम्नलिखित का मिलान कीजिए और उपयुक्त विकल्प का चुनाव कीजिए।

A	B
(a) Barygaza / बेरिगाजा	(i) Stamped red-glazed pottery / मुहर लगे लाल-चमकदार बर्तन
(b) Shrenis / श्रेणी	(ii) Bharuch / भरूच
(c) Arretine ware / एरेटाइन पात्र	(iii) Independent farmers / स्वतंत्र कृषक्
(d) Grihapatis / गृहपति	(iv) Associations of crafts persons & merchants / शिल्पकारों तथा व्यापारियों के संघ

(a) (a)-(ii), (b)-(iv), (c)-(i), (d)-(iii)

(b) (a)-(ii), (b)(iv), (c)-(iii), (d)-(i)

(c) (a)-(iv), (b)-(iii), (c)-(i), (d)-(ii)

(d) (a)-(i), (b)-(ii), (c)-(iv), (d)-(iii)

Ans. (a)

A	B
(a) बेरिगाजा	(ii) भरूच
(b) श्रेणी	(iv) शिल्पकारों तथा व्यापारियों के संघ
(c) एरेटाइन पात्र	(i) मुहर लगे लाल-चमकदार बर्तन
(d) गृहपति	(iii) स्वतंत्र कृषक्

308. Which layer of the atmosphere has a very thin layer of air?
वायुमंडल की किस परत में वायु की बहुत पतली परत होती है?

(a) Thermosphere / बाहा वायुमंडल

(b) Exosphere / बहिर्मडल

(c) Stratosphere / समताप मंडल

(d) Mesosphere / मध्यमंडल

Ans. (b)

बाह्यमंडल पृथ्वी के वायुमंडल की सबसे बाहरी परत है, जिसमें हवा की एक बहुत पतली परत होती है, जहां कण इतने विरल होते हैं कि वे एक दूसरे से टकराए बिना लंबी दूरी तय कर सकते हैं।

309. Who coined the phrase, 'Unity in Diversity'?
'विविधता में एकता' मुहावरा किसने दिया?

(a) Pt. Jawaharlal Nehru / पंडित जवाहरलाल नेहरू ने

(b) Mohandas Karamchand Gandhi / मोहनदास करमचन्द गाँधी ने

(c) Subhash Chandra Bose / सुभाष चंद्र बोस ने
(d) Sardar Vallabh Bhai Patel / सरदार बल्लभभाई पटेल ने

Ans. (a)

पं. जवाहरलाल नेहरू को भारत की विविधता और देश के भीतर विभिन्न संस्कृतियों, धर्मों और भाषाओं के सामंजस्यपूर्ण सह-अस्तित्व का वर्णन करने के लिए "विविधता में एकता" वाक्यांश गढ़ने का श्रेय दिया जाता है।

310. Which of the following statements is/are true about technological development in temple construction from the twelfth century?
निम्नलिखित में से कौन सा कथन बारहवीं सदी की मंदिर निर्माण में प्रयुक्त शिल्प विज्ञान तकनीक के विकास के बारे में सही है?

(a) The weight of the superstructure was carried by the shikhara. / अधिरचना का भार शिखरों पर डाल दिया जाता था।

(b) Sandstone mixed with stone chips was increasingly used in construction. / निर्माण में बलुआ-पत्थर व पत्थर के छोटे टुकड़ों के मिश्रण का तेजी से प्रयोग होने लगा।

Choose the correct option: / सही विकल्प का चयन करें।

(a) Only (a) is correct / केवल (a) सही है
(b) Only (b) is correct / केवल (b) सही है
(c) Both (a) and (b) are correct / (a) और (b) दोनों सही हैं
(d) Both (a) and (b) are incorrect / (a) और (b) दोनों सही नहीं हैं

Ans. (d)

बारहवीं शताब्दी से मंदिर निर्माण में तकनीकी विकास के बारे में दोनों कथन गलत हैं। कथन (A) शिखर की भूमिका को गलत तरीके से प्रस्तुत करता है, क्योंकि यह अकेले अधिरचना का पूरा भार नहीं उठा सकता है। कथन (B) भी गलत है, क्योंकि आमतौर पर बलुआ पत्थर का उपयोग किया जाता था, इसे पत्थर के चिप्स के साथ मिलाना उस समय की मान्यता प्राप्त प्रथा नहीं थी।

311. Which one of the following is not correct for grama-bhojaka?
निम्नलिखित में से कौन सा ग्राम- भोजक के लिए सही नहीं है?

(a) Usually, men from the same family held the position for generations. / अक्सर एक ही परिवार के लोग इस पद पर कई पीढ़ियों तक बने रहते थे।
(b) He had slaves and hired workers to cultivate the land. / इनकी जमीन पर इनके दास और मजदूर काम करते थे।
(c) The king often used him to collect taxes from the village. / गाय का कर वसूलने का काम राजा अक्सर इन्हें ही सौंप देते थे।
(d) He did not function as a Judge and policeman. / वे न्यायाधीश और पुलिस का काम नहीं करते थे।

Ans. (d)

यह कथन कि ग्राम-भोजक न्यायाधीश और पुलिसकर्मी के रूप में कार्य नहीं करता, गलत है। वास्तव में, ग्राम-भोजक गाँव में कानून और व्यवस्था बनाए रखने के लिए जिम्मेदार था, एक न्यायाधीश या पुलिसकर्मी के समान भूमिकाएँ निभाता था। उनकी भूमिका के बारे में अन्य कथन सटीक हैं।

312. The category 'erstwhile princely states was applicable:
'भूतपूर्व रियासत' श्रेणी लागू थी:

(a) at the time of Independence around 1947-48 only. / स्वतंत्रता के समय केवल 1947-48 के आस पास
(b) between 1947-48 and 1956 when they were recognized as administrative units / 1947-48 और 1956 के बीच जब उन्हें प्रशासनिक इकाइयों के रूप में मान्यता मिली।
(c) in the post-1956 when they were no longer retained as administrative units. / 1956 के बाद जब उन्हें प्रशासनिक इकाइयों के खुष में सुरक्षित नहीं रखा गया।
(d) to none as no such category existed in India. / किसी पर भी नहीं क्योंकि भारत में ऐसी कोई श्रेणी विद्यमान नहीं थी।

Ans. (b)

'पूर्ववर्ती रियासतें' श्रेणी उन क्षेत्रों को संदर्भित करती है जिन पर भारतीय संघ में एकीकृत होने से पहले स्थानीय राजाओं या राजकुमारों द्वारा शासन किया गया था, विशेष रूप से 1947 में स्वतंत्रता से लेकर 1956 में प्रशासनिक इकाइयों में पुनर्गठित होने तक की अवधि के दौरान।

313. Women were taught at home in nineteenth century colonial India because:
उन्नीसवीं सदी के औपनिवेशिक भारत में महिलाओं को घर पर ही शिक्षा दी जाती थी क्योंकि:

(a) they could study as well as do / वे पढ़ाई के साथ-साथ घरेलू काम भी कर सकें।
(b) people believed that going out in public places would correct them. / लोग मानते थे कि सार्वजनिक स्थानों पर जाने से वे बिगड़ जाएँगी।
(c) people wanted to hide the fact of their education from relatives and friends. / लोग अपने संबंधियों एवं मित्रों से उनकी शिक्षा के तथ्य छुपाना चाहते थे।

Choose the correct option: / सही विकल्प का चयन करें।

(a) (a) and (b) / (a) और (b)
(b) (a) and (c) / (a) और (c)
(c) (b) and (c) / (b) और (c)
(d) (a), (b) and (c) / (a), (b) और (c)

Ans. (a)

उन्नीसवीं सदी के औपनिवेशिक भारत में, महिलाओं को मुख्य रूप से घर पर पढ़ाया जाता था क्योंकि वे घरेलू जिम्मेदारियों के साथ-साथ शिक्षा का प्रबंधन भी कर सकती थीं और क्योंकि एक सामाजिक धारणा थी कि सार्वजनिक प्रदर्शन से नैतिक भ्रष्टाचार हो सकता है। इन कारकों ने उस समय के दौरान महिलाओं के लिए घर-आधारित शिक्षा को प्राथमिकता देने में योगदान दिया।

314. Who among the following edited newspaper Kesari which became one of the strongest critics the British rule?
निम्नलिखित में से कौन केसरी नामक अखबार, जो ब्रिटिश शासन का कट्टर आलोचक बन गया था, का संपादक था?

(a) Jyoti Rao Phule / ज्योतिराव फुले
(b) Bal Gangadhar Tilak / बालगंगाधर तिलक
(c) Mahatma Gandhi / महात्मा गांधी
(d) Lala Lajpat Rai / लाला लाजपत राय

Ans. (b)

बालगंगाधर तिलक ने "केसरी" समाचार पत्र का संपादन किया, जो ब्रिटिश शासन की आलोचना करने और भारतीय अधिकारों और स्वशासन की वकालत करने में प्रभावशाली था। प्रकाशन ने औपनिवेशिक नीतियों के खिलाफ जागरूकता बढ़ाने और जनमत जुटाने में मदद की, जिससे यह भारतीय स्वतंत्रता आंदोलन में एक महत्वपूर्ण मंच बन गया।

315. Below are two statements (A) and (B) in the context of leather workers in 19th century.
नीचे दो कथन (A) और (B) 19 वीं शताब्दी में चमड़े का काम करने वालों के संदर्भ में हैं।

(A) During the Fint World War there was a huge demand for shoes for the armies. / पहले विश्व युद्ध के दौरान सेना के लिए जूतों की जबरदस्त माँग पैदा हो गई थी।

(B) The poor people from ordinary castes saw this in an opportunity and were ready to supply shoes for the army. / सामान्य जातियों के गरीब लोगों ने इस अवसर को देखा और सेना हेतु जूते आपूर्ति के लिए तैयार हो गए।

Choose the correct option: / सही विकल्प का चयन करें।

(a) Both (A) and (B) are true / (A) और (B) दोनों सही हैं
(b) Both (A) and (B) are false / (A) और (B) दोनों गलत हैं
(c) (A) is true but (B) is false / (A) सही है लेकिन (B) गलत है
(d) (A) is false but (B) is true / (A) गलत है लेकिन (B) सही है

Ans. (c)

कथन (A) सत्य है, क्योंकि प्रथम विश्व युद्ध के दौरान जूतों की अत्यधिक मांग थी। हालाँकि, कथन (B) भ्रामक है क्योंकि यह उस समय वस्तुओं की आपूर्ति करने वालों की जटिल सामाजिक गतिशीलता को अधिक सरल बनाता है।

316. The Mughal revenue system with its own schedule-af- revenue rates for individual crop were called:
मुगल राजस्व व्यवस्था जिसमें हर फसल के लिए राजस्व दर की अलग सूची बनाई गई उसे कहते हैं:

(a) Jagir / जागीर
(b) Zabt / ज़ब्त
(c) Zat / ज़ात
(d) Iqta / इक्ता

Ans. (b)

ज़ब्त नामक मुग़ल राजस्व प्रणाली एक ऐसी प्रणाली थी जहाँ विभिन्न फसलों के लिए विशिष्ट राजस्व दरें स्थापित की जाती थीं। इस प्रणाली ने मुगल प्रशासन को कृषि उत्पादन के आधार पर करों का आकलन और संग्रह करने में मदद की, जिससे राजस्व सृजन के लिए एक संरचित दृष्टिकोण सुनिश्चित हुआ।

317. Choose the statements that explain the Ganga Brahmaputra Basin in Indian subcontinent.
भारतीय उपमहाद्वीप में गंगा - ब्रह्मपुत्र बेसिन की व्याख्या करने वाले कथन का चयन कीजिए।

(a) Coniferous forests grow in this region. / इस प्रदेश में शंकुधारी वन उगते हैं।
(b) The Basin lies in sub-tropical region. / यह बेसिन उपोष्ण में स्थित है।
(c) The area is dominated by Monsoon climate. / इस क्षेत्र की जलवायु मुख्यतः मानसूनी है।
(d) The basin area has a varied topography. / बेसिन क्षेत्र में विभिन्न प्रकार की स्थलाकृति है।

Choose the correct option: / सही विकल्प का चयन कीजिए।

(a) (a), (b), (c)
(b) (b), (c), (d)
(c) (a), (b), (d)
(d) (a), (c), (d)

Ans. (b)

गंगा-ब्रह्मपुत्र बेसिन एक उपोष्णकटिबंधीय क्षेत्र में स्थित है और इसकी विशेषता मानसूनी जलवायु है, जिसमें मौसमी वर्षा होती है। इसके अतिरिक्त, बेसिन की स्थलाकृति विविध है, जिसमें मैदान, पहाड़ियाँ और नदी घाटियाँ शामिल हैं।

318. Choose the measures to control soil erosion and depletion from the following.
निम्नलिखित में से मृदा अपरदन और क्षीणता को नियंत्रित करने के उपायों का चयन कीजिए।

(a) Mulching / मल्च बनाना
(b) Over grazing / अति चहाई
(c) Terrace farming / बेदिका फार्म
(d) Inter cropping / बीच की फसल उगाना

Choose the correct option: / सही विकल्प का चयन करें।

(a) (a), (b), (c) only / केवल (a), (b), (c)
(b) (a), (c), (d) only / केवल (a), (c), (d)
(c) (a), (b), (d) only / केवल (a), (b), (d)
(d) (b), (c), (d) only / केवल (b), (c), (d)

Ans. (b)

मल्चिंग, छत पर खेती और अंतरफसल मिट्टी के कटाव और कमी को रोकने के लिए सभी प्रभावी प्रथाएं हैं। मल्चिंग नमी बनाए रखने और मिट्टी की रक्षा करने में मदद करती है, छत पर खेती ढलानों पर अपवाह को कम करती है, और अंतरफसल जैव विविधता और मिट्टी के स्वास्थ्य को बढ़ावा देती है।

319. On the globe, latitude and longitude together form:
ग्लोब पर अक्षांश और देशांतर मिलकर निर्माण करती हैं:

(a) Tropical zone / उष्ण कटिबंधीय क्षेत्र का
(b) Grid / ग्रिड का
(c) Prime meridian / प्रमुख याम्योत्तर का
(d) Coordinates / निर्देशांको का

Ans. (b)

व्याख्या: अक्षांश और देशांतर मिलकर एक स्थान के दो निर्देशांक होते हैं। अक्षांश और देशांतर रेखाएँ मिलकर ग्लोब पर एक ग्रिड बनाती है जिन्हें ग्रिड रेखाएँ भी कहा जाता है।

320. Consider the two given statements (A) and (R) and choose the appropriate option:
दिए गए कचनों (A) तथा (R) पर विचार कीजिए तथा सही विकल्प का चुनाव कीजिए।

(A): Those places West of Greenwich will be behind of Greenwich time. / जो स्थान ग्रीनिच के पश्चिम में हैं, उनका समय ग्रीनिच से पीछे रहेगा।

(R): The Earth rotates from east to west and sun rises early in eastern side. / पृथ्वी पूर्व से पश्चिम की ओर चक्कर लगाती है तथा सूर्य पूर्व दिशा में जल्दी उगता है।

(a) Both (A) and (R) are true and (R) is the correct explanation of (A) / दोनों (A) तथा (R) सही हैं तथा (R), (A) का सही स्पष्टीकरण है।
(b) Both (A) and (R) are true but (R) is not the correct explanation of (A) / दोनों (A) तथा (R) सही हैं किन्तु (R), (A) का सही स्पष्टीकरण नहीं है।
(c) (A) is true and (R) is false / (A) सही है तथा (R) गलत है।
(d) Both (A) and (R) are false / दोनों (A) तथा (R) गलत हैं।

Ans. (c)

कथन (A) सत्य है: ग्रीनविच के पश्चिम के स्थान ग्रीनविच मीन टाइम (जीएमटी) से पीछे हैं। हालाँकि, कथन (R) गलत है; जबकि पृथ्वी पूर्व से पश्चिम की ओर घूमती है, इस घूर्णन के कारण सूर्य पूर्व में उगता है, जिससे इस संदर्भ में (R) भ्रामक हो जाता है।

321. Match the following pairs and choose the appropriate option:
निम्नलिखित युगलों का मिलान कीजिए और उपयुक्त विकल्प का चुनाव कीजिए:

Rocks / शैल	Origin/formation / उत्पत्ति/निर्माण
(a) Igneous Rocks / आग्नेय शैल	(i) Change under great heat and pressure / उच्च ताप एवं दाब के कारण परिवर्तित हो जाते हैं
(b) Sedimentary Rocks / अवसादी शैल	(ii) Molten Magma / द्रवित मैग्मा
(c) Metamorphic Rocks / कार्यातरित शैल	(iii) Deposition by wind and water / हवा और जल आदि के द्वारा एक स्थान से दूसरे स्थान पर पहुँचाकर, जमा कर दिए हैं

Choose the correct option: / सही विकल्प का चयन करें।

(a) (a)-(i), (b)-(ii), (c)-(iii)
(b) (a)-(ii), (b)-(iii), (c)-(i)
(c) (a)-(iii), (b)-(i), (c)-(ii)
(d) (a)-(i), (b)-(iii), (c)-(ii)

Ans. (b)

शैल	उत्पत्ति/निर्माण
(a) आग्नेय शैल	(ii) द्रवित मैग्मा
(b) अवसादी शैल	(iii) हवा और जल आदि के द्वारा एक स्थान से दूसरे स्थान पर पहुँचाकर, जमा कर दिए हैं
(c) कार्यातरित शैल	(i) उच्च ताप एवं दाब के कारण परिवर्तित हो जाते हैं

322. Which of the following statements are correct about Amazon basin?
अमेजन बेसिन के बारे में निम्नलिखित में से कौन से कथन सही हैं?

(a) This region is characterized by hot and wet climate throughout the year. / पूरे वर्ष यहाँ गर्म और नम जलवायु रहती है।

(b) People practice "slash and burn agriculture. / महाँ लोग 'कर्तन व दहन' कृषि करते हैं।

(c) People mainly grow paddy. / लोग मुख्यत: धान उगाते हैं।

(d) Aircrafts and helicopters are also used for reaching various places in the basin. / बेसिन में कई स्थानों तक पहुँचने के लिए हवाईजहाजों तथा हेलीकॉप्टरों का भी प्रयोग किया जाता है।

Choose the correct option: / सही विकल्प का चयन करें।

(a) Only (a), (b) and (c) / केवल (a), (b) तथा (c)

(b) Only (b), (c) and (d) / केवल (b), (c) तेथा (d)

(c) Only (a), (c) and (d) / केवल (a), (c) तथा (d)

(d) Only (a), (b) and (d) / केवल (a), (b) तथा (d)

Ans. (d)

अमेज़ॅन बेसिन के बारे में कथन इस प्रकार सही हैं: (A) इसकी जलवायु पूरे वर्ष गर्म और आर्द्र रहती है। (B) लोग "काटो और जलाओ" कृषि करते हैं। (D) इसके दूरस्थ क्षेत्रों में नेविगेट करने के लिए विमान और हेलीकॉप्टर का उपयोग किया जाता है। ये सभी कथन सही हैं.

323. Consider the following statements about Ladakh and choose the correct option.
लद्दाख के बारे में दिए गए निम्न कथनों पर विचार कीजिए तथा सही विकल का चुनाव कीजिए।

(a) Several rivers flow through Ladakh. / लद्दाख से होकर बहुत सी नदियाँ बहती हैं।

(b) Due to high altitude, the climate is extremely cold. / अधिक ऊँचाई होने के कारण यहाँ की जलवायु अत्यधिक ठंडी है।

(c) Despite being in the rain shadow of Himalayas, there is high rainfall. / हिमालय के वृष्टि छाया क्षेत्र में होने के बावजूद यहाँ उच्च वर्षा पाई जाती है।

(d) This area experiences freezing winds and burning hot sunlight. / यह क्षेत्र बर्फीली हवाओं एवं तेज जलाने वाले ताप का अनुभव करता है।

(a) Only (a) and (b) are correct / केवल (a) तथा (b) सही हैं।

(b) Only (a), (b) and (c) are correct / केवल (a), (b) तथा (c) सही हैं।

(c) Only (b), (c) and (d) are correct / केवल (b), (c) तथा (d) सही हैं।

(d) Only (a), (b) and (d) are correct / केवल (a), (b) तथा (d) सही हैं।

Ans. (d)

लद्दाख की विशेषता कई नदियाँ, ऊँचाई के कारण अत्यधिक ठंडा तापमान और बर्फ़ीली हवाओं और तेज़ धूप की उपस्थिति है, जो इसके अद्वितीय भूगोल और जलवायु को उजागर करती है।

324. Which of the following is/are correctly matched?
निम्न में से कौन सा / कौन-से युग्म सही सुमेलित है/हैं?

Crop / फसल	Required Climatic Condition / आवश्यक जलवायविय दशा
(a) Coffee / कॉफी	Cool and dry climate / ठंडी और शुष्क जलवायु
(b) Tea / चाय	Warm climate and high rainfall / गर्म जलवायु और उच्च वर्षा

Choose the correct option: / सही विकल्प का चयन कीजिए।

(a) Only (a) / केवल (a)

(b) Only (b) / केवल (b)

(c) Both (a) and (b) / (a) तथा (b) दोनों

(d) Neither (a) nor (b) / न तो (a) और न ही (b)

Ans. (d)

दोनों कथन ग़लत हैं. कॉफ़ी गर्म, नम जलवायु में पनपती है, जबकि चाय के लिए अधिक वर्षा वाली गर्म जलवायु की आवश्यकता होती है, ठंडी और शुष्क जलवायु की नहीं।

325. Match the following columns and choose the appropriate option:
निम्नलिखित में से सही जोड़े का मिलान कीजिए:

Sphere of the Earth / पृथ्वी के मंडल
Feature / विशेषता

(a) Lithosphere / स्थलमंडल	(i) Plant and Animal Kingdom / पादप एवं जीव-जंतु
(b) Hydrosphere / जलमंडल	(ii) Made up of rocks and minerals / चट्टानों एवं खनिजों से बना हुआ
(c) Atmosphere / वायुमंडल	(iii) Various sources of water / जल के विभिन्न स्रोत
(d) Biosphere / जैवमंडल	(iv) Thin layer of Air / वायु की पतली परत

(a) (a)-(i), (b)-(ii), (c)-(iii), (d)-(iv)
(b) (a)-(ii), (b)-(iii), (c)-(iv), (d)-(i)
(c) (a)-(iii), (b)-(iv), (c)-(i), (d)-(ii)
(d) (a)-(iv), (b)-(i), (c)-(ii), (d)-(iii)

Ans. (b)

पृथ्वी के मंडल	विशेषता
(a) स्थलमंडल	(ii) चट्टानों एवं खनिजों से बना हुआ
(b) जलमंडल	(iii) जल के विभिन्न स्रोत
(c) वायुमंडल	(iv) वायु की पतली परत
(d) जैवमंडल	(i) पादप एवं जीव-जंतु

326. The rocks that were formed 300 million years after the earth was formed, is:
पृथ्वी की शैलें वे शैलें, जो पृथ्वी के निर्माण के 30 करोड़ वर्ष पश्चात् बने, हैं:

(a) considered as youngest rocks in the world / विश्व की नवीनतम शैलें मानी जाती हैं
(b) located in Western Australia / पश्चिमी आस्ट्रेलिया में स्थित हैं
(c) located in Eastern Europe / पूर्वी यूरोप में स्थित हैं
(d) located in the Himalayan region / हिमालय क्षेत्र में स्थित हैं

Ans. (b)

पृथ्वी के निर्माण के 300 मिलियन वर्ष बाद बनी चट्टानें, विशेष रूप से तलछटी प्रकार, पश्चिमी ऑस्ट्रेलिया में पाई जाती हैं, यह क्षेत्र अपने भूवैज्ञानिक इतिहास के लिए पहचाना जाता है।

327. The atmosphere is a thin layer of air surrounding the Earth. What keeps the air to remain around the earth?
पृथ्वी के चारों ओर फैली वायु की पतली परत को वायुमंडल कहते हैं। क्या चीज़ वायु को पृथ्वी के चारों ओर बनाए रखती है?

(a) Gravitational force of the Earth / पृथ्वी का गुरुत्वाकर्षण बल
(b) Heat of the sun / सूर्य की ऊष्मा
(c) Rocks and oceans on the earth / पृथ्वी पर चट्टानें और महासागर
(d) Gravitational force of moon / चाँद का गुरुत्वाकर्षण बल

Ans. (a)

पृथ्वी का गुरुत्वाकर्षण बल वायुमंडल को बनाए रखता है, हवा की परत को उसकी सतह के करीब रखता है। इस गुरुत्वाकर्षण खिंचाव के बिना, हवा अंतरिक्ष में चली जाएगी।

328. Read the Assertion (A) and Reason (R) carefully:
अभिकथन (A) तथा कारण (R) को ध्यान से पढ़ें:

Assertion (A): It was during Shah Jahan's reign that the different elements of Mughal architecture were fused together in a grand harmonious synthesis. / अभिकथन (A): शाहजहाँ के शासनकाल के दौरान मुगल वास्तुकला के विभिन्न तत्व एक भव्य सुसंगत संश्लेषण में लाये गये।

Reason (R): His reign witnessed a huge amount of construction activity especially in Agra and Delhi. / कारण (R): उनके शासन में अनवरत निर्माण कार्य चलते रहे, विशेष रूप से आगरा और दिल्ली में।

Choose the correct option of the following: / निम्नलिखित में से सही विकल्प चुनें:

(a) Both (A) and (R) are true and (R) explains (A) / दोनों (A) एवं (R) सही हैं तथा (R), (A) की व्याख्या करता है।

(b) Both (A) and (R) are true but (R) does not explain (A) / दोनों (A) एवं (R) सही हैं किन्तु (R), (A) की व्याख्या नहीं करता है।

(c) (A) is true but (R) is false / (A) सही है किन्तु (R) गलत।

(d) (A) is false but (R) is true / (A) गलत है किन्तु (R) सही।

Ans. (a)

दावा (A) सच है क्योंकि शाहजहाँ का शासनकाल मुगल वास्तुकला के विभिन्न तत्वों को एकीकृत करने के लिए पहचाना जाता है, जैसा कि ताज महल में देखा गया है। कारण (R) भी सच है, यह देखते हुए कि उनके शासनकाल के दौरान आगरा और दिल्ली में महत्वपूर्ण निर्माण ने इस वास्तुशिल्प संलयन में योगदान दिया।

329. Our solar family consists of following celestial bodies:
हमारा सौर परिवार निम्नलिखित खगोलीय पिंडों से बना है:

(a) Constellations, Planets, Sun / नक्षत्रमंडल, ग्रह, सूर्य

(b) Satellites, Planets, Pole star / उपग्रह, ग्रह, ध्रुव तारा

(c) Sun, Planets, Satellites, Asteroids, Meteorites / सूर्य, ग्रह, उपग्रह, क्षुद्रग्रह, उल्कापिंड

(d) Planets, Satellites, Asteroids, Saptarishi / ग्रह, उपग्रह, क्षुद्रग्रह, सप्तऋषि

Ans. (c)

सौर मंडल, या हमारे सौर परिवार में सूर्य, ग्रह, उनके चंद्रमा (उपग्रह), क्षुद्रग्रह और उल्कापिंड शामिल हैं। तारामंडल और विशिष्ट तारे, जैसे ध्रुव तारा या सप्तऋषि, व्यापक ब्रह्मांड का हिस्सा हैं और हमारे सौर मंडल से संबंधित नहीं हैं।

330. Consider the following statements regarding the hydrosphere.
जल मंडल के संबंध में निम्नलिखित कथनों पर विचार कीजिए।

A. 71% of the Earth is covered with water and 29% is covered with land. / पृथ्वी के 71% भाग पर जल तथा 29% भाग पर स्थल है।

B. Hydrosphere includes all forms of water. / जलमंडल में जल के सभी रूप सम्मिलित है।

C. The highest amount of pure water is found in glaciers. / शुद्ध जल की सर्वाधिक मात्रा ग्लेशियरों में पाई जाती है।

Which of the above statements are true? / उपरोक्त में से कौनसे कथन सत्य हैं?

(a) A and B are correct. /A व B सही है।

(b) B and C are correct. / B व C सही हैं।

(c) A and C are correct. / A व C सही हैं।

(d) A, B and C are correct. / A, B व C सही है।

Ans. (d)

व्याख्या: पृथ्वी के 71% भाग पर जल तथा 29% भू भाग पर स्थल है जल में जल मंडल के सभी रूप महासागरीय जल, ग्लेशियर, भूमिगत जल, जलवाष्प सम्मिलित होते हैं इन सभी रूपों में से शुद्ध जल की सर्वाधिक मात्रा ग्लेशियरों में पाई जाती है।

331. Match List-1 with List-1 and select the correct answer from the code given below:
सूची-1 को सूची-1 से सुमेलित कीजिए तथा सही उत्तर का चयन नीचे दिये कूट से कीजिए:

List-1 (Mountain Peaks)	List-2 (Continents)
सूची-1 (पर्वत शिखर)	सूची-2 (महाद्वीप)
A. Kosciusko/ कोसिस्को	(i) Europe/यूरोप
B. Mckinely/मैकिन्ले	(ii) Africa/अफ्रीका
C. Albrus/अल्ब्रूस	(iii) Australia/ ऑस्ट्रेलिया
D. Kilimanjaro/ किलिमंजारो	(IV) North America/ उत्तरी अमेरिका

Code / कूट:

	A	B	C	D
(a)	iii	IV	i	ii
(b)	ii	IV	iii	i
(c)	IV	iii	ii	i
(d)	iii	i	ii	IV

Ans. (a)

व्याख्या: कोसिस्को ऑस्ट्रेलिया की सबसे ऊंची चोटी है, माउंट मैकेनले/माउंट देनाली उत्तरी अमेरिका के

अलास्का पर्वत श्रेणी में स्थित है, माउंट अलब्रुश यूरोप की सबसे ऊंची चोटी है जो कि रूस के जॉर्जिया में स्थित है और माउंट किलिमंजारो अफ्रीका के तंजानिया में स्थित है।

332. Consider the following statements with reference to post independence India:
स्वतंत्र भारत के संबंध में निम्नलिखित कथनों पर विचार कीजिए:

Assertion (A): Despite constitutional recognition of equality before law, some Indians are more equal than others. / कथन (A): हमारा संविधान कानून की नज़र में सबको बराबर मानता है, लेकिन असल ज़िंदगी में कुछ भारतीय औरों के मुकाबले ज़्यादा बराबर हैं।

Reason (R): The ideals set out in the Indian Constitution have not yet been fulfilled. / कारण (R): भारतीय संविधान में तय किए गए आदर्शों को हम अभी तक साकार नहीं कर पाए हैं।

Choose the correct option: / सही विकल्प का चयन कीजिए:

(a) Both (A) and (R) are true and (R) is the correct reason for (A). / (A) और (R) दोनों सही हैं और (R), (A) का सही कारण है।
(b) (A) is false, but (R) is true. / (A) ग़लत है, परन्तु (R) सही है।
(c) Both (A) and (R) are true, but (R) is not the correct reason for (A). / (A) और (R) दोनों सही हैं, परन्तु (R), (A) का सही कारण नहीं है।
(d) (A) is true, but (R) is false. / (A) सही है, परन्तु (R) ग़लत है।

Ans. (a)

दावा (A) समानता की संवैधानिक गारंटी के बावजूद समाज में चल रही असमानताओं को दर्शाता है। कारण (R) बताता है कि संविधान के आदर्शों को पूरी तरह से महसूस नहीं किया गया है, जो दावे का समर्थन करता है।

333. Match the following concepts in Column - I with their examples in Column - II and choose the appropriate option:
स्तंभ - I की निम्नलिखित संकल्पनाओं को स्तंभ - II में दिए गए उनके उदाहरणों से सुमेलित कीजिए और उपयुक्त विकल्प चुनिये:

Column-I (Concepts) / स्तंभ – I (संकल्पनाएँ)	Column-II (Examples) / स्तंभ - II (उदाहरण)
(a) Discrimination / भेदभाव	(i) Differential pay for same work / समान कार्य के लिए अलग घेतन
(b) Inequality / असमानता	(ii) Villagers are superstitious / ग्रामवासी अंधविश्वासी हैं
(c) Stereotype / रूढ़िवादिता	(iii) Woman not allowed to be hired since she is start in a family / महिला को रोजगार की अनुमति नहीं है क्योंकि वह परिवार शुरू कर रही है/या गर्भवती
(d) Prejudice / पूर्वधारणा	(iv) Girls are good at cooking / लड़कियाँ खाना बनाने/भोजन पकाने में अच्छी हैं

(a) (a)-(iii), (b)-(i), (c)-(ii), (d)-(iv)
(b) (a)-(iv), (b)-(ii), (c)-(i), (d)-(iii)
(c) (a)-(iv), (b)-(iii), (c)-(i), (d)-(ii)
(d) (a)-(iii), (b)-(i), (c)-(iv), (d)-(ii)

Ans. (d)

स्तंभ – I (संकल्पनाएँ)	स्तंभ - II (उदाहरण)
(a) भेदभाव	(iii) महिला को रोजगार की अनुमति नहीं है क्योंकि वह परिवार शुरू कर रही है/या गर्भवती है
(b) असमानता	(i) समान कार्य के लिए अलग घेतन

(c) रूढ़िवादिता	(iv) लड़कियाँ खाना बनाने/ भोजन पकाने में अच्छी हैं
(d) पूर्वधारणा	(ii) ग्रामवासी अंधविश्वासी हैं

334. A population pyramid with big base and skinny top shows:
एक बड़े आधार और पतली चोटी वाला जनसंख्या पिरामिड दर्शाता है:

(a) High birth rates / उच्च जन्म दर
(b) High death rates in higher age group / वृद्ध आयु वर्ग में उच्च मृत्यु दर
(c) Relatively large number of young population / तुलनात्मक रूप से अधिक युवा जनसंख्या
(d) Large number of deaths of infants / शिशुओं में मृत्यु की अधिक दर/संख्या

Choose the correct option: / सही विकल्प का चयन करें।

(a) Only (a) and (b) / केवल (a) तथा (b)
(b) Only (a), (b) and (c) / केवल (a), (b) तथा (c)
(c) Only (b), (c) and (d) / केवल (b), (c) तथा (d)
(d) Only (a), (c) and (d) / केवल (a), (c) तथा (d)

Ans. (b)

बड़े आधार और पतली चोटी वाला जनसंख्या पिरामिड उच्च जन्म दर, उच्च आयु वर्ग में उच्च मृत्यु दर और अपेक्षाकृत बड़ी संख्या में युवा आबादी को इंगित करता है। हालाँकि यह कुछ शिशु मृत्यु दर का सुझाव दे सकता है।

335. Which of the following are essential elements of a fair trial?
निम्न में से कौन-से विकल्प निष्पक्ष सुनवाई के मूलभूत तत्व है?

(a) The trial is held in an open court. / मुकदमा जनता के सामने खुली अदालत में चलाया जाता है।
(b) A copy of charge sheet and all other evidence that the prosecution presents to the court are given to the accused. / आरोप-पत्र और अभियोजन पक्ष द्वारा पेश किए गए सभी साक्ष्यों की एक प्रति आरोपी को दी जाती है।
(c) The defense lawyer is not allowed to cross-examine the prosecution witnesses. / बचाव पक्ष के वकील को अभियोजन पक्ष की ओर से पेश किए गए सारे गवाहों से जिरह करने का मौका नहीं दिया जाता है।
(d) Judges decide the matter on the basis of the statements articulated by lawyers. / न्यायाधीश अदालत के सामने वकीलों द्वारा दिए गए कथनों के आधार पर फैसला करते हैं।

Choose the correct option: / सही विकल्प का चयन करें।

(a) All (a), (b), (c) and (d) / (a), (b), (c) तथा (d) सभी
(b) Only (a), (b) and (c) / केवल (a), (b) तथा (c)
(c) Only (a), (b) and (d) / केवल (a), (b) तथा (d)
(d) Only (b), (c) and (d) / केवल (b), (c) तथा (d)

Ans. (c)

निष्पक्ष सुनवाई के आवश्यक तत्व हैं:

- खुली अदालत में सुनवाई होना न्यायिक प्रक्रिया में पारदर्शिता और जनता के विश्वास के लिए आवश्यक है।
- अभियुक्त को आरोप पत्र और साक्ष्य की एक प्रति प्रदान करना निष्पक्ष बचाव का अधिकार सुनिश्चित करता है।
- न्यायाधीश वास्तव में वकीलों द्वारा प्रस्तुत बयानों और तर्कों के आधार पर निर्णय लेते हैं, जिससे यह एक आवश्यक तत्व बन जाता है।

336. The National Medical Commission's Code of Medical Ethics states that every physician should, as far as possible, prescribe drugs which are called:
राष्ट्रीय चिकित्सा आयोग की चिकित्सा आचार संहिता में कहा गया है। प्रत्येक चिकित्सक को, जहाँ तक संभव हो, उन दवाओं को निर्धारित करना चाहिए जो कहलाती हैं:

(a) Genetic medicines / आनुवंशिक दवाईयाँ
(b) Global brands / वैश्विक ब्रांड
(c) Generic medicines / जेनरिक दवाईयाँ
(d) Ancient remedies / प्राचीन उपचार

Ans. (c)

राष्ट्रीय चिकित्सा आयोग की चिकित्सा आचार संहिता चिकित्सकों को सलाह देती है कि जब संभव हो तो वे ब्रांड नाम वाली दवाओं के बजाय जेनेरिक दवाएं लिखें। इस दृष्टिकोण का उद्देश्य रोगियों के लिए दवाओं को अधिक सुलभ और किफायती बनाना है, यह सुनिश्चित करना कि उन्हें वित्तीय बोझ के बिना आवश्यक उपचार प्राप्त हो।

337. Consider the statements (A) and (B) and choose the correct option:
कथन (A) और (B) पर विचार कीजिए और सही विकल्प चुनिये:

(A) The natural sciences are superior in social sciences and are the domain of bright students. / प्राकृतिक विज्ञान सामाजिक विज्ञान से श्रेष्ठ है और यह होनहार विद्यार्थियों का क्षेत्र है।

(B) The social sciences are essential to provide social, cultural and analytical skills required to adjust to an increasingly independent world. / सामाजिक विज्ञान सामाजिक, सांस्कृतिक और विश्लेषणीय कौशलों को प्रदान करने के लिए आवश्यक है जो वर्धमानीय स्वतंत्र विश्व में समन्वय बैठाने के लिए ओवश्यक है।

(a) Both (A) and (B) are true / (A) और (B) दोनों सत्य हैं
(b) Both (A) and (B) are false / (A) और (B) दोनों असत्य है
(c) (A) is true but (B) is false / (A) सत्य है किन्तु (B) असत्य है
(d) (A) is false but (B) is true / (A) असत्य है किन्तु (B) सत्य है

Ans. (d)

कथन (A) गलत है क्योंकि यह प्राकृतिक और सामाजिक विज्ञान के बीच एक पदानुक्रम का तात्पर्य करता है, जबकि दोनों अपने आप में मूल्यवान हैं। कथन (B) सत्य है, क्योंकि सामाजिक विज्ञान बदलती दुनिया में सामाजिक गतिशीलता और सांस्कृतिक संदर्भों को नेविगेट करने के लिए महत्वपूर्ण कौशल प्रदान करता है।

338. Which of the following resources are relevant to discuss the theme 'discrimination'?
'भेदभाव' विषय पर चर्चा करने के लिए, निम्नलिखित में से कौतु सा संसाधन प्रासंगिक है?

(a) Text of Ashokan inscriptions / अशोक के अभिलेखों की लिपि
(b) Universal Declaration of Human Rights / मानवाधिकारों की वैश्विक घोषणा
(c) Narrative of B.R. Ambedkar's experiences of looking for a place to stay after returning to India / बी. आर. अंबेडकर के भारत लौटने के पश्चात रहने हेतु स्थान ढूँढ़ने के अनुभवों का वृत्तांत
(d) Advertisement of a woman washing clothes in a commercial / एक विज्ञापन में कपड़े धोते हुए महिला को दर्शाना

Ans. (c)

बी.आर. की कहानी भारत लौटने के बाद रहने के लिए जगह की तलाश में अम्बेडकर के अनुभव 'भेदभाव' के विषय पर चर्चा करने के लिए प्रासंगिक हैं। यह विवरण एक हाशिए के समुदाय के सदस्य के रूप में उनके द्वारा सामना किए गए भेदभाव पर प्रकाश डालता है और भारतीय समाज में सामाजिक अन्याय के बारे में जानकारी प्रदान करता है।

339. Which of the following ideas was questioned by people from the seventh century onwards?
सातवीं शताब्दी के प्रारंभ से निम्नलिखित में से किस विचार पर लोगों ने सवाल उठाना शुरू कर दिया?

(a) Only human beings pass through countless cycles of births. / केवल मानव जाति जीवन के अनंत चक्रों से गुजरते हैं।
(b) All human beings are equal at the time of birth. / सभी व्यक्ति जन्म के समय समान होते हैं।

(c) One could break the cycle of rebirth through personal effort. / व्यक्तिगत प्रयासों से पुनर्जन्म के चक्र से छुटकारा पाया जा सकता है।

(d) Social privileges are a result of one's birth. / सामाजिक विशेषाधिकार किसी का जन्म का परिणाम है।

Ans. (d)

सातवीं शताब्दी के बाद से, कई सामाजिक सुधार आंदोलनों और दर्शन ने इस विचार को चुनौती देना शुरू कर दिया कि सामाजिक विशेषाधिकार जन्म से निर्धारित होते हैं। इन आंदोलनों ने समानता की वकालत की और सामाजिक पदानुक्रम में अन्याय को दूर करने की मांग की।

340. Identify the immediate measures which ensure women's safety and enable them to take up jobs, support family income and in becoming self-reliant.
उन तत्कालिक उपायों की पहचान कीजिए जो महिलाओं की सुरक्षा तथा उन्हें नौकरी करने, पारिवारिक आय में योगदान करने एवं आत्मनिर्भर बनाने में सुनिश्चित करता है।

(a) Provision of child-care centers / बालवाड़ियों का प्रावध

(b) Reservation of seats for women in parliament / संसद में महिलाओं के लिए सीटों का आरक्षण

(c) Provision of occupational safety / व्यवसायिक सुरक्षा का प्रावधान

(d) Pick and drop facility for night shifts / रात की पाली (शिफ्ट) के लिए लाने-ले जाने की सुविधा

Choose the correct option: / सही विकल्प का चयन कीजिए।

(a) (a), (b) and (c) / (a), (b) और (c)

(b) (a), (c) and (d) / (a), (c) और (d)

(c) (a), (b) and (d) / (a), (b) और (d)

(d) (a), (b), (c) and (d) / (a), (b), (c) और (d)

Ans. (b)

महिलाओं की सुरक्षा बढ़ाने और उन्हें काम करने में सक्षम बनाने के लिए बाल देखभाल केंद्र, व्यावसायिक सुरक्षा और रात की पाली के लिए पिक-एंड-ड्रॉप सुविधाएं जैसे तत्काल उपाय महत्वपूर्ण हैं। इसके विपरीत, संसद में सीटें आरक्षित करना, प्रतिनिधित्व के लिए महत्वपूर्ण होते हुए भी, सुरक्षा और रोजगार से संबंधित इन तात्कालिक चिंताओं को सीधे तौर पर संबोधित नहीं करता है।

341. Consider the statements (A) and (B) about Paramountcy and choose the correct answer:
(A) और (B) कथनों पर सर्वोच्चता के संदर्भ में विचार कीजिए और सही उत्तर का चयन कीजिए।

(A) The Company claimed that its authority was not supreme. / कंपनी ने दावा किया कि उसका अधिकार सर्वोच्च नहीं था।

(B) In order to protect Company interests it was justified in annexing or threatening to annex any Indian Kingdom. / अपने हितों की रक्षा के लिए वह भारतीय रियासतों का अधिग्रहण करने या उनको अधिग्रहण की धमकी देने का अधिकार कंपनी अपने पास मानती थी।

(a) Both (A) and (B) are true / (A) और (B) दोनों सही हैं।

(b) Both (A) and (B) are false / (A) और (B) दोनों गलत हैं।

(c) (A) is true but (B) is false / (A) सही है लेकिन (B) गलत है।

(d) (A) is false but (B) is true / (A) गलत है लेकिन (B) सही है।

Ans. (d)

कथन (A) गलत है क्योंकि ब्रिटिश ईस्ट इंडिया कंपनी ने दावा किया था कि उसका अधिकार वास्तव में भारतीय क्षेत्रों पर सर्वोच्च था। कथन (B) सत्य है, क्योंकि कंपनी ने अपने हितों की रक्षा के नाम पर भारतीय राज्यों पर कब्ज़ा करने या उन्हें हड़पने की धमकी देने के अपने कार्यों को उचित ठहराया।

342. Which of the following does not fall within the purview of civil law?
निम्न में से क्या दीवानी कानूनों के दायरे में नहीं आता है?

(a) Filling a divorce case / तलाक का मुकदमा दायर करना।

(b) Claiming custody of children / बच्चों की परीक्षा का दावा करना।

(c) Disputes related to sale of land / जमीन की बिक्री से संबंधित विवाद

(d) Harassing a woman for dowry / दहेज के लिए औरतों को तंग करना।

Ans. (d)

दहेज के लिए औरतों को तंग करना दीवानी कानूनों के दायरे में नहीं आता बल्कि तलाक का मुकदमा दायर करना, बच्चों की परीक्षा का दावा करना, जमीन की बिक्री से सम्बन्धित विवाद दीवानी के दायरे में आते है। उच्च न्यायालय मूलतः एक अपीलीय न्यायालय है। इसके अन्तर्गत दीवानी और फौजदारी मामले आते हैं। दीवानी मामले जिला न्यायालयों एवं अन्य अधीनस्थ न्यायालयों के आदेशों और निर्णयों के विरुद्ध दूसरी अपील जिसमें कानून का प्रश्न हो (तथ्यों के नहीं)

- आपराधिक मामले आपराधिक प्रक्रिया संहिता (1973) में कुछ मामलों में उल्लेखित सहायक सत्र न्यायाधीश, नगर दंडाधिकारी या अन्य दंडाधिकारी के निर्णय के विरुद्ध उच्च न्यायालय में अपील की जा सकती है।

343. The following articles a dalit can use to file a case in the court for being discriminated on the basis of caste?
निम्न में से किस अनुच्छेद के आधार पर जाति आधारित भेदभाव के चलते एक दलित समुदाय का व्यक्ति न्यायालय में मुकद्दमा दायर कर सकता है?

A. Article 15 / अनुच्छेद 15
B. Article 17 / अनुच्छेद 17
Choose the correct option. / सही विकल्प का चयन कीजिए।

(a) Only A is true / केवल A सही है।
(b) Only B is true / केवल B सही है।
(c) Both A and B are false. / दोनों A तथा B गलत हैं।
(d) Bothe A and B are true. / दोनों A तथा B सही हैं।

Ans.(d)

अनु-15 और अनु.-17 के आधार पर जाति आधारित भेदभाव के चलते एक दलित समुदाय का व्यक्ति न्यायालय में मुकदमा दायर कर सकता है अनु.-15 में यह व्यवस्था दी गई है। कि 'राज्य' किसी नागरिक के प्रति केवल धर्म, मूलवंश, जाति या लिंग या जन्म स्थान को लेकर विभेद नहीं करेगा।

- अनु-15 की दूसरी अवस्था में कहा गया है कि नागरिक केवल धर्म, मूलवंश, जाति, लिंग, जन्मस्थान या इनमें से किसी के आधार पर सार्वजनिक होटल, तालब, स्नानागार पर विभेद नही होगा।
- अनु. 17 अस्पृश्यता को समाप्त करने की व्यवस्था और किसी भी रूप में इसका आचरण निसिद्ध करता है। अस्पृश्यता से उपजी किसी नियोग्यता को लागू करना अपराध होगा, जो विधि के अनुसार दंडनीय होगा 1976 में अस्पृश्यता (अपराध) अधि. 1955 में मूलभूत संशोधन किया गया और इसमें नागरिक अधिकारों की रक्षा हेतु दांडिक उपबंध सख्त बनाये गये।

344. Ms. Rinki finds it difficult to get an apartment on rent on account of her being a single woman. Which among the following is the most informed and rational response, if you consider the principles of social justice?
एकल स्त्री होने के कारण रिंकी को किराए पर घर मिलने में कठिनाई हो रही है प्रॉपर्टी डीलर उसे अपनी झूठी वैवाहिक स्थिति बताने की सलाह देता है। सामाजिक न्याय की दृष्टि से इस संबंध में उसकी निम्न में से कौन-सी प्रतिक्रिया तर्कसंगत होगी?

(a) "I will not fake my marital status, because this would affect my dignity and self-respect." / "झूठी वैवाहिक स्थिति नहीं बताऊँगी, यह मेरी प्रतिष्ठा और आत्म-सम्मान के विरुद्ध है।"

(b) "I will not fake my marital status, because I like to be single and independent." / "मैं एकल और स्वतंत्र रहना चाहती हूँ अतः झूठी वैवाहिक स्थिति नहीं बताऊँगी।"

(c) "I will fake my marital status, because it is not an important factor, I want a house." / "मुझे घर चाहिए इसलिए झूठी वैवाहिक स्थिति बताऊँगी। यह कोई महत्वपूर्ण बात नहीं है।"

(d) "I will fake my marital status, because that will enhance my social status in general." / "सामान्य रूप से खुद को वैवाहिक बताना मेरी सामाजिक प्रतिष्ठा को बढ़ाएगा अतः मैं झूठी वैवाहिक स्थिति बताऊँगी।"

Ans. (a)

एकल स्त्री होने के कारण रिंकी को किराये पर घर मिलने में कठिनाई हो रही है। प्रापर्टी डीलर उसे अपनी झूठी वैवाहिक स्थिति बताने की सलाह देता है सामाजिक न्याय की दृष्टि से इस सम्बन्ध में उस महिला की तर्कसंगत प्रतिक्रिया होगी की झूठी वैवाहिक स्थिति नही बताऊंगी यह मेरी प्रतिष्ठा और आत्मसम्मान के विरुद्ध है। एक विचार के रूप में सामाजिक न्याय की बुनियाद सभी मनुष्यों को समान मानने के आग्रह पर आधारित है। सामाजिक न्याय का उद्देश्य राज्य के सभी नागरिकों को सामाजिक समानता उपलब्ध कराना है। समाज के प्रत्येक वर्ग के कल्याण के लिए व्यक्तिगत स्वतंत्रता और आजादी आवश्यक है संविधान के भाग-3 में मौलिक अधिकारों के रूप में व्यक्तिगत स्वतंत्रता को और भाग-iv में राज्य के नीति-निर्देशक तत्वों के अन्तर्गत सामाजिक न्याय को सुनिश्चित किया है।

345. Under which amendment the word 'Socialist' was added to the Preamble of the Indian Constitution?
भारतीय संविधान की प्रस्तावना में 'समाजवादी' शब्द किस संशोधन के तहत जोड़ा गया?

(a) 42nd Amendment / 42वां संशोधन
(b) 44th Amendment / 44वां संशोधन
(c) 46th Amendment / 46वां संशोधन
(d) 74th Amendment / 74वां संशोधन

Ans. (a)

42वें संविधान संशोधन अधिनियम, 1976 द्वारा भारतीय संविधान की प्रस्तावना में समाजवादी, पंथनिरपेक्ष और अखंडता शब्द जोड़ा गया।

346. Which of the following statements are correct with reference to Bhopal Gas Tragedy?
निम्नलिखित कथनों में से कौन से कथन भोपाल गैस त्रासदी के संबंध में सही है?

(a) Union Carbide was taken by surprised when the tragedy occurred. / यूनियन कार्बाइड आश्चर्यचकित रह गई थी जब त्रासदी हुई।
(b) Union Carbide cleaned up the toxic chemicals before leaving the country / यूनियन कार्बाइड ले देश छोड़ने से पहले विषैले रसायनों की साफ-सफाई की थी।
(c) Most of those exposed to the poisonous gas came from poor working class families. / जहरीली गैस के संपर्क में आने वाले अधिकांश लोग गरीब कामकाजी परिवारों से थे।
(d) The survivors accepted the compensation given by the company without appealing against the settlement in Supreme Court. / इस त्रासदी से जीवित बच निकलने वाले लोगों ने सर्वोच्च न्यायालय में बिना अपील किये, कंपनी द्वारा दिये गये मुआवजे को स्वीकार किया।

Ans. (c)

भोपाल गैस त्रासदी 2, 3 दिसम्बर 1984 को मध्य प्रदेश की राजधानी भोपाल में एक बहुराष्ट्रीय कम्पनी यूनियन कार्य के कीटनाशक संयंत्र से 'मिथाइल आइसोसानेट' गैस के रिसाव के कारण हुई थी। इस जहरीली गैस के सम्पर्क में आने वाले अधिकांश लोग गरीब कामकाजी परिवार से थे इसलिए (C) कथन सही हैं।

347. What are the most attractive objects found in the Harappan Civilization?
हड़प्पा सभ्यता में मिली सबसे आकर्षक वस्तुएँ कौन-सी है?

(a) Bronze and brass tools / तांबे और काँसे के औजार
(b) Gold and silver ornaments / सोने-चाँदी के गहने
(c) Beads, weights and blades / मनके, बाट व फलक
(d) All / सभी

Ans. (c)

व्याख्या: हड़प्पा सभ्यता मे मिली सबसे आकर्षक वस्तुएँ म मनके , बाट व फलक हैं।

348. Match the following:
निम्नलिखित का सुमेल करें:

List/श्रेणी-X	List/ श्रेणी -Y
A. Gana / गण	I. Organization or association / संगठन या समूह
B. Sangha / संघ	II. Group With many Members/ बह सदस्यों वाला दल
C. Shrenis / श्रेणी	III. Village Headmen / ग्राम मुखिया
D. Grama Bhojaka / ग्राम भोजक	IV. Merchants Associations / व्यापारी संगठन

(a) A-II, B-I, C- IV, D-II
(b) A-I, B-II, C-III, D-IV
(c) A-III, B- IV, C-I, D-II
(d) A- IV, B-III, C-II, D-I

Ans. (a)

निम्नलिखित का सही सुमेल है।

सूची –X	सूची - Y
A. गण	I. संगठन या समूह
B. संघ	II. बहु सदस्यों वाला दल
C. श्रेण	III. व्यापारी संगठन
D. ग्राम भोजक	IV. ग्राम मुखिया

349. You are planning a project on the earliest cities in Indian subcontinent'. You would be asking students to find out about?
भारतीय उप महाद्वीप के प्राचीनतम नगरों पर परियोजना कार्य की योजना बनाते समय, आप छात्रों को किस क्षेत्र की जानकारी प्राप्त करने के लिए कहेंगे?

(a) Ganga Valley / गंगा घाटी
(b) Narmada Valley / नर्मदा घाटी
(c) Indus Valley / सिन्धु घाटी
(d) Brahmaputra Valley / ब्रह्मपुत्र घाटी

Ans.(c)

भारतीय उप महाद्वीप के प्राचीनतम् नगरों पर परियोजना कार्य की योजना बनाते समय आप छात्रों को सिन्धु घाटी क्षेत्र की जानकारी प्राप्त करने के लिए कहेंगे। सिन्धु घाटी सभ्यता विश्व की प्राचीनतम् सभ्यताओं में से एक प्रमुख सभ्यता है। जो मुख्य रूप से पूर्व दक्षिण पूर्व एशिया के पश्चिमी भाग में फैली हुई थी, जो कि वर्तमान में पाकिस्तान तथा पश्चिमी भारत के नाम से जाना जाता है। सिन्धु घाटी सभ्यता का समय लगभग 2500 ई0 पूर्व माना जाता है।

350. Which ruler paid his soldiers with 'token currency' made out of cheap metals not gold and silver. This cheap currency was used by people in paying back the taxes and this policy failed.
कौन-सा शासक अपने सैनिकों को "टोकन (सांकेतिक) मुद्रा" से वेतन देता था, जो सोने-चाँदी की न होकर धातुओं से निर्मित होती थी। इस सस्ती मुद्रा का प्रयोग लोगों द्वारा तमाम कर चुकाने के लिए किया गया और यह नीति असफल हुई।

(a) Ghiyasuddin Tughlaq/गयासुद्दीन तुगलक
(b) Muhammad Bin Tughlaq / मुहम्मद बिन तुगलक
(c) Firoz Shah Tughlaq / फिरोज शाह तुगलक
(d) Balban / बलबन

Ans. (b)

मुहम्मद बिन तुगलक शासक अपने सैनिकों को "टोकन (सांकेतिक) मुद्रा" से वेतन देता था। जो सोने चाँदी की न होकर सस्ती धातुओं से निर्मित होती थी। इस प्रकार मुद्रा का प्रयोग लोगों द्वारा तमाम कर चुकाने के लिए किया गया और यह नीति असफल मुहम्मद तुगलक ने 1330 ई0 में सांकेतिक मुद्रा का प्रचलन किया और इसकी कीमत चाँदी के टंके के बराबर घोषित कर दी।

351. Monuments and forts provide us an insight into:
इमारतें और किले हमें _________ समझने में सहायक होते हैं।

A. the creativity and intelligence of craftsmen belonging to historical times. / ऐतिहासिक काल के वास्तुकारों की सृजनात्मकता और बुद्धिमत्ता

B. the need to build and patronize construction works by the kings. / राजाओं द्वारा निर्माण कार्य को संरक्षण देना और आवश्यक समझना

C. the importance of construction as a means. to gain people's appreciation. / जनप्रशंसा प्राप्ति साधन के रूप में भवन निर्माण का महत्त्व को

D. the technological and sophisticated skills possessed by people of that period. / उस काल लोगों का तकनीकी और परिष्कृत कौशल को

Choose the appropriate option. / सही विकल्प का चयन कीजिए।

(a) A and B / A और B
(b) B and C / B और C
(c) Band D / B और D
(d) Cand D / C और D

Ans.(d)

इमारते और किले हमें जनप्रशंसा प्राप्ति साधन के रूप में भवन निर्माण का महत्त्व को तथा उस काल में लोगों का तकनीकी और परिष्कृत कौशल को समझने में सहायक होते हैं। जैसे शाहजहाँ के काल को स्थापत्य कला का स्वर्णयुग कहा जाता है तथा जहाँगीर के काल को मुगल चित्रकला का स्वर्ण युग कहा जाता है।

352. The backbone of the Maratha army was provided by groups of peasant-pastoralists called:
मराठा सेना को मुख्य आधार प्रदान करने वाले कृषक-पशुचारकों के दलों को क्या कहा जाता है?

(a) Kunbis / कुनबी
(b) Deshmukh / देशमुख
(c) Subadars / सूबेदार
(d) Peshwas / पेशवा

Ans. (a)

मराठा सेना को मुख्य आधार प्रदान करने वाले कृषक-पशुचारकों के दलों को कुनबी कहा जाता है। कुनबी (कुम) पश्चिमी भारत में पारंपरिक रूप से गैर-कुलीन किसानों की जातियों के लिए लागू एक सामान्य शब्द है। इस वर्ग के लोग मुख्य रूप से महाराष्ट्र राज्य में पायें जातें है। महाराष्ट्र में कुनबी लोग अन्य पिछड़ा वर्ग के अन्तर्गत रखा गया है।

353. What commonalities existed between Nathpanthis and Sufis?
नाथ पंथियों और सूफियों के बीच कौन-सी समानताएँ थी?

A. adherence to ritualism / कर्मकांडवाद का अनुसरण

B. practicing breathing exercises. / श्वसन के व्यायामों का अभ्यास

C. renunciation of the world / संसार का परित्याग

Choose the correct option. / सही विकल्प का चयन कीजिए।

(a) A and B / A और B
(b) A and C / A और C
(c) B and C / B और C
(d) Only C / केवल C

Ans. (c)

नाथ पंथियों और सूफियों के मध्य श्वसन के व्यायामों का अभ्यास तथा संसार का परित्याग की समानताएँ वी नाथ संप्रदाय भारत का एक हिन्दू धार्मिक पंथ है। मध्ययुग में उत्पन्न इस सम्प्रदाय में बौद्ध, शैव तथा योग की परम्पराओं का समन्वय दिखायी देता है। शिव इस सम्प्रदाय के प्रथम गुरु एवं आराध्य है। भारत में चिश्ती सम्प्रदाय की नीव ख्वाजा मोइनुद्दीन चिश्ती ने रखी थी।

354. Consider the following statements about tribals in central India during colonial rule and choose the correct option.
औपनिवेशिक काल के दौरान मध्य भारत के आदिवासियों के विषय में सही विकल्प चुनें-

A. Their livelihoods were under threat / उनका जीवन यापन संकट में था।

B. Birsa wanted to free his people from the British and the local landlords and moneylenders. / बिरसा अपने लोगों को अंग्रेजों, जमींदारों और साहूकारों से छुटकारा दिलाना चाहता था।

C. They invented their own rituals and symbols of struggle. / उन्होंने अपने संघर्ष के लिए अपने तरीके और प्रतीक स्वयं खोजें।

(a) Both (A) and (B) are true / (A) और (B) सत्य हैं।

(b) Both (B) and (C) are true / (B) और (C) सत्य हैं।

(c) Both (A) and (C) are true / (A) और (C) सत्य हैं।

(d) All (A), (B) and (C) are true. / (A), (B) और (C) सत्य हैं।

Ans. (d)

औपनिवेशिक काल के दौरान मध्य भारत के आदिवासियों के विषय में सभी विकल्प सही है।

(A) उनका जीवन यापन संकट में था।

(B) बिरसा अपने लोगों को अंग्रेजों, जमीदारों और सहूकारों से छुटकारा दिलाना चाहता था।

(C) उन्होंने ने अपने संघर्ष के लिए अपने तरीके और प्रतीक स्वयं खोजे

355. In 1927, Dr. B. R. Ambedkar started the following movement against caste prejudices:
1927 में डॉ. बी. आर. अंबेडकर द्वारा कौन-से जातिगत पूर्वाग्रहों के विरोध में आन्दोलन शुरू किया-

(a) communal dining / सामूहिक / सामाजिक भोज

(b) inter caste marriage / अन्तर-जातीय विवाह

(c) marching together in protest / विरोध प्रदर्शन हेतु आगे बढ़ना

(d) temple entry / मंदिर प्रवेश

Ans. (d)

1927 में डॉ बी आर अम्बेडकर द्वारा मंदिर प्रवेश जातिगत पुर्वाग्रहों के विरोध में आन्दोलन शुरू किया। निचली जाति के लोगों को इसके बाद मंदिरों में प्रवेश करने और मंदिर के कुओं से पानी का करने की अनुमति दी गई इस आंदोलन के माध्यम से निचली जाति को बराबरी का दर्जा दिया गया जिसका उद्देश्य हिन्दू समाज में सुधार करना था।

356. The Veda Samaj was inspired by the ideas of:
वेद समाज _______ विचारों से प्रेरित था।

(a) Ramakrishna Mission / रामकृष्ण मिशन के

(b) Prarthana Samaj / अर्चना समाज के

(c) Sanatan Dharma Sabha / सनातन धर्म सभा के

(d) brahmo Samaj / ब्रह्म समाज के

Ans. (d)

वेद समाज ब्रम्ह समाज के विचारों से प्रेरित था। रामकृष्ण मिशन की स्थापना 1 मई 1897 को रामकृष्ण परमहंस के परम शिष्य स्वामी विवेकानन्द ने की थी। प्रार्थना समाज की स्थापना आत्माराम पाण्डरंग और महादेव गोविन्द रनाडे ने बम्बई में 31 मार्च 1867 में की थी। सनातन धर्म अपने हिन्दू धर्म के वैकल्पिक नाम से भी जाना जाता है। वैदिक काल में भारतीय उपमहाद्वीप के धर्म के लिए सनातन धर्म नाग गिलता है।

357. Which of the social reformer/reformers of the 19th century are correctly matched with their organizations.
निम्नलिखित में से 19वीं शताब्दी के कौन-से समाज सुधारक उनके संगठन से सही रूप से मेल खाते हैं?

A. Vivekananda -Veda Samaj / विवेकानन्द - वेद समाज

B. Raja Rammohan Roy - Prarthana Samaj / राजा राममोहनराय - प्रार्थना समाज

C. Keshav Chandra Sen - Brahma Samaj / केशव चन्द्र सेन - ब्रह्म समाज

Choose the Correct option. / सही विकल्प का चयन करें-

(a) Only A / केवल A

(b) Only B / केवल B

(c) Only C / केवल C

(d) A, B and C / A, B और C

Ans.(c)

19वीं शताब्दी के केशवचन्द्र सेन समाज सुधारक ब्रम्ह समाज संगठन से सही रूप से मेल खाते हैं। 1856 में ब्रम्ह रामाज के अन्तर्गत केशव चन्द्रसेन के आगमन के साथ द्रुत गति से प्रसार पाने वाले इस आध्यात्मिक आन्दोलन

के सबसे गतिशील अध्याय का आरंभ हुआ। रामकृष्ण मिशन की स्थापना स्वामी विवेकानन्द न की थी। प्रार्थना समाज की स्थापना आत्माराम पांडुरंग तथा महादेव गोविन्द - रानाडे ने की थी। आर्य समाज की स्थापना स्वामी दयानन्द सरस्वती ने किया था।

358. Which of the following event (s) to the Nationalist movement in India against British Rule?
निम्नलिखित में से कौन-सी घटना/घटनाओं ने ब्रिटिश राज के खिलाफ भारत में राष्ट्रबादी आंदोलन के लिए प्रेरित किया?

A. passing the Arms Act and disallowing Indians from possessing arms. / आर्म्स एक्ट पारित किया गया तथा भारतीयों द्वारा अपने पास हथियार रखने का अधिकार छीन लिया गया।

B. Enacting the Vernacular Press Act to silence those who were critical of the government. / वर्नाक्यूलर प्रेस एक्ट पारित किया गया जिससे सरकार की आलोचना करने वालों को चुप कराया जा सके।

C. Withdrawal of the Ilbert Bill which provided for the trials of British and European persons by Indians. / इल्बर्ट बिल 'जिसमें प्रावधान किया गया था कि भारतीय न्यायाधीश भी ब्रिटिश या यूरोपीय व्यक्तियों पर मुकदमें चला सकते हैं। उसको वापस ले लिया गया।

D. Passing the Child Marriage Restraint Act 1/ बाल विवाह निषेध एक्ट को 1929 में पारित किया गया।

Choose the correct option. / सही विकल्प का चयन कीजिए।

(a) (A) (B) and (C) / (A), (B) और (C)
(b) (B), (C) and (D) / (B) (C) और (D)
(c) (A), (C) and (D) / (A), (C) और (D)
(d) (A) (B) and (D) / (A) और (D)

Ans. (a)

निम्नलिखित घटनाओं ने ब्रिटिश राज के खिलाफ भारत में राष्ट्रवादी आंदोलन के लिए प्रेरित किया।

(A) आर्म्स एक्ट 1878 में पारित किया गया तथा भारतीयों को अपने पास बिना लाइसेंस के हथियार रखने का अधिकार छीन लिया गया।

(B) वर्नाक्यूलर प्रेस एक्ट 1878 में पारित किया गया जिसमें सरकार की आलोचना करने वाले समाचार पत्रों को चुप कराया जा सके।

(C) इल्बर्ट बिल 1884 में लार्ड रिपन के कार्यकाल में आया। इस बिल के अंतर्गत भारतीय न्यायाधीशों को भी यूरोपीय नागरिकों क मुकदमें सुनने का अधिकार देना था इस विवाद के अंतर्गत यूरोपीयों नगरिकों ने विरोध किया, जिसे क्षेत विद्रोह कहा गया।

359. Consider the following statements for partition of Bengal in 1905 and choose the correct options.
1905 में बंगाल विभाजन के संदर्भ में सही विकल्प चुनिए-

A. Bengal was divided because Bengali people wanted to be separated from Bihar and parts of Orissa. / बंगाल का विभाजन लोगों की बिहार और उड़िया के भागों से अलग करने की इच्छा के कारण किया गया।

B. British wanted to curtail the influence of Bengali politicians and to split the people. / अंग्रेज बंगाली नेताओं के प्रभाव को कम करना और लोगों में फूट डालना चाहते थे।

C. It was for administrative convenience in the interest of Indians. / यह भारतीयों के हित में प्रशासनिक सुविधा थी।

(a) Only (A) is true / केवल (A) सत्य है।
(b) Only (B) is true / केवल (B) सत्य है।
(c) Only (A) and (B) true / केवल (A) और (B) सत्य हैं।
(d) Only (B) and (C) are true / केवल (B) और (C) सत्य हैं।

Ans. (b)

1905 में बंगाल विभाजन के संदर्भ में अंग्रेज बंगाली नेताओं के प्रभाव को कम करना और लोगों में फूट डालना चाहते थे सही विकल्प 'B' है।

जबकि (A) बंगाल का विभाजन लोगों को बिहार और उड़िया के भागों से अलग करने की इच्छा के कारण किया गया तथा (C) यह भारतीयों के हित में प्रशासनिक सुविधा थी। सही विकल्प नहीं है। बंगाल का विभाजन भारत के तत्कालीन वाइसराय कर्जन द्वारा किया गया था जिसका प्रमुख उद्देश्य जनता में फूट डालना था।

360. The recommendation of reservation of seats in legislatures and in government jobs were originally meant to:
आरंभिक तौर पर विधायिका और सरकारी नौकरियों में सीटों के आरक्षण के प्रस्ताव का अभिप्राय था।

(a) provide opportunities to have representation and work to the poorest people. / गरीब लोगों के लिए प्रतिनिधित्व और रोजगार के अवसर उपलब्ध करना।

(b) end inequality existing in society and help people move forward. / समाज में व्याप्त असमानताओं को खत्म करना तथा लोगों को आगे बढ़ने में सहयोग देना।

(c) provide support for those who are socially privileged but poor. / ऐतिहासिक उत्पीड़न और अभिजात्य वर्ग को अमानवीय दशाओं में सेवाएं उपलब्ध कराए जाने के लिए क्षतिपूर्ति हेतु ।

(d) make amends for the historical oppression and inhuman service provided to the more privileged category of people. / सामाजिक रूप से संपन्न किन्तु गरीब व्यक्तियों को सहायता प्रदान करने हेतु

Ans.(d)

आरंभिक तौर पर विधायिका और सरकारी नौकरियों में सीटों के आरक्षण के प्रस्ताव का अभिप्राय सामाजिक रूप से संपन्न किन्तु गरीब व्यक्तियों को सहायता प्रदान करने हेतु था।

361. Consider these statements for plateaus and choose the correct option.
पठार के संदर्भ में दिए गए कथनों पर विचार करें और सही विकल्प का चयन कीजिए।

A. Plateaus are rich in mineral deposits / पठार में खनिजों की प्रचुरता होती है।

B. Lava plateaus are rich in black soil that are fertile / लावा पठार में काली मिट्टी की प्रचुरता होती है जो उपजाऊ होती है।

C. Plateaus are the most useful areas for human habitation / पठारी क्षेत्र मनुष्यों के रहने के लिए सबसे उपयोगी क्षेत्र होते हैं।

D. Plateaus may have several waterfalls / पठारी क्षेत्र में बहुत से जलप्रपात हो सकते हैं।

(a) Only (A) and (B) are correct. / केवल (A) और (B) सही हैं।

(b) Only (C) and (D) are correct. / केवल (C) और (D) सही है।

(c) Only (A), (B) and (C) are correct. / केवल (A) (B) और (C) सही हैं।

(d) Only (A). (B) and (D) are correct. / केवल (A) (B) और (D) सही हैं।

Ans. (d)

पठार के संदर्भ में निम्न विकल्प (A) (B) और (D) सही है।

(A) पठार में खनिजों की प्रचुरता होती है। भारत के संदर्भ में छोटा नागपुर का पठार खनिज सम्पदा में धनी है जिसे भारत का रूर कहा जाता है।

(B) लावा पठार में काली मिटटी की प्रचुरता होती है जो उपजाऊ होती है। काली मिट्टी को 'कपासी की मिट्टी' कहा जाता है।

(D) पठारी क्षेत्र में बहुत से जलप्रपात हो सकते है, जबकि पठारी क्षेत्र मनुष्यों के रहने के लिए सबसे उपयोगी क्षेत्र होते है गलत विकल्प है।

362. Assertion (A): All countries decided that the count of Meridian should begin from a reference line.

कथन (A): सभी देशों ने निश्चय किया कि याम्योत्तर गिनती संदर्भ रेखा से शुरू की जाए।

Reason (R): All Meridians are of equal length.

कारण (R): सभी देशांतरीय याम्योत्तरों की लम्बाई समान होती है।

Select the correct option from the given alternatives. / दिए गए विकल्पों से सही विकल्प का चयन कीजिए:

(a) Both (A) and (R) are true R does not explain A. / (A) और (R) दोनों सही हैं परन्तु (R) सही व्याख्या नहीं है (A) की

(b) A is true but R is false / (A) सही है परन्तु (R) गलत हैं

(c) Both A and R are false /(A) और (R) दोनों गलत हैं।

(d) Both (A) and (R) are true and R explains A. / (A) और (R) दोनों सही हैं और (R) सही व्याख्या है (A) की।

Ans. (d)

सभी देशों ने निश्चय किया कि याम्योत्तर की गिनती सन्दर्भ में रेखा से शुरू की जाए तथा सभी देशान्तरीय याम्योत्तरों की लम्बाई समान होती है। योम्योत्तरों के बीच की दूरी विषुवत वृत्त पर अधिकतम (111.3 किलो मीटर) तथा ध्रुवों पर न्यूनतम (0 किलोमीटर) होती है। देशान्तर 360° के होते है जो प्रधान याम्योत्तर से पूर्व एवं पश्चिम दोनों ओर 180° में बँटे होते है।

363. Consider the following pairs:
निम्न जोड़ों पर विचार करें:

A. Summer Solstice - 21 June / ग्रीष्म अयनांत - 21 जून

B. Winter Solstice - 22 November / शीत अयनांत - 22 नवंबर

C. Equinox - 21 March / विषुव - 21 मार्च

Which of the following pairs given above is/are correctly matched? / ऊपर दिए गए जोड़ों में से कौन-सा (से) सही सुमेल है (हैं)?

(a) A and C only / केवल A और C

(b) A only / केवल A

(c) B and C only / केवल B और C

(d) A, B and C / A, B और C

Ans. (a)

ग्रीष्म अयनांत 21 जून को सूर्य कर्क रेखा पर लम्बवत चमकता जिससे उत्तरी गोलार्ध में सबसे बड़ा दिन होता है। विषुव 21 मार्च को और 23 सितम्बर को दिन और रात बराबर होते है। तथा शीत अवनांत 22 नवम्बर गलत सुमेल है क्योंकि दक्षिणी गोलार्ध (मकर रेखा) पर सूर्य की किरणें 22 दिसम्बर को लम्बवत चमकती है जिससे सबसे बड़ा दिन होता है और रात छोटी होती है।

364. When it is 12 noon at Greenwich, what time will it be at 25° West of Greenwich?
ग्रीनविच में जब दोपहर के 12 बजते हैं तब ग्रीनविच के 25°पश्चिम में क्या समय होगा?

(a) 01:40 pm. / 01:40 अपराह्न

(b) 01:40 am. / 01:40 पूर्वाह्न

(c) 11:20 am. / 11:20 पूर्वाह्न

(d) 10:20 am. / 10:20 पूर्वाह्न

Ans. (d)

ग्रीनविच में जब दोपहर के 12 बजते हैं तब ग्रीनविच के 25° पश्चिम में 10:20 पूर्वान्ह होगा। ग्रीनविच 0° देशान्तर पर स्थित है जिसे प्रधान यामोत्तर माना गया है। चूंकि पृथ्वी पश्चिम से पूर्व की ओर घूमती है अतः वे स्थान जो ग्रीनविच पूर्व में हैं उनका समय ग्रीनविच समय से आगे होगा तथा जो पश्चिम में हैं उनका समय पीछे होगा।

पृथ्वी 1° घूमती है = 4 मिनट में

पृथ्वी 25° घूमेगी = 100 मिनट में

100 मिनट = 1 घण्टा 40 मिनट

दोपहर 12 बजे से 1 घण्टा 40 मिनट घटाने पर 10:20 पूर्वाह्न आएगा।

365. Identify the type of forest from the given statements.
कथन A व B के आधार पर वनों के प्रकार की पहचान कीजिए।

A. These thick forests occur in the region near the equator / घने वन भूमध्य रेखा के पास पाए जाते हैं।

B. These regions receive heavy rainfall and has no particular dry season. / यहाँ अत्यधिक वर्षा होती है तथा इन क्षेत्रों में कभी शुष्क मौसम नहीं होता।

(a) Tropical Deciduous Forests उष्णकटिबंधीय पर्णपाती वन

(b) Temperate Evergreen Forests / शीतोष्ण सदाबहार वन
(c) Tropical Evergreen Forests / उष्णकटिबंधीय सदाबहार वन
(d) Temperate Deciduous Forests / शीतोष्ण पर्णपाती वन

Ans. (c)

प्रश्न में दी गई दोनों विशेषताएं उष्ण कटिबन्धीय सदाबहार वन की है। इसे ही उष्णकटिबंधीय वर्षा वन भी कहते हैं। ये भूमध्य रेखा से उत्तर या दक्षिण में 5° अक्षांश के भीतर पाए जाते है। ये उन स्थानों पर होते है जहाँ औसत वार्षिक वर्षा 200 सेंटी- मीटर से अधिक और औसत तापमान 22°C से अधिक हो। ये सघन वन होते है। इनकी मुख्य वृक्ष प्रजातियाँ रोजवुड, महोगनी, ऐनी और ऐबनी हैं। भूमध्य रेखा के पास उष्णकटिबन्धीय सदाबहार वनों के लिए अनूकुल जलवायु होने के कारण यहाँ पाए जाते हैं।

366. Consider the statements a, b, c in reference to the Sahara Desert and choose the correct answer.
सहारा मरुस्थल के संदर्भ में A, B, C कथनों पर विचार करें और सही उत्तर चुनें।

A. It has an area of 10.95 million km / इसका क्षेत्रफल 10.95 मिलियन वर्ग किमी है।
B. A large part of Tunisia is covered by Sahara Desert / ट्यूनीशिया देश का बड़ा हिस्सा सहारा रेगिस्तान से आच्छादित है।
C. The Sahara Desert comprises elevated plateaus and rocky surfaces too. / सहारा रेगिस्तान में ऊँचे पठार और चट्टानी सतह भी शामिल है।

Choose the correct option:/ सही विकल्प का चयन कीजिए:

(a) A and B are correct and C is incorrect / A और B सही हैं जबकि C गलत है।
(b) B and C are correct and A is incorrect / B और C सही हैं जबकि A गलत है।
(c) A and Care correct and A is incorrect / A और C सही हैं जबकि B गलत है।
(d) A, B, and C are correct / A, B और C सही हैं।

Ans. (b)

सहारा रेगिस्तान विश्व का सबसे बड़ा गर्म रेगिस्तान हैं। यहाँ तापमान दिन में 58 डिग्री सेल्सियस तथा रात में शून्य या उससे भी कम हो जाता है। यह ग्यारह देशों से घिरा हुआ है। ये देश हैं- अल्जीरिया, चाड, मिस्र, लीबिया, माली, मॉरितानिया, मोरक्को, नाइजर, सुडान, ट्यूनीशिया एवं पश्चिमी सहारा जिसमें ट्यूनिशिया का एक बड़ा हिस्सा रेगिस्तान से आच्छादित है। यह लगभग 8.54 लाख वर्ग किलोमीटर में फैला हुआ है। यह मरुस्थल बालू की विशाल परतो से ढ़का हुआ ही नहीं वरन् यहाँ बजरी के मैदान और नग्न चट्टानी सतह वाले उचित पठार पाये जाते हैं। इस प्रकार कथन A गलत एवं B और C सही है।

367. Arrange the vegetation of a rainforest from the lowest to the highest layer.
एक वर्षा वन में पाई जाने वाली वनस्पतियों को निम्न परत से उच्च परत तक क्रमबद्ध कीजिए।

A. Ground layer / भूमि परत
B. Emergent layer/ उद्गामी परत
C. Canopy/वितान
D. Young tree/ तरुण वृक्ष
E. shrubs layer / झाड़ीदार परत

(a) a, b, c, d, e
(b) a, e, d, c, b
(c) a, d, c, e, b
(d) a, d, c, b, e

Ans. (b)

एक वर्षा वन में पाई जाने वाली वनस्पतियों को निम्न परत से उच्च परत तक क्रम है- भूमि परत, झाड़ीदार परत, तरुण वृक्ष, वितान, उद्गामी परत वर्षा वन वे जंगल हैं जहाँ न्यूनतम वार्षिक वर्षा 1750 से 2000 मिमी. होती है। विश्व के कुल ऑक्सीजन का 28% वर्षा वनों से प्राप्त होता है सबसे निचली परत का भूमि परत या वनस्थल करते हैं यहाँ सूर्य का केवल 2% प्रकाश पहुँचता है। झाड़ीदार पत्तर को सूर्य का 5% प्रतिशत प्रकाश प्राप्त होता है। इस स्तर पर पत्ते बहुत बड़े होते हैं। वितान परत के पेड़ों की लम्बाई 30 से 45 मीटर होती है। उद्गामी परत के वृक्ष वितान परत से भी जैसे जिनकी लम्बाई 45 से 55 मीटर तक होती हे। कुछ प्रजातिया 70-80 मीटर तक भी होती है।

368. Which of the following statements about permanent winds is correct?
स्थायी पवनों के संबंध में कौन-सा कथन सही है?

(a) These blow only during a particular period of the day in a small area. / ये किसी छोटे क्षेत्र में दिन में विशेष समय में चलती हैं।
(b) These winds change their direction in different seasons. / ये विभिन्न ऋतुओं में अपनी दिशा बदलती रहती हैं।
(c) These blow constantly throughout the year in a particular direction. / ये वर्षभर लगातार किसी निश्चित दिशा में चलती रहती हैं।
(d) Monsoon is an example of permanent winds. / मानसून पवने स्थायी पवनों का एक उदाहरण हैं।

Ans.(c)

स्थायी पवनें पूरे वर्ष भर एक निश्चित दिशा में लगातार चलती हैं। स्थायी पवनें पृथ्वी के घूर्णन गति के प्रभाव से विकसित होती है। यह क्षैतिज रूप से प्रवाहित होती हैं। इन पवनों का विकास अस्थाई वायुदाब पेटियों में उच्च वायुदाब से निम्न वायुदाब की दिशा में होता है। यह तीन प्रकार की होती हैं व्यापारिक पवन, पछुवा पवन और ध्रुवीय पवन।

369. Consider these statements A, B and C and choose the correct option.
निम्न कथनों A, B और C पर विचार कीजिए तथा सही विकल्प का चुनाव कीजिए।

A. The insolation received at the surfaced varies from tropics to the poles. / धरातल पर प्राप्त सूर्यताप / आतपन की मात्रा उष्ण कटिबंध से लेकर ध्रुवों तक भिन्न पाई जाते हैं।
B. The crowded high-rise buildings of the cities trap cold air and decreases the temperature of the cities. / नगर में भीड़ वाले ऊंचे भवन ठंडी हवा को रोक लेते हैं और नगरों का तापमान घटने लगता है।
C. Variation in temperature over the sea is less compared to land. / मैदानी भागों की अपेक्षा समुद्री भागों में तापमान में भिन्नता कम पाई जाती है।

(a) Both (A) and (B) are true / दोनों (A) तथा (B) सही हैं।
(b) Both (B) and (C) are true / दोनों (B) तथा (C) सही हैं।
(c) Both (A) and (C) are true / दोनों (A) तथा (C) सही हैं।
(d) All (A), (B) and (C) are true / सभी (A), (B) तथा (C) सही हैं।

Ans.(c)

पृथ्वी के परिक्रमण, परिभ्रमण या घूर्णन तथा अपने अक्ष पर 23.30 डिग्री के झुकाव के कारण पृथ्वी के प्रत्येक स्थान पर सूर्य का प्रकाश समान मात्रा में नहीं पहुँचता है। चूकि सूर्य का प्रकाश ध्रुवों पर तिरछा पड़ता है। इसलिए धरातल पर प्राप्त सूर्यताप / आतपन की मात्रा उष्ण कटिबन्ध से लेकर ध्रुवों तक भिन्न पायी जाती है। मैदानी भागों की अपेक्षा समुद्री भागों में तापमान में कम मित्रता का कारण यह है कि जल स्थल की अपेक्षा धीरे-धीरे गर्म होता है और ठण्डा होता है कथन B गलत है।

370. Match the following:
निम्न का मिलान कीजिए:

Type of Vegetation / वनस्पति का प्रकार Species of plants / पौधों की प्रजातियां

A. Thorny bushes / कंटीली झाड़ियाँ I. Sundari / सुंदरी
B. Tropical Rain Forests / उष्णकटिबंधीय वर्षावन II. Khair / खैर (कथा)
C. Tropical Deciduous Forests/उष्णकटिबंधीय पर्णपाती वन III. Ebony / आबनूस
D. Mangrove Forests / मैंग्रोव वन IV. Neem / नीम

(a) A-iv, b-1, c-ii, d-ii
(b) a-iii, b-iv, c-i, d-ii
(c) a-1, b-ii, c-iii, d-iv
(d) a-ii, b-iii, c-iv, d-i

Ans. (d)

A. कंटीली झाड़ियाँ	I. सुंदरी
B. उष्णकटिबंधीय वर्षावन	II. खैर (कथा)

C. उष्णकटिबंधीय पर्णपाती वन III. आबनूस

D. मैंग्रोव वन IV. नीम

जिन क्षेत्रों में 70 सेमी से कम वर्षा होती हैं वहाँ कटीली झाड़िया पायी जाती है। इनमें खजूर, कत्वा, नागफनी हैं। उष्ण कटिबन्धीय वर्षा वन उन क्षेत्रों में भलीभांति होते हैं जहाँ 200 सेमी से अधिक वर्श के साथ थोड़े समय के लिए शुष्क वस्तु पायी जाती है। इसके अंतर्गत आबनूस, महागनी, रोगवुड आदि वृक्ष आते है। उष्णकटिबंधीय पर्णपाती वनों में सागौन, साल, पीपल और नीम के वृक्ष आते हैं। मैाव वन तटवर्ती क्षेत्रों की महत्त्वपूर्ण वनस्पति है। गंगा-ब्रम्हपुत्र डेल्टा क्षेत्र में सुन्दरी वृक्ष उगते है।

371. Consider the following statements with reference to distribution of population and choose the correct option.
जनसंख्या वितरण सम्बंधित निम्नलिखित वाक्यों में से सही विकल्प चुनें-

A. River valleys are among the most populated areas because of the availability of fresh water. / नदी घाटियों में स्वच्छ जल की उपलब्धता के कारण सघन जनसंख्या होती है।

B. People prefer to live in mountains because they are the best places for cultivation. / लोग पर्वतीय क्षेत्रों में रहने को वरीयता देते हैं क्योंकि वे कृषि के लिए सर्वोत्तम स्थान हैं।

C. People prefer to live in flat plains and gentle slopes. / लोग समतल मैदानों और सहज ढालों पर रहने को वरीयता देते हैं।

D. People prefer to live in extreme climate. / लोग कठिन जलवायु में रहने को वरीयता देते हैं।

Choose the correct option. / सही विकल्प चुनें

(a) Only (A) and (B) are true. / केवल (A) और (B) सही हैं।
(b) Only (B) and (C) are true. / केवल (B) और (C) सही है।
(c) Only (C) and (D) are true. / केवल (C) और (D) सही हैं।
(d) Only (A) and (C) are true. / केवल (A) और (C) सही है।

Ans. (d)

जनसंख्या वितरण से सम्बधिंत कथन (A) - नदी घाटियों में स्वच्छ जल की उपलब्धता के कारण सघन जनसंख्या होती है तथा कथन (C)- लोग समतल मैदानों और सहज ढ़ालों पर रहने को वरीयता देते हैं, सही है। कृषि के लिए सर्वोत्तम स्थान और अनुकूल आवश्यक दशाएं मैदानी क्षेत्रों में प्राप्त होती है। इसी कारण लोग पर्वतीय क्षेत्रों की अपेक्षा समतल मैदानी क्षेत्रों में रहना पसन्द करते हैं।

372. Which of the following statements are correct about Tagore's idea of education?
टैगोर के शिक्षा संबंधी विचारों के बारे में कौन-से कथन सही हैं-

A. Creative learning within a natural environment / प्राकृतिक वातावरण में सृजनात्मक अधिगम

B. Emphasis on art, music and dance कला, संगीत और मृत्यु पर बल देना

C. Criticism of Western civilization and technology / पाश्चात्य सभ्यता, विज्ञान एवं तकनीक की आलोचना।

Choose the correct option. / सही कथन को चुनें-

(a) A and B / A और B
(b) A and C/ A और C
(c) B and C / B और C
(d) A, B and C/A, B और C

Ans.(a)

टैगोर बालक को प्रकृति की गोद में शिक्षा देना चाहते थे। वे मानते थे कि शिक्षा प्राप्ति के समय बालक स्वतन्त्र होना चाहिए। टैगोर प्राकृतिक वातावरण में सृजनात्मक अधिगम पर बल देते थे इसी कारण वे कला, संगीत और मृत्यु पर बल देते थे। वे बालक को पूर्ण मानव निर्माण हेतु शिक्षा में आध्यात्मिक संस्कृति का विकास चाहते थे। टैगोर पाठयक्रम में आदर्शो परम्परा और प्रथाओं के समर्थक थे लेकिन उन्होंने कभी भी शिक्षा दर्शन में पाश्चात्य सभ्यता, विज्ञान एवं तकनीक का खण्डन नहीं किया।

373. Consider the following statements about population pyramid.
जनसंख्या पिरामिड के संदर्भ में निम्नलिखित कथनों पर विचार करें।

A. Concentration of population in the middle of the population pyramid indicates high dependency ratio. / जनसंख्या पिरामिड के मध्य भाग की ओर जनसंख्या का केंद्रीकरण उच्च आश्रिता को दर्शाता है।

B. Elderly dependent population is reflected at the top of the population pyramid. / वयोवृद्ध आश्रित जनसंख्या पिरामिड के शीर्ष पर दिखाई देती है।

C. A broad base that rapidly narrows the top indicates high rates of both birth and death. / चीड़ा आधार जो ऊपर तीव्रता से संकरा हो जाता है वह जन्म एवं मृत्यु की उच्च दरों को दर्शाता है।

Choose the appropriate option. / सही विकल्प का चयन कीजिए।

(a) (A) and (B) are correct / (A) और (B) दोनों सही हैं।

(b) (B) and (C) are correct / (B) और (C) दोनों सही हैं।

(c) (A) and (C) are correct / (A) और (C) दोनों सही हैं।

(d) All (A), (B) and (C) are correct. / (A), (B) और (C) सभी सही हैं।

Ans.(b)

जनसंख्या पिरामिड जनसंख्या की आयु लिग संरचना की चित्रमय प्रस्तुति है। इसमें बच्चों की संख्या और जन्मदर को निचले स्तर में दिखाया जाता है जबकि वृद्धों की संख्या को पिरामिड के शीर्ष स्तर पर दिखाया जाता है। आधार चौड़ा और शीर्ष पतला त्रिभुजाकार पिरामिड जन्म दर और मृत्यु दर दोनों को उच्च दर्शाता है। जनसंख्या पिरामिड एक देश में निर्भर लोगों की संख्या बताता है। प्रत्येक आयु वर्ग में बायां भाग पुरुषों को तथा दायां भाग महिलाओं को प्रदर्शित करता है।

374. Which of the following pair of continents is located completely in the northern hemisphere?
निम्नलिखित में से महाद्वीपों का कौनसा जोडा पूरी तरह से उत्तरी गोलार्ध में है स्थित हैं?

(a) North America and South America / उत्तरी अमेरिका और दक्षिण अमेरिका

(b) Australia and Africa / आस्ट्रेलिया और अफ्रीका

(c) Europe and Asia / यूरोप और एशिया

(d) North America and Europe / उत्तरी अमेरिका और यूरोप

Ans. (d)

व्याख्या:भूमध्य रेखा पृथ्वी को दो बराबर भागों में बांटती है ऊपर की तरफ उत्तरी गोलार्ध तथा नीचे की तरफ दक्षिणी गोलार्ध। उत्तरी अमेरिका और यूरोप पूरी तरह से उत्तरी गोलार्ध में स्थित है।

375. Consider the following statements -
निम्नलिखित कथनों पर विचार कीजिए -

A. The Greenwich meridian is not the first known prime meridian. / ग्रीनविच याम्योत्तर, पहली ज्ञात प्रमुख याम्योत्तर रेखा नहीं है।

B. India had its own prime meridian, called the Madhya Rekha, passing through the center of Ujjayini (present-day Ujjain), many centuries before Europe. / यूरोप से अनेक शताब्दियों पूर्व भारत की स्वयं की एक प्रमुख याम्योत्तर थी, जिसे मध्य रेखा कहा जाता था और यह उज्जयिनी (वर्तमान उज्जैन) के मध्य से गुजरती थी।

C. Indian astronomers were familiar with latitude and longitude, including the zero and prime meridian. / भारतीय खगोलविद शून्य और प्रमुख याम्योत्तर सहित अक्षांश और देशान्तर से परिचित थे।

Which of the above statements are true? / उपरोक्त में से कौन-से कथन सत्य हैं?

(a) A and B are true. / A व B सत्य हैं।

(b) B and C are true. / B व C सत्य हैं।

(c) A and C are true. / A व C सत्य हैं।

(d) A, B and C are true. / A, B व C सत्य हैं।

Ans. (d)

व्याख्या: ग्रिनविच याम्योत्तर, पहली ज्ञात प्रमुख याम्योत्तर रेखा नहीं हैं। अतीत में अन्य प्रकार के याम्योत्तर भी थे। यूरोप से अनेक शताब्दियों पूर्व भारत की स्वयं की एक

प्रमुख याम्योत्तर थी, जिसे मध्य रेखा कहा जाता था और यह उज्जयिनी (वर्तमान उज्जैन) के मध्य से गुजरती थी। उज्जैन अनेक शताब्दियों तक खगोल विव्या का एक प्रतिष्ठित केंद रहा है। लगभग 1500 वर्ष पूर्व प्रसिद्ध खगोलविद वराहमिहिर भी यहाँ रहे और अपना कार्य किया। भारतीय खगोलविद शून्य और प्रमुख याम्योत्तर सहित अक्षांश और देशांतर से परिचित थे। उज्जयिनी याम्योत्तर सभी भारतीय खगोलीय ग्रंथों में गणनाओं के लिए एक प्रमुख संदर्भ बन गया था।

376. Consider these statements for types of farming and choose the correct answer.
कृषि के प्रकार पर निम्नलिखित वक्तव्यों पर विचार करें:

Choose the correct option. / सही कथन को चुनें-

(a) A and B / A और B
(b) A and C / A और C
(c) B and C / B और C
(d) A, B and C / A, B और C

Ans.(a)

टैगोर बालक को प्रकृति की गोद में शिक्षा देना चाहते : थे। वे मानते थे कि शिक्षा प्राप्ति के समय बालक स्वतन्त्र होना चाहिए टैगोर प्राकृतिक वातावरण में सृजनात्मक अधिगम पर बल देते थे इसी कारण वे कला, संगीत और मृत्यु पर बल देते थे। वे बालक को पूर्ण मानव निर्माण हेतु शिक्षा में आध्यात्मिक संस्कृति का विकास चाहते थे। टैगोर पाठयक्रम में आदर्शो परम्परा और प्रथाओं के समर्थक थे लेकिन उन्होंने कभी भी शिक्षा दर्शन में पाश्चात्य सभ्यता, विज्ञान एवं तकनीक का खण्डन नहीं किया।

377. The decision to implement the constitution on 26 January was taken because-
संविधान को 26 जनवरी के दिन लागू करने का निर्णय इसलिए किया गया, क्योंकि-

(a) Congress celebrated this date as Independence Day in 1/ कांग्रेस ने इस तिथि को 1930 में स्वतंत्रता दिवस के रूप में मनाया था।
(b) The Quit India Movement was launched on this date in 1/ इस तिथि को 1942 में भारत छोड़ो आंदोलन प्रारंभ किया गया था।
(c) It was an auspicious day. / यह एक शुभ दिन था।
(d) none of the above / उपर्युक्त में से कोई नहीं

Ans.(a)

भारतीय राष्ट्रीय कांग्रेस के लाहौर अधिवेशन (दिसंबर, 1929) में 'पूर्ण स्वराज्य' की घोषणा की गई तथा 26 जनवरी, 1930 को स्वतंत्रता दिवस के रूप में मनाए जाने का संकल्प लिया गया और आजादी के पूर्व तक 26 जनवरी को स्वतंत्रता दिवस के रूप में मनाया जाता रहा।

378. Consider these statements for types of farming and choose the correct answer.
कृषि के प्रकार पर निम्नलिखित वक्तव्यों पर विचार करें:

Select the correct option from the given alternatives. / सही विकल्प का चयन कीजिए।

(a) (A) and (R) are true and (R) is the correct explanation for (A) / (A) तथा (R) दोनों सही हैं तथा (R), (A) की सही व्याख्या है।
(b) (A) and (R) are true but (R) is an incorrect explanation for (A) / (A) तथा (R) दोनों सही हैं तथा (R), (A) की सही व्याख्या नहीं करता है।
(c) (A) is true, (R) is false / (A) सही है, (R) गलत हैं।
(d) (A) and (R) both are false. / दोनों (A) तथा (R) गलत हैं।

Ans. (a)

समुद्र के समीप क्षेत्र का जीवन पर्वतीय क्षेत्र के जीवन से बहुत भिन्न होता है कथन सत्य है। दोनों क्षेत्रों के जीवन में अनेक कठिनाइयाँ एवं विषंगतियाँ होने के बावजूद भी लोग अपने जीवन को भौगोलिक परिस्थितियों के अनुकूल ढाल लेते हैं। इस प्रकार कथन R, A की सही व्याख्या भी है। एक ओर जहाँ लोग समुद्र के तटीय क्षेत्र पर निर्भर होते हैं वहीं पर्वतीय क्षेत्रों के लोग पेड पौधों, औषधियों एवं पर्यटन पर निर्भर होते है।

379. Arrange the Panchayati raj institutions in an ascending order of public participation.
पंचायती राज संस्थानों को उनकी जन भागीदारी के आरोही क्रम में क्रमबद्ध कीजिए।

A. Panchayat Samity / पंचायत समिति।
B. Gram Panchayat / ग्राम पंचायत
C. Zila parishad / जिला परिषद्।
Choose the correct option. / सही विकल्प का चयन कीजिए।

(a) A, B, C
(b) C, B, A
(c) B, A, C
(d) C, A, B

Ans.(c)

पंचायती राज संस्थानों की जनभागीदारी के अनुसार आरोही क्रम इस प्रकार हैं।

ग्राम पंचायत < पंचायत समिति < जिला परिषद्

भारत की पंचायती राज प्रणाली में सबसे छोटे स्तर पर ग्राम पंचायत या ग्राम सभा होती है। इसके पश्चात इससे बड़ी इकाई पंचायत समिति होती है। यह तहसील (तालुका) के रूप में भारत सरकार की स्थानीय इकाई है। इस संस्था का विभिन्न राज्यों में भिन्न-भिन्न नाम है पंचायती राज की सबसे ऊपरी संस्था जिला परिषद समितियों का मूलतः नीति निर्धारण एवं मार्गदर्शन करती हैं।

380. Which amongst the following is an elected member in a municipal corporation?
निम्नलिखित में से कौन नगर निगम का एक निर्वाचित सदस्य है?

(a) Commissioner / आयुक्त
(b) Secretary) / सचिव
(c) Ward Councilor / पार्षद (निगम पार्षद)
(d) Administrative Chief / प्रशासनिक प्रमुख

Ans. (c)

पार्षद (निगम पार्षद) नगर निगम का एक निर्वाचित सदस्य है। पार्षद को प्रत्यक्ष रूप से जनता के द्वारा चुना जाता है। जिसमें सम्बन्धित चुनाव क्षेत्र की जनता उनको वोट देती है। आयुक्त, सचिव और प्रशासनिक प्रमुख चयनित होते हैं। जब किसी व्यक्ति को किसी कार्य के लिए चुना जाता है तब उसे चयनित कहते हैं। चयनोपरान्त किसी कार्य की जिम्मेदारी दी जाती है तो इस दशा में वह नियुक्त कहलाता है। किसी सदन में विशेष व्यक्तियों द्वारा किसी पंद पर बैठाए व्यक्ति को मनोनीत कहते हैं।

381. In addition to farming, which of the following are engaged in non-agricultural activities?
कृषि के अतिरिक्त इनमें से कौन गैर कृषि कार्य करते हैं?

A. Agricultural labourers / कृषि मजदूर
B. Small farmers / छोटे किसान
C. Big farmers / बड़े किसान
Choose the correct option. / सही विकल्प का चयन कीजिए।

(a) Only A / केवल A
(b) Only B / केवल B
(c) Only C / केवल C
(d) A, B and C / A, B और C

Ans.(d)

कृषि मजदूर, छोटे किसान और बड़े किसान तीनों कृषि के अतिरिक्त, गैर-कृषि कार्य करते हैं। उत्पादन की क्रिया में जिन्हें गैर कृषि क्रियाएं कहा गया है, लघु विनिर्माण, परिवहन, दुकानदारी आदि शामिल हैं। भूमि मापने की मानक इकाई हेक्टेयर है परन्तु ग्रामीण क्षेत्रों में बीघा, बिस्वा का प्रयोग किया जाता है। जिन कृषकों के पास 2 हेक्टेयर से कम भूमि है सीमान्त एवं छोटे कृषक कहलाते है। 2 हेक्टेयर से अधिक भूमि वाले कृषक मझले कृषक कहलाते हैं। जिन कृषकों के पास 2 हेक्टेयर से 10 हेक्टेयर के मध्य जोत भूमि होती हैं बड़े कृषक कहलाते हैं।

382. Which of the following is correct about people who sell on the street and those who run shops in the market?
उनमें कौन-सा कथन गलियों में सामान बेचनेवालों और बाजार में दुकान वालों के विषय में सही है?

Choose the correct option. / सही विकल्प का चुनाव कीजिए।

A. Both work on their own and are not employed. / दोनों अपना स्वयं का काम करते हैं और रोजगार पर नहीं होते हैं।
B. Both have no access to social security like annual leave and medical facilities. / दोनों को सामाजिक संरक्षण के लाभ, जैसे वार्षिक अवकाश, चिकित्सा सुविधा आदि नहीं मिलते हैं।

(a) Only A / केवल A
(b) Only B / केवल B
(c) Both A and B / दोनों A और B
(d) Neither A nor B / न तो A न B

Ans.(c)

दोनों कथन सही हैं। रोजगर वह आर्थिक क्रिया है। : जिसके अन्तर्गत लोग दूसरों के लिए काम करते हैं तथा प्रतिफलस्वरूप पारिश्रमिक प्राप्त करते हैं। कथन में गलियों में समान बेचने वाले तथा दुकानदार दोनों अपना काम स्वयं कर रहे हैं। इसलिए रोजगार पर नहीं हैं कथन सही है आर्थिक क्रिया के इन दोनों साधनों को सामाजिक संरक्षण का लाभ नहीं मिलता है। ये दोनों श्रमिक असंगठित क्षेत्र के हैं। असंगठित क्षेत्र आज भी सामाजिक संरक्षण के लाभ से वंचित है।

383. Women in the United States of America got the right to vote after which historical event?
किस ऐतिहासिक घटना के बाद संयुक्त राज्य में महिलाओं को मतदान का अधिकार प्राप्त हुआ?

(a) First World Wan / प्रथम विश्व युद्ध
(b) American Declaration of Independence / अमेरिकी स्वतंत्रता की घोषणा
(c) First Amendment to American Constitution / प्रथम अमेरिकी संवैधानिक संशोधन
(d) The Great Depression / द ग्रेट डिप्रेशन

Ans.(a)

प्रथम विश्व युद्ध के बाद संयुक्त राज्य अमेरिका में महिलाओं को मतदान का अधिकार प्राप्त हुआ। आज के परिवेश में भले ही दुनिया का सबसे पुराने लोकतन्त्र को अच्छा बताया जाता है लेकिन उसी लोकतन्त्र में 1807 में एक ऐसा कानून पास किया गया। जिससे महिलाओं को मतदान के अधिकार से वंचित किया गया। अमेरिकी महिलाओं को अपने ही लोकतन्त्र से एक लम्बा संघर्ष के परिणामस्वरूप 1920 में महिलाओं को मतदान करने का अधिकार प्राप्त हुआ। भारत में जबसे लोकतन्त्र लागू हुआ है तब से महिलाओं को मताधिकार प्राप्त है।

384. Which of the following statements challenge gender stereotypes?
निम्नलिखित में से कौन-सा वक्तव्य लिंग रूढ़िवादी धारणा (जेंडर स्टीरियोटाइप) के लिए चुनौती है-

(a) 'Girls are well behaved' / लड़कियाँ अच्छा व्यवहार करती हैं।
(b) Boys are naughty / लड़के शरारती होते हैं।
(c) Girls are good at cooking / लड़कियाँ अच्छा खाना पकाती हैं।
(d) Boys are emotional' / लड़के संवेदनशील होते हैं।

Ans. (d)

लड़के संवेदनशील होते हैं। यह वक्तव्य लिंग रूढ़िवादी धारणा (जेन्डर स्टिरियोटाइप) के लिए चुनती है जब किसी विशेष लिंग के समूह के प्रति व्यक्ति नकारात्मक विचारों को पालता है तो इसे ही लिंग रूढ़िवादी धारणा कहा जाता है ऐसा प्रायः महिलाओं के सन्दर्भ में ही होता है। ऐसा इसलिए होता है, क्योकि परम्परागत रूप से महिलाओं को कमजोर गृह कार्य करने तक सीमित माना है जाता है परन्तु आधुनिक व्यवहार में लड़कियों / महिलाओं से कोई भी क्षेत्र अछूता नहीं रह गया है।

385. If a Punjab educational society is given permission to open a Punjabi medium school in Kolkata, then which fundamental Right of the Indian Constitution is being guaranteed?
किसी एक पंजाबी शैक्षिक संस्था को कोलकाता में पंजाबी माध्यम का स्कूल खोलने की अनुमति दी जाती है, तो भारतीय संविधान के अनुसार कौन से मौलिक अधिकारों का अनुसरण किया जा रहा है?

(a) Cultural and educational Rights / सांस्कृतिक और शैक्षिक अधिकारों का
(b) Right to Constitutional remedies / संवैधानिक उपचार के अधिकारों का
(c) Right to Freedom / स्वतंत्रता के अधिकारों का
(d) Right to Education / शिक्षा के अधिकारों का

Ans.(a)

किसी एक पंजाबी शैक्षिक संस्था को कोलकाता में : पंजाबी माध्यम का स्कूल खोलने की अनुमति दी जाती है, तो भारतीय संविधान के अनुसार सांस्कृतिक और शैक्षिक अधिकारों का अनुसरण किया जा रहा है। भारतीय संविधान के अनुच्छेद 29 और 30 में सांस्कृतिक

और शैक्षिक अधिकार दिया गया है। उल्लेखनीय है कि भारतीय संविधान में नागरिकों को 6 मौलिक अधिकार और 11 मूल कर्तव्य दिए गये हैं।

386. If a teacher has to make her students understand that even common people play a significant role in bringing about a new law, then which of the following examples will help her in the classroom?
एक अध्यापिका को अपनी छात्राओं को यह समझाने के लिए कि नए कानून लाने में साधारण व्यक्ति की भी महत्त्वपूर्ण भूमिका होती है, कक्षा में कौन-सा उदाहरण सहायक होगा-

A. In 1999, a group of lawyers, law students, activists, after a nation-wide consultation took the lead in drafting the domestic violence (prevention & Protection) Bill. / वर्ष 1999 में वकीलों के एक समूह, कानून के विद्यार्थियों और सक्रिय व्यक्तियों ने राष्ट्रव्यापी सलाह-मशविरे लेकर घरेलू हिंसा से संरक्षण और रोकने संबंधी बिल (प्रस्ताव) का खाका तैयार करने में अग्रणीय भूमिका निभाई।

B. Rosa Parks, an African American woman, refused to give up her seat on a bus to a white man on 1st December 1955 / 1 दिसंबर 1955 को रोशा पार्क्स, एक अफ्रीकन - अमेरिकन महिला ने बस में एक श्वेत व्यक्ति के लिए अपनी सीट खाली करने से मना कर दिया।

C. The implementation of Sedition Act of 1/ 1870 के राजद्रोह अधिनियम को लागू करना।

Choose the appropriate examples. / उपर्युक्त उदाहरण / उदाहरणों का चुनाव कीजिए।

(a) only A and C / केवल A तथा C
(b) only B and C / केवल B तथा C
(c) only A and B / केवल A तथा B
(d) A, B and C / A, B तथा C

Ans. (b)

नये कानून को लागू करने में साधारण व्यक्ति की भूमिका को समझाने हेतु अध्यापिका को रोशा पार्क्स का और 1870 का राजद्रोह अधिनियम उदाहरण सहायक होगा। रोशा पार्क्स एक अश्वेत अफ्रीकन अमेरिकी महिला थी 1955 में बस में यात्रा के दौरान एक श्वेत व्यक्ति के लिए उनको सीट खाली करने को कहा गया परन्तु उन्होंने अस्वीकार किया। 1870 में जेम्स स्टीफन ने स्वतन्त्रता सेनानियों के विचारों को दबाने के लिए धारा 124 A को भारतीय दण्ड संहिता (संशोधन) अधिनियम 1870 के अन्तर्गत | IPC में शामिल किया।

387. Which of the following statements about the judicial system in India is correct?
निम्नलिखित में से कौन-सा वक्तव्य भारत में न्यायिक व्यवस्था के बारे में सही है?

(a) In case of a dispute between the Centre and any of the states, the High Court of that state can take up the matter/case / केंद्र और किसी भी राज्य के बीच विवाद के मामले में उस राज्य का उच्च न्यायालय इस मुद्दे / मुकदमें को ले सकता है।

(b) The federal Court of India in the colonial times is the predecessor of the Supreme Court of India. / औपनिवेशिक काल का 'फेडरल कोर्ट ऑफ इंडिया' भारत के उच्चतम न्यायालय का पूर्वज है।

(c) A public Interest Litigation can be filed in any court by only the aggrieved person. / जनहित याचिका किसी भी न्यायालय में केवल पीड़ित व्यक्ति द्वारा ही दर्ज की जा सकती है।

(d) Only the supreme Court has the power of judicial review in India. / न्यायिक समीक्षा का अधिकार भारत में केवल उच्चतम न्यायालय का है।

Ans. (b)

औपनिवेशिक काल का फेडरल कोर्ट ऑफ इण्डिया' भारत के उच्चतम न्यायालय का पूर्वज है। यह वक्तव्य भारत में न्यायिक व्यवस्था के बारे में सही है। वर्तमान उच्चतम न्यायालय की स्थापना 26 जनवरी 1950 को की गयी। यहीं 1937-1949 तक फेडरल कोर्ट ऑफ इण्डिया था। केन्द्र और किसी भी राज्य के विवाद मे मामले उच्चतम न्यायालय के अधिकार क्षेत्र में है। 1980 के दशक में सर्वोच्च न्यायालय में जनहित याचिका (PIL) की व्यवस्था विकसित की थी। यह किसी भी

व्यक्ति द्वारा दर्ज की जा सकती है। न्यायापालिका को यदि ऐसा लगता है कि कोई भी कानून संविधान के आधारभूत ढांचे का उल्लंघन करता है तो वह उसे रद्द कर सकता है। इसे ही न्यायिक समीक्षा कहा जाता है।

388. Being marginalized means to experience-
हाशियाकृत होने से अनुभव होता है-

A. pride / गौरव
B. Discrimination / भेदभाव
C. Powerlessness / निर्बलता

Choose the correct option. / सही विकल्प का चुनाव करें-

(a) A and B / A तथा B
(b) A and C/ A तथा C
(c) B and C / B तथा C
(d) A, B and C / A, B तथा C

Ans.(c)

हाशियाकृत होने से भेदभाव और निर्बलता का अनुभव होता है। हाशिए पर स्थित समूह से तात्पर्य एक ऐसे समूह से हैं जो समाज की मुख्य धारा से हाशिए पर धकेल दिया जाता है। हाशियाकृत समूह को रोजगार, शिक्षा, स्वास्थ्य तथा राष्ट्रीय संसाधनों तक पहुँच का अभाव होता है। ऐसे समूहों में महिलाएं, बच्चे- बच्चियाँ, अल्पसंख्यक समूह, अनुसूचित जाति, जनजाति, शरणार्थी, प्रवासी श्रमिक, वृद्ध लोग, आदिवासी इत्यादि है।

389. Which of the following would help protect interests of marginal groups?
इनमें से कौन-सा हाशियाई समूह के हितों की रक्षा में सहायक होगा?

A. Make laws such as abolition of untouchability / अस्पृश्यता उन्मूलन जैसे कानून बनाना।
B. Formulate specific schemes such as subsidized hostels for students of marginal communities / विशेष योजनाएं जैसे हाशियाई वर्गों के छात्रों के लिए सब्सिडी दरों पर हॉस्टल व्यवस्था करना।
C. Provide special scholarships for students from marginal groups. / हाशियाई समूह के छात्रों के लिए विशेष छात्रवृत्तियाँ देना।
D. Organize competitions for students of marginal groups to express their views. / हाशियाई समूह - छात्रों के विचार अभिव्यक्ति हेतु प्रतियोगिओं का आयोजन।

Choose the correct option. / सही विकल्प का चुनाव कीजिए।

(a) A, B and C / A, B और C
(b) A, B and D / A, B और D
(c) A, C and D / A, C और D
(d) B, C and D / B, C और D

Ans. (a)

अस्पृश्यता उन्मूलन जैसे कानून बनाना, विशेष योजनाएँ जैसे हाशियाई वर्गों के छात्रों के लिए सब्सिडी दरों पर हॉस्टल व्यवस्था करना तथा हाशियाई समूह के छात्रों के लिए विशेष छात्रवृत्तियाँ देना उक्त तीनों क्रियाएँ हाशियाई समूह के हितों की रक्षा करने में सहायक होगी। संविधान का अनुच्छेद 17 समता के अधिकार को एक विशेष क्षेत्र में लागू करता है और अस्पृश्यता के अन्त की घोषणा करता है। इसके अतिरिक्त आरक्षण व्यवस्था महिला एवं दिव्यांगजनों के लिए विशेष व्यवस्थाए हाशियाकृत समूहों को सुविधा प्रदान करती है।

390. Consider the following statements in the context of Harappan Civilization-
हड़प्पा सभ्यता के संदर्भ में निम्नलिखित कथनों पर विचार कीजिए-

(A) The people here used to make rectangular stone seals, on which pictures of animals are found. / यहाँ के लोग पत्थर की आयताकार मुहरें बनाते थे, जिनपर जानवरों के चित्र मिलते हैं।
(B) The people of Harappan Civilization used to make beautiful red pottery designed in black colour. / हडप्पा सभ्यता के लोग काले रंग से डिजाइन किए हुए खूबसूरत लाल मिट्टी के बर्तन बनाते थे।

Which of the above statements are true? / उपरोक्त में से कौन-से कथन सत्य है ?

(a) Only A is true. / केवल A सत्य है।
(b) Only B is true. / केवल B सत्य है।
(c) Both A and B are true. / A तथा B दोनों सत्य है।
(d) Both A and B are false. / A तथा B दोनों असत्य हैं।

Ans. (c)

व्याख्या: हड़प्पा सभ्यता के लोग पत्थर की मुहरें बनाते थे। इन आयताकार मुहरों पर सामान्यतः जानवरों के चित्र मिलते हैं। हड़प्पा सभ्यता के लोग काले रंग से डिज़ाइन किए हुए खूबसूरत लाल मिट्टी के बर्तन बनाते थे।

391. The Kushans ruled from the following centers of power:
कुषाणों ने किन निम्नलिखित शक्तिशाली केन्द्रों से शासन किया?

(a) Peshawar and Malwa / पेशावर और मावला
(b) Peshawar and Mathura / पेशावर और मथुरा
(c) Peshawar and Varanasi / पेशावर और वाराणासी
(d) Peshawar and Ujjain / पेशावर और उज्जैन

Ans. (b)

कुषाणों ने पेशावर और मथुरा नामक शक्तिशाली केन्द्रों से शासन किया। कुषाण चीन की यू ची जाति की एक शाखा थे। कुषाण वंश की स्थापना कुजुल कडफिसेस ने किया ने किया था। कुषाण शासकों में विमकडफिसेस ने सर्वप्रथम सोने के सिक्के जारी किए थे। इस वंश का सबसे प्रतापी शासक कनिष्क था। सम्राट कनिष्क ने पाकिस्तान के आधुनिक पेशावर को अपनी पहली राजधानी बनाया। कनिष्क ने अपने शासन काल में 78 ई0 में शक संवत चलाया।

392. Consider statements A, B and C and choose the correct option.
निम्नलिखित कथनों A, B और C को पढ़ें और सही विकल्प का चयन करें।

(A) The paleolithic period extends from 2 million years ago to about 12,000 years ago. / पुरापाषाण काल बीस लाख साल पहले से 12,000 साल पहले के दौरान माना जाता है।

(B) This long stretch of time is divided into the lower, middle and upper paleolithic. / इस काल को भी तीन भागों में बाँटा गया है: 'आरंभिक', 'मध्य' एवं 'उत्तर' पुरापाषाण युग।

(C) This long span of time covers 99% of human history. / मानव इतिहास की लगभग 99 प्रतिशत कहानी इसी काल के दौरान घटित हुई।

(a) Only (A) and (B) are true / केवल सही हैं। (A) और (B)
(b) Only (B) and (C) are true / केवल (B) और (C) सही हैं।
(c) Only (A) and (C) are true / केवल (A) और (C) सही हैं।
(d) (A), (B) and (C) all are true / (A), (B) और (C) सभी सही हैं।

Ans. (d)

पुरापाषाण काल बीस लाख साल पहले से 12,000 साल पहले के दौरान माना जाता है। इस काल को भी तीन भागों में बाँटा गया है, आरंभिक, मध्य एवं 'उत्तर' पुरापाषाण युग भीमबेटका के गुफा चित्र पुरापाषाण कालीन है जो म०प्र० में स्थित है। पशुपालन का प्रारंभ मध्यपाषाण काल में हुआ। मानव इतिहास की लगभग 99 प्रतिशत कहानी इसी काल के दौरान घटित हुई है। अतः दिया गया कथन A, B और C सभी सही है।

393. Read statements (A) and (B) and choose the correct option.
कथनों (A) तथा (B) को पढ़ें तथा सही विकल्प का चुनाव करें:

(A) Mansab was a grading system used by the Mughals to fix/(A): / मनसब मुगलों द्वारा चलाई गई एक श्रेणी व्यवस्था थी, जिसके जरिए:
(i) Rank / पद
(ii) Salary / वेतन
(iii) Military responsibilities / सैन्य उत्तरदायित्व, निर्धारित किए जाते थे।

(B) The Mansabdar's military responsibilities were determined by a numerical value called zat. / (B):

मनसबदारों की सैन्य उत्तरदायित्व, का निर्धारण एक संख्या पर निर्भर था जिसे जात कहा जाता था।

(a) (A) is true but (B) is false / (A) सही है परन्तु (B) गलत
(b) (B) is true but (A) is false / (B) सही है परन्तु (A) गलत
(c) Both (A) and (B) are true / (A) तथा (B) दोनों सही हैं
(d) Both (A) and (B) are false / (A) तथा (B) दोनों गलत हैं

Ans. (a)

मनसबदारी व्यवस्था एक विशिष्ट प्रशासनिक व्यवस्था थी, जिसका प्रचलन मुगल शासक अकबर ने सन् 1575 ई0 में किया था। मनसब मुगलों द्वारा चलाई गई एक श्रेणी व्यवस्था थी जिसके जरिए पद वेतन और सैन्य उत्तरदायित्व निर्धारित किए जाते थे। मनसब शब्द का अर्थ है 'श्रेणी' अथवा पद। इस व्यवस्था के अन्तर्गत 33 वर्ग थे। अकबर ने शासन के 40 वें वर्ष जात एवं सवार जैसी दोहरी व्यवस्था लागू की थी। मनसबदारों की सैन्य उत्तरदायित्व का निर्धारण एक निर्दिष्ट संख्या में सवार या घुड़सवार बनाए रखने की आवश्यकता थी इसलिए (A) सही है, परन्तु (B) गलत।

394. At which of the following places Ashoka's inscription has been found in Greek and Aramaic languages?
निम्नलिखित में से किस स्थान पर अशोक के अभिलेख ग्रीक और अरामाइक भाषाओं में पाया गया है?

(a) Kandahar / कंधार
(b) Maski / मास्की
(c) Topea / टोपरा
(d) Kalsi / कालसी

Ans. (a)

कंधार नामक स्थान पर अशोक के अभिलेख ग्रीक और : अरामाइक भाषाओं में पाया गया है। मास्की, गुजर्रा, नेत्तुर तथा उडैगोलम अभिलेखों में उसका नाम अशोक मिलता है। अशोक को देवानामप्रिय तथा देवानामप्रियदशी उपाधियों से सम्बोधित किया जाता

नोट- सर्वप्रथम 1837 ई० में जेम्स प्रिंसेप को अशोक के अभिलेख पढ़ने में सफलता मिली।

- अशोक के शिलालेखों की खोज 1750 ई० में पाटीफेंथलर ने की थी तथा इनकी संख्या 14 हैं।
- अशोक के अभिलेखों को तीन भागों विभक्त किया जाता है। - शिलालेख, स्तम्भ लेख और गुहा लेख
- अशोक के स्तम्भ लेख केवल ब्राह्मी लिपि में लिखे गए हैं।
- अशोक के शिलालेख ब्राह्मी, खरोष्ठी, ग्रीक एवं अरामेइक लिपि में मिलते हैं।
- अशोक के कौशाम्बी अभिलेख को 'रानी का अभिलेख कहा जाता है।
- बारहवे शिलालेख में- धार्मिक सहिष्णुता की नीति का उल्लेख
- तेरहवे शिलालेख में कलिंग युद्ध, पड़ोसी राजाओं का वर्णन एवं आटविक राज्यों का उल्लेख।

395. The Gond Kingdom of Garha Katanga had 70,000 villages. This is mentioned in:
गोंड राज्य, गढ़ कटंगा, में 70,000 गाँव थे। इसे उल्लेखित किया गया है।

(a) Yakon Udayar inscriptions / याकोन उदेयार के अभिलेख में
(b) Akbar Nama / अकबरनामा में
(c) Historical work titled Buranjis / बुरंजी नामक ऐतिहासिक कृतियों में
(d) Description of William Mewworld, a factor of English East India Company / अंग्रेजी ईस्ट इंडिया कंपनी के कुमारते, विलियम मेववर्ल्ड के वर्णन में

Ans. (b)

गोंड राज्य गढ़ कटंगा में 70,000 गाँव थे। इसे अकबरनामा में उल्लेखित किया गया है। गोंड एक प्रकार की जनजाति थी जो झूम खेती करती थी। गढ़ कटंगा एक समृद्ध राज्य था यहाँ के निवासी जंगली हाथियों को पकड़कर अन्य राज्यों में निर्यात करके बहुत धन अर्जित करते थे। बुरंजी, असमिया भाषा में लिखी हुई ऐतिहासिक कृतियाँ हैं। अहोम राज्य सभा के पुरातत्व लेखों का संकलन बुरंजी में हुआ है।

396. Consider the following Assertion (A) and Reasoning (R).
निम्नलिखित अभिकथनं (A) और कारण (R) पर विचार करें:

Assertion (A): "The local tribal people make the wooden image of the deity Jagannatha at Puri, Odissa'. / अभिकथन (A): 'स्थानीय जनजातीय लोगों द्वारा पुरी, उड़ीसा के जगन्नाथ की काठ प्रतिमा बनाई जाती है।'

Reasoning (R): "The deity was most likely a local god, who was later identified with Vishnu'. / कारण (R): 'जगन्नाथ मूलतः एक स्थानीय देवता थे, जिन्हें आगे चलकर विष्णु का रूप मान लिया गया।'

Choose the correct option: / सही विकल्प चुनें:

(a) Both (A) and (R) are true and (R) is the correct explanation of (A). / (A) और (R) दोनों सही हैं और (A) की (R) सही व्याख्या करता है।
(b) Both (A) and (R) are true but (R) is not the correct explanation of (A). / (A) और (R) दोनों सही हैं लेकिन (A) की (R) सही व्याख्या नहीं करता है।
(c) (A) is true but (R) is false. / (A) सही है लेकिन (R) गलत है।
(d) Both (A) and (R) are false. / (A) और (R) दोनों गलत हैं।

Ans. (a)

पुरी, ओडिशा में जगन्नाथ का सम्प्रदाय जगन्नाथ का शाब्दिक अर्थ है, दुनिया का मालिक जो विष्णु भगवान का पर्यायवाची है। अब तक जगन्नाथ की काष्ठ प्रतिमा स्थानीय जनजातीय लोगों द्वारा बनाई जाती है, जिससे यह तात्पर्य निकलता है। कि जगन्नाथ मूलतः एक स्थानीय देवता थे, जिन्हें आगे चलकर विष्णु का रूप मान लिया गया। बालभद्र, सुभद्र और जगन्नाथ की लघु मूर्तियाँ ताम्रपत्र की पांडुलिपि में ओडिशा में स्थित है। बारहवीं शताब्दी में गंगवंश के एक अत्यंत प्रतापी राजा अनंतवर्मन ने पुरी में पुरुषोत्तम जगन्नाथ के लिए एक मंदिर बनवाने का निश्चय किया। उसके बाद 1230 में राजा अनंगभीय तृतीय अपना राज्य पुरुषोत्तम जगन्नाथ को अर्पित कर दिया और स्वयं को जगन्नाथ का प्रतिनियुक्त घोषित किया। अतः (A) और (R) दोनों सही है और (A) की (R) सही व्याख्या करता है।

397. Which of the following statements are true about the Birsa Munda movement.
निम्नलिखित में से कौन सा कथन बिरसा आंदोलन के विषय में सही है?

(A) Birsa's followers raised the Red Flag as a symbol of Birsa Raj. / बिरसा के अनुयायियों ने लाल झण्डे को बिरसा राज का प्रतीक बनाया।
(B) Birsa used traditional symbols and languages to rouse people. / बिरसा ने लोगों को उकसाने के लिए परंपरागत प्रतीकों और भाषा का इस्तेमाल किया।
(C) Birsa's movement was against reforming tribal people. / बिरसा आंदोलन आदिवासी समाज को सुधारने के विरुद्ध था।
(D) Birsa turned against missionaries and Hindu land Lords. / बिरसा ने मिशनरियों और हिन्दू जमींदारों का लगातार विरोध किया।

(a) (B) and (D) / (B) तथा (D)
(b) (C) and (D) / (C) तथा (D)
(c) (A) and (B) / (A) तथा (B)
(d) (A) and (C) / (A) तथा (C)

Ans. (a)

बिरसा का जन्म एक मुंडा परिवार में हुआ था। मुंडा एक जनजातीय समूह है जो छोटानागपुर में रहता है। 1895 ई. में बिरसा ने अपने अनुयायियों से आहान किया कि वे अपने गौरवूपर्ण अतीत को पुनर्जीवित करने के लिए संकल्प ले। जब आंदोलन फैलने लगा तो अंग्रेजों ने बिरसा को 1895 ई. में गिरफ्तार कर दो साल के लिए जेल में डाल दिया। 1897 ई. में जेल से लौटने के बाद बिरसा समर्थन जुटाते हुए गाँव-गाँव घूमने लगे। बिरसा ने लोगों को उकसाने के लिए परंपरागत प्रतीकों और भाषा का इस्तेमाल किया सफेद झंडा बिरसा राज का प्रतीक था।

बिरसा का आंदोलन आदिवासी समाज को सुधारने का था। बिरसा ने वैष्णव धर्म प्रचारक के साथ भी कुछ समय

बिताएँ। उन्होंने मुंडाओं से आवाहन किया कि वे शराब पीना छोड़ दे, गाँवों को साफ रखें और जादू-टोना में विश्वास न करें। यहाँ ध्यान देने वाली बात यह है कि बिरसा ने मिशनरियों और हिन्दू जमींदारों का भी लगातार विरोध किया। वह उन्हें बाहर का मानते थे जो मुंडा जीवन शैली को नष्ट कर रहे थे। अतः कथन (B) और (D) सही है।

398. Consider the following statements (A) and (B) and choose the correct option.
निम्नलिखित कथनों (A) और (B) पर विचार करें और सही विकल्प का चयन करें:

(A) Thousands of rural women who made a living by spinning cotton thread in India were rendered jobless by the mid nineteenth century. / लाखों ग्रामीण महिलाएँ जो सूत कातकर अपनी आजीविका चला रही थीं वे उन्नीसवीं शताब्दी के मध्य तक बेरोजगार हो गईं।

(B) By the 1830s British cotton cloth flooded Indian market and by the 1880s two-third of all the cotton clothes worn by Indians were made of cloth produced in Britain / 1830 के दशक तक भारतीय बाजार ब्रिटेन में बने सूती कपड़े से पट गए। 1880 के दशक तक स्थिति यह हो गई थी कि भारत के लोग जितना कपड़ा पहनते थे, उसमें से दो तिहाई ब्रिटेन में बना होता था।

(a) (A) is true but (B) is false. / (A) सही है किन्तु (B) गलत है।
(b) (B) is true but (A) is false. / (B) सही है किन्तु (A) गलत है।
(c) Both (A) and (B) are true but (B) is not the reason for (A). / (A) और (B) दोनों सही हैं किन्तु (A) का कारण (B) नहीं है।
(d) Both (A) and (B) are true and (B) is not the reason for (A). / (A) और (B) दोनों सही हैं तथा (A) का कारण (B) हैं।

Ans. (d)

लाखों ग्रामीण महिलाएँ जो सूत कातकर अपनी आजीविका चला रही थी। वे उन्नीसवीं शताब्दी के मध्य तक बेरोजगार हो गई। निर्धन परिवारों में आर्थिक कष्ट बना रहता था। कुछ संदर्भों में महिलाओं, वृद्ध लोगों और बच्चियों को भी ढंग से परिवार के उपलब्ध संसाधनों तक पहुँच से वंचित किया जाता था। 1880 के दशक तक स्थिति यह हो गई कि भारत के लोग जितना कपड़ा पहनते थे उसका 2/3 भाग ब्रिटेन में बना होता था, क्योंकि उस समय ब्रिटेन एक पूंजीवादी देश था, जहाँ भारत के ही सूत के कपड़े बनते थे, और ब्रांड के रूप में भारत में आते थे। इसलिए (A) और (B) दोनों सही है तथा (A) का कारण (B) है।

399. Which of the following statements is true?
निम्नलिखित में से कौन सा कथन सही है?

(a) Mahatma Gandhi and Rabindranath Tagore opposed colonial Education. / महात्मा गांधी और रविन्द्रनाथ टैगोर ने औपनिवेशिक शिक्षा का विरोध किया।
(b) Mahatma Gandhi and Rabindranath Tagore supported colonial Education. / महात्मा गांधी और रविन्द्रनाथ टैगोर ने औपनिवेशिक शिक्षा का समर्थन किया।
(c) Mahatma Gandhi opposed the colonial education but Tagore supported it. / महात्मा गांधी ने औपनिवेशिक शिक्षा का विरोध किया किन्तु टैगोर ने इसका समर्थन किया।
(d) Tagore opposed the colonial education but Mahatma Gandhi supported it. / टैगोर ने औपनिवेशिक शिक्षा का विरोध किया किन्तु महात्मा गांधी ने इसका समर्थन किया।

Ans. (a)

महात्मा गांधी और रविन्द्रनाथ टैगोर ने औपनिवेशिक शिक्षा का विरोध किया। गांधी जी का मानना था कि शिक्षा केवल भारतीय भाषाओं में ही दी जानी चाहिए। उनके मुताबिक अंग्रेजी में दी जा रही शिक्षा भारतीयों को अपाहिज बना देगी। वही रविन्द्रनाथ टैगोर का कथन है कि शिक्षा को सृजनात्मकता के साथ प्राकृतिक परिवेश के साथ जोड़ा जाना चाहिए।

गांधी जी पश्चिमी सभ्यता और मशीनों व प्रौद्योगिकी की उपासना के कट्टर आलोचक थे, टैगोर आधुनिक पश्चिमी सभ्यता और भारतीय परंपरा के श्रेष्ठ तत्त्वों का सम्मिश्रण चाहते हैं। अतः औपनिवेशिक शिक्षा का दोनों ने विरोध किया इसलिए यह कथन सही है।

400. 'The practice of widow burning has no sanction in ancient texts!" प्राचीन ग्रंथों में विधवाओं को जलाने की अनुमति कहीं नहीं दी गई है।'

This statement is associated with which social reformer? / यह कथन किस समाज सुधारक के साथ जुड़ी हुई है?

(a) Sri Narayana Guru / श्री नारायण गुरु
(b) Swami Dayananda Saraswati / स्वामी दयानंद सरस्वती
(c) Subhash Chandra Bose / सुभाषचन्द्र बोस
(d) Raja Rammohan Roy / राजा राममोहन रॉय

Ans. (d)

प्राचीन ग्रंथों में विधवाओं को जलाने की अनुमति कहीं नहीं दी गई हैं। यह कथन प्रसिद्ध समाज सुधारक राजाराम मोहन रॉय के साथ जुड़ी हुई है। इन्हें भारतीय पुनर्जागरण का अग्रदूत और आधुनिक भारत का जनक कहा जाता है। इन्होंने बाल-विवाह, सती प्रथा, जातिवाद, कर्मकांड, पर्दा प्रथा आदि का भरपूर विरोध किया।

401. Which of the following organization focused on abolition of caste during British rule in India? भारत में अंग्रेजों के शासन के दौरान निम्नलिखित में से कौन से संगठन ने जाति उन्मूलन पर मुख्य ध्यान दिया

(a) Sanatana Dharma Sabha / सनातन धर्म सभा
(b) Asiatic Society / एशियाटिक सोसाइटी
(c) Bharat Dharma Mahanandal / भारत धर्म महामंडल
(d) Satyashodhak Samaj/सत्यशोधक समाज

Ans. (d)

भारत में अंग्रेजों के शासन के दौरान सत्यशोधक समाज नामक संगठन ने जाति उन्मूलन पर मुख्य ध्यान दिया। सत्य शोधक समाज नामक संगठन की स्थापना सन् 1873 में ज्योतिबा फुले द्वारा किया गया था। यह एक छोटे से समूह के रूप में शुरू हुआ और इस संगठन का प्रमुख उद्देश्य शूद्र एवं अस्पृश्य जाति के लोगों को विमुक्त करना था। इसी समय ज्योतिबा फुले ने 1873 ई० में गुलामगिरी नामक पुस्तक लिखी।

402. Read the statements (A) and (B) on the resistance of Tipu Sultan against the British and Choose the correct answer. टीपू सुल्तान द्वारा अंग्रेजों का विरोध के संदर्भ में कथन (A) एवं कथन (B) को पढ़ें तथा सही उत्तर चुनें:

(A) Tipu Sultan of Mysore fought the British until he died. / अपनी मृत्यु तक टीपू सुल्तान अंग्रेजों के विरूद्ध लड़ते रहे।

(B) He resisted the cultural traditions associated with them. / उसने अंग्रेजों की सांस्कृतिक परंपराओं का विरोध किया।

(a) (A) is true but (B) is false / (A) सही है किन्तु (B) गलत
(b) (A) is false but (B) is true / (A) गलत है किन्तु (B) सही
(c) Both (A) and (B) is true / दोनों (A) एवं (B) सही हैं।
(d) Both (A) and (B) is false /दोनों (A) एवं (B) गलत हैं।

Ans.(c)

अपनी मृत्यु तक टीपू सुल्तान अंग्रेजों के विरुद्ध लड़ते रहे। प्रथम आंग्ल मैसूर युद्ध (1767 1769) में हैदर अली विजयी हुआ। हैदर अली की मृत्यु के बाद उसका पुत्र टीपू मैसूर की गद्दी पर बैठा। टीपू सुल्तान का जन्म 1750 ई0 में हुआ था। मंगलौर की संधि द्वारा टीपू सुल्तान एवं अंग्रेजों ने एक-दूसरे के विजित क्षेत्रों को वापस कर दिया, टीपू ने हमेशा अंग्रेजों की सांस्कृतिक परम्पराओं का विरोध किया। इन्होंने 1787 ई० में "बादशाह" की उपाधि धारण की थी। टीपू ने अपनी राजधानी श्रीरंगपदस्म में स्वतंत्रता के वृक्ष लगवाया जो यह प्रतीक थे कि वह अंग्रेजों के अधीन नहीं है। टीपू स्वयं जैकोबिन क्लब का सदस्य बना और अपने आपको नागरिक टीपू कहने लगा। टीपू की मृत्यु चतुर्थ आंग्ल-मैसूर युद्ध (1799) के दौरान श्रीरंगपट्टनम में हुई थी। अतः (A) एवं (B) दोनों सही है।

403. The book 'Poverty and un-British Rule in India' was written by: 'पावर्टी एण्ड अन ब्रिटिश रूल इन इंडिया' नामक पुस्तक के लेखक थे?

(a) A.O Hume / ए. ओ. ह्यूम
(b) Badruddin Tyabji / बदरुद्दीन तैयबजी
(c) Romesh Chandra Dutt / रोमेशचन्द्र दत्त
(d) Dadabhai Naorji / दादाभाई नौरोजी

Ans. (d)

पावर्टी एण्ड अन-ब्रिटिश रूल इन इंडिया नामक पुस्तक के लेखक 'दादाभाई नौरोजी' थे। इन्हें ग्रैंड ओल्ड मैन ऑफ इंडिया और भारत के अनौपचारिक राजदूत के रूप में भी जाना जाता है। यह एक भारतीय राजनीतिक नेता, व्यापारी एवं विद्वान लेखक थे। यह 1892 से 1895 के बीच फिन्सबरी सेंट्रल का प्रतिनिधित्व करने वाले ब्रिटिश हाउस ऑफ कॉमन्स में लिबरल पार्टी के सदस्य थे।

404. Statesmen from which countries were part of the Non-Aligned-Movement?
किन-किन देशों के राजनेता गुटनिपेक्ष आंदोलन का हिस्सा थे?

(a) India, Yugoslavia, Indonesia, Ghana, Egypt / भारत, यूगोस्लाविया, इंडोनेशिया, घाना, मिस्र
(b) India, America, Britain, France, Spain / भारत, अमेरिका, ब्रिटेन, फ्रांस, स्पेन
(c) India, Russia, Poland, Hungary, Romania / भारत, रूस, पोलैंड, हंगरी, रोमानिया
(d) India, Pakistan, Bangladesh, Sri Lanka, China / भारत, पाकिस्तान, बांग्लादेश, श्रीलंका, चीन

Ans. (a)

भारत, यूगोस्लाविया, इंडोनेशिया, घाना मिस्र इन सभी देशों के राजनेता गुटनिरपेक्ष आंदोलन के हिस्सा थे। गुटनिरपेक्ष आंदोलन (NAM) की स्थापना औपनिवेशिक व्यवस्था के पतन के दौरान हुई थी। यह वह दौर था जब नए-नए देश औपनिवेशिक गुलामी से आजाद हो रहे थे। सितम्बर 1961 में यूगोस्लाविया के बेलग्रेड में गुटनिरपेक्ष आंदोलन का पहला शिखर सम्मेलन आयोजित किया गया था और इसमें कुल 25 देशों के प्रतिनिधियों ने हिस्सा लिया था।

405. Which of the following planets have rings around them?
इनमें से किन ग्रहों के चारों ओर छल्ले होते हैं?

(A) Jupiter / बृहस्पति
(B) Saturn / शनि
(C) Uranus / यूरेनस
(D) Neptune / नेप्च्यून

(a) (A), (B), (C)
(b) (A), (B), (D)
(c) (A), (C), (D)
(d) (B), (C), (D)

Ans. (a)

बृहस्पति, शनि, यूरेनस (अरूण) इन सभी ग्रहों के चारों ओर छल्ले होते हैं। बृहस्पति यह सौरमंडल का सबसे बड़ा ग्रह है। यह अपने अक्ष पर सबसे तीव्र गति से घूर्णन करता है। बृहस्पति के कुल उपग्रहों की संख्या 95 है। बृहस्पति का उपग्रह गैनिमीड सौरमंडल का सबसे बड़ा उपग्रह है। शनि इस ग्रह के चारों ओर वलय पाए जाते हैं, जिनकी संख्या 7 है शनि का सबसे बड़ा उपग्रह टाइटन है।

अरूण (यूरेनस) इस ग्रह की खोज विलियम हरशेल ने की थी। इसके भी चारों ओर वलय पाए जाते हैं। यह अपने अक्ष पर पूर्व से पश्चिम की ओर घूमता है जबकि अन्य ग्रह पश्चिम से पूर्व की ओर घूमते हैं। यह अपनी धुरी पर अधिक झुका (97.8 अंश) होने के कारण लेटा हुआ प्रतीत होता है।

406. The Indian Standard time (IST) is based on the standard meridian at:
भारतीय मानक समय किस मानक याम्योत्तर पर आधारित है?

(a) 75°30'E / 75°30' पू.
(b) 78°30'E / 78° 30' पू.
(c) 82°30'E / 82°30' पू.
(d) 85°30'E / 85°30' पू.

Ans.(c)

भारतीय मानक समय 82°30' पू० मानक याम्योत्तर पर : आधारित है। 82°30' पूर्वी देशांतर रेखा प्रयागराज के निकट मिर्जापुर से होकर गुजरती है भारतीय मानक समय की याम्योत्तर रेखा उत्तर प्रदेश मध्य प्रदेश, छत्तीसगढ़ ओडिसा, आंध्र प्रदेश (कुल पाँच राज्यों से होकर गुजरती है।

407. What makes days and nights, and change of seasons possible?
इनमें से क्या दिन एवं रात तथा ऋतुओं में परिवर्तन संभावित करता है?

(a) Rotation and Revolution of the earth respectively. / क्रमशः पृथ्वी के घूर्णन एवं परिक्रमण
(b) Revolution and Rotation of the earth respectively. / क्रमशः पृथ्वी के परिक्रमण एवं घूर्णन
(c) Rotation of the earth only. / सिर्फ पृथ्वी का घूर्णन
(d) Revolution of the earth only. / सिर्फ पृथ्वी का परिक्रमण

Ans. (a)

पृथ्वी के घूर्णन एवं परिक्रमण दिन एवं रात तथा ऋतुओं में परिवर्तन संभावित करता है। पृथ्वी सौरमंडल का एकमात्र ज्ञात ग्रह है, जिस पर जीवन है। जल की उपस्थिति के कारण इसे 'नीला ग्रह' भी कहा जाता है। पृथ्वी का एकमात्र उपग्रह चंद्रमा है। यह अपने अक्ष पर 23 1/2 अंश पर झुकी हुई है। यह सूर्य के चारों ओर 29.8 किमी / सेकंड के वेग से चक्कर लगाती है।

408. The earth rotates 360° in about 24 hours, which means 15° an hour. What it is 12 noon at Greenwich, the time at 30°E of Greenwich will be:
पृथ्वी लगभग 24 घंटे में अपने अक्ष 360° पर घूम जाती है, अर्थात् वह 1 घंटे में 15° घूमती है, इस प्रकार जब ग्रीनविच में दोपहर के 12 बजते हैं, तब ग्रीनविच से 30° पूर्व में समय होगा:

(a) 2 PM / 2 अपराह्न
(b) 10 AM / 10 पूर्वाह्न
(c) 2 AM / 2 पूर्वाह्न
(d) 10 PM / 10 अपराह्न

Ans. (a)

पृथ्वी लगभग 24 घंटे में अपने अक्ष 360" पर घूम जाती है, अर्थात् वह 1 घंटे में 15° घूमती हैं। इस प्रकार जब ग्रीनविच में दोपहर के 12 बजते हैं, तब ग्रीनविच से 30° पूर्व में समय होगा 2 अपराह्न।

409. Which of the following type of forests are found in Andaman and Nicobar Islands in India.
अंडमान और निकोबार द्वीप समूहों में निम्न में से किस प्रकार के वन पाए जाते हैं।
(A) Moist Deciduous Forest / आर्द्र पर्णपाती वन
(B) Dry Deciduous Forest / शुष्क पर्णपाती वन
(C) Temperate Forest / शीतोष्ण वन
Choose the appropriate option. / उपयुक्त विकल्प का चयन करें।

(a) Only (A) / (A) केवल
(b) Both (A) and (B)/(A) तथा (B) दोनों
(c) Both (A) and (C) / (A) तथा (C) दोनों
(d) All (A), (B) and (C) / (A), (B) तथा (C) सभी

Ans.(a)

अंडमान और निकोबार द्वीप समूहों में आर्द्र पर्णपाती वन पाए जाते हैं। यह भारत का एक केन्द्र शासित प्रदेश है। यह बंगाल की खाड़ी के दक्षिण में हिंद महासागर में स्थित है। यह कई छोटे बड़े द्वीपों से मिलकर बना है। इसकी राजधानी पोर्ट ब्लेयर है।

410. Read the statements (A) and (R).
निम्न कथनों और को पढ़िए
Assertion (A): Granite are solid rocks and desirable for buildings, ornamental purpose and as grinding stone. / कथन (A): ग्रेनाइट ठोस चट्टानें हैं तथा सिलबट्टे के तौर पर प्रयोग में बिल्डिंग बनाने, सजावटी व लायी जाती है।
Reason (R): They have large grains due to a very slow cooling process deep down inside the earth's crust. / कारण (R): पृथ्वी की भूपर्पटी के बहुत नीचे धीरे-धीरे ठंडा होने के कारण ये बड़े दानों का रूप ले लेते हैं।
Choose the appropriate option: / उपयुक्त विकल्प का चुनाव कीजिए:

(a) Both (A) and (R) are true and (R) is the correct explanation of (A) / (A) तथा (R) दोनों सही हैं तथा (R) सही व्याख्या है (A) की।
(b) Both (A) and (R) are true but (R) is not the correct explanation of (A). / (A) तथा (R) दोनों सही हैं किन्तु (R) सही व्याख्या नहीं है (A) की।

(c) (A) is true, but (R) is false / (A) सही है किन्तु (R) गलत है।

(d) (A) is false, but (R) is true. / (A) गलत है किन्तु (R) सही है।

Ans. (a)

ग्रेनाइट ठोस चट्टानें है तथा बिल्डिंग बनाने में सजावटी व सिलबट्टे के तौर पर प्रयोग में लायी जाती है। ग्रेनाइट मणिभीय दानेदार शिला है, जिसका प्रमुख अवयव स्फटिक होता है। ग्रेनाइट पृथ्वी के प्रत्येक भाग में पाया जाता है। भारत में भी यह प्रचुरता से मिलता है। तमिलनाडु के तंजावुर नगर में स्थित वृहदेश्वर मंदिर विश्व का पहला ऐसा मंदिर है जो ग्रेनाइट पत्थर से बनाया गया है। पृथ्वी की भूपर्वटी के बहुत नीचे धीरे-धीरे ठंडा होने के कारण ये बड़े दानों का रूप ले लेते हैं। अतः (A) तथा (R) दोनों सही है तथा (R) सही व्याख्या है (A) की।

411. Consider the following statements about winds and choose the correct option.
पवनों के बारे में दिए गए कीजिए: कथनों को पढ़िए तथा सही विकल्प का चयन

(A) Monsoons are example of seasonal winds. / मानसूनी पवनें मौसमी पवनों का उदाहरण हैं।

(B) Seasonal winds blow constantly throughout the year in a particular direction. / मौसमी पवनें वर्ष भर लगातार निश्चित दिशा में चलती रहती हैं।

(C) Land and sea breeze are examples of permanent winds. / स्थल व समुद्री समीर, स्थायी पवनों के उदाहरण हैं।

(a) Only (A) is true. / केवल (A) सही है।

(b) Only (A) and (B) are true. / केवल (A) तथा (B) सही है।

(c) Only (B) and (C) are true. / केवल (B) तथा (C) सही है।

(d) Only (A) and (C) are true. / केवल (A) तथा (C) सही है।

Ans. (a)

पवनें तीन प्रकार की होती हैं प्रचलित पवन, मौसमी पतन और स्थानीय पवन मौसमी पवन, वह पवन है जिनकी प्रवाहित होने की दिशाएँ समय या मौसम के अनुसार परिवर्तित हो जाती है। स्थल, समुद्री व मानसूनी पवनें मौसमी पवनों के उदाहरण है।

412. Read the following statements in the context of condensation:
संघनन के संदर्भ में निम्न कथनों को पढ़िए:

(A) Water vapour condenses to droplets of water. / जलवाष्प संघनित होकर ठंडा होकर जल की बूंद बनाते हैं।

(B) When droplets of water become too heavy to float in air, they come down as precipitation. / जब जल की ये बूँदे इतनी भारी हो जाती हैं कि वायु में तैर न सके, तब ये वर्षण के रूप में नीचे आ जाती हैं।

(C) Jet planes flying in sky leave a white trail behind as moisture from their engines condense. / आकाश में उड़ते हुए जेट हवाई जहाज अपने पीछे पद चिन्ह छोड़ते हैं क्योंकि इंजनों से निकली नमी संघनित हो जाती है।

Choose the correct option: / सही विकल्प का चुनाव कीजिए:

(a) Only (A) and (B) are true / केवल (A) तथा (B) सही हैं।

(b) Only (B) and (C) are true / केवल (B) तथा (C) सही हैं।

(c) Only (A) and (C) are true / केवल (A) तथा (C) सही हैं।

(d) All (A), (B) and (C) are true / सभी (A), (B) और (C) सही हैं।

Ans. (d)

गैस से द्रव बनने की परिघटना को संघनन कहते हैं। : संघनन तब होता है जब ओसांक, हिमांक बिन्दु से कम या ज्यादा रहता है जलवाष्प संघनित होकर ठंडा होकर जल की बूँद बनाते हैं। यह प्रक्रिया वाष्पन के विपरीत है, प्रायः जल चक्र के संदर्भ में ही इसका प्रयोग होता है। वर्षा भी एक प्रकार का संघनन ही है। आकाश में उड़ता हुआ एक जेट हवाई जहाज अपने पीछे पद चिन्ह छोड़ते हैं क्योंकि इंजनों से निकली नमी संघनित हो जाती है। इसलिए संघनन के संदर्भ में (A), (B) और (C) सही है।

413. The Tibetan antelope is hunted for its wool known as 'Shahtoosh as:
तिब्बती एंटीलोप का शिकार इसके ऊन 'शाहतूश के लिए किया जाता है, क्योंकि ______ ।

(A) It is light in weight / यह वजन में हल्का होता है।
(B) It is extremely warm / यह अत्यधिक गर्म होता है
(C) The animal is found in large numbers / यह जानवर बहुत अधिक संख्या में पाया जाता है

Choose the correct options: / सही विकल्प चुनें।

(a) (A) and (B) / (A) और (B)
(b) (A) and (C) / (A) और (C)
(c) (B) and (C)/ (B) और (C)
(d) (A), (B) and (C) / (A), (B) और (C)

Ans. (a)

तिब्बती एंटीलोप का शिकार इसके ऊन शहतूश के लिए किया जाता है क्योंकि यह वजन में हल्का होता है तथा यह अत्यधिक गर्म भी होता है। यह पूर्वोत्तर तिब्बती पठार में पाये जाते हैं। उनका शिकार उनके बेहद गरम, नरम, तथा हल्के अंडरफर के लिए किया जाता है जो आमतौर पर मृत्यु के बाद प्राप्त होता है। शाहतूश शॉल पारम्परिक रूप से भारत में शादी के तोहफे के रूप में दिए जाते थे तथा एक शॉल बनाने के लिए तीन से पाँच तिब्बती एंटीलोप का अंडरफर प्रयोग होते हैं।

414. Consider the following statements (A) and (B).
नीचे दिए गए कथन (A) और (B) पर विचार करें:

(A) Renewable resources are unlimited and are not affected by human activities / नवीकरणीय संसाधन असीमित होते हैं और इन पर मानवीय क्रियाओं का प्रभाव नहीं होता है।
(B) Renewable resources get replenished quickly as compared to non-renewable resources. / अनवीकरणीय संसाधन की तुलना में नवीकरणीय संसाधन जल्दी पुनः पुरित हो जाते हैं।

Choose the correct option: / सही विकल्प का चयन करें।

(a) Both (A) and (B) are true. / (A) और (B) दोनों सही हैं।
(b) Both (A) and (B) are false. / (A) और (B) दोनों गलत हैं।
(c) (A) is true but (B) is false. / (A) सही है लेकिन (B) गलत हैं।
(d) (A) is false but (B) is true. (A) गलत है लेकिन (B) सही हैं।

Ans. (d)

नवीकरणीय संसाधन में संसाधन है जिन्हें एक बार उपयोग करने के बाद फिर से पुनः स्थापित किया जा सकता है तथा पुनः उपयोग में लाया जा सकता है। इन्हें नव्य संसाधन भी कहते है। सौर ऊर्जा, पवन ऊर्जा, भूतापीय ऊर्जा नवीकरणीय संसाधन के उदाहरण है। अनवीकरणीय संसाधन वे संसाधन हैं जिनके भण्डार में प्राकृतिक प्रक्रियाओं द्वारा पुनर्स्थापन नहीं होता है। कोयला, पेट्रोल तथा प्राकृतिक गैस अनवीकरणीय संसाधन के उदाहरण है। इसलिए (A) कथन गलत हैं, जबकि (B) सही है।

415. What will be the sequence of the process of taking out minerals from rocks, it you move from earth's surface to inner layers.
शैलों से खनिजों को बाहर निकालने की प्रक्रिया का क्रम क्या होगा अगर आप पृथ्वी की सतह से उसकी आंतरिक तहों तक जाते हैं ?

(A) Open cast mining / विवृत खनन
(B) Shaft mining / कूपकी खनन
(C) Quarrying / आखनन

Choose the correct options: /सही विकल्प चुनें।

(a) (C)-(A)-(B)
(b) (A)-(C)-(B)
(c) (A)-(B)-(C)
(d) (B)-(A)- (C)

Ans. (a)

आखनन, विवृत खनन, कूपकी खनन यह शैलों से खनिजों को बाहर निकलाने की प्रक्रिया का क्रम है जो पृथ्वी की सतह से उसकी आंतरिक तहाँ तक जाते हैं।

416. Consider the following statements about practice of shifting cultivation.

स्थानांतरी कृषि के संदर्भ में निम्नलिखित कथनों पर विचार कीजिए:

(A) There are areas of heavy rainfall / ये भारी वर्षा वाले क्षेत्र हैं।

(B) It is practiced in areas of quick regeneration / यह तीव्र पुनर्जनन वाले क्षेत्रों में प्रचलित होती है।

(C) It is also called 'slash and burn' agriculture. / इसे 'कर्तन एवं दहन कृषि' के नाम से भी जाना जाता है।

The correct statements are: /सही वाक्य हैं:

(a) (A) and (B)/ (A) तथा (B)
(b) (B) and (C) / (B) तथा (C)
(c) (A) and (C) / (A) तथा (C)
(d) All (A), (B) and (C) / (A), (B) तथा (C) सभी

Ans. (d)

स्थानांतरी कृषि के संदर्भ में निम्न कथन सही है ये भारी वर्षा वाले क्षेत्र होते हैं, यह तीव्र पुनर्जनन क्षमता वाले क्षेत्रों में क्षेत्र प्रचलित होते हैं। इस कृषि प्रणाली को कर्तन एवं दहन कृषि के नाम से भी जाना जाता है। यह कृषि अमेजन बेसिन के सघन न क्षेत्रों, ऊष्ण कटिबंधीय अफ्रीका, दक्षिण पूर्व एशिया और पूर्वोत्तर भारत में प्रचलित है।

417. Which of the following cities is situated at the nearest longitude to Delhi?
निम्नलिखित में से कौन-सा शहर दिल्ली के सबसे समीप के देशांतर पर स्थित है?

(a) Bengaluru / बेंगलुरु
(b) Hyderabad / हैदराबाद
(c) Nagpur / नागपुर
(d) Pune / पुणे

Ans. (a)

व्याख्या: दिल्ली और बेंगलुरु के अक्षांश क्रमशः 29° उ० और 13° उ० हैं और उनका देशांतर लगभग 77° पू० एक ही है।

418. If you travel from Kohima to Kottayam by road, then you will have to pass through at least how many states within India including the origin and destination?
यदि आप कोहिमा से कोट्टयम की यात्रा सड़क मार्ग से करते हैं तो आपको मूल स्थान और गंतव्य स्थान को मिलाकर भारत के अंदर कम-से-कम कितने राज्यों में से होकर गुजरना होगा?

(a) 6
(b) 7
(c) 8
(d) 9

Ans. (b)

व्याख्या: कोहिमा से कोट्टयम की यात्रा सड़क मार्ग से करने पर कोहिमा नागालैंड , असम वेस्ट , पश्चिम बंगाल, ओडिशा ,आंध्र प्रदेश, तमिलनाडु व केरल सात राज्यों से गुजरना होगा।

419. If you are discussing Prairies and Veldts in the class, on a world map which region will you mark?
अगर आप कक्षा में प्रेअरी और वेल्ड पर परिचर्चा कर रहे हैं तो आप विश्व मानचित्र पर किस क्षेत्र को अंकित करेंगे?

(a) USA and South America respectively. / संयुक्त राज्य अमेरिका और दक्षिण अमेरिका क्रमशः
(b) South America and Canada respectively. / दक्षिण अमेरिका और कनाडा क्रमशः
(c) Amazon Basin and South Africa respectively. / अमेजन बेसिन दक्षिण अफ्रीका क्रमशः
(d) Canada and South Africa respectively. / कनाडा और दक्षिण अफ्रीका क्रमशः

Ans. (d)

अगर आप कक्षा में प्रेअरी और वेल्ड पर परिचर्चा कर रहे है तो आप विश्व मानचित्र पर क्रमशः कनाडा और दक्षिण अफ्रीका क्षेत्र को अंकित करेंगे। यह शीतोष्ण कटिबंधीय घास के के मैदानों में उदाहरण है। यह 30° से 45° अक्षांशों के मध्यवर्ती भागों में पाए जाते है। उत्तरी गोलार्द्ध में स्थलीय विस्तार अधिक होने के कारण इस मैदानों का विस्तार कहीं कहीं 50° उत्तरी अशांक्ष तक पाया जाता है। इन घास के मैदानों को संयुक्त राज्य अमेरिका व कनाडा में प्रेयरी, अर्जेटीना उरूग्वे, ब्राजील में पम्पास, द. अफ्रीका में वेल्ड, यूरेशिया में स्टेपीज तथा ऑस्ट्रेलिया में डाउन्स कहा जाता है।

420. Consider the following statements about stereotypes:
रुढिबद्ध धारणाओं के संदर्भ में निम्न वाक्यों पर ध्यान दीजिए:

(A) Stereotypes stop us from looking at each person as a unique individual with his/ her own special quality or skill / रुढ़िबद्ध धारणाएँ हमें प्रत्येक व्यक्ति को अनोखे और अलग व्यक्ति जिसके पास खास गुण व क्षमताएँ हो सकती हैं, के रूप में देखने से रोक देती हैं।

(B) Stereotypes fit large number of people into only one pattern or type / रुढिबद्ध धारणाएँ बड़ी संख्या में लोगों को एक ही प्रकार के खाँचे में जड़ देती हैं।

(C) Stereotypes affects all of us as they give us opportunities to do certain things we are good at / रुढिबद्ध धारणाओं का हम सब पर प्रभाव पड़ता है क्योंकि इनके चलते हमें उन कामों को करने का मौका मिलता है जिनमें हम अच्छे हैं।

Choose the correct option: /सही विकल्प का चयन कीजिए:

(a) Only (A) is true / केवल (A) सही है।
(b) Only (A) and (B) are true / केवल (A) तथा (B) सही है।
(c) Only (B) and (C) are true / केवल (B) तथा (C) सही है।
(d) All (A), (B) and (C) are true / सभी (A), (B) तथा (C) सही है।

Ans. (b)

रूढ़िवाद एक प्रकार की विचारधारा है जो किसी चीज के बारे में पुराने समय से चली आ रही तथ्य एवं सिद्धान्तों पर विश्वास करती है एवं उसी को स्वीकार करती है। रूढ़िवाद परिवर्तन को स्वीकार नहीं करता है। वह पहले से बनी परंपरा पर ही विश्वास करता है। यह बड़ी संख्या में लोगों को एक ही प्रकार के खाँचे में जड़ देती है। साथ ही रूढ़िबद्ध धारणायें हमें प्रत्येक व्यक्ति को अनोखे और अलग व्यक्ति जिसकेपास खास गुण व क्षमताएँ हो सकती हैं के रूप में देखने से रोक देती है। अतः रूढ़िबद्ध धारणाओं के संदर्भ में A तथा B सही है।

421. Identify the areas from those given below, which have notable cultural influences of Arab and Chinese traders in the past:
निम्नलिखित क्षेत्रों में से उन क्षेत्रों की पहचान कीजिए जहाँ अतीत में आए अरबी और चीन के व्यापारियों के उल्लेखनीय सांस्कृतिक प्रभाव हैं?

(a) Punjab and Tamil Nadu / पंजाब और तमिलनाडु
(b) Kerala and Ladakh / केरल और लद्दाख
(c) Assam and Haryana / असम और हरियाणा
(d) Gujarat and Telangana / गुजरात और तेलंगाना

Ans. (b)

केरल और लद्दाख यह दो प्रमुख क्षेत्र है, जहाँ अतीत में आए अरबी और चीन के व्यापारियों के उल्लेखनीय सांस्कृतिक प्रभाव है। लद्दाख जम्मू और कश्मीर के पूर्व में पहाड़ियों में बसा एक रेगिस्तानी इलाका है। लद्दाख के रास्ते ही बौद्ध धर्म तिब्बत पहुँचा। लद्दाख को छोटा तिब्बत भी कहा जाता है। केरल, भारत के दक्षिण पश्चिमी कोने में बसा हुआ है। सबसे पहले अरबी एवं यहूदी व्यापारी केरल आए थे। चीन के व्यापारी भी केरल आए, यहाँ पर मछली पकड़ने के लिए जो जाल इस्तेमाल किए जाते हैं वे चीनी जालों से हू-ब-हू मिलते हैं और उन्हें 'चीनावला कहते हैं।

422. The President of India is elected by:
भारत के राष्ट्रपति का चुनाव के द्वारा होता है।

(a) the council of ministers and their head. / मंत्रियों एवं उनके मुखियाओं की परिषद्
(b) direct election by eligible citizens. / योग्य नागरिकों द्वारा प्रत्यक्ष चुनाव
(c) indirect election by the electoral college. / निर्वाचक मंडल द्वारा अप्रत्यक्ष चुनाव
(d) indirect election by all the elected members including Panchs. / पंचों सहित सभी चयनित सदस्यों द्वारा अप्रत्यक्ष चुनाव

Ans. (c)

भारत के राष्ट्रपति का चुनाव निर्वाचक मंडल द्वारा अप्रत्यक्ष चुनाव के द्वारा होता है। भारतीय राष्ट्रपति का चुनाव एक निर्वाचक मंडल के माध्यम से किया जाता है, जिसमें राज्य सभा, लोकसभा और राज्यों की

विधानसभाओं के निर्वाचित सदस्य रहते हैं। चुनाव का आयोजन भारतीय चुनाव आयोग (EC) द्वारा किया जाता है। निर्वाचक मंडल संसद के उच्च एवं निम्न सदन (राज्य) सभा और लोकसभा सांसदों) के सभी निर्वाचित सदस्यों एवं राज्यों व केन्द्र शासित प्रदेशों (दिल्ली एवं पुदुचेरी) के विधान सभाओं (विधायकों) के निर्वाचित सदस्यों से बना होता है। अनु. 54 राष्ट्रपति का चुनाव, अनु0 55 राष्ट्रपति के चुनाव की प्रक्रिया।

423. 'Our Constitution ensures that Government system doesn't involve only a few privileged people making decision for everyone. There are different levels of government. Which derive their authority from the Constitution'.

हमारा संविधान यह सुनिश्चित करता है कि शासन की व्यवस्था केवल कुछ विशेषाधिकृत लोगों को सम्मिलित नहीं करती जो सभी के लिए निर्णय लें। यहाँ सरकार के विभिन्न स्तर हैं जो संविधान से ही अपनी ताकत और अधिकार प्राप्त करते हैं।'

This explains the following feature of the Indian Constitution. / यह भारतीय संविधान के निम्नलिखित विशेषता की व्याख्या करता है:

(a) Federalism / संघवाद
(b) Separation power / शक्तियों का बँटवारा
(c) Secularism / धर्मनिरपेक्षता
(d) Parliamentary Government / संसदीय शासन

Ans.(a)

हमारा संविधान यह सुनिश्चित करता है कि शासन की व्यवस्था केवल कुछ विशेषाधिकृत लोगों को सम्मिलित नहीं करती जो सभी के लिए निर्णय लें। यहाँ सरकार के विभिन्न स्तर हैं जो संविधान से ही अपनी ताकत और अधिकार प्राप्त करते हैं। यह भारतीय संविधान के संघवाद विशेषता की व्याख्या करता है। संघवाद (Federalism) मूल रूप से एक द्वैध सरकार प्रणाली (Dual Government System) है, जिसमें एक केन्द्र और कई राज्य शामिल होते है। संघवाद संविधान की मूल संरचना के स्तंभों में से एक है। जैसा कि सर्वोच्च न्यायालय ने एस. आर. बोम्मई बनाम भारत संघ मामले में दुहराया था कि राज्य संघ के महज उपांग नहीं है और संघ को यह सुनिश्चित करना चाहिए कि राज्यों की शक्तियों को कुचला नहीं जाएगा। संघीय सिद्धान्तकार के.सी. व्हेयर के अनुसार 'भारतीय संविधान की प्रकृति 'अर्द्ध-संघीय' (Quasi-Federal) है।"

424. Which of the following situations most likely represents the condition of migrant workers to an Indian city?

इनमें से कौन सी स्थिति भारत के एक शहर में आए प्रवासी मजदूर की अवस्था को सबसे करीब से दर्शाती है?

(a) Babu owns a pucca shop in the main market of the town, which gives him income throughout the year. / बाबू शहर के मुख्य बाजार में एक पक्का दुकान का मालिक है, जिससे उसे पूरे वर्ष आय मिलती है।
(b) Rajan sells his wares from a cart during the day and on which he sleeps at night. / राजन एक ठेले पर दिन में सामान बेचता है और रात होने पर उसी में सो जाता है।
(c) Joy starts a showroom in a new mall to sell branded wear. / जॉय एक नये शॉपिंग मॉल में ब्रेंडेड कपड़ों का शोरूम खोलता है।
(d) Veena has a dental clinic in an unauthorized colony. / वीणा एक अनधिकृत बस्ती में एक दंत्य चिकित्सालय चलाती है।

Ans. (b)

राजन एक ठेले पर दिन में सामान बेचता है और रात होने पर उसी में सो जाता है। यह स्थिति भारत के एक शहर में आए प्रवासी मजदूर की अवस्था को सबसे करीब से दर्शाती है। अपने मूल निवास स्थान से दूर आंतरिक अथवा अंतर्राष्ट्रीय सीमाओं के पार लोगों की आवाजाही को प्रवासन कहते है। अन्तर्राष्ट्रीय प्रवासी श्रमिक अधिनियम, 1979 में प्रवासी श्रमिकों को नियुक्त करने वाले सभी प्रतिष्ठानों का पंजीकृत होना अनिवार्य किया गया है।

425. Consider the following statements about putting out system:

दादन व्यवस्था' के संदर्भ में निम्न कथनों पर विचार करें:

(A) It is prevalent in most of the big industries in India. / यह व्यवस्था भारत में बड़े उद्योगों में प्रचलित है।

(B) In this system merchant supplies the raw material and receives the finished product. / इसमें व्यापारी कच्चा माल देता है और उसे तैयार माल प्राप्त होता है।

(C) In this system craftsman mostly work at their home or at workshop. / इसमें बुनकर अधिकतर अपने घर या कार्यशाला में कार्य करते हैं।

Choose the correct option: / सही विकल्प का चयन कीजिए।

(a) Only (B) is true. / केवल (B) सही है।
(b) Both (A) and (B) are true. / (A) तथा (B) दोनों सही हैं।
(c) Both (B) and (C) are true. / (B) तथा (C) दोनों सही हैं।
(d) All (A), (B) and (C) are true. / सभी (A), (B) तथा (C) सही हैं।

Ans.(c)

दादन व्यवस्था में बुनकरों और व्यापारियों के बीच एक तादात्म्य सम्बन्ध स्थापित होता है। जिसमें व्यापारी कच्चा माल देता है और उसे तैयार माल प्राप्त होता है। यह दादन व्यवस्था भारत के अधिकांश क्षेत्रों में बुनाई उद्योगों में प्रचलित है। इसमें बुनकर अधिकतर अपने घर या कार्यशाला में कार्य करते है। अतः (B) और (C) कथन सही हैं।

426. The killing of Hector Pietersen by the police in the wake of a protest, is an episode associated with which of the following historical struggle?
एक विरोध प्रदर्शन के दौरान पुलिस द्वारा हेक्टर पीटरसन की हत्या की घटना, किस ऐतिहासिक संघर्ष से जुड़ी हुई है?

(a) Struggle against racism in America / अमेरिका में रंगभेद के खिलाफ संघर्ष
(b) Struggle against monarchy in Nepal / नेपाल में राजतंत्र के खिलाफ संघर्ष
(c) Struggle against apartheid in South Africa / दक्षिण अफ्रीका में रंगभेद नीति के खिलाफ संघर्ष
(d) Struggle against colonialization in Algeria / अलजीरिया में उपनिवेशवाद के खिलाफ संघर्ष

Ans. (c)

एक विरोध प्रदर्शन के दौरान पुलिस द्वारा हेक्टर पीटरसन की हत्या की घटना, दक्षिण अफ्रीका में रंगभेद नीति के खिलाफ संघर्ष से जुड़ी हुई है। रंगभेद प्रणाली ने लोगों को उनकी त्वचा के रंग के आधार पर विभाजित करने का कार्य किया। इसी रंग भेद प्रणाली के कारण ही अश्वेत लोगों को मतदान के अधिकार से वंचित रखा गया। रंगभेद व्यवस्था ने उपनिवेशवाद और जातिवाद के चरम को दर्शाया। रंगभेद के खिलाफ लम्बे संघर्ष के बाद वर्ष 1994 में दक्षिण अफ्रीका ने अखिरकार स्वतंत्रता प्राप्त की और एक नए संविधान का निर्माण कर रंगभेद पर प्रतिबंध लगा दिया। इस नए निर्मित संविधान में सभी को समान अधिकार दिए गए।

427. The Hindu Succession Amendment Act 2005 is a step towards gender equality for which of the following reason?
हिंदू उत्तराधिकार उत्तराधिकार अधिनियम धारा 2005, निम्नलिखित में से किस कारण हेतु लैंगिग समानता की ओर एक कदम है?

(a) It recognizes the right of daughter to retain their father's surname upon getting married. / यह बेटियों को विवाह के बाद भी पैतृक कुलनाम रखने का अधिकार देता है।
(b) It recognizes the right of daughter to father's property. / यह बेटियों को पिता की संपत्ति पर अधिकार दिलाता है।
(c) It recognizes the eldest child - whether male or female to be the father's Successor. / यह सबसे बड़ी संतान लड़का या लड़की को पिता का उत्तराधिकारी मानता हैं।
(d) It recognizes the right of only unmarried daughter to father's lands. / यह केवल गैर विवाहित बेटियों का पिता के जमीन पर अधिकार मानता है

Ans. (b)

हिन्दू उत्तराधिकार अधिनियम धारा 2005 के अनुसार यह बेटियों को पिता की संपत्ति पर अधिकार दिलाता है। सितम्बर | 2005 में 1956 के अधिनियम में संशोधन के बाद से वर्ष 2005 से महिलाओं को सम्पत्ति विभाजन के लिए सहदायिक के रूप में मान्यता दी गई थी। इस अधिनियम की धारा 6 में संशोधन किया गया था। ताकि एक सहदायक (Coparcenary) की पुत्री को भी जन्म से सहदायिक बनाया जा सके तथा यह लैंगिक समानता की और एक महत्वपूर्ण कदम है।

428. Indians celebrate Republic Day in order to mark ________.
भारतीय ________ के दिन को याद करने के लिए गणतंत्र दिवस मनाते हैं।

(a) India's first general election / भारत के पहले आम चुनाव
(b) India's independence / भारत की स्वतंत्रता
(c) Enforcement of the Constitution / संविधान के लागू होने
(d) Completion of the writhing of the Constitution / संविधान का लेखन पूरा होने

Ans. (c)

भारतीय संविधान के लागू होने के दिन को याद करने : के लिए गणतंत्र दिवस मनाते है। भारतीय संविधान की मूल संरचना भारत सरकार अधिनियम 1935 पर आधारित है। भारत का संविधान 26 नवम्बर 1949 को औपचारिक रूप से अंगीकृत किया गया तथा 26 जनवरी 1950 को भारतीय संविधान पूर्ण रूप से लागू हुआ था। तब से 26 जनवरी के दिन प्रतिवर्ष गणतंत्र दिवस के रूप में मनाया जाता है।

429. Ramya working as a support staff in a bakery has been falsely accused of stealing her employer's costly mobile phone, but she cannot hire a lawyer to defend her case due to poor economic conditions. According to which Article of the Indian constitution will she be provided a lawyer by the state to represent her case?
राम्या एक बेकरी में सहयोगी कर्मी के रूप में काम करती है। उसे उसके मालिक का महंगा मोबाईल फोन चुराने के झूठे आरोप में अभियुक्त बनाया जाता है परन्तु वह 'अपनी खराब आर्थिक स्थिति' के चलते अपने बचाव केलिए वकील नहीं कर पाती है। उसके केस का प्रतिनिधित्व करने के लिए भारतीय संविधान के किस अनुच्छेद के अनुसार राज्य द्वारा वकील दिया जाएगा ?

(a) Article 38 / अनुच्छेद 38
(b) Article 39 (A) / अनुच्छेद 39 (A)
(c) Article 40 / अनुच्छेद 40
(d) Article 21 / अनुच्छेद 21

Ans. (b)

भारत के संविधान के भाग IV (अनु0 36-51) में राज्य के नीति निदेशक सिद्धान्त (DPSP) शामिल है। यह आयरलैण्ड के संविधान से लिया गया है। 42 वें संविधान संशोधन 1976 के द्वारा अनु 39 (A) में कहा गया है राज्य 'गरीबों को निःशुल्क कानूनी सहायता प्रदान करेगा। दिए गए प्रश्न में भी रम्या को अपने ऊपर लगे झूठे आरोप को सही साबित करने हेतु अन० 39 (A) के तहत राज्य द्वारा वकील दिया जायेगा।

430. Read the Assertion (A) and Reasoning (R) and choose the appropriate option:
अभिकथन (A) और कारण (R) को पढ़िए तथा उपयुक्त विकल्प का चयन कीजिए।

(A): The decisions made by higher courts are binding on the lower courts. / ऊपरी न्यायालय के फैसले नीचे की सारी न्यायालयों को मानने होते हैं।

(R): India has an integrated judicial system. / भारत के पास एकीकृत न्यायिक व्यवस्था है।

(a) Both (A) and (R) are true and (R) is the correct explanation of (A). / (A) और (R) दोनों सही हैं तथा (R), (A) की सही व्याख्या है।
(b) Both (A) and (R) are true and (R) is not the correct explanation of (A). / (A) और (R) दोनों सही हैं तथा (R), (A) की सही व्याख्या नहीं है।
(c) (A) is true but (R) is false. / (A) सही है परन्तु (R) गलत है।
(d) (A) is false but (R) is true. / (A) गलत है परन्तु (R) सही है।

Ans. (a)

ऊपरी न्यायालय के जो भी फैसले होते है, वह नीचे के सारी न्यायालयों को मानने होते हैं। भारत का सर्वोच्च न्यायालय न्यायिक समीक्षा की शक्ति के साथ देश का शीर्ष न्यायालय है। भारत एक संघीय राज्य है एवं इसकी एकल तथा एकीकृत न्यायिक प्रणाली है जिसकी त्रिस्तरीय संरचना है, अर्थात् सर्वोच्च न्यायालय, उच्च न्यायालय और अधीनस्थ न्यायालय । अतः यह सपष्ट है कि (A) और (R) दोनों सही है तथा (R), (A) की सही व्याख्या है।

431. Consider the following statements (A), (B) and (C):
निम्नलिखित कथनों (A), (B) तथा (C) पर विचार कीजिए।

(A) Tawa Matsya Sangh was formed against building the Tawa Dam. / तवा मत्स्य संघ का गठन तवा बाँध के निर्माण के खिलाफ हुआ था।

(B) Tawa Matsya Sangh was formed for protecting the rights of forest dwellers of Madhya Pradesh to continue fishing at dam for their livelihood. / तवा मत्स्य संघ का गठन मध्य प्रदेश के जंगल निवासियों के जीवन निर्वहन के लिए बाँध पर मछलियाँ पकड़ने के काम को जारी रखने के अधिकार की रक्षा के लिए हुआ था।

(C) Tawa Matsya Sangh provides loan to the fish workers. / तवा मत्स्य संघ मछुवारों को ऋण भी देने की व्यवस्था करता है।

Choose the correct option: / सही विकल्प का चुनाव कीजिए।

(a) Only (A) is true. / केवल (A) सही है।
(b) Only (A) and (B) are true. / केवल (A) तथा (B) सही हैं।
(c) Only (B) and (C) are true. /केवल (B) तथा (C) सही हैं।
(d) All (A), (B) and (C) are true. / सभी (A), (B) तथा (C) सही हैं।

Ans. (c)

1996 ई0 में मध्य प्रदेश सरकार ने यह तय किया कि तवा बाँध के जलाशय से मछली पकड़ने का अधिकार यहाँ से विस्थापितों को ही दिया जायेगा। तत्कालीन सरकार ने तवा मत्स्य संघ को बाँध में मछली पकड़ने के लिए पाँच वर्ष का पट्टा (लीज) देना स्वीकार किया और इस तरह 2 जनवरी 1997 को तबा क्षेत्र के 33 गाँवों के लोगों के लिए 'नया साल सही अर्थों में आरंभ हुआ। तवा मत्स्य संघ मछुआरों को ऋण देने की व्यवस्था भी करता हैं। इस प्रकार कथन (B) और (C) सही है।

432. Which of the following order of succession within Mauryan Empire is correct?
निम्नलिखित में से मौर्य साम्राज्य में उत्तराधिकार का कौन-सा क्रम सही है?

(a) Chandragupta Maurya, Ashoka, Bindusara, Deshratha Maurya / चंद्रगुप्त मौर्य, अशोक, बिंदुसार, दशरथ मौर्य
(b) Chandragupta Maurya, Bindusara, Ashoka, Deshratha Maurya / चंद्रगुप्त मौर्य, बिंदुसार, अशोक, दशरथ मौर्य
(c) Chandragupta Maurya, Deshratha Maurya, Bindusara, Ashoka / चंद्रगुप्त मौर्य, दशरथ मौर्य, बिंदुसार, अशोक
(d) Chandragupta Maurya, Deshratha Maurya, Bindusara, Ashoka / चंद्रगुप्त मौर्य, दशरथ मौर्य, बिंदुसार, अशोक

Ans. (b)

मौर्य साम्राज्य में उत्तराधिकार से सम्बंधित शासकों का ने चाणक्य सही क्रम चन्द्रगुप्त मौर्य, बिन्दुसार, अशोक, दशरथ है। मौर्य राजवंश की स्थापना चन्द्रगुप्त मौर्य ने की थी । चन्द्रगुप्त की सहायता से नंद राजवंश को नष्ट कर दिया और मौर्य वंश की स्थापना की एवं सर्वप्रथम विलियम जोंस ने सेंड्रोकोट्स की पहचान चन्द्रगुप्त मौर्य से की। मेगस्थनीज यूनान का राजदूत था जिसे सेल्यूकस ने चन्द्रगुप्त मौर्य के दरबार में भेजा था इसने 'इण्डिका' नामक पुस्तक की रचना की। बिंदुसार चन्द्रगुप्त मौर्य का पुत्र था। यूनानियों ने इसे अमित्रकेट्स या अमित्रघात कहा है जिसका अर्थ शत्रु विनाशक है। बिन्दुसार के बाद उनका पुत्र अशोक शासक बना। वह मौर्य शासकों में सबसे महान शासक हुआ।

433. Which of the following statements is true about Mohenjodaro?
मोहनजोदड़ो के संदर्भ में निम्नलिखित में से कौन-सा कथन सत्य है?

(a) Statues wearing embroidered clothes have been discovered here. / यहाँ कढाईदार वस्त्र पहने मूर्तियों को खोजा गया है।
(b) Remains of pieces of cloth have been found here. / यहाँ कपडे के टुकडों के अवशेष मिले हैं।
(c) Spindles made of baked clay and faience indicate spinning of yarn. / यहाँ पक्की मिट्टी तथा फ़ेयॅन्स से बनी तकलियाँ सूत कताई का संकेत देती हैं।
(d) All of the above / उपरोक्त सभी

Ans. (d)

व्याख्या: मोहनजोदड़ो मे एक महत्वपूर्ण व्यक्ति की पत्थर से बनी मूर्ति मिली थी। इनमें उसे कढ़ाईदार वस्त्र पहने दिखाया गया है। संभवतः 1000 साल पहले मेहरगढ़ में कपास की खेती होती थी। मोहनजोदड़ो से कपड़े के टुकड़ों के अवशेष चाँदी के एक फूलदान के ढक्कन तथा कुछ अन्य ताँबे की वस्तुओं से चिपके हुए मिले हैं। पकी मिट्टी तथा फेरॉन्स से बनी तकलियाँ सूत कताई का संकेत देती हैं।

434. The use of dates in an upper primary History class can be on the basis of _____.
उच्च प्राथमिक स्तर पर इतिहास की कक्षा में तिथियों के प्रयोग का आधार कौन-सा हो सकता है?

(a) approximate dates / सन्निकट तिथियाँ
(b) confirmed dates / सुनिश्चित तिथियाँ
(c) fixed dates / स्थिर तिथियाँ
(d) no dates / कोई तिथि नहीं

Ans. (a)

उच्च प्राथमिक स्तर पर इतिहास की कक्षा में तिथियों के प्रयोग का आधार सन्निकट तिथियाँ हो सकती है। इसमें वर्ष 2000 को शुरुआती बिन्दु के रूप में रखकर घटनाओं और प्रक्रियाओं के होने की अनुमानित तिथियों की जानकारी दी है इसलिए तिथियों के पहले करीब का लगभग लिखा गया है। अशोक के शासन की शुरुआत की तिथि के रूप में एक से अधिक तिथियां देखने को मिल सकती है क्योंकि इतिहासकार इस बात पर एकमत नहीं हो पाये हैं कि सही तिथि क्या है। प्रश्नवाचक चिन्ह के साथ दी गयी तिथियाँ इस बात का संकेत करती है कि तिथियाँ निश्चित नही बल्कि सन्निकट है।

435. Which of the following statements about Satavahanas is correct?
निम्नलिखित वक्तव्यों में से कौन-सा वक्तव्य सातवाहन के लिए सही है?

(a) Satavahanas was powerful in Southern India. / सातवाहन दक्षिण भारत में सबसे शक्तिशाली थे।
(b) Satavahana rulers were known as lords of dakshinpatha / सातवाहन शासक दक्षिणपंथ के अधिपति के रूप में जाने जाते थे।
(c) Satavahana rulers sent their army to northern coasts. / सांतवाहन शासकों ने अपनी सेना उत्तरी समुद्र तटों पर भेजी।
(d) Shivaskanda Satakarni was the most important ruler of Satavahanas. / शिवस्कंद सत्कर्णी सातवाहन के एक अति महत्वपूर्ण शासक थे।

Ans. (b)

सातवाहन शासक दक्षिणपंथ के अधिपति के रूप में जाने जाते थे, यह वक्तव्य सातवाहनों के सम्बन्ध में सही हैं दक्कन और मध्यभाग में मौर्यो के उत्तराधिकारी सातवाहन हुए। पुराणों में सातवाहनों को आन्ध्र कहा गया है। सातवाहनों का सबसे प्रमुख राजा गौतमीपुत्र श्री शातकर्णीी था उसके बारे में उसकी माँ, गौतमी बलश्री द्वारा दान किये गये एक अभिलेख से पता चलता है। वह और अन्य सभी सातवाहन शासक दक्षिणपंथ के स्वामी कहे जाते थे। सातवाहनों की शक्ति को स्थापित करने वाला प्रथम शासक सिमुक था। सातवाहनों की सामाजिक व्यवस्था में पितृसत्तात्मकता के साक्ष्य मिलते है। सातवाहनों के सिक्के अधिकांशतः सीसे (लेड) से निर्मित है जो दक्कन में पाये गये है। सातवाहनों की राजकीय भाषा प्राकृत और लिपि ब्राम्ही थी।

436. Consider the statements A, B and C on temple and choose the correct answer.
मंदिर के बारे में दिए (A), (B) और (C) वक्तव्यों पर विचार कर सही उत्तर का चयन करें।

A. Temple towns represented pattern of urbanization. / मंदिर नगर, नगरीकरण का महत्वपूर्ण प्रतिरूप करते थे।

B. Temples were central to the economy and society. / मंदिर, अर्थव्यवस्था और समाज दोनों के लिए अत्यंत महत्वपूर्ण होते थे।

C. Temples were built by rulers to demonstrate their devotion to various deities. / शासक विभिन्न देवी-देवताओं के प्रति अपना भक्तिभाव दर्शाने के लिए मंदिर बनवाते थे।

Choose the correct option. / सही विकल्प का चयन करें।

(a) A, B and Call are correct / A, B और C सभी सही है

(b) A and B are correct and C is incorrect / A और B सही हैं, C सही नहीं है

(c) A and Care correct and B is incorrect. / A और C सही हैं, B सही नहीं है

(d) B and C are correct and A is incorrect. / B और C सही हैं, A सही नहीं है।

Ans.(a)

मंदिर नगर, नगरीकरण का महत्वपूर्ण प्रतिरूप प्रस्तुत करते थे मंदिर अर्थव्यवस्था और समाज दोनों के लिए अत्यन्त महत्वपूर्ण होते थे एवं और शासक विभिन्न देवी देवताओं के प्रति अपना भक्तिभाव दर्शाने के लिए मंदिर बनवाते थे। मंदिर के सम्बन्ध में A, B और C तीनों कथन सही है। चोल शासनकाल में दक्षिण भारत का मंदिर स्थापत्य चरमोत्कर्ष पर था। इस काल में स्थापत्य की जो शैली लोकप्रिय हुई उसे द्रविड़ शैली कहते है। द्रविड़ शैली के मंदिरों का आरम्भिक उदाहरण कांचीपुरम् का कैलाश मंदिर है। मंदिर स्थापत्य का एक अन्य प्रदृष्ट उदाहरण गंगैकोंडचोलपुरम् का मंदिर है राजराजेश्वर जैन मंदिर / वृहदेश्वर मंदिर का निर्माण बोलवंश के शासक राजराज प्रथम ने करवाया था। वह मंदिर पूरी तरह ग्रेनाइट से निर्मित है।

437. The Mahayana Buddhism was distinct from earlier forms of Buddhism as:
महायान बौद्ध धर्म की आरंभिक मान्यताओं से निम्न में से किन कारणों से भिन्न था?

A. It depicted Buddha's presence through signs. / इसमें बुद्ध की उपस्थिति संकेतों द्वारा दर्शायी गई

B. the bodhisattvas lived in isolation. / इसमें बोधिसत्व एकांतवास में रहते थे

C. statues of Buddha was made. / इसमें बुद्ध की प्रतिमाएँ बनाई गई थीं

D. the bodhisattvas remained in world to teach others / बोधिसत्व अन्य लोगों को शिक्षा देने के लिए सांसारिक परिवेश में रम गए

Choose one appropriate option. / एक सही विकल्प का चयन कीजिए।

(a) A and B are true / A और B सही हैं।

(b) B and C are true / B और C सही हैं।

(c) C and D are true / C और D सही हैं।

(d) A and D are true / A और D सही हैं।

Ans.(c)

महायान बौद्ध धर्म की आरंभिक मान्यताओं में से बुद्ध की प्रतिमाएँ बनाई गई थीं। बोधिसत्व अन्य लोगों को शिक्षा देने के लिए सांसारिक परिवेश में रम गये इस प्रकार (C) और (D) कथन सत्य हैं। महायान भी आरम्भिक मान्यताओं से भिन्न वा तथा दूसरा परिवर्तन बोधिसत्व में आस्था लेकर आया, बोधिसत्व उन्हें कहते है। जो ज्ञान प्राप्ति के बाद एकांतवास करते हुए ध्यान साधना कर सकते थे। कुषाणों का सबसे प्रसिद्ध राजा कनिष्क था। उसने एक बौद्ध परिषद का गठन किया, जिसमें एकत्र होकर विद्वान महत्त्वपूर्ण विषयों पर विचार विमर्श करते थे। इसी समय बौद्ध धर्म की एक नई धारा महायान का विकास हुआ।

438. Identify the correct option based on the following statements:
निम्नलिखित कथनों के आधार पर सही विकल्प की पहचान कीजिए:

Assertion (A): The Zabt system was prevalent in Gujarat and Bengal. / अभिकथन (A): गुजरात और बंगाल में जब्त व्यवस्था प्रचलित थी।

Reason (R): It was introduced in area where survey of land and careful account keeping prevailed.

कारण (R): यह व्यवस्था उन स्थानों पर लागू की गई थी जहाँ पर भूमि का निरीक्षण और उसका लेखा-जोखा सावधानीपूर्वक रखा गया था।

Choose the correct option. / सही विकल्प का चयन कीजिए।

(a) Both (A) and (R) are correct and (R) is the correct explanation of (A) / (A) और (R) दोनों सही हैं और (R), (A) की सही व्याख्या है

(b) Both (A) and (R) are correct and (R) is not the correct explanation of (A) / (A) और (R) दोनों सही हैं और (R), (A) की सही व्याख्या नहीं है

(c) (A) is true, but (R) is false. / (A) सही है लेकिन (R) गलत है।

(d) (A) is false, but (R) is true / (A) गलत है लेकिन (R) सही है

Ans. (d)

अकबर के राजस्व मंत्री टोडरमल ने दहसाला (1570-1571) की कालावधि के लिए कृषि की पैदावार कृषि का सावधानी पूर्वक सर्वेक्षण किया इन आंकड़ों के आधार पर प्रत्येक फसल पर नकद के रूप में कर (राजस्व निश्चित किया गया) प्रत्येक सूबे (शान्त) को राजस्व मण्डलों में बांटा गया और प्रत्येक की हर फसल के लिए राजस्व दर की अलग सूची बनाई गयी। राजस्व प्राप्त करने की इस व्यवस्था को जब्ती व्यवस्था कहा गया। यह व्यवस्था उन स्थानों पर प्रचलित थी जहाँ पर मुगल प्रशासनिक अधिकारी भूमि का निरीक्षण और लेखा जोखा सावधानीपूर्वक उनका हिसाब रख सकते वे ऐसा निरीक्षण गुजरात और बंगाल जैसे प्रांतों में संभव नहीं हो पाया। इस प्रकार विकल्प (A) गलत है विकल्प (R) सही है। मुगलों की आमदनी का प्रमुख साधन किसानों की उपज से मिलने वाला राजस्व था।

439. 'Mandapa' was ________?
'मंडप' था?

(a) a sacred place in temple / मंदिर का एक पवित्र स्थल

(b) a hall where people could assemble / एक सभागार जहाँ लोग इकट्ठे हो सकें

(c) a path laid around stupa / स्तूप के चारों ओर निर्मित एक पथ

(d) a place where image of deity was placed / वह स्थल जहाँ देवी-देवताओं की मूर्ति रखी होती थी।

Ans. (b)

'मंडप' मंदिर का एक सभागार होता था जहां लोग इकट्ठा हो सके राजा लोग इन मंडपों में अपना दरबार लगाते थे। यहीं से वे अपने अधीनस्थों के लिए आदेश जारी करते थे मंदिर 5 से 7 मंजिल के होते थे तथा वे एक विशेष शैली में बनें होते थे जिसे विमान शैली कहते थे। मंदिरों के चारों ओर एक विशाल परिक्रमा पथ होता था, जो ऊँची चहरदीवारी से घिरा रहता था। चहारदीवारी में जगह-जगह ऊँचे सिंह द्वार बने होते थे जिन्हें गोपुरम कहा जाता था। चोल काल में दक्षिण भारत में मूर्तिकला ने एक नई ऊँचाई को स्पर्श किया इसका एक उदाहरण श्रवण बेलगोला में गोमतेश्वर की विशालकाय मूर्ति है वह स्थान जहाँ देवी देवताओं की मूर्ति रखी होती थी गर्भगृह कहलाता था।

440. Read the statements and choose the correct option.
निम्नलिखित कथनों के आधार पर सही विकल्प की पहचान कीजिए:

Assertion (A): The support of Bahadur Shah Zafar to the rebellion had a positive implication on the people and the ruling families. / अभिकथन (A) बहादुर शाह जफर द्वारा विद्रोहियों को दिए गए समर्थन ने लोगों और शासन करने वाले परिवारों पर सकारात्मक असर डाला।

Reasoning (R): People saw the Mughals as an alternative power who could help challenge the British Rule. / कथन (R): लोगों ने मुगलों को वैकल्पिक शासन के तौर पर देखा जो ब्रिटिश राज को चुनौती देने में सहायता कर सकते थे।

(a) Both (A) and (R) are correct and (R) is the correct explanation of (A) / (A) और (R) दोनों सही हैं और (R), (A) की सही व्याख्या है

(b) Both (A) and (R) are correct and (R) is not the correct explanation of (A) / (A) और (R) दोनों सही हैं और (R), (A) की सही व्याख्या नहीं है

(c) (A) is true, but (R) is false. / (A) सही है लेकिन (R) गलत है

(d) (A) Both (A) and (R) truc. / (A) और (R) दोनों सही है।

Ans. (a)

बहादुर शाह जफर द्वारा विद्रोहियों को दिये गये समर्थन ने लोगों और शासन करने वाले परिवारों पर सकारात्मक असर डाला तथा लोगों ने मुगलों को वैकल्पिक शासन के तौर पर देखा, जो ब्रिटिश राज को चुनौती देने में सहायता कर सकते थे। 8 अप्रैल, 1857 को युवा सिपाही मंगल पाण्डे को बैरकपुर में अपने अफसरों पर हमला करने के आरोप में फांसी पर लटका दिया गया तथा कुछ दिन बाद मेरठ के सिपाहियों ने फौजी अभ्यास करने से इन्कार कर दिया। सिपाहियों को लगता था कि उन कारतूसों पर गाय और सुअर की चर्बी का लेप चढ़ाया गया है इसको लेकर कुछ सिपाहियों को बेल में डाल दिया गया जिससे सिपाही उग्र हो गये इस प्रकार कथन (A) और कथन (R) दोनों सही है और (R), (A) की सही व्याख्या है।

441. Alvars are saints who are devoted to: अलवार संत निम्न में से किसके उपासक थे?

(a) Vishnu/ विष्णु
(b) Shiva / शिव
(c) Shankara / शंकर
(d) Krishna / कृष्ण

Ans. (a)

अलवार संत विष्णु के उपासक थे। 7वीं से 9वीं शताब्दी के बीच कुछ नये धार्मिक आन्दोलनों का प्रादुर्भाव हुआ इन आन्दोलनों का नेतृत्व नयनारों (शीव संतों) और अलवारों (वैष्णाव संतों) ने किया। ये संत सभी जातियों के थे जिनमें पुलैया और पनार जैसी अस्पृश्य समझे जाने वाली जातियों के लोग भी शामिल थे वे बौद्ध, जैनों के कटु आलोचक थे। नयनार और अलवार दोनों घुमक्कड़ साधु संत थे। कुल मिलाकर 63 नयनार ऐसे थे, जो कुम्हार, अरपृश्य, कामगार, शिकारी सैनिक, ब्राम्हण जैसी अनेक जातियों में पैदा हुये थे उनमें सर्वाधिक प्रसिद्ध अप्पार संबंदर, सुंदरार और मणिक्कवसागर उनके गीतों के दो संकलन हैं- तेवरम् और तिरूवाचकम् अलवार संत 12 थे उनमें सर्वाधिक प्रसिद्ध थे पेरिय अलवार उनकी पुत्री आंडाल, तोडरडिप्पोडी अलवार और नम्मालवार उनके गीत 'दिव्य प्रबंधन' में संकलित है।

442. In the colonial period, several new cities were built. Many towns expanded; this had the following consequences.
औपनिवेशिक काल में नए शहर बने कई कस्बे, विकसित हुए। इसका ये परिणाम हुआ कि:

A. They attracted only the educated and upper-caste landlords to the cities. / वे केवल शिक्षित और ऊँची जातियों के भू- स्वामियों को ही आकर्षित कर पाये।

B. They offered good working conditions to the poor and labour rights. / उन्होंने मजदूरों के लिए अच्छी कार्य- दशाएँ और अमिक अधिकार प्रस्तुत किये।

C. They offered an escape route to the oppressed caste from daily humiliation. / उन्होंने दलित जातियों के लिए दिन-प्रतिदिन होने वाले अपमान से बचने का रास्ता बनाया।

Choose the correct option. / सही विकल्प चुनें:

(a) Only A is true / केवल A सही है
(b) Only B is true / केवल B सही है।
(c) Only C is true / केवल C सही है
(d) A, B and C are all true / A, B और C तीनों सही हैं

Ans.(c)

औपनिवेशिक काल में नये शहर बने कई कस्बे विकसित हुए। इससे दलित जातियों के दिन प्रतिदिन होने वाले अपमान से बचने का रास्ता बनाया। इस प्रकार विकल्प (C) सही होगा। वे केवल शिक्षित और ऊँची जातियों के भू-स्वामियों को ही आकर्षित कर पाये। शहर की जिंदगी एक संघर्ष की थी नौकरी पक्की नहीं थी खाना महंगा था तथा खर्च उठाना मुश्किल था फिर भी गरीबों ने वहां प्रायः अपनी एक अलग जीवंत शहरी संस्कृति रच दी थी। वे धार्मिक त्यौहारों तमाशों आदि में उत्साह पूर्वक हिस्सा लेते थे जिनमें उनका मजाक बनाया जाता था इस प्रकार केवल (c) उत्तर सही होगा।

443. The motto 'Shano Varunah' is inscribed on the insignia of the Indian Navy, which means?
भारतीय नौसेना के प्रतीक चिन्ह पर आदर्श वाक्य 'शंनो वरुणः' अंकित है, जिसका अर्थ है?

(a) O Varuna! May you be auspicious for us. /

हे वरुण ! हमारे लिये कल्याण-कारी हो।

(b) O Varuna! May you be beneficial for us. / हे वरुण ! हमारे लिये लाभकारी हो।

(c) O Varuna! May you protect us. / हे वरुण ! हमारी रक्षा करें।

(d) O Varuna! May you be auspicious for us. / हे वरूण ! हमारे लिये मंगलमय हों।

Ans. (a)

व्याख्या: भारतीय नौसेना के प्रतीक चिन्ह पर आदर्श वाक्य 'शं नो वरुणः' अंकित है, जिसका अर्थ है, "हे वरुण ! हमारे लिए कल्याणकारी हों"। यह महासागर, आकाश तथा जल से संबंधित वैदिक देवता वरुण की स्तुति है।

444. Gandhi ji was successful in bringing people together in various mass movements through.
निम्न में से किनके द्वारा गाँधीजी विभिन्न जन आंदोलनों में लोगों को एकजुट करने में सफल रहे-

A. methods of non-violence and satyagraha. / अहिंसा और सत्याग्रह का मार्ग अपनाकर

B. call for India's Independence / भारत की स्वतंत्रता का आह्वान करके

C. Prayer and fasting against British policies / अंग्रेजों की नीतियों के विरुद्ध प्रार्थना तथा अनशन करके

D. understanding peoples' need and taking up local issues / लोगों की आवश्यकताएँ समझकर तथा क्षेत्रीय मुद्दों को उठाकर

Choose the correct option. / सही विकल्प का चयन कीजिए-

(a) A and B / A और B
(b) B and C / B और C
(c) C and D / C और D
(d) A and D / A और D

Ans. (d)

अहिंसा और सत्याग्रह का मार्ग अपनाकर लोगों की आवश्यकताएँ समझकर तथा क्षेत्रीय मुद्दों को उठाकर गांधी जी विभिन्न जन आन्दोलन में लोगों को एक जुट करने में सफल रहें। अपनी प्रसिद्ध पुस्तक 'हिन्द स्वराज' (1909) में महात्मा गांधी ने कहा था कि भारत में ब्रिटिश शासन भारतीयों के सहयोग से ही स्थापित हुआ था और यह शासन इस सहयोग के कारण ही चल पा रहा था गांधी जी अहिंसा के पुजारी थे इसलिए हिंसा करने से बचते थे और क्षेत्रीय मुद्दो को उठाकर लोगों की समस्याओं का समाधान करते थे जैसे चम्पारण सत्याग्रह 1917 प्रथम वास्तविक किसान सत्याग्रह था।

445. If you were an extremist leader, which of the following methods, would you have taken against the British government?
यदि आप एक चरमपंथी नेता होते, तो अंग्रेजी सरकार के विरुद्ध आपने निम्न में से कौन-सा तारीका अपनाया होता-

A. boycott of British institutions and goods / अंग्रेजी संस्थानों तथा वस्तुओं का बहिष्कार

B. revolutionary violence and use of force / क्रांतिकारी हिंसा तथा बल का प्रयोग

C. demonstrations, petitions and writing articles against British rule / अंग्रेजी शासन के विरुद्ध प्रदर्शन करते, याचिकाएँ दायर करते तथा लेख लिखते

Choose the correct option: / सही विकल्प का चयन कीजिए।

(a) A and B / A तथा B
(b) A and C / A तथा C
(c) B and C / B तथा C
(d) A, B and C / A, B तथा C

Ans.(a)

यदि आप एक चरम पंथी नेता होते तो अंग्रेजी सरकार : के विरुद्ध अंग्रेजी संस्थानों तथा वस्तुओं का बहिष्कार, क्रातिकारी हिंसा तथा बल का प्रयोग जैसे तरीका अपनाया होता। गरम दल और नरम दल सहित कांग्रेस के भीतर के सभी दल बंगाल विभाजन के विरुद्ध एकजुट हुए। नरम दल के नेता का मत था कि बहिष्कार जैसे तरीकों का इस्तेमाल विशेष परिस्थिति में होना चाहिए वहीं गरम दल के नेताओं का विश्वास था कि बहिष्कार को व्यापक बनाना आवश्यक है। इन्होंने सरकारी स्कूलों कालेजों एवं वि.वि. का बहिष्कार करने और देशभक्ति को उभारने के लिए स्वदेशी शिक्षा संस्थाएं शुरू करने पर जोर दिया।

नोट :- गरम दल के नेता ब्रिटिश शासन के विरुद्ध कांग्रेस के नेता देशव्यापी आन्दोलन प्रारम्भ करना चाहते थे। सूरत अधिवेशन 1907 ई. में गरम दल और नरम दल में विभाजित हुए।

446. The congress sought to speak for all the Indian people against colonial rule because _____.
कांग्रेस को औपनिवेशिक शासन के विरुद्ध सभी भारतीयों की ओर से बोलने के लिए बुलावा दिया गया-

(a) they wanted the complete support of everyone to fight against foreign rule / क्योंकि वे विदेशी शासन के विरुद्ध लड़ाई के लिए प्रत्येक व्यक्ति का पूरा समर्थन चाहते थे।
(b) they were the only party who had the power to mobilize Indians / केवल वही एकमात्र दल था जिसमें सभी भारतीयों को संगठित कर विरोध के लिए तैयार करने की शक्ति थी।
(c) they projected themselves as the representative of all the different communities / क्योंकि इसने स्वयं को सभी समुदायों के प्रतिनिधि के रूप में प्रदर्शित किया था।
(d) the people had put complete trust and support on the party in their fight or Independence / स्वतंत्रता के लिए लड़ाई में लोगों ने अपना संपूर्ण विश्वास तथा समर्थन इस दल को दिया था।

Ans.(c)

कांग्रेस को औपनिवेशिक शासन के विरुद्ध सभी भारतीयों की ओर से बोलने के लिए बुलावा दिया गया क्योंकि इसने स्वयं को सभी समुदायों के प्रतिनिधि के रूप में प्रदर्शित किया था। राष्ट्रीय आन्दोलन ने बाहर की दुनिया की घटनाओं और विचारों से प्रेरणा ग्रहण की थी तथा दूसरे कई देश के लोगों ने भारत की आजादी के लिए सहयोग दिया तथा दूसरे देशों में भारतीयों ने स्थानीय लोगों की मदद से संगठन स्थापित किये ब्रिटिश कई बार भारत को विभाजित करने की कोशिश करते थे, लेकिन कांग्रेस को सभी लोगों का समर्थन प्राप्त था इस कारण विभाजित करने में उन्हें असफलता ही मिलती थी।

447. A narrow passage of water connecting two large water bodies like seas and oceans is called _____.
जल का संकरा भाग जो दो बड़ी जलराशियों, जैसे समुद्रों या महासागरों को जोड़ता है, वह क्या कहलाता है?

(a) Strait / जलसंधि
(b) Canal / नहर
(c) Isthmus / स्थलसंधि
(d) Bay / खाड़ी

Ans. (a)

- जल का संकरा भाग जो दो बड़ी जलराशियों, जैसे समुद्रों या महासागरों को जोड़ता है वह जलसंधि कहलाता है। स्थलसधि स्थल का एक संकरा भाग होता है, जो दो बड़े स्थलीय भागों को एक-दूसरे से जोड़ता है।
- पृथ्वी के बहुत बड़े भाग पर जल पाया जाता है, जिसे जलमंडल कहा जाता है। जल मंडल में जल की सभी अवस्थाएँ जैसे बर्फ, जल एवं जलवाष्प सम्मिलित है।
- पृथ्वी की सतह के दो मुख्य भाग है, बड़े स्थलीय भू-भागों को महाद्वीपों के नाम से जाना जाता हैं तथा बड़े जलाशयों को महासागरीय बेसिन के नाम से जाना जाता है। विश्व के सभी महासागर आपस में एक दूसरे से जुड़े है।

नोट:- पृथ्वी पर सात प्रमुख महाद्वीप है, ये विस्तृत जलराशि के द्वारा एक दूसरे से अलग है।

448. Read the statements A and B and choose the correct options.
कथनों तथा B को पढ़िए और उनके आधार पर सही A विकल्प चुनिए।

Statement A: In India, the longitude of 82°30 ‘ West is treated as the standard meridian. / कथन A: भारत में 82°30’ पश्चिम देशांतर को मानक याम्योत्तर माना गया है।

Statement B: The local time at the longitude 82°30’ E is taken as the standard time for the whole country. / कथन B: 82°30’ पूर्व देशांतर के स्थानीय समय को पूरे देश का मानक समय माना जाता है।

(a) A is true, B is false / A सही है, B गलत है
(b) A is false, B is true / A गलत है, B सही है

(c) A and B are true / A और B दोनों सही है
(d) A and B are false / A और B दोनों गलत है

Ans. (b)

भारत में 82°30 पश्चिम देशान्तर को मानक याम्योत्तर माना गया है यह सही नहीं है बल्कि 82°30 पूर्व को मानक याम्योत्तर माना गया है इस प्रकार कथन (A) गलत है एवं 82°30 देशान्तर के स्थानीय समय को पूरे देश का मानक समय माना जाता है इस प्रकार (B) कथन सही है भारत ग्रीनविच के पूर्व 82°30 पू. में स्थित है तथा यहाँ का समय ग्रीनविच समय से 5 घंटा 30 मिनट आगे है, इसलिये जब लंदन में दोपहर के 2 बजे होगें तब भारत में 7:30 बजे होगें। किसी स्थान की स्थिति को बताने के लिए उस स्थान की अक्षांश के अतिरिक्त कुछ और जानकारियों की भी आवश्यकता होती है।

449. Consider the statements A, B, C in reference to India and choose the correct answer.
भारत के संदर्भ में कथनों A, B और C पर विचार करते हुए सही उत्तर का चयन कीजिए।

A. India is located in the Northern hemisphere. / भारत उत्तरी गोलार्द्ध में स्थित है।
B. The Tropic of Cancer passes almost halfway to the country. / कर्क रेखा देश के लगभग बीचोबीच से गुजरती है।
C. Mainland of India extends between 68°7'E and 97°25'E latitudes. / भारत की मुख्य भूमि का विस्तार 68071 पू तथा 97°25'पू अक्षांशों के बीच है।

(a) B and C are correct and A is incorrect / B और C सही हैं जबकि A गलत है।
(b) A and B are correct and C is incorrect. / A और B सही हैं जबकि C गलत है।
(c) A and C are correct and B is incorrect. / A और C सही हैं जबकि B गलत है।
(d) A, B and C are correct. / A, B और C तीनों सही हैं।

Ans. (b)

भारत एक बहुत बड़ा भौगोलिक विस्तार वाला देश है। जो उत्तरी गोलार्द्ध में स्थित है। कर्क रेखा देश के लगभग मध्य भाग से होकर गुजरती है तथा यहाँ रेखा 8 भारतीय राज्यों से गुजरती है। दक्षिण से उत्तर की ओर भारत की मुख्य भूमि का विस्तार 8°4 उत्तर तथा 37°6 उत्तरी अक्षांशों के बीच है। पश्चिम से लेकर पूर्व तक भारत का विस्तार 68°7 पूर्वी और 97°25 पूर्वी देशान्तरों के बीच है, इस प्रकार कथन (A) और (B) सही है जबकि कथन (c) सही नहीं है क्योंकि अक्षांश की जगह देशान्तर होना चाहिए। 82°30 पूर्वी देशान्तर के स्थानीय समय को भारत का मानक समय माना गया है। भारत उत्तर में हिमालय के ऊंचे शिखरों से घिरा है। पश्चिम में अरब सागर, पूर्व में बंगाल की खाड़ी तथा दक्षिण में हिन्द महासागर भारतीय प्रायद्वीप के तटों पर है।

450. You are asked to locate a place on globe with the following information:
निम्नलिखित सूचना के आधार पर आपको ग्लोब पर किसी स्थान की सही स्थिति निरूपित करनी है

It is situated at 20° latitude with this information you _____. / यह 20° अक्षांश पर स्थित है इस जानकारी के साथ आप _____।

(a) can easily locate this place on globe. / आराम से ग्लोब पर इस स्थान की सही स्थिति निरूपित कर सकते हैं।
(b) also need indication of East or West of latitude along with longitude of that place. / पूर्वी या पश्चिमी अक्षांश के संकेत के साथ-साथ उस जगह के देशांतर की भी आवश्यकता होगी।
(c) also need indication of North or South of latitude. / उत्तरी या दक्षिणी अक्षांश के संकेत की भी आवश्यकता होगी।
(d) also need indication of North or South of latitude along with longitude of that place. / उत्तरी या दक्षिणी अक्षांश के संकेत के साथ-साथ उस जगह के देशांतर की भी आवश्यकता होगी।

Ans. (d)

ग्लोब पर किसी स्थान की सही स्थिति निरूपित करनी है यह 20° अक्षांश के साथ-साथ उस जगह के देशान्तर की भी आवश्यकता होगी। किसी भी स्थान की स्थिति बताने के लिए उस स्थान के अक्षांश के अतिरिक्त कुछ और

जानकारियों की आवश्यकता होती है। उनकी यह स्थिति जानने के लिए यह पता करना होगा कि उत्तर ध्रुव को दक्षिण ध्रुव से जोड़ने वाली संदर्भ रेखा से जोड़ने वाली संदर्भ रेखा पूर्व पश्चिम की ओर इन स्थानों की दूरी कितनी हैं इन संदर्भ रेखाओं को देशान्तरीय याम्योत्तर कहते है तथा उनके बीच की दूरी को देशान्तर के अंशों से मापा जाता है। प्रत्येक अंश को मिनट में तथा मिनट को सेकेण्ड में विभाजित किया जाता है।

451. Consider the statements A and B and choose the correct option.
निम्नलिखित कथनों पर विचार करें और सही विकल्प का चयन करें।

A. Nights in deserts are hot. / A. रेगिस्तान में रातें गर्म होती हैं।

B. The sand and rocks emit heat and raise the temperature. / B. रेत और चट्टानें गर्मी उत्सर्जित करती हैं और तापमान बढ़ाती हैं।

(a) A and B are true and B is the correct explanation of A. / A और B दोनों सही हैं और B A की सही व्याख्या है।
(b) A and B are true and B is not the correct explanation of A. / A और B दोनों सही है और B, A की सही व्याख्या नहीं है
(c) A is true but B is false / A सही है और B गलत है।
(d) A is false but B is true / A गलत है और B सही है।

Ans. (d)

रेगिस्तान में रातें गर्म नही बल्कि ठण्डी होती है। इस प्रकार (A) गलत है। रेगिस्तान की जलवायु गर्म और शुष्क होती है। यहां वर्षा अल्पकाल के लिए होती है यहाँ आकाश बादल रहित एवं निर्मल होता है यहाँ नमी संचय होने की अपेक्षा तेजी से वाष्पित हो जाती है, दिन अविश्वसनीय रूप से गर्म होते है। दिन के समय तापमान 50° सेल्सियस से ऊपर पहुंच जाता है, जिससे रेत नग्न चट्टानें अधिक गर्म हो जाती हैं। इनके ताप का विकिरण होने से चारों तरफ सब कुछ गर्म हो जाता है। राते अत्यधिक ठण्डी होती है तथा तापमान गिरकर हिमांक बिन्दु से लगभग 0° सेल्सियस तक पहुंच जाता है। इस प्रकार कथन (A) गलत है और कथन (B) सही है।

नोट:- रेगिस्तान एक शुष्क प्रदेश है जिसकी विशेषताएँ अत्यधिक उच्च अथवा निम्न तापमान एवं विरल वनस्पति है।

452. Consider the following pairs.
निम्नलिखित युग्मों पर विचार करें-

(A) Himalayan Region / हिमालयी क्षेत्र - Wild goat and snow Leopards / जंगली बकरी और हिम तेंदुआ
(B) Andaman and Nicobar Islands / अंडमान और निकोबार द्वीप समूह - Mahogany and Rosewood trees / महोगनी और शीशम के पेड़
(C) Gir forest / गिर वन - Asiatic lions / एशियाई शेर

Which of the pairs given above is/are correctly matched? / उपर्युक्त युग्मों में से कौन-से सुमेलित हैं?

(a) A only / केवल A
(b) A and C only / केवल A और C
(c) B and C only / केवल B और C
(d) A, B and C / A, B और C

Ans.(d)

हिमालयी क्षेत्र - जंगली बकरी और हिम तेंदुआ,

अण्डमान और निकोबार द्वीपसमूह - महोगनी और शीशम के पेड़,

गिर वन - एशियाई शेर

उपर्युक्त युग्मों में सभी सुमेलित है। इस प्रकार कथन (A), (B) और (C) तीनों सही है बाघ राष्ट्रीय पशु हैं। यह देश के विभिन्न भागों में पाया जाता है। हाथी, गैडें असम के जंगलों में पाये जाते है। वन विभिन्न प्रकार के वन्य जीवों का निवास होता है। वनों में जन्तुओं की हजारों प्रजातियों तथा बड़ी संख्या में विभिन्न प्रकार के सरीसृपों, उभयचरों, पक्षियों, स्तनधारियों, कीटों तथा कृमियों का निवास होता है।

453. Consider the statements A and R and choose the correct option.
निम्नलिखित कथनों के आधार पर सही विकल्प की पहचान कीजिए:

Assertion (A): All animals are integral to maintaining balance in the eco-system. / अभिकथन (A): पारितंत्र के संतुलन को बनाए रखने के लिए सभी प्राणी अनिवार्य हैं।

Reasoning (R): In the biosphere living beings are inter-related and Interdependent on each other. / कारण (R): जैव मंडल में सभी जीवित जातियाँ, जीवित रहने के लिए एक-दूसरे से परस्पर संबंधित और एक-दूसरे पर आश्रित रहती हैं।

(a) Both (A) and (R) are correct and (R) is the correct explanation of (A). / (A) और (R) दोनों सही हैं और (R), (A) की सही व्याख्या है
(b) Both (A) and (R) are correct and (R) is not the correct explanation of (A). / (A) और (R) दोनों सही हैं और (R), (A) की सही व्याख्या नहीं है
(c) (A) is true, but (R) is false. / (A) सही है लेकिन (R) गलत है
(d) (A) and (R) are false. / (A) और (R) दोनों गलत हैं

Ans. (a)

पारितंत्र के संतुलन को बनाये रखने के लिए सभी प्राणी अनिवार्य और जैव मंडल में सभी जीवित जातियाँ, जीवित रहने के लिए एक दूसरे से परस्पर सम्बन्धित और एक दूसरे पर आश्रित रहती है। पारितंत्र को प्रकृति की एक क्रियाशील इकाई के इस रूप में देखा जाता है जहाँ पर जीवधारी आपस में तथा आस-पास के भौतिक पर्यावरण के साथ परस्पर क्रिया करते है। पारितंत्र का आकार एक छोटे से तालाब से लेकर विशाल जंगल या महासागर तक हो सकता है, एक पारितंत्र की पादप एवं प्राणी प्रजातियों की पहचान एवं गणना इसकी प्रजातियों के संघटन को प्रकट करता है। जैविक एवं अजैविक घटकों की परस्पर क्रियाओं के फलस्वरूप एक भौतिक संरचना विकसित होती है।

454. Read the statements and choose the correct option.
निम्नलिखित कथनों पर विचार करें और सही विकल्प का चयन करें।

Statement A: Insolation is the incoming solar energy intercepted by the earth. / कथन : सूर्य से आने वाली यह ऊर्जा जिसे पृथ्वी रोक लेती है, आतपन कहलाती है।

Statement B: The amount of insolation decreases from the equator towards the poles. / कथन B: आतपन की मात्रा भूमध्य रेखा से ध्रुवों की ओर घटती है।

(a) A is true, B is false / A सही है, B गलत है
(b) A is false, B is true / A गलत है, B सही है
(c) A and B are true / A और B दोनों सही हैं।
(d) A and B are false / A और B दोनों गलत हैं

Ans.(c)

आतपन एक महत्वपूर्ण कारक है, जो तापमान के वितरण को प्रभावित करता है तथा सूर्य से आने वाली वह ऊर्जा जिसे पृथ्वी रोक लेती है आतपन कहलाती है, आतपन (सूर्यातप) की माश भूमध्य रेखा से ध्रुवों की ओर घटती है आप जिस तापमान का अनुभव करते हैं वह वायुमण्डल का तापमान होता है। वायु मौजूद ताप एवं शीतलता के परिणाम को तापमान कहते हैं क्योंकि वायु मंण्डल का तापमान केवल दिन एवं रात में ही नहीं बदलता, बल्कि ऋतुओं के अनुसार भी बदलता है तापमान को मापने की मानक इकाई डिग्री सेल्सियस है इसका आविष्कार एंडर्स सेल्सियस ने किया था। सेल्सियम पैमाने पर जल 0° सेल्सियम पर जमता हैं एवं 100° सेल्सियस पर उबलता है।

455. Read the statements and choose the correct option:
निम्नलिखित कथनों के आधार पर सही विकल्प की पहचान कीजिए:

Assertion (A): The Amount of insolation decreases from the equatior towards the poles. / कथन (A): आतपन की मात्रा भूमध्य रेखा से धुवों की और घटती है।

Reasoning (R): Earth's axis makes an angle of 66 with the plane of its orbit around the sun has a greater influence on the amount of insolation received at different latitudes. / कारण (R): पृथ्वी का अक्ष सूर्य के चारों ओर परिक्रमण की समतल कक्षा से 66 का कोण बनाता है जो विभिन्न अक्षांशों पर प्राप्त होने वाले आतपन की मात्रा को बहुत प्रभावित करता है।

(a) Both (A) and (R) are correct and (R) is the correct explanation of (A) / (A) और (R) दोनों सही है और (R), (A) की सही व्याख्या करता है।

(b) Both (A) and (R) are correct and (R) is not the correct explanation of (A) / (A) और (R) दोनों सही हैं और (R), (A) की सही व्याख्या नहीं करता है।

(c) (A) is true, but (R) is false. / (A) सही है लेकिन (R) गलत है।

(d) Both (A) and (R) are false. / (A) और (R) दोनों गलत है

Ans.(a)

सूर्य से आने वाली वह ऊर्जा जिसे पृथ्वी रोक लेती है। आतपन कहलाती हैं आतपन की मात्रा भूमध्य रेखा से ध्रुवों की ओर जाने पर घटती है। पृथ्वी का अक्ष सूर्य के चारो ओर परिक्रमण की समतल कक्षा से 66 का कोण बनाता है जो विभिन्न अक्षांशो पर प्राप्त होने वाले सूर्यातप की मात्रा को बहुत प्रभावित करता है इस प्रकार (A) और (R) दोनों सही है (R), (A) की सही व्याख्या करता है। पृथ्वी का अक्ष सूर्य के चारों ओर परिक्रमण की समतल कक्षा से 66 का कोण बनाता है, जो विभिन्न अक्षांशों पर प्राप्त 2 होने वाले सूर्यातप की मात्रा को बहुत अधिक प्रभावित करता हैं।

456. Which of the following natural condition/conditions is/ are suitable for selection of an ideal site for human settlement.

मानवीय बस्तियों के लिए आदर्श बसाव स्थान के चयन के लिए निम्नलिखित में से कौन-सी परिस्थिति(यां) उपयुक्त है (हैं)-

(A) Favorable climate / अनुकूल जलवायु

(B) Availability of water / जल की उपलब्धता

(C) Suitabke land / उपयुक्त भूमि

(D) Infertile soil / अनुपजाऊ मिट्टी

(a) Only (A) and (B) / केवल (A) और (B)

(b) Only (C) and (D) / केवल (C) और (D)

(c) Only (A), (B) and (C) / केवल (A) (B) और (C)

(d) Only (A), (B) and (D) / केवल (A) (B) और (D)

Ans. (c)

मानवीय बस्तियों के आदर्श बसाव के लिए अनुकूल जलवायु, जल की उपलब्धता, उपयुक्त भूमि जैसी आदर्श परिस्थितियाँ उपयुक्त मानी जाती है। अनुकूलन जलवायु से आशय है। कि वहां कि जलवायु न तो बहुत गर्म न तो बहुत ठण्डी होनी चाहिए जैसे कि राजस्थान की जलवायु बहुत गर्म होने से वहां की जनसंख्या बसाव बहुत कम है तथा लद्दाख अधिक ठंडा होने के कारण वहां भी जनसंख्या बसाव कम पाया जाता है जनसंख्या बसाव के लिए बहुत अधिक गर्म या बहुत अधिक ठंडा नहीं होना चाहिए। साधारणतया ग्रामीण बस्तियाँ जल स्रोतों या जलराशियों जैसे नदियों, झीलें एवं झरनों के समीप स्थित होती है, जहाँ जल आसानी से उपलब्ध हो जाता है जिससे कृषि, मछली पकड़ना जैसे काम उपलब्ध होते है। मनुष्य बसने के लिए उच्च जगह का चुनाव करता है जहां की भूमि कृषि कार्य के लिए उपयुक्त हो किसी भी क्षेत्र में प्रारम्भिक आदिवासी उपजाऊ एवं समतल क्षेत्रों में बसते थे।

457. Read the statements and choose the correct option.

निम्नलिखित कथनों पर विचार करें और सही विकल्प का चयन करें।

Statement A: Soil is made up of organic matter, minerals and weathered rocks found on the earth. / कथन A: मृदा का निर्माण जैव पदार्थों, खनिजों तथा पृथ्वी पर पाई जाने वाली अपक्षयित चट्टानों से होता है।

Statement (B): Landforms do not determine the type of soil. / कथन (B) स्थलरूप मृदा के प्रकार को निर्धारित नहीं करते हैं।

(a) A is true, B is false / A सही है, B गलत है

(b) A is false, B is true / A गलत है B सही है,

(c) A and B are true / A और B दोनों सही हैं।

(d) A and B are false / A और B दोनों गलत हैं

Ans. (a)

मृदा का निर्माण जैव पदार्थों, खनिजों तथा पृथ्वी पर पायी जाने वाली अपक्षयित चट्टानों से होता है। स्थलरूप मृदा के प्रकार को निर्धारित नहीं करते हैं। इस प्रकार कथन (A)

सही है, जबकि कथन (B) गलत है, क्योंकि स्थलरूप मुदा के प्रकार को निर्धारित करता है मृदा के पृष्ठ पर दानेदार कर्णी के आवरण की पतली परत मृदा कहलाती है यह भूमि से निकटता से जुड़ी होती है। मृदा निर्माण के मुख्य कारक जनक शैल का स्वरूप और जलवायुविक कारक है। मृदा निर्माण के अन्य कारक स्थलाकृति जैव पदार्थों की भूमिका और मृदा निर्माण के संघटन में लगा समय है। मृदा निर्माण, जलवायु, तापमान, वर्षा, अपक्षय और की दर को प्रभावित करता है। ह्यूमस निर्माण

458. A teacher is teaching the concept of density of population in a city at the elementary level. Which of the following information should she provide for clarity of the topic?

प्रारंभिक स्तर पर एक शिक्षिका अपनी कक्षा में एक शहर में जनसंख्या घनत्व का संप्रत्यय पढ़ा रही है। इस विषय की स्पष्टता हेतु उसे निम्नलिखित में से किन-किन का प्रयोग करना चाहिए?

(A) Number of people living in the city / उस शहर में रहने वाले लोगों की संख्या

(B) Area of the city / उस शहर का क्षेत्रफल देश का जनसंख्या पिरामिड

(C) Population pyramid of the country / देश का जनसंख्या पिरामिड

Choose the correct option. / सही विकल्प का चयन कीजिए:

(a) Only (A) / केवल (A)
(b) Only (A) and (B) / केवल (A) और (B)
(c) Only (B) and (C) / केवल (B) और (C)
(d) All (A), (B) and (C) / (A) (B) और (C) तीनों

Ans. (b)

प्रारम्भिक स्तर पर एक शिक्षिका अपनी कक्षा में एक शहर के जनसंख्या घनत्व का सम्प्रत्यय पढ़ा रही हैं इस विषय की स्पष्टता हेतु उन्हें उस शहर में रहने वाले लोगों की संख्या और उस शहर का क्षेत्रफल जैसे विषय का प्रयोग करना चाहिए। जनसंख्या घनत्व असमान वितरण का बेहतर चित्र प्रस्तुत करता हैं। जैसे बिहार का जनसंख्या घनत्व 1102 व्यक्ति प्रति किमी. है, वहीं अरुणांचल प्रदेश में यह 17 व्यक्ति वर्ग किमी. है। जनसंख्या पिरामिड आयु लिंग संरचना का अभिशय विभिन्न आयु वर्गों में स्त्रियों और पुरुषों की संख्या से हैं। जनसंख्या पिरामिड का प्रयोग जनसंख्या की आयु लिंग संरचना को दर्शाने के लिय किया जाता है।

459. Which of the following crops can be grown on less fertile and Sandy soil?

निम्नलिखित में से कौन-सी फसल कम उपजाऊ तथा बलुई मृदा में उगाई जा सकती है?

(a) Millets / मिलेट
(b) Maize / मक्का
(c) Cotton / कपास
(d) Jute / जूट

Ans. (a)

'मिलेट' (बाजरा) फसल कम उपजाऊ तथा बलुई मृदा में उगाई जा सकती हैं मोटे अनाज के रूप में भी पायी जाती है। और इस उपजाऊ तथा बलुई मृदा में इसकी खेती होती है, ये ऐसी फसल है जिसे कम वर्षा में और उच्च से मध्यम तापमान तथा पर्याप्त सूर्य प्रकाश की आवश्यकता होती है।

मक्का - इसके लिए मध्यम तापमान वर्श और अधिक धूप की आवश्यकता होती है। इसे सु-अपवाहित उपजाऊ मृदा की आवश्यकता होती है। मक्का को 'कार्न' के नाम से भी जाना जाता है।

पटसन - पटसन को ''सुनहरा रेशा' के नाम से जाना जाता है, पटसन यह जलोढ़ मृदा में अच्छे ढंग से विकसित होता है, इसे उच्च तापमान भारी वर्षा और आद्र जलवायु की आवश्यकता होती है।

कपास - काली या जलोढ़ मृदा में उगती है। यह सूती वस्त्र के लिए कच्चा माल है।

460. Compass is used.

दिक्सूचक का उपयोग किया जाता है?

(a) To show symbols / प्रतीकों को दिखाने के लिये
(b) To find out the main direction / मुख्य दिशा का पता लगाने के लिये
(c) To find out the main direction / दूरी मापने के लिये
(d) None of these / इनमें से कोई नहीं

Ans. (b)

दिकसूचक का उपयोग मुख्य दिशा का पता लगाने के लिए किया जाता है।

461. The map showing the natural features of the Earth is called:
पृथ्वी की प्राकृतिक आकृतियों को दर्शाने वाले मानचित्र को कहते हैं?

(a) natural maps / प्राकृतिक मानचित्र
(b) thematic maps / थिमैटिक मानचित्र
(c) physical map / भौतिक मानचित्र
(d) political map / राजनीतिक मानचित्र

Ans. (c)

व्याख्या: भौतिक मानचित्र: मुख्य रूप से प्राकृतिक आकृतियों, जैसे – पर्वतों, महासागरों और नदियों को दर्शाते हैं।

राजनैतिक मानचित्र: देशों या राज्यों, सीमाओं, नगरों आदि को दर्शाते हैं। (उदाहरण के लिए, सभी राज्यों, केंद्रशासित प्रदेशों और उनकी राजधानियों को दर्शाता भारत का एक मानचित्र)

थिमैटिक मानचित्र: विशिष्ट प्रकार की सूचना प्रदान करते हैं।

462. Local versions of the Tibetan national epic, the kesar Saga are sung by both Muslims and Buddhists of which region?
किस क्षेत्र के बौद्ध और मुसलमान दोनों ही तिब्बत के राजकीय ग्रंथ 'केसर-सागा' के स्थानीय रूप को गाते हैं?

(a) Ladakh / लद्दाख
(b) Badgam / बड़गाम
(c) Kupwara / कुपवाड़ा
(d) Kargil / कारगिल

Ans.(a)

बौद्ध और मुसलमान दोनों ही तिब्बत के राजकीय ग्रंथ : 'केसर सागा' के स्थानीय रूप को गाते है। लद्दाख जम्मू और कश्मीर के पूर्व के पहाड़ियों में बसा एक रेगिस्तानी इलाका है। लद्दाख को छोटा तिब्बत भी कहते है। करीब 400 साल पहले यहां पर लोगों का इस्लाम धर्म से परिचय हुआ और अब यहाँ अच्छी खासी संख्या में मुसलमान रहते है। लद्दाख में गानों और कविताओं का प्रसिद्ध मौखिक संग्रह है तिब्बत का ग्रंथ केसर सागा लद्दाख में काफी प्रचलित है। उसके स्थानीय रूप को मुसलमान और बौद्ध दोनों ही लोग गाते है और उस पर नाटक खेलते हैं।

463. 'When we fix people into 'one image' we create a stereotype'. In the context of this statement, one of the following options breaks this image. Identify the correct option.
'जब हम व्यक्तियों को एक ही छवि में बाँधते हैं तो, हम रूढ़िवादी धारणा का निर्माण करते हैं।' नीचे दिया गया एक विकल्प इस छवि को तोड़ता है सही विकल्प की पहचान कीजिए।

(a) Boys are rowdy and naughty. / लड़के ऊधमी और शरारती होते हैं।
(b) Boys are physically strong and muscular. / लड़के शारीरिक रूप से मजबूत होते हैं
(c) Boys are good at sports. / लड़के खेलों में अच्छे होते हैं।
(d) Boys are sensitive and caring. / लड़के भावुक और ध्यान रखने वाले होते हैं

Ans.(d)

जब हम व्यक्तियों को एक ही छवि में बाँधते हैं तो हम रूढ़िवादी धारणा का निर्माण करते हैं लड़के भावुक और ध्यान रखने वाले होते हैं यह रूढ़िवादी छवि को तोड़ता है। लड़के उधमी और शरारती होते है, यह एक रूढ़िवादी धारणा है क्योंकि लड़कियां भी उधमी और शरारती होती है। लड़के शारीरिक रूप से मजबूत होते हैं यह भी कथन सही नहीं है क्योंकि लड़कियां भी शारीरिक रूप से मजबूत होती है। उदाहरण वेट लिफ्टिंग करती आदि लड़के खेलों में अच्छे होते हैं। यह भी एक रूढ़िवादी धारणा है, क्योंकि आज विभिन्न क्षेत्रों में लड़कियों कामयाबी हासिल कर रही है, मिताली राज पी.वी सिन्धु, एम.सी. मैरीकॉम आदि।

464. Which of the following is associated with Panchayati Raj?

निम्नलिखित में से क्या पंचायती राज से संबंधित है?

A. Gram Sabha / ग्राम सभा

B. Vidhan Sabha / विधान सभा

C. Panchayat samiti / पंचायत समिति

D. Zila Parishad / जिला परिषद्

Choose the correct option. / सही विकल्प का चयन कीजिए:

(a) A and B / A और B

(b) A and C / A और C

(c) A, C and D / A, C और D

(d) A, B and D / A, B और D

Ans.(c)

ग्रामसभा, पंचायत समिति और जिला परिषद पंचायती राज से सम्बन्धित है भारत में पंचायती राज शब्द का अभिप्राय ग्रामीण स्थानीय स्वशासन पद्धति से है। यह भारत के सभी राज्यों में जमीनी स्तर पर लोकतंत्र के निर्माण हेतु राज्य विधान सभाओं द्वारा स्थापित किया गया है, राजस्थान देश का पहला राज्य है जहां पंचायती राज की स्थापना हुयी इस योजना का उद्घाटन 2 अक्टूबर, 1959 को राजस्थान के नागौर जिले में तत्कालीन प्रधानमंत्री जवाहर लाल नेहरू द्वारा किया गया। सन् 1992 में संविधान के 73वें और 74वें संशोधन को संसद में पारित किया गया। संविधान का 73वां संशोधन पंचायती राज व्यवस्था को संवैधानिक दर्जा देने से संबंधित है। 74वां संविधान संशोधन शहरी स्थानीय (नगर पालिका) निकाय से जुड़ा है। सन् 1993 में 73वां और 74वां संशोधन लागू हुआ।

465. Consider the following statements A and B and choose the correct option. निम्नलिखित कथनों पर विचार करें और सही विकल्प का चयन करें।

Statement A: Rajya Sabha functions primarily as the representative of the states of India. / कथन A: राज्य सभा मुख्यतः देश के राज्यों के प्रतिनिधि के रूप में कार्य करती है।

Statement B: Rajya Sabha cannot initiate legislation, and a bill is not required to be passed through Rajya Sabha to became law. / कथन B: राज्य सभा कोई भी विधान (कानून) और विधेयक बनाने का प्रस्ताव पेश नहीं कर सकती। बिल को कानून के रूप में लागू करने के लिए यह आवश्यक नहीं है कि उसे राज्य सभा की सहमति मिल चुकी हो।

(a) A is correct and B is incorrect / A सही है, B गलत है

(b) A is incorrect and B is correct / A गलत है, B सही है

(c) Both A and B are correct / A और B दोनों सही हैं

(d) Both A and B are incorrect / A और B दोनों गलत हैं

Ans. (a)

राज्य सभा मुख्यतः देश के राज्यों के प्रतिनिधि के रूप में कार्य करती है, इस प्रकार कथन (A) सही है सभा सभी कोई भी विषय (कानून) और विधेयक बनाने का प्रस्ताव पेश नही कर सकती बिल को कानून के रूप में लागू करने के लिए यह आवश्यक है कि उसे राज्य सभा की सहमति मिल चुकी हो। संविधान के अनुसार भारत के संसद के तीन अंग है, राष्ट्रपति, लोकसभा, राज्यसभा, लोकसभा को निम्न सदन कहते हैं, राज्य सभा को उच्च सदन कहते हैं। लोकसभा और राज्यसभा को लगभग समान शक्तियां प्राप्त है जैसे सामान्य विधेयकों को पुनः स्थापना और उनको पारित करना धन विधेयक के सम्बन्ध में लोकसभा को विशेष शक्तियां दी है, राज्ससभा को नहीं।

466. When cotton becomes handkerchief/ towel, it travels only through a ______. कपास, जब रूमाल / तौलिया बनता है, तब वह केवल ______ से गुजरता है।

(a) Wholesale market / थोक बाजार

(b) Weekly market / साप्ताहिक बाजार

(c) Mall / मॉल

(d) Chain of markets / बाजारों की श्रृंखला

Ans. (d)

कपास से जब रूमाल / तौलिया बनता है, तब वह केवल 'बाजारों' की श्रृंखला से गुजरता है। यह बाजारों की एक श्रृंखला है। जो परस्पर एक दूसरे से कड़ियों की तरह जुड़ी है, क्योंकि उत्पाद एक बाजार से होते हुये दूसरे बाजार में पहुँचते है।

थोक बाजार - इसका आशय बहुत बड़ी मात्रा में खरीदना और बेचना होता है। अधिकांश उत्पादों जिनमें सब्जी फल और फूल आदि सम्मिलित है, के अपने-अपने विशेष थोक बाजार होते है। साप्ताहिक बाजार वे बाजार नियमित नहीं होते है। वरन् एक नियत स्थान पर सप्ताह में किसी दिन लगाये जाते है। इन बाजारों में घरेलू चीजें मिलती है।

मॉल- यह चारों ओर से घिरा हुआ दुकानदार का स्थान होता है, इसकी इमारत बहुत बड़ी होती है जिसमें कई मंजिले दुकानें रेस्तरां और कभी-कभी सिनेमाघर तक होते है इन दुकानों में प्रायः ब्रांड वाले उत्पाद बिकते है।

467. Consider the following statements:
निम्न कथनों पर विचार करें:

A. Phoolwati works in Ramagya's paddy field and earn Rs.40/day. / कथन A: फूलमती, रामाज्ञा के धान के खेतों में काम करती है और प्रतिदिन के 40 रुपये कमाती है।

B. Rajmohan works at his own field and also at Ramagya's rice mill. / कथन B: राजमोहन अपने खेत पर काम करता है और रामाज्ञा की मिल में भी काम करता है।

Which of the following must be a landless labourer? इनमें से कौन भूमिहीन मजदूर है?

(a) Phoolwati / फूलवती
(b) Ramagya / रामाज्ञा
(c) Rajmohan / राजमोहन
(d) Both Phoolwati and Rajmohan / राजमोहन और फूलवती

Ans. (a)

फूलमती, रामाज्ञा के धान के खेतों में काम करती है। और प्रतिदिन के 40 रूपये कमाती है और कथन (B) में कहा गया। है कि राजमोहन अपने खेत पर काम करता है और रामाज्ञा की मिल में भी काम करता है। इस प्रकार भूमिहीन मजदूर फूलवती है। रामाज्ञा और राजमोहन के पास अपना खेत है। राजमेहन अपने खेत में काम करने के साथ-साथ रामाज्ञा के खेतों के भी काम करता है। इससे यह निश्चित होता है कि फूलमती भूमिहीन और मजदूर है।

468. "I cannot possibly bear the idea that a man. who got wealth should have the vote, but that a man who has got character, but no wealth or literacy should have no vote, or that a man who works honestly by the sweat of his brow day in and day out should not have the vote for the crime of being a poor man....". Whose words are these?
मै यह विचार सहन नहीं कर सकता कि जिस व्यक्ति के पास संपत्ति है वह वोट (मत) दे सकता है, लेकिन वह आदमी जिसके पास चरित्र है पर संपत्ति या शिक्षा नहीं है वह वोट (मत) नहीं दे सकता, या जो दिनभर अपना पसीना बहाकर ईमानदारी से काम करता है वह वोट (मत) नहीं दे सकता क्योंकि उसने गरीब आदमी "होने का गुनाह किया है ......

उपरोक्त कथन निम्न में से किसके द्वारा कहा गया है?

(a) B. R. Ambedkar / बी. आर. अंबेडकर
(b) Mahatma Gandhi / महात्मा गाँधी
(c) Jawaharlal Nehru / जवाहरलाल नेहरू
(d) Subhash Chandra Bose / सुभाष चंद्र बोस

Ans. (b)

- मैं यह विचार सहन नहीं कर सकता कि जिस व्यक्ति के पास सम्पत्ति हैं, वह वोट (मत) दे सकता है, लेकिन वह आदमी जिसके पास चरित्र है, पर सम्पत्ति या शिक्षा नहीं वह वोट (मत) नही दे सकता, या जो दिनभर अपना पसीना बहाकर ईमानदारी से काम करता है, वह वोट (मत) नहीं दे सकता क्योंकि उसने गरीब आदमी होने का गुनाह किया है, यह कथन महात्मा गांधी का है।
- जब तक आप सामाजिक स्वतंत्रता प्राप्त नहीं करते हैं, तब तक कानून द्वारा जो भी स्वतंत्रता प्रदान की जाती है, उसका आपके लिए कोई लाभ नहीं है- भीमराव अम्बेडकर
- लोकतंत्र सबसे अच्छा है क्योंकि बाकी सब व्यवस्थाएं बुरी है- जवाहर लाल नेहरू
- याद रखिये सबसे बड़ा अपराध अन्याय सहना और गलत के साथ समझौता करना - सुभाष चन्द्र बोस।

469. A patriarchal society is one –
एक पितृसत्तात्मक समाज वह होता है, जहाँ-

(a) where women get opportunity to vote to elect the government. / महिलाओं को सरकार चुनने के लिए वोट देने का मौका मिलता है।
(b) where women participate in public life. / महिलाएँ सार्वजनिक जीवन में भाग लेती हैं।
(c) where women face discrimination and oppression in various ways. / महिलाओं को विभिन्न तरीकों से भेदभाव और उत्पीड़न का सामना करना पड़ता है।
(d) where women have choice to dress like men. / महिलाओं के पास पुरुषों की तरह के कपड़े पहनने का विकल्प होता है।

Ans.(c)

एक पितृसत्तात्मक समाज में महिलाओं को विभिन्न तरीके से भेदभाव और उत्पीड़न का सामना करना पड़ता है। पितृसत्तात्मक शब्द से आशय है पिता की सत्ता, जहाँ परिवार की सत्ता पिता के हाथों में होती है पिता के बाद उसका पुत्र इस योग्य होता है तो कुल मिलाकर सारे प्रबंधन पर पुरुषों का वर्चस्व होता है जहां स्त्रियो के लिए कोई अधिकार नहीं है। इस समाज में पुरुष प्रधान एवं स्त्रियाँ गौण होती है। ऐसे में समाज की समस्त सुख सुविधा यहां तक की खाने पीने में भी दुराभाव स्त्रियों के साथ होता है, जो कि नारी के मौलिक अधिकारों की अवहेलना है पितृ सत्ता समाज नारी के व्यक्तित्व को ग्रहण की भांति असित कर लेता है। स्त्री में चाहे कितनी ही योग्यता हो और पुरुष चाहे कमतर हो किन्तु प्रधानता पुरुष को ही मिलती है।

470. Right to a healthy environment is intrinsic to which of the following Fundamental Rights?
निम्नलिखित में से किस मूल अधिकार में स्वस्थ पर्यावरण का अधिकार निहित है?

(a) Right to life / जीने का अधिकार
(b) Right to equality / समानता का अधिकार
(c) Right to freedom / स्वतंत्रता का अधिकार
(d) Right to against exploitation / शोषण के विरुद्ध अधिकार

Ans. (a)

जीने का अधिकार स्वस्थ पर्यावरण के अधिकार में निहित है। संविधान के भाग में अनु0 12 से 35 तक मूल अधिकारों का विवरण है। मूल रूप से संविधान को सात मूल अधिकार प्रदान किये गये थे। हालांकि सम्पत्ति के अधिकार को 44वें संविधान संशोधन अधिनियम 1978 के तहत मूल अधिकारों की सूची से हटा दिया गया है जो इसे संविधान के भाग-12 में अनु० 300-क के तहत कानूनी अधिकार बना दिया गया है वर्तमान में छः मूल अधिकार है, ज़िनमें से स्वतंत्रता का अधिकार अनु0 19 से 22 तक में है इसी के अन्तर्गत अनु. 21 में उच्चतम न्यायालय ने मामले के कुछ अधिकार की घोषणा की है।

1. निजता का अधिकार
2. स्वास्थ्य का अधिकार
3. त्वरित सुनवाई का अधिकार
4. अमानवीय व्यवहार का अधिकार, बंधुआ मजदूरी करने के लिए अधिकार

471. Consider the following statements:
निम्नलिखित कथनों पर विचार करें और सही विकल्प का चयन करें।

A. The purpose of Constitution is to design the nature of a country's political system. / कथन A: संविधान का उद्देश्य देश की राजनीतिक व्यवस्था तय करना होता है।
B. The purpose of Constitution is to direct the public and private life of the citizen of its country. / कथन B: संविधान का उद्देश्य अपने देश के नागरिकों की सार्वजनिक और निजी जिंदगी को निर्देशित करना होता है।

Choose the correct option. / सही विकल्प का चयन कीजिए।

(a) Both A and B are true / A और B दोनों सही हैं
(b) Both A and B are false / A और B दोनों गलत हैं
(c) A is true B is false / A सही हैं B गलत है।
(d) A is false B is true / A गलत है B सही हैं।

Ans.(c)

संविधान का उद्देश्य देश की राजनीतिक व्यवस्था तय करना होता है इस प्रकार कथन (A) सही है न कि संबंधान का उद्देश्य अपने देश के नागरिकों की सार्वजनिक और निजी जिंदगी को निर्देशित करना होता है। इस प्रकार कथन B गलत, क्योंकि संविधान निजी जिंदगी को निर्देशित नहीं करता है संविधान सभा का उद्देश्य भारत को एक स्वतन्त्र सम्प्रभु गणराज्य घोषित करती हैं तथा अपने भविष्य के प्रशासन को चलाने के लिए संविधान के निर्माण की घोषणा करती है। उक्त वर्णित सभी क्षेत्रों तथा उनकी सीमाओं का निर्धारण संविधान सभा द्वारा किया जाएगा तथा इसके लिए उपरांत के नियमों के अनुसार यदि वे चाहेगें तो उनकी अवशिष्ट शक्तियाँ उनमें निहित रहेगी। अल्पसंख्यकों, पिछड़े वर्गों तथा जनजातीय क्षेत्रों में लोगों को पर्याप्त सुरक्षा प्रदान की जायेंगी।

472. What is the role of a judge in a fair trial?
निष्पक्ष सुनवाई में न्यायधीश की क्या भूमिका होती है?

A. The judge decides the innocence of the accused person of the basis of evidence present and in accordance with law. / न्यायाधीश प्रस्तुत प्रमाणों और कानून के अनुसार तय करते हैं कि आरोपी निर्दोष है।

B. The judge conducts the trial impartially and in an open court. / न्यायाधीश निष्पक्ष भाव से और खुली अदालत में मुकदमों का संचालन करते हैं।

C. The judge gives a quick judgment on cases that shake public conscience. / जिन मुकदमों में जनता का अन्तर्विवेक हिल जाता है उन पर न्यायाधीश शीघ्र ही निर्णय सुना देते हैं।

Choose the correct option. / सही विकल्प का चयन कीजिए।

(a) Only A is true / केवल A सही है
(b) B is false / B गलत है
(c) Only C is true / केवल C सही है
(d) Both A and B are true / A और B दोनों सही हैं

Ans. (d)

निष्पक्ष सुनवाई में वादी और प्रतिवादी को समान भाव से सुना जाता है। जिन मुकदमों में जनता का अन्तर्विवेक हिल जाता है उन पर न्यायाधीश शीघ्र ही निर्णय सुना देते हैं। कथन सही नहीं है क्योंकि न्यायाधीश प्रमाणों और कानूनों के आधार पर निर्णय देते हैं न कि भावनात्मक आधार पर। इसके अतिरिक्त कथन A और B सही हैं।

473. Consider the following statements A and B and choose the correct option.
निम्न कथनों A तथा B को पढ़े तथा सही विकल्प चुनें-

A. Right against exploitation says that no one can be forced to work for low wages or under bondage. / शोषण से मुक्ति के अधिकार का अर्थ हैं कि किसी को भी कम मेहनताना पर काम करने वा बंधुआ मजदूर के तौर पर काम करने के लिए मजबूर नहीं किया जा सकता।

B. Many of the laws related to social justice have their basis in the Fundamental Rights guaranteed by the Indian Constitution. / अधिकतर सामाजिक न्याय संबंधी कानूनों का जन्म भारतीय संविधान में दिए गए मौलिक अधिकारों से हुआ है।

(a) Both A and B are true and B is the correct explanation of A. / दोनों A तथा B सही हैं तथा B सही व्याख्या करता है A की।
(b) Both A and B are true but B is not the correct explanation of A. / दोनों A तथा B सही हैं किन्तु B सही व्याख्या नहीं करता है A की।
(c) A is true but B is false. / A सही है किन्तु B गलत है।
(d) A is false but B is true. / A गलत है किन्तु B सही है।

Ans. (a)

शेषण से मुक्ति के अधिकार का अर्थ है कि किसी को : भी कम मेहनताना पर काम करने या बंधुआ मजदूर के तौर पर काम करने के लिए मजबूर नहीं किया जा सकता। अधिकतर सामाजिक न्याय संबंधी कानूनों का जन्म भारतीय संविधान में दिए गए मौलिक अधिकारों से हुआ है। दोनों कथन सही है तथा कवन B कथन A की सही व्याख्या करता है। सरकार की निरंकुशता पर अंकुश हेतु भारत के संविधान में भारतीय नागरिकों को 6 मौलिक अधिकार प्रदान किए गये हैं। संविधान के भाग तीन (अनुच्छेद 12-35) में मौलिक अधिकारों का वर्णन

है। नागरिकों को शोषण से मुक्त रखने के लिए संविधान में अनुच्छेद 23-24 में नागरिकों को शोषण के विरुद्ध अधिकार दिया गया है। शोषण के विरुद्ध अधिकार मानव के दुर्व्यापार और बंधुआ मजदूरी पर रोक लगाता है। बंधुआ मजदूरी उन्मूलन अधिनियम 1976 से भारत में बंधुआ मजदूरी को पूर्णतः प्रतिबन्धित किया गया।

474. Which of the following issues are most likely find space in discussion while discussion the issue of Bhopal Gas Tragedy?

'भोपाल गैस त्रासदी' के उदाहरंग को लेकर की जाने बाली चर्चा में निम्न में से कौन-से मुद्दों के स्थान पाने की ज्यादा संभावना है?

A. Lower Safety measures / निम्न स्तरीय सुरक्षा उपाय

B. Production of pesticides / कीटनाशकों का उत्पादन

C. Cost cutting in industries / उद्योगों में लागत में कटौती

D. Compensation to workers / मजदूरों को मुआवजा

Choose the correct option. / सही विकल्प का चयन कीजिए।

(a) A, B and C / A, B और C
(b) B, C and D / B, C और D
(c) A, C and D / A, C और D
(d) A, B and D / A, B और D

Ans. (c)

निम्न स्तरीय सुरक्षा उपाय, उद्योगों में लागत में कटौती और मजदूरों को मुआवजा ये तीन मुद्दे हैं जो भोपाल गैस त्रासदी की चर्चा में ज्यादा स्थान पाते है। 'भोपाल गैस त्रासदी 2-3 दिसम्बर 1984 को मध्य प्रदेश के भोपाल शहर में यूनियन कार्बाइड नामक कम्पनी के कारखाने से मिथाइल आयसोसायनाइट (MIC) नामक जहरीली गैस के रिसाव से हजारों लोग मृत्यु को प्राप्त हुए। मिचाइल आयसोसायनाइट का उपयोग कीटनाशक बनाने में किया जाता था। इस त्रासदी का मुख्य आरोपी कम्पनी का मुखिया वारेन एण्डरसन था।

475. Sangam poems mention a Tamil word Muvendar meaning three chiefs. Which of the following set correctly represents the three chiefs?

संगम कविताओं में एक तमिल शब्द मुवेन्दार की चर्चा मिलती है, जिसका अर्थ तीन मुखिया है। निम्नलिखित में से कौन सा समुच्चय तीनों मुखियाओं का सही प्रतिनिधित्व करता है?

(a) Chera, Chalukyas, Chola / चेर, चालुक्य, चोल
(b) Pandya, Chola, Chalukya / पांड्य, चोल, चालुक्य
(c) Chola, Satavahana, Chalukya / चोल, सातवाहन, चालुक्य
(d) Chola, Chera, Pandya / चोल, चेर, पांड्य

Ans.(d)

संगम कविताओं में एक तमिल शब्द मुवेन्दार की चर्चा मिलती है। जिसका अर्थ तीन मुखिया है। और ये तीन क्षेत्र चोल, चेर, पाण्ड्य तीनों मुखियाओं के सही समुच्चय का प्रतिनिधित्व करता है। चोल, चेर, पाण्ड्य करीब 2300 साल पहले दक्षिण भारत में काफी शक्तिशाली माने जाते थे। इन तीनों मुखियाओं के अपने दो-दो सत्ता केन्द्र थे। इनमें से एक तटीय हिस्से में और दूसरा अंदरूनी हिस्से में था। इस तरह छः केन्द्रों में से दो बहुत महत्वपूर्ण थे। एक चोलों का पत्तन पुहार या कावेरीपट्टनम दूसरा पण्ड्यों की राजधानी मदुरै।

नोट- दक्षिण भारत सोना, मसाले, खास तौर पर कालीमिर्च तथा कीमती पत्थरों के लिए प्रसिद्ध था । कालीमिर्च की रोमन साम्राज्य में इतनी माँग थी कि इसे 'काला सोना' के नाम से जाना जाता था।

476. Match the following:

निम्नलिखित का मिलान कीजिए:

A. Copper / ताँबा	(i) Gujarat / गुजरात
B. Gold / सोना	(ii) Afghanistan / अफगानिस्तान
C. Tin / टिन	(iii) Rajasthan / राजस्थान
D. Precious stones / बहुमूल्य पत्थर	(iv) Karnataka / कर्नाटक

	A	B	C	D
(a)	(i)	(ii)	(iii)	(iv)
(b)	(iii)	(iv)	(ii)	(i)
(c)	(iii)	(ii)	(iv)	(i)
(d)	(i)	(ii)	(iv)	(iii)

Ans. (b)

व्याख्या: हड़प्पा के लोग तंबि का आयात सम्भवतः आज के राजस्थान से करते थे। काँसा बनाने के लिए ताँबे के साथ मिलाई जाने वाली धातु टिन का आयात आधुनिक ईरान और अफ़गानिस्तान से किया जाता था। सोने का आयात आधुनिक कर्नाटक और बहुमूल्य पत्थर का आयात गुजरात, ईरान और अफ़गानिस्तान से किया जाता था।

477. Which of the following statements is true about Upanishad?
निम्नलिखित कथनों में से कौन सा उपनिषद् के संदर्भ में सही है?

(a) These are the part of Early Vedic texts. / उपनिषद् प्रारंभिक वैदिक ग्रंथों का हिस्सा है।
(b) Upanishad literally means 'approaching and sitting near'. / उपनिषद् का शाब्दिक अर्थ है - गुरु के समीप बैठना।
(c) The text contains conversations between rulers and subjects. / इन ग्रंथों में प्रजा और शासकों के बीच बातचीत का संकलन किया गया है।
(d) Often ideas were presented through abstract dialogues. / प्रायः ये विचार अमूर्त वार्तालाप के रूप में प्रस्तुत किए गए हैं।

Ans. (b)

उपनिषद् का शाब्दिक अर्थ है गुरु के समीप बढ़ना जो कि उपनिषद् के सन्दर्भ में सही है। वैदिक साहित्य के विकास के अंतिम चरण में उपनिषद् ग्रन्थ आते हैं इसी कारण इन्हें वेदान्त भी कहा जाता है। इनमें दर्शनशास्त्र की विवेचना हुयी है, यद्यपि यह शास्त्र यत्र तत्र पहले भी संहिताओं और आरण्यकों में आ चुका है। उपनिषद् दर्शन पर आधारित पुस्तक है, जिसमें प्रथम बार मोक्ष की चर्चा मिलती है। इनमें कुछ क्षत्रिय राजाओं का भी उल्लेख मिलता है।

नोट- छान्दोग्य उपनिषद् में केवल तीन आश्रमों का उल्लेख मिलता है, जबकि जाबालोपनिषद् में चारों आश्रमों का उल्लेख मिलता है।

478. Choose the correct chronology of the Delhi Sultanate rule:
दिल्ली सल्तनत राज के सही वंशानुक्रम का चयन कीजिए।

(a) Turkish → Khilji → Tughluq →Sayyid → Lodi / तुर्क → ख़लजी → तुगलक → सैयद → लोधी
(b) Turkish → Sayyid → Tughluq → Khilji → Lodi / तुर्क → सैयद → तुगलक → ख़लजी → लोधी
(c) Turkish → Sayyid → Khilji → Tughluq → Lodi / तुर्क → सैयद → ख़जली → तुगलक → लोधी
(d) Turkish → Khilji → Sayyid → Tughluq → Lodi / तुर्क → खुजली → सैयद → तुगलक → लोधी

Ans. (a)

निम्न में से दिल्ली सल्तनत राजवंश के सही वंशानुक्रम का चयन इस प्रकार है-

तुर्क → खलजी → तुगलक → सैय्यद → लोदी

962 ई0 में अलप्तगीन नामक एक व्यक्ति ने गजनी में स्वतंत्र तुर्क राज्य की स्थापना की थी। 1206 ई0 में गोरी की मृत्यु के बाद कुतुबद्दीन ऐबक ने गुलाम / ममलूक वंश की स्थापना की थी। इन्होंने अपनी राजधानी लाहौर में बनाई थी। गुलाम वंश के बाद खिलजी वंश की स्थापना हुयी इसका संस्थापक जलालुद्दीन फिरोज खिलजी था। खिलजी वंश के बाद तुगलक वंश की स्थापना हुयी। इस वंश का संस्थापक गयासुद्दीन तुगलक था। तुगलक वंश के बाद सैय्यद वंश की स्थापना हुयी। इसका संस्थापक खिज्र खां था। इस वंश के बाद लोदी वंश की स्थापना हुयी जिसका संस्थापक बहलोल लोदी था।

479. Match the following dance forms in List-A with their respective states in List - B Choose the correct option.

निम्नलिखित सूची में दी गई नृत्य शैलियों का सूची - B में उनसे संबंधित राज्यों में मिलान करें। सही विकल्प चुनें।

List-A/सूची – A	List-B/सूची-B
(i) Bharatanatya / भरतनाट्यम्	(a) Andhra Pradesh / आंध्र प्रदेश
(ii) Kathakali / कथकली	(b) Tamil Nadu / तमिलनाडु
(iii) Yakshaganam / यक्षगणम्	(c) Kerala / केरल
(iv) Kuchipudi/ कुचिपुड़ी	(d) Karnataka / कर्नाटक
	(e) Manipur/ मणिपुर

(a) (i) - (c), (ii) -(b), (iii)-(d), (iv)-(e)
(b) (i)-(b). (ii)- (c), (iii)-(d), (iv)-(a)
(c) (i) - (b), (ii) -(a), (iii) -(d), (iv)-(e)
(d) (i) - (a), (ii) -(e), (iii) -(b), (iv) - (c)

Ans.(b)

निम्नलिखित नृत्य शैलियों का संबंधित राज्यों से सही मिलान इस प्रकार है-

सूची - A		सूची - B
भरतनाट्यम	-	तमिलनाडु
कथकली	-	केरल
यक्षगणम्	-	कर्नाटक
कुचिपुड़ी	-	आंध्र प्रदेश

इस प्रकार सही समेलित करने पर विकल्प सही है।

480. Which of the following is NOT true about the Nayanars and Akars.
निम्नलिखित में से कौन सा कथन नयनारों और अलवारों के विषय में सही नहीं है?

(a) They came from all castes including those considered 'untouchable. / ये संत सभी जातियों के जिनमें 'अस्पृश्य' समझी जाने वाली जातियों के लोग भी शामिल थे।
(b) They were sharply critical of the Buddhists and Jains. / बौद्धों और जैनों के कटु आलोचक थे।
(c) They preached ardent love of Shiva or Vishnu as the path to salvation. / वे शिव या विष्णु के प्रति सच्चें प्रेम को मुक्ति का मार्ग बताते थे।
(d) They were opposed to the use of music. / वे संगीत का विरोध करते थे।

Ans. (d)

प्रारंभिक भक्ति आन्दोलन लगभग छठी शताब्दी अलवारों (विष्णु भक्ति में तन्मय) और नयनारों (शिवभक्त) के नेतृत्व में हुआ। नयनारों और अलवारों के संत संगीत का विरोध नहीं करते थे। बल्कि वे एक स्थान से दूसरे स्थान पर भ्रमण करते हुए तमिल में अपने इंस्ट की स्तुति में भजन संगीत किया करते थे। इस प्रकार विकल्प (d) सही नहीं है।

इसके अतिरिक्त वे संत सभी जातियों के जिनमें 'अस्पृश्य' समझी जाने वाली जातियों के लोग भी शामिल थे, वे बौद्धों और जैनों के कट आलोचक थे और शिव या विष्णु के प्रति सच्चे प्रेम को मुक्ति मार्ग बताते थे, अर्थात् ये सभी कथन अलवार और नयनार से संबंधित सही है।

481. Put in chronological order the causes of decline of Mughal Empire.
मुगल साम्राज्य के पतन के कारणों को कालक्रमानुसार लगाएं।

(A) Break down of the efficiency of administration. / प्रशासन की कार्य कुशलता का विघटन
(B) Competition amongst Irani and Turani nobles. / ईरानी और तूरानी मूल के अभिजातों में पारस्परिक प्रतिद्वंद्विता
(C) Depletion of military and financial resources during war on Deccan. / सैन्य एवं वित्तीय संसाधनों का कम होना
(D) Invasion by Nadir Shah and Ahmed Shah Abdali. / नादिरशाह और अहमदशाह अब्दाली द्वारा आक्रमण

Choose the correct option. / सही विकल्प चुने।

(a) (A), (D), (B) and (C) / (A). (D), (B) और (C)
(b) (D), (B), (C) and (A) / (D) (B) (C) और (A)
(c) (C), (A), (D) and (B) / (C) (A) (D) और (B)
(d) (B), (C), (A) and (D) / (B) (C) (A) और (D)

Ans.(c)

बाबर ने भारत में मुगल वंश की स्थापना 1526 ई0 में की थी। मुगल वंश के पतन का कारण क्रगानुरार दस प्रकार है- सैन्य एव संसाधनों का कम होना, प्रशासन की

कार्यकुशलता का विघटन नादिरशाह और अहमदशाह अब्दाली द्वारा आक्रमण और सबसे अंत में ईरानी और तूरानी मूल के अभिजातों में पारस्पारिक प्रतिद्वंद्विता। मुगलों की सरकार एक व्यक्तिगत निरंकुशता को प्रेरित की और इसलिए इसकी सफलता शासकों के चरित्र पर निर्भर करती थी। बाद के मुगल शासक अयोग्य ने और राज्य के प्रशासन की उपेक्षा करते थे।

इस प्रकार विकल्प b के अन्तर्गत सही क्रम C. A.D और B है।

नोट- औरंगजेब की ढक्कन नीति पूरी तरह विफल रही और मुगल साम्राज्य के पतन का एक महत्वपूर्ण कारण थी।

482. Consider the following statements and choose the appropriate option.
निम्नलिखित कथनों पर विचार करें तथा उपयुक्त विकल्प चुने।

Statement (A): The East India Company was granted Diwani of the province of Bengal in 1/ कथन (A) : 1765 में ईस्ट इंडिया कंपनी को बंगाल की दीवानी प्रदान की गई।

Statement (B): The Diwani did not allow the company to use the vast revenue resources of Bengal. / कथन (B) दीवानी मिलने से कंपनी को बंगाल के विशाल राजस्व संसाधनों को इस्तेमाल करने की अनुमति नहीं मिली।

(a) (A) is true but (B) is false. / (A) सही है किन्तु (B) गलत है।
(b) (B) is true but (A) is false. / (B) सही है किन्तु (A) गलत है।
(c) Both (A) and (B) are true. / (A) तथा (B) दोनों सही हैं।
(d) Both (A) and (B) are false. / (A) तथा (B) दोनों गलत हैं।

Ans. (a)

1765 ई० में ईस्ट इंडिया कंपनी को बंगाल की दीवानी प्रदान की गई। दीवानी मिलने के कारण कंपनी को विशाल राजस्व संसाधनों पर नियंत्रण मिल गया था। इस कारण कंपनी की एक पुरानी समस्या हल हो गई थी। अठारहवीं शताब्दी की शुरुआत से ही भारत के साथ उसका व्यापार बढ़ता जा रहा था। लेकिन उसे भारत में ज्यादातर चीजें ब्रिटेन से लाए गए सोने चांदी के बदले में खरीदनी पड़ती थी। इसकी वजह ये थी कि उस समय ब्रिटेन के पास भारत में बेचने के लिए कोई चीज नहीं थी प्लासी की युद्ध के बाद से ही ब्रिटेन से सोने की निकास कम होने लगी और बंगाल की दीवानी मिलने के बाद तो सोना लाने की जरूरत ही नहीं रही। इस प्रकार उपयुक्त विकल्प में से कथन (A) सही है और कारण (R) गलत है।

483. Consider the following statements and choose the appropriate option.
निम्नलिखित कथनों पर विचार करें तथा उपयुक्त विकल्प चुनें।

Statement (A): The Nawab of Awadh was forced to give over half of his territory to the East India Company in 1

कथन (A) : अवध के नवाब को 1801 में अपने आधे इलाके को ईस्ट इंडिया को सौंपने के लिए बाध्य किया गया।

Statement (B): According to the terms of the ' Subsidiary Alliance' the Indian rulers had to pay for the 'Subsidiary forces' that the company was supposed to maintain for the purpose their protection. If the Indian rulers failed to make the payment, then part of their territory was taken away as penalty. / कथन (B) सहायक संधि' के शर्तों के अनुसार भारतीय रियासतों को अपनी सुरक्षा के लिए तैनात 'सहायक सेना' के रख-रखाव के लिए कंपनी को पैसा देना पड़ता था। अगर भारतीय शासक रकम अदा करने में चूक जाते थे तो जुर्माने के तौर पर उनके इलाके का हिस्सा कंपनी अपने कब्जे में ले लेती थी।

(a) (A) is true but (B) is false. / (A) सही है, किन्तु (B) गलत है।
(b) (B) is true but (A) is false. / (B) सही है, किन्तु (A) गलत है।
(c) Both (A) and (B) are true and (B) is the reason for (A). / (A) तथा (B) दोनों सही हैं तथा (A) का कारण (B) है।

(d) Both (A) and (B) are true but (B) is not the reason for (A). / (A) तथा (B) दोनों सही हैं किन्तु (A) का कारण (B) नहीं है।

Ans. (c)

अवध के नवाब को 1801 में अपने आधे इलाके को ईस्ट इंडिया को सौंपने के लिए बाध्य किया गया और सहायक संधि के शर्तों के अनुसार भारतीय रियासतों को अपनी सुरक्षा के लिए तैनात सहायक सेना के रख-रखाव के लिए कंपनी को पैसा देना पड़ता था अगर भारतीय शासक रकम अदा करने में चूक जाते थे तो जुर्माने के तौर पर इनके इलाके का हिस्सा कंपनी अपने कब्जे में लेती थी। इस प्रकार इस प्रश्न के कथन (A) और कथन (B) दोनों सही है तथा (A) का कारण (B) है।

484. Who wrote the book, 'Stripurustulna'?
किसने 'स्त्रीपुरुषतुलना' किताब लिखी है?

(a) Pandita Ramabai / पंडित रमाबाई
(b) Tarabai Shinde / ताराबाई शिंदे
(c) Rashsundari Devi / राससुंदरी देवी
(d) Begum Rokeya Sakhawat Hossain / बेगम रुकैया सखावत हुसैन

Ans. (b)

सही मिलान इस प्रकार है-

पुस्तक	संबंधित व्यक्ति
स्त्री पुरुष तुलना	ताराबाई शिंदे
स्त्रीधर्म नीत	रमाबाई
आमेर जीवोन	रामसुंदरी देवी
सुल्ताना का स्वप्न	बेगम रुकैया सखावत हुसैन
गॉड ऑफ स्मॉल थिंग्स	अरूधती राय
फास्टिंग फीस्टिंग	अनीता देसाई

485. Who authored the book 'Sultana's Dream'?
'सुल्ताना का स्वप्न' नामक किताब की लेखिका कौन थीं?

(a) Rokeya Sakhawat Hossain / रुकैया सखावत
(b) Ismat Chughtai / इस्मत चुगताई
(c) Hajara Begum / हाजरा बेगम
(d) Ahadi Bano Begum / अबादी बानो बेगम

Ans.(a)

पुस्तक	-	संबंधित लेखिका
पुस्तक सुल्ताना का स्वप्न	-	रूकैया सखावत हुसैन
दिल की दुनिया	-	इस्मत चुगताई
प्लेस कॉल्ड होम	-	प्रीती शेनॉय
द टाइगर ऑफ ट्रास	-	मीना नैयर
अनफील्ड बेरल	-	रिचा मिश्रा

486. Labour in the plantation of Mauritius and Trinidad was sourced from the "lower castes" and poor living in colonial India as ---------.
मॉरिशस और प्रिनीदाद के बागानों में काम करने वाले मजदूरों को औपनिवेशिक भारत में रहने वाले 'निम्न जातियों' से और गरीब परिवारों से लाया गया था क्योंकि ---------

(A) this opportunity helped the people to get away from the oppression and humiliation. / इस अवसर ने लोगों की दमन और अपमानजनक परिस्थितियों से दूर जाने में सहायता की।
(B) it helped the people to improve their social life and gain upward mobility. / इससे उनके सामाजिक जीवन को सुधारने में और ऊर्ध्वं गतिशीलता अर्जित करने में सहायता मिली।
(C) they had the adequate built and skills required for the work. / इनके पास यह काम करने के लिए पर्याप्त कद-काठी और कौशल था।
(D) they were not worried about their life. getting polluted by the crossing of seas. / समुद्री यात्रा के कारण प्रदूषित होने वाले - उनके जीवन के बारे में चिंतित नहीं थे।

Choose the appropriate option. सही विकल्प चुनें:

(a) (A) and (B) / (A) और (B)
(b) (A) and (D) / (A) और (D)
(c) (B) and (C) / (B) और (C)
(d) (B) and (D) / (B) और (D)

Ans. (b)

मॉरीशस और त्रिनीदाद के बागानों में काम करने वाले मजदूरों को औपनिवेशिक भारत में रहने वाले निम्न जातियों' से और गरीब परिवारों से लाया गया था। क्योंकि इस अवसर ने लोगों की दमन और अपमान जनक परिस्थितियों से दूर जाने में सहायता की और वे समुद्री यात्रा के कारण प्रदूषित होने वाले उनके जीवन के बारे में चिंतित नहीं थे।

487. The Swadeshi Movement sought to oppose British rule and encourage the ideas of:
स्वदेशी आन्दोलन अंग्रेजी शासन के विरोध में उत्पन्न एवं निम्नलिखित विचारों को प्रोत्साहित किया:

(i) Swadeshi enterprise / स्वदेशी व्यापारिक संगठन
(ii) National Education / राष्ट्रीय शिक्षा
(iii) Use of Indian Language / भारतीय भाषा का उपयोग
(iv) Swadeshi Police / स्वदेशी पुलिस

Choose the correct option form the following: / निम्नलिखित में से सही विकल्प का चयन करें:

(a) Only (i) and (ii) / केवल (i) और (ii)
(b) Only (ii) and (iii) / केवल (ii) और (iii)
(c) Only (i), (ii) and (iii) / केवल (i), (ii) और (iii)
(d) Only (i), (ii) and (iv) / केवल (i), (ii) और (iv)

Ans.(c)

स्वदेशी आन्दोलन अंग्रेजी शासन के विरोध में उत्पन्न स्वदेशी व्यापारिक संगठन, राष्ट्रीय शिक्षा और भारतीय भाषा का उपयोग जैसे विचारों को प्रोत्साहित किया। इस प्रकार विकल्प (c) के अन्तर्गत (i), (ii) और (ii) सही है। अगस्त 1905 में कलकत्ता के टाउनहॉल में एक विशाल बैठक आयोजित की गई जिसमें 'स्वदेशी आन्दोलन' की औपचारिक घोषणा की गई। स्वदेशी आन्दोलन की जड़े विभाजन विरोधी आन्दोलन में थी, जो लॉर्ड कर्जन के बंगाल प्रांत को विभाजित करने के फैसले का विरोध करने के लिए शुरू किया गया था। विभाजन के बाद सबसे पहले विदेशी वस्तुओं के बहिष्कार का संकल्प लिया गया।

488. Read the statement (A) and (B) and choose the correct option.
कथन (A) एवं (B) को पढ़े और सही विकल्प का चयन करें:

Statement (A): In 1916, the Indian National Congress and the Muslim League signed the historic Lucknow Pact. / कथन (A): भारतीय राष्ट्रीय कांग्रेस एवं मुस्लिम लीग ने 1916 में ऐतिहासिक 'लखनऊ पैक्ट' पर हस्ताक्षर किए।

Statement (B): Both the parties decided to work together for representative government in the country. / कथन (B) दोनों पार्टियों ने फैसला किया कि वे साथ मिलकर देश में प्रतिनिधात्मक सरकार के लिए काम करेंगे।

(a) (A) is true but (B) is false. / (A) सही है लेकिन (B) गलत हैं।
(b) (A) is false (B) but is true. / (A) गलत है लेकिन (B) सही है।
(c) Both (A) and (B) are true but (B) does not explain (A). / दोनों (A) एवं (B) सही है लेकिन (B), (A) की व्याख्या नहीं करता है।
(d) Both (A) and (B) are true and (B) explains (A). / दोनों (A) एवं (B) सही हैं लेकिन (B), (A) की व्याख्या करता है

Ans. (d)

भारतीय राष्ट्रीय कांग्रेस एवं मुस्लिम लीग ने 1916 में ऐतिहासिक 'लखनऊ पैक्ट' पर हस्ताक्षर किए और उसके बाद पार्टियों ने फैसला किया कि वे एक साथ मिलकर देश के प्रतिनिधात्मक सरकार के लिए काम करेंगे। इस प्रकार विकल्प (D) के अन्तर्गत दिए गए कथन (A) और (B) दोनों सही है, और (B) (A) की व्याख्या करता है।

वर्ष 1916 में भारतीय राष्ट्रीय कांग्रेस का वार्षिक अधिवेशन लखनऊ में आयोजित किया गया था। इस अधिवेशन में गरमदल (अतिवादियों) का कांग्रेस में पुनः प्रवेश हुआ था। इस अधिवेशन की दूसरी सबसे अहम उपलब्धि थी- लखनऊ समझौता। अतः यह इस अधिवेशन से गरम एवं नरमदल दोनों एक हो गए। इस अधिवेशन में कांग्रेस व मुस्लिम लीग एक दूसरे के करीब आ गए। तथा दोनों ने सरकार के समक्ष अपनी समान मांगे प्रस्तुत की।

489. Which of the following countries were members of Non-Aligned Movement?
निम्नलिखित में से कौन से देश गुटनिरपेक्ष आन्दोलन के सदस्य थे?

(A) Indonesia/इन्डोनेशिया
(B) Egypt / मित्र (इजिप्ट)
(C) Ghana / घाना
(D) England (Britain)/इंग्लैंड (ब्रिटेन)
Choose the correct option. / सही विकल्प चुनें।

(a) (A), (B) and (C) / (A), (B) और (C)
(b) (B), (C) and (D) / (B), (C) और (D)
(c) (A), (C) and (D) / (A), (C) और (D)
(d) (A), (B) and (D) / (A), (B) और (D)

Ans. (a)

इंडोनेशिया, मिस्र (इजिप्ट) और घाना गुटनिरपेक्ष आन्दोलन के सदस्य देश थे। गुटनिरपेक्ष आंदोलन का मुख्यालय इंडोनेशिया की राजधानी जकार्ता में है। गुटनिरपेक्ष आन्दोलन का पहला शिखर सम्मेलन 1961 ई0 में बेलग्रेड में आयोजित किया गया और इसमें कुल 25 देशों के प्रतिनिधियों ने हिस्सा लिया। वर्तमान में गुटनिरपेक्ष आंदोलन संयुक्त राष्ट्र के बाद विश्व का सबसे बड़ा राजनीतिक समन्वय और परामर्श का मंच है। इस समूह में वर्ष 2018 तक कुल 120 विकासशील देश शामिल थे। इसके अतिरिक्त इस समूह में 17 देशों और 10 अंतर्राष्ट्रीय संगठनों को पर्यवेक्षक का दर्जा प्राप्त है।

490. Consider the following pairs.
निम्नलिखित युग्मों पर विचार कीजिए:

(Planet / ग्रह)	(Description / वर्णन)
(i) Mars / मंगल	Inner planet / आन्तरिक ग्रह
(ii) Venus/ शुक्र	Dwarf planet / बौना ग्रह
(iii) Jupiter / बृहस्पति	Highest number of moons/ सबसे अधिक उपग्रह
(iv) Earth / पृथ्वी	Fifth largest planet/ आकार में पाँचवाँ बड़ा ग्रह

Which of the pairs given above are correctly matched? / उपरोक्त में से कौन से युग्म सही सुमेलित है?

(a) (i) and (ii) Only/केवल (i) और (ii)
(b) (ii) and (ii) Only / केवल (ii) और (ii)
(c) (iii) and (iv) Only / केवल (ii) और (iv)
(d) (i) and (iv) Only /केवल (i) and (iv)

Ans. (d)

मंगल ग्रह आन्तरिक ग्रह है। पृथ्वी आकार में पाँचवा सबसे बड़ा ग्रह है। इस प्रकार विकल्प (d) के अन्तर्गत (i) और (iv) सही है। आन्तरिक ग्रह सूर्य के बहुत नजदीक है तथा ये चट्टानों के बने होते हैं। इसके अन्तर्गत बुध शुक्र पृथ्वी एवं मंगल आते है। जबकि बाह्य ग्रह सूर्य से बहुत दूर होते हैं। ये गैस और अन्य इसी तरह पदावों के बने होते हैं। इसके अन्तर्गत वृहस्पति, शनि, अरूण एवं वरूण ग्रह आते है। सूर्य सौरमंडल के केन्द्र में स्थित है। यह बहुत बड़ा है एवं अत्यधिक गर्म गैसों से बना है। इराका खिंचाव बल इससे सौरमंडल को बांधे रखता है। सूर्य सौरमंडल के लिए प्रकाश एवं ऊष्मा का एकमात्र स्रोत है। लेकिन हम इसकी अत्यधिक तेज ऊष्मा को महसूस नहीं करते हैं।

491. The equator goes through which of the following country?
विषुवत् वृत्त निम्नलिखित में से किस देश से होकर गुजरती है?

(a) Bolivia / बोलीविया
(b) Botswana / बॉलवाना
(c) Brazil / ब्राजील\
(d) Bangladesh / बांग्लादेश

Ans.(c)

ब्राजील देश से विषुवत रेखा गुजरती है। पृथ्वी के ग्लोब पर शून्य अंश के अक्षांश को विषुवत रेखा, या भूमध्य रेखा कहा जाता है विषुवत रेखा के उत्तरी भाग को उत्तरी गोलार्द्ध तथा दक्षिणी भाग को दक्षिणी गोलार्द्ध कहा जाता है विषुवत रेखा साओ टोम और प्रिंसिप, गौबन कांगोगण राज्य, लोकतांत्रिक गणराज्य, युगांडा, केन्या, सोमलिया, मालदीव, इण्डोनेशिया किरिबाती, इक्वेडोर, कोलबिया, ब्राजील देशों से होकर गुजरती है।

नोट- विषुवत रेखा, कर्क रेखा तथा मकर रेखा तीनों अफ्रीका महाद्वीप से होकर गुजरती है।

492. Consider following statement for latitudes.
अक्षांशों के बारे में दिए गए कथनों पर विचार कीजिए:

Statement (A): Equator is a latitude which divides globe into two equal parts. / कथन (A): विवत वृत्त वह अक्षांश रेखा है जो ग्लोब को दो बराबर भागों में विभाजित करती है।

Statement (B): Latitudes play important role in determination of local time of a place. / कथन (B): किसी स्थान विशेष के स्थानीय समय के निर्धारण में अक्षांशों की महत्वपूर्ण भूमिका होती है।

Choose the correct option: / सही विकल्प का चुनाव कीजिए।

(a) Only (A) is correct. / केवल (A) सही है।
(b) Only (B) is correct. / केवल (B) सही है।
(c) Both (A) and (B) are correct. / (A) तथा (B) दोनों सही हैं।
(d) Neither (A) nor (B) is correct. / न तो (A) न ही (B) सही है।

Ans.(a)

विषुव वृत्त वह अक्षांश रेखा है जो ग्लोब को दो भाग में विभाजित करती है। किसी स्थान विशेष के स्थानीय समय के निर्धारण में अक्षांशों की भूमिका होती है। यह सही नहीं है। इस प्रकार कथन (A) सही है और कथन (B) सही नहीं है। विषुवत रेखा पृथ्वी के ग्लोब पर शून्य अंश के अशंश को विषुवत रेखा या भूमध्य रेखा कहा जाता है। विषुवत रेखा के उत्तरी भाग को उत्तरी गोलार्द्ध तथा दक्षिणी भाग को दक्षिणी गोलार्द्ध कहा जाता है। नोट - विषुवत रेखा और ग्रीनविच रेखा आपस में अफ्रीका महाद्वीप के पश्चिम में स्थित गिनी की खाड़ी में मिलती है।

493. If it is 12 noon at Greenwich, what will be the local time at 120° east longitude at same time?
यदि ग्रीनिच रेखा पर दोपहर के 12 बजे हैं तो उसी समय 120° पूर्वी देशान्तर पर क्या स्थानीय समय होगी?

(a) 8:00P.M. / 8:00 अपराह्न
(b) 4:00A.M. / 4:00 पूर्वाह
(c) 8:00 A.M. / 8:00 पूर्वाह
(d) 4:00 PM. / 4:00 अपराह

Ans. (a)

यदि ग्रीनिच रेखा पर दोपहर के 12 बजे हैं तो उसी समय 120° पूर्वी देशान्तर पर स्थानीय समय 8:00 अपराह्न होगा। पृथ्वी पर 0° देशान्तर पर खींची गई मध्याह्न रेखा प्रधान मध्याह रेखा या ग्रीनविच रेखा कहलाती है दुनिया का मानक समय इसी रेखा से निर्धारित किया जाता है।

494. Consider the following table showing type of Natural Vegetation and region.
नीचे दिए प्राकृतिक वनस्पति और क्षेत्र को दर्शाता टेबल पर विचार करें।

I: Natural Vegetation / प्राकृतिक वनस्पति II: Region / क्षेत्र

(A) Evergreen forests / सदाबहार वन
(i) Tropical Zone / उष्ण कटिबंधीय क्षेत्र
(B) Deciduous forests / पर्णपाती वन
(ii) Temperate Zone / शीतोष्ण क्षेत्र

Choose the correct match. / सही मिलान का चयन करें।

(a) (A)-(i) and (B)-(i) / (A)- (i) और (B)- (ii)
(b) (A) (i), (ii) and (B)-(ii) / (A) (i), (ii) और (B)-(ii)
(c) (A)-(i) and (B)-(i), (ii) / (A)-(i) और (B)-(i), (i)
(d) (A)-(i), (ii) and (B)- (i) / (ii) (A) (i), (ii) और (B)- (i), (ii)

Ans. (d)

सही सुमेलन इस प्रकार है-

प्राकृतिक वनस्पति	**क्षेत्र**
सदाबहार वन	उष्णकटिबंधीय क्षेत्र
पर्णपाती वन	शीतोष्ण क्षेत्र

इस प्रकार विकल्प (D) के अन्तर्गत (A का (i) तथा B का (ii) सही है सदावहार वन ऐसे पौधों और वृक्षों को कहा जाता है। जिन पर हर मौसम में पत्ते होते हैं। यह उन पतझड़ी वृक्षों और पौधों से अलग होते हैं। जो आमतौर पर शरद ऋतु में अपने पत्ते खो देते हैं। सदाबहार वनों के पत्ते भी गिरते हैं लेकिन वे सब एक साथ नहीं गिरते है और पत्तों के गिरने के साथ-साथ उन पर नए पत्ते भी आते रहते हैं।

495. Consider the following statement regarding soil.
मृदा से संबंधित निम्नलिखित कथनों पर विचार करें।

Statement (A): Weathered rock material lies between parent rock and sub-soil. / कथन (A): अपक्षाचित चट्टानी पदार्थ, जनक चट्टान और उपमृदा के बीच अवस्थित होता है।

Statement (B): Climatic condition of the region determines thickness of the soil profile. / कथन (B): किसी क्षेत्र की जलवाविक दशा वहाँ के मृदा परिच्छेदिका की मोटाई को निश्चित करता है।

Choose the correct option. / सही विकल्प का चयन करें।

(a) Both (A) and (B) are true. / (A) और (B) दोनों सही हैं।
(b) Both (A) and (B) are false. / (A) और (B) दोनों गलत हैं।
(c) Both (A) and (B) are false. / (A) सही है (B) लेकिन गलत है।
(d) (A) is false, (B) is true. / (A) गलत है लेकिन (B) सही है।

Ans.(c)

अपक्षयित चट्टानी पदार्थ, जनक चट्टान और उपमृदा के बीच अवस्थित होता है, और किसी क्षेत्र की जलवायविक दशा वहाँ के मृदा परिच्छेदिका की मोटाई को निश्चित करता है यह कथन सही नहीं है। इस प्रकार मृदा से संबंधित कथनों में से कथन (A) सही है जबकि कथन (B) गलत है।

पृथ्वी के धरातल पर मिट्टी (मृदा) असंघटित पदार्थों की एक परत है जो अपक्षय और विघटन के कारकों के माध्यम से चट्टानों और जैव पदार्थों से बनी है। उच्चावच एवं जलवायु संबंधी दशाओं में भिन्नता पायी जाती है।

नोट- केन्द्रीय मृदा संरक्षण बोर्ड का गठन 1953 में किया गया था।

496. What are the main criteria of dividing major natural regions of the world?
विश्व के मुख्य प्राकृतिक क्षेत्रों के विभाजन में निम्न से कौन से मुख्य मानक हैं?

(a) Latitudes and Longitudes / अक्षांश एवं देशांतर
(b) Atmospheric Pressure and Winds / वायुमंडलीय दाब एवं पवनें
(c) Temperature, rainfall and vegetation / तापमान, वर्षण एवं वनस्पति
(d) Tides and Currents / ज्वारभाटा एवं धाराएँ।

Ans.(c)

विश्व के मुख्य प्राकृतिक क्षेत्रों के विभाजन में तापमान : वर्षण और वनस्पति की अहम भूमिका होती है विभिन्न भू-आकृतियों के अनुसार वनस्पतियों में भी भिन्नता पावी जाती है गंगा ब्रह्मपुत्र के मैदानों में सागवान, साखू एवं पीपल के साथ उष्णकटिबंधीय पर्णपाती पेड़ भी पाए जाते हैं। आमेजन बेसिन भूमध्य रेखा के आस-पास फैला है और पूरे वर्ष यहाँ गर्म एवं नम जलवायु रहती है। यहाँ का मौसम दिन एवं रात दोनों ही समय लगभग समान रूप से गर्म एवं आद्र रहता है तथा शरीर में चिपचिपाहट महसूस होती है।

497. Consider the following statement and identify the atmospheric layer.
निम्नलिखित कथनों पर विचार कीजिए तथा वायुमंडल की परत पहचान कीजिए।

Statement (A): Temperature rises very rapidly with increasing height in this layer. / कथन (A): इसमें बढ़ती ऊँचाई के साथ तापमान अत्यधिक तीव्रता से बढ़ता है।

Statement (B): Ionosphere is a part of this layer. / कथन (B): आयन मंडल इस परत का एक भाग है।

(a) Troposphere / क्षेभमंडल
(b) Stratosphere / समतापमंडल
(c) Mesosphere / मध्यमंडल
(d) Thermosphere / बाह्य वायुमंडल

Ans. (d)

बाह्य वायुमंडल में बढ़ती ऊँचाई के साथ तापमान अत्यधिक तीव्रता से बढ़ता है इस परत की एक महत्वपूर्ण विशेषता है कि वह आयन मंडल का एक भाग है यह 80 से 400 किमी0 तक फैला है। रेडियो संचार के लिए इस परत का उपयोग होता है। वास्तव में पृथ्वी से प्रसारित रेडियो तरंगे इस परत द्वारा पुनः पृथ्वी पर परावर्तित कर

दी जाती है। इस प्रकार कथन (A) और कथन (B) बाह्य वायुमंडल से संबंधित है। हमारा वायुमंडल पांच परतों में विभाजित है जो पृथ्वी की सतह से आरंभ होती है।

(1) क्षोभमंडल (2) समताप मंडल (3) मध्य मडल (4) बाह्य वायुमंडल (5) हिमंडल

498. High pressure is associated with:
उच्च दाब संबंधित है:

(a) Cloudy skies and wet weather / बादल युक्त आकाश और नम मौसम से
(b) Heavy rainfall / भारी वर्षण से
(c) Clear and sunny skies / स्पष्ट एवं स्वच्छ धूप भरे आकाश से
(d) Storms / तूफान से

Ans. (c)

उच्च दाब स्पष्ट एवं स्वच्छ धूप भरे आकाश से संबंधित है। कम तापमान वाले क्षेत्रों की वाय ठंडी होती है। इसके फलस्वरूप यह भारी होती है भारी वायु निमज्जित होकर उच्च दाब क्षेत्र बनाती है। उच्च दाब के कारण स्पष्ट एवं स्वच्छ आकाश होता है। वायुदाब का क्षैतिज वितरण किसी स्थान पर उपस्थित वायु के ताप द्वारा प्रभावित होता है। अधिक तापमान वाले क्षेत्रों में वायु गर्म होकर ऊपर उठती है। यह निम्न दाब क्षेत्र बनता है। निम्न दाब बादल युक्त आकाश एवं नम मौसम के साथ जुड़ा होता है।

वायु सदैव उच्च वायुदाब क्षेत्र से निम्न दाब क्षेत्र की ओर गमन करती है।

499. Which of the following states have a coast on the Arabian Sea?
निम्न में से किन राज्यों का तट अरब सागर पर है:

(a) Odisha and Andhra Pradesh / ओडिशा और आंध्र प्रदेश
(b) Tamil Nadu and Karnataka / तमिलनाडु और कर्नाटक
(c) Kerala and Tamil Nadu / केरल और तमिलनाडु
(d) Karnataka and Kerala / कर्नाटक और केरल

Ans. (d)

कर्नाटक और केरल अरब सागर के तट पर स्थित राज्य है। भारत के 9 राज्य (गुजरात, कर्नाटक, महाराष्ट्र, गोवा, केरल, तमिलनाडु, आ० प्र०, ओडिशा एवं पं० बंगाल) की सीमा समुद्र तट से लगी है। पांच राज्य - गुजरात, महाराष्ट्र, गोवा, कर्नाटक, केरल अरब सागर के तट पर स्थित राज्य है। चार राज्य तमिलनाडु, आंध्र प्रदेश, ओडिशा एवं पं० बंगाल, बंगाल की खाड़ी के तट पर स्थित राज्य है।

भारत का सर्वाधिक तटीय सीमा की लंबाई वाला राज्य गुजरात है।

500. Consider the following statement.
निम्नलिखित कथनों पर विचार करें।

Assertion (A): Forest replenishes more underground water as compared to barren land. / कथन (A): बंजर भूमि की तुलना में वन भूमिगत जल को पुनः प्राप्ति करते हैं।

Reasoning (R): Forest and the other vegetation cover slow the surface runoff. / कारण (R) वन और अन्य वनस्पति आवरण धरातलीय प्रवाह को मंद करते हैं।

Choose the correct option. / सही विकल्प चुने:

(a) Both (A) and (R) are true and (R) is the correct explanation of (A). / (A) और (R) दोनों / सही हैं और (R) सही व्याख्या करता है (A) की।
(b) Both (A) and (R) are true but (R) is not the correct explanation of (A). / (A) और (R) दोनों सही है लेकिन (R) सही व्याख्या नहीं है (A) की।
(c) (A) is true but (R) is false. / (A) सही है लेकिन (R) गलत हैं।
(d) Both (A) and (R) are false. / (A) और (R) दोनों गलत हैं।

Ans. (a)

बंजर भूमि की तुलना में वन भूमिगत जल को पुन प्राप्ति करते हैं। और वन के साथ-साथ अन्य वनस्पति आवरण धरातलीय प्रवाह को मंद करते हैं। इस प्रकार विकल्प (A) के अन्तर्गत दिए गए कथन (A) और कारण (R) दोनों सही है आर (A), (R) की सही व्याख्या करता है। जल संग्रहण पृष्ठीय प्रवाह को बचाने की दूसरी विधि है। जल रिसाव को कम करने के लिए खेतों को सिंचित करने वाली नहरों को ठीक से पक्का करना चाहिए। रिसाव और

वाणीकरण से होने वाली जल क्षति को रोकने के लिए स्प्रिंकलर विधि से सिंचाई करना चाहिए।

जल एक नवीकरणीय संसाधन है।

501. A teacher wants to introduce population pyramids in her elementary social science classroom. Which of the following sub concepts she needs to discuss to give a fairer understanding of population pyramids?

प्रारंभिक स्तर पर सामाजिक विज्ञान पढ़ाने वाली एक शिक्षिका अपनी कक्षा में जनसंख्या पिरामिड पढ़ाना चाहती है। जनसंख्या पिरामिड की बेहतर समझ बनाने हेतु उन्हें निम्न में कौन से उपसंप्रत्ययों पर चर्चा करने की जरूरत है?

(A) Population density / जनसंख्या घनत्व

(B) Age groups / आयु वर्ग

(C) Young dependents and old dependents / युवा आश्रित लोग एवं वृद्ध आश्रित लोक

(D) Birth rates / जन्म दर

Choose appropriate option. / उपयुक्त विकल्प का चयन कीजिए।

(a) Only (A), (B) and (C) / केवल (A), (B) तथा (C)
(b) Only (B), (C) and (D) / केवल (B) (C) तथा (D)
(c) Only (A), (C) and (D) / केवल (A) (C) तथा (D)
(d) All (A), (B), (C) and (D) / (A) (B) (C) तथा (D) सभी

Ans. (b)

प्रारम्भिक स्तर पर सामाजिक विज्ञान पढ़ाने वाली एक शिक्षिका अपनी कक्षा में जनसंख्या पिरामिड पढ़ाना चाहती है। इसके लिए जनसंख्या पिरामिड की बेहतर समझ बनाने हेतु आयु वर्ग, युवा आश्रित लोग एवं वृद्ध आश्रित लोग तथा जन्मदर जैसे उपसंप्रत्ययों पर चर्चा करने की जरूरत हैं। जनसंख्या पिरामिड एक विशिष्ट जनसंख्या की आयु और लिंग संरचना का चित्रमय प्रतिनिधित्व है। इसमें दो हिस्टोग्राम होते हैं, प्रत्येक लिंग के लिए सम्मेलन के अनुसार, पुरुषों को बाईं ओर महिलाओं को दाईं ओर, जहाँ संस्थाओं को क्षैतिज रूप से और आयु को लंबवत रूप से दिखाया जाता है।

भारतीय आबादी में बच्चों, किशोरों और युवा वयस्कों का अनुपात अधिक है।

502. 'Inter-cropping' is an important agricultural soil practice because it:

'बीच की फसल उगाना' एक महत्त्वपूर्ण कृषिगत मृदा गतिविधि मानी जाती है क्योंकि यह:

(a) allows farmers to earn throughout the year. / किसानों को साल भर कमाने का मौका देती है।
(b) doubles the income of the farmer. / किसानों की आय दुगुनी करती है।
(c) protects from rain wash. / वर्षा दोहन से सुरक्षित रखती है।
(d) increases the productivity of the land. / खेत की उत्पादकता बढ़ाती है।

Ans.(c)

बीच की फसल उगाना एक महत्वपूर्ण कृषिगत मृदा है। यह गतिविधि किसानों को साल भर कमाने का मौका देती है। अन्तरासस्यन (intercropping) का अर्थ बीच बीच में या खाली जगह में कोई दूसरी फसल लगाना। इंटरक्रपिंग का सबसे आम लक्ष्य संसाधनों या पारिस्थितिकी प्रक्रियाओं का उपयोग करके भूमि के एक दिए गए टुकड़े पर अधिक उपज का उत्पादन करना।

503. Match the following:

निम्नलिखित का मिलान करें:

Tinai / टिनै	Landscape / दृश्यभूमि
A. Kurinji / कुरिंजी	(i) Grasslands and forests / घास के मैदान और वन
B. Mullai / मुल्लाई	(ii) Dry, desert-like regions / शुष्क, मरुस्थल जैसे प्रदेश

C. Marudam / मरुदम	(iii) Coastal regions / तटीय क्षेत्र
D. Neydal / नेयदल	(iv) Fertile agricultural plains / उपजाऊ कृषि के मैदान
E. Palai / पालै	(v) Hilly regions / पर्वतीय क्षेत्र

Code / कूट:

	A	B	C	D	E
(a)	(ii)	(i)	(iii)	(iv)	(v)
(b)	(v)	(i)	(iv)	(iii)	(ii)
(c)	(i)	(ii)	(iii)	(iv)	(v)
(d)	(v)	(i)	(iv)	(ii)	(iii)

Ans. (b)

व्याख्या: तमिल साहित्य से भौगोलिक शब्दों का मिलान विविध परिदृश्यों को दर्शाता है: कुरिनजी (कुरिंजी) पर्वतीय क्षेत्रों को दर्शाता है, मुल्लई (मुल्लाई) घास के मैदानों और जंगलों को दर्शाता है, मरुदम (मरुदम) उपजाऊ कृषि मैदानों को संदर्भित करता है, नेयडल (नेयडल) तटीय क्षेत्रों को दर्शाता है, और पलाई (पालै) शुष्क, रेगिस्तान जैसे क्षेत्रों का वर्णन करता है। साथ में, ये शब्द तमिलनाडु के विविध वातावरणों का एक समृद्ध चित्रण प्रस्तुत करते हैं।

504. The International Dateline is crooked, what is the reason for this?
अंतर्राष्ट्रीय तिथि रेखा टेढ़ी-मेढ़ी है, ऐसा होने का कारण हैं ?

(a) It was made crooked to eliminate the difference between time and date. / समय और तिथि के अंतर को समाप्त करने के लिए इसे टेढ़ी-मेढ़ी बनाया गया।
(b) It was made crooked to keep the correct date for the airplanes. / हवाई जहाजों के लिए सही तिथि रखने के लिए इसे टेढ़ी-मेढ़ी बनाया गया।
(c) It was made crooked to establish the specificity of 180° longitude. / 180° देशांतर की विशिष्टता स्थापित करने के लिए इसे टेढ़ी-मेढ़ी बनाया गया।
(d) It was made in such a way to avoid huts on the way. / मार्ग में पड़ने वाले झोपों को छोड़ने के लिए इसे ऐसा बनाया गया।

Ans. (a)

व्याख्या: अंतर्राष्ट्रीय तिथि रेखा लगभग 180° के देशांतर पर है. लेकिन यह कुछ देशों में एक ही दिन का विभाजन होने से बचने के लिए टेढ़ी-मेढ़ी होकर गुजरती है। अंतर्राष्ट्रीय तिथि रेखा मुख्य याम्योत्तर के विपरीत लगभग 180° के देशांतर पर अवस्थित है। अंतर्राष्ट्रीय तिथि रेखा को पार करने पर तिथि में एक दिन का परिवर्तन होता है।

505. In which of the following states a particular fishing net is used called, gheena-vala?
निम्नलिखित में से किस राज्य में, एक विशिष्ट जाल 'घीना वला' मछली पकड़ने के लिए प्रयुक्त होता है?

(a) Karnataka / कर्नाटक
(b) Kerala / केरल
(c) Andhra Pradesh / आन्ध्र प्रदेश
(d) Tamil Nadu / तमिलनाडु

Ans. (b)

केरल राज्य में एक विशिष्ट जाल 'चीना-बला' मछली पकड़ने के लिए प्रयुक्त होता है। केरल, दक्षिण-पश्चिम भारत के उष्ण कटिबंधीय मालाबार तट पर स्थित एक राज्य है, जो देश के सबसे लोकप्रिय पर्यटन स्थलों में से एक है। यह जाल विशल यांत्रिक उपकरणों से बीस मीटर या उससे अधिक के ब्यास वाले क्षैतिज जाल होते हैं। जालों को पानी में डुबोया जाता है और फिर से उठाया जाता है इससे अतिरिक्त अन्य मछली पकड़ने वाले जाल का नाम- (1) लिफ्ट जाल (2) सीन जाल

506. Which one of the following situations seems to in a way challenge social prejudice?
निम्नलिखित में से कौन सी स्थिति एक प्रकार सामाजिक पूर्वाग्रह को चुनौती देती प्रतीप होती है?

(a) The disabled boy who won the drawing competition in his school went up to the stage on his wheelchair to collect his prize. / अशक्ल लड़का जिसने अपने विद्यालय की चित्र

प्रतियोगिता में पुरस्कार जीता है, अपनी व्हीलचेयर पर अपना पुरस्कार प्राप्त करने के लिए मंच पर आता है।

(b) Children in a class refrain from sharing food with a particular classmate as she stays in a slum. / किसी कक्षा में बच्चे अपना भोजन ऐसे सहपाठी के साथ साझा करने से बचते हैं क्यों कि वह एक कच्ची बस्ती में रहती है।

(c) A Primary school provides boys and girls only indoor games. / एक प्राथमिक विद्यालयों में लड़के लड़कियों को केवल विद्यालय के भीतर खेले जाने वाले खेलों का प्रावधान किया जाता है।

(d) Children make fun of their friend who wants to become a social media influencer as she is dark skinned. / बच्चे अपने मित्र का मजाक उड़ाते हैं जो एक सोशल मीडिया इन्फ्लुयेंसर बनना चाहता है क्योंकि उसका रंग सांवला है।

Ans. (a)

वह अशक्त लड़का जिसने अपने विद्यालय की चित्र प्रतियोगिता में पुरस्कार जीता है, अपनी व्हीलचेयर पर अपना पुरस्कार प्राप्त करने के लिए मंच पर आता है। यह एक प्रकार सामाजिक पूर्वाग्रह को चुनौती देती प्रतीत होती है । पूर्वाग्रह अंग्रेजी शब्द prejudice का हिन्दी रूपान्तर है। अंग्रेजी शब्द prejudice लैटिन भाषा के prejudicium शब्द से बना है जिसमें Pre का अर्थ है 'पूर्व' तथा judicium का अर्थ 'निर्णय' अथवा धारणा । इस दृष्टि कोण से पूर्वाग्रह का शाब्दिक अर्थ हुआ 'पूर्व निर्णय' पूर्वाग्रह सामान्य रूप से एक ऐसी सामाजिक अवधारणा है, जो सामाजिक अन्तःकरण के दौरान पनपती है पूर्वाग्रह किसी समूह के प्रति सकारात्मक और नकारात्मक, अनुकूल अथवा प्रतिकूल, पक्ष अथवा विपक्ष में हो सकता है।

पूर्वाग्रह अतार्किक होते है, पूर्वाग्रह तथ्यों पर आधारित नहीं होते हैं।

507. Who is responsible for measuring land and maintaining as well as updating records in a village?
किसी गाँव में भूमि को नापने, लेखा-जोखा रखने और उसका रिकॉर्ड रखने के लिए कौन उत्तरदायी है?

(a) Gram Panchayat / ग्राम पंचायत
(b) Patwari / पटवारी
(c) District Collector / जिला अधिकारी
(d) Panchayat Samiti / पंचायत समिति

Ans. (b)

किसी गांव में भूमि को नापने, लेखा-जोखा रखने और उसका रिकार्ड रखने के लिए पटवारी उत्तरदायी होता है। पटवारी या लेखपाल राजस्व विभाग में ग्राम सेवल का अधिकारी होता है। इन्हें विभिन्न स्थानों पर अन्य नामों से भी जाना जाता है। जैसे कारनाम अधिकारी, शानबोगरू, लेखपाल (उ०प्र०) आदि। यह भारतीय उपमहाद्वीप के ग्रामीण क्षेत्रों में सरकार का प्रशासनिक पद होता है। इसमें खेती बाड़ी की जमीन और उसकी उपज का लेखा-जोखा रखना इसका मुख्य कार्य है।

9 सितम्बर 2021 को राजस्व मंडल ने एक और नवाचारी पहल करते हुए वर्ष 2020-21 के तहत राजकीय दायित्वों के निर्वहन में उल्लेखनीय योगदान के लिए प्रत्येक तहसील से एक-एक पटवारी को सम्मानित किए जाने का निर्णय किया है।

508. Which of the following statement about Public Healthcare services is NOT correct?
निम्नलिखित में से कौन सा कथन सार्वजनिक स्वास्थ्य सेवाओं के संदर्भ में सही नहीं है?

(a) It is a chain of health centers run by the government. / यह सरकार द्वारा चलाई जाने वाली स्वास्थ्य केंद्रों की एक श्रृंखला है।

(b) The services are provided to people residing in both rural as well as urban areas. / इसकी सेवाएँ शहरी एवं ग्रामीण दोनों क्षेत्रों के लोगों को प्रदान की जाती है।

(c) The resources required for the services are obtained from the money collected from citizens in the form of taxes / इन सेवाओं को चलाने के लिए धन उस पैसे से आता है जो लोग सरकार को टैक्स के रूप में देते हैं।

(d) Treatment in only restricted to health problems that are critical in nature. / इलाज केवल उन्हीं स्वास्थ्य संबंधी बीमारियों के लिए है जो असाध्य हैं।

Ans. (d)

इलाज केवल उन्हीं स्वास्थ्य संबंधी बीमारियों के लिए है। : जो असाध्य है, यह कथन सार्वजनिक स्वास्थ्य सेवाओं के संदर्भ में सही नहीं है बल्कि यह सरकार द्वारा चलाई जाने वाली स्वास्थ्य केन्द्रों की एक श्रृंखला है, इसकी सेवाएँ शहरी एवं ग्रामीण दोनों क्षेत्रों के लोगों को प्रदान की जाती है और इन सेवाओं को चलाने के लिए धन उस पैसे से आता है जो लोग सरकार को टैक्स के रूप में देते हैं। ये सभी कथन सार्वजनिक स्वास्थ्य सेवाओं के संदर्भ में सही है। स्वास्थ्य सेवा से संबंधित चुनौतियों का समाधान करने के लिए भारत में बेहतर स्वस्थ्य देखभाल की आवश्यकता है।

प्रधानमंत्री आयुष्मान भारत स्वास्थ्य अवसंरचना मिशन (PM-ABHIM) को बढ़ावा देने के लिए किए गए है जिसे अक्टूबर 2021 (वित्त वर्ष 2025-26) हेतु लांच किया गया था।

509. Identify the correct sequence in which markets function.
वह सही क्रम पहचानिए जिसमें बाजार कार्य करते हैं।

(a) Producer - trader - consumer / उत्पादक - व्यापारी – उपभोक्ता
(b) Producer - consumer trader / उत्पादक - उपभोक्ता – व्यापारी
(c) Trader producer consumer / व्यापारी - उत्पादक – उपभोक्ता
(d) Consumer trader producer / उपभोक्ता - व्यापारी – उत्पादक

Ans. (a)

उत्पादक व्यापारी उपभोक्ता बाजार के सही क्रम है हम बाजार जाते हैं और बाजार से बहुत-सी चीजें खरीदते हैं। जैसे सब्जियाँ, साबुन, दंतमंजन, किताब कॉपी आदि बाजार भी कई प्रकार के होते हैं। जहाँ हम अपनी रोजमर्रा की जरूरतों के लिए जाते हैं। जैसे हमारे पड़ोस की गुमटी, साप्ताहिक बाजार, बड़े-बड़े शॉपिंग कॉम्पलेक्स मॉल आदि । साप्ताहिक बाजार ये बाजार नियमित बाजार नहीं होते है, वरन एक नियत स्थान पर सप्ताह में एक या दो बार लगाए जाते हैं। इन बाजारों में घरेलू समान की लगभग सभी चीजें बिकती है। धोक बाजार इसका आशय बहुत बड़ी मात्रा में खरीदना और बेचना होता है। अधिकांश उत्पादों जिनमें सब्जी, फल और फूल आदि भी सम्मिलित है, के अपने बड़े थोक बाजार होते हैं।

510. With regard to Weaver's Cooperative, consider the following statements and choose the correct option.
बुनकर सहकारी संस्थाओं के संदर्भ में, निम्नलिखित कथनों पर विचार कीजिए और सही विकल्प का चयन कीजिए।

Statement (I): Weaver's cooperative increases the dependence of the weavers on the merchants to earn a higher income. / कथन (I): बनकर सहकारी संस्था अधिक आय अर्जित करने के लिए बुनकरों की व्यापरियों पर निर्भरता बढ़ा देते हैं।

Statement (II): In a cooperative, weavers with common interests come together and work for their mutual benefit. / कथन (II) एक सहकारी संस्था में, बुनकर जिनका हित समान होता है, इकट्ठे होकर परस्पर लाभ के लिए काम करते हैं।

(a) Only (I) is correct. / केवल (I) सही हैं
(b) Only (II) is correct. / केवल (II) सही है।
(c) Both (I) and (II) are correct. / (I) और (II) दोनों सही हैं।
(d) Both (I) and (II) are incorrect. / (I) और (II) दोनों गलत हैं।

Ans. (b)

एक सहकारी संस्था में, बुनकर जिनका हित समान होता है, इकट्ठे होकर परस्पर लाभ के लिए काम करते हैं। यह कथन सही है, जबकि बुनकर सहकारी संस्था अधिक आय अर्जित करने के लिए बुनकरों की पारियों पर निर्भरता बढ़ा देते है यह कथन सही नहीं है इस प्रकार कथन (I) गलत है तथा कथन (II) सही है। कपड़ा बुनने वाले बुनकर आस-पास के गांवों में रहते हैं । वे इन व्यापारियों से सूत ले आते हैं। बुनाई करने के लिए उन्होंने अपने घरों के पास ही करघे की व्यवस्था करते थे।

511. Which among the following statements is not true about democracy in India?
निम्नलिखित में से कौन सा कथन भारत में लोकतंत्र के बारे में सही नहीं है?

(a) India is a representative democracy. / भारत एक प्रतिनिधि लोकतंत्र है।

(b) Some India had the right to vote during British India. / ब्रिटिश राज के काल में कुछ भारतीयों को मताधिकार प्राप्त था।

(c) India adopted universal adult franchise in the first general election. / प्रथम आम चुनावों में भारत ने सार्वभौमिक मताधिकार अपनाया।

(d) There is direct participation of people in government decision making process. / सरकार के निर्णय लेने की प्रक्रिया में लोगों की प्रत्यक्ष सहभागिता है।

Ans. (d)

सरकार के निर्णय लेने की प्रक्रिया में लोगों की प्रत्यक्ष सहभागिता होती है। यह कथन भारत में लोकतांत्रिक व्यवस्था के संबंध में सही नहीं है जबकि भारत एक प्रतिनिधि लोकतंत्र है और ब्रिटिश राज के काल में कुछ भारतीयों को मताधिकार प्राप्त था. इसके अतिरिक्त प्रथम आम चुनावों में भारत ने सार्वभौमिक मताधिकार को अपनाया गया था। लोकतंत्र या प्रजातंत्र एक ऐसी प्रणाली है, जिसके अन्तर्गत जनता अपनी स्वेच्छा से निर्वाचन में आए हुए किसी भी उम्मीदवार को मत देकर अपना प्रतिनिधि चुन सकती है। लोकतंत्र, निष्पक्ष और स्वतंत्र चुनावों पर आधारित होना चाहिए ताकि सत्ता में बैठे लोगों के लिए जीत-हार के समान अवसर हो।

512. In school, boys and girls are made to choose certain subjects not because she/he has an aptitude for it, but because they belong to a certain gender. This is:
"विद्यालय में, लड़के और लड़कियों को कुछ विषयों में चुनाव करना पड़ता है, इसलिए नहीं कि उनका उन विषयों के प्रति रुझान है बल्कि इसलिए कि वे विशिष्ट जेंडर के हैं। यह है:

(a) Discrimination / भेदभाव

(b) Stereotyping / रूढ़िवादिता

(c) Homophobia / समदुर्भीति (होमोफोबिया)

(d) Patoisization / पेटोआइजेशन

Ans. (b)

विद्यालय में लड़के और लड़कियों को कुछ विषयों में : चुनाव करना पड़ता है। इसलिए नहीं कि उनका उन विषयों के प्रति रुझान है बल्कि इसलिए कि वे विशिष्ट वेंडर के हैं यह कथन रूढ़िवादिता को दर्शाता है। लैंगिक रूढ़िवादिता एक अनुचित विचार है जो ऐसी सामान्यीकृत दृष्टिकोण या विशेषताओं को संदर्भित करता है जो महिलाओं और पुरुषों के पास होना चाहिए। लैंगिक रूढ़िवादिता हानिकारक होती हैं यह महिलाओं और पुरुषों की व्यक्तिगत क्षमताओं को विकसित करने, उनके पेशेवर जीवन को आगे बढ़ाने अथवा उनकी चुनाव करने की उनकी क्षमता को सीमित करती है।

513. ________ means that there are no unreasonable restrictions on the citizens in what they think, how they wish to express their thoughts, the way they wish to follow up their thought in action.
________ का अर्थ यह है कि नागरिकों पर, जैसा वे सोचते हैं, कैसे वे अभिव्यक्त करना चाहते हैं, उनके विचार और जैसे वे अपने विचारों को कार्यों में बदलना चाहते हैं पर, कोई भी अव्यवहारिक प्रतिबंध नहीं है।

(a) Justice / न्याय

(b) Equality / समानता

(c) Liberty / स्वतंत्रता

(d) Fraternity / बंधुत्व

Ans.(c)

स्वतंत्रता का अर्थ है कि नागरिकों पर जैसा वे सोचते हैं। कैसे वे अभिव्यक्त करना चाहते हैं, उनके विचार और जैसे वे अपने विचारों को कार्यों में बदलना चाहता है पर कोई भी अव्यवहारिक प्रतिबंध नहीं है। भारतीय संविधान के भाग 3 के तहत अनु0 19 से 22 तक स्वतंत्रता का अधिकार प्रदान किया गया है। अनु0 19 में भाषण एवं अभिव्यक्ति की स्वतंत्रता सहित 6 प्रकार की स्वतंत्रताएँ प्रदान की गई है। संविधान में प्रत्यक्ष रूप से प्रेस की स्वतंत्रता का उल्लेख नहीं है किन्तु अनुच्छेद 19(1) का के अन्तर्गत वर्गित वाक एवं अभिव्यक्ति की स्वतंत्रता और अभिव्यक्ति स्वतंत्रता के अधिकार न्यायालय द्वारा निहित माना गया है।

514. Match the guiding values of the Indian Constitution given in column A, with their meaning in column B.
स्तम्भ A में दिए गए भारतीय संविधान के मार्गदर्शक - मूल्यों का स्तम्भ B में उनके अर्थ के साथ मिलान कीजिए।

Column A/ स्तम्भ A	Column B / स्तम्भ B
(A) Sovereign संप्रभु	(i) Government will not favour any religion / सरकार किसी भी धर्म का पक्ष नहीं लेगी।
(B) Republic / गणतंत्र	(ii) People have the supreme right to make decisions/लोगों को निर्णय लेने का सर्वोच्च अधिकार है।
(C) Fraternity / बंधुत्व	(iii) Head of the state is an elected person / राज्य कामुखिया एक निर्वाचित व्यक्ति है।
(D) Secular / धर्मनिरपेक्ष	(iv) People should live like brothers and sisters. / लोगों को भाइयों और बहनों की तरह रहना चाहिए।

(a) (A)- (i), (B)- (ii), (C)-(iii), (D)- (iv)
(b) (A)-(iii), (B)-(ii), (C)-(i), (D)- (iv)
(c) (A) (ii), (B)- (iii), (C)- (iv), (D)- (i)
(d) (A)- (iv), (B)- (iii), (C)-(ii), (D)- (i)

Ans. (c)

भारतीय संविधान के मार्गदर्शक मूल्यों का सही मिलान इस प्रकार है-

स्तम्भ - A		**स्तम्भ - B**
संप्रभु	-	लोगों को निर्णय लेने का सर्वोच्च अधिकार।
गणतंत्र	-	राज्य का मुखिया एक निर्वाचित व्यक्ति होता है।
बंधुत्व	-	लोगों को भाइयों और बहनों की तरह रहना चाहिए।
धर्मनिरपेक्ष	-	सरकार किसी भी धर्म का पक्ष नहीं लेगी।

इस प्रकार सही सुमेलित करने पर विकल्प (c) सही है।

भारतीय संविधान की उद्देशिका ने भारत को संपूर्ण प्रभुत्व - संपन्न समाजवादी, पंथनिरपेक्ष, लोकतंत्रात्मक गणराज्य के रूप में घोषित किया है। संविधान संशोधन 1976 द्वारा संविधान की प्रस्तावना में 3 नए शब्द समाजवादी, धर्मनिरपेक्ष और अखंडता को जोड़ा गया।

515. Which of the following is associated with criminal law in India?
निम्नलिखित में से कौनसा भारत में फौजदारी कानून से संबंधित है?

(A) Deals with conduct or acts that are offences in the eyes of law. / ऐसे व्यवहारों या क्रियाओं से निपटना जो कानून की दृष्टि में अपराध हैं।
(B) Case is filed in the court after investigation of the crime. / अपराध की जाँच के बाद अदालत में मुकदमा दायर करना।
(C) \Accused found guilty can be sent to jail or can be fined. / यदि व्यक्ति दोषी पाया जाता है तो उसे जेल भेजा जा सकता है या उस पर जुर्माना भी किया जा सकता है।
(D) A petition has to be filed before the court by the affected party only. / न्यायालय में याचिका केवल प्रभावित पक्ष की ओर से किया जाता है।

Choose the correct option: / सही विकल्प का चयन करें।

(a) Only (A), (B) and (C) / केवल (A), (B) और (C)
(b) Only (B), (C) and (D) / केवल (B), (C) और (D)
(c) Only (A), (C) and (D) / केवल (A), (C) और (D)
(d) (A), (B), (C) and (D) / (A), (B), (C) और (D)

Ans.(a)

भारत में फौजदारी कानून से संबंधित कथन ऐसे व्यवहारों या क्रियाओं से निपटना जो कानून की दृष्टि में अपराध है, अपराध की जांच के बाद अदालत में मुकदमा दायर करना, और यदि व्यक्ति दोषी पाया जाता है तो उसे जेल भेजा जा सकता है या उस पर जुर्माना भी किया जा सकता है। इस प्रकार विकल्प (a) के अन्तर्गत कथन (A) (B) और (C) सही है। आपराधिक अथवा फौजदारी मामले (अनु0-134) में उच्च न्यायालयों के निर्णयों के विरुद्ध सर्वोच्च न्यायालय में अपील की जा सकती है जब किसी अपराधी को अधीनस्थ न्यायालय ने छोड़ दिया होता है तथा अपील में उच्च न्यायालय ने उसे मृत्युदंड दिया हो।

516. Different strategies are used in a women's movement to fight discrimination and seek social justice. Which among the following is not a strategy?
भेदभाव के विरुद्ध लड़ने और सामाजिक न्याय मांगने हेतु महिलाओं के आंदोलन में विभिन्न रणनीतियाँ प्रयुक्त की गई। निम्नलिखित में से क्या एक रणनीति नहीं है?

(a) Campaign / अभियान
(b) Ostracization / बहिष्कृत करना
(c) Solidarity / एकजुटता
(d) Protose / विरोध करना

Ans.(b)

भेदभाव के विरुद्ध लड़ने और सामाजिक न्याय मांगने हेतु महिलाओं के आंदोलनों में विभिन्न रणनीतियाँ प्रयुक्त की गई जिसमें बहिष्कृत करना एक रणनीति नहीं है, जबकि अभियान, एक बुटता और विरोध करना न्याय मांगने हेतु रणनीति है। अनुच्छेद 17 अश्पृश्यता को समाप्त करता है और किसी भी रूप में इसके अभ्यास पर रोक लगाता है। अस्पृश्यता से उत्पन्न होने वाली किसी भी विकलांगता का प्रवर्तन कानून के अनुसार दंडनीय अपराध होगा।

517. According to 2011 census, over 4 million children in India aged between 5 and 14 work in various occupations including hazardous ones. Which of the following situation is implied by the above statement?
सन् 2011 की जनगणना के अनुसार भारत में 5 से 14 साल की उम्र के 40 लाख बच्चे विभिन्न व्यवसायों में काम करते हैं। इनमें से बहुत सारे खतरनाक व्यवसायों में हैं। उपरोक्त कथन से निम्न में से कौन-सी परिस्थितियाँ अन्तर्निहित है?

(A) India has no law to protect children's rights. / भारत में बच्चों के अधिकारों की रक्षा के लिए कोई कानून नहीं हैं।
(B) Few children are allowed to work in occupations including hazardous ones by law. / कानून द्वारा कुछ बच्चों को व्यवसायों, जिनमें कुछ खतरनाक व्यवसाय भी शामिल हैं, में काम करने की अनुमति है।
(C) Merely making laws is not enough, the Government has to ensure that these are implemented. / कानून बना देना ही काफी नहीं होता, सरकार को यह भी सुनिश्चित करना होता है कि कानूनों को लागू किया जाए।

Choose the correct option. / सही विकल्प का चयन कीजिए।

(a) Only (A) is true. / केवल (A) सही है।
(b) Only (B) is true. / केवल (B) सही है।
(c) Only (C) is true. / केवल (C) सही हैं।
(d) Both (B) and (C) are true. / दोनों (B) तथा (C) सही हैं।

Ans.(c)

सन् 2011 की जनगणना के अनुसार भारत में 5 से 14 साल की उम्र के 40 लाख बच्चे विभिन्न व्यवसायों में काम करते हैं। इनमें से बहुत सारे खतरनाक व्यवसायों में संलग्न हैं। इसके लिए सही विकल्प यह होगा कि कानून बना देना ही काफी नहीं होता, सरकार को यह भी सुनिश्चित करना होता है कि कानूनों को लागू किया जाए।

नेहरू रिपोर्ट 1928 द्वारा मूल अधिकारों को भारत के संविधान में सम्मिलित करने की आकांक्षा प्रकट की गई। भारतीय संविधान के भाग-3 के अन्तर्गत अनु० 12-35 में मौलिक अधिकारों का वर्णन किया गया है। भारतीय संविधान के अनुच्छेद 24 में चौदह वर्ष से कम की आयु के बच्चों को कारखाने खनन इत्यादि क्षेत्रों में नियोजन को निषिद्ध करता है।

518. Match the following in the context of rulers of Delhi during medieval period and choose the appropriate option.
मध्यकाल में दिल्ली के शासकों के संदर्भ में निम्नलिखित का मिलान कीजिए, और उपयुक्त विकल्प का चुनाव कीजिए।

A	B
(a) Tomaras / तोमर	(i) 1175-1192
(b) Ananga Pala / अनंगपाल	(ii) 1165-1192
(c) Chauhans / चौहान	(iii) Early 12th century - 1165/ आरंभिक12 वीं शताब्दी – 1165
(d) Prithviraj Chauhan / पृथ्वीराज चौहान	(iv) 1130-1145

(a) (a) - (ii), (b) - (iv), (c)- (iii), (d) - (i)
(b) (a)-(iii), (b)-(iv), (c)-(ii), (d)-(i)
(c) (a) -(iv), (b) - (i), (c)-(iii), (d)-(ii)
(d) (a)- (i), (b)-(ii), (c)-(iv), (d)-(iii)

Ans. (b)

मध्यकाल में दिल्ली के शासकों के सन्दर्भ में सही सुमेलन निम्न प्रकार है-

1. तोमर - आरंभिक 12वीं शताब्दी - 1165
2. अनंगपाल - 1130 - 1145
3. चौहान - 1165 - 1192
4. पृथ्वीराज चौहान - 1175 - 1192

519. Consider the following statements regarding the early cities -
आरंभिक नगरों के संबंध में निम्नलिखित कथनों पर विचार करो -

A. The western part was small but was built on a higher ground. Archaeologists have called it 'Nagar Durg'. / पश्चिमी भाग छोटा था पर ऊँचाई पर बना था। इसे पुरातत्वविदों ने 'नगर दुर्ग, कहा है।

B. The eastern part was large but was in a lower area. And the lower part is called Nichalo Nagar. / पूर्वी हिस्सा बड़ा था लेकिन यह निचले इलाके में था। और निचले हिस्से को निचलो नगर कहा है।

Which of the above statements is true? / उपरोक्त में से कौन-सा कथन सत्य है?

(a) Only A is true. / केवल A सत्य है।
(b) Only B is true. / केवल B सत्य है।
(c) Both A and B are true. / A तथा B दोनों सत्य हैं
(d) Both A and B are false. / A तथा B दोनों असत्य हैं।

Ans. (c)

व्याख्या: आरंभिक नगरों को दो या उससे ज्यादा हिस्सों में विभाजित 'किया गया। था। प्रायः पश्चिमी भाग छोटा था लेकिन ऊँचाई पर बना था। और पूर्वी हिस्सा बड़ा था लेकिन यह निचले इलाके में था। ऊँचाई वाले भाग को पुरातत्वविदों ने नगर-दुर्ग कहा है और निचले हिस्से को निचला- नगर कहा है।

520. In the ancient Tamil Nadu the settlement of --------- were called Ur.
प्राचीन तमिलनाडु में -------- की बस्तियों को उर (Ur) कहते थे।

(a) merchants / व्यापारियों
(b) nobles / कुलीनों/अभिजातों
(c) peasants / खेतिहरों / किसानों
(d) craftsmen / शिल्पकारों

Ans.(c)

प्राचीन तमिलनाडु में खेतिहरों / किसानों की बस्तियों को उर (Ur) कहते थे । उर राज्य की सबसे छोट इकाई थी सम्पूर्ण राज्य को मंडलों में विभक्त किया गया था। प्रान्तों का प्रशासन मुख्यतः चोल राजकुमारों के अधीन था मंडल को विशाल भू- क्षेत्रों में बाटा गया था जिन्हें कोट्टम कहा जाता था । प्रत्येक कोट्टम को अनेक नाडुओं अथवा जनपद में निभक्त किया गया था प्रत्येक नाडु अनेक कुर्रम अथवा ग्राम समूह सम्मिलित थे। ग्राम या उर प्रशासन की सबसे छोटी इकाई थी।

521. Match the following in the context of rulers of the fall of Mughal empire.
मुगल साम्राज्य के पतन के संदर्भ में निम्नलिखित का मिलान कीजिए।

A	B
(a) Farrukh Siyar / फर्रुखसियर	(i) 1759-1816
(b) Shah Alam II / शाह आलम द्वितीय	(ii) 1713-1719
(c) Ahmad Shah/ अहमद शाह	(iii) 1754-1759
(d) Alamgir II/ आलमगीर द्वितीय	(iv) 1748-1754

(a) (a)- (i), (b)-(iii), (c)-(iv), (d) - (ii)
(b) (a)-(iv), (b) - (ii), (c)-(i), (d)- (iii)
(c) (a)-(ii), (b) - (i), (c)-(iv), (d)-(iii)
(d) (a) - (iii), (b)- (i), (c)-(ii), (d)-(iv)

Ans. (c)

मुगल साम्राज्य के पतन के सन्दर्भ में सही सुमेलन निम्न प्रकार है

A. फर्रुखशियार	1713 - 1719
B. शाह आलम द्वितीय	1759 - 1816
C. अहमद शाह	1748 - 1754
D. आलमगीर द्वितीय	1754 - 1759

522. 'Coparcenary inheritance' means ______
'उत्तराधिकार की सहदायाद' प्रथा का अर्थ है ....

(a) favourite son inheriting his father's estate / पसंदीदा को अपने पिता की संपत्ति विरासत में मिलना
(b) eldest son inheriting his father's estate / ज्येष्ठ पुत्र को अपने पिता की संपत्ति विरासत में मिलना
(c) division of the inheritance among all the sons and daughters / सभी पुत्रों व पुत्रियों के बीच विरासत का विभाजन
(d) division of the inheritance among all the sons / सभी पुत्रों के बीच विरासत का विभाजन

Ans. (d)

उत्तराधिकार की दो परम्पराएँ है ज्येष्ठाधिकार तथा सहदायाद । ज्येष्ठाधिकार में सबसे पत्र राज्य का उत्तराधिकारी होता था तथा सहदायाद में सी पुत्रों के बीच विरासत का विभाजन होता था। मुगल काल में इसी परम्परा का पालन किया जाता था।

523. The devotional hymns written in Marathi are known as:
मराठी में लिखे भक्ति गीतों को किस नाम से जाना जाता है?

(a) Stotram / स्तोत्रम
(b) Bhajanam / भजनम्
(c) Prabandham / प्रबंध
(d) Abhangas/अभंग

Ans. (d)

मराठी में लिखे भक्ति गीतों को अभंग के नाम से जाना। जाता है। संत तुकाराम ने अपने अभंग और कीर्तन के जरिए बड़े गैमाने पर लोगों को धार्मिक और सामाजिक तौर पर जागरूक करने का काम किया था।

524. Read the following statements about saints lived in present-day Maharashtra and choose the appropriate option.
मौजूदा महाराष्ट्र में रहे संतों के बारे में निम्नलिखित कथनों को पढ़िए और उपयुक्त विकल्प का चुनाव कीजिए।

(A) Thirteenth to the seventeenth centuries saint-poets rejected all forms of ritualism and social differences based on birth / तेरहवीं से सत्रहवीं शताब्दी में हुए कवि संतों ने सभी प्रकार के कर्मकांडों और जन्म आधारित अंतरों का विरोध किया

(B) These saint poets preferred earning their livelihoods and humbly serving fellow human being in need. / इन कवि संतों ने रोजी- रोटी कमाने और विनम्रतापूर्वक जरूरतमंद साथी व्यक्तियों की सेवा करते हुए जीवन बिताने को अधिक पसंद किया

(a) Both (A) and (B) are true. / (A) और (B) दोनों सही हैं।
(b) Both (A) and (B) are false. / (A) और (B) दोनों गलत है
(c) (A) is true but (B) is false. / (A) सही है लेकिन (B) गलत है

(d) (A) is false, (B) is true. / (A) गलत है लेकिन (B) सही है

Ans. (a)

तेरहवीं से सत्रहवी शताब्दी में महाराष्ट्र में हुए कवि संतों (जैसे एकनाथ, समर्थ रामदास, तुकाराम आदि) ने सभी प्रकार के कर्मकांडों और जन्म आधारित अंतर्रा का विरोध किया तथा इन संत कवियों ने रोजी-रोटी कमाने और विनम्रतापूर्वक जरूरतमंद साथी व्यक्तियों की सेवा करते हुए जीवन बिताने को अधिक प्रसंद किया। अतः कथन (A) और (B) दोनों सही है।

525. Which of the following are matched correctly?
कौन सही सुमेलित है?

(A) Bakhshi - Officer in charge of military organization / बख्शी - सैनिक वेतनाधिकारी
(B) Sadr - Minister in charge of religious and charitable patronage / सद्र - धार्मिक व धर्मार्थ किए जाने वाले का मंत्री
(C) Iqtedars - Military commanders / इक्तेदार - सैन्य कमांडर
(D) Kotwal - Officer in charge of town administration / कोतवाल - नगर का पुलिस अधिकारी

(a) Only (C) and (D) / केवल (C) और (D)
(b) Only (A), (B) and (C) / केवल (A), (B) और (C)
(c) Only (A) and (B) / केवल (A) और (B)
(d) All (A), (B), (C) and (D) / सभी (A), (B), (C) और (D)

Ans. (d)

दिये गये सभी विकल्प सुमेलित है-

A. बख्शी - सैनिक वेतनाधिकारी

B. सद्र - धार्मिक व धर्म किए जाने वाले का मंत्री

C. इक्तादार - सैन्य कमांडर

D. कोतवाल - नगर का पुलिस अधिकारी

526. Which of the following terms was used in Madhya Pradesh for shifting cultivation?
निम्नलिखित में से कौनसा शब्द मध्य प्रदेश में 'घुमंतू 'खेती' के लिए इस्तेमाल होता था?

(a) Bigha / बीघा
(b) Bewar / बेवड़
(c) Baiga / बैगा
(d) Mahal / महल

Ans. (b)

मध्य प्रदेश में घुमंतू खेती के लिए इस्तेमाल होने वाला शब्द 'बेवड़' है। मध्य भारत का एक आदिवासी समुदाय 'बैगा' कहलाता है।

527. Read statements 'A' and 'B' considering the social changes in the early nineteenth century and choose the correct option.
19वीं सदी के आरंभ में सामाजिक परिवर्तन के संदर्भ में कथनों 'A' एवं 'B' को पढ़ें तथा सही विकल्प चुनें।

(A) From the early nineteenth century, we find debates and discussions about social customs and practices taking on a new character. / 19वीं सदी के शुरुआत से ही हमें सामाजिक रीति-रिवाजों और मूल्य-मान्यताओं से सम्बंधित बहस-मुबाहिसे और चर्चाओं का स्वरूप बदलता दिखाई देता है।
(B) One important reason for this was the development of new forms communications like books, newspapers, magazines and pamphlets were printed. / इसकी एक अहम वजह यह थी कि संचार के नये तरीकों जैसे, किताबें, अखबार, पत्रिकाएँ और पर्चे छपना का विकास हो रहा था।

(a) Both (A) and (B) are true and (B) explains (A) / दोनों (A) एवं (B) सही है और (B), (A) की व्याख्या करता है।
(b) Both (A) and (B) are true but (B) does not explains (A) / दोनों (A) एवं (B) सही है किन्तु (B), (A) की व्याख्या नहीं करता है।
(c) (A) is true but (B) is false. / (A) सही है किन्तु (B) गलत है।
(d) Both (A) and (B) are false. / दोनों (A) तथा (B) गलत है।

Ans.(a)

19वीं सदी के शुरूआत से ही हमें समाजिक रीति-रिवाजों और मूल्य मान्यताओं से संबंधित बहस बाहिसे और चर्चाओं का स्वरूप बदलता दिखायी देता हैं इसकी एक अहम वजह यह थी कि संचार के नवे तरीकों जैसे किताबें, अखबार, पत्रिकाएँ और पर्चे छपना का विकास हो रहा था। अतः कथन (A) और (B) दोनों सही है और (B), (A) की व्याख्या करता है।

528. Read statements (A) and (R) and choose the correct option.
कथनों (A) एवं (R) को पढ़ें तथा सही उत्तर चुनें।

Assertion (A): As a child Dr. B.R. Ambedkar experienced caste prejudices in his daily life. / कथन (A): डा. बी.आर. अम्बेडकर ने बचपन में रोजमर्रा की जिंदगी में जातिगत पक्षपात झेला था।

Reason (R): Father of Dr. B.R. Ambedkar taught at an army school. / कारण (R): डा. बी. आर. अम्बेडकर के पिता एक सैनिक स्कूल में पढ़ाते थे।

Choose the correct option. / सही विकल्प चुनें।

(a) Both (A) and (R) are true and (R) is the correct explanation of (A). / (A) और (R) दोनों (A)/(A) सही हैं और (R) सही व्याख्या करता है (A) की।
(b) Both (A) and (R) are true but (R) is not the correct explanation of (A). / (A) और (R) दोनों सही हैं, लेकिन (R) सही व्याख्या नहीं है (A) की।
(c) (A) is true but (R) is false. / (A) सही है, लेकिन (R) गलत है।
(d) Both (A) and (R) are false. / (A) और (R) दोनों गलत है।

Ans. (b)

डॉ. बी. आर. अम्बेडकर ने बचपन में रोजमर्रा की : जिंदगी में जातिगत पक्षपात ऐसा था इनके पिता एक सैनिक स्कूल में पढ़ाते थे। अतः कथन (A) और कारण (R) दोनों सही है, लेकिन (R), (A) को सही व्याख्या नहीं करता है, क्योंकि डॉ. अम्बेडकर ने जातिगत पक्षपात को सामाजिक भेदभाव के कारण झेला था, न कि अपने पिता के कारण।

529. Read the statements (A) and (R) and choose the appropriate option.
निम्नलिखित कथनों (A) और (R) को पढ़िए और उपयुक्त विकल्प का चयन कीजिए।

Assertion (A): E.V. Ramasamy founded self-respect movement in the erstwhile Madras Presidency / कथन (A): ई.वी. रामास्वामी ने भूतपूर्व मद्रास प्रेसीडेंसी में स्वाभिमान आंदोलन शुरू किया।

Reason (R): He did this to make people to fight against the caste-based discrimination within society / कारण (R): उन्होंने ऐसा लोगों को समाज में जातिगत भेदभाव के खिलाफ संघर्ष कराने के लिए किया

(a) Both (A) and (R) are true and (R) is the correct explanation of (A). / (A) और (R) दोनों सही हैं और (R) सही व्याख्या करता है (A) की।
(b) Both (A) and (R) are true but (R) is not the correct explanation of (A). / (A) और (R) दोनों सही हैं, लेकिन (R) सही व्याख्या नहीं है (A) की।
(c) (A) is true but (R) is false. / (A) सही है, लेकिन (R) गलत है
(d) Both (A) and (R) are false. / (A) और (R) दोनों गलत है।

Ans. (a)

लोगों को समाज में जातिगत भेदभाव के खिलाफ संघर्ष कराने के लिए ई.वी. रामस्वामी ने भूतपूर्व मद्रास प्रेसीडेंसी में स्वाभिमान आन्दोलन शुरू किया था अतः कथन (A) और कारण (R) दोनों सही है और (R), (A) की सही व्याख्या करता है।

530. Who opposed the Jinnah's two-nation theory?
किसने जिन्ना के दो राष्ट्र सिद्धांत का विरोध किया?

(a) Sardar Vallabhbhai Patel / सरदार वल्लभ भाई पटेल
(b) Khan Abdul Ghaffar Khan / खान अब्दुल गफ्फार खान
(c) Veer Savarkar / वीर सावरकर
(d) Maulana Azad / मौलाना आजाद

Ans.(d)

1937 के चुनावों में मुस्लिम लीग की बुरी पराजय से व्यथित जिन्ना ने गाँधी पर हिन्दु राज्य स्थापित करने का आरोप लगार साम्प्रदायिकता को भड़काया तथा द्वि-राष्ट सिद्धान्त का प्रतिपादन किया। जिसका मौलाना आजाद ने विरोध किया था।

531. Consider the following statements regarding revolt of 1857.
1857 के विद्रोह के बारे में निम्नलिखित कथनों पर विचार कीजिए।

I. A massive rebellion started in May 1/ मई 1857 में भारी विद्रोह का आरंभ हुआ।

II. It was the biggest passive resistance to colonialism. / यह उपनिवेशवाद के विरुद्ध सबसे बड़ा अप्रतिरोधी (पैसिव) आंदोलन था।

III. Sepoys and common masses participated in large numbers. / इसमें सिपाहियों और जन साधारण ने बड़ी संख्या में भाग लिया।

Which of the following statement(s) is/are incorrect? / कौन सा कथन सही नहीं है/ हैं?

(a) Only I / केवल I
(b) Only II / केवल II
(c) Both I and II / I और II दोनों
(d) Both II and III / (II) और (III) दोनों

Ans. (b)

1857 के विरोध के बारे में कथन (I) और (III) सही हैं, जबकि (II) सही नहीं है, क्योंकि 1857 का विद्राह उपनिवेशवाद के विरूद्ध सबसे बड़ा प्रतिरोधी आन्दोलन था, अप्रतिरोध नहीं।

532. Consider the statements (A) and (B) about 'Subsidiary Alliance' and choose the correct option.
(A) और (B) कथनों पर 'सहायक संधि' के संदर्भ में विचार कीजिए और सही विकल्प का चयन कीजिए।

(A) Indian rulers were allowed to have their independent armed forces. / (A) भारतीय शासकों को अपनी स्वतंत्र सशस्त्र सेना रखने की अनुमति थी

(B) Indian rulers were required to pay to the East India Company. / भारतीय शासकों को इंस्ट इंडिया कंपनी को भुगतान करना पड़ता था

(a) Both (A) and (B) are true. / (A) और (B) दोनों सही है।
(b) Both (A) and (B) are false. / (A) और (B) दोनों गलत है।
(c) (A) is true but (B) is false. / (A) सही है लेकिन (B) गलत है।
(d) (A) is false, (B) is true. / (A) गलत है लेकिन (B) सही है।

Ans. (d)

लार्ड वेलेजली ने देशी राज्यों के साथ संबंध बनाने के लिए 1798 - 1805 के दौरान 'सहायक संधि' की 'सहायक संधि' की शर्तें निम्नलिखित थी। भारतीय रियासतों को अंग्रेजी सेना के रहने और उनकी देखभाल का खर्च उठाना होगा। उन्हें स्वतंत्र सेना रखने की अनुमति नहीं थी। भारतीय शासकों को ईस्ट इंडिया कंपनी को भुगतान करना पड़ता था। भारतीय रियासत बिना अंग्रेजी कम्पनी की अनुमति के बिना किसी दूसरी रियासत के साथ कोई संधि या उस पर आक्रमण नहीं कर सकते।

533. Consider the following pairs.
निम्न युग्मों विचार कीजिए।

Planet / ग्रह	**Time taken (for one spin on axis)/ अपने अक्ष पर घूर्णन का समय**
I. Uranus / यूरेनस	17 hours 14 minutes / 17 घंटे 14 मिनट
II. Neptune / नेप्ट्यून	16 hours 07 minutes /16 घंटे 07 मिनट
III. Saturn / शनि	25 hours 40 minutes / 25 घंटे 40 मिनट
IV. Mars / मंगल	09 hours 56 minutes / 09 घंटे 56 मिनट

How many above mentioned pairs are correctly matched / उपर्युक्त में कितने युग्म सही सुमेलित हैं?

(a) Only one / केवल एक
(b) Only two / केवल दो
(c) Only three / केवल तीन
(d) All the four / सभी चार

Ans. (b)

निम्न युग्मों का सही सुमेलन है

ग्रह	-	अपने अक्ष पर घूर्णन का समय
यूरेनस	-	17 घण्टे 14 मिनट
नेप्ट्यून	-	16 घण्टे 07 मिनट
शनि	-	10 घण्टे 13 मि
मंगल	-	24 घण्टे 37 मिनट

534. Which of the following statements about the International Date Line is correct?
अन्तर्राष्ट्रीय तिथि रेखा के बारे में निम्न में से कौनसा कथन सही है?

(a) International Date Line is a straight line joining the North Pole to South Pole. / अन्तर्राष्ट्रीय तिथि रेखा एक सीधी रेखा है जो उत्तरी ध्रुव को दक्षिणी ध्रुव से जोड़ती है
(b) International Date Line passes through water body only. / अन्तर्राष्ट्रीय तिथि रेखा केवल जलीय भाग से होकर गुजरती है।
(c) International Date Line passes through both water and land bodies. / अन्तर्राष्ट्रीय तिथि रेखा जलीय व स्थलीय दोनों भागों से होकर गुजरती है।
(d) International Date Line roughly follow 0 longitude. / अन्तर्राष्ट्रीय तिथि रेखा लगभग 0° देशांतर का अनुसरण (साथ-साथ करती है ।

Ans. (b)

अन्तर्राष्ट्रीय तिथि रेखा प्रशान्त महासागर के बीचो-बीच 180° देशान्तर पर उत्तर से दक्षिण की ओर खीची गई एक काल्पनिक रेखा है। विश्व भर में एकरूपता बनाये रखने के लिए अन्तर्राष्ट्रीय तिथि रेखा तैयार की गई थी। यह एक टेढ़ी-मेढ़ी रेखा होते हुए विश्व को दो भागों में बाटती है। अगर यह एक सीधी रेख में होती तो एक ही दिन में एक ही स्थान पर दो तिथियाँ हो जाती । अतः कथन (B) सही है।

535. Read the following statements (A) and (R) and choose the appropriate option given below.
निम्नलिखित कथन (A) और (R) को पढ़िए तथा उपयुक्त विकल्प का चयन कीजिए।

Assertion (A): By measuring the angle of the pole star from you place, you can come to know the latitude of your place / कथन (A): अपने स्थान से ध्रुव तारे का कोण मापकर आप अपने स्थान का अक्षांश जान सकते हैं

Reason (R): The distance from the equator to either of the poles is one-fourth of a circle round the earth. / कारण (R): विषुवत वृत्त से दोनों तरफ ध्रुवों के बीच की दूरी पृथ्वी के चारों ओर के वृत्त का एक चौथाई है

(a) Both (A) and (R) are true and (R) is the correct explanation of (A). / (A) और (R) दोनों सही है तथा (R), (A) की सही व्याख्या है।
(b) Both (A) and (R) are true and (R) is not the correct explanation of (A). / (A) और (R) दोनों सही है तथा (R), (A) की सही व्याख्या नहीं है।
(c) (A) is true but (R) is false. / (A) सही हैं परन्तु (R) गलत है।
(d) Both (A) and (R) are false. / दोनों (A) तथा (R) गलत है।

Ans. (b)

दिया गया कथन (A) अपने स्थान से ध्रुव तारे का कोण मापकर आप अपने स्थान का अक्षांश जान सकते हैं, सत्य है तथा कारण (R) विषुवत वृत्त से दोनों तरह ध्रुवों के बीच की दूरी पृथ्वी के चारों ओर के वृत्त का एक चौवाई है। अतः इसका माप 360° का 1/4 यानि 90° होगा। इस प्रकार 90° उत्तरी अक्षांश उत्तर ध्रुव को तथा 90° दक्षिणी अक्षांश दक्षिण ध्रुव को दर्शाता है। अतः कथन (A) और कारण (R) दोनों सही है, लेकिन R, A की व्याख्या नहीं करता है।

536. When we travel from an Indian city to Tokyo (130° 45'E), the capital city in Japan, how many hours we will gain or lose (let us ignore the time required to reach the city)

जब हम एक भारतीय शहर से जापान की राजधानी टोक्यो (130° 45' पूर्व) की यात्रा करते हैं तब हम कितने घंटे अर्जित करेंगे या गवाएँगे (शहर तक पहुँचने के लिए लगने वाले आवश्यक समय को हम नजरअंदाज कर दें)?

(a) Gain about 4 hours / लगभग 4 घंटे अर्जित करेंगे
(b) Lose about 4 hours / लगभग 4 घंटे गवाएंगे
(c) Lose about 12 hours / लगभग 12 घंटे गवाएंगे
(d) Lose about 8 hours / लगभग 8 घंटे गवाएंगे

Ans. (b)

जब हम एक भारतीय शहर (मानिए-दिल्ली) से जापान के टोक्यों शहर (जापान की राजधानी) जोकि 130° 45' पूर्व में है की यात्रा करते हैं तब (यदि दिल्ली) में दोपहर के 12:30 बजे हों तो उस समय टोक्यों में 04:00 बजे होते है) हम ग्रीन विच मानक समय के अनुसार लगभग 4 घंटे (3 घंटे 30 मिनट) समय गवाएंगें। (यहाँ पर टोक्यों शहर तक पहुँचने के लिए लगने वाले आवश्यक समय को नजर अंदाज किया गया है)

537. The main minerals of Oceanic crust are:
महासागरीय पर्पटी के मुख्य खनिज है:

(A) Magnesium / मैग्नीशियम
(B) Alumina / एलुमिना
(C) Silica / सिलिका
(D) Nickel / निकिल

(a) Only (A) / केवल (A)
(b) Only (B) and (C) / केवल (B) और (C)
(c) Only (A) and (C) / केवल (A) और (C)
(d) Only (C) and (D) / केवल (C) और (D)

Ans.(c)

महासागरीय भूपर्पटी की शैलों का निर्माण मुख्य रूप से सिलिका एवं मैग्नीशियम से हुआ है। यह परत सीमा (Sima) कहलाती है।

538. A person had visited a region and found trees such as oak, ash, beech and birds like pheasants, monals. Which one of the following vegetation regions he/she may have visited?
व्यक्ति ने किसी क्षेत्र का दौरा किया और वहाँ उसे बांज, ऐश, बीच के पेड़ तथा फीजेड, मोनाल पक्षी मिले उसने निम्न में से किस वनस्पति क्षेत्र का दौरा किया होगा?

(a) Tropical evergreen forest / उष्णकटिबंधीय सदाबहार वन
(b) Temperate deciduous forest / शीतोष्ण पर्णपाती वन
(c) Conifierous forest / शंकुधारी वन
(d) Mediterranean forest / भूमध्य सागरीय वन

Ans. (b)

एक व्यक्ति ने किसी क्षेत्र का दौर किया और वहाँ उसे बांज, ऐश, बीच के पेड़ तथा फीजेड, मोनाल पक्ष मिले उसने शीतोष्ण पर्णपाती वन क्षेत्र का दौरा किया होगा। उच्च अक्षांश की ओर बढ़ने पर अधिक शीतोष्ण पर्णपाती वन मिलते है, ये उत्तर-पूर्वी अमेरिका, चीन न्यूजीलैण्ड, पश्चिमी यूरोप के तटीय प्रदेशों में पाये जाते है, ये अपनी पत्तियाँ शुष्क मौसम में झाड़ देते है। यहाँ पाये जाने वाले वृक्ष बांज, ऐश, बीच तथा फीजेंड व मोनाल जैसे पक्षी भी पाये जाते है।

539. The growth of natural vegetation is very limited in which region?
किस क्षेत्र में बहुत ही सीमित प्राकृतिक वनस्पति मिलती है?

(a) Temperate region / शीतोष्ण कटिबंधीय क्षेत्र
(b) Tundra region / टुंड्रा क्षेत्र
(c) Frigid zone / शीत कटिबंधीय क्षेत्र
(d) Torrid zone / उष्ण कटिबंधीय क्षेत्र

Ans.(b)

विशाल आर्कटिक सागर से लगने वाले निचले भूभाग टुण्ड्रा प्रदेश कहलाते है, इस प्रदेश में अमेरिका के कनाडा तथा अलास्का के निर्जन भू भाग सम्मिलित है। यहाँ शीत ऋतु अत्यन्त लम्बी एवं ठंडी होती है। यह वार्षिक वर्षण की मात्रा 25 सेमी. या उससे भी कम होती है। अतः यहाँ सीमित प्राकृतिक वनस्पतियाँ मिलती है। इस प्रदेश को ठंडा रेगिस्तान भी कहते है।

540. Choose the correct option based on the statements (A) and (R) given below.
निम्नलिखित कथनों (A) एवं (R) के आधार पर सही विकल्प का चयन कीजिए।

Assertion (A): The water of the ocean is salty or saline / कथन (A): महासागर का जल लवणीय या खारा होता है

Reason (R): Ocean water contains large amount of dissolved salts / कारण (R): महासागर के जल में बड़ी मात्रा में घुले हुए लवण होते हैं।

(a) Both (A) and (R) are correct and (R) is the correct explanation of (A). / (A) और (R) दोनों सही है तथा (R), (A) की सही व्याख्या है
(b) Both (A) and (R) are correct but (R) is not the correct explanation of (A). / (A) और (R) दोनों सही है परन्तु (R), (A) की सही व्याख्या नही है।
(c) (A) is correct but (R) is incorrect. / (A) सही है परन्तु (R) गलत है।
(d) Both (A) and (R) are incorrect. / दोनों (A) तथा (R) गलत है।

Ans.(a)

महासागर के जल में बड़ी मात्रा में घुले हुए लवण होते है इसीलिए महासागर का जल लवणीय या खारा होता है। अतः कथन (A) तथा कारण (R) दोनों सही है तथा (R), (A) की सही व्याख्या है।

541. The depositional feature of the wind is called:
पवन के निक्षेपण को कहा जाता है:

(a) Loess / लोएस
(b) Mushroom rocks / छत्रक शैल
(c) Moraine / हिमोढ़
(d) Stacks / टैंक

Ans.(a)

पवन द्वारा उड़ाई गई धूल के निक्षेप से निर्मित उमाव को लोएस कहते है। चीन में विशाल लोएस निक्षेप पाये जाते है।

542. The place where a river flows into another body of water is called:
जिस स्थान पर कोई नदी किसी अन्य जलराशि में मिलती है उसे कहते हैं:

(a) Delta / डेल्टा
(b) Levees / तटबंध
(c) Oxbow Lake / चाप झील
(d) River's mouth / नदी मुहाना

Ans. (d)

जिस स्थान पर कोई नदी किसी अन्य जल राशि में मिलती है, उसे नदी मुहाना कहते है। नदी मुहानों पर अवसादो के संग्रह से डेल्टा का निर्माण होता है।

543. Consider the following list of characteristics and identify the type of forest.
निम्न सूचीबद्ध लक्षणों पर विचार कीजिए और वनों के प्रकार की पहचान कीजिए।

(A) The forests are so thick and receive rainfall throughout the year. / ये वन सघन है और यहाँ सालों भर वर्षा होती है।
(B) Rosewood, ebony, mahogany are the important trees of these forests. / रोजवुड, आबनूस, महोगनी इस प्रकार के वनों के महत्त्वपूर्ण वृक्ष है।
(C) These forests occur in the regions near the Equator and close to tropics. / ये वन भूमध्य रेखा और उष्ण कटिबन्ध के पास पाए जाते हैं।

(a) Tropical deciduous forests / उष्णकटिबंधीय पर्णपाती वन
(b) Temperate evergreen forests / शीतोष्ण सदाबहार वन
(c) Coniferous forests / शांकुधारी वन
(d) Tropical evergreen forests / उष्णकटिबन्धीय सदाबहार वन

Ans. (d)

दिये गये लक्षण उष्णकटिबंधीय सदाबहार वन के है। ये वन भूमध्य रेखा और उष्ण कटिबंध के पास पाये जाते है। ये सघन वन है और यहाँ सालों भर वर्षा होती हैं इन वनों में वृक्षों की लम्बाई 60 मीटर या उससे भी अधिक हो सकती है। चूंकि इन पेड़ों के पत्ते झड़ने, फूल आने और फल लगने का समय अलग-अलग है। इसलिए ये वर्ष भर हरे-भरे दिखाई देते है। इसमें पाये जाने वाले मुख्य्र वृक्ष प्रजातिगाँ रोजतुड, महोगनी, आबनूस, ऐनी तथा एबनी है।

544. Sustainable development refers to:
सतत विकास का अर्थ है:

(a) Conservation of mainly renewable resources / मुख्यतः नवीकरणीय संसाधनों का संरक्षण
(b) Limited use of resources / संसाधनों का सीमित उपयोग
(c) Saving resources for our children and relatives / अपनी संतानों एवं संबंधियों के लिए संसाधनों का बनाव .
(d) Conserve all kinds of resources, use only as per requirement and save for future / सभी तरह के संसाधनों का संरक्षण करना, केवल आवश्यकतानुसार उपयोग करना तथा भविष्य के लिए बचाना

Ans. (d)

सतत् विकास का अर्थ है- सभी तरह के संसाधनों का संरक्षण करना, केवल आवश्यकतानुसार उपयोग करना तथा भविष्य के लिए बचाना सतत् विकास की अवधारणा 1987 में पहली बंटलैंड रिपोर्ट के प्रकाशन के बाद प्रकट हुई।

545. China, Malaysia and Indonesia are leading producers of which of the following minerals?
चीन, मलेशिया और इंडोनेशिया निम्न में से किस खनिज के अग्रणी उत्पादक देश है?

(a) Lead / सीसा
(b) Tin / टिन
(c) Nickel / निकेल
(d) Zinc / जस्ता

Ans. (b)

चीन, मलेशिया और इंडोनेशिया टिन (Tin) के अग्रणी उत्पादक देश है चीन, आस्ट्रेलिया और अमेरिका सीसा (Lead) के प्रमुख उत्पादक देश हैं इंडोनेशिया, फिलीपींस तथा कनाडा निकेला | (Nickle) क तथा चीन, पेरू तथा आस्ट्रेलिया जस्ता (Zinc) के अग्रणी उत्पादक देश हैं।

546. Which of the following statements is false?
निम्नलिखित में से कौन सा कथन असत्य है?

(a) The distance between latitude lines increases gradually as we move from the equator towards the poles. / विषुवत रेखा से ध्रुवों की ओर जाने पर अक्षांश रेखाओं के बीच की दूरी में आंशिक रूप में वृद्धि होती हैं।
(b) The angular distance of any place from the prime meridian is called the latitude of that place. / किसी भी स्थान की प्रधान याम्योत्तर से कोणीय दूरी को उस स्थान का अक्षांश कहा जाता है।
(c) The equator is a great circle. / विषुवत रेखा एक वृहत वृत्त है।
(d) All longitude lines are great circles. / सभी देशान्तर रेखाएँ वृहत वृत्त हैं।

Ans. (c)

व्याख्या: भूमध्य रेखा पृथ्वी पर खींचा गया सबसे बड़ा काल्पनिक व्रत है इस वृहद व्रत भी कहा जाता है।

547. Which of the following statements is false?
निम्नलिखित में से कौन-सा कथन असत्य हैं?

(a) The total number of longitude lines is / देशांतर रेखाओं की कुल संख्या 180 हैं।
(b) The angular distance of any place from the Greenwich Line is called the longitude of that place. / किसी भी स्थान की ग्रीनविच रेखा से कोणीय दूरी को उस स्थान का देशांतर कहा जाता है।
(c) The distance between longitude lines is maximum at the equator and zero at the poles. / देशांतर रेखाओं के बीच की दूरी विषुवत रेखा पर अधिकतम एवं ध्रुवों पर शून्य होती हैं।
(d) The distance between longitude lines on the equator is 111.3 km. it occurs. / विषुवत रेखा पर देशांतर रेखाओं के बीच की दूरी 111.3 किमी. होती है।

Ans. (a)

व्याख्या: ग्लोब पर देशांतर रेखाओं की संख्या 360 होती है अतः विकल्प (a) गलत है।

548. In terrace farming, sides of each plot are raised in order to _____.

सीढ़ीनुमा खेती में जमीन के छोटे टुकड़ों के किनारों को ऊपर उठा दिया जाता है ताकि _______

(a) protect the seeds from pests / फसल को कीटों से बचाया जा सके
(b) retain water / पानी टुकड़ों के भीतर रूका रहे
(c) prevent fertilizer from being swept away / खाद वह ना जाए
(d) create distance among different crops / फसलों के बीच अंतर रखा जा सके

Ans.(b)

सीढ़ीनुमा खेती में जमीन के छोटे टुकड़ों के किनारों को ऊपर उठा दिया जाता है ताकि पानी टुकड़ों के भीतर रुका रहे। सीढ़ीनुमा खेती मूल रूप से पहाड़ी या पर्वतीय क्षेत्रों में की जाती है। क्योंकि पहाड़ी इलाके मृदा अपरदन और पानी के अति प्रवाह के लिए अधिक उत्तरदायी होते है इस विधि द्वारा बाल की लम्बाई को तोड़कर / छोटाकार एवं ढाल की लम्बाई को कम करके मृदा एवं नमी का संरक्षण किया जाता है।

549. Permanent shops in a market are those which have?
एक बाजार में पक्की दुकानें वे होती हैं।

(A) people employed on a permanent basis / जहाँ के कर्मचारी नियमित होते हैं।
(B) license from the Town Panchayats and Municipal Corporations / जिनके पास शहर पंचायत और नगर निगम का लाइसेंस होता है।
(C) been functioning for more than 10 years. / जो 10 वर्ष से अधिक समय से खुली हुई है।
(D) been located in large cities. / जो मुख्यतः बड़े शहरों में होती है।

Choose the appropriate option: / उपयुक्त विकल्प को चुनें:

(a) (A) (B) and (C) only / केवल (A) (B) और (C)
(b) (A) and (B) only / केवल (A) और (B)
(c) (B), (C) and (D) only / केवल (B), (C) और (D)
(d) (A), (C) and (D) only / केवल (A) (C) और (D)

Ans. (b)

एक बाजार में पक्की दुकानें वे होती हैं, जहाँ के कर्मचारी नियमित होते है तथा जिनके पास शहर पंचायत और नगर निगम का लाइसेंस होता है। अतः विकल्प (A) और (B) दोनों सही हैं।

550. The elected members in a Municipal Corporation are called:
नगर निगम में चुने गए सदस्यों को कहते हैं।

(a) Senators / सीनेटर
(b) Delegates / प्रतिनिधि
(c) Executive / अधिशासी (कार्यपालक)
(d) Councillors / पार्षद

Ans. (d)

नगर निगम में चुने गए सदस्यों को पार्षद कहते हैं। 74वें संविधान संशोधन के अन्तर्गत पंचायती राज व्यतस्था के माध्यम से पार्षद का पद मुख्य रूप से स्थानीय शहरी शासन के अन्तर्गत आता है। इसका चुनाव जनता द्वारा किया जाता है। इसके अन्तर्गत नगर निगम, नगर पालिका तथा नगर पंचायत की व्यवस्था की गई है। पार्षद का चुनाव मुख्य रूप से उस क्षेत्र की जनता प्रत्यक्ष मतदान द्वारा करती है।

551. Who appoints the Chief Minister and other Ministers?
मुख्यमंत्री और अन्य मंत्रियों को कौन नियुक्त करता है?

(a) The Prime Minister / प्रधानमंत्री
(b) The President / राष्ट्रपति
(c) The Governor / राज्यपाल
(d) The Chief Justice of High Court / उच्च न्यायालय का मुख्य न्यायाधीश

Ans.(c)

भारतीय संविधान के अनु. 164 के अनुसार मुख्यमंत्री की नियुक्ति राज्यपाल करेगा और अन्य मंत्रियों की नियुक्ति राजयपाल, मुख्यमंत्री की सलाह पर करेगा तथा मंत्री, राज्यपाल के प्रसादपर्यंत पद धारण करेंगे।

552. Read the following statements (A) and (R) and choose the appropriate option given below.

निम्नलिखित कथनों (A) तथा (R) पर विचार करें और उपयुक्त विकल्प चुनें।

Statement (A): Debt is a major cause of distress among farmers which has also resulted in many farmers committing suicide / कथन (A): कर्ज किसानों की विपदा का मुख्य कारण बन गया है, जिसके बोझ से दबकर कई किसानों ने आत्महत्या तक कर ली है।

Statement (R): Small farmers borrow money from money lenders to purchase seeds, fertilizers and pesticides, etc. and unable to pay back their loans. / कथन (R): छोटे किसानों को बीजं, खाद व कीटनाशक जैसे सामानों को खरीदने के लिए साहूकारों से कर्ज लेते हैं जिसे कई बार किसान चुका नहीं पाते हैं।

(a) Both (A) and (R) are true and (R) is the correct explanation of (A). / (A) और (R) दोनों सही है और (A) की (R) सही व्याख्या करता है।
(b) Both (A) and (R) are true but (R) is not the correct explanation of (A). / (A) और (R) दोनों सही है लेकिन (A) की (R) सही व्याख्या नहीं करता है
(c) (A) is true but (R) is false. / (A) सही है लेकिन (R) गलत है
(d) Both (A) and (R) are false. / (A) और (R) दोनों गलत हैं।

Ans. (a)

प्रायः किसान आर्थिक स्थिति खराब होने के कारण बीज, खाद एवं कीटनाशक इत्यादि जैसे कृषि में लागत वाली वस्तुएँ खरीदने के लिए बड़े साहूकारों, बैंक आदि से ऋण लेते हैं जिसे बाद में फसल का उचित मूल्य ना मिलने के कारण किसान अपने कर्ज को चुका नहीं पाते हैं और जिसके बोझ के तले दबकर किसान कभी-कभी आत्महत्या कर लेते है। इस प्रकार कर्ज किसानों की विपदा का मुख्य कारण बन गया है इस प्रकार कथन (A) और कारण (R) दोनों सही है तथा कारण (R) कवन (A) की सही व्याख्या करता है।

553. Which kind of labour is prohibited by law in India?

भारत में किस तरह के श्रम को कानून द्वारा प्रतिबंधित किया गया है?

(A) Bonded / बेगार
(B) Casual / अनियमित
(C) Daily wage / दिहाड़ी
(D) Unorganized / असंगठित

Choose the correct option from the codes below. / नीचे दिए गए कूटों में से सही विकल्प का चुनाव करें।

(a) Only (D) / केवल (D)
(b) Only (A) / केवल (A)
(c) (A) and (B) / (A) और (B)
(d) (B), (C) and (D) / (B) (C) और (D)

Ans. (b)

भारत में बंधुआ मजदूरी (श्रम) को भारत में कानून द्वारा प्रतिबंधित कर दिया गया है। बंधुआ मजदूरी श्रमिकों के मौलिक अधिकारों के हनन से संबंधित श्रम प्रक्रिया भी जिसे बंधुआ मजदूरी (श्रम) प्रथा उन्मूलन अधिनियम 1976 के द्वारा भारत में पूर्णतः प्रतिबंधित कर दिया गया है। बंधुआ मजदूरी प्रथा उन्मूलन अधिनियम 1976 भारत में बंधुआ मजदूरी की प्रथा के उन्मूलन हेतु अधिनियमित किया गया था।

554. The main reason behind having more than one level of Government in India is:

भारत में सरकार के एक से अधिक स्तर होने की मुख्य वजह है:

(a) Vast number of communities / समुदायों की बड़ी संख्या
(b) Security of the border areas / सीमांत क्षेत्रों की सुरक्षा
(c) To appease the Princely States / रियासतों को तुष्ट करना (संतुष्ट करना)
(d) Familiarity of the system during the British Rule / ब्रिटिश शासन के समय व्यवस्था की अच्छी जानकारी

Ans. (a)

भारत में प्रशासन व्यवस्था के तहत सरकार के एक से अधिक स्तर होने की मुख्य वजह है कि भारत में विभिन्न

समुदाय की बड़ी संख्या में लोग निवास करते हैं। देश में सरकार के एक से अधिक स्तरों के अस्तित्व को संघवाद कहा जाता है अर्थात् सत्ता के बंटवारे के लिए सरकार के अलग-अलग स्तर बनाए गए हैं।

555. Consider the following statements:
निम्नलिखित कथनों पर विचार कीजिए:

(A) Boys make a better Scout's leader than girls / लड़कियों की तुलना में लड़के एक बेहतर स्काउट लीडर बनते हैं

(B) Girls are good at playing football / लड़कियाँ फुटबॉल खेलने में अच्छी होती है

(C) Girls are gentle and good care-givers / लड़कियाँ सौम्य (कोमल) और अच्छी देखभाल करने वाली होती है

(D) Boys are rough and bully / लड़के दबंग और उग्र होते है

Which statements may foster 'Stereotyping? / कौन से कथन रूढ़िवादिता को पोषित करते हैं?

(a) (A), (B) and (C) / (A) (B) और (C)
(b) (A), (C) and (D) / (A), (C) और (D)
(c) (B) and (C) / (B) और (C)
(d) (A) and (B) / (A) और (B)

Ans. (b)

निम्नलिखित दिए गए कथन रूढ़िवादिता को प्रदर्शित करते हैं।

(i) लड़कियों की तुलना में लड़के एक बेहतर स्काउट लीडर बनते

(ii) लड़कियाँ सौम्य (कोमल) और अच्छी देखभाल करने वाली होती हैं।

(iii) लड़के दबंग और उग्र प्रकृति के होते हैं।

रूढ़िवाद सामाजिक विज्ञान के अंतर्गत व्यवहत एक ऐसी विचार धारा है जो पारंपरिक मान्यताओं को अनुकरण प्रायः वैज्ञानिकता के स्थान पर केवल आस्था एवं पूर्व अनुभवों के अनुसार करती है। यह सामाजिक राजनितिक एवं नैतिक मान्यताओं का ऐसा समुच्चय है जो प्राचीन काल से समाज में प्रचलित विभिन्न मान्यताओं एवं व्यवस्थ को बढ़ावा देती है।

556. Which of the following consists of Parliament of India?
निम्नलिखित में से कौन से भारत की संसद बनाते हैं?

(A) Rajya Sabha / राज्यसभा

(B) Lok Sabha / लोकसभा

(C) State Legislative Assemblies / राज्य विधानसभा

(D) The President / राष्ट्रपति

Choose the correct option: / सही विकल्प का चयन कीजिए:

(a) (A) (B) and (C) / (A) (B) और (C)
(b) Only (A) and (B) / केवल (A) और (B)
(c) Only (B) and (D) / केवल (B) और (D)
(d) (A), (B) and (D) / (A) (B) और (D)

Ans. (d)

भारत की संसद भारतीय गणराजय का सर्वोच्च विद्यार्थी निकाय है। यह भारत के राष्ट्रपति और संसद के अन्य दो सदनों लोकसभा (निम्न सदन) तथा राज्यसभा (उच्चसदन) से मिलकर बनती हैं। राष्ट्रपति को विधायिका के प्रमुख के रूप में अपनी भूमिका में संसद के सत्र को बुलाने, सावसान करने तथा लोकसभा को भंग करने के पूरी शक्ति प्राप्त हैं। राष्ट्रपति इन शक्तियों का प्रयोग प्रधानमंत्री और उनकी केन्द्रीय मंत्रिपरिषद के परामर्श के अनुसार करते हैं।

557. A secular state, according to Indian Constitution should _____.
भारतीय संविधान के अनुसार एक धर्मनिरपेक्ष राज्य को ------ चाहिए

(a) encourage the dominant religion to bring other religions into its fold / प्रभुत्वशाली धर्म को अन्य धर्मों को अपने तहत लाने के लिए प्रोत्साहित / प्रेरित करना

(b) involve in religious activities for nation building / राष्ट्र निर्माण के लिए धार्मिक गतिविधियों में शामिल होना

(c) not support anyone religion / किसी एक धर्म को समर्थन नहीं देना

(d) not interfere in religious conflict in the country / देश में धार्मिक संघर्ष / विवाद में हस्तक्षेप नहीं करना

Ans.(c)

एक धर्मनिरपेक्ष राज्य धर्मनिरपेक्षता से संबंधित एक विचार है जिसके तहत वह राज्य धर्म के मामलों में आधिकारिक तौर पर तटस्थ रहने का दावा करता है अर्थात् वह राज्य न किसी एक विशेष धर्म का समर्थन करता है और ना ही किसी अन्य विशेष धर्म का अनादर करता हैं भारतीय संविधान में भारत को एक धर्म निरपेक्ष राज्य की संज्ञा प्रदान की गई है। भारतीय संविधान के अनुसार एक धर्मनिरपेक्ष राज्य को किसी भी एक विशेष धर्म को समर्थन नहीं देना चाहिए।

558. "India has an integrated Judiciary System."
'भारत के पास एकीकृत न्यायिक व्यवस्था है।'

Which of the following explains this sentence better / निम्नलिखित में से कौन सा इस वाक्य की बेहतर व्याख्या करता है?

(A) A person can approach higher court if they are not satisfied with the judgment of the lower court. / व्यक्ति उच्च न्यायालय जा सकता है। अगर वह निचली अदालत के फैसले से संतुष्ट नहीं है

(B) Decisions made by the higher court are not binding on the lower court. / ऊपरी अदालतों द्वारा लिए गए निर्णय निचली अदालतों पर बाध्यकारी नहीं है।

Choose the correct option / सही विकल्प का चयन कीजिए

(a) Both (A) and (B) are true / (A) और (B) दोनों सही है
(b) Both (A) and (B) are false / (A) और (B) दोनों गलत है।
(c) Only (A) is true / केवल (A.) सही है
(d) Only (B) is true / केवल (B) सही है

Ans. (c)

भारत में एकीकृत न्यायिक व्यवस्था भारत सरकार अधिनियम 1935 से ग्रहण की गई है और केन्द्र व राज्य संबद्धता पर लागू होती है। एंकीकृत न्यायिक व्यवस्था के तहत यदि किसी व्यक्ति को ऐसा लगता है कि किसी केस में निचली अदालत के द्वारा दिया गया फैसला यदि सही नहीं है तो वह व्यक्ति उसके ऊपरी अदालत में अपील कर सकती है। अतः केवल वाक्य (A) ही सही है।

559. The process of petiotization of a particular community result in _______.
किसी समुदाय के पेटोआइजेशन की प्रक्रिया का नतीजा होता है ----------- .

(a) Its segregation from the rest of the society / उसका बाकी समाज से अलगाव
(b) diversification of its culture / उनकी संस्कृतिक का विविधीकरण
(c) protection of minorities / अल्पसंख्यकों का संरक्षण
(d) its social empowerment / उनका सामाजिक सशक्तिकरण

Ans. (a)

घेटोआइजेशनक से अभिप्राय किसी भी अल्पसंख्यक जाति वा समुदाय को बाकि अन्य बहुसंख्यक जाति या सुमदायों से अलग-थलग कर देना होता है। ऐसी जाति वा समुदायों का शहर या गांव के किसी भी कोने में ऐ अलग स्थान अथवा रहने की जगह प्रदान कर दी जाती है। इस प्रकार किसी समुदाय के पेटोआइजेशन की प्रक्रिया का नतीजा यह होता है कि उसका बाकी समाज के अलगाव हो जाता है।

560. Which among the following is a step towards recognizing street vending as part of right to livelihood?
फुटपाथ और ठेलों पर सामान बेचने को जीविकोपार्जन के अधिकार के रूप में देखने की एक तरफ निम्नलिखित में से क्या एक कदम है?

(a) Creating trading zones in towns and cities / फुटपाथ और ठेलों पर सामान बेचने के लिए शहरों के कुछ इलाकों का तय किया जाना
(b) Banning vendors on streets / ठेलों को सड़कों पर प्रतिबंधित करना
(c) Replacing vendors with small shops / छोटी दुकानों को ठेलों की जगह स्थान देना
(d) Imposing taxes by local government on street vendors / ठेलों और फुटपाथ पर सामान बेचने पर स्थानीय सरकार द्वारा कर लगाना

Ans. (a)

फुटपाथ और ठेलों पर सामान बेचने को जीवकोपार्जन के अधिकार के रूप में देखने की तरफ फुटपाथ और ठेलों पर सामान बेचने के लिए शहरों के कुछ इलाकों को तय किया जाना एक अहम कदम है क्योंकि ऐसा करने से एक स्थान निर्धारित हो जायेगा जिससे सामान बेचने वालो तथा उसे लेने वालो दोनों को ही सुविधा होगी तथा भविष्य में इस व्यवसाय से संबंधित लोगों के मध्य मतभेद होनी की संभावना भी कम होगी।

561. Which of the following is not a characteristic of the pond found in Mohenjodaro?
निम्नलिखित में से कौन-सी विशेषता मोहनजोदड़ो में पाये गये तालाब की नहीं है?

(a) A layer of charcoal was applied over the plaster to prevent leakage of water. / पानी का रिसाव रोकने के लिये प्लास्टर के ऊपर चारकोल की परत चढाई गयी थी।
(b) Stairs were built on both its sides. / इसके दोनों तरफ सीढियाँ बनायी गयी थीं।
(c) The Indus River was used to fill water in it. / इसमें पानी भरने के लिये सिंधु नदी का उपयोग किया जाता था।
(d) Distinguished citizens used to bathe here on special occasions. / यहाँ विशिष्ट नागरिक विशेष अवसरों पर स्नान करते थे।

Ans. (c)

व्याख्या: मोहनजोदड़ो मे पाये जाने वाले तालाब की दोनों हिस्सों की चारदीवारियाँ पकी ईटों की बनाई जाती थी। इसमें पानी का रिसाव रोकने के लिए प्लास्टर के ऊपर चारकोल की परत चढ़ाई गई थी। इस सरोवर में दो तरफ़ से उतरने के लिए सीहियाँ बनाई गई थीं। और चारों ओर कमरे बनाए गए थे। इसमें भरने के लिए पानी कुएँ से निकाला जाता था, उपयोग के बाद इसे खाली कर दिया जाता था। यहाँ विशिष्ट नागरिक विशेष अवसरों पर स्नान किया करते हैं।

562. The craftsmen of Harappan culture were?
हड़प्पा संस्कृति के शिल्पकार थे?

(a) Potter / कुम्हार
(b) Carpenter / बढ़ई
(c) Weaver / जुलाहा
(d) All / सभी

Ans. (d)

व्याख्या: हड़प्पा संस्कृति के शिल्पकार मुख्य रूप से कुशल कारीगर (कुम्हार, बढ़ई, जुलाहा आदि) और श्रमिक थे जो विभिन्न प्रकार के शिल्प और कारीगरी के कामों में निपुण थे। इसके अलावा नगरों में शिल्पकार स्त्री-पुरुष भी रहते थे।

563. Who recommended the decentralization system?
विकेंद्रीकरण प्रणाली की सिफारिश किसने की थी?

(a) C. Rajagopalachari / सी. राजगोपालाचारी
(b) J.B. Kriplani / जे.बी. कृपलानी
(c) Balwant Rai Mehta / बलवंत राय मेहता
(d) Ashok Mehta / अशोक मेहता

Ans. (c)

व्याख्या: सर्वप्रथम बलवंत राय मेहता ने नवंबर, 1957 में पंचायती राज पर अपनी सिफारिश प्रस्तुत की, जिसमें उन्होंने प्रजातांत्रिक विकेंद्रीकरण की सिफारिश की। इसके अनुसार तीन स्तरों पर पंचायती राज संस्थाओं का गठन होना था - जिला स्तर, ब्लॉक स्तर, ग्राम स्तर पर।

564. Statement (A): Tropical deciduous forests shed their leaves during the dry season.
कथन (A): उष्ण कटिबंधीय पर्णपाती वन शुष्क मौसम में अपनी पत्तियाँ गिरा देते हैं।

Reason (R): Hard woods are very useful for making trees, furniture, transportation and construction materials.

कारण (R): दृढ काष्ठ वृक्ष, फर्नीचर, यातायात एवं निर्माण सामग्री बनाने के लिये बहुत उपयोगी होते हैं।

(a) Both A and R are true, and R is the correct explanation of A. / A और R दोनों सत्य हैं, तथा R, A की सही व्याख्या करता है।
(b) Both A and R are true, and R is not the correct explanation of A. / A तथा R दोनों सत्य है, और R, A की सही व्याख्या नहीं करता है।

(c) A is correct but R is wrong. / A सही है किंतु R गलत है।

(d) A is wrong but R is correct. / A गलत है किंतु R सही है।

Ans. (b)

व्याख्या: जिन स्थानों पर वर्षा कम होती है वहां के वृक्ष शुष्क मौसम में जल को संरक्षित रखने के लिए अपनी पत्तियां गिरा देते हैं इन वृक्षों को पर्णपाती वन कहते हैं। यह वन दृढ़ कास्ट वाले वन होते हैं इनकी लकड़ी का उपयोग फर्नीचर,यातायात एवं निर्माण सामग्री बनाने के लिए किया जाता है।

565. The book 'Stripurushtulna' was written by which one of the following reformers?
'स्त्रीपुरुषतुलना' नामक पुस्तक की रचना निम्नलिखित में से किस सुधारक द्वारा की गई थी?

(a) Pandita Ramabai / पंडिता रमाबाई
(b) Veerasalingam Pantulu / वीरेशलिंगम पंतुलु
(c) Tarabai Shinde / ताराबाई शिंदे
(d) E.V. Ramaswamy Naicker (Periyar) / ई.वी. रामास्वामी नायकर (पेरियार)

Ans. (c)

ताराबाई शिंदे एक समाज सुधारक और नारीवादी थीं, जिन्होंने अपने लेखन में महिलाओं के अधिकारों और मुद्दों पर ध्यान केंद्रित किया, जिसमें 'स्त्रीपुरुषतुलना' भी शामिल है, जो समाज में महिलाओं के साथ व्यवहार की आलोचना करती है।

566. The earliest evidence of growing crops like wheat and barley are located in which one of the following places.
'गेहूँ' एवं 'जौ' जैसे फसल उगाने के सर्वप्रथम साक्ष्य निम्नलिखित में से किस स्थान में मिले हैं?
Choose the correct option. / सही विकल्प का चुनाव करें।

(a) Garo hills / गारो हिल्स
(b) Malabar hills / मालाबार हिल्स
(c) Sulaiman and Kirthar hills / सुलेमान और किरथर हिल्स
(d) Nilgiri hills / नीलगिरी हिल्स

Ans. (c)

आधुनिक पाकिस्तान में पाई जाने वाली सुलेमान और किरथर पहाड़ियाँ, प्रारंभिक कृषि के पुरातात्विक साक्ष्य के लिए महत्वपूर्ण हैं। यह क्षेत्र विशेष रूप से गेहूं और जौ जैसी फसलों की शुरुआती खेती के लिए जाना जाता है।

567. Which of following two gases make up the bulk of the Atmosphere?
निम्नलिखित में से वायुमंडल का अधिकांश कौन सी दो गैसें हैं?

(a) Nitrogen and Hydrogen / नाइट्रोजन और हाइड्रोजन
(b) Carbon dioxide and Oxygen / कार्बन डाइऑक्साइड और ऑक्सीजन
(c) Nitrogen and Oxygen / नाइट्रोजन और ऑक्सीजन
(d) Ozone and Helium / ओज़ोन और हीलियम

Ans. (c)

नाइट्रोजन और ऑक्सीजन पृथ्वी के वायुमंडल के प्राथमिक घटक हैं, नाइट्रोजन लगभग 78% और ऑक्सीजन लगभग 21% है। साथ में, वे वातावरण की अधिकांश संरचना बनाते हैं।

568. India and Bangladesh are leading producers of jute. Choose the correct statements that support growth of jute.
भारत और बांग्लादेश पटसन (जूट) के अग्रणी उत्पादक हैं। पटसन की वृद्धि को बल प्रदान करने वाले कथनों का चयन कीजिए।

(a) It grows well in alluvial soil. / यह जलोढ़ मृदा में अच्छे ढंग से विकसित होता है।
(b) It requires high temperature. / इसे उच्च तापमान की आवश्यकता होती है।
(c) It requires low temperature and low rainfall. / इसे निम्न तापमान और निम्न वर्षा की आवश्यकता होती है।
(d) It requires heavy rainfall and humidity. / इसे भारी वर्षा और आर्द्रता की आवश्यकता होती है।

Choose the correct options: / सही विकल्प का चयन कीजिए।

(a) (a), (b), (c) are correct / (a), (b), (c) सही हैं
(b) (a), (b), (d) are correct / (a), (b), (d) सही हैं
(c) (b), (c), (d) are correct / (b), (c), (d) सही हैं
(d) (a), (c), (d) are correct / (a), (c), (d) सही हैं

Ans. (b)

जूट उपजाऊ जलोढ़ मिट्टी में पनपता है, गर्म तापमान में सबसे अच्छा बढ़ता है, और इष्टतम विकास के लिए भारी वर्षा और उच्च आर्द्रता की आवश्यकता होती है।

569. Winds blow dry leaves down the pavement. How do winds blow?
पवन सड़क पर गिरी सूखी पत्तियों को उड़ाती हैं । पवन कैसे बहती है?

(a) Movement of air from high pressure area to low pressure area. / उच्च दाब क्षेत्र से निम्न दाब क्षेत्र की ओर वायु की गति।
(b) Movement of air from low pressure area to high pressure areas. / निम्न दाब क्षेत्र से उच्च दाब क्षेत्र की ओर वायु की गति।
(c) Movement of condensed air. / संघनित वायु की गति।
(d) Movement of plants and animals. / पौधों और जीव-जंतुओं की गति।

Ans. (a)

वायुमंडलीय दबाव में अंतर के कारण हवा की गति के कारण हवाएं बनती हैं। हवा स्वाभाविक रूप से उन क्षेत्रों से चलती है जहां दबाव अधिक होता है उन क्षेत्रों की ओर जहां दबाव कम होता है, जिससे हवा बनती है।

570. Torrid Zone on Earth receives maximum heat as:
पृथ्वी पर उष्ण कटिबंधीय क्षेत्र सबसे अधिक ऊष्मा प्राप्त करते हैं क्योंकि:

(a) it is land locked / यह स्थलरुद्ध है
(b) it is bounded by oceans / यह महासागरों से घिरी है
(c) the mid-day sun is exactly overhead / दोपहर का सूर्य ठीक सिर के ऊपर होता है
(d) rays of the sun are slanting here / यहाँ सूर्य की किरणें तिरछी होती हैं

Ans. (c)

टोरिड ज़ोन, जो भूमध्य रेखा के पास स्थित है, में उच्चतम तापमान का अनुभव होता है क्योंकि सूर्य की किरणें दोपहर के समय सीधे इस क्षेत्र पर हमला करती हैं। इस सीधी उपरि सूर्य की रोशनी के परिणामस्वरूप तीव्र सौर विकिरण होता है, जिससे यह क्षेत्र दूसरों की तुलना में अधिक गर्म हो जाता है।

571. Lines drawn on a globe are known as latitudes and longitudes. What purpose do these lines serve?
एक ग्लोब पर खींची गई रेखाओं को अक्षांश और देशांतर के रूप में जाना जाता है। ये रेखाएँ किस उद्देश्य को पूरा करती हैं?

(a) To make designs on globe / ग्लोब पर डिज़ाइन बनाने के लिये
(b) To locate places on earth / पृथ्वी पर स्थानों को ढूँढ़ने के लिये
(c) To beautify the globe / ग्लोब को सुंदर बनाने के लिये
(d) They are furrows on earth and indicate physical features of the earth / ये पृथ्वी पर हल - रेखाएँ हैं तथा पृथ्वी की भौतिक विशेषताओं को इंगित करती हैं

Ans. (b)

किसी ग्लोब पर भौगोलिक संदर्भ के लिए अक्षांश और देशांतर रेखाएँ आवश्यक हैं। वे पृथ्वी की सतह पर विशिष्ट स्थितियों और स्थानों की पहचान करने और उनका पता लगाने के लिए एक व्यवस्थित तरीका प्रदान करते हैं, नेविगेशन और मानचित्रण की सुविधा प्रदान करते हैं।

572. Which of the following would be the apt example of explaining the concept of prejudice?
निम्नलिखित में से कौन-सा पूर्वाग्रह की संकल्पना को समझाने के लिए उपयुक्त उदाहरण होगा?

A. People looking at each other equally. / लोग एक-दूसरे को बराबरी समान रूप से देख रहे हैं।
B. People judging other people negatively. / लोग अन्य लोगों को नकारात्मक रूप से देख रहे हैं।
C. People respecting each other. / लोग एक-दूसरे का सम्मान कर रहे हैं।

D. The feeling of superiority and inferiority. / श्रेष्ठता एवं हीनता की भावना।

Choose the correct option. / सही विकल्प का चयन कीजिए।

(a) A and C / A और C
(b) B
(c) C
(d) B and D / B और D

Ans. (d)

लोग अन्य लोगों को नकारात्मक रूप से देख रहे हैं। और श्रेष्ठता एवं हीनता की भावना, ये दोनो उदाहरण पूर्वाग्रह की संकल्पना को समझाने के लिए उपयुक्त है। पूर्वाग्रह का शाब्दिक अर्थ है 'पूर्व निश्चित निर्णय'। दूसरे शब्दों में किसी व्यक्ति या वस्तु को बिना देखे समझे उसके बारे में सही या गलत धारणा बना लेना पूर्वाग्रह कहलाता है। स्पष्ट है कि उदाहरण A और C पूर्वाग्रह को प्रदर्शित नहीं कर रहे हैं।

573. Which of the following statements help in sustainable development with reference to present day resource availability?

निम्नलिखित में से कौन-सा कथन वर्तमान समय के संसाधन उपलब्धता के संदर्भ के साथ सततपोषणीय विकास में सहायता करता है?

(a) Reducing consumption of resources / संसाधनों की खपत को घटाना
(b) Increasing resource use / संसाधनों के उपयोग में वृद्धि
(c) Recycling resources / संसाधनों का पुनः चक्रण
(d) Reusing things / वस्तुओं का पुन: उपयोग

Choose the correct options: / सही विकल्प का चयन कीजिए।

(a) (a), (c), (d)
(b) (a), (b), (c)
(c) (b), (c), (d)
(d) (a), (b), (d)

Ans. (a)

सतत विकास के लिए संसाधनों की खपत को कम करना आवश्यक है क्योंकि यह भविष्य के लिए संसाधनों का संरक्षण करता है। पुनर्चक्रण सामग्रियों को पुन: उपयोग करने और अपशिष्ट को कम करने में सहायता करता है, जबकि वस्तुओं का पुन: उपयोग करने से उनका जीवनकाल बढ़ता है और नए संसाधनों की मांग कम हो जाती है। साथ में, ये प्रथाएँ स्थिरता का समर्थन करती हैं।

574. 'Periyapuranam', a Tamil work informs us about whom?

'पेरियापूरणम', एक तमिल कृति हमें किसके बारे में जानकारी देती है?

(a) Kings and queens / राजाओं और रानियों के बारे में
(b) Scholars and poets / विद्वानों और कवियों के बारे में
(c) Ordinary men and women / साधारण पुरुषों और महिलाओं के बारे में
(d) Soldiers and military generals / सिपाहियों और सैन्य -जनरलों के बारे में

Ans. (a)

'पेरियापुराणम' एक तमिल साहित्यिक कृति है जो सामान्य व्यक्तियों, विशेष रूप से नयनार संतों पर केंद्रित है, जो तमिल संस्कृति और आध्यात्मिकता में उनके जीवन और योगदान को प्रदर्शित करती है।

575. What makes an object or substance a resource?

क्या चीज़ किसी वस्तु अथवा पदार्थ को संसाधन बनाती है?

(a) Purification / शुद्धिकरण
(b) Utility or usability / उपयोगिता अथवा प्रयोज्यता
(c) Extraction / निष्कर्षण
(d) Discovery of object / वस्तु की खोज

Ans. (b)

किसी वस्तु या पदार्थ को उसकी उपयोगिता या प्रयोज्यता के आधार पर एक संसाधन माना जाता है, जिसका अर्थ है कि उसका मूल्य इस बात से आता है कि वह व्यक्तियों या समाज की जरूरतों को पूरा करने और लक्ष्यों को प्राप्त करने में कितना उपयोगी है। मूलतः, संसाधन वह चीज़ है जिसका उपयोग जीवन की गुणवत्ता बढ़ाने के लिए प्रभावी ढंग से किया जा सकता है।

576. The prairies are known as 'Granaries of the World'. Select the conditions that help in production of surplus wheat in this region.
प्रेअरी को 'विश्व का धान्यागार' भी कहते हैं। इस प्रदेश में अत्यधिक गेहूँ के उत्पादन में सहायक परिस्थितियों का चुनाव कीजिए।

(a) People do not use technology here. / यहाँ लोग प्रौद्योगिकी का उपयोग नहीं करते हैं।
(b) People are very hardworking here. / यहाँ लोग बहुत परिश्रमी होते हैं।
(c) Scientific methods of cultivation are used here. / कृषि की वैज्ञानिक विधियों का यहाँ प्रयोग किया जाता है।
(d) There is a lack of rainfall in this region. / इस प्रदेश में वर्षा की कमी है।

Choose the correct option: / सही विकल्प का चयन कीजिए।

(a) (a) and (b) are correct / (a) और (b) सही हैं
(b) (b) and (c) are correct / (b) और (c) सही हैं
(c) (a) and (d) are correct / (a) और (d) सही हैं
(d) (c) and (d) are correct / (c) और (d) सही हैं

Ans. (b)

मैदानी इलाकों में, अधिशेष गेहूं का उत्पादन लोगों की कड़ी मेहनत और खेती के वैज्ञानिक तरीकों के उपयोग से होता है। ये कारक कृषि पद्धतियों को बढ़ाते हैं, जिससे गेहूं का सफल उत्पादन होता है।

577. Reasons and Assertions:
तर्क और अभिकथन:

Assertion (A): Many cases of farmer's suicides have been reported from villages in India. / अभिकथन (A): भारत के गाँवों से किसानों के कई आत्महत्या के मामले रिपोर्ट किए गए हैं।

Reason (R): Failure of Monsoons and inability to repay loans leads to distress among farmers. / तर्क (R): मानसून का अभाव और कर्ज़ (ऋण) चुका पाने की अक्षमता किसानों में दुखों का कारण बनती है।

Choose the correct option: / सही विकल्प का चयन कीजिए।

(a) Both (A) and (R) are true and (R) is the correct explanation of (A) / (A) और (R) दोनों सही हैं तथा (R), (A) की सही व्याख्या है।
(b) Both (A) and (R) are true but (R) is not the correct explanation of (A) / (A) और (R) दोनों सही हैं परन्तु (R), (A) की सही व्याख्या नहीं है।
(c) (A) is true but (R) is false / (A) सही है परन्तु (R) गलत है।
(d) (A) is false but (R) is true / (A) गलत है परन्तु (R) सही है।

Ans. (a)

भारत में कई किसान आत्महत्याएं वास्तव में मानसून के मौसम में विफलताओं और इसके परिणामस्वरूप ऋण चुकाने में असमर्थता से जुड़ी हुई हैं, जिससे किसानों में गंभीर संकट पैदा हो गया है। इस प्रकार, कारण प्रभावी ढंग से दावे की व्याख्या करता है।

578. Archaeologists play an important role in deciphering history. Which one of the following choices is incorrect about their nature of work?
इतिहास को गूढ़लिपि का अर्थ निकालने/लिखने में पुरातत्वविद् एक महत्त्वपूर्ण भूमिका निभाते हैं। निम्नलिखित में से उनके काम की प्रकृति के बारे में कौन सा सही नहीं है?

(a) Study the remains of buildings, paintings and sculpture / भवनों, चित्रों (पेंटिंगस्) एवं मूर्तियों के अवशेषों का अध्ययन
(b) Explore and excavate tools, weapons, pots, pan, etc. / औजारों, हथियारों, बर्तनों, पैन, आदि की प्राप्ति के लिए छान-बीन और खुदाई
(c) Look for bones of animals, birds and fish / जानवरों, पक्षियों, मछलियों की हड्डियाँ ढूँढ़ना
(d) Examine the written records / लिखित सामग्री (लेखों) की जाँच

Ans. (d)

पुरातत्वविद् पिछली संस्कृतियों को समझने के लिए भौतिक कलाकृतियों, जैसे उपकरण, इमारतों और कलाकृतियों का अध्ययन करने में विशेषज्ञ हैं। इसके

विपरीत, इतिहासकार इतिहास के बारे में अंतर्दृष्टि इकट्ठा करने के लिए लिखित दस्तावेजों और अभिलेखों का विश्लेषण करने पर ध्यान केंद्रित करते हैं।

579. Which of the following questions assess the analytical aspect of the cognitive process
निम्नलिखित में से कौन सा प्रश्न संज्ञानात्मक प्रक्रिया के विश्लेषणात्मक पहलू का आकलन करता है

(a) What are national curricular objectives which can be achieved through heritage projects? / वे राष्ट्रीय पाठ्यचर्या उद्देश्य क्या हैं जिनको धरोहर संबंधी परियोजनाओं के द्वारा संपादित (उपार्जित) किया जा सकता है?

(b) How are methods of history useful in the research of (a) science; (b) art and management studies? / इतिहास की विधियाँ (a) विज्ञान; (b) कला एवं प्रबंधन अध्ययनों के शोध में कैसे सहायक हैं?

(c) In how many regional languages and local dialects 'VividhBharati' programmes are broadcasted? / 'विविधभारती' कार्यक्रमों को कितनी क्षेत्रीय भाषाओं एवं स्थानीय बोलियों में प्रसारित किया गया था?

(d) Write a review on two historical serials you have watched. / आपके द्वारा देखे गए दो ऐतिहासिक धारावाहिकों पर समीक्षा लिखिए।

(e) What are Bharuds? In which region / State this is popular? / भरूड़ क्या हैं? किस क्षेत्र/राज्य में यह लोकप्रिय है?

Choose the correct option: / सही विकल्प का चयन करें।

(a) (a), (b), (c) and (d) only / केवल (a), (b), (c) और (d)
(b) (b), (c), (d) and (e) only / केवल (b), (c), (d) और (e)
(c) (a), (b) and (d) only / केवल (a), (b) और (d)
(d) (c) and (e) only / केवल (c) और (e)

Ans. (c)

संज्ञानात्मक प्रक्रियाओं के विश्लेषणात्मक पहलू के लिए पाठ्यचर्या के उद्देश्यों को विरासत परियोजनाओं के साथ जोड़ना, आलोचनात्मक सोच को बढ़ावा देना, विभिन्न क्षेत्रों में ऐतिहासिक तरीकों के अनुप्रयोग का मूल्यांकन करना, गहन संज्ञानात्मक प्रसंस्करण की मांग करना और ऐतिहासिक धारावाहिकों की समीक्षा करना, महत्वपूर्ण विश्लेषण और सामग्री के संश्लेषण को प्रोत्साहित करना शामिल है।

580. Watan Jagirs were given by Akbar to which of the following chiefs?
अकबर ने निम्नलिखित में से किन सरदारों को वतन जागीर दिया था?

(a) Sikhs / सिक्खों
(b) Marathas / मराठी
(c) Sisodia Rajputs / सिसोदिया राजपूतों
(d) Indian Muslims / भारतीय मुसलमानों

Ans. (c)

वतन जागीरें अकबर द्वारा सिसौदिया राजपूतों को मुगल साम्राज्य के प्रति उनकी वफादारी और समर्थन सुनिश्चित करने के लिए दिया गया भूमि अनुदान था। इन अनुदानों को प्रदान करके, अकबर का उद्देश्य राजपूतों के साथ गठबंधन को मजबूत करना, उन्हें अपने साम्राज्य के प्रशासनिक ढांचे में एकीकृत करना था।

581. Which of the following systems of government was adopted by India?
भारत द्वारा निम्नलिखित में से कौन-सी सरकार की व्यवस्था को चुना गया?

(a) Presidential and Unitary / राष्ट्रपति एवं एकात्मक ऐकिक
(b) Parliamentary and Federal / संसदीय एवं संघीय
(c) Presidential and Federal / राष्ट्रपति एवं संघीय
(d) Parliamentary and Unitary / संसदीय एवं एकात्मक ऐकिक

Ans. (b)

भारत द्वारा संसदीय और संघीय सरकार व्यवस्था को चुना गया। भारत की संसदीय प्रणाली को ब्रिटेन से लिया गया है। संयुक्त राज्य अमेरिका को आधुनिक संघवाद का जनक माना जाता है। संसदीय व्यवस्था में व्यवस्थापिका

एवं कार्यपालिका सामन्जस्य बनाकर एक साथ कार्य करते है जबकि संघीय व्यवस्था में इनके कार्य पृथक होते है अध्यक्षीय शासन प्रणाली में सरकार का प्रमुख और राष्ट्र का प्रमुख एक ही व्यक्ति होता है यह व्यवस्था प्रावधान अमेरिका में है।

582. Which of the following statements is true about life in rural India?
निम्नलिखित कथनों में से कौन-सा कथन ग्रामीण भारत में जीवन के बारे में सही है?

A. About four-fifths of farmers in India are large farmers. / भारत में कुल किसानों में लगभग हर पाँचवे में से चार बड़े किसान हैं।

B. Farmers in India get into a debt trap when do not expected yield. / भारत में किसानों को जब अपेक्षित पैदावार नहीं मिलती तब वे कर्ज के जाल में फँस जाते हैं।

C. Small farmers depend mainly on banks for their credit requirements. / छोटे किसान अपनी ऋण संबंधी जरूरतों के लिए मुख्यत: बैंकों पर आश्रित रहते हैं।

Choose the correct option. / सही विकल्प का चयन कीजिए-

(a) Only A / केवल A
(b) Only B / केवल B
(c) Only A and B / केवल A और B
(d) Only B and C / केवल B और C

Ans. (b)

कथन B भारत में किसानो को जब अपेक्षित पैदावार नहीं मिलती तब वे कर्ज के जाल में फँस जाते हैं, ग्रामीण भारत के जीवन के बारे में सही है। भारत कृषि प्रधान देश है यहाँ 70% लोग किसान है भारत में 10 हेक्टेयर से अधिक कृषि योग्य भूमि वाले किसान को बड़े किसान के रूप में वर्गीकृत किया गया है सीमान्त किसान वे हैं जिनकी अधिकतम जोत एक हेक्टेयर तक होती है। छोटे किसान अपनी ऋण सम्बन्धी कृषि जरूरतों के लिए प्राय: असंस्थागत ऋण अर्थात् सेठ साहूकार और महाजनों पर आश्रित होते है।

583. Read the following statements and choose the true statements.
निम्नलिखित कथनों को पढ़िए और सही कथनों का चयन कीजिए-

A. About 60 percent of families in India are working as agricultural laborers. / भारत में साठ प्रतिशत (60%) परिवार खेतिहर मजदूरों के रूप में काम कर रहे हैं।

B. Agricultural labourers migrate to distant places due to limited earning opportunities in villages. / गाँव में सीमित आय उपार्जन के अवसरों के चलते खेतिहर मजदूर दूरवर्ती स्थानों पर प्रवास करते हैं।

C. Agricultural labourers accept lower than market wages for want of regular employment from farmers. / किसानों से नियमित रोजगार की चाहत में खेतिहर मजदूर बाजार में प्रचलित वेतन से कम वेतन स्वीकार करते हैं।

Choose the correct option. / सही विकल्प का चयन कीजिए-

(a) Only A and B / केवल A और B
(b) Only B / केवल B
(c) Only B and C / केवल B और C
(d) Only A / केवल A

Ans. (c)

एक व्यक्ति जो पैसे, या वस्तु या हिस्से में मजदूरी के लिए किसी अन्य व्यक्ति की भूमि पर काम करता है उसे खेतिहर मजदूर माना जाता है। 2001 से 2011 के बीच 76.83 लाख किसान कम हुए लेकिन बोत में कमी आने के कारण खोतिहर मजदूरों की संख्या में वृद्धि हुई है। गाँव में सीमित आय उपार्जन के कारण खेतिहर मजदूर दूरवर्ती स्थानों पर प्रवास करते है। खेतिहर किसान ऐसा रोजगार की तलाश में करते हैं खेतिहर मजदूर जीवन निर्वाह हेतु प्रचलित मजदूरी दर से भी कम मजदूरी दर पर कार्य करने को तैयार रहते हैं।

584. The democratic ethos in a country can be strengthened through:
किसी देश में प्रजातंत्र की मजबूती के लिए आवश्यक है-

A. regular conduct of elections / नियमित रूप से चुनाव का आयोजन

B. people's participation in decision making process / निर्णय प्रक्रिया में जनता की भागीदारी

C. informed public opinion / जागरूक जनमत

D. strong and committed bureaucracy समर्पित नौकरशाही

Choose the correct option. / सही विकल्प का चयन करें-

(a) A, B and D / A, B और D
(b) A, B and C / A, B और C
(c) B, C and D / B, C और D
(d) A, C and D / A, C और D

Ans. (b)

नियमित रूप से चुनाव का आयोजन, निर्णय प्रक्रिया में जनता की भागीदारी और जागरुक जनमत ये तीनो क्रियायें किसी देश में प्रजातन्त्र की मजबूती के लिए आवश्यक हैं। अमेरिकी राष्ट्रपति अब्राहम लिंकन के अनुसार- "प्रजातन्त्र जनता का, जनता के लिए, जनता द्वारा शासन है।" इसलिए निर्वाचन प्रक्रिया में जनता की भागीदारी अनिवार्य है। साथ ही जनता जितनी राष्ट्र के प्रति संवेदनशील और जागरूक रहेगी, उतना ही कुशल जनप्रतिनिधि उपलब्ध होगा।

585. A political party can be said to gain majority if it has won ________.
एक राजनीतिक दल का बहुमत हासिल करना तब कहा जा सकता है, जब वह ________ जीत जाता है।

(a) all the large constituencies in a State / राज्य में सभी बड़े निर्वाचन क्षेत्रों को
(b) one-fourth of the number of constituencies in a State / राज्य में एक-चौथाई निर्वाचन क्षेत्रों को
(c) more than half of the constituencies in a State / राज्य में आधे से अधिक निर्वाचन क्षेत्रों को
(d) important constituencies in / राज्य में सभी महत्त्वपूर्ण निर्वाचन क्षेत्रों को

Ans. (c)

किसी चुनाव में, एक राजनीतिक दल राज्य के आधे से अधिक निर्वाचन क्षेत्रों में जीत हासिल करके बहुमत हासिल करता है। उदाहरण के लिए, 100 निर्वाचन क्षेत्रों वाले राज्य में, किसी पार्टी को बहुमत बनाने और सरकार को नियंत्रित करने के लिए कम से कम 51 की आवश्यकता होती है। यह बहुमत पार्टी को सबसे अधिक निर्वाचित प्रतिनिधियों को सक्षम बनाता है, जिससे वे प्रभावी ढंग से शासन कर सकते हैं।

586. Identify the correct statements about the doctrine of the basic structure of the Indian Constitution:
भारतीय संविधान के आधारभूत ढाँचे के सिद्धांत (मत/बाद) के संबंध में सही कथनों की पहचान कीजिए:

A. The term 'basic structure' is not mentioned in the Indian Constitution. / शब्दावली 'आधारभूत ढाँचा' भारतीय संविधान में उल्लिखित नहीं है।

B. It was presented for consideration during the Kesavananda Bharati case of 1973. / इसे 1973 के केशवानन्द भारती मामले के समय विचारार्थ प्रस्तुत किया गया था।

C. The Supreme Court has clearly defined the term 'basic structure'. / उच्चतम न्यायालय ने स्पष्ट रूप से 'आधारभूत ढाँचा' शब्दावली को परिभाषित किया है।

D. The Supreme Court puts a limitation on the amending power of the Parliament. / उच्चतम न्यायालय संसद के संशोधन करने के अधिकार को सीमाबद्ध करता है।

Choose the correct option. / सही विकल्प का चयन कीजिए।

(a) Only A, B and D / केवल A, B और D
(b) Only B, C and D / केवल B, C और D
(c) Only A, C and D / केवल A, C और D
(d) A, B, C and D / A, B, C और D

Ans. (a)

'बुनियादी संरचना' शब्द का उल्लेख भारतीय संविधान में नहीं है लेकिन इसे न्यायिक व्याख्या के माध्यम से विकसित किया गया था। इसे केशवानंद भारती मामले (1973) में पेश किया गया था, जहां सुप्रीम कोर्ट ने

फैसला सुनाया था कि हालांकि संसद संविधान में संशोधन कर सकती है, लेकिन यह संसद की संशोधन शक्ति को सीमित करते हुए इसकी मूल संरचना को नहीं बदल सकती है।

587. Which of the following responsibilities come under the Union Government?
निम्नलिखित में से कौन-सी जिम्मेदारियाँ केन्द्र सरकार के अन्तर्गत आती हैं?

A. Making peaceful relations with China / चीन के साथ शांतिपूर्ण संबंध बनाना
B. Maintenance of jail / कारागार का रखरखाव
C. Introduction of new trains in a State / राज्य में नई रेलगाड़ियों का संचालन
D. Census / जनगणना

Choose the correct option. / सही विकल्प का चयन कीजिए।

(a) Only A and C / केवल A और C
(b) Only A, C and D / केवल A, C और D
(c) Only B, C and D / केवल B, C और D
(d) A, B, C and D / A, B, C और D

Ans. (b)

केंद्र सरकार उन मामलों के लिए ज़िम्मेदार है जो पूरे देश को प्रभावित करते हैं, जैसे कि विदेशी संबंध, बुनियादी ढाँचा और राष्ट्रीय डेटा संग्रह। यह चीन जैसे देशों के साथ शांतिपूर्ण संबंधों का प्रबंधन करता है, रेल मंत्रालय के माध्यम से नई ट्रेनों की शुरूआत का प्रबंधन करता है और हर 10 साल में राष्ट्रीय जनगणना आयोजित करता है। ये जिम्मेदारियाँ केंद्र सरकार के अधीन हैं, जबकि जेलों का रखरखाव राज्य की जिम्मेदारी है।

588. Consider the following about the role of judiciary in India:
भारत में न्यायपालिका की भूमिका के संदर्भ में निम्नलिखित पर विचार कीजिए:

A. Resolution of disputes between citizens, and between citizens and government / नागरिकों और सरकार व नागरिकों के मध्य पैदा हुए विवादों का निपटारा
B. Formation of new laws in country's interest / देश हित में नए कानूनों का निर्माण
C. Judicial review / न्यायिक समीक्षा
D. Enforcing Fundamental Rights / मौलिक अधिकारों का क्रियान्वयन

Choose the correct option. / सही विकल्प का चयन कीजिए।

(a) Only A, B and C are true. / केवल A, B और C सत्य हैं।
(b) Only B, C and D are true. / केवल B, C और D सत्य है।
(c) Only A, C and D are true. / केवल A, C और D सत्य है।
(d) All-A, B, C and D are true. / केवल B, C और D सत्य है।

Ans. (c)

भारत में न्यायपालिका नागरिकों के बीच और नागरिकों तथा सरकार दोनों के बीच विवादों को सुलझाने में महत्वपूर्ण भूमिका निभाती है। इसमें न्यायिक समीक्षा की शक्ति भी है, जो इसे कानूनों और सरकारी कार्यों की संवैधानिकता का आकलन करने की अनुमति देती है। इसके अतिरिक्त, न्यायपालिका मौलिक अधिकारों को लागू करने और उनकी सुरक्षा सुनिश्चित करने के लिए जिम्मेदार है।

589. If a curricular material has illustrations of women as housewives and domestic maids and men as engineers and pilots. This type of depiction is likely to promote
एक पुस्तक में स्त्रियों के चित्र गृहणियों एवं घरेलू सहायिकाओं (मेड) के रूप में हैं तथा पुरुषों के चित्र अभियन्ताओं एवं पायलटों के रूप में इस तरह का चित्रण संभावनीय रूप से बढ़ावा देगा:

(a) Gender empowerment / जेंडर सशक्तीकरण
(b) Gender role play / जेंडर नाटकीकरण
(c) Gender stereotyping / जेंडर रूढ़िबद्ध धारणा बनाना
(d) Gender constancy / जेंडर समरूपता

Ans.(c)

पुस्तक में स्त्रियों के चित्र गृहणियों एवं घरेलू सहायिकाओं (मेड) के रूप में तथा पुरुषों के चित्र अभियन्ताओं एवं पायलटों के रूप में है। इस प्रकार का चित्र जेंडर रूढ़िबद्ध धारणा बनाता है जब कोई व्यक्ति किसी अन्य व्यक्ति के बारे में लिंग के आधार पर पूर्वाग्रह से प्रसित हो तो उसे जेंडर रुविबद्ध कहते हैं। जेंडर सशक्तीकरण या लिंग सशक्तीकरण से आशय उपेक्षित लिंग के लोगों को सशक्त या शक्तिशाली बनाने से है। प्रायः लिंग सशतीकरण महिलाओं के सन्दर्भ में ही देखा जाता है। इसी प्रकार उपेक्षित लिंग के समूह को सामाजिक न्याय, अधिकार, कर्तव्य का बोध कराकर सामाजिक समानता लाना जेंडर समरूपता कहलाता है।

590. Read the following statements.
निम्नलिखित कथनों को पढ़िए।

Statement A: All democratic countries are likely to have a constitution. / सभी लोकतांत्रिक देशों से उम्मीद की जाती है कि उनके पास संविधान जरूर होगा।

Statement B: All countries that have a constitution are not necessarily democratic. / ये आवश्यक नहीं है कि जिन देशों के पास अपने संविधान होते है वे सभी लोकतांत्रिक देश ही होंगे।

Select the correct option from the given alternatives. / नीचे दिए गए विकल्पों में से सही विकल्प का चयन कीजिए।

(a) Both A and B are true. / A और B दोनों सही हैं
(b) Both A and B are false / A और B दोनों गलत हैं
(c) Only A is true / Only केवल A सही है
(d) Only B is true / केवल B सही है

Ans. (a)

कथन A और B दोनों सही है। जेम्स मेडिसन ने कहा है यदि सभी पुरुष देवदूत होते, तो सरकार की कोई आवश्यकता नहीं होती। इस आधार पर कहा जा सकता कि संविधान की इसीलिए आवश्यकता पड़ी। संविधान लोकमंगलकारी नियमों का एक संकलन होता है। संविधान सरकार को हमारे नागरिक अधिकारों के उल्लघन से रोकता है संविधान देश की राजनैतिक व्यवस्था तय करता है।

591. What is the term used by the Constitution of India to describe India?
भारत के संविधान द्वारा भारत का वर्णन करने के लिए कौन-से शब्द का उपयोग किया गया है?

(a) Federation / संघ
(b) Union of States / राज्यों का संघ
(c) Republic / गणतंत्र
(d) Bharatvarsh / भारतवर्ष

Ans. (b)

भारतीय संविधान के अनुच्छेद में कहा गया है कि इंडिया यानी भारत राज्यों का एक संघ होगा भारतीय क्षेत्र इसमें शामिल होगा- राज्यों के क्षेत्र, केन्द्रशासित प्रदेश और भविष्य में प्राप्त किए जा सकने वाले क्षेत्र भारत का संविधान भारत को राज्यों का संघ बताता है। ऐसा इसलिए है क्योंकि हमारा संविधान केन्द्र के साथ-साथ राज्य को भी शक्ति प्रदान करता है, फिर भी अधिक शक्ति केन्द्र के पास है। आजादी के बाद, भारत जैसा कि अब हैं, रियासतों के निर्णय से बना था, जिन्होंने भारत में शामिल होने का फैसला किया। इसलिए, यह स्पष्ट है कि भारतीय संविधान का अनुच्छेद 1 भारत को राज्यों के संघ के रूप में वर्णित करता है।

592. Match the following domains of environment with their examples.
पर्यावरण के क्षेत्रों का सही मिलान उनके उदाहरणों के साथ करें और विकल्प चुनें:

A. Lithosphere / स्थल मंडल i. Water bodies like rivers, lakes, seas etc. / जल समूह- जैसे नदियाँ, झीलें, समुद्र
B. Atmosphere /वायुमंडल ii. Plant and animal kingdom. / पौधे, जीव
C. Biosphere / जैवमंडल iii. Rocks and minerals / धातु और चट्टान
D. Hydrosphere / जलमंडल iv. Thin layers of air consisting of gases. / हवा की विभिन्न गैसों से निर्मित तह

Choose the correct option. / सही विकल्प चुनें-

(a) A-ii, B-i, C-iii, D-iv
(b) A- iv, B- iii, C-i, D- ii
(c) A-iii, B-iv, C-ii, D-i
(d) A-i, B-iii, C-iv, D-ii

Ans.(c)

(A) स्थलमण्डल	(iii) धातु और चट्टान
(B) वायुमण्डल	(iv) हवा की विभिन्न गैसों से निर्मित तह
(C) जैनमण्डल	(ii) पीछे, जीव
(D) जलमण्डल	(i) जल समूह जैसे नदियों, झीले

समुद्र स्थलमण्डल, जलमण्डल और वायुमण्डल तीनो मण्डलों का एक उभयनिष्ठ रूप जीवमण्डल या जैव मण्डल कहलाता है। वे स्थल जहाँ किसी भी रूप में जीवन के निशान विद्यमान हैं जैवमण्डल का अंग है। पृथ्वी की ठोस सतह को स्थलमण्डल, जलीय भाग को जलमण्डल तथा वह भाग जहाँ हवा और गैसें पायी जाती है, वायुमण्डल.कहलाता है।

593. Which one of the following gases present in the air is a greenhouse gas?
निम्नलिखित में से कौन सी वायु में मौजूद गैसों में से ग्रीन हाउस गैस है-

(a) Ozone / ओजोन
(b) Hydrogen / हाइड्रोजन
(c) Helium / हीलियम
(d) Carbon dioxide / कार्बन डाइऑक्साइड

Ans. (d)

दिये गये विकल्पों में कार्बन डाई आक्साइड (CO_2) ग्रीनहाउस गैस है नाइट्रस आक्साइड, मीथेन, क्लोरोफ्लोरो कार्बन (cfc) भी ग्रीन हाउस गैसे हैं। कार्बनडाई आक्साइड को मुख्य रूप से ग्रीन हाउस गैस कहा जाता है क्योंकि सूर्य से आने वाली किरणों को यह पृथ्वी पर पहुँचने देती है लेकिन पृथ्वी की गर्मी जब वापस अन्तरिक्ष में जाती है तो यह उसे रोकती है। ओजोन हानिकारक पराबैगनी किरणों को अवशोषित कर लेती है ओजोन गन्धयुक्त हल्के नीले रंग की गैस है।

594. Air is mixture of various gases. Choose the correct statements about air from the following statements.
वायु विभिन्न गैसों का सम्मिश्रण है। वायु के विषय में सही कथन का चुनाव करें

A. Plants take nitrogen directly from the air. / पौधे वायु से सीधे नाइट्रोजन लेते हैं।
B. Green plants release oxygen gas. / हरे पौधे ऑक्सीजन छोड़ते हैं।
C. Helium, Argon, Ozone gases are present in large quantities in the air. / हीलियम, आर्गन और ऑक्सीज़न गैस वायु में प्रचुर मात्रा में है।
D. Tiny dust particles are present in the air. / छोटे-छोटे धूलिकण वायु में मौजूद हैं।

(a) A and Care true, B and D are false. / A और C सत्य हैं, B और D असत्य हैं।
(b) A and D are true, B and C are false. / A और D सत्य हैं, B और C असत्य हैं।
(c) B and Dare true, A and Care false . / B और D सत्य हैं, A और C असत्य हैं।
(d) B and Care true, A and D are false. / B और C सत्य हैं, A और D आसत्य हैं।

Ans.(c)

वायु विभिन्न गैसों का मिश्रण है। जिसमें सर्वाधिक माश में नाइट्रोजन (78%) पायी जाती है। 21% ऑक्सीजन और अन्य गैसे रहती है। पौधे नाइट्रोजन का अवशोषण नाइट्रेट के रूप में करते है। यह प्रोटीन निर्माण के लिए आवश्यक है। प्रकाश संश्लेषण की क्रिया मे हरे पौधे ऑक्सीजन मुक्त करते हैं तथा इस क्रिया में पौधे वायुमण्डल से कार्बनडाई आक्साइड अवशोषित करते है। नाइट्रोजन ऑक्सीजन और कार्बनडाई आक्साइड के बाद वायुमण्डल में हाइड्रोजन, हीलियम, आर्गन, निवान, क्रिप्टान, जीनॉन, ओजोन तथा जलवाष्प एवं धूल के कण पाये जाते है।

595. Why is the temperature in cities higher than in villages?
शहरों में गाँवों की अपेक्षा अधिक तापमान रहता है?

Choose the correct set of statements. / सही विकल्प का चयन करें-

A. The concrete and metals in buildings get heated during the day. / कंक्रीट और धातु निर्मित भवन दिन में गर्म हो जाते हैं।
B. The asaphalt of roads gets heated up during the day. / ऐसापेल्ट निर्मित सड़कें गर्म हो जाती हैं।

C. Crowded high rise buildings of cities trap warm air. / भीड़ वाले ऊँचे भवन गर्म हवा रोक लेते हैं।

D. There are more open space and trees in cities. / शहरों में अधिक खुले स्थान और पेड़ होते हैं।

(a) A, B and C / A, B और C
(b) B, C and D / B, C और D
(c) A, B and D / A, B और D
(d) A, C and D / A, C और D

Ans.(a)

शहरों में गाँवों की अपेक्षा अधिक तापमान होता है क्योंकि कंक्रीट और धातु निर्मित भवन दिन में गर्म हो जाते हैं, ऐसाफेल्ट निर्मित सड़कें गर्म हो जाती हैं तथा भीड़ वाले ऊँचे भवन गर्म हवा रोक लेते है। शहरों में नहीं बल्कि गाँवों में अधिक खुले स्थान और पेड़ पौधे होते है।

ऐसाफेल्ट एक चिपचिपा काला गाढ़ा तरल या अर्द्धतरल पदार्थ होता है। जिसे पेट्रोलियम से प्राप्त किया जाता है ऐसाफेल्ट ऊष्मा को अवशोषित करके वायुमण्डल को गर्म कर देता है।

596. Which of the following factors influence the diversity of a region?
निम्नलिखित में से कौन-से कारक क्षेत्र की विविधता पर असर/प्रभाव डालते हैं?

A. Different eating and clothing habits / भिन्न खान-पान और कपड़ों की आदतें

B. Practicing similar religion / समान धर्मों का पालन

C. Adapting to the geographical areas people inhabit / लोगों द्वारा अलग-अलग तरह की भौगोलिक स्थितियों में सामंजस्य बैठाना

Choose the correct option. / सही विकल्प का चयन करें।

(a) Only A / केवल A
(b) A and B / A और B
(c) A and C / A और C
(d) B and C / B और C

Ans. (c)

भिन्न खान-पान और कपड़ों की आदत तथा लोगों द्वारा अलग-अलग तरह की भौगोलिक स्थितियों में सामन्जस्य बैठाना क्षेत्र की विविधता पर प्रभाव डालते हैं। जबकि समान धर्मों का पालन करने से एकता स्थापित होगी। इससे एकीकरण की भावना का प्रादुर्भाव होगा क्षेत्र की विविधता से तात्पर्य एक ऐसे निश्चित क्षेत्र से है जहाँ लोग विभिन्न मत, पंथ, सम्प्रदाय, भाषा व बोली को मानते हुए एक संगठित समाज या समूह में रहते हैं।

597. Who is executive head of the State Government?
राज्य सरकार का कार्यकारी प्रमुख कौन होता है?

(a) The Chief Minister / मुख्यमंत्री
(b) The Governor / राज्यपाल
(c) The Chief Secretary / मुख्य सचिव
(d) The Attorney General / महान्यायवादी

Ans. (b)

राज्य सरकार का कार्यकारी प्रमुख राज्यपाल होता है। संविधान के अनुच्छेद 154 (1) के अनुसार राज्य की कार्यपालिका शक्ति राज्यपाल में निहित होगी। राज्यपाल मन्त्रिपरिषद की सलाह पर कार्य करता है। राज्यपाल अपने राज्य के सभी विश्वविद्यालयों के कलाधिपति होते हैं। राज्यपाल राष्ट्रपति के प्रसादपर्यंत पद पर बना रहता है। अनुच्छेद 164 के अन्तर्गत राज्यपाल मुख्यमंत्री की नियुक्ति करता है। अनुच्छेद 76 में भारत के महान्यायवादी पद का प्रावधान है। मुख्य सचिव प्रशासन के सभी मामलों में मुख्यमंत्री के प्रमुख सलाहकार के रूप में कार्य करता है।

598. Match the following minerals with their types.
खनिजों का उनके प्रकारों से सुमेल कीजिए तथा सही विकल्प का चयन कीजिए-

A. Ferrous Mineral / लौह खनिज	i. Limestone / चूना पत्थर
B. Fossil fuel / जीवाश्म ईंधन	ii. Lead / सीसा
C. Non-metallic mineral / अधात्विक खनिज	iii. Coal / कोयला

D. Non-ferrous mineral / अलौह खनिज	iv. Manganese / मँगनीज

Choose the correct option. / सही विकल्प चुनें-

(a) A-i, B-ii, C-iv, D-iii
(b) A -iii B-iv, C-ii, D-i
(c) A-iv, B-iii, C-i, D-ii
(d) A-iii, B-i, C-ii, D-iv

Ans.(c)

A. लौह खनिज	-	मैगनीज
B. जीवाश्म ईंधन	-	कोयला
C. अधात्विक खनिज	-	चूना पत्थर
D. अलौह खनिज	-	सीसा

वे प्राकृतिक पदार्थ जो भूगर्भ क्रिया द्वारा बाहर निकाले जाते हैं। खनिज कहलाते हैं। खनिज तीन प्रकार के होते हैं। धात्विक खनिज, अधात्विक खनिज और ऊर्जा खनिज । लौह खनिज और अलौह खनिज धात्विक खनिज के अन्तर्गत ही आते हैं।

SST

PEDAGOGY

(सामाजिक विज्ञान शिक्षाशास्त्र)

1. **Assertion (A): Teaching of social studies is important at the elementary stage.**
Reason (R): It sensitises the child to social issues and develops in him/her a respect for difference and diversity. Choose the correct option from the following:
(1) Both (A) and (R) are true and (R) explains (A)
(2) Both (A) and (R) are true but (R) does not explain (A)
(3) (A) is true but (R) is false
(4) (A) is false but (R) is true
अभिकथन (A) : प्रारंभिक स्तर पर सामाजिक विज्ञान का शिक्षण महत्त्वपूर्ण है।
तर्क (R) : यह बच्चे को सामाजिक मामलों के प्रति संवेदनशील बनाता है तथा उसमें भिन्नता एवं विविधता के लिए सम्मान विकसित करता है|
निम्नलिखित में से सही विकल्प का चयन कीजिए :
(1) (A) और (R) दोनों सही हैं तथा (R), (A) की व्याख्या करता है
(2) (A) और (R) दोनों सही हैं परन्तु (R), (A) की व्याख्या नहीं करता है।
(3) (A) सही है परन्तु (R) गलत है।
(4) (A) गलत है परन्तु (R) सही है।

Ans. (1)

दावा (A) सत्य है क्योंकि प्रारंभिक स्तर पर सामाजिक अध्ययन पढ़ाना सामाजिक संरचनाओं को समझने के लिए महत्वपूर्ण है। कारण (R) यह समझाकर इसका समर्थन करता है कि यह छात्रों को सामाजिक मुद्दों के प्रति संवेदनशील बनाता है और विविधता के प्रति सम्मान को बढ़ावा देता है।

2. **Reasons and Assertions:**
Assertion (A): Many cases of farmer's suicides have been reported from villages in India.
Reason (R): Failure of Monsoons and inability to repay loans leads to distress among farmers.
Choose the correct option:
(1) Both (A) and (R) are true and (R) is the correct explanation of (A)
(2) Both (A) and (R) are true but (R) is not the correct explanation of (A)
(3) (A) is true but (R) is false
(4) (A) is false but (R) is true
तर्क और अभिकथन :
अभिकथन (A) : भारत के गाँवों से किसानों के कई आत्महत्या के मामले रिपोर्ट किए गए हैं।
तर्क (R) : मानसून का अभाव और कर्ज़ (ऋण) चुका पाने की अक्षमता किसानों में दुखों का कारण बनती है।
सही विकल्प का चयन कीजिए।
(1) (A) और (R) दोनों सही हैं तथा (R), (A) की सही व्याख्या है।
(2) (A) और (R) दोनों सही हैं परन्तु (R), (A) की सही व्याख्या नहीं है।
(3) (A) सही है परन्तु (R) गलत है।
(4) (A) गलत है परन्तु (R) सही है।

Ans: (1)

यह दावा (A) कि भारत में कई किसान आत्महत्याओं की सूचना मिली है, इस कारण (R) से समर्थित है कि मानसून में विफलता और ऋण चुकाने में असमर्थता किसानों के बीच महत्वपूर्ण संकट का कारण बनती है। इसका मतलब है (R) बताता है कि (A) क्यों होता है।

3. **Identify the immediate measures which ensure women's safety and enable them to take up jobs, support family income and in becoming self-reliant.**
(a) Provision of child-care centres
(b) Reservation of seats for women in parliament
(c) Provision of occupational safety
(d) Pick and drop facility for night shifts
Choose the correct option:
(1) (a), (b) and (c)
(2) (a), (c) and (d)
(3) (a), (b) and (d)
(4) (a), (b), (c) and (d)

उन तत्कालिक उपायों की पहचान कीजिए जो महिलाओं की सुरक्षा तथा उन्हें नौकरी करने, पारिवारिक आय में योगदान करने एवं आत्मनिर्भर बनाने में सुनिश्चित करता है।

(a) बालवाड़ियों का प्रावध

(b) संसद में महिलाओं के लिए सीटों का आरक्षण

(c) व्यवसायिक सुरक्षा का प्रावधान

(d) रात की पाली (शिफ्ट) के लिए लाने-ले जाने की सुविधा

सही विकल्प का चयन कीजिए।

(1) (a), (b) और (c)
(2) (a), (c) और (d)
(3) (a), (b) और (d)
(4) (a), (b), (c) और (d)

Ans: (2)

तात्कालिक उपाय जो महिलाओं की सुरक्षा सुनिश्चित करते हैं और उन्हें नौकरी लेने, पारिवारिक आय का समर्थन करने और आत्मनिर्भर बनने में सक्षम बनाते हैं, वे हैं बाल देखभाल केंद्र, व्यावसायिक सुरक्षा और रात की पाली के लिए पिक एंड ड्रॉप सुविधा का प्रावधान।

4. Which of the following statements are true about inquiry approach?

(a) It encourages problem solving skills.

(b) It helps find ways to gather and evaluate evidence.

(c) Teacher decides the pace of learning.

(d) It is a quick way of learning.

Choose the most appropriate option:

(1) (a) and (c)
(2) (b), (c) and (d)
(3) (a), (c) and (d)
(4) (a) and (b)

निम्नलिखित में से कौन-से कथन परिप्रश्न उपागम के संबंध में सही है ?

(a) यह समस्याओं को सुलझाने की क्षमताओं को प्रोत्साहित करता है।

(b) यह साक्ष्य एकत्रित व मूल्यांकन करने के तरीकों का पता लगाने में मदद करता है।

(c) शिक्षिका अधिगम की गति को तय करती है।

(d) यह एक जल्दी से सीखने का तरीका है।

सबसे उचित विकल्प का चयन कीजिए।

(1) (a) और (c)
(2) (b), (c) और (d)
(3) (a), (c) और (d)
(4) (a) और (b)

Ans: (4)

पूछताछ दृष्टिकोण समस्या-समाधान कौशल को प्रोत्साहित करता है और सबूत इकट्ठा करने और मूल्यांकन करने के तरीके खोजने में मदद करता है।

5. Identify a skill-based objective of teaching social sciences from the following options.

(1) To understand the cultures of people living in different societies
(2) To develop an ability to draw a map
(3) To develop a respect for difference and diversity
(4) To acquire knowledge of continents

निम्न में से, सामाजिक विज्ञान पढ़ाने के कौशल आधारित उद्देश्य की पहचान करें।

(1) विभिन्न समाजों में रहने वाले लोगों की संस्कृतियों को समझना
(2) नक्शा बनाने की क्षमता विकसित करना
(3) अंतर और विविधता के लिए आदर विकसित करना
(4) महाद्वीपों का ज्ञान प्राप्त करना

Ans: (2)

कौशल-आधारित उद्देश्य, जैसे नक्शा बनाना, केवल सैद्धांतिक ज्ञान के बजाय व्यावहारिक क्षमताओं और व्यावहारिक सीखने पर जोर देते हैं।

6. Which of the following questions assess the evaluation aspect of cognitive abilities?

(A) Poshan Abhiyan is an important programme to improve the nutrition level of Indian children. Examine the statement with evidences.

(B) Colonial rule in India for two centuries left India with irreversible social change in India. Do you agree with this statement? Explain.

(C) Describe the important features of Jan Dhan Yojana.

(D) Poverty and unemployment in India has declined in the post 1991 India. Justify this statement.

(1) Only (B), (C) and (D)
(2) Only (C) and (D)
(3) Only (A) and (B)
(4) Only (A), (B) and (C)

निम्नलिखित में से कौन से प्रश्न संज्ञानात्मक क्षमताओं के मूल्यांकन पक्ष को आँकते हैं?

(A) पोषण अभियान भारतीय बच्चों के पोषण स्तर को सुधारने हेतु एक महत्वपूर्ण कार्यक्रम है। साक्ष्यों सहित कथन की जाँच कीजिए।

(B) दो शताब्दियों के भारत में औपनिवेशिक शासन ने भारत को अनिवर्त्य सामाजिक परिवर्तन की स्थिति में छोड़ दिया है। क्या आप इस कथन से सहमत हैं? व्याख्या कीजिए।

(C) जन धन योजना की महत्त्वपूर्ण विशेषताओं का वर्णन कीजिए।

(D) 1991 के उत्तरार्द्ध में भारत में गरीबी और बेरोजगारी में गिरावट आई है। कथन का औचित्य सिद्ध कीजिए।

(1) केवल (B), (C) और (D)
(2) केवल (C) और (D)
(3) केवल (A) और (B)
(4) केवल (A), (B) और (C)

Ans. (3)

केवल (A) और (B) सही हैं क्योंकि दोनों को मूल्यांकन की आवश्यकता है। (A) में साक्ष्य के साथ पोषण अभियान कार्यक्रम की जांच करना शामिल है, जो महत्वपूर्ण विश्लेषण की मांग करता है। इसी तरह, (B) भारत में औपनिवेशिक शासन के अपरिवर्तनीय सामाजिक परिवर्तन के बारे में एक बयान के साथ सहमति मांगता है, जिसके लिए छात्र को सहायक कारण प्रदान करने की आवश्यकता होती है।

7. Social Science curricular activities can be made more engaging for students by ________.

(1) emphasizing memorization of facts and figures.
(2) reducing critical thinking and discussion in favour of lectures.
(3) incorporating technology and multimedia resources.
(4) focusing only on the most important historical events and figures.

छात्रों के लिए सामाजिक विज्ञान पाठ्यक्रम के गतिविधियों को और अधिक आकर्षक बनाया जा सकता है :

(1) तथ्यों और आँकड़ों को याद करने पर जोर देने से।
(2) व्याख्यान के पक्ष में आलोचनात्मक सोच और चर्चा को कम करने से।
(3) प्रौद्योगिकी और मल्टीमीडिया संसाधनों को शामिल करने से।
(4) केवल सबसे महत्वपूर्ण ऐतिहासिक घटनाओं और आँकड़ों पर ध्यान केंद्रित करने से।

Ans. (3)

वीडियो, इंटरैक्टिव मानचित्र और वर्चुअल फील्ड ट्रिप जैसे प्रौद्योगिकी और मल्टीमीडिया संसाधनों को शामिल करने से सामाजिक विज्ञान में छात्रों की सहभागिता और समझ बढ़ती है। ये उपकरण सीखने को अधिक इंटरैक्टिव बनाते हैं, विभिन्न शिक्षण शैलियों को पूरा करते हैं, और आलोचनात्मक सोच और भागीदारी को प्रोत्साहित करते हैं। पारंपरिक व्याख्यानों से आगे बढ़ने से सीखने का माहौल अधिक गतिशील बनता है।

8. Which one of the following teaching methods are suitable to overcome the teaching challenges faced in Social Sciences?

(A) From Specific to General
(B) From Complex to General
(C) From Known to Unknown
(D) From Analysis to Synthesis

Choose the correct option.

(1) (A), (C) and (D)
(2) (A), (B) and (D)
(3) (A), (B) and (C)
(4) (B), (C) and (D)

निम्नलिखित में से कौन सी शिक्षण विधियाँ सामाजिक विज्ञान में आ रही चुनौतियों से पार पाने (निपटने) हेतु उपयुक्त हैं?

(A) विशिष्ट से सामान्य तक

(B) जटिल से सामान्य तक

(C) ज्ञात से अज्ञात तक

(D) विश्लेषण से संश्लेषण तक

सही विकल्प का चयन कीजिए।

(1) (A), (C) और (D)

(2) (A), (B) और (D)

(3) (A), (B) और (C)

(4) (B), (C) और (D)

Ans. (1)

विशिष्ट से सामान्य तक छात्रों को विवरणों को व्यापक अवधारणाओं से जोड़ने में मदद मिलती है। ज्ञात से अज्ञात तक पूर्व ज्ञान पर आधारित है, जिससे नए विचारों को समझना आसान हो जाता है। विश्लेषण से संश्लेषण तक जटिल विषयों को तोड़कर और गहरी समझ के लिए उन्हें जोड़कर आलोचनात्मक सोच को बढ़ावा देता है। ये विधियाँ सामाजिक विज्ञान अवधारणाओं को अधिक सुलभ और आकर्षक बनाती हैं।

9. Which would be the best teaching pedagogy to understand the trends in poverty in Indian States and Union Territories?

(1) Secondary data analysis

(2) Brainstorming

(3) Field trip

(4) Debate

भारतीय राज्यों और केंद्रशासित प्रदेशों में निर्धनता की प्रवृत्तियां एवं उनके तुलनात्मक अध्ययन को समझाने हेतू अधिगम प्रणाली कौन सी होगी ?

(1) द्वितीयक आंकड़ों का विश्लेषण

(2) विचारावेश प्रक्रिया (ब्रेनस्ट्रॉमिंग)

(3) क्षेत्र भ्रमण

(4) वाद-विवाद

Ans. (1)

भारतीय राज्यों और केंद्र शासित प्रदेशों में गरीबी की प्रवृत्ति को समझने का सबसे अच्छा तरीका माध्यमिक डेटा विश्लेषण है। रिपोर्टों, आंकड़ों और अध्ययनों की जांच करके, छात्र पैटर्न का विश्लेषण कर सकते हैं, डेटा की तुलना कर सकते हैं और गरीबी में योगदान देने वाले कारकों को समझ सकते हैं, समय के साथ रुझानों में ठोस, तथ्यात्मक अंतर्दृष्टि प्रदान कर सकते हैं।

10. Which of the following questions promote critical thinking?

(A) What are the different ways through which the Government can take steps to provide healthcare for all? Discuss.

(B) Examine the statement: As compared to Amazon, pollution in river Ganga will affect human life greatly.

(C) Differentiate between the physiography of Brazil and India.

(D) Describe important features of Himalayas.

(E) What was the role of the Zamindar in Mughal administration?

(1) Only (A), (B), (C) and (D)

(2) Only (B), (C), (D) and (E)

(3) Only (A) and (B)

(4) Only (B) and (C)

निम्नलिखित में से कौन से प्रश्न आलोचनात्मक चिंतन को बढ़ावा देते हैं?

(A) वे विभिन्न तरीके क्या हैं जिनके द्वारा सरकार सभी को स्वास्थ्य सेवाएँ प्रदान करने हेतु कदम उठा सकती है? चर्चा कीजिए।

(B) अमेजन की तुलना में गंगा नदी में प्रदूषण मानव जीवन को व्यापक रूप से प्रभावित करेगा। कथन की जाँच कीजिए:

(C) ब्राज़ील एवं भारत की भू-आकृति के बीच भेद कीजिए।

(D) हिमालय की महत्वपूर्ण विशेषताओं का वर्णन कीजिए।

(E) मुगल प्रशासन में जमींदार की भूमिका क्या थी ?

(1) केवल (A), (B), (C) और (D)

(2) केवल (B), (C), (D) और (E)

(3) केवल (A) और (B)

(4) केवल (B) और (C)

Ans. (3)

प्रश्न (A) और (B) छात्रों को समाधानों का विश्लेषण करने और परिणामों का मूल्यांकन करने के लिए प्रोत्साहित करके महत्वपूर्ण सोच को बढ़ावा देते हैं। (A) स्वास्थ्य देखभाल समाधान और उनकी व्यवहार्यता का पता लगाता है, जबकि (B) मानव जीवन पर अमेज़ॅन और गंगा में प्रदूषण के प्रभाव की तुलना करता है। दोनों गहन जुड़ाव और विचारशील मूल्यांकन को बढ़ावा देते हैं।

11. Which of the following questions assess the analysis skills of learners?

(A) If all glaciers of Himalayas melt down, what are its impacts on human life in India?

(B) How we file a case in consumer forum court?

(C) What is Finance Commission? Describes the main functions of the state finance commissions.

(D) Why national integration is necessary in India?

(1) Only (A), (B) & (C)
(2) Only (B), (C) & (D)
(3) Only (A) & (B)
(4) Only (A) & (D)

निम्नलिखित में से कौन से प्रश्न अधिगमकताओं के विश्लेषण करने के कौशल को आंकते हैं?

(A) अगर हिमालय की सभी हिमनदी पिघल जाएँ तो भारत में मानव जीवन पर इसके क्या प्रभाव होंगे?

(B) हम उपभोक्ता न्यायालय में कैसे केस दाखिल करेंगे?

(C) वित्त आयोग क्या है? राज्य वित्त आयोगों के मुख्य कामों का वर्णन कीजिए।

(D) भारत में राष्ट्रीय एकीकरण क्यों आवश्यक है?

(1) केवल (A), (B) और (C)
(2) केवल (B), (C) और (D)
(3) केवल (A) और (B)
(4) केवल (A) और (D)

Ans: (4)

भारत में मानव जीवन पर हिमालय के ग्लेशियर के पिघलने के प्रभावों और राष्ट्रीय एकीकरण की आवश्यकता के बारे में प्रश्न विश्लेषण कौशल का आकलन करते हैं। उन्हें छात्रों से जटिल परिणामों का मूल्यांकन करने और व्यापक मुद्दों के पीछे के कारणों को समझने की आवश्यकता होती है।

12. While evaluating social science the following questions will help to understand its objectives:

(a) What skills are emphasised in the syllabus?

(b) Is it derived from a standard text or combination of texts?

(c) How detailed is the outline of syllabus?

(d) What level of competence is demanded of learner on each social science skill?

Choose the correct option:

(1) (a) and (b)
(2) (a) and (d)
(3) (a), (b) and (c)
(4) (a), (b) and (d)

सामाजिक विज्ञान के मूल्यांकन के दौरान निम्नलिखित प्रश्न इसका उद्देश्य समझने में मदद करेंगे:

(a) पाठ्यक्रम में किन कौशलों पर बल दिया गया है?

(b) क्या यह किसी एक मानक पाठ्यपुस्तक से लिया गया है या कई पाठ्यपुस्तकों से?

(c) पाठ्यक्रम की रूपरेखा कितनी विस्तृत है?

(d) अधिगमकर्ता से सामाजिक विज्ञान के प्रत्येक कौशल में किस स्तर की सक्षमता अपेक्षित है?

सही विकल्प का चयन कीजिए।

(1) (a) और (b)
(2) (a) और (d)
(3) (a), (b) और (c)
(4) (a), (b) और (d)

Ans: (2)

प्रश्न "पाठ्यक्रम में किन कौशलों पर जोर दिया गया है?" और "प्रत्येक सामाजिक विज्ञान कौशल पर शिक्षार्थी से किस स्तर की योग्यता की मांग की जाती है?" सामाजिक विज्ञान के उद्देश्यों के मूल्यांकन के लिए उपयोगी हैं क्योंकि वे सिखाए गए प्रमुख कौशल और अपेक्षित शिक्षार्थी दक्षता की पहचान करते हैं।

13. The Indian judiciary upholds the rule of law, without any fear or external influence, and maintains effective control over the actions of the government because of:

(1) Supremacy of judiciary in India
(2) Independence of judiciary in India
(3) Judicial activism
(4) Democratic values enshrined in Indian Constitution

भारतीय न्यायपालिका बिना किसी भय अथवा बाहरी दबाव के कानून का शासन की रक्षा करती है तथा सरकार के कार्यों पर प्रभावी नियंत्रण बनाए रखती है जिसकी वजह है:

(1) भारत में न्यायपालिका की सर्वोच्चता
(2) भारत में न्यायपालिका की स्वतंत्रता
(3) न्यायिक सक्रियवाद
(4) भारतीय संविधान में प्रतिष्ठापित लोकतांत्रिक मूल्य

Ans: (2)

भारतीय न्यायपालिका की कानून के शासन को बनाए रखने और बाहरी प्रभाव के बिना सरकारी कार्यों को नियंत्रित करने की क्षमता मुख्य रूप से इसकी स्वतंत्रता के कारण है। यह सिद्धांत सुनिश्चित करता है कि न्यायपालिका निष्पक्ष रूप से काम करे और बाहरी दबावों से प्रभावित न हो।

14. Which of the following is not a characteristic of continuous comprehensive evaluation?

(1) It makes evaluation an integral part of the teaching-learning process.
(2) It focuses on all-round development of the child's personality.
(3) It includes an assessment of scholastic as well as co-scholastic aspects of the student's growth.
(4) It focuses on marks-based evaluation of student's work.

निम्नलिखित में से कौन - सा सतत और व्यापक मूल्यांकन की विशेषता नहीं है ?

(1) यह मूल्यांकन को शिक्षण-अधिगम प्रक्रिया का अभिन्न अंग बनाता है।
(2) यह विद्यार्थी के व्यक्तित्व के सर्वांगीण विकास पर क्रेंदित है।
(3) यह विद्यार्थी के शैक्षिक विकास के साथ सह - शैक्षिक पहलुओं का भी आकलन करता है।
(4) यह विद्यार्थी के अंक आधारित कार्य मूल्यांकन पर केंद्रित है।

Ans: (4)

सतत व्यापक मूल्यांकन (सीसीई) केवल अंकों पर ध्यान केंद्रित करने के बजाय, छात्र विकास के शैक्षणिक और गैर-शैक्षणिक दोनों पहलुओं पर विचार करते हुए समग्र मूल्यांकन पर ध्यान केंद्रित करता है।

15. Many workshops and factories located in industrial areas employ casual workers because:

(a) They can hire and fire them according to their convenience.
(b) They save on salaries and other job benefits which are paid to the permanent workers.
(c) Casual workers work long hours without demanding overtime wages.
(d) Casual workers are more hard working as compared to permanent ones.

Choose the correct option:

(1) (a), (b) and (c)
(2) (b), (c) and (d)
(3) (a), (b) and (d)
(4) (a), (b), (c) and (d)

औद्योगिक क्षेत्रों में स्थित कई कारख़ाने तथा फैक्टरियाँ में अस्थायी श्रमिकों को रखा जाता है, क्योंकि:

(a) वे उन्हें अपनी सुविधानुसार रख और निकाल सकते हैं।
(b) वे स्थायी कर्मियों को मिलने वाले वेतन तथा अन्य नौकरी संबंधी हित लाभों पर बचत करते हैं।
(c) अस्थायी कर्मी बिना समयोपरि भत्तों की माँग किए लंबे समय तक काम करते हैं।
(d) स्थायी कर्मियों की तुलना में अस्थायी कर्मी अधिक परिश्रमी होते हैं।

सही विकल्प का चयन कीजिए।

(1) (a), (b) और (c)
(2) (b), (c) और (d)

(3) (a), (b) और (d)
(4) (a), (b), (c) और (d)

Ans: (1)

कार्यशालाएँ और फ़ैक्टरियाँ आकस्मिक श्रमिकों को नियुक्त करती हैं क्योंकि वे काम पर रखने और निकालने में लचीलापन प्रदान करते हैं, वेतन और लाभों को बचाने में मदद करते हैं, और ओवरटाइम वेतन की मांग किए बिना लंबे समय तक काम कर सकते हैं।

16. The diseases that spread from one person to another through water, food, air etc. are called as:

(1) Genetic diseases
(2) Communicable diseases
(3) Acquired diseases
(4) Congenital diseases

वे बीमारियाँ जो एक व्यक्ति से दूसरे व्यक्ति को - जल, भोजन, वायु इत्यादि से फैलती है, उसे:

(1) आनुवंशिक बीमारियाँ कहते हैं।
(2) संचारणीय बीमारियाँ कहते हैं।
(3) उपार्जित बीमारियाँ कहते हैं।
(4) जन्मजात बीमारियाँ कहते हैं।

Ans: (2)

वे रोग जो जल, भोजन, वायु आदि के माध्यम से एक व्यक्ति से दूसरे व्यक्ति में फैलते हैं, संचारी रोग कहलाते हैं।

17. What makes an object or substance a resource?

(1) Purification
(2) Utility or usability
(3) Extraction
(4) Discovery of object

क्या चीज़ किसी वस्तु अथवा पदार्थ को संसाधन बनाती है ?

(1) शुद्धिकरण
(2) उपयोगिता अथवा प्रयोज्यता
(3) निष्कर्षण
(4) वस्तु की खोज

Ans: (2)

किसी संसाधन को मानवीय आवश्यकताओं या चाहतों को संतुष्ट करने में उसके मूल्य या उपयोगिता से परिभाषित किया जाता है। हालाँकि शुद्धिकरण, निष्कर्षण और खोज संसाधनों से संबंधित प्रमुख प्रक्रियाएँ हैं, लेकिन वे यह परिभाषित नहीं करते हैं कि क्या चीज़ किसी चीज़ को संसाधन बनाती है।

18. Assertion and Reason:

Assertion (A): Open-book exams shift the focus away from rote learning to a more involved engagement with the textbook.

Reason (R): Open-book exams reduce the burden of students as they don't need to prepare for the exam beforehand.

Choose the correct option:

(1) Both (A) and (R) are true and (R) is the correct explanation of (A)
(2) Both (A) and (R) are true and (R) is not the correct explanation of (A)
(3) Only (A) is true
(4) Only (R) is true

अभिकथन और कारण :

अभिकथन (A) : खुली पुस्तक परीक्षा रटकर सीखने से हटकर किताबों के साथ संबंध स्थापित करने पर केन्द्रित होती है।

कारण (R) : खुली पुस्तक परीक्षा विद्यार्थियों का भार कम करती है क्योंकि इससे उन्हें परीक्षा की तैयारी पहले से नहीं करनी पड़ती।

सही विकल्प का चयन कीजिए।

(1) दोनों (A) व (R) सही हैं तथा (R) सही व्याख्या करता है (A) की।
(2) दोनों (A) व (R) सही हैं तथा (R), (A) की सही व्याख्या नहीं करता।
(3) केवल (A) सही है।
(4) केवल (R) सही है।

Ans: (3)

(A) सच है क्योंकि ओपन-बुक परीक्षा सामग्री के साथ गहन जुड़ाव को बढ़ावा देती है, जबकि (R) सच नहीं है क्योंकि ओपन-बुक परीक्षा में अभी भी तैयारी की आवश्यकता होती है, याद रखने के बजाय आवेदन पर ध्यान केंद्रित किया जाता है।

19. Following are some questions/comments that you have received from your students in a class. Which question reflects the student's ability to critically look at the issue of poverty and inequality?

(1) Why is it that luxury cars and beggars can both be seen at traffic signals?

(2) Why can't poor people work harder to improve their lives?

(3) When will India become developed and get rid of poverty?

(4) Why does government give free goods to the poor? Won't it make them lazy?

निम्नलिखित प्रश्न/टिप्पणियाँ आपने अपनी एक कक्षा के विद्यार्थियों से प्राप्त की हैं। इनमें से कौन-सा प्रश्न विद्यार्थी के गरीबी व असमानता के मुद्दे पर आलोचनात्मक दृष्टि को प्रतिबिंबित करता है ?

(1) ऐसा क्यों है कि विलास कारें और भिखारी दोनों को हम ट्रैफिक सिग्नल पर देख पाते हैं?

(2) गरीब लोग अपनी जीवन स्थिति सुधारने के लिए और अधिक मेहनत क्यों नहीं करते?

(3) भारत कब विकसित होगा और गरीबी से मुक्त होगा?

(4) सरकार गरीबों को मुफ्त सामान क्यों देती है? क्या यह उन्हें आलसी नहीं बना देगा?

Ans: (1)

लक्जरी कारों और ट्रैफिक सिग्नलों पर भिखारियों के बारे में प्रश्न धन और गरीबी के बीच अंतर की खोज करके महत्वपूर्ण सोच को दर्शाता है, जो सामाजिक-आर्थिक असमानताओं पर गहरी नजर डालने के लिए प्रेरित करता है।

20. Which of the following statements is irrelevant representation of diagnostic evaluation?

(1) They are used for comparing the learning achievements of all the students in class.

(2) They are conducted during the instructional process.

(3) They help to identify learning difficulties.

(4) They are usually followed by remedial classes.

निम्नलिखित में से कौन-सा कथन नैदानिक मूल्यांकन का असंगत चित्रण है ?

(1) इसका उपयोग कक्षा के सभी विद्यार्थियों द्वारा सीखी उपलब्धियों की तुलना करने में किया जाता है।

(2) इसका संचालन शिक्षण प्रक्रिया के दौरान किया जाता है।

(3) यह सीखने में आने वाली परेशानियों की पहचान में मदद करता I

(4) यह प्रायः उपचारी कक्षाओं के बाद किया जाता है।

Ans: (1)

नैदानिक मूल्यांकन छात्रों की उपलब्धियों की तुलना करने के बजाय सीखने की कठिनाइयों की पहचान करने और उपचारात्मक कार्यों का मार्गदर्शन करने पर केंद्रित है।

21. At which stage of school education as per NCF 2005, are social science topics independently introduced to students in textbooks?

Choose the correct option of the following.

(1) Primary Stage

(2) Upper Primary Stage

(3) Secondary Stage

(4) Higher Secondary Stage

एन.सी.एफ. 2005 के अनुसार, स्कूली शिक्षा के किस स्तर पर सामाजिक विज्ञान के विषयों को स्वतंत्र रूप से पाठ्यपुस्तकों में विद्यार्थियों से परिचय कराया जाता है?

निम्नलिखित में से सही विकल्प का चयन कीजिए :

(1) प्राथमिक स्तर

(2) उच्च प्राथमिक स्तर

(3) माध्यमिक स्तर

(4) उच्च माध्यमिक स्तर

Ans. (2)

एनसीएफ 2005 के अनुसार, उच्च प्राथमिक चरण में, सामाजिक विज्ञान विषयों को पाठ्यपुस्तकों में अलग विषयों के रूप में पढ़ाया जाता है।

22. Which of the following is true about sources?

(a) They are more concrete in nature

(b) They are all historical in nature
(c) They are objective
(d) They include accounts of eyewitness and personal letters

Choose the correct option:
(1) (a) and (d)
(2) (a) and (b)
(3) (a), (b) and (c)
(4) (a), (c) and (d)

निम्न में से कौन सा स्रोतों के बारे में सही हैं ?
(a) वे अधिक ठोस प्रकृति के होते हैं।
(b) वे सभी ऐतिहासिक प्रकृति के होते हैं
(c) वे वस्तुनिष्ठ होते हैं
(d) इसमें प्रत्यक्षदर्शियों के ब्यौरे और व्यक्तिगत पत्र भी शामिल हैं

सही विकल्प का चयन कीजिए।
(1) (a) और (d)
(2) (a) और (b)
(3) (a), (b) और (c)
(4) (a), (c) और (d)

Ans. (1)

स्रोत अक्सर प्रकृति में अधिक ठोस होते हैं और इसमें प्रत्यक्षदर्शी और व्यक्तिगत पत्रों के विवरण शामिल होते हैं। वे सभी ऐतिहासिक नहीं हैं, और यद्यपि उनका उद्देश्य वस्तुनिष्ठ होना है, उनमें व्यक्तिपरक तत्व शामिल हो सकते हैं।

23. Which of the following classroom activities will help students critically look at the role of media in society?
(a) Asking students to have a classroom discussion on the topic 'can the govt. prevent certain news from being aired on T.V? Why might it do so?'
(b) Asking students to bring clippings from different newspapers on the same issue and make comparisons regarding how they have reported it.
(c) Asking students to collect news items they have received in WhatsApp groups or through social media platforms and using them as pedagogic resources.

Choose the correct option:
(1) (a) and (b)
(2) (a) and (c)
(3) (b) and (c)
(4) (a), (b) and (c)

निम्नलिखित में से कौन-सी कक्षा गतिविधि विद्यार्थियों में समाज में मीडिया की भूमिका को आलोचनात्मक दृष्टि से देखने में मदद करेगी ?
(a) 'क्या सरकार किसी खबर को टीवी पर चलाने से रोक सकती है ? वह ऐसा क्यों करेगी ?' विषय पर छात्रों द्वारा कक्षा में परिचर्चा करवाना।
(b) किसी एक मुद्दे पर छात्रों को अलग-अलग अखबारों के कतरनों को इकट्ठा कराना और उनके विवरण की तुलना करने को कहना।
(c) छात्रों से व्हाट्सएप और अन्य सोशल मीडिया पर आई खबरों को एकत्र करवाना तथा उसका शैक्षणिक संसाधन के रूप में इस्तेमाल करना।

सही विकल्प का चयन कीजिए।
(1) (a) और (b)
(2) (a) और (c)
(3) (b) और (c)
(4) (a), (b) और (c)

Ans. (1)

गतिविधियाँ छात्रों को सरकारी नियंत्रण पर चर्चा करके और मीडिया विनियमन और पूर्वाग्रह को समझने के लिए समाचार पत्रों की रिपोर्टों की तुलना करके मीडिया की भूमिका की आलोचनात्मक जांच करने में मदद करती हैं।

24. For teaching which of the following topics, a tree chart would be best suited?
(1) To give summary of reign of a ruler
(2) To illustrate the hierarchy of historical events in a particular era, such as wars, revolutions, or social movement.
(3) To teach modern history
(4) Distribution of demographic variables such as age, gender, race etc

निम्नलिखित में से किस विषय के शिक्षण के लिए ट्री चार्ट अति उपयुक्त रहेगा ?

(1) शासक के शासनकाल का सार देने के लिए
(2) एक विशेष काल में ऐतिहासिक घटनाओं, जैसे युद्धों, क्रांतियाँ अथवा सामाजिक आंदोलनों के पदानुक्रम को सचित्र दिखाने के लिए
(3) आधुनिक इतिहास पढ़ाने के लिए
(4) आयु, जैंडर, नस्ल इत्यादि जैसे जनसांख्यिकी चरों के वितरण के लिए

Ans. (2)

ट्री चार्ट प्रभावी ढंग से पदानुक्रमित संबंधों और घटनाओं की संरचना को दिखाते हैं, जिससे वे ऐतिहासिक घटनाओं के बीच अनुक्रम और कनेक्शन को देखने के लिए आदर्श बन जाते हैं।

25. Which of the following resources/ strategies can make a social science classroom inclusive?

(1) Display of stories and photos of people from various communities and regions.
(2) Teaching only dominant views of society.
(3) Avoiding examples from immediate environment.
(4) Encouraging only answers from textbooks.

निम्नलिखित में से कौन-सा संसाधन / रणनीति एक सामाजिक विज्ञान की कक्षा को समावेशी बना सकती है ?

(1) विभिन्न समुदाय और क्षेत्रों के लोगों की कहानियाँ और तस्वीरों का प्रदर्शन करना।
(2) केवल समाज के प्रभुत्व विचारों को सिखाना।
(3) आसपास के उदाहरणों से बचना।
(4) केवल पाठ्यपुस्तकों से उत्तर देने के लिये प्रोत्साहन करना।

Ans. (1)

विभिन्न समुदायों और क्षेत्रों के लोगों की कहानियाँ और तस्वीरें प्रदर्शित करने से विविध दृष्टिकोणों और अनुभवों का प्रतिनिधित्व और मूल्यांकन करके एक समावेशी सामाजिक विज्ञान कक्षा बनाने में मदद मिलती है।

26. It is possible that there might be students belonging to marginalised sections in your class. So, when you are talking about the notion of marginalisation, which of the following things should you keep in mind before introducing the topic?

(a) Taking names of particular communities might cause discomfort to those belonging to those communities.
(b) Such issues need to be handled with sensitivity.
(c) Some students might feel shame in talking about their experiences of discrimination.
(d) Students should be forced to share their experiences.

Choose the most appropriate option:

(1) (a) and (b)
(2) (a) and (c)
(3) (a), (b) and (c)
(4) (a), (b) and (d)

ऐसा संभव है कि आपकी कक्षा में हाशियाई समुदाय के छात्र भी हों, इसलिए जब आप हाशियेकरण पर कक्षा में बात कर रहें हों
तो विषय प्रस्तुत करते हुए आपको निम्नलिखित में से किन बातों का ध्यान रखना चाहिए?

(a) खास समुदायों का नाम लेने पर उन समुदायों से आए लोग असहज महसूस कर सकते हैं।
(b) इस तरह के मुद्दों को संवेदनशीलता से संभालना चाहिए।
(c) कुछ छात्र अपने साथ हुए भेदभाव को साझा करने में शर्मिंदा महसूस कर सकते हैं।
(d) विद्यार्थियों से जबरन अपने अनुभव साझा कराना चाहिए।

सबसे उपयुक्त विकल्प चुनें :

(1) (a) तथा (b)
(2) (a) तथा (c)
(3) (a), (b) तथा (c)
(4) (a), (b) तथा (d)

Ans. (3)

हाशिए पर चर्चा करते समय, विशिष्ट समुदायों का नाम लेने में होने वाली असुविधा के प्रति संवेदनशील रहें,

विषय को सावधानी से संभालें और स्वीकार करें कि कुछ छात्र अपने अनुभव साझा करने में शर्म महसूस कर सकते हैं। विद्यार्थियों को साझा करने के लिए बाध्य करना उचित नहीं है।

27. Which of the following is/are features of a project work?

(a) They provide opportunity to the students to go beyond the textbook.

(b) A project work should ideally be done at home so that there is more time for teaching in class.

(c) A group project helps develop collaborative skills in students.

Choose the most appropriate answer:

(1) Only (a)
(2) (a) and (b)
(3) (a) and (c)
(4) (b) and (c)

निम्नलिखित में से कौन - सा / से परियोजना कार्य की विशिष्टता / विशिष्टताएँ हैं / हैं?

(a) यह विद्यार्थियों को पाठ्यपुस्तक से आगे जाने का मौका देती है।

(b) परियोजना कार्य घर पर ही करना चाहिए ताकि कक्षा में शिक्षण के लिए अधिक समय मिल सके।

(c) सामूहिक परियोजना कार्य विद्यार्थियों में सहयोगात्मक कौशल के विकास में मदद करती है ।

सही उपयुक्त विकल्प चुनें :

(1) केवल (a)
(2) (a) और (b)
(3) (a) और (c)
(4) (b) और (c)

Ans. (3)

परियोजना कार्य की विशेषताओं में छात्रों को पाठ्यपुस्तक से आगे जाने के अवसर प्रदान करना और समूह परियोजनाओं के माध्यम से सहयोगात्मक कौशल विकसित करने में मदद करना शामिल है।

28. What is the advantage of field work as a method of social science?

(1) Provides students first-hand knowledge
(2) Develops skills of presenting, proposing, and arguing
(3) Helps to memorize facts
(4) Helps in testing knowledge of the students

सामाजिक विज्ञान की पद्धति के रूप में क्षेत्र कार्य (फील्ड वर्क) के क्या लाभ हैं ?

(1) छात्रों को प्रत्यक्ष ज्ञान प्रदान करता है।
(2) प्रस्तुत करना, प्रस्ताव करना और तर्क करने के कौशल विकसित करता है।
(3) तथ्यों को याद रखने में मदद करता है।
(4) विद्यार्थियों के ज्ञान परीक्षण में मदद करता है।

Ans. (1)

फ़ील्ड कार्य छात्रों को प्रत्यक्ष, वास्तविक दुनिया की जानकारी और अंतर्दृष्टि इकट्ठा करने की अनुमति देता है, जो पाठ्यपुस्तक सीखने से परे सामाजिक विज्ञान अवधारणाओं की उनकी समझ को बढ़ाता है।

29. Why do elections take place after a fixed time interval in democracy?

(a) To ensure accountability of the government

(b) To ensure equal political participation by the parties

(c) To encourage political debate and public dialogue

(d) It is a customary practice

Choose the correct options:

(1) (a), (b) and (c)
(2) (b), (c) and (d)
(3) (a), (b) and (d)
(4) (a), (b), (c) and (d)

लोकतंत्र में एक निश्चित समय अंतराल के पश्चात ही चुनाव क्यों होते हैं ?

(a) सरकार का उत्तरदायित्व सुनिश्चित करने के लिए

(b) दलों की समान राजनीतिक भागीदारी सुनिश्चित करने के लिए

(c) राजनीतिक वाद-विवाद तथा जन संवाद को प्रोत्साहित करने के लिए

(d) यह एक प्रथागत प्रक्रिया है

सही उत्तर का चयन कीजिए

(1) (a), (b) और (c)
(2) (b), (c) और (d)
(3) (a), (b) और (d)
(4) (a), (b), (c) और (d)

Ans. (1)

लोकतंत्र में सरकार की जवाबदेही सुनिश्चित करने, पार्टियों की समान राजनीतिक भागीदारी सुनिश्चित करने और राजनीतिक बहस और सार्वजनिक संवाद को प्रोत्साहित करने के लिए एक निश्चित समय अंतराल के बाद चुनाव होते हैं।

30. Which is the best method to teach the concept of 'Insolation'?

(1) Case study
(2) Brainstorming
(3) Demonstration
(4) Survey

'आतपन' की अवधारणा पढ़ाने का सबसे अच्छा तरीका कौन सा है?

(1) केस स्टडी
(2) विचार-मंथन
(3) प्रदर्शन
(4) सर्वेक्षण

Ans. (3)

प्रदर्शन छात्रों को 'आतपन' की अवधारणा को दृष्टिगत और व्यावहारिक रूप से समझने की अनुमति देता है, जिसमें आने वाले सौर विकिरण और उसके प्रभाव शामिल हैं। यह विधि प्रभावी ढंग से बता सकती है कि सूर्यातप कोण, दिन के समय और भौगोलिक स्थिति जैसे कारकों के साथ कैसे भिन्न होता है।

31. Consider the statements (A) and (B) and choose the correct option of the following.

Statement (A): Summative assessment monitors the learner's progress throughout the teaching- learning process.

Statement (B): Formative assessment is conducted at the end of the course.

(1) (A) is true but (B) is false.
(2) (A) is false but (B) is true.
(3) Both (A) and (B) are true.
(4) Both (A) and (B) are false.

कथन (A) और (B) पर विचार कीजिए तथा निम्नलिखित में से सही विकल्प का चयन कीजिए।

कथन (A): योगात्मक आँकलन, शिक्षण अधिगम प्रक्रिया के शुरू से अंत तक विद्यार्थी की प्रगति का निरीक्षण करता है।

कथन (B) : रचनात्मक आँकलन पाठ्यक्रम के अंत में होता है।

(1) (A) सही है परन्तु (B) गलत है।
(2) (A) गलत है परन्तु (B) सही है।
(3) (A) और (B) दोनों सही हैं।
(4) (A) और (B) दोनों गलत हैं।

Ans. (4)

कथन (A) गलत है क्योंकि अंतिम उपलब्धि को मापने के लिए सीखने की अवधि के अंत में योगात्मक मूल्यांकन होता है, पूरी प्रक्रिया के दौरान नहीं। कथन (B) भी गलत है क्योंकि सीखने की प्रक्रिया के दौरान प्रगति की निगरानी करने और प्रतिक्रिया प्रदान करने के लिए रचनात्मक मूल्यांकन किया जाता है, पाठ्यक्रम के अंत में नहीं।

32. What does it mean to use the dialectic approach to teaching in the Social Science classroom?

(1) Using examples and analogies to clarify abstract concepts
(2) Using maps and atlases to enrich students understanding of Geography knowledge generation
(3) Using dialogue between student and teacher as the main method of
(4) Using drama in the classroom to generate interest in students

सामाजिक विज्ञान कक्षा में शिक्षण में द्वंद्वात्मक उपागम के प्रयोग से क्या तात्पर्य है?

(1) अमूर्त अवधारणाओं को स्पष्ट करने हेतु उदाहरणों एवं सादृश्यों का प्रयोग करना

(2) विद्यार्थियों की भूगोल की समझ को समृध्द बनाने हेतु मानचित्रों एवं एटलसों का प्रयोग करना
(3) ज्ञान के विकास की मुख्य विधि के रूप में विद्यार्थी और शिक्षक के बीच वार्ता का प्रयोग करना
(4) विद्यार्थियों में रुचि उत्पन्न करने हेतु कक्षा में ड्रामे का प्रयोग करना

Ans. (3)

शिक्षण में द्वंद्वात्मक दृष्टिकोण में छात्रों को शिक्षक के साथ संवाद में शामिल करना, विचारों के आदान-प्रदान, आलोचनात्मक सोच और सक्रिय भागीदारी को प्रोत्साहित करना शामिल है। यह विधि छात्रों को विभिन्न दृष्टिकोणों को समझने, तर्क कौशल विकसित करने और पूछताछ और बहस के माध्यम से विषय की उनकी समझ को गहरा करने में मदद करती है।

33. Critical thinking is important in Social Science because:

(A) It helps students to pass exam.
(B) It allows students to guess the correct answer
(C) It helps students memorize information more easily
(D) It prepare students for higher-level-thinking
(E) It promotes problem-solving abilities

Choose the correct option:

(1) Only (A), (B), (C) and (E)
(2) Only (D) and (E)
(3) Only (A) and (B)
(4) (A), (B) and (C)

सामाजिक विज्ञान में समालोचनात्मक सोच महत्त्वपूर्ण है क्योंकि :

(A) यह छात्रों को परीक्षा पास करने में मदद करती है।
(B) यह छात्रों को सही उत्तर का अनुमान लगाने की अनुमति देती है।
(C) यह छात्रों को अधिक आसानी से जानकारी याद रखने में सुदद करती है।
(D) यह छात्रों को उच्च स्तरीय सोच के लिए तैयार करती
(E) यह समस्या समाधान करने की क्षमता को प्रोत्साहित करती है।

सही विकल्प का चयन करें :

(1) केवल (A), (B), (C) और (E)
(2) केवल (D) और (E)
(3) केवल (A) और (B)
(4) (A), (B) और (C)

Ans. (2)

सामाजिक विज्ञान में आलोचनात्मक सोच छात्रों को निर्णय लेने और डेटा विश्लेषण जैसे उच्च-स्तरीय सोच के लिए विश्लेषणात्मक कौशल विकसित करने में मदद करती है। यह चुनौतियों के लिए तार्किक, व्यवस्थित दृष्टिकोण को प्रोत्साहित करके समस्या-समाधान को भी बढ़ावा देता है, अंततः जटिल मुद्दों से जुड़ने और समाधान खोजने की उनकी क्षमता को बढ़ाता है।

34. Sixty-Percent weightage is given by the teacher to open-ended questions in a Social Science question paper. Which skill does the teacher want to test among students through this strategy ?

(A) Writing skills only
(B) Intrapersonal skills
(C) Logical thinking and creative skills
(D) Application and presentation skills

(1) (A), (B) and (C) only
(2) (B), (C) and (D) only
(3) (A) and (B) only
(4) (C) and (D) only

शिक्षक द्वारा सामाजिक विज्ञान के प्रश्न पत्र में 60% भार खुली राय वाले प्रश्नों को दिया जाता है। इस नीति के माध्यम से शिक्षक छात्रों के किस कौशल को जाँचना चाहता है

(A) केवल लेखन कौशल
(B) अंतर्वैयक्तिक कौशल
(C) तार्किक चिंतन एवं सृजनात्मक कौशल
(D) अनुप्रयोगात्मक एवं प्रस्तुती कौशल

(1) केवल (A), (B) और (C)
(2) केवल (B), (C) और (D)
(3) केवल (A) और (B)
(4) केपल (C) और (D)

Ans. (4)

ओपन-एंडेड प्रश्नों को 60% वेटेज देकर, शिक्षक का लक्ष्य छात्रों की तार्किक सोच और रचनात्मक कौशल के साथ-साथ उनके अनुप्रयोग और प्रस्तुति कौशल का परीक्षण करना है। इन प्रश्नों के लिए आलोचनात्मक विश्लेषण, रचनात्मक समाधान और विचारों के प्रभावी संचार की आवश्यकता होती है, जिससे छात्रों की जानकारी को संश्लेषित करने और अपने विचारों को स्पष्ट रूप से व्यक्त करने की क्षमता का आकलन करने में मदद मिलती है।

35. Which of the following topics are highly appropriate for middle level students?

(A) Contribution of Mahatma Gandhi in history.

(B) Economic development of India

(C) Status of Women in present scenario.

(D) Reasons for population growth.

(1) (B), (C) and (D) only

(2) (A), (C) and (D) only

(3) (A) and (C) only

(4) (A) and (D) only

निम्नलिखित में से कौन से विषय मिडिल स्कूल विद्यार्थियों के लिए अति उपयुक्त हैं?

(A) इतिहास में महात्मा गांधी का योगदान

(B) भारत का आर्थिक विकास

(C) वर्तमान परिदृश्य में महिलाओं की स्थिति

(D) जनसंख्या वृद्धि के कारण

(1) केवल (B), (C) और (D)

(2) केवल (A), (C) और (D)

(3) केवल (A) और (C)

(4) केवल (A) और (D)

Ans. (3)

मध्यम स्तर के छात्रों के लिए सर्वोत्तम विकल्प केवल (A) और (C) हैं। विषय (A) अहिंसा और नेतृत्व पर ध्यान केंद्रित करते हुए महात्मा गांधी के योगदान को शामिल करता है, जबकि विषय (C) महिलाओं की वर्तमान स्थिति और लैंगिक समानता जैसे सामाजिक मुद्दों की पड़ताल करता है। दोनों विषय आयु-उपयुक्त हैं और इतिहास और समसामयिक मुद्दों पर बहुमूल्य अंतर्दृष्टि प्रदान करते हैं।

36. The statement, 'The Indian Constitution provides safeguards to religious and linguistic minorities as part of Fundamental Rights' infers that:

(a) it protects minorities against possible cultural domination by the majority.

(b) it protects minorities from any discrimination by the majority.

(c) it safeguards minority interests.

(d) it guarantees economic opportunities to minorities.

Choose the correct option:

(1) (a), (b) and (c)

(2) (b), (c) and (d)

(3) (a), (b) and (d)

(4) (a), (b), (c) and (d)

कथन, 'भारतीय संविधान धार्मिक और भाषायी अल्पसंख्यकों की सुरक्षा का प्रावधान मौलिक अधिकारों से करता है', यह अनुमान लगाता है कि :

(a) यह बहुसंख्यकों द्वारा संभाव्य सांस्कृतिक प्रभुत्व के समक्ष अल्पसंख्यकों की सुरक्षा करता है।

(b) यह बहुसंख्यकों द्वारा किसी तरह के भेदभाव से अल्पसंख्यकों की सुरक्षा करता है 1

(c) यह अल्पसंख्यकों के हितों की सुरक्षा करता है।

(d) यह अल्पसंख्यकों को आर्थिक अवसरों की गारंटी प्रदान करता है।

सही विकल्प का चयन कीजिए।

(1) (a), (b) और (c)

(2) (b), (c) और (d)

(3) (a), (b) और (d)

(4) (a), (b), (c) और (d)

Ans. (1)

भारतीय संविधान धार्मिक और भाषाई अल्पसंख्यकों को सांस्कृतिक वर्चस्व, भेदभाव से बचाकर और उनके हितों की रक्षा करके सुरक्षा प्रदान करता है, लेकिन यह विशेष रूप से आर्थिक अवसरों की गारंटी नहीं देता है।

37. Which of the following is most appropriate for reducing curricular load of Social Science syllabus?

(a) **Minimising the emphasis on memorizing facts and focus on comprehension.**
(b) **Focusing on conceptual clarity.**
(c) **Skipping certain topics from the textbook based on exam directives and teacher's lacks familiarity with the theme.**

Choose the correct option:
(1) (a), (b) and (c)
(2) Only (a) and (b)
(3) Only (b) and (c)
(4) Only (a) and (c)

सामाजिक विज्ञान पाठ्यक्रम के भार को कम करने के लिए निम्नलिखित से 'क्या सबसे उपयुक्त है ?
(a) **तथ्यों के स्मरण पर न्यूनतम बल देना तथा समझने पर केन्द्रित करना**
(b) **संकल्पनाओं के स्पष्टीकरण को केन्द्रित करना**
(c) **परीक्षा निर्देशों के आधार पर और शिक्षक के विषयवस्तु से अनभिज्ञता के कारण पाठ्यपुस्तक के कुछ विषयों को छोड़ देना**

सही विकल्प का चयन कीजिए।
(1) (a), (b) और (c)
(2) केवल (a) और (b)
(3) केवल (b) और (c)
(4) केवल (a) और (c)

Ans. (2)

समझ के पक्ष में याद रखने पर जोर कम करना और वैचारिक स्पष्टता पर ध्यान केंद्रित करना सामाजिक विज्ञान पाठ्यक्रम के भार के बोझ को कम करने के लिए उपयुक्त है।

38. Two Fundamental Rights which the marginalized groups can invoke, to insist that they be treated with dignity and as equals, are:
(a) **Right to Equality**
(b) **Cultural and Educational Rights**
(c) **Right against Exploitation**
(d) **Right to Liberty**

Choose the correct answers:
(1) (a) and (b)
(2) (b) and (c)
(3) (c) and (d)
(4) (a) and (d)

दो मौलिक अधिकार जिनकी माँग पर हाशियाकृत समूह बल दे सकते हैं, ताकि उनके साथ भी गरिमामय और समानता का व्यवहार किया जाए, वे हैं:
(a) **समानता का अधिकार**
(b) **सांस्कृतिक और शैक्षणिक अधिकार**
(c) **शोषण के विरुद्ध अधिकार**
(d) **स्वतंत्रता का अधिकार**

सही उत्तर का चयन कीजिए।
(1) (a) और (b)
(2) (b) और (c)
(3) (c) और (d)
(4) (a) और (d)

Ans. (1)

हाशिए पर रहने वाले समूह सम्मान के साथ और समान व्यवहार किए जाने पर जोर देने के लिए समानता के अधिकार और सांस्कृतिक और शैक्षिक अधिकारों का आह्वान कर सकते हैं।

39. Consider the following assessment questions (A) and (B) related to the working of the state government.
(A): What is the purpose of a press conference? How is it different from a Legislative Assembly debate?
(B): What is the term used to refer to elected representatives who are not members of the ruling party and who play the role of questioning govt. decisions?

Choose the correct option:
(1) (A) tests conceptual knowledge whereas (B) tests factual knowledge.
(2) (A) tests factual knowledge whereas (B) tests conceptual knowledge.
(3) Both (A) and (B) test conceptual knowledge.
(4) Both (A) and (B) test factual knowledge.

राज्य शासन की कार्यप्रणाली से संबंधित निम्नलिखित आकलन प्रश्नों (A) तथा (B) पर विचार करें।

(A): प्रेसवार्ता का क्या उद्देश्य होता है? यह विधानसभा में होने वाली बहस से किस तरह अलग है?

(B): उन निर्वाचित प्रतिनिधियों के लिए किस शब्द का प्रयोग होता है जो सत्ता दल के सदस्य नहीं होते तथा सरकार के फैसलों पर सवाल उठाते हैं?

सही विकल्प का चयन कीजिए।

(1) (A) संकल्पनात्मक ज्ञान की जाँच करता है जबकि (B) तथ्यात्मक ज्ञान की।

(2) (A) तथ्यात्मक ज्ञान की जाँच करता है जबकि (B) संकल्पनात्मक ज्ञान की।

(3) दोनों (A) तथा (B) संकल्पनात्मक ज्ञान की जाँच करते है।

(4) दोनों (A) तथा (B) तथ्यात्मक ज्ञान की जाँच करते हैं।

Ans. (1)

(A) एक प्रेस कॉन्फ्रेंस और विधान सभा बहस के बीच उद्देश्य और अंतर की समझ की आवश्यकता के द्वारा वैचारिक ज्ञान का परीक्षण करता है। (B) सरकारी निर्णयों पर सवाल उठाने वाले निर्वाचित प्रतिनिधियों के लिए विशिष्ट शब्द पूछकर तथ्यात्मक ज्ञान का परीक्षण करता है।

40. The distinctiveness of Adivasi societies is attributed to:

(a) prevalence of caste system

(b) practice of a range of tribal religions distinct from other prevalent religions

(c) distinct language use

(d) presence of little hierarchy

Choose the correct option:

(1) (a), (b) and (c)

(2) (b), (c) and (d)

(3) (a), (b) and (d)

(4) (a), (b), (c) and (d)

आदिवासी समाज की विशिष्टता का श्रेय जाता है

(a) जाति व्यवस्था के प्रचलन को

(b) दूसरे प्रचलित धर्मों से भिन्न, अनेक प्रकार के जनजातीय धर्मों के पालन को

(c) विशिष्ट भाषा के प्रयोग को

(d) ऊँच- -नीच की कम उपस्थिति को

सही उत्तर का चयन कीजिए।

(1) (a), (b) और (c)

(2) (b), (c) और (d)

(3) (a), (b) और (d)

(4) (a), (b), (c) और (d)

Ans. (2)

आदिवासी समाजों की विशिष्टता उनके अद्वितीय जनजातीय धर्मों, विशिष्ट भाषाओं और न्यूनतम पदानुक्रम के कारण है। जाति व्यवस्था का प्रचलन इन समाजों की विशेषता नहीं है।

41. Consider the following assessment question:

What are the ways in which people can participate in a democracy? Following are some answers that you get from students.

Which answer reflects the student's understanding of the question and his/her ability to give a comprehensive 'to-the-point' answer?

(1) 'Some key elements that influence the working of a democratic government are ________ people's participation, resolution of conflict and commitment to equality and justice.'

(2) 'Voting, dharna, rallies, social movements.'

(3) 'By voting in elections.'

(4) 'In a democracy, people participate by voting in elections. All governments are elected for fixed periods. In India this period is five years.'

निम्नलिखित मूल्यांकन संबंधी प्रश्न पर विचार कीजिए: 'लोकतंत्र में लोग किन-किन तरीकों से भागीदारी कर सकते हैं?' विद्यार्थियों द्वारा दिए कुछ उत्तरों को नीचे दिया गया है।

कौन-सा उत्तर विद्यार्थी के प्रश्न को समझने और एक समावेशी 'विषयानुकूल' उत्तर देने की क्षमता का प्रदर्शन. करता है ?

(1) 'लोकतांत्रिक सरकार के संचालन को प्रभावित करने वाले कुछ मुख्य तत्त्व हैं -जन भागीदारी, संघर्ष का समाधान और समानता व न्याय के प्रति प्रतिबद्धता।'

(2) 'मतदान, धरना, रैली, सामाजिक आंदोलन।'
(3) 'चुनाव में मतदान द्वारा।'
(4) 'लोकतंत्र में, लोग चुनाव में मतदान द्वारा भागीदारी करते हैं। सभी सरकारें एक निर्धारित समय के लिए चुनी जाती हैं। भारत में यह अवधि पाँच वर्ष की है।'

Ans. (2)

चुनावों में मतदान करना, धरना जैसे विरोध प्रदर्शनों में शामिल होना, रैलियों का आयोजन करना और उनमें भाग लेना, और सामाजिक आंदोलनों में भाग लेना, प्रत्येक विधि नागरिकों को सरकारी कार्यों को प्रभावित करने और विभिन्न तरीकों से लोकतांत्रिक प्रक्रिया में योगदान करने की अनुमति देती है।

42. Consider the following assessment question:
'What is the difference between weekly markets and shopping malls?"
Below are some answers written by students. In which answer does the student fail to display ability of comparing/ contrasting?

(1) 'The products sold in weekly markets could be bought at cheap rates whereas only a few people can afford products sold in shopping malls.'
(2) 'Weekly markets do not have permanent shops whereas the shops in shopping malls are built to last. '
(3) 'Weekly markets run in both rural and urban areas whereas a shopping mall is usually seen in urban areas.'
(4) 'Weekly markets are markets which are held on a specific day of the week whereas shopping malls are multi-storeyed buildings with shops on different floors.'

निम्नलिखित मूल्यांकन संबंधी प्रश्न पर विचार कीजिए:
'साप्ताहिक बाज़ार और शॉपिंग मॉल में क्या अंतर है?
विद्यार्थियों द्वारा लिखे कुछ उत्तर नीचे दिए गए हैं : किस उत्तर में विद्यार्थी अपनी तुलना/अंतर कर पाने की क्षमता का प्रदर्शन करने में असफल दिखता है ?

(1) 'साप्ताहिक बाज़ार में बिकने वाले सामान सस्ती दरों पर खरीदे जा सकते हैं जबकि शॉपिंग मॉल में बिकने वाले सामान को केवल कुछ लोग ही वहन कर सकते हैं।'
(2) 'साप्ताहिक बाज़ार में स्थायी दुकानें नहीं होती हैं जबकि शॉपिंग मॉल में दुकानें लंबे समय तक रहती हैं।'
(3) 'साप्ताहिक बाज़ार ग्रामीण व शहरी दोनों क्षेत्रों में लगते हैं जबकि शॉपिंग मॉल प्रायः शहरी क्षेत्रों में होते हैं।'
(4) 'साप्ताहिक बाज़ार वैसे बाज़ार होते हैं जो सप्ताह के किसी निश्चित दिन लगते हैं जबकि शॉपिंग मॉल बहुमंजिला इमारतें होती हैं जिनमें भिन्न मंज़िलों पर दुकानें होती हैं।'

Ans. (4)

कथन "साप्ताहिक बाजार वे बाजार हैं जो सप्ताह के एक विशिष्ट दिन पर आयोजित होते हैं जबकि शॉपिंग मॉल विभिन्न मंजिलों पर दुकानों वाली बहुमंजिला इमारतें हैं" प्रत्येक प्रकार के बाजार की मूल प्रकृति का वर्णन करता है लेकिन प्रभावी ढंग से उनकी तुलना या विरोधाभास नहीं करता है।

43. Some students of Class VI question that if the Earth is not flat, then how are maps showing everything as flat?
What will be the best way to address this question?

(1) Showing animatedly how maps and globes resemble our Earth
(2) Showing the maps to the students
(3) Ask them to find out the reason themselves
(4) Showing the globe to the students

कक्षा VI के कुछ विद्यार्थी प्रश्न करते हैं कि यदि पृथ्वी सुपाट नहीं है, तो मानचित्र कैसे सब कुछ सपाट दिखाते हैं?
इस प्रश्न को संबोधित करने का सर्वश्रेष्ठ मार्ग क्या होगा ?

(1) सजीवता के साथ यह दिखाना कि कैसे मानचित्र और ग्लोब, हमारी पृथ्वी से मिलते-जुलते हैं
(2) विद्यार्थियों को मानचित्र दिखाना
(3) उन्हें स्वयं ही कारण पता करने के लिए कहना
(4) विद्यार्थियों को ग्लोब दिखाना

Ans. (1)

एनिमेटेड रूप से यह दिखाना कि मानचित्र और ग्लोब हमारी पृथ्वी से कैसे मिलते-जुलते हैं, छात्रों को सपाट मानचित्रों और गोलाकार पृथ्वी के बीच संबंध को समझने में प्रभावी ढंग से मदद करता है। यह विधि यह दर्शाने के लिए दृश्य स्पष्टीकरण का उपयोग करती है कि मानचित्र प्रक्षेपण और ग्लोब पृथ्वी की वक्रता को कैसे दर्शाते हैं।

44. Read the following statements and choose the correct option:"

Assertion (A): Social Science has a strong correlation with Arts.

Reason (R): Paintings, sculptures, prehistoric artifacts, etc. represent proof of many domains of Social Sciences.

(1) Both (A) and (R) are true and (R) is the correct explanation of (A).
(2) (A) is false, but (R) is true.
(3) Both (A) and (R) are true, but (R) is not the correct explanation of (A).
(4) (A) is true, but (R) is false.

निम्नलिखित कथनों को पढ़िए तथा सही विकल्प का चयन कीजिए :

अभिकथन (A) : सामाजिक विज्ञान का कला के साथ परस्पर दृढ़ संबंध है।

तर्क (R) : चित्रकलाएँ, मूर्तिकलाएँ, प्रागैतिहासिक शिल्पकृतियाँ, इत्यादि सामाजिक विज्ञान की कई शाखाओं के साक्ष्य/प्रमाण को निरूपित करते हैं।

(1) (A) और (R) दोनों सही हैं तथा (R), (A) की सही व्याख्या है।
(2) (A) ग़लत है, परन्तु (R) सही है।
(3) (A) और (R) दोनों सही हैं, परन्तु (R), (A) की सही व्याख्या नहीं है।
(4) (A) सही है, परन्तु (R) गलत है।

Ans. (1)

सामाजिक विज्ञान और कलाएँ जुड़े हुए हैं क्योंकि कलाकृतियाँ और कलाकृतियाँ सामाजिक विज्ञान में अध्ययन किए गए सामाजिक और सांस्कृतिक पहलुओं में अंतर्दृष्टि प्रदान करती हैं, जो ऐतिहासिक और सांस्कृतिक संदर्भों के साक्ष्य के रूप में कार्य करती हैं।

45. Read the following statements and choose the correct option:

Statement A: The nature of Social Science is evidence-based, empirical and verifiable.

Statement B: Its study often leads to multiple interpretations of a single event.

(1) A is true, but B is false.
(2) Both A and B are false.
(3) A is false, but B is true.
(4) Both A and B are true.

निम्नलिखित कथनों को पढ़िए और सही विकल्प का चयन कीजिए:

कथन A: सामाजिक विज्ञान की प्रकृति साक्ष्य-आधारित, आनुभविक और सत्यापनीय है।

कथन B: इसका अध्ययन प्राय: एकल घटना के बहुल व्याख्यान की ओर ले जाता है।

(1) A सही है, परन्तु B ग़लत है।
(2) A और B दोनों ग़लत हैं।
(3) A ग़लत है, परन्तु B सही है।
(4) A और B दोनों सही हैं।

Ans. (4)

सामाजिक विज्ञान साक्ष्य-आधारित और अनुभवजन्य है, जो सामाजिक घटनाओं को समझने के लिए डेटा और अनुसंधान का उपयोग करता है। इसमें अक्सर जटिलता और अलग-अलग दृष्टिकोण के कारण घटनाओं की कई व्याख्याएँ होती हैं।

46. Rosy drew a picture of a woman as a nurse and a man as an engineer. On asking the reason behind it, she replied, 'women make better nurses because they are more patient and gentler, whereas science requires a technical mind, and women are not capable of dealing with technical things'. What does Rosy's statement reflect?

(1) Gender constancy
(2) Gender stereotype
(3) Gender typing
(4) Gender discrimination

रोज़ी ने एक महिला का नर्स के रूप में तथा पुरुष का अभियंता के रूप में चित्र बनाया। इसके पीछे का कारण पूछने पर उसने उत्तर दिया, 'महिलाएँ अच्छी नर्स होती हैं क्योंकि वे अधिक धैर्यवान और सौम्य होती हैं, जबकि विज्ञान में तकनीकी दिमाग की आवश्यकता होती है और महिलाएँ तकनीकी वस्तुओं का प्रयोग करने में सक्षम नहीं होती हैं। रोज़ी का कथन क्या परावर्तित करता है?

(1) जेंडर स्थिरता
(2) जेंडर रूढ़िबद्ध धारणा
(3) जेंडर वर्गीकरण करना
(4) जेंडर भेदभाव

Ans. (2)

रोज़ी की टिप्पणियाँ महिलाओं और पुरुषों की क्षमताओं और भूमिकाओं के बारे में सामान्यीकृत मान्यताओं पर आधारित हैं, जो लैंगिक रूढ़िवादिता की विशेषता है।

47. To familiarise students about election procedure in India, which one of the following would be the best pedagogical method?

(1) Asking students to conduct survey in their neighbourhood about election
(2) Organizing an election in the class for class representatives
(3) Screening a documentary on a local election
(4) Inviting an expert for a lecture

विद्यार्थियों को भारत की चुनाव प्रक्रिया के बारे में सुपरिचित कराने के लिए, निम्नलिखित में से कौन-सी शिक्षाशास्त्रीय विधि श्रेष्ठ होगी?

(1) विद्यार्थियों को उनके पड़ोस में चुनाव संबंधी सर्वे करने के लिए कहना
(2) कक्षा में कक्षा प्रतिनिधियों के लिए चुनाव का आयोजन करना
(3) स्थानीय चुनाव पर वृत्तचित्र दर्शाना
(4) किसी विशेषज्ञ को व्याख्यान के लिए आमंत्रित करना

Ans. (2)

कक्षा में कक्षा प्रतिनिधियों के लिए चुनाव का आयोजन करने से छात्रों को मतदान, प्रचार और प्रतिनिधियों को चुनने सहित चुनाव प्रक्रिया का सीधे अनुभव करने की अनुमति मिलती है। यह लोकतांत्रिक प्रक्रिया के साथ व्यावहारिक समझ और जुड़ाव प्रदान करता है।

48. The best possible practice for sensitizing students towards the life of tribals and nomadic pastoralists would be:

(1) screening a movie or documentary on Bakarwals.
(2) lecture and seminar.
(3) a group discussion on tribes and nomadic pastoralists.
(4) textbook reading.

आदिवासियों और चलवासी पशुचारियों (चरवाहों) के जीवन के प्रति विद्यार्थियों को संवेदनशील बनाने हेतु श्रेष्ठ संभाव्य अभ्यास होगा :

(1) बकरवालों पर चलचित्र अथवा वृत्तचित्र दिखाना।
(2) व्याख्यान एवं सेमिनार।
(3) आदिवासियों और चलवासी पशुचारियों (चरवाहों) पर सामूहिक चर्चा।
(4) पाठ्यपुस्तक पठन।

Ans. (1)

फिल्में या वृत्तचित्र जैसे दृश्य मीडिया व्याख्यान, चर्चा या पाठ्यपुस्तक पढ़ने की तुलना में आदिवासियों और खानाबदोश चरवाहों के जीवन और अनुभवों की अधिक गहन और सहानुभूतिपूर्ण समझ प्रदान कर सकते हैं।

49. While students are engaged in a group discussion on uses of water, a teacher should use the blackboard in which of the following manner?

(1) Arranging responses around concepts, themes, and issues.
(2) Noting responses of students who are considered bright in the class.
(3) Listen to the students but not necessary to record.
(4) Recording every word said in the discussion.

विद्यार्थियों द्वारा जल के इस्तेमाल पर सामूहिक चर्चा करते समय शिक्षक को श्यामपट्ट का इस्तेमाल निम्नलिखित में से किस तरह करना चाहिए ?

(1) संकल्पनाओं, विषय-वस्तुओं और मुद्दों के आधार पर प्रतिक्रियाओं को व्यवस्थित करना।
(2) वे विद्यार्थी जो कक्षा में होनहार माने जाते हैं। उनकी प्रतिक्रिया को लिख लेना।
(3) विद्यार्थियों की बातों को सुनना लेकिन उनका अभिलेखन आवश्यक नहीं है।
(4) चर्चा में कही गई हर बात को अभिलेखित करना।

Ans. (1)

प्रमुख अवधारणाओं, विषयों और मुद्दों के इर्द-गिर्द प्रतिक्रियाओं को व्यवस्थित करने से चर्चा की संरचना में मदद मिलती है, जिससे छात्रों के लिए बातचीत को समझना और उसका अनुसरण करना आसान हो जाता है। यह विधि स्पष्टता बढ़ाती है और चर्चा के सीखने के उद्देश्यों को सुदृढ़ करती है।

50. A teacher takes students of upper primary classes to the District Court, after finishing the lesson on 'Criminal Justice System'. Which of the following objectives is/are most appropriate for the visit?

A. To provide experience of the functioning of courts and interact with lawyers, judges and staff on the roles they play.

B. To show the challenges of seeking justice and create awe of the system.

C. To scare students by showing difficulties faced by those implicated in various cases and encourage law keeping.

Choose the correct option:
(1) Only C
(2) Only B
(3) A, B and C
(4) Only A

'आपराधिक न्याय प्रणाली' का पाठ खत्म होने पर, एक शिक्षक उच्च प्राथमिक कक्षाओं के विद्यार्थियों को जिला न्यायालय ले जाता है। यह अवलोकन निम्नलिखित में से कौन-सा/से उद्देश्य पूरा करता/ते है/हैं?

A. न्यायालयों के प्रकार्य का अनुभव करना तथा वकीलों, न्यायाधीशों और कर्मचारियों की भूमिकाओं पर बातचीत करना।

B. न्याय पाने में आने वाली चुनौतियों को दिखाना तथा व्यवस्था के बारे में भय पैदा करना।

C. विभिन्न मुकदमों में फँसे लोगों की परेशानियों को दिखाकर विद्यार्थियों को डराना और उन्हें कानून मानने के लिए प्रोत्साहित करना।

सही विकल्प का चयन कीजिए :
(1) केवल C
(2) केवल B
(3) A, B और C
(4) केवल A

Ans. (4)

ऑब्जेक्टिव A उपयुक्त है क्योंकि यह शैक्षिक लक्ष्यों के अनुरूप व्यावहारिक अनुभव और कानूनी पेशेवरों के साथ बातचीत प्रदान करता है। उद्देश्य B और C कम उपयुक्त हैं क्योंकि वे उच्च प्राथमिक छात्रों के लिए या तो डर पैदा करते हैं या गैर-रचनात्मक तरीके से चुनौतियों पर जोर देते हैं।

51. Which of the following are the prevailing misconceptions about Social Science?

A. It is a non-utilitarian subject.

B. Natural Sciences are superior to the Social Sciences.

C. It rewards memorisation of superfluous 'facts'.

D. The only job option open to students specialising in the Social Sciences is in academics.

Choose the correct option:
(1) A, B and C
(2) B and C
(3) A, B, C and D
(4) A, C and D

निम्नलिखित में से कौन-सी सामाजिक विज्ञान के संदर्भ में भ्रांत धारणाएँ हैं?

A. यह एक गैर-उपयोगी विषय है।

B. प्राकृतिक विज्ञान, सामाजिक विज्ञान से श्रेष्ठ हैं।

C. यह अतिशय 'तथ्यों' को रटने पर पुरस्कृत करता है।

D. सामाजिक विज्ञान में विशेषज्ञता प्राप्त विद्यार्थियों के नौकरी के विकल्प केवल अकादमी (शिक्षाविदों) में ही हैं।

सही विकल्प का चयन कीजिए:

(1) A, B और C
(2) B और C
(3) A, B, C और D
(4) A, C और D

Ans. (3)

सभी कथन सामाजिक विज्ञान के बारे में आम गलत धारणाओं को दर्शाते हैं: इसे गलत तरीके से गैर-उपयोगितावादी, प्राकृतिक विज्ञान से हीन, तुच्छ तथ्यों पर केंद्रित और अकादमिक करियर तक सीमित माना जाता है।

52. Which of the following concepts (A to D) should a child have prior knowledge about to understand the concept of the Torrid Zone?

A. Longitudes
B. Globe
C. Insolation
D. Latitudes

Choose the correct option:

(1) A, C and D
(2) B, C and D
(3) A, B and D
(4) A, B and C

उष्ण कटिबंध की संकल्पना को समझने के लिए एक बच्चे को निम्नलिखित संकल्पनाओं (A से D) में से किनकी प्राथमिक जानकारी होनी चाहिए?

A. देशांतर
B. ग्लोब
C. आतपन
D. अक्षांश

सही विकल्प का चयन कीजिए :

(1) A, C और D
(2) B, C और D
(3) A, B और D
(4) A, B और C

Ans. (2)

उष्ण क्षेत्र को समझने के लिए, एक बच्चे को पृथ्वी के क्षेत्रों की कल्पना करने के लिए ग्लोब के बारे में, सौर विकिरण प्रभावों को समझने के लिए सूर्यातप और क्षेत्र के स्थान की पहचान करने के लिए अक्षांशों के बारे में जानना चाहिए।

53. Read the following statements and choose the correct option:

Assertion (A): The change in nomenclature, from Civics to Political Science was to bring back the focus towards issues of contemporary India.

Reason (R): 'Civics' appeared in the Indian school curriculum during colonial period against the background of increasing disloyalty among Indians towards the British Raj.

(1) (A) is true, but (R) is false.
(2) Both (A) and (R) are true, but (R) is not the correct explanation of (A).
(3) (A) is false, but (R) is true.
(4) Both (A) and (R) are true and (R) is the correct explanation of (A).

निम्नलिखित कथनों को पढ़िए तथा सही विकल्प का चयन कीजिए

अभिकथन (A) : नागरिक शास्त्र से राजनीतिक विज्ञान नामावली में परिवर्तन, समकालीन भारत के मामलों के प्रति ध्यान वापस लाने के लिए था।

तर्क (R) : ब्रिटिश राज के प्रति भारतीयों में बढ़ती अनिष्ठा की पृष्ठभूमि में औपनिवेशिक काल के समय भारतीय स्कूल पाठ्यचर्या में 'नागरिक शास्त्र' आया था।

(1) (A) सही है, परन्तु (R) ग़लत है।
(2) (A) और (R) दोनों सही हैं, परन्तु (R), (A) की सही व्याख्या नहीं है।
(3) (A) ग़लत है, परन्तु (R) सही है।
(4) (A) और (R) दोनों सही हैं तथा (R), (A) की सही व्याख्या है।

Ans. (4)

दोनों कथन सही हैं, और कारण (R) बताता है कि मूल रूप से नागरिक शास्त्र क्यों पेश किया गया था, हालांकि यह सीधे तौर पर राजनीति विज्ञान में बदलाव को उचित नहीं ठहराता है, जो नागरिक शास्त्र के ऐतिहासिक संदर्भ के बजाय समकालीन मुद्दों पर ध्यान केंद्रित करने के बारे में अधिक था।

54. Which of the following activities would help children to critically think about women's work in society?

A. Asking students to write slogans emphasizing the importance of equality between men and women.

B. Asking students to observe how much leisure time men and women have respectively and to think about why that is so.

C. Showing them data regarding how many girl students get to attend schools and asking them to talk about the impact that might have on their job opportunities.

Choose the correct option:

(1) A and B

(2) Only C

(3) B and C

(4) Only A

निम्नलिखित में से कौन-सी गतिविधि (याँ) बच्चों में समाज में महिलाओं के काम को लेकर आलोचनात्मक सोच विकसित करने में मदद करती है/हैं?

A. विद्यार्थियों को महिलाओं व पुरुषों में बराबरी के महत्त्व पर बल देते हुए नारे लिखने के लिए कहना।

B. विद्यार्थियों को ये निरीक्षण करने के लिए कहना कि महिलाओं और पुरुषों को अलग-अलग कितना फुरसत का समय मिलता है और इसके बारे में विचार करना कि ऐसा क्यों है।

C. विद्यार्थियों को छात्राओं के विद्यालयों में उपस्थिति संबंधी आँकड़ों को दिखाना और इसका उनके नौकरी पाने के अवसरों पर पड़ने वाले प्रभावों के बारे में चर्चा करने के लिए कहना।

सही विकल्प का चयन कीजिए :

(1) A और B

(2) केवल C

(3) B और C

(4) केवल A

Ans. (3)

गतिविधियाँ B और C ख़ाली समय के अंतर और शैक्षिक असमानताओं के प्रभाव का विश्लेषण करके महिलाओं के काम और लैंगिक समानता के बारे में आलोचनात्मक सोच को प्रोत्साहित करती हैं, जबकि गतिविधि A समानता को बढ़ावा देती है लेकिन समाज में महिलाओं की भूमिकाओं के प्रत्यक्ष आलोचनात्मक विश्लेषण का अभाव है।

55. While taking a class on the topic of 'Government', which of the following questions can you pose to students to encourage both social awareness and critical thinking skills in them?

(1) 'List out three differences between a monarchy and a democratic government.'

(2) 'What are the features of a democratic government?"

(3) We saw how the pandemic had disproportionately placed the burden of healthcare on doctors and frontline workers. Do you think any protest organized by them demanding better working conditions from the government is justified? Support your answer with reasons.'

(4) 'You have been noticing for quite some time that the area near your house gets flooded every time it rains during the monsoon season. You and your neighbours decide that something has to be done regarding this issue. Which level of government – Local, State or Central, would you approach if you have such a grievance?'

शासन व्यवस्था' के विषय पर कक्षा लेते समय, विद्यार्थियों में सामाजिक जागरूकता और आलोचनात्मक विचार कौशल दोनों विकसित करने के लिए निम्नलिखित में से किस प्रश्न को पूछा जा सकता है?

(1) 'राजतंत्र और लोकतांत्रिक सरकार के बीच के तीन अंतर सूचीबद्ध कीजिए।'
(2) 'लोकतांत्रिक सरकार की क्या विशिष्टताएँ होती हैं?'
(3) 'हमने देखा कि महामारी के दौरान स्वास्थ्य व्यवस्था का बोझ चिकित्सकों और अगुआ स्वास्थ्यकर्मियों पर विषम रूप से ज्यादा पड़ा। क्या आपके विचार में बेहतर सेवा शर्तों की माँग को लेकर सरकार के समक्ष उनका प्रदर्शन करना जायज है? अपने उत्तर का समर्थन कारण सहित कीजिए।'
(4) 'आपने यह देखा है कि वर्षा ऋतु में जब भी बारिश होती है, आपके घर के आस-पास जल जमाव हो जाता है। आप अपने पड़ोसियों के साथ मिलकर इस समस्या का समाधान निकालने का फैसला करते हैं। स्थानीय, राज्य या केन्द्र में से किस स्तर की शासन व्यवस्था के पास आप शिकायत करेंगे?'

Ans. (3)

यह प्रश्न छात्रों को स्वास्थ्य कर्मियों पर महामारी के प्रभाव का गंभीरता से आकलन करने और उनके विरोध के औचित्य का मूल्यांकन करने, सामाजिक जागरूकता और आलोचनात्मक सोच दोनों को बढ़ावा देने के लिए प्रोत्साहित करता है।

56. A teacher writes expected learning objectives for her lesson plan as: 'Students will be able to compare a weekly market with a shopping complex'. This objective will require students to demonstrate their:
(1) Application
(2) Understanding
(3) Analysis
(4) Knowledge

एक शिक्षिका अपनी पाठ योजना के लिए अपेक्षित अधिगम उद्देश्य इस प्रकार लिखती है: 'विद्यार्थी साप्ताहिक बाज़ार की तुलना शॉपिंग कॉम्प्लेक्स के साथ करने में सक्षम होंगे'। इस उद्देश्य के लिए विद्यार्थियों को अपना ______ प्रदर्शित करने की आवश्यकता होगी।
(1) अनुप्रयोग
(2) समझ (बोध)
(3) विश्लेषण
(4) ज्ञान

Ans. (3)

तुलना करने में दो विषयों के बीच समानताओं और अंतरों को तोड़ना और उनकी जांच करना शामिल है, जो एक उच्च-स्तरीय सोच कौशल है जो विश्लेषण के अंतर्गत आता है।

57. Which of the following assessment questions is the most appropriate to test students' understanding and appreciation of Indian federalism?
(1) Write a brief note on the three organs of the state – the legislature, the executive, and the judiciary.
(2) What are the three levels of the government? What are their functions?
(3) What do you think might happen if we did not have any state and local governments and all decisions were made at the Centre?
(4) Define federalism.

विद्यार्थियों की भारतीय संघवाद की समझ व सराहना की जाँच के लिए निम्नलिखित में से कौन-सा मूल्यांकन प्रश्न सर्वाधिक उपयुक्त है?
(1) राज्य के तीन अंगों - विधायिका, कार्यपालिका और न्यायपालिका पर संक्षिप्त विवरण लिखिए।
(2) शासन व्यवस्था के तीन स्तर कौन-से हैं? उनके कार्य क्या हैं ?
(3) आपके विचार में क्या होता यदि हमारी राज्य और स्थानीय शासन व्यवस्था नहीं होतीं और सभी फैसले केन्द्र से लिए जाते?
(4) संघवाद को परिभाषित कीजिए।

Ans. (3)

यह प्रश्न छात्रों को केवल केंद्र सरकार के निर्णयों के प्रभावों पर गंभीरता से विचार करने के लिए प्रोत्साहित करता है, जिससे उन्हें संघवाद के महत्व और राज्य और स्थानीय सरकारों की भूमिकाओं को समझने में मदद मिलती है।

58. Consider the following assessment question:
'Why does a democratic country need a constitution?'

Which of the following answers given by your students indicate a lack of understanding of the question?

(1) Student C: A constitution ensures that a dominant group does not use its power against less powerful groups.

(2) Student B: A constitution gives us a set of rules on the basis of which a country is to be governed.

(3) Student D: A constitution usually contains rules that ensure that minorities are not excluded from anything that is routinely available to the majority.

(4) Student A: A constitution lays down rules that guard against the misuse of authority by our political leaders.

मूल्यांकन संबंधी निम्नलिखित प्रश्न पर विचार कीजिए:

'एक लोकतांत्रिक देश को संविधान की ज़रूरत क्यों होती है?'

निम्नलिखित में से कौन-सा उत्तर दर्शाता है कि विद्यार्थी ने प्रश्न को समझा नहीं है ?

(1) विद्यार्थी C: संविधान यह सुनिश्चित करता है कि कोई प्रबल समूह अशक्त समूहों पर अपनी शक्ति का प्रयोग न करे।

(2) विद्यार्थी B: संविधान हमें एक नियमावली देता है जिसके आधार पर एक देश का शासन किया जाता है।

(3) विद्यार्थी D: संविधान में वे नियम समाविष्ट हैं जो सुनिश्चित करते हैं कि अल्पसंख्यक उस किसी भी चीज़ से वर्जित न हों जो बहुसंख्यकों को नित्य उपलब्ध हैं।

(4) विद्यार्थी A: संविधान उन नियमों को पेश करता है जो हमारे राजनीतिक नेताओं द्वारा सत्ता के दुरुपयोग से रक्षा करते हैं।

Ans. (2)

विद्यार्थी B सटीक है, वह कुछ हद तक बुनियादी है और उन गहरे कारणों को पूरी तरह से नहीं पकड़ पाता है कि एक लोकतांत्रिक देश में संविधान क्यों आवश्यक है, जैसे कि अल्पसंख्यक अधिकारों की रक्षा करना, सत्ता के दुरुपयोग को रोकना और निष्पक्षता सुनिश्चित करना।

59. Read the following statements and choose the correct option :

Assertion (A): A scrapbook is an effective way of making students learn about the different types of vegetation present in various regions of the world through pictures.

Reason (R): A scrapbook must be assessed only by the cost of different materials used in it.

(1) (A) is true, but (R) is false.

(2) Both (A) and (R) are true, but (R) is not the correct explanation of (A).

(3) (A) is false, but (R) is true.

(4) Both (A) and (R) are true and (R) is the correct explanation of (A).

निम्नलिखित कथनों को पढ़िए तथा सही विकल्प का चयन कीजिए:

अभिकथन (A) : विद्यार्थियों को चित्रों के द्वारा दुनिया के अलग-अलग क्षेत्रों की भिन्न-भिन्न प्रकार की वनस्पतियों के बारे में समझाने हेतु कतरन रजिस्टर (स्क्रैपबुक) एक कारगर तरीका है।

कारण (R) : एक कतरन रजिस्टर (स्क्रैपबुक) का मूल्यांकन उसमें इस्तेमाल विभिन्न सामग्रियों के मूल्य के आधार पर ही किया जाना चाहिए।

(1) (A) सही है, परन्तु (R) ग़लत है।

(2) (A) और (R) दोनों सही हैं, परन्तु (R), (A) की सही व्याख्या नहीं है।

(3) (A) ग़लत है, परन्तु (R) सही है।

(4) (A) और (R) दोनों सही हैं तथा (R), (A) की सही व्याख्या है।

Ans. (1)

दावा (A) सच है क्योंकि एक स्क्रैपबुक छात्रों को चित्रों के माध्यम से वनस्पति के बारे में सीखने में मदद करती है। कारण (R) गलत है क्योंकि स्क्रैपबुक की प्रभावशीलता को उसके शैक्षिक मूल्य से आंका जाना चाहिए, न कि केवल सामग्री की लागत से।

60. What kinds of questions can students be asked in order to test their factual knowledge?

(1) Knowledge of terminologies
(2) Knowledge of classifications and categories
(3) Strategic knowledge
(4) Knowledge of subject-specific skills

विद्यार्थियों के तथ्यात्मक ज्ञान की जाँच के लिए किस तरह के प्रश्न पूछे जा सकते हैं?
(1) पारिभाषिक शब्दावली का ज्ञान
(2) वर्गीकरणों और श्रेणियों का ज्ञान
(3) रणनीतिक ज्ञान
(4) विषय-विशेष कौशल का ज्ञान

Ans. (1)

विशिष्ट शब्दों, परिभाषाओं और बुनियादी तथ्यों से संबंधित प्रश्न तथ्यात्मक ज्ञान का परीक्षण करते हैं, जबकि वर्गीकरण, रणनीतिक ज्ञान और विषय-विशिष्ट कौशल में उच्च-क्रम की सोच और अनुप्रयोग शामिल होते हैं।

61. How can a Social Studies teacher develop social values among students ?
(i) Developing sense of discipline
(ii) Behaving in the appropriate manner in school/class
(iii) Asking Students to watch commercial movies
(iv) Follow appropriate democratic values in class/school setting
Choose the correct option.
(1) Only (i), (ii) and (iv)
(2) Only (iii) and (iv)
(3) Only (i) and (iii)
(4) Only (i), (ii) and (iii)

एक सामाजिक विज्ञान शिक्षक विद्यार्थियों में किस प्रकार सामाजिक मूल्यों को विकसित कर सकता है?
(i) अनुशासन के भाव का विकास करके
(ii) स्कूल/कक्षा में उपयुक्त रूप से व्यवहार करके
(iii) विद्यार्थियों को व्यावसायिक फिल्म देखने के लिए कहना
(iv) कक्षा/स्कूल परिवेश में उपयुक्त लोकतांत्रिक मूल्यों का पालन करके
सही विकल्प का चुनाव करें।
(1) केवल (i), (ii) और (iv)
(2) केवल (iii) और (iv)
(3) केवल (i) और (iii)
(4) केवल (i), (ii) और (iii)

Ans. (1)

एक सामाजिक अध्ययन शिक्षक अनुशासन पर जोर देकर, उचित व्यवहार के माध्यम से एक रोल मॉडल के रूप में कार्य करके और कक्षा में निष्पक्षता और समानता जैसे लोकतांत्रिक मूल्यों को बढ़ावा देकर सामाजिक मूल्यों को विकसित कर सकता है। ये दृष्टिकोण छात्रों को नियमों का सम्मान करने, सकारात्मक व्यवहार का अनुकरण करने और सामाजिक मूल्यों को आंतरिक बनाने में मदद करते हैं, जिससे समाज में उनके महत्व की गहरी समझ को बढ़ावा मिलता है।

62. Which of the following is/are example(s) of 'breaking stereotypes?
A. Male nurse
B. Female farmer
C. Male pilot
Choose the correct option.
(1) A and B
(2) Only A
(3) B and C
(4) Only B

निम्नलिखित में से कौन-सा/से 'रूढ़िबद्ध धारणा भंग करने का/के उदाहरण है/हैं?
A. पुरुष नर्स
B. महिला किसान
C. पुरुष पायलट
सही विकल्प का चयन कीजिए।
(1) A और B
(2) केवल A
(3) B और C
(4) केबल B

Ans. (1)

"रूढ़िवादिता को तोड़ना" का अर्थ है लिंग, उम्र या अन्य कारकों के आधार पर भूमिकाओं के बारे में पारंपरिक मान्यताओं को चुनौती देना। एक पुरुष नर्स इस दृष्टिकोण को चुनौती देता है कि नर्सिंग एक महिला पेशा है, और एक महिला किसान इस धारणा को चुनौती देती है कि

खेती एक पुरुष-प्रधान क्षेत्र है। दोनों उदाहरण लैंगिक समानता को बढ़ावा देते हैं और सामाजिक अपेक्षाओं को चुनौती देते हैं।

63. Which of the following statements indicate stereotype?

A. A parent said to her child, "Don't cry, you are a boy."

B. People in the cities only care about money, not about people.

C. Girls should learn to cook.

D. Life in the cities is easy and sophisticated.

Choose the correct option.

(1) Only A and B

(2) Only A and C

(3) Only A, B and C

(4) A, B, C and D

निम्नलिखित में से कौन-से कथन रूढ़िबद्ध धारणा को इंगित करते हैं?

A. एक अभिभावक अपने बच्चे से कहता है, "मत रो। तू एक लड़का है।"

B. शहरों में लोग केवल पैसे के बारे में ध्यान रखते हैं, लोगों के बारे में नहीं।

C. लड़कियों को खाना बनाना सीखना चाहिए।

D. शहरों में जीवन सरल और परिष्कृत है।

सही विकल्प का चयन कीजिए।

(1) केवल A और B

(2) केवल A और C

(3) केवल A, B और C

(4) A, B, C और D

Ans. (2)

कथन A, "मत रोओ, तुम एक लड़के हो," पारंपरिक लिंग भूमिका को पुष्ट करता है कि लड़कों को रोने जैसी भावनाएँ नहीं दिखानी चाहिए। इसी तरह, कथन C, "लड़कियों को खाना बनाना सीखना चाहिए," मानता है कि खाना बनाना विशेष रूप से लड़कियों के लिए एक कौशल है, जो पुरानी लिंग अपेक्षाओं को मजबूत करता है। दोनों कथन लिंग के आधार पर सामाजिक रूढ़िवादिता को दर्शाते हैं।

64. A social studies teacher should discuss the current affairs in the classroom because

A. it helps to sensitize the students about the issues of society/country

B. it develops critical thinking abilities of the students

C. it helps the students to relate the everyday issues with their subject topics

D. it provides some entertainment for the students

Choose the correct option.

(1) Only A and B

(2) Only B and C

(3) A, B and D

(4) A, B and C

एक सामाजिक अध्ययन के शिक्षक को कक्षा में समसामयिक मामलों पर चर्चा करनी चाहिए, क्योंकि

A. यह विद्यार्थियों को समाज/देश के मामलों के प्रति संवेदनशील बनाने में सहायता करता है

B. यह विद्यार्थियों की आलोचनात्मक चिंतन-संबंधी क्षमताओं को विकसित करता है

C. यह विद्यार्थियों को दैनिक मुद्दों को उनके विषय के साथ जोड़कर देखने में सहायता करता है

D. यह विद्यार्थियों के लिए कुछ मनोरंजन प्रदान करता है

सही विकल्प का चयन कीजिए।

(1) केवल A और B

(2) केवल B और C

(3) A, B और D

(4) A, B और C

Ans. (4)

कक्षा में समसामयिक मामलों पर चर्चा करने से छात्रों को सामाजिक और राष्ट्रीय मुद्दों के बारे में जागरूक होने, समसामयिक घटनाओं के विश्लेषण के माध्यम से महत्वपूर्ण सोच कौशल विकसित करने और कक्षा के विषयों को वास्तविक दुनिया की स्थितियों से जोड़ने में मदद मिलती है। हालाँकि करंट अफेयर्स कुछ मनोरंजन प्रदान कर सकता है, मुख्य शैक्षिक लक्ष्य जागरूकता और आलोचनात्मक सोच को बढ़ाना है।

65. Read the following statements:

A. Concept mapping is a technique by which the teacher can make the subject matter simple and easy by incorporating new concepts with previously learned concepts.

R. The concept map is hierarchical, it does not show multiple relationships between concepts.

Choose the correct option.

(1) Both A and R are true and R is the correct explanation of A.

(2) Both A and R are true but R is not the correct explanation of A.

(3) A is true but R is false.

(4) Both A and R are false.

निम्नलिखित कथनों को पढ़िए :

A. अवधारणा मानचित्रण एक ऐसी प्रविधि है जिसके द्वारा शिक्षक नई अवधारणाओं को पूर्व अर्जित की गई अवधारणाओं के साथ समावेशित करके विषयवस्तु को सरल व सहज बना सकता है।

R. अवधारणा मानचित्र पदानुक्रमित होता है, यह अवधारणाओं के बीच के बहु-संबंधों को प्रदर्शित नहीं करता है।

सही विकल्प का चयन कीजिए।

(1) A और R दोनों सत्य हैं तथा A की R सही व्याख्या करता है।

(2) A और R दोनों सत्य हैं लेकिन A की R सही व्याख्या नहीं करता

(3) A सत्य है लेकिन R असत्व है।

(4) A और R दोनों असत्य है।

Ans. (3)

कॉन्सेप्ट मैपिंग एक ऐसी तकनीक है जहां नई अवधारणाओं को पहले सीखी गई अवधारणाओं से जोड़ा जाता है, जिससे छात्रों को विषय को बेहतर ढंग से समझने में मदद मिलती है। जबकि अवधारणा मानचित्र अक्सर पदानुक्रमित होते हैं, वे अवधारणाओं के बीच कई संबंध दिखा सकते हैं।

66. Which among the following would be an example of diversity with equality?

(1) Samir likes to paint and Mihir likes to sketch.

(2) Samir goes to school and Mihir sells newspaper.

(3) Samir got new clothes for Diwali and Mihir wore his old clothes.

(4) Samir lives in a flat and Mihir lives in a hut.

निम्नलिखित में से क्या समानता के साथ विविधता का एक उदाहरण होगा?

(1) समीर को रंग भरना और मिहीर को चित्र बनाना पसंद है।

(2) समीर स्कूल जाता है और मिहीर अखबार बेचता है।

(3) समीर को दीपावली पर नए कपड़े मिले और समीर ने पुराने कपड़े पहने

(4) समीर एक फ्लैट में और मिहीर एक झोपड़ी में रहता है।

Ans. (1)

समीर को पेंटिंग करना पसंद है और मिहिर को स्केच बनाना पसंद है, यह समानता के साथ विविधता का एक उदाहरण है। यह स्वीकार करता है कि समीर और मिहिर के अलग-अलग हित हैं लेकिन अवसर या निष्पक्षता में अंतर नहीं है।

67. People in Kerala practise different religions. What could be the reason for diversity of religious practice? Consider the two statements given below and choose the correct answer.

(A) Jewish and Arab traders came to trade in spices and brought Judaism and Islam to the people there.

(B) St. Thomas came nearly 2000 years ago and brought Christianity to the people.

(1) Only (A) is true and can be considered as a reason.

(2) Only (B) is true and can be considered as a reason.

(3) (A) and (B) are true and are valid reasons.

(4) (A) and (B) are true but not valid reasons.

केरल में लोग भिन्न-भिन्न धर्मों का पालन करते हैं। धार्मिक प्रथाओं की विविधता के लिए क्या कारण हो सकता है? निम्नलिखित दो कथनों पर विचार कीजिए तथा सही विकल्प का चयन कीजिए:

(A) यहूदी और अरब व्यापारी मसालों का व्यापार करने आए थे और यहाँ लोगों के लिए यहूदी धर्म और इस्लाम लाए।

(B) संत थॉमस लगभग दो हज़ार साल पहले यहाँ आए और लोगों के लिए ईसाई धर्म लाए।

(1) केवल (A) सही है और इसे कारण के रूप में माना जा सकता है।

(2) केवल (B) सही है और इसे कारण के रूप में माना जा सकता है।

(3) (A) और (B) सही हैं और वे वैध कारण हैं।

(4) (A) और (B) सही हैं परन्तु वे वैध कारण नहीं हैं।

Ans. (3)

केरल में धार्मिक विविधता के लिए (A) और (B) दोनों सही और वैध कारण हैं।

68. Studying Social Sciences at the elementary level is vital for the following reasons:

(A) To understand the society, one lives in.

(B) To appreciate values enshrined in the Indian Constitution.

(C) To become a responsible citizen of a democracy.

(D) To learn to respect differences of opinion.

(1) (A), (B) and (D)

(2) (A), (B) and (C)

(3) (A) and (B)

(4) (A), (B), (C) and (D)

प्रारंभिक स्तर पर सामाजिक विज्ञान का अध्ययन निम्नलिखित कारणों से अत्यावश्यक है:

(A) जिस समाज में रहते है उसे समझने के लिए।

(B) भारतीय संविधान में प्रतिष्ठापित मूल्यों की प्रशंसा के लिए।

(C) लोकतंत्र में जिम्मेदार नागरिक होने के लिए।

(D) मतभेदों का सम्मान करने के लिए।

(1) (A), (B) और (D)

(2) (A), (B) और (C)

(3) (A) और (B)

(4) (A), (B), (C) और (D)

Ans. (4)

प्रारंभिक स्तर पर सामाजिक विज्ञान का अध्ययन समाज को समझने, संवैधानिक मूल्यों की सराहना करने, एक जिम्मेदार नागरिक बनने और विभिन्न विचारों का सम्मान करने के लिए महत्वपूर्ण है।

69. History at the elementary level constitutes the following:

(A) Grand narratives

(B) Chronology

(C) Subaltern histories

(D) Critical thinking

(1) (A), (B) and (C)

(2) (A), (B), (C) and (D)

(3) (A) and (B)

(4) (B), (C) and D)

प्रारंभिक स्तर इतिहास निम्नलिखित से गठित है

(A) भव्य वर्णन

(B) कालक्रम

(C) सबाल्स्टन इतिहास

(D) आलोचनात्मक चिंतन

(1) (A), (B) और (C)

(2) (A), (B), (C) और (D)

(3) (A) और (B)

(4) (B), (C) और (D)

Ans. (2)

प्रारंभिक स्तर पर, इतिहास में भव्य आख्यान, कालक्रम, निम्नवर्गीय इतिहास और आलोचनात्मक सोच शामिल है, जो ऐतिहासिक घटनाओं और परिप्रेक्ष्यों को समझने के लिए एक सर्वांगीण दृष्टिकोण प्रदान करता है।

70. Consider the following statements and choose the correct option.

Statement (I): The manner in which teachers teach values in classroom has a profound impact upon students' learning.

Statement (II): The impact of citizenship education is substantially less in schools where democratic practices are few or absent all together.

(1) Statement (I) is false but (II) is true

(2) Both statement (I) and (II) are true and statement (II) is an example of statement
(3) Statement (I) is true but (II) is false.
(4) Both statement (I) and (II) are true but statement (II) is not an example of statement (I).

निम्नलिखित कथनों पर विचार करें और सही विकल्प का चयन करें :

कथन (I): जिस तरह से शिक्षक अपनी कक्षा में मूल्यों का अध्यापन करते हैं उसका उनके विद्यार्थियों के 'अधिगम' पर गहरा प्रभाव पड़ता है।

कथन (II): नागरिकता शिक्षा का प्रभाव वास्तविक रूप से उन परिस्थितियों में कम होता है जहाँ लोकतांत्रिक प्रथाएँ बहुत कम है अथवा संपूर्णरूप से नदारद हैं।

(1) कथन (I) गलत है परन्तु (II) सही है।
(2) कथन (I) और (II) दोनों सही हैं तथा कथन (II), कथन (I) का उदाहरण है।
(3) कथन (I) सही है परन्तु (II) गलत है।
(4) कथन (I) और (II) दोनों सही हैं परन्तु कथन (II), कथन (I) का उदाहरण नहीं है।

Ans. (2)

कथन (I) में दावा किया गया है कि शिक्षक कक्षा में कैसे मूल्य प्रदान करते हैं, इसका छात्रों के सीखने पर महत्वपूर्ण प्रभाव पड़ता है। कथन (II) सुझाव देता है कि लोकतांत्रिक प्रथाओं की कमी वाले स्कूलों में नागरिकता शिक्षा कम प्रभावी है।

71. Which of the following values are necessary in a democratic classroom?

(A) Group feeling
(B) Obedience
(C) Individualistic feeling
(D) Critical thinking

Choose the appropriate option.

(1) (A) and (B)
(2) (B) and (C)
(3) (A) and (D)
(4) (B) and (D)

निम्न में से कौन से मूल्य एक प्रजातांत्रिक कक्षा के लिए आवश्यक हैं?

(A) समूह-बोध
(B) आज्ञाकारिता
(C) व्यक्तिगत-बोध
(D) आलोचनात्मक चिंतन

उपयुक्त विकल्प का चुनाव कीजिए:

(1) (A) और (B)
(2) (B) और (C)
(3) (A) और (D)
(4) (B) और (D)

Ans. (3)

एक लोकतांत्रिक कक्षा में, सहयोगात्मक और विचारशील सीखने के माहौल को बढ़ावा देने के लिए समूह भावना और आलोचनात्मक सोच जैसे मूल्य आवश्यक हैं।

72. A teacher wants to teach students about, 'how to locate place? Which teaching material could be used?

(A) A globe
(B) A world map
(C) Films
(D) A map of India

Choose the appropriate option:

(1) (A), (B) and (C)
(2) (A), (B) and (D)
(3) (B), (C) and (D)
(4) All (A), (B), (C) and (D)

एक शिक्षिका अपने छात्रों को 'किसी स्थान की स्थिति के बारे में कैसे पता लगाए' विषय पढ़ाना चाहती है। निम्न में से कौन सी शिक्षण सामग्री का प्रयोग करना चाहिए

(A) ग्लोब
(B) विश्व का नक्शा
(C) फिल्म
(D) भारत का नक्शा

उपयुक्त विकल्प का चुनाव कीजिए:

(1) (A), (B) तथा (C)
(2) (A), (B) तथा (D)
(3) (B), (C) तथा (D)
(4) (A), (B), (C) तथा (D) सभी

Ans. (2)

ग्लोब, विश्व मानचित्र, फिल्में और भारत के मानचित्र का उपयोग छात्रों को स्थानों का पता लगाने के तरीके सिखाने के लिए किया जा सकता है, प्रत्येक भूगोल को समझने के लिए अलग-अलग दृष्टिकोण और उपकरण प्रदान करता है।

73. Which of the following could be used in an elementary social science classroom while discussing about ' gender'?

(A) Stories of women's struggle.

(B) Educational participation data of women and men.

(C) A wallpaper of gender practices in different societies.

Choose the appropriate option:

(1) Only (A)

(2) Only (B)

(3) Only (C)

(4) (A), (B) and (C)

प्रारंभिक स्तर पर सामाजिक विज्ञान की कक्षा में जेडर विषय पर चर्चा करते हुए निम्न में से क्या शामिल किया जा सकता है?

(A) महिलाओं के संघर्ष की कहानियाँ।

(B) महिलाओं व पुरुषों की शैक्षिक भागीदारी के आँकड़े।

(C) विभिन्न समाजों में प्रचलित जेंडर प्रथाओं को दर्शाता हुआ वॉलपेपर |

उपयुक्त विकल्प का चयन कीजिए:

(1) केवल (A)

(2) केवल (B)

(3) केवल (C)

(4) (A), (B) तथा (C)

Ans. (4)

महिलाओं के संघर्ष की कहानियाँ, महिलाओं और पुरुषों की शैक्षिक भागीदारी डेटा, और विभिन्न समाजों में लिंग प्रथाओं के वॉलपेपर का उपयोग प्राथमिक सामाजिक विज्ञान कक्षा में लिंग पर चर्चा करने के लिए प्रभावी ढंग से किया जा सकता है।

74. An imaginative social science teacher's skills are best reflected in which of the following:

(1) Only in notice boards

(2) In simplifying concepts for exam purposes

(3) In a story telling session during assembly

(4) In plan design and assessment

निम्नलिखित में से किस में एक कल्पनाशील सामाजिक विज्ञान के शिक्षक के कौशल श्रेष्ठ रूप से परावर्तित होते हैं।

(1) केवल सूचना पट्ट में

(2) परीक्षा के उद्देश्यों के लिए संकल्पनाओं को सरल बनाने में।

(3) सभा (एसेम्बली) के समय कथा - वाचन में।

(4) योजना बनाने एवं आंकलन में।

Ans. (4)

एक कल्पनाशील सामाजिक विज्ञान शिक्षक के कौशल योजना डिजाइन और मूल्यांकन में सर्वोत्तम रूप से प्रतिबिंबित होते हैं, क्योंकि इन पहलुओं में आकर्षक, प्रभावी पाठ बनाना और रचनात्मक रूप से छात्रों की समझ का मूल्यांकन करना शामिल है।

75. A teacher wants to discuss about various ecosystems in her classroom, which of the following examples are most appropriate:

(A) Desert

(B) River

(C) Ocean

(D) Coral Reef

(1) (A), (B) and (C)

(2) (B), (C) and (D)

(3) (A), (C) and (D)

(4) All (A), (B), (C) and (D)

एक शिक्षक अपनी कक्षा में विभिन्न पारिस्थितिकीय तन्त्रों के बारे में चर्चा करना चाहते हैं। निम्न में से कौनसे उदाहरण सबसे उचित हैं?

(A) रेगिस्तान

(B) नदी

(C) समुद्र

(D) शैवाल / मूंगा चट्टान

(1) (A), (B) तथा (C)

(2) (B), (C) तथा (D)

(3) (A), (C) तथा (D)

(4) (A), (B), (C) तथा (D) सभी

Ans. (4)

कक्षा में विभिन्न पारिस्थितिक तंत्रों पर चर्चा के लिए रेगिस्तान, नदी, महासागर और मूंगा चट्टान उपयुक्त हैं, क्योंकि प्रत्येक अद्वितीय विशेषताओं और पारिस्थितिक प्रक्रियाओं के साथ एक विशिष्ट प्रकार के पारिस्थितिकी तंत्र का प्रतिनिधित्व करता है।

76. 'Discuss why is the work done by women less valued than that of men in our society?' What is the relevance of such a question in Social Science classroom?

(A) Such questions help in initiating discussion in class.

(B) Such questions help in recognizing discrimination prevalent in society.

(C) Such questions have no fixed answers and have no educational value.

Choose the appropriate option:

(1) (A) and (B)

(2) (B) and (C)

(3) (A) and (C)

(4) All (A), (B) and (C)

'चर्चा कीजिए कि क्यों हमारे समाज में महिलाओं द्वारा किए जाने वाले कार्यों को पुरुषों की अपेक्षा कम महत्व दिया जाता है?" सामाजिक विज्ञान की कक्षा में ऐसे प्रश्नों को शामिल किए जाने की क्या प्रासंगिकता है?

(A) ऐसे प्रश्न कक्षा में चर्चा की शुरुआत करने में सहायक होते हैं।

(B) ऐसे प्रश्न समाज में व्याप्त असमानताओं को उजागर करने में सहायक होते हैं।

(C) ऐसे प्रश्नों के निश्चित उत्तर नहीं होते हैं और इनका कोई शैक्षिक महत्व नहीं हैं।

उपयुक्त विकल्प का चयन कीजिए

(1) (A) तथा (B)

(2) (B) तथा (C)

(3) (A) तथा (C)

(4) सभी (A), (B) तथा (C)

Ans. (1)

'चर्चा करें कि हमारे समाज में महिलाओं द्वारा किए गए कार्यों को पुरुषों की तुलना में कम महत्व क्यों दिया जाता है?' सामाजिक विज्ञान कक्षा में इस तरह के प्रश्न की प्रासंगिकता कक्षा में चर्चा शुरू करना और सामाजिक भेदभाव को पहचानने में मदद करना, लैंगिक समानता के बारे में आलोचनात्मक सोच को बढ़ावा देना है।

77. What should be the sources for students to find out the difference between the lifestyle of people in Brazil and India?

(A) Pictures from the two countries collected from magazines/internet

(B) Census data of Brazil and India

(C) Trade treaty between Brazil and India

(D) Movies of Brazil and India

(1) (A) and (B)

(2) (A) and (D)

(3) (A), (B) and (C)

(4) (A), (B) and (D)

ब्राज़ील एवं भारत के लोगों की जीवन-शैली के बीच के अंतर का पता करने के लिए विद्यार्थियों के पास क्या स्रोत होने चाहिए?

(A) पत्रिकाओं / इंटरनेट से एकत्रित किये दोनों देशों के चित्र

(B) ब्राज़ील एवं भारत की जनगणना का डाटा

(C) ब्राज़ील एवं भारत के बीच व्यापार संधि

(D) ब्राज़ील एवं भारत की फिल्में

(1) (A) और (B)

(2) (A) और (D)

(3) (A), (B) और (C)

(4) (A), (B) और (D)

Ans. (2)

ब्राजील और भारत की तस्वीरें और फिल्में जीवनशैली की तुलना करने के लिए प्रभावी स्रोत हैं, क्योंकि वे दैनिक जीवन और सांस्कृतिक प्रथाओं को दृश्य और वर्णनात्मक रूप से दर्शाते हैं।

78. Consider the following statements:

(A) For an enabling curriculum, certain themes that facilitate inter-disciplinary thinking are required.

(R) The boundaries of different social science disciplines need to be opened up; plurality of approaches may be applied to understand a given phenomenon.

Choose the correct option:

(1) Both (A) and (R) are true and (R) is the correct explanation of (A)

(2) Both (A) and (R) are true but (R) is not the correct explanation of (A)

(3) (A) is true, but (R) is false

(4) (A) is false, but (R) is true

निम्न कथनों पर विचार कीजिए

(A) एक समर्थ पाठ्यचर्या के लिए ऐसी विषय-वस्तु की आवश्यकता है जो अंतर्विषयक विचारधारा को प्रोत्साहित करें।

(R) विभिन्न सामाजिक विज्ञानों की विषय-सीमाओं को खोलने की आवश्यकता है ताकि दी गई परिघटना को समझने के लिए कई तरह के उपागमों का प्रयोग किया जा सके।

सही विकल्प का चुनाव कीजिए:

(1) (A) तथा (R) दोनों सही हैं और (R), (A) की सही व्याख्या करता है।

(2) (A) तथा (R) दोनों सही हैं किन्तु (R) सही व्याख्या नहीं करता है (A) की

(3) (A) सही है, किन्तु (R) गलत है।

(4) (A) गलत है, किन्तु (R) सही है।

Ans. (1)

(A) तथा (R) दोनों सही हैं और (R), (A) की सही व्याख्या करता है। अनुशासनात्मक सीमाओं को खोलने से उन विषयों की अनुमति मिलती है जो अंतःविषय सोच को सुविधाजनक बनाते हैं।

79. Which of the following is true about generalisations?

(A) They are statements indicating relationships between two or more concepts.

(B) Generalisation may appear as descriptions, principles, explanations, evaluation, and prediction.

(C) Generalisation cannot be judged as true or false.

(D) They cannot be understood fully unless their constituent concepts are understood.

Choose the correct option:

(1) (A), (B) and (C) only

(2) (B), (C) and (D) only

(3) (A), (B) and (D) only

(4) (A), (C) and (D) only

निम्नलिखित में से कौन सा सामान्यीकरण के संबंध में सही है?

(A) वे दो और अधिक संकल्पनाओं के बीच के संबंधों की ओर संकेत करने वाले कथन हैं।

(B) सामान्यीकरण वर्गीकरण, व्याख्याओं, मूल्यांकनों एवं पूर्वानुमानों की तरह प्रतीत हो सकते हैं।

(C) सामान्यीकरण का सही अथवा गलत की तरह मूल्यांकन नहीं किया जा सकता है।

(D) उनको समग्र रूप से नहीं समझा जा सकता जब तक उनकी संघटक संकल्पनाओं को न समझा जा सके। सही विकल्प का चयन कीजिए:

(1) केवल (A), (B) और (C)

(2) केवल (B), (C) और (D)

(3) केवल (A), (B) और (D)

(4) केवल (A), (C) और (D)

Ans. (3)

सामान्यीकरण अवधारणाओं के बीच संबंधों को व्यक्त करते हैं, विवरण और भविष्यवाणियों जैसे विभिन्न रूप ले सकते हैं, और पूरी तरह से समझने के लिए अंतर्निहित अवधारणाओं को समझने की आवश्यकता होती है।

80. While teaching about historical sources, which of the following questions are relevant for discussion in the class?

(A) Who wrote a specific text?

(B) When was the inscription done?

(C) Was there any objective for making the painting?

(1) Only (A) and (B)
(2) Only (B) and (C)
(3) Only (A) and (C)
(4) (A), (B) and (C)

ऐतिहासिक स्रोतों के बारे में पढ़ाते समय, निम्नलिखित में से कौन से प्रश्न कक्षा में परिचर्चा के लिए प्रासंगिक है?

(A) किसने विशिष्ट लेख लिखा?
(B) अभिलेख कब किया गया?
(C) क्या चित्र बनाने का कोई उद्देश्य था?

(1) केवल (A) और (B)
(2) केवल (B) और (C)
(3) केवल (A) और (C)
(4) (A), (B) और (C)

Ans. (4)

पाठ किसने लिखा, शिलालेख कब बनाया गया, और पेंटिंग के पीछे का उद्देश्य ऐतिहासिक स्रोतों का विश्लेषण करने के लिए प्रासंगिक हैं, क्योंकि वे लेखकत्व, संदर्भ और इरादे को समझने में मदद करते हैं।

81. 'Can you list two ways in which you feel advertising effects issues of equality in a democracy?"

What is the relevance of asking such a question in social science classroom?

(A) To gauge the extent to which the learner has understood the concepts.
(B) To test recall skills of the students.
(C) To provide space for learners to articulate main ideas of the concept in their own words.

Choose the appropriate option:

(1) (A) and (B)
(2) (B) and (C)
(3) (A) and (C)
(4) Only (A)

"क्या आप ऐसे दो तरीके बता सकते हैं जिनके द्वारा आप सोचते हैं कि विज्ञापन का प्रभाव लोकतंत्र में समानता के मुद्दे पर पड़ता है?"

सामाजिक विज्ञान की कक्षा में ऐसे प्रश्न पूछने की क्या प्रासंगिकता है?

(A) यह आकलन करने में मदद करते हैं कि सीखने वाले ने अवधारणाओं को समझ लिया है।
(B) छात्रों के स्मरण के कौशल की जाँच करते हैं।
(C) छात्रों को मुख्य अवधारणाओं व बिन्दुओं को अपने शब्दों में व्यक्त करने का स्थान देते हैं।

उपयुक्त विकल्प का चयन कीजिए:

(1) (A) तथा (B)
(2) (B) तथा (C)
(3) (A) तथा (C)
(4) केवल (A)

Ans. (3)

सामाजिक विज्ञान कक्षा में ऐसा प्रश्न पूछने से छात्रों की अवधारणाओं की समझ का आकलन करने में मदद मिलती है और उन्हें अपने विचारों को अपने शब्दों में व्यक्त करने की अनुमति मिलती है।

82. A geography teacher found that most of her student's performance was poor in a test. She identifies that they lacked mapping skills. She then plans a systematic intervention to improve their mapping skills. The teacher is involved in:

(1) Assessment of Learning
(2) Assessment for Learning
(3) Evaluation
(4) Action Research

भूगोल की एक शिक्षिका देखती है कि अधिकतर छात्र एक कक्षा टेस्ट में बहुत निचले स्तर का निष्पादन करते हैं। उसके बाद वह चिन्हित करती हैं कि उनमें 'मापन' कौशल की कमी है। मापन कौशल को बेहतर करने के लिए वह सुव्यवस्थित ढंग से उसे ठीक करने हेतु काम की योजना बनाती है। शिक्षिका निम्न में से किस में संलग्न है?

(1) अधिगम का आकलन
(2) अधिगम हेतू आकलन
(3) मूल्याकन
(4) कार्यात्मक अनुसंधान

Ans. (4)

शिक्षक कार्यात्मक अनुसंधान में लगा हुआ है, जिसमें किसी समस्या की पहचान करना, समाधान लागू करना और छात्र सीखने में सुधार के लिए इसकी प्रभावशीलता का मूल्यांकन करना शामिल है।

83. 'Why do people of the Sahara Desert wear heavy robes'? This question attempts to assess students' ability to:

(1) Hypothesise
(2) Reason
(3) Infer
(4) Generalise

क्यों सहारा रेगिस्तान के लोग भारी वस्त्र पहनते हैं? यह प्रश्न विद्यार्थी की________ को आंकने का प्रयास करता है।

(1) परिकल्पना
(2) तर्क शक्ति
(3) अर्थ निकालने
(4) सामान्य अनुमान लगाने की क्षमता

Ans. (2)

प्रश्न "सहारा रेगिस्तान के लोग भारी वस्त्र क्यों पहनते हैं?" पर्यावरण और व्यावहारिक विचारों के आधार पर छात्रों को यह समझाकर कि सहारा रेगिस्तान में भारी वस्त्र क्यों पहने जाते हैं, उनके तर्क कौशल का आकलन करता है।

84. In a norm-referenced test on Geography, which of the following design would be most suitable?

(1) Essay
(2) Viva-voce
(3) Multiple-choice-question
(4) Practical demonstration

भूगोल पर मानक- संदर्भित टेस्ट में निम्नलिखित में से कौन सी अभिकल्पना सर्वाधिक उपयुक्त होगी?

(1) अनुबंध
(2) मौखिक परीक्षा
(3) बहु विकल्प प्रश्न
(4) प्रायोगिक प्रदर्शन

Ans. (4)

व्यावहारिक प्रदर्शन में परीक्षार्थियों को वास्तविक दुनिया या सिम्युलेटेड परिदृश्य में कार्य करना या कौशल लागू करना शामिल होता है। भूगोल के लिए, इसमें मानचित्रों का उपयोग करना, नेविगेशन कौशल का प्रदर्शन करना या भौगोलिक डेटा की व्याख्या करना जैसी गतिविधियाँ शामिल हो सकती हैं।

85. "Make a list of different kinds of land use in your neighbourhood." This question attempts to assess student's ability to:

(1) Introspect
(2) Observe
(3) Interpret
(4) Generalize

आपके पड़ोस में भूमि का उपयोग किस-किस प्रकार हो रहा है, उसकी सूची बनाएँ।"
यह प्रश्न विद्यार्थी की ________की क्षमता को आंकने का प्रयास करता है।

(1) आत्मविश्लेषण करने
(2) अवलोकन करने
(3) व्याख्या करने
(4) सामान्य अनुमान लगाने

Ans. (2)

प्रश्न "अपने पड़ोस में विभिन्न प्रकार की भूमि उपयोग की सूची बनाएं" छात्रों की अवलोकन करने की क्षमता का आकलन करने का प्रयास करता है। इसके लिए उन्हें अपने परिवेश को बारीकी से देखने और अपने क्षेत्र में विभिन्न प्रकार के भूमि उपयोग की पहचान करने की आवश्यकता है।

86. Which of the following is an appropriate perception when a social science teacher is engaged in an activity in classroom?

(1) The teacher does this only to complete her lesson plan.
(2) The teacher pretends to fulfill the order of her Principal/Head Teacher to promote activity-based learning.
(3) The teacher does not know why she is doing this.
(4) The teacher believes that activity-based

learning helps children to understand the concept.

निम्नलिखित में से कौन-सा एक उपयुक्त दृष्टिकोण है जब एक सामाजिक विज्ञान शिक्षिका कक्षा में एक गतिविधि में संलग्न है?

(1) शिक्षिका यह केवल अपनी पाठ योजना को पूरा करने हेतु करती है।

(2) शिक्षिका अपनी प्रधानाचार्य/प्रधान शिक्षिका के गतिविधि-आधारित अधिगम को बढ़ावा देने के आदेश की पूर्ति करने का अधिनस करती है।

(3) शिक्षिका को नहीं पता है कि वह यह क्यों कर रही है।

(4) शिक्षिका को यह विश्वास है कि गतिविधि-आधारित अधिगम, अवधारणा को समझने में बच्चों की सहायता करता है।

Ans. (4)

एक प्रभावी सामाजिक विज्ञान शिक्षक सक्रिय भागीदारी, आलोचनात्मक सोच और व्यावहारिक अनुप्रयोग को बढ़ावा देकर छात्रों की समझ को बढ़ाने के लिए गतिविधि-आधारित शिक्षा का उपयोग करता है। लक्ष्य केवल पाठ योजना का पालन करने या आदेशों को पूरा करने के बजाय छात्रों की अवधारणाओं की समझ को गहरा करना है।

87. Which of the following will help in creating a positive environment for learning in the social studies classroom?

A. Confidence in children's ability to do tasks assigned

B. Comparing one student or class with another in assessment

C. Emphasis on satisfactory completion of work

D. Accepting genuine excuses for late submission of assigned tasks/projects

Choose the correct option.

(1) A, B and C

(2) A, C and D

(3) B, C and D

(4) A, B and D

निम्नलिखित में से कौन-से सामाजिक अध्ययन कक्षा में शिक्षण हेतु सकारात्मक परिवेश की रचना करने में सहायता करेंगे?

A. नियत कार्यों को करने की बच्चों की क्षमताओं में विश्वास

B. आकलन में एक विद्यार्थी अथवा कक्षा की अन्य के साथ तुलना करना

C. कार्य के संतोषजनक समापन पर बल देना

D. नियत कार्यों/परियोजनाओं को देरी से जमा करने के लिए वास्तविक बहाने स्वीकार करना

सही विकल्प का चयन कीजिए।

(1) A, B और C

(2) A, C और D

(3) B, C और D

(4) A, B और D

Ans. (2)

A, C और D सीखने का सकारात्मक माहौल बनाने में मदद करते हैं। छात्रों की क्षमताओं पर विश्वास करने से उनका आत्मविश्वास बढ़ता है, संतोषजनक कार्य पूरा करने पर ध्यान केंद्रित करने से तनाव कम होता है, और वास्तविक बहानों को स्वीकार करना समर्थन दर्शाता है। हालाँकि, छात्रों की तुलना अनावश्यक तनाव और प्रतिस्पर्धा का कारण बन सकती है, जो सकारात्मक कक्षा के माहौल के लिए सहायक नहीं है।

88. Which of the following can be used as primary sources to discuss about 'regional cultures' of the seventeenth and eighteenth centuries?

A. Stories from the temple theatre of Kerala

B. Popular tales of Marathas

C. Dance costume popular Kathak dancer

D. Bhanudatta's painting 'Rasamanjari'

Choose the correct option.

(1) A, B and C

(2) A, B and D

(3) A, C and D

(4) B, C and D

सत्रहवीं और अठारहवीं शताब्दियों की 'क्षेत्रीय संस्कृतियों' के बारे में चर्चा करने के लिए निम्नलिखित में से किनका उपयोग प्राथमिक स्रोतों की तरह किया जा सकता है?

A. केरल के मंदिर रंगमंच से कहानियाँ
B. मराठों की लोकप्रिय गाथाएँ
C. लोकप्रिय कथक नर्तक की नृत्य पोशाक
D. भानु दत्त की चित्रकला 'रसमंजरी'

सही विकल्प का चयन कीजिए।

(1) A, B और C
(2) A, B और D
(3) A, C और D
(4) B, C और D

Ans. (2)

केरल के मंदिर थिएटर की कहानियाँ इस क्षेत्र की धार्मिक और सामाजिक मान्यताओं सहित सांस्कृतिक परंपराओं को दर्शाती हैं। लोकप्रिय मराठा कहानियाँ मराठा साम्राज्य के सांस्कृतिक और ऐतिहासिक संदर्भ में बहुमूल्य अंतर्दृष्टि प्रदान करती हैं। इसके अतिरिक्त, भानुदत्त की पेंटिंग 'रसमंजरी' क्षेत्रीय कला और सांस्कृतिक अभिव्यक्तियों का दृश्य प्रतिनिधित्व प्रस्तुत करती है। साथ में, ये प्राथमिक स्रोत 17वीं और 18वीं शताब्दी के दौरान क्षेत्रीय संस्कृतियों की समृद्ध और व्यापक समझ प्रदान करते हैं।

89. What should not be the task of a teacher in a constructivist classroom?

(1) Provide opportunities to learners to explore their social world
(2) Modify the classroom environment to shape learners' behaviour
(3) Avoid learners to reflect on social issues
(4) Provide resources to enable learners to experiment and discover for themselves

एक रचनावादी कक्षा में शिक्षक को क्या नहीं करना चाहिए?

(1) विद्यार्थियों को अवसर प्रदान करना ताकि वे अपने सामाजिक जगत् को खोज सकें
(2) कक्षा के वातावरण को बदलना ताकि विद्यार्थियों के व्यवहार को आकार दिया जा सके
(3) विद्यार्थियों को सामाजिक मुद्दों पर चिंतन करने से वर्जित करना
(4) विद्यार्थियों को सक्षम बनाने के लिए संसाधन प्रदान करना ताकि वे स्वयं प्रयोग व खोज कर सकें

Ans. (3)

एक रचनावादी कक्षा में, छात्रों को अपने अनुभवों का पता लगाने, प्रयोग करने और उन पर विचार करने के लिए प्रोत्साहित किया जाता है। शिक्षकों को छात्रों को सामाजिक मुद्दों पर विचार करने से नहीं रोकना चाहिए, क्योंकि इससे आलोचनात्मक सोच और समझ में बाधा आएगी। इसके बजाय, उन्हें वास्तविक दुनिया के मुद्दों पर गहन चिंतन और जुड़ाव के अवसर पैदा करने चाहिए। इस प्रकार, सामाजिक मुद्दों पर चिंतन से बचना रचनावादी दृष्टिकोण के लक्ष्यों का खंडन करता है।

90. As a creative and reflective social science teacher, which of the following would you do to enhance and sharpen your teaching skills?

A. Self-study
B. Follow and work with the textbook only
C. Conduct action research
D. Collect or create case studies

Choose the correct option.

(1) Only A and B
(2) Only C and D
(3) A, B and C
(4) A, C and D

एक सजन और मननशील सामाजिक विज्ञान के शिक्षक के रूप में आप अपने शिक्षण कौशलों को उबत एवं कुशाग्र बनाने के लिए निम्नलिखित में से क्या करेंगे?

A. स्वयं अध्ययन
B. केवल पाठ्यपुस्तक का अनुसरण तथा उससे ही काम करना
C. क्रियात्मक अनुसंधान करना
D. केस अध्ययन का संग्रहण या निर्माण

सही विकल्प का चयन कीजिए।

(1) केवल A और B
(2) केवल C और D
(3) A, B और C
(4) A, C और D

Ans. (4)

स्व-अध्ययन, क्रियात्मक अनुसंधान और केस अध्ययन एकत्र करना शिक्षण को बढ़ाने के लिए महत्वपूर्ण हैं।

स्व-अध्ययन शिक्षकों को अद्यतन रखता है, क्रियात्मक अनुसंधान प्रतिबिंब और सुधार को बढ़ावा देता है, और केस अध्ययन बेहतर शिक्षण के लिए वास्तविक दुनिया के उदाहरण प्रदान करते हैं। ये विधियाँ कक्षा में चल रहे व्यावसायिक विकास और प्रभावशीलता में योगदान करती हैं।

91. Lata sells tea at 5:00 am. She then goes to fetch water from a faraway well. After reaching home she cooks food, washes clothe, cleans the house, sweeps, and then goes off to purchase items for her tea shop.

All this can be referred to as:

(1) Care work

(2) Double burden

(3) Housework

(4) Paid work

लता सुबह 5 बजे चाय बेचती है। उसके बाद वह बहुत दूर के कुएँ से पानी भरने के लिए जाती है। घर पहुँचने के बाद वह खाना बनाती है, कपड़े धोती, है घर की सफाई करती है, झाड़ू-पोछा करती है तब वह अपनी चाय की दुकान के लिए सामान लाने चली जाती है।

यह सभी ____ के रूप में उल्लिखित किया जा सकता है।

(1) देखभाल कार्य

(2) दोहरा - भार

(3) गृह-कार्य

(4) भुगतानवाला कार्य

Ans. (2)

दोहरा बोझ उस स्थिति का वर्णन करता है जहां व्यक्ति, अक्सर महिलाएं, अवैतनिक घरेलू काम और भुगतान किए गए रोजगार दोनों को संभालती हैं। लता की दिनचर्या, जिसमें दोनों प्रकार के काम शामिल हैं, इस अवधारणा का उदाहरण है।

92. At the elementary level, social science teaching -

(A) develops skills of observation and categorization.

(B) develops an understanding of how societies have changed over time.

(C) develops an understanding of social and economic problems of people.

Choose the appropriate option.

(1) Only (A) and (B)

(2) Only (B) and (C)

(3) Only (A) and (C)

(4) (A), (B) and (C)

प्रारंभिक स्तर पर सामाजिक विज्ञान शिक्षण:

(A) प्रेक्षण व वर्गीकरण के कौशलों का विकास करता है।

(B) समय के साथ-साथ समाजों में कैसे परिवर्तन हुए हैं, की समझ विकसित करना।

(C) लोगों की सामाजिक एवं आर्थिक समस्याओं की समझ विकसित करता है।

उपयुक्त विकल्प चुनें।

(1) केवल (A) तथा (B)

(2) केवल (B) तथा (C)

(3) केवल (A) तथा (C)

(4) (A), (B) तथा (C)

Ans. (4)

प्रारंभिक स्तर पर, सामाजिक विज्ञान शिक्षण अवलोकन और वर्गीकरण कौशल, समय के साथ सामाजिक परिवर्तनों की समझ और सामाजिक और आर्थिक मुद्दों के बारे में जागरूकता को बढ़ावा देता है, जिससे विषय में व्यापक शिक्षा मिलती है।

93. Consider the following statements and choose the correct option.

Statement (I): The distinction between history and the other social sciences lies in the former's focus on the studies of the past.

Statement (II): History at the elementary level is only on concerned about important people, events and dates in the past.

(1) Both (I) and (II) are true

(2) Statement (I) is false but (II) is true

(3) Both (I) and (II) are false

(4) Statement (I) is true but (II) is false

निम्नलिखित कथनों पर विचार करें और सही विकल्प का चयन करें:

कथन (I): इतिहास एवं अन्य सामाजिक विज्ञानों के बीच अंतर यह है कि इतिहास अतीत के अध्ययन पर केंद्रित होता है।

कथन (II): प्रारम्भिक स्तर पर इतिहास अतीत केवल के महत्त्वपूर्ण लोगों, घटनाओं एवं तिथियों से संबद्ध है।

(1) (I) और (II) दोनों सही हैं
(2) कथन (I) गलत है परन्तु (II) सही है
(3) कथन (I) और (II) दोनों गलत हैं।
(4) कथन (I) सही है परन्तु (II) गलत है।

Ans. (4)

कथन (I) सत्य है क्योंकि इतिहास पिछली घटनाओं के अध्ययन पर केंद्रित है, जबकि कथन (II) गलत है क्योंकि प्रारंभिक इतिहास में केवल लोगों, घटनाओं और तिथियों से परे व्यापक विषय, संदर्भ और ऐतिहासिक प्रक्रियाएं भी शामिल हैं।

94. Narratives are helpful in a social science class, to encourage _____.

(1) Empathy
(2) Spirituality
(3) Obedience
(4) Reasoning

सामाजिक विज्ञान की कक्षा में वृत्तांत ____ को प्रोत्साहित करने में सहायक होते हैं।

(1) समानुभूति
(2) आध्यात्मिकता
(3) आज्ञापालन
(4) तर्क शक्ति

Ans. (1)

सामाजिक विज्ञान कक्षा में कथाएँ छात्रों को दूसरों के अनुभवों और दृष्टिकोणों से जुड़ने और समझने में मदद करके सहानुभूति को बढ़ावा देती हैं।

95. If there is a situation in class where there is a difference of opinion on a topic, which of the following methods would be most appropriate?

(1) Lecture
(2) Games
(3) Discussion
(4) Reading the textbook

अगर कक्षा में एक विषय पर मतभेद की स्थिति उत्पन्न हो जाए तो, निम्नलिखित में से कौन सी पद्धति अति उपयुक्त रहेगी?

(1) व्याख्यान
(2) क्रिड़ाएँ
(3) परिचर्चा
(4) पाठ्यपुस्तक पढ़ना

Ans. (3)

कक्षा में मतभेदों को दूर करने के लिए चर्चा आदर्श है क्योंकि यह छात्रों को सहयोगात्मक रूप से विभिन्न दृष्टिकोणों को साझा करने और तलाशने में सक्षम बनाती है।

96. If a teacher of one state does not allow the learners coming from other states of India to answer in classroom, he/she in infringing upon which fundamental right of the learners?

(1) Right against exploitation
(2) Right to property
(3) Right to freedom
(4) Right to Constitutional Remedies

अगर एक राज्य का शिक्षक भारत के दूसरे राज्यों के अधिगमकर्ताओं को कक्षा में उत्तर देने की अनुमति नहीं देता है तो वह अधिगमकर्ताओं के किस मूलभूत अधिकार का उल्लंघन कर रहा / रही है?

(1) शोषण के विरुद्ध का अधिकार
(2) संपत्ति का अधिकार
(3) स्वतंत्रता का अधिकार
(4) संवैधानिक उपायों का अधिकार

Ans. (3)

शिक्षक अन्य राज्यों के शिक्षार्थियों के साथ भेदभाव करके स्वतंत्रता के अधिकार का उल्लंघन कर रहा है, जिससे कक्षा की गतिविधियों में भाग लेने की उनकी क्षमता प्रभावित होती है।

97. The most effective method to teach inequity to the upper primary classes would be by:

(1) making them learn the constitutional provisions.
(2) giving a lecture on the poor in India.
(3) giving a project on income variations among various classes.
(4) assigning an observation report on impact of poverty on health and shelter.

उच्च प्राथमिक कक्षाओं को अन्याय पढ़ाने का अति प्रभावशाली ढंग होगा:

(1) उनको संवैधानिक प्रावधानों को सीखाने के द्वारा
(2) भारत में दीन-हीनों पर व्याख्यान देने के द्वारा
(3) विभिन्न वर्गों में आय की विविधताओं पर प्रायोजना देने के द्वारा
(4) निर्धनता के स्वास्थ्य एवं आश्रय पर प्रभाव के ऊपर अवलोकन रिपोर्ट जमा करवाना

Ans. (4)

गरीबी स्वास्थ्य और आश्रय को कैसे प्रभावित करती है, इस पर एक अवलोकन रिपोर्ट उच्च प्राथमिक छात्रों को वास्तविक दुनिया के अवलोकन और महत्वपूर्ण विश्लेषण में शामिल करके असमानता के बारे में प्रभावी ढंग से सिखाती है।

98. For a group discussion on 'Confronting Marginalisation', consider these two views.

View I: A teacher should make groups only on the basis of similar social background of students.

View II: A teacher should instruct students to only talk about the laws and avoid discussing real incidents of confrontation.

Choose the most appropriate option:

(1) Only I is relevant
(2) Only II is relevant
(3) Both I and II are relevant
(4) Neither I nor II are relevant

'हाशियाकरण से निपटना पर एक सामूहिक परिचर्चा के लिए दो विचारों पर ध्यान कीजिए:

विचार (I): एक शिक्षक को केवल विद्यार्थियों की समान पृष्ठभूमि के आधार पर ही समूह बनाना चाहिए।

विचार (II): शिक्षक को विद्यार्थियों को निर्देश देना चाहिए कि वे केवल कानूनों पर ही चर्चा करें और उससे संबंधित वास्तविक घटनाओं की चर्चा से बचें।

अति उपयुक्त विकल्प का चयन कीजिए:

(1) केवल (I) ही प्रासंगिक है
(2) केवल (II) ही प्रासंगिक है
(3) (I) और (II) दोनों ही प्रासंगिक हैं।
(4) (I) और (II) दोनों ही प्रासंगिक नहीं हैं

Ans. (4)

न तो दृश्य I और न ही दृश्य II "सीमांतीकरण का सामना करने" पर चर्चा करने के लिए उपयुक्त है। दृश्य I समान पृष्ठभूमि वाले छात्रों को समूहित करके परिप्रेक्ष्य विविधता को सीमित करता है, जबकि दृश्य II चर्चा को कानूनों तक सीमित करता है, हाशिए पर व्यावहारिक और व्यक्तिगत अंतर्दृष्टि को गायब कर देता है।

99. Consider the following statements and choose the correct option.

Statement (I): In direct instruction method the student is passive, and the teacher directs the course of learning.

Statement (II): In inquiry method the students play an active role, but the teacher decides the conclusions.

(1) Statement (I) is false but (II) is true
(2) Both (I) and (II) are false
(3) Statement (I) is true but (II) is false
(4) Both (I) and (II) are true

निम्नलिखित कथनों पर विचार करें और सही विकल्प का चयन करें:

कथन (I): प्रत्यक्ष निर्देश पद्धति में विद्यार्थी निष्क्रिय होता है एवं शिक्षक अधिगम को संचालित करता है।

कथन (II): अन्वेषण पद्धति में विद्यार्थी सक्रिय भूमिका निभाते हैं परन्तु शिक्षक सार का निर्णय करता है।

(1) कथन (I) गलत है परन्तु (II) सही है
(2) कथन (I) और (II) दोनों गलत हैं.
(3) कथन (I) सही है परन्तु (II) गलत है
(4) कथन (I) और (II) दोनों सही हैं।

Ans. (3)

कथन (I) सत्य है क्योंकि यह प्रत्यक्ष निर्देश पद्धति का वर्णन करता है जहां शिक्षक सीखने को निर्देशित करता है और छात्र निष्क्रिय होते हैं। कथन (II) गलत है क्योंकि, पूछताछ पद्धति में, छात्र सक्रिय रूप से खोज करते हैं और अपने निष्कर्ष निकालते हैं, परिणाम तय करने के बजाय शिक्षक मार्गदर्शन करते हैं।

100. Select the most appropriate learning outcome from a discussion and screening of a film on marginalisation in a rural area. Students will be able to ______.

(1) identify features of village life.
(2) understand that rural areas are places of exploitation.
(3) develop general awareness.
(4) identify factors that lead to marginalisation.

ग्रामीण क्षेत्र में हाशियाकरण पर एक फिल्म दिखाने और परिचर्चा से होने वाले सर्वाधिक उपयुक्त अधिगम प्रतिफल का चयन कीजिए।
विद्यार्थी ____ सक्षम होंगे।

(1) ग्रामीण जीवन की विशेषताओं को पहचानने में
(2) कि ग्रामीण क्षेत्र शोषण को स्थान होते हैं यह समझने में
(3) जन चेतना को विकसित करने में
(4) हाशियाकरण तक ले जाने वाले घटकों को पहचानने में

Ans. (4)

हाशिए पर एक फिल्म की चर्चा और स्क्रीनिंग का लक्ष्य छात्रों को हाशिए पर ले जाने वाले विशिष्ट कारकों की पहचान करना है, जो सामान्य जागरूकता या ग्रामीण जीवन की विशेषताओं की पहचान करने के बजाय मुद्दे की गहरी समझ प्रदान करता है।

101. Which of the following incidents violates the dignity of a child?

(1) A teacher making a child attend class without his shirt on as he is not in uniform.
(2) A teacher discussing with another teacher the difficulties faced by a child at home because of neglect.
(3) A teacher asking a girl student to take up cycling to reach school.
(4) A teacher asking a child to apologise to the class for using abusive language.

निम्नलिखित में से कौन सी घटना एक बच्चे की गरिमा को चोट पहुँचाती है?

(1) शिक्षक एक बच्चे को बिना कमीज (शर्ट) के कक्षाओं में रहने को कहती है क्योंकि वह यूनिफार्म में नहीं था।
(2) शिक्षक एक बच्चे द्वारा घर पर उपेक्षा के कारण पैदा होने वाली कठिनाईयों का सामना करने पर एक अन्य शिक्षक के साथ चर्चा कर रहा है।
(3) एक शिक्षक छात्रा को साइकिल द्वारा स्कूल पहुँचने के लिए कहता है।
(4) शिक्षक एक बच्चे को अभद्र भाषा के प्रयोग के लिए कक्षा से क्षमा माँगने के लिए कहता है।

Ans. (1)

वर्दी में न होने के कारण किसी बच्चे को बिना शर्ट के कक्षाओं में उपस्थित कराना, बच्चे को अपमानित करके और उसके आत्म-सम्मान को कम करके उसकी गरिमा का उल्लंघन करता है।

102. To teach about monuments through a field trip, to elementary school students, which of the following criteria are relevant?

(A) It should be related to a monument under discussion in a class.
(B) The expense should be low and not too far.
(C) It should provide a direct experience.

Choose the appropriate option.

(1) Only (A) and (B)
(2) Only (A) and (C)
(3) Only (B) and (C)
(4) (A), (B) and (C)

प्रारंभिक स्कूल के विद्यार्थियों को क्षेत्र - भ्रमण (फील्ड ट्रिप) के माध्यम से स्मारकों के बारे में पढ़ाने के लिए निम्नलिखित में से कौन सा मानदंड प्रासंगिक है?

(A) इसे जिस स्मारक पर चर्चा हो रही है उससे संबंधित होना चाहिए।
(B) खर्चा कम होना चाहिए और अधिक दूर नहीं होना चाहिए।
(C) इसे प्रत्यक्ष अनुभव प्रदान करना चाहिए।

उपयुक्त विकल्प चुनें।

(1) केवल (A) और (B)
(2) केवल (A) और (C)
(3) केवल (B) और (C)
(4) (A), (B) और (C)

Ans. (4)

स्मारकों के बारे में पढ़ाने वाली एक सफल क्षेत्रीय यात्रा के लिए, यात्रा कक्षा के विषय के लिए प्रासंगिक होनी चाहिए, लागत और दूरी के संदर्भ में व्यावहारिक होनी चाहिए और प्रत्यक्ष, अनुभवात्मक सीखने का अवसर प्रदान करना चाहिए।

103. Which of the following statement is not a characteristic of a democratic classroom?

(1) Students decide the agenda for classroom activities.
(2) Students only listen and follow teacher's instructions.
(3) Students express their views freely.
(4) Students could question and evaluate the learning task.

निम्न में से कौन-सा कथन लोकतांत्रिक कक्षाकक्ष की विशेषता नहीं हैं?

(1) विद्यार्थी कक्षा की गतिविधियों हेतु कार्यक्रम का निर्णय लेते हैं।
(2) विद्यार्थी केवल शिक्षक को सुनते हैं व उनके निर्देशों का पालन करते हैं।
(3) विद्यार्थी अपने विचारों को स्वतंत्रतापूर्वक अभिव्यक्त करते हैं।
(4) विद्यार्थी अधिगम कार्य पर प्रश्न पूछ सकते है और उसका आकलन कर सकते हैं।

Ans. (2)

एक लोकतांत्रिक कक्षा में, छात्रों को केवल शिक्षक के निर्देशों को सुनने और उनका पालन करने के बजाय सक्रिय रूप से भाग लेने, अपने विचार व्यक्त करने और चर्चा में शामिल होने के लिए प्रोत्साहित किया जाता है।

104. Consider the following statements and choose the correct option.

Statement I: In order to discuss different dimensions of social reality in the class, the approach to teaching of social sciences needs to be open-ended.

Statement II: Issues of social conflict need not be discussed in class as students may find it difficult to understand.

(1) Statement I is true but II is false
(2) Both Statements I and II are false
(3) Statement I is false but II is true
(4) Both Statements I and II are true

निम्नलिखित कथनों पर विचार करें और सही विकल्प का चयन करें।

कथन I: सामाजिक वास्तविकता के विभिन्न आयामों पर कक्षा में चर्चा के लिए, सामाजिक विज्ञान अध्यापन के उपागम का खुले अंत वाला होना आवश्यक है।

कथन II: सामाजिक विवाद के मामलों पर कक्षा में चर्चा नहीं करनी चाहिए क्योंकि विद्यार्थियों को इसे समझने में कठिनाई हो सकती है।

(1) कथन I सही है परन्तु II गलत है।
(2) कथन I और II दोनों गलत हैं
(3) कथन I गलत है परन्तु II सही है।
(4) कथन I और II दोनों सही हैं

Ans. (1)

कथन I सत्य है क्योंकि सामाजिक विज्ञान में एक खुला दृष्टिकोण व्यापक चर्चा और आलोचनात्मक सोच को बढ़ावा देता है। कथन II गलत है क्योंकि चुनौतियों के बावजूद, जटिल मुद्दों को समझने और महत्वपूर्ण सोच कौशल विकसित करने के लिए सामाजिक संघर्षों पर चर्चा करना महत्वपूर्ण है।

105. A secondary source includes:

(1) A letter by Bhagat Singh
(2) A newspaper clipping from March 1931
(3) A textbook on Indian revolutionaries
(4) A photograph of Bhagat Singh in jail

एक द्वितीयक स्रोत सम्मिलित करता है:

(1) भगत सिंह द्वारा लिखा गया एक पत्र
(2) मार्च 1931 के एक अखबार की कतरन
(3) भारतीय क्रांतिकारियों पर पाठ्यपुस्तक
(4) भगत सिंह की कारागृह में फोटो

Ans. (3)

भारतीय क्रांतिकारियों पर एक पाठ्यपुस्तक एक द्वितीयक स्रोत है क्योंकि यह ऐतिहासिक काल से प्रत्यक्ष साक्ष्य प्रस्तुत करने के बजाय प्राथमिक स्रोतों या अन्य माध्यमिक स्रोतों से जानकारी की व्याख्या, विश्लेषण और सारांश प्रस्तुत करती है।

106. The 'cultural capital' of a student consists of:

(1) educational background of the family
(2) historical places that the learner has visited
(3) financial assists in rural as well as urban areas
(4) availability of digital devices during COVID 19 pandemic

एक विद्यार्थी की 'सांस्कृतिक पूँजी' बनी होती है:

(1) परिवार की शैक्षिक पृष्ठभूमि से
(2) ऐसे ऐतिहासिक स्थानों से जहाँ अधिगमकर्ता ने भ्रमण किया हो
(3) ग्रामीण एवं शहरी स्थानों में वित्तीय परिसंपत्तियों से
(4) कोविड 19 महामारी के दौरान डिजिटल उपकरणों की उपलब्धता से

Ans. (1)

सांस्कृतिक पूंजी का तात्पर्य गैर-आर्थिक संपत्तियों से है, जैसे परिवार की शैक्षिक पृष्ठभूमि, जो एक छात्र के मूल्यों, व्यवहार और शैक्षिक सफलता को प्रभावित करती है, सामाजिक गतिशीलता को बढ़ावा देती है।

107. What is the purpose for assessing students in social sciences?

(1) To ensure discipline in society
(2) To know student's understanding and capabilities
(3) To make students complete their homework
(4) To prepare students for examination

सामाजिक विज्ञान में विद्यार्थियों के आँकलन की जरुरत क्यों है?

(1) समाज में अनुशासन बनाए रखने के लिए।
(2) विद्यार्थियों की समझ और क्षमताएँ जानने के लिए।
(3) विद्यार्थियों से गृहकार्य पूरा करवाने के लिए।
(4) विद्यार्थियों को परीक्षा के लिए तैयार करने के लिए।

Ans. (2)

सामाजिक विज्ञान में मूल्यांकन का मुख्य उद्देश्य छात्रों की समझ, आलोचनात्मक सोच और अवधारणाओं को लागू करने की क्षमता का मूल्यांकन करना है। यह शिक्षकों को सीखने का आकलन करने, निर्देश का मार्गदर्शन करने और सुधार के लिए प्रतिक्रिया प्रदान करने में मदद करता है।

108. What kind of assessment is required to find the misconceptions on the topic of globe, among class VI children at the end of the year?

(1) Formative assessment
(2) Summative assessment
(3) Self-assessment
(4) Peer assessment

साल के अंत में कक्षा VI के बच्चों में ग्लोब विषय पर भ्रांतियों को ज्ञात करने के लिए किस प्रकार के आंकलन की आवश्यकता है?

(1) रचनात्मक आंकलन
(2) योगात्मक आंकलन
(3) स्वः आंकलन
(4) सहपाठी आंकलन

Ans. (2)

वर्ष के अंत में कक्षा VI के बच्चों के बीच विश्व के बारे में गलत धारणाओं की पहचान करने के लिए योगात्मक मूल्यांकन सबसे उपयुक्त है। यह समग्र समझ का मूल्यांकन करता है और लगातार गलतफहमियों को उजागर करता है। रचनात्मक मूल्यांकन निरंतर प्रतिक्रिया प्रदान करते हैं, जबकि स्वयं और सहकर्मी मूल्यांकन व्यक्तिगत प्रतिबिंब और मूल्यांकन पर ध्यान केंद्रित करते हैं।

109. Which of the following questions seeks to find the reasoning abilities of students?

(1) The type and thickness of vegetation changes from place to place, why?
(2) Name two hardwood trees commonly found in tropical evergreen forest
(3) Mention uses of coniferous forest
(4) Where are thorny bushes found?

निम्नलिखित प्रश्नों में से कौन सा प्रश्न विद्यार्थियों की विवेचन क्षमताओं का पता करना चाहता है?

(1) भिन्न-भिन्न स्थानों पर वनस्पति की सघनता और प्रकार में भी परिवर्तन होता है, क्यों?
(2) उष्णकटिबंधीय सदाबहार वन में आमतौर पर पाए जाने वाले दो दृढ़ काष्ठ वृक्षों के नाम बताएँ।
(3) शंकुधारी वन के उपयोग का वर्णन कीजिए।
(4) कँटीली झाड़ियाँ कहाँ पाई जाती हैं।

Ans. (1)

प्रश्न "वनस्पति का प्रकार और मोटाई एक स्थान से दूसरे स्थान पर बदलती रहती है, क्यों?" छात्रों से वनस्पति विविधताओं के अंतर्निहित कारणों को समझाने की आवश्यकता के द्वारा उनकी तर्क क्षमताओं का आकलन किया जाता है, जबकि अन्य प्रश्न तथ्यात्मक स्मरण पर केंद्रित होते हैं।

110. A social science teacher asks students to write their views on the topic "Life without rights". After they have completed the task, she asks them to share their write up with their classmates, who then suggest improvements. What evaluation strategy is the teacher using here?

(1) Peer assessment
(2) Group assessment
(3) Self-assessment
(4) Portfolio assessment

एक सामाजिक विज्ञान शिक्षिका अपने विद्यार्थियों को "अधिकारों के बिना जीवन " विषय पर अपने विचार लिखने को कहती है। कार्य खत्म करने के बाद विद्यार्थी अपने लेख अपने सहपाठियों के साथ साझा करते हैं और उसमें सुधार की चर्चा करते हैं। यहाँ पर शिक्षक कौन सी मूल्यांकन रणनीति का इस्तेमाल कर रही हैं?

(1) सहपाठी आँकलन
(2) समूह आँकलन
(3) स्व-आँकलन
(4) पोर्टफोलियो आँकलन

Ans. (1)

सहकर्मी मूल्यांकन में, छात्र अपने काम को सहपाठियों के साथ साझा करते हैं और सुधार के लिए प्रतिक्रिया प्राप्त करते हैं, जिससे उन्हें साथियों के सुझावों के आधार पर प्रतिबिंबित करने और संशोधित करने में मदद मिलती है।

111. In which step of the project method, the resources, timelines and budget for the project an identified?

(1) Selection
(2) Planning
(3) Execution
(4) Evaluation

परियोजना पद्धति के किस चरण में परियोजना के लिए संसाधनों, समय-सीमा और बजट की पहचान की जाती है?

(1) चयन
(2) योजना बनाना
(3) निष्पादन
(4) मूल्यांकन

Ans. (2)

परियोजना पद्धति के नियोजन चरण में, शिक्षक परियोजना की सफलता के लिए आवश्यक तत्वों की पहचान करता है: संसाधन (सामग्री, उपकरण, लोग), समयसीमा (परियोजना चरणों के लिए कार्यक्रम), और बजट (संसाधनों और गतिविधियों के लिए लागत)। यह चरण सुनिश्चित करता है कि परियोजना सुव्यवस्थित है, संभावित चुनौतियों का समाधान करती है, और अपने इच्छित परिणामों को प्राप्त करने के लिए ट्रैक पर बनी रहती है।

112. Which of the following are the characteristics of evaluation in social studies?

A. Evaluation is a continuous process.
B. It is an integral part of classroom teaching.
C. It is done on the basis of written tests only
D. It is closely related to the objectives of education.

Choose the correct option.

(1) A, B and C
(2) B, C and D

(3) A, B and D
(4) A, C and D

निम्नलिखित में से सामाजिक अध्ययन में मूल्यांकन की कौन-सी विशेषताएँ हैं?

A. मूल्यांकन एक सतत प्रक्रिया है।
B. यह कक्षा शिक्षण का एक अभिन्न भाग है।
C. यह केवल लिखित परीक्षाओं के आधार पर ही किया जाता है।
D. यह शिक्षा के उद्देश्यों से निकटतम रूप से संबद्ध है।

सही विकल्प का चयन कीजिए।

(1) A, B और C
(2) B, C और D
(3) A, B और D
(4) A, C और D

Ans. (3)

मूल्यांकन एक सतत प्रक्रिया है, जो सीखने की चल रही प्रकृति को दर्शाती है, और कक्षा शिक्षण का एक अभिन्न अंग है। यह शिक्षकों को छात्रों की प्रगति की निगरानी करने और उसके अनुसार अपनी शिक्षण विधियों को समायोजित करने में मदद करता है। इसके अलावा, मूल्यांकन शैक्षिक उद्देश्यों के साथ निकटता से जुड़ा हुआ है, जिससे यह सुनिश्चित होता है कि मूल्यांकन शिक्षा के लक्ष्यों को प्रतिबिंबित करता है। साथ में, ये तत्व यह सुनिश्चित करते हैं कि मूल्यांकन सार्थक, गतिशील और सीखने की प्रक्रिया से निकटता से जुड़ा हुआ है।

113. Which of the following is a necessary concept to have an understanding of days and night on earth?

(1) Insolation
(2) Rotation
(3) Revolution
(4) Inclination of the earth

पृथ्वी पर दिन रात बनने की समझ हेतु निम्न में से कौन सी अवधारणा आवश्यक है?

(1) आतपन
(2) घूर्णन
(3) परिक्रमण
(4) पृथ्वी का अपने अक्ष पर झुकाव

Ans. (2)

दिन और रात को समझने के लिए पृथ्वी का घूमना महत्वपूर्ण है क्योंकि यह प्रकाश और अंधेरे के चक्र का कारण बनता है। जैसे ही पृथ्वी अपनी धुरी पर घूमती है, ग्रह के विभिन्न हिस्से सूर्य की रोशनी या छाया के संपर्क में आते हैं, जिससे दिन और रात का निर्माण होता है।

114. Which of the following principles is essential to the pedagogical approach of the political science or social and political life?

(1) Children learn best by memorizing facts
(2) Children learn best by experiential understanding of concepts
(3) Children learn best only when they read textbooks
(4) Children learn best when facts are simplified in codes

निम्नलिखित में से कौन सा सिद्धांत राजनीतिक विज्ञान अथवा सामाजिक एवं राजनीतिक जीवन विषय के शिक्षा शास्त्रीय उपागम के लिए आवश्यक है?

(1) बच्चे तथ्यों को स्मरण करने के द्वारा श्रेष्ठ रूप से सीखते हैं।
(2) बच्चे संकल्पनाओं की अनुभवात्मक समझ के द्वारा श्रेष्ठ रूप से सीखते हैं।
(3) बच्चे जब केवल पाठ्यपुस्तक पढ़ते हैं तब श्रेष्ठ रूप से सीखते हैं।
(4) बच्चे श्रेष्ठ रूप से तब सीखते हैं जब तथ्यों को संकेतों (कूटभाषा) में सरल किया जाता है।

Ans. (2)

राजनीति विज्ञान या सामाजिक और राजनीतिक जीवन पढ़ाने के लिए आवश्यक सिद्धांत यह है कि बच्चे केवल तथ्यों को याद करने या केवल पाठ्यपुस्तकों पर निर्भर रहने के बजाय, जटिल अवधारणाओं को समझने के लिए अनुभवात्मक समझ, वास्तविक दुनिया के अनुभवों और गतिविधियों से जुड़कर सबसे अच्छा सीखते हैं।

115. All the dates before the birth of Jesus Christ are counted ______.

(1) onwards
(2) backwards
(3) in decimals
(4) in Roman numbers

ईसा मसीह के जन्म के पूर्व की सभी तिथियों को गणना ____ के रूप में की जाती है।

(1) अग्रसर (आगे की ओर)
(2) पश्चगामी
(3) दशमलवों में
(4) रोमन संख्याओं में

Ans. (2)

ईसा मसीह के जन्म से पहले की तारीखों को वर्ष 1 ईस्वी से पीछे गिना जाता है। उदाहरण के लिए, इस गणना प्रणाली में 400 ईसा पूर्व से पहले 500 ईसा पूर्व आता है।

116. Inviting a freedom fighter during discussion of National Movement topic comes under which teaching strategy?

(A) Autocratic
(B) Discussion
(C) Demonstration
(D) Question Answer

Choose the appropriate option:

(1) (A) and (B)
(2) (B) and (C)
(3) (C) and (D)
(4) (B) and (D)

राष्ट्रीय आंदोलन के विषय पर चर्चा के दौरान स्वतंत्रता सेनानियों को बुलाना किस प्रकार की शिक्षण रणनीति के अंतर्गत आता है?

(A) निरंकुश
(B) चर्चा
(C) प्रदर्शन
(D) प्रश्न-उत्तर

उपयुक्त विकल्प का चुनाव कीजिए

(1) (A) और (B)
(2) (B) और (C)
(3) (C) और (D)
(4) (B) और (D)

Ans. (4)

एक स्वतंत्रता सेनानी को आमंत्रित करना विशेषज्ञ अंतर्दृष्टि प्रदान करके और इंटरैक्टिव सीखने की सुविधा प्रदान करकें चर्चा और प्रश्न-उत्तर की शिक्षण रणनीतियों का समर्थन करता है।

117. Which of the following are common methods used in social sciences for understanding knowledge?

(A) Coercive
(B) Participatory
(C) Thematic
(D) Historical

Choose the correct option.

(1) (A), (B) and (C)
(2) (A) (B) and (D)
(3) (A) (C) and (D)
(4) (B) (C) and (D)

निम्नलिखित में से ज्ञान को समझने के लिए सामाजिक विज्ञान में प्रयोग में आने वाली कौन सी सामान्य विधियाँ है?

(A) बाध्यकारी
(B) सहभागी
(C) विषयक (थीमेटिक)
(D) ऐतिहासिक

सही विकल्प का चयन कीजिए:

(1) (A) (B) और (C)
(2) (A), (B) और (D)
(3) (A) (C) और (D)
(4) (B) (C) और (D)

Ans. (4)

सामान्य सामाजिक विज्ञान पद्धतियाँ सहभागी हैं, जिसमें व्यक्तियों के अनुभवों से अंतर्दृष्टि एकत्र करना शामिल है; विषयगत, जो सामाजिक घटनाओं में विषयों और पैटर्न का विश्लेषण करता है; और ऐतिहासिक, जो वर्तमान पर उनके प्रभाव को समझने के लिए अतीत की घटनाओं की जांच करता है।

118. More effective learning opportunities can be provided to students during the teaching of social sciences by

(1) giving detailed explanation of all topics
(2) using more teaching aids
(3) conducting periodical tests
(4) basing the teaching on real-life situations

सामाजिक विज्ञान के शिक्षण के दौरान विद्यार्थियों को अधिक प्रभावी अवसर प्रदान किए जा सकते हैं

(1) सभी विषयों की विस्तृत व्याख्या देकर
(2) अधिक शिक्षण सामग्री के प्रयोग द्वारा
(3) आवधिक परिक्षाओं के आयोजन द्वारा
(4) वास्तविक जीवन की परिस्थितियों पर आधारित शिक्षण द्वारा

Ans. (4)

वास्तविक जीवन की स्थितियों के माध्यम से सामाजिक विज्ञान पढ़ाने से छात्रों को अवधारणाओं को अपने अनुभवों से जोड़ने में मदद मिलती है, जिससे सीखना अधिक प्रासंगिक और आकर्षक हो जाता है।

119. The following are considered by a teacher during teaching of social sciences.

(A) Focus on concepts and the ability to analyse socio-political realities.
(B) Relevant local content should be part of the teaching-learning process.
(C) Transact through activities drawing on local teaching-learning resources.

Which of following is correct option?

(1) (A) and (B) only
(2) (B) and (C) only
(3) (A) (B) and (C)
(4) (A) and (C) only

सामाजिक विज्ञान के शिक्षण के दौरान निम्नलिखित पर शिक्षक द्वारा विचार किया जाता है।

(A) संकल्पनाओं तथा सामाजिक राजनीतिक वास्तविकताओं का विश्लेषण करने की योग्यता पर बल।
(B) प्रासंगिक स्थानीय विषय-वस्तु को शिक्षण-अधिगम प्रक्रिया का हिस्सा होना चाहिए।
(C) स्थानीय शिक्षण अधिगम संसाधनों पर आधारित गतिविधियों का संपादन करना।

निम्नलिखित में से कौन सा सही विकल्प है?

(1) केवल (A) और (B)
(2) केवल (B) और (C)
(3) (A) (B) और (C)
(4) केवल (A) और (C)

Ans. (3)

सामाजिक विज्ञान में प्रभावी शिक्षण में प्रमुख अवधारणाओं और सामाजिक-राजनीतिक विश्लेषण पर ध्यान केंद्रित करना, प्रासंगिक स्थानीय सामग्री को शामिल करना और सीखने और जुड़ाव को बढ़ाने के लिए गतिविधियों के माध्यम से स्थानीय संसाधनों का उपयोग करना शामिल है।

120. A teacher asks her students to do an assignment on the need to generate awareness regarding a new law. She can:

(A) Ask students to write about it in the daily newspaper
(B) Ask students to do a project about it with peers.
(C) Ask students to learn the provisions and participate in a test.

Which of following is appropriate option?

(1) (A) and (B)
(2) (A) and (C)
(3) (B) and (C)
(4) Only (C)

एक शिक्षिका अपने विद्यार्थियों को एक नए कानून के संबंध में चेतना पैदा करने की आवश्यकता पर एक नियत कार्य करने के लिए कहती हैं वह

(A) विद्यार्थियों को इसके बारे में दैनिक समाचार पत्र में लिखने के लिए कह सकती हैं।
(B) विद्यार्थियों को सहपाठियों के साथ इससे संबंधित एक प्रायोजना पर काम करने के लिए कह सकती हैं।
(C) विद्यार्थियों को प्रावधानों को सीखने और परीक्षा में भाग लेने के लिए कह सकती हैं।

निम्नलिखित में से उपयुक्त विकल्प कौन सा है?

(1) (A) और (B)
(2) (A) और (C)
(3) (B) और (C)
(4) केवल (C)

Ans. (1)

छात्रों को अखबार के लिए नए कानून के बारे में लिखने के लिए कहने से उन्हें जागरूकता पैदा करने और संचार

का अभ्यास करने में मदद मिलती है, जबकि साथियों के साथ एक प्रोजेक्ट करने से सहयोगात्मक अनुसंधान और गहरी समझ को बढ़ावा मिलता है।

121. Which of the following may be suitable to teach as "Youth Parliament Session'?

(1) Unit method
(2) Demonstration method
(3) Inductive method
(4) Dramatization technique

निम्न में से कौन सा विधि 'युवा संसद सत्र' जैसे विषयों को पढ़ाने में सबसे उचित है?

(1) इकाई विधि
(2) प्रदर्शन विधि
(3) आगमनात्मक विधि
(4) नाट्यकरण तकनीक

Ans. (4)

नाटकीयकरण तकनीक में भूमिका निभाना और वास्तविक जीवन के परिदृश्यों का अनुकरण करना शामिल है, जो युवा संसद सत्र के लिए आदर्श है क्योंकि यह छात्रों को संसदीय प्रक्रियाओं और बहसों में सक्रिय रूप से शामिल होने की अनुमति देता है, जिससे विधायी प्रक्रिया की व्यावहारिक समझ प्राप्त होती है।

122. The following are statements about critical thinking.

(A) Detect bias and unsubstantiated statements.
(B) Closed mindedness and dismissive of others and their ideas.
(C) Gain as much knowledge as possible on an issue before beginning evaluation.
(D) Distinguish between what is known and what is suspected.

Choose the option containing appropriate statements.

(1) (A), (B) and (C)
(2) (A), (C) and (D)
(3) (A), (B) and (D)
(4) (B), (C) and (D)

आलोचनात्मक चिंतन के बारे में निम्न कथन है

(A) पूर्वाग्रह और निराधार कथनों का पता लगाने में सक्षम है।
(B) सीमित सोच और दूसरों के विचारों को खारिज करने वाले होते हैं।
(C) मूल्यांकन शुरू करने से पहले किसी मुद्दे पर जितना संभव हो उतना ज्ञान प्राप्त करते हैं।
(D) ज्ञात और संदिग्ध के बीच अंतर करते हैं।

उचित कथनों वाले विकल्प का चुनाव कीजिए:

(1) (A), (B) और (C)
(2) (A) (C) और (D)
(3) (A), (B) और (D)
(4) (B) (C) और (D)

Ans. (2)

आलोचनात्मक सोच में पूर्वाग्रह और अप्रमाणित बयानों का पता लगाना, मूल्यांकन से पहले व्यापक ज्ञान प्राप्त करना और ज्ञात तथ्यों और संदेहों के बीच अंतर करके सूचित और तर्कसंगत निर्णय लेना शामिल है।

123. Data collected from different regions of geographical territory are analysed and interpreted in order to propound economic principles and laws under.

(1) Problem solving method
(2) Inductive method
(3) Laboratory method
(4) Project method

आर्थिक सिद्धांतों और कानूनों को प्रतिपादित करने के लिए भूगोल के विभिन्न क्षेत्रों से एकत्र किए गए आँकड़ों (डेटा) का विश्लेषण और व्याख्या की जाती है

(1) समस्या समाधान विधि के तहत
(2) आगमनात्मक विधि के तहत
(3) प्रयोगशाला विधि के तहत
(4) परियोजना विधि के तहत

Ans. (2)

आगमनात्मक विधि में विभिन्न स्रोतों और क्षेत्रों से डेटा एकत्र करना, उसका विश्लेषण करना और फिर देखे गए पैटर्न और रुझानों के आधार पर सामान्य सिद्धांत या कानून तैयार करना शामिल है।

124. For a social science teacher to enhance his/ her competencies and skills, which of the following is useful?

(A) By sticking to teach in a particular manner.

(B) Using community resources:

(C) Watching films and documentaries

(D) Discussing formally and informally with colleagues

Choose the appropriate Option:

(1) (A), (B) and (C)

(2) (A), (C) and (D)

(3) (B), (C) and (D)

(4) (A) (B) and (D)

एक सामाजिक विज्ञान की शिक्षिका के लिए अपनी योग्यताओं और कौशल में वृद्धि करने के लिए, निम्नलिखित में से कौन सा उपयोगी है?

(A) एक विषेश ढंग से पढ़ाने पर टिके रहने द्वारा।

(B) सामुदायिक संसाधनों का उपयोग प्रयोग करना।

(C) फिल्मों और वृत्तचित्रों को देखना।

(D) सहकर्मियों के साथ औपचारिक और अनौपचारिक रूप से चर्चा करना।

उपयुक्त विकल्प का चयन कीजिए:

(1) (A) (B) और (C)

(2) (A) (C) और (D)

(3) (B) (C) और (D)

(4) (A), (B) और (D)

Ans. (3)

दक्षताओं और कौशल को बढ़ाने के लिए, एक सामाजिक विज्ञान शिक्षक सामुदायिक संसाधनों का उपयोग करने, प्रासंगिक समझ के लिए फिल्में और वृत्तचित्र देखने और रणनीतियों और अनुभवों के आदान-प्रदान के लिए सहकर्मियों के साथ विचारों पर चर्चा करने से लाभ उठा सकता है।

125. Suppose a textbook gives the following statements:

(a) Razia's weakness (as a queen) was that she was born a woman.

(b) Ashoka weakened the country by preaching Ahimsa.

The above statements indicate ________.

(A) Gender stereotyping

(B) Promotion of violence

(C) Promotion of peace

(D) Only males can rule

(1) Only (A) and (B)

(2) Only (B) and (C)

(3) Only (C) and (D)

(4) (A), (B) and (D)

मान लीजिए एक पुस्तक में निम्न कथन दिए गए हैं:

(a) रजिया की कमजोरी (एक रानी होने के नाते) यह थी कि वह एक महिला के तौर पर पैदा हुई थी।

(b) अहिंसा का उपदेश देकर अशोक ने भारत को एक कमजोर देश बनाया।

उपरोक्त कथन दर्शाते हैं ______

(A) जैंडर / लैंगिक रूढ़िबद्ध धारणाएँ

(B) हिंसा को बढ़ावा

(C) शांति को बढ़ावा

(D) केवल पुरुष ही शासन चला सकते हैं

(1) केवल (A) तथा (B)

(2) केवल (B) तथा (C)

(3) केवल (C) तथा (D)

(4) (A), (B) तथा (D)

Ans. (1)

ये बयान रजिया के महिला होने के कारण उनके नेतृत्व को कमजोर करने का सुझाव देकर लैंगिक रूढ़िवादिता को दर्शाते हैं, और यह कहकर हिंसा को बढ़ावा देते हैं कि अशोक की अहिंसा की वकालत ने देश पर नकारात्मक प्रभाव डाला।

126. Read the following statement/s and identify the correct one.

(A) Archives is the place where documents and manuscripts are stored.

(B) The manuscripts provide a lot of detailed information to historians.

(C) Manuscripts were collected by wealthy people, rulers, monasteries and temples.

(D) Manuscripts are easy to handle and use.

Which of following is correct option?
(1) Only (A)
(2) (A) and (B)
(3) (A), (B) and (C)
(4) (A), (B), (C) and (D)

निम्नलिखित कथनों को पढ़िए तथा सही को पहचानिए

(A) अभिलेखागार एक ऐसा स्थान होता है जहाँ दस्तावेजों और पांडुलिपियों को संग्रहित किया जाता है।
(B) पांडुलिपियों में इतिहासकारों को बहुत सी विस्तृत जानकारी मिलती है।
(C) धनी व्यक्ति, शासक जन, मठ तथा मंदिर, पांडुलिपियाँ एकत्रित किया करते थे।
(D) पांडुलिपियों को संभालना और प्रयोग करना सरल है।

निम्न में से कौनसा सही विकल्प है?
(1) केवल (A)
(2) (A) तथा (B)
(3) (A), (B) तथा (C)
(4) (A), (B), (C) तथा (D)

Ans. (3)

अभिलेखागार दस्तावेज़ों और पांडुलिपियों को संग्रहीत करते हैं, जो इतिहासकारों को विस्तृत जानकारी प्रदान करते हैं। पांडुलिपियाँ धनी व्यक्तियों, शासकों, मठों और मंदिरों द्वारा एकत्र की जाती थीं।

127. Which of the following is not an example of a project work?
(1) Doing a survey of migrants in a new industrial town asking where they come from, where are they employed etc.
(2) Constructing a working model of the irrigation system through canals.
(3) Enlisting and memorizing the list of projects made by senior classes.
(4) Recreating a timeline of historical events.

निम्नलिखित में से कौन सा प्रायोजना कार्य का उदाहरण नहीं है?
(1) एक नए औद्योगिक नगर में प्रवासियों का सर्वेक्षण करना और पूछना कि वे कहाँ से आए हैं, कहाँ काम करते हैं।
(2) नहरों के माध्यम से सिंचाई के क्रियाशील नमूने का निर्माण
(3) वरिष्ठ कक्षाओं द्वारा बनाई गई प्रायोजनाओं की सूची को कंठस्थ करना एवं सूचीबद्ध करना।
(4) ऐतिहासिक घटनाओं की समय सीमा का पुनः सृजन करना।

Ans. (3)

प्रोजेक्ट कार्य में आम तौर पर किसी विषय के साथ सक्रिय जुड़ाव शामिल होता है, जैसे सर्वेक्षण करना, मॉडल बनाना, या समयसीमा को फिर से बनाना। परियोजनाओं की सूची को सूचीबद्ध करने और याद रखने में समान स्तर का सक्रिय अनुसंधान या निर्माण शामिल नहीं है।

128. Scholastic assessment refers to:
(1) Assessment of cognitive abilities of learners
(2) Assessment of affective abilities of learners
(3) Assessment of psychomotor abilities of learners:
(4) Assessment of psycho-social abilities of leamers

शैक्षिक आकलन से तात्पर्य है
(1) शिक्षार्थियों को संज्ञानात्मक क्षमताओं का आकलन।
(2) शिक्षार्थियों की भावात्मक क्षमताओं का आकलन।
(3) शिक्षार्थियों को मनोगत्यात्मक (साइकोमोटर) क्षमताओं का आकलन।
(4) शिक्षार्थियों की मनी सामाजिक क्षमताओं का आकलन।

Ans. (1)

शैक्षिक मूल्यांकन आम तौर पर परीक्षणों और शैक्षणिक मूल्यांकन के माध्यम से छात्रों के संज्ञानात्मक कौशल, जैसे ज्ञान, समझ और बौद्धिक क्षमताओं का मूल्यांकन करने पर केंद्रित होता है।

129. A student-teacher writes one of the lesson objectives as 'Students shall be able to describe the meaning of democracy. In which domain shall this objective fall?
(A) Analysis
(B) Synthesis
(C) Remember
(D) Comprehension

Choose the appropriate option:
(1) (A) and (B)
(2) (A) and (C)
(3) (B) and (C)
(4) (C) and (D)

एक विद्यार्थी शिक्षक पाठ उद्देश्यों में से एक पाठ उद्देश्य निम्नतरह से लिखता है 'विद्यार्थी लोकतंत्र के अर्थ का वर्णन 'करने में सक्षम हो जाएँगे। यह उद्देश्य किस क्षेत्र में आएगा?
(A) विश्लेषण
(B) संश्लेषण
(C) स्मरण करना
(D) बोध/समझ
उपयुक्त विकल्प का चयन कीजिए:
(1) (A) और (B)
(2) (A) और (C)
(3) (B) और (C)
(4) (C) और (D)

Ans. (4)

लोकतंत्र के अर्थ का वर्णन करने के उद्देश्य में याद रखना (अवधारणा को याद करना) और समझ (अवधारणा को समझना) दोनों शामिल हैं।

130. Which of the following questions assesses more than 'remembering skills'?
(A) Define green revolution.
(B) How does sugar industry work?
(C) Why do Mercury and Venus not have natural satellites of their own?
(D) Explain the formation of Himalaya and Ganges River system.
(1) (A), (B) and (C)
(2) (B) (C) and (D)
(3) (A) and (B) only
(4) (A) and (C) only

निम्नलिखित में से कौन सा प्रश्न केवल प्रक्रिया याद करने की क्षमता' से अधिक का आकलन करता है?
(A) हरित क्रांति की व्याख्या कीजिए।
(B) चीनी उद्योग कैसे काम करता है?
(C) बुध और शुक्र के पास अपने प्राकृतिक उपग्रह क्यों नहीं है?
(D) हिमालय और गंगा नदी प्रणाली की संरचना को समझाएँ।
(1) (A), (B) और (C)
(2) (B), (C) और (D)
(3) केवल (A) और (B)
(4) केवल (A) और (C)

Ans. (2)

चीनी उद्योग कैसे काम करता है?, बुध और शुक्र के पास अपने प्राकृतिक उपग्रह क्यों नहीं हैं? और हिमालय और गंगा नदी प्रणाली के गठन की व्याख्या करें, ये प्रश्न याद रखने के कौशल से अधिक का आकलन करते हैं क्योंकि इनमें प्रक्रियाओं को समझना और समझाना, कारणों का विश्लेषण करना और विस्तृत जानकारी को संश्लेषित करना शामिल है।

131. When students are engaged in evaluating other student's answer scripts, this becomes part of:
(1) Summative assessment
(2) Assessment as learning
(3) Diagnostic assessment
(4) Formative assessment

जब विद्यार्थी अन्य विद्यार्थियों की उत्तर पुस्तिकाओं के मूल्यांकन में संलिप्त हो, यह हिस्सा बन जाता है
(1) योगात्मक आकलन का
(2) अधिगम की तरह आकलन
(3) नैदानिक आकलन
(4) रचनात्मक आकलन

Ans. (2)

सीखने के रूप में मूल्यांकन में छात्रों को मूल्यांकन प्रक्रिया में सक्रिय रूप से भाग लेना शामिल है, जैसे साथियों के काम का मूल्यांकन करना। इससे उन्हें अपनी समझ और सीखने की रणनीतियों पर विचार करने में मदद मिलती है।

132. Which of the following questions promote critical thinking?
(A) What are the roles of World Trade Organisation?
(B) It is impossible to promote fair trade

amongst the countries. Justify.

(C) Green Revolution has made India self-sufficient in food grains. Explain.

(D) Green Revolution has led to soil degradation in India. Do you agree with this view? Explain.

(1) (A), (B) and (C)
(2) (B) (C) and (D)
(3) (A) and (D)
(4) (B) and (D)

निम्नलिखित प्रश्नों में से कौन से प्रश्न आलोचनात्मक चिंतन को बढ़ावा देते हैं?

(A) विश्व व्यापार संगठन की क्या भूमिकाएं हैं?

(B) देशों के बीच न्यायसंगत (फेयर) व्यापार को बढ़ावा देना असंभव है। उचित सिद्ध करें।

(C) हरित क्रांति ने खाद्य अनाज के संबंध में भारत को आत्मनिर्भर बना दिया है। व्याख्या करें।

(D) हरित क्रांति ने भारत की ख़ुदा (मिट्टी) अपकर्ष की ओर पहुँचा दिया है। क्या आप इस विचार से सहमत हैं? व्याख्या कीजिए।

(1) (A) (B) और (C)
(2) (B), (C) और (D)
(3) (A) और (D)
(4) (B) और (D)

Ans. (4)

देशों के बीच न्यायसंगत (फेयर) व्यापार को बढ़ावा देना असंभव है। उचित सिद्ध करें और हरित क्रांति ने भारत की ख़ुदा (मिट्टी) अपकर्ष की ओर पहुँचा दिया है। क्या आप इस विचार से सहमत हैं? व्याख्या कीजिए। ये प्रश्न छात्रों को जटिल मुद्दों का मूल्यांकन करने और उनके दृष्टिकोण को सही ठहराने के साथ-साथ कई दृष्टिकोणों से विशिष्ट घटनाओं के प्रभाव का विश्लेषण और आकलन करने की आवश्यकता के द्वारा महत्वपूर्ण सोच को बढ़ावा देते हैं।

133. Which of the following aspects a social science teacher should take into cognizance to formulate evaluation and assessment activities as part of Right to Education Act 2009?

(A) Allow children to learn through activities, discovery and exploration in a child- friendly and child-cantered manner.

(B) Allow children to learn at their own pace without any interference.

(C) Build up child's knowledge, potentiality and talent.

(D) Develop physical and mental abilities to the fullest extent.

(1) (A) (B) and (C)
(2) (A), (C) and (D)
(3) (B) (C) and (D)
(4) (A) (B) and (D)

शिक्षा के अधिकार अधिनियम 2009 के अन्तर्गत मूल्यांकन एवं आकलन गतिविधियों के सूत्रीकरण में एक सामाजिक विज्ञान शिक्षक को निम्न में से किन पहलुओं को संज्ञान में लेना चाहिए?

(A) बच्चों को उनके अनुकूल और बाल केंद्रित तरीके में गतिविधियों, अन्वेषण और पर्यवेक्षण के माध्यम से सीखने दें।

(B) बिना किसी हस्तक्षेप के बच्चों को उनको अपनी गति से सीखने दें।

(C) बच्चे के ज्ञान, अंतः शक्ति और प्रतिभा का निर्माण करें।

(D) शारीरिक और मानसिक क्षमताओं को पूर्ण सीमा तक विकसित करना।

(1) (A), (B) और (C)
(2) (A) (C) और (D)
(3) (B) (C) और (D)
(4) (A), (B) और (D)

Ans. (2)

एक सामाजिक विज्ञान शिक्षक को बच्चों को गतिविधियों और अन्वेषण के माध्यम से सीखने, उनके ज्ञान और क्षमता का निर्माण करने और उनकी शारीरिक और मानसिक क्षमताओं को विकसित करने की अनुमति देने पर विचार करना चाहिए ताकि शिक्षा का अधिकार अधिनियम 2009 के आकर्षक, समग्र और व्यापक शिक्षा पर जोर दिया। जा सके।

134. Which among the following is the opposite of stereotyping?

(1) Recognition of individuality in society.
(2) Fitting people into one pattern.
(3) Having prejudices against a category of people.
(4) Acknowledging homogeneity in society.

निम्नलिखित में से क्या रूढ़िबद्ध धारणाएँ बनाने का विपरीत है?

(1) समाज में व्यक्तिकता की पहचान करना
(2) लोगों को एक खाँचे में जड़ना
(3) एक किस्म के लोगों के लिए पूर्वाग्रह रखना
(4) समाज में एकरूपता की सराहना करना

Ans. (1)

रूढ़िबद्ध धारणाएँ लोगों का सामान्यीकरण और वर्गीकरण करती है, जबकि व्यक्तित्व को पहचानते हुए प्रत्येक व्यक्ति की विशिष्ट विशेषताओं का सम्मान और महत्व करती है।

135. What would be missing in a society with uniformity?

(1) Equality
(2) Sameness
(3) Homogeneity
(4) Diversity

एकरूपी समाज में किस चीज की कमी पाई जाएगी?

(1) समानता
(2) समरूपता
(3) समांगता/ समांगता/ एकरूपता
(4) विविधता

Ans. (4)

एकरूपता का अर्थ है कि हर कोई एक जैसा या बहुत समान है, जिसके परिणामस्वरूप विविधता की कमी होती है, या अनुभवों, पृष्ठभूमि और दृष्टिकोण में विविधता होती है।

136. In an inclusive social science classroom, a teacher would _______.

(1) believe that every child has a potential to learn as per his/her abilities and strength
(2) attend only to the gifted and talented learners
(3) use labels such as 'retarded learner' and 'slow learner'
(4) show pity and sympathy towards the challenged learners

समावेशी सामाजिक विज्ञान की कक्षा में, एक शिक्षक:

(1) विश्वास करेगा कि प्रत्येक बच्चे के पास उसके / उसकी शक्ति एवं क्षमताओं के अनुसार सीखने की संभावना है।
(2) केवल प्रतिभावान एवं गुणी अधिगमकर्ताओं पर ही ध्यान देगा।
(3) 'मंद बुद्धि अधिगमकर्ता एवं मंद अधिगमकर्ता' जैसे वर्गीकरण का प्रयोग करेगा।
(4) दिव्यांग अधिगमकर्ताओं के प्रति दया एवं सहानुभूति दिखाएगा।

Ans. (1)

एक समावेशी कक्षा लेबल का उपयोग करने, दया दिखाने या केवल प्रतिभाशाली छात्रों पर ध्यान केंद्रित करने के बजाय सभी छात्रों को उनकी अद्वितीय क्षमताओं और शक्तियों को पहचानकर महत्व देती है और उनका समर्थन करती है।

137. The approach to bring together methods of enquiry and conceptual schemes from many disciplines into a combination for a course is called the following:

(1) Multidisciplinary approach
(2) Integrated approach
(3) Unit approach
(4) Interdisciplinary approach

एक पाठ्यक्रम में कई विषयों से अन्वेषण पद्धतियों एवं संकल्पनात्मक योजनाओं को साथ लाने के उपागम को कहते हैं:

(1) बहुविषयात्मक उपागम
(2) समावेशी उपागम
(3) इकाई उपागम
(4) अंतर्विषयात्मक उपागम

Ans. (1)

बहुविषयक दृष्टिकोण में विभिन्न विषयों से विधियों और अवधारणाओं को एक पाठ्यक्रम या अध्ययन में एकीकृत करना, विभिन्न दृष्टिकोणों और विशेषज्ञता के

संयोजन से विषय की व्यापक और अधिक व्यापक समझ प्रदान करना शामिल है।

138. With regard to the factors to be kept in mind while developing a lesson plan for a Social and Political life class, consider the following statements and choose the correct option.

Statement (I): While preparing lesson plans, a teacher should ensure that the teaching techniques and strategies are homogenous in nature.

Statement (II): Theoretical knowledge should not be applied on lesson plans to avoid incomprehensibility.

(1) Only (I) is correct
(2) Only (II) is correct
(3) Both (I) and (II) are correct
(4) Both (I) and (II) are incorrect

सामाजिक एवं राजनीतिक जीवन की कक्षा में एक पाठ योजना विकसित किए जाते समय जिन कारकों को ध्यान में रखा जाना चाहिए, उसके संदर्भ में निम्न कथनों को पढ़िए तथा सही विकल्प का चुनाव कीजिए।

कथन (I): पाठ योजना बनाते समय शिक्षक को यह सुनिश्चित करना चाहिए कि शैक्षिक प्रविधियाँ और युक्तियाँ प्रकृति में एकरूप हों।

कथन (II): अबोधगम्यता से बचने के लिए पाठ योजना में सैद्धान्तिक ज्ञान को प्रयोग में नहीं लाना चाहिए।

(1) केवल (I) सही है।
(2) केवल (II) सही है।
(3) दोनों (I) तथा (II) सही हैं।
(4) दोनों (I) तथा (II) गलत हैं।

Ans. (4)

विभिन्न शिक्षण शैलियों को पूरा करने के लिए शिक्षण तकनीकों में विविधता होनी चाहिए, और यह सुनिश्चित करने के लिए कि अवधारणाएँ अच्छी तरह से संरचित और समझने योग्य हैं, पाठ योजना। में सैद्धातिक ज्ञान महत्वपूर्ण है।

139. With regard to end text questions, consider the following two statements and choose the correct answer:

Statement (I): Can be used to assess the extent to which content has been assimilated.

Statement (II): Cover the main concepts raised by the chapter and encourage students to explain them in their own words.

(1) Only (I) is correct
(2) Only (II) is correct
(3) Both (I) and (II) are correct
(4) Both (I) and (II) are incorrect

पाठ के अंत में दिए प्रश्नों के संदर्भ में निम्न दो कथनों पर विचार कीजिए तथा सही विकल्प का चुनाव कीजिए:

कथन (I): पाठ्य-वस्तु को किस हद तक आत्मसात् कर लिया है, इसके आकलन हेतु उपयोग में लाए जा सकते हैं।

कथन (II): पाठ में उठाए गए मुख्य संप्रत्ययों को पूरा करते हैं तथा विद्यार्थियों के अपने शब्दों में समझाने हेतु प्रोत्साहित करते हैं।

(1) केवल (I) सही है।
(2) केवल (II) सही है।
(3) दोनों (I) तथा (II) सही हैं।
(4) दोनों (I) तथा (II) सही नही हैं।

Ans. (3)

पाठ के अंत वाले प्रश्न छात्रों की सामग्री की समझ का आकलन करते हैं और मुख्य अवधारणाओं को कवर करते हैं, जिससे उन्हें इन विचारों को अपने शब्दों में समझाने के लिए प्रोत्साहित किया जाता है।

140. "I had to sit away from the others in the class, and that too on the floor...... sometimes they would beat me without any reason". In using this excerpt of Omprakash Valmiki from his autobiography, 'Joothan' in the class, you will encourage students to:

(1) Interpret and comprehend the text
(2) Analyse students' behaviour towards Valmiki

(3) Reason why Valmiki was treated in such a manner
(4) Introspect on Valmiki's experiences

'कक्षा में मुझे दूसरों से दूर बैठना पड़ता था, वह भी ज़मीन पर .... कभी-कभी वे मुझे बिना किसी कारण के पीटते थे "।

कक्षा में ओमप्रकाश वाल्मीकि की आत्मकथा 'जूठन' से लिए गए उद्धरण के उपयोग से आप विद्यार्थियों को प्रोत्साहित करेंगे:

(1) लेख की व्याख्या तथा समझने के लिए
(2) वाल्मीकि के प्रति विद्यार्थियों के व्यवहार का विश्लेषण करने के लिए
(3) क्यों वाल्मीकि के साथ इस प्रकार का व्यवहार किया गया इसका तर्क देने के लिए
(4) वाल्मीकि के अनुभवों पर आत्मविश्लेषण के लिए

Ans. (4)

जूठन के अंश का उपयोग करने से छात्रों को वाल्मिकी के कठोर व्यवहार और उसके व्यक्तिगत प्रभाव पर विचार करने, भावनात्मक जुड़ाव और सामाजिक अन्याय की समझ को बढ़ावा देने में मदद मिलती है।

141. In order to make students gain some understanding about the horrors of war and to be able to suggest peaceful alternatives, a teacher organises two weeks of teaching around the question 'can world war - III be prevented? Throughout their study students use information from a variety of disciplines. This above approach is an example of:

(1) Interdisciplinary approach
(2) Integrated approach
(3) Multidisciplinary approach
(4) Unit approach

विद्यार्थियों को युद्ध की बीभत्सता के बारे में कुछ समझ अर्जित करने के लिए एवं शांतिपूर्ण विकल्पों को सुझाने में समर्थ बनाने के लिए, एक शिक्षक 'क्या तृतीय विश्व युद्ध टाला जा सकता है?' पर दो सप्ताह के अध्यापन का आयोजन करता है। उनके अध्ययन के समय विद्यार्थी विविध विषयों से सूचना का प्रयोग करते हैं। उपरोक्त उपागम उदाहरण है:

(1) अंतर्विषयात्मक उपागम का
(2) समावेशी उपागम का
(3) बहुविषयात्मक उपागम का
(4) इकाई उपागम का

Ans. (2)

एकीकृत दृष्टिकोण एक केंद्रीय प्रश्न का पता लगाने के लिए विभिन्न विषयों की जानकारी का उपयोग करता है, जिससे छात्रों को जटिल मुद्दों को व्यापक रूप से समझने में मदद मिलती है।

142. Consider the following statements and choose the appropriate option.

Statement (I): People think and draw meaning from their experiences by using concepts and generalisations.

Statement (II): In a social science classroom emphasis is to be laid on developing concepts and the ability to analyse socio-political realities rather than mere retention of information.

(1) Statement (I) is false, but Statement (II) is true
(2) Both Statement (I) and (II) are true and (I) is the rational for (II)
(3) Statement (I) is true, but Statement (II) is false
(4) Both Statement (I) and (II) are true but (I) is not the rational for (II)

निम्नलिखित कथनों पर विचार करें तथा उपयुक्त विकल्प का चयन करें।

कथन (I): लोग संकल्पनाओं और सामान्यीकरण का उपयोग करते हुए, लोग अपने अनुभवों के अर्थ निकालते हैं।

कथन (II): सामाजिक विज्ञान की कक्षा में संकल्पनाओं के विकास एवं सामाजिक-राजनीतिक वास्तविकताओं के विश्लेषण की क्षमता पर बल होना चाहिए बजाय मात्र सूचना को स्मरण रखने के।

(1) कथन (I) गलत है परन्तु (II) सही है
(2) कथन (I) और (II) दोनों सही हैं और (I), (II) का

मूलाधार है

(3) कथन (I) सही है परन्तु (II) गलत है

(4) कथन (I) और (II) दोनों सही हैं परन्तु (I), (II) का मूलाधार नहीं है

Ans. (2)

कथन (I) कथन (II) के लिए तर्क प्रदान करता है क्योंकि यह समझना कि लोग अवधारणाओं और सामान्यीकरणों का उपयोग कैसे करते हैं, कक्षा में गहन विश्लेषणात्मक कौशल विकसित करने पर जोर देने का समर्थन करता है।

143. A social science teacher wants to engage her students in evidence-based enquiry on 'weather'. Which of the following tasks would find a place in her lesson plan?

(A) Asking students to note down weather report from a local newspaper for 10 days.

(B) Asking students to note down important points from a documentary on climate change.

(C) Asking students to collect songs on weather.

Choose the appropriate option.

(1) Only (A)

(2) Only (B)

(3) Only (A) and (B)

(4) All (A), (B) and (C)

सामाजिक विज्ञान की एक शिक्षिका 'मौसम' विषय पर अपने विद्यार्थियों को प्रमाण आधारित जाँच में संलग्न करना चाहती है। निम्न में से कौन सा कार्य उनकी पाठ योजना में शामिल होगा?

(A) विद्यार्थियों को स्थानीय समाचार पत्र से दस दिन की मौसम रिपोर्ट लिखने का सुझाव देना।

(B) कक्षा में जलवायु परिवर्तन पर वृत्त चित्र देखने के दौरान विद्यार्थियों को मुख्य बिन्दुओं को लिखने को कहना।

(C) बच्चों को मौसम पर गाने एकत्रित करने को कहना।

उपयुक्त विकल्प का चुनाव कीजिए:

(1) केवल (A)

(2) केवल (B)

(3) केवल (A) और (B)

(4) (A), (B) तथा (C) सभी

Ans. (1)

छात्रों को 10 दिनों के लिए स्थानीय समाचार पत्र से मौसम रिपोर्ट नोट करने के लिए कहने में वास्तविक डेटा एकत्र करना शामिल है, जो साक्ष्य-आधारित दृष्टिकोण के लिए महत्वपूर्ण है।

144. Consider the following statements and choose the appropriate option.

Statement (I) In a study on the making of a historical cinema, a historical documentary will be a secondary source.

Statement (II) Encyclopaedias are a primary source of information.

(1) Statement (I) is true and (II) is false

(2) Statement (I) and (II) are true

(3) Statement (I) and (II) are false

(4) Statement (I) is false and (II) is true.

निम्नलिखित कथनों पर विचार करें और सही विकल्प का चयन करें।

कथन (I): ऐतिहासिक सिनेमा बनाने पर अध्ययन में एक ऐतिहासिक वृत चित्र द्वितीयक स्त्रोत होगा।

कथन (II): विश्वकोष (Encyclopaedias) सूचना के प्राथमिक स्त्रोत हैं।

(1) कथन (I) और (II) दोनों गलत हैं

(2) कथन (I) सही है तथा (II) गलत है

(3) कथन (I) और (II) सही हैं

(4) कथन (I) गलत है तथा (II) सही है

Ans. (1)

कथन (I) सत्य है क्योंकि एक ऐतिहासिक वृत्तचित्र एक द्वितीयक स्रोत है जो ऐतिहासिक घटनाओं की व्याख्या करता है और उनके बारे में जानकारी प्रस्तुत करता है। कथन (II) गलत है क्योंकि विश्वकोश द्वितीयक स्रोत हैं जो विभिन्न स्रोतों से जानकारी संकलित और सारांशित करते हैं, प्राथमिक स्रोत नहीं।

145. What are the perceptions surrounding Social Science that can be dispelled with effective classroom engagement?

(A) It is non-Utilitarian.

(B) It is all about rote memorisation.

(C) It does not require problem solving skills.

(1) Only (A) and (B)

(2) Only (B) and (C)

(3) Only (A) and (C)

(4) (A), (B), (C)

सामाजिक विज्ञान के प्रति कौन सी धारणाएं हैं जिन्हें प्रभावी कक्षा विनियोजन के साथ दूर किया जा सकता है?

(A) यह अव्यावहारिक है

(B) यह बस यंत्रवत् कंठस्थ करने के बारे में है

(C) इसमें समस्या समाधान के कौशल की जरूरत नहीं होती है

उपयुक्त विकल्प चुनें।

(1) केवल (A) और (B)

(2) केवल (B) और (C)

(3) केवल (A) और (C)

(4) (A), (B), (C)

Ans. (4)

प्रभावी कक्षा सहभागिता इस दृष्टिकोण को चुनौती दे सकती है कि सामाजिक विज्ञान गैर-उपयोगितावादी, रटने-याद करने पर केंद्रित या समस्या-समाधान रहित है। यह इस बात पर प्रकाश डालता है कि सामाजिक विज्ञान व्यावहारिक, प्रासंगिक है और इसमें आलोचनात्मक सोच और जटिल समस्या-समाधान शामिल है।

146. 'Make a list of at least ten occupations in the city, town or village to which you belong and find out how long they have existed?

This question attempts to assess students' understanding of:

(A) Continuity

(B) Complexity

(C) Contrast

Choose the appropriate option.

(1) (A) and (B)

(2) (B) and (C)

(3) (A) and (C)

(4) (A), (B) and (C)

आप जिस शहर, कस्बा या गाँव से संबंध रखते हैं उसके कम से कम दस व्यवसायों की सूची बनाइए और यह पता लगाएँ कि वे कितने समय से विद्यमान हैं?

यह प्रश्न विद्यार्थियों की की समझ को आंकने का प्रयास करता है:

(A) निरंतरता

(B) जटिलता

(C) विषमता

उपयुक्त विकल्प चुनें।

(1) (A) और (B)

(2) (B) और (C)

(3) (A) और (C)

(4) (A), (B) और (C)

Ans. (3)

प्रश्न मुख्य रूप से छात्रों की निरंतरता के बारे में समझ का आकलन करता है और यह पता लगाता है कि विभिन्न व्यवसाय कितने समय से उनके समुदाय का हिस्सा रहे हैं। यह विभिन्न व्यवसायों की ऐतिहासिक अवधि की तुलना करके अप्रत्यक्ष रूप से विरोधाभास को भी प्रोत्साहित करता है।

147. A teacher has been asked to prepare a report of students learning, relative to each other. Which type of test is relevant for her requirements?

(1) Peer assessment

(2) Norm referenced assessment

(3) Criterion - referenced tests

(4) Rubric based assessment

एक शिक्षिका को विद्यार्थियों की एक दूसरे से संबंधित रिपोर्ट बनाने को कहा गया। इसके लिए किस प्रकार की परीक्षा प्रासंगिक होगा?

(1) सहभागी आंकलन

(2) मानक संदर्भित आंकलन

(3) मानदंड - संदर्भित टेस्ट

(4) रूबरिक आधारित आंकलन

Ans. (2)

मानक-संदर्भित मूल्यांकन छात्रों के प्रदर्शन की उनके साथियों के सापेक्ष तुलना करने के लिए उपयुक्त हैं, जो एक-दूसरे के संबंध में छात्रों के सीखने की रिपोर्ट तैयार करने के लिए शिक्षक की आवश्यकता के साथ संरेखित होते हैं।

148. A Social Science teacher at middle level asked her students to prepare a project on the topic of 'Why are forests necessary? Which of the following activity/activities students are supposed to be engaged in?

(A) Collection of various samples of products made from wood.

(B) Showing various forests areas found in India on map and using it for discussion related to the topic.

(1) Only (A)
(2) Only (B)
(3) Both (A) and (B)
(4) Neither (A) nor (B)

मिडिल स्तर पर सामाजिक विज्ञान की एक शिक्षिका अपने विद्यार्थियों को 'हमें वनों की आवश्यकता क्यों है', विषय पर परियोजना कार्य करने को कहते है। विद्यार्थियों को निम्न में से किस गतिविधि/गतिविधियों में संलग्न होने की अपेक्षा है?

(A) लकड़ी से बने विभिन्न उत्पादों के नमूने इकट्ठे करना।

(B) भारत में पाए जाने वाले विभिन्न वन क्षेत्रों को मानचित्र पर दर्शाना तथा विषय से संबंधित चर्चा करना।

सही विकल्प चुनें।

(1) केवल (A)
(2) केवल (B)
(3) (A) तथा (B) दोनों
(4) न तो (A) और न ही (B)

Ans. (3)

दोनों गतिविधियाँ उनके व्यावहारिक उपयोग और भौगोलिक वितरण की खोज करके इस बात की व्यापक समझ में योगदान करती हैं कि वन क्यों आवश्यक हैं।

149. In Social Science, the purpose of encouraging small group, field-based projects are to:

(1) decrease teachers burden so that she/he can assess a smaller number of projects
(2) develop the skill among students to work as a team.
(3) ensure safety of students in the field.
(4) make it cost effective.

सामाजिक विज्ञान में, छोटे समूह वाली, क्षेत्र आधारित प्रायोजनाओं को प्रोत्साहित करने के उद्धेश्य है:

(1) शिक्षकों का भार कम करना ताकि वह कम संख्या में प्रायोजनाओं को आंक सके।
(2) विद्यार्थियों के मध्य एक टीम के रूप में काम करने के कौशल को विकसित करना।
(3) क्षेत्र में विद्यार्थियों की सुरक्षा सुनिश्चित करना।
(4) प्रभावी लागत वाले होना

Ans. (2)

छोटे समूह, क्षेत्र-आधारित परियोजनाएं छात्रों के बीच टीम वर्क और सहयोग कौशल को बढ़ाने के लिए डिज़ाइन की गई हैं, जो सामाजिक विज्ञान शिक्षा में एक मौलिक लक्ष्य है।

150. Which of the following questions attempt to check the applicational knowledge of students?

(1) What is a latitude?
(2) How can stereotypes impact the life of a girl?
(3) What actions are required to realise fundamental rights a reality?
(4) Who is a municipal councillor?

निम्न में से किस प्रश्न से छात्र के व्यवहारिक ज्ञान की जाँच की जा सकती है?

(1) अक्षांश क्या है?
(2) रूढ़िबद्ध धारणाएँ एक लड़की की जिंदगी को कैसे प्रभावित करती है?
(3) मौलिक अधिकार को वास्तविकता में लाने के लिए किस तरह के कार्रवाईयों की जरूरत है?
(4) नगर पार्षद कौन होता है?

Ans. (3)

प्रश्न "मौलिक अधिकारों को वास्तविकता का रूप देने के लिए किन कार्यों की आवश्यकता है?" छात्रों की मौलिक अधिकारों की समझ को व्यावहारिक स्थितियों में लागू करने की क्षमता का आकलन करता है, यह प्रदर्शित करता है कि सैद्धांतिक ज्ञान का उपयोग वास्तविक दुनिया के संदर्भों में कैसे किया जा सकता है।

151. Regarding teaching of controversial topics in Social Science, which of the following should a teacher keep in mind?

(1) Dismiss any conflicts that arise in class
(2) Taking up it only when the teacher is certain the children are from similar social contexts.
(3) Engage with proper planning so that discussions happen with respect and dignity.
(4) Avoid such themes altogether.

सामाजिक विज्ञान में विवादास्पद मुद्दों को पढ़ाते हुए एक शिक्षक को किन बातों का ध्यान रखना चाहिए?

(1) कक्षा में उत्पन्न हुए किसी भी तरह के विवाद को खारिज कर देना चाहिए।
(2) शिक्षक जब निश्चित हो कि छात्र एक ही तरह के सामाजिक संदर्भों से आते हैं तभी मुद्दे उठाने चाहिए।
(3) उचित योजना बनाकर विचार-विमर्श कराई जाए ताकि सम्मान और गरिमा बनी रहे।
(4) इस तरह के विषय को कक्षा में पढ़ाया ही न जाए।

Ans. (3)

उचित योजना के साथ संलग्न होने से यह सुनिश्चित होता है कि संवेदनशील मुद्दों पर चर्चा सम्मानपूर्वक और रचनात्मक रूप से की जाती है, जिससे सीखने का सकारात्मक माहौल बनता है।

152. In discussing 'domestic violence', what is an appropriate way to project women who have faced violence?

(1) Victims
(2) Strugglers
(3) Survivors
(4) Weaklings

'घरेलू हिंसा' पढ़ाते हुए, उस महिला जिसने हिंसा झेली है, को दर्शाने का सबसे उचित तरीका क्या होगा?

(1) पीड़िता
(2) संघर्षरत
(3) उत्तरजीवी (सर्वाइवर)
(4) कमजोर

Ans. (3)

घरेलू हिंसा पर चर्चा करते समय, महिलाओं को उत्तरजीवी के रूप में संदर्भित करना उन्हें निष्क्रिय या नकारात्मक रूप से चित्रित करने के बजाय उनकी लचीलापन और ताकत पर प्रकाश डालता है।

153. How would you discuss the theme, 'Equality in Indian democracy' in the class?

(A) As a Fundamental Right we are entitled to.
(B) As an ideal quality for living a fulfilling life.
(C) By giving its proper definition and features.
(D) By highlighting the inequalities that exists in Society.

(1) (A), (B), (C)
(2) (B), (C), (D)
(3) (C), (D), (A)
(4) (A), (B), (D)

'भारतीय लोकतंत्र में समानता' विषय की आप कक्षा में कैसे चर्चा करेंगे? उपयुक्त विकल्प चुनें।

(A) हमें मिले हुए मौलिक अधिकार के रूप में
(B) एक परिपूर्ण जीवन के लिए एक आदर्श गुण के रूप में
(C) इसकी परिभाषा और विशिष्टता बताते हुए
(D) समाज में विद्यमान असमानताओं को उजागर करते हुए

(1) (A), (B), (C)
(2) (B), (C), (D)
(3) (C), (D), (A)
(4) (A), (B), (D)

Ans. (4)

"भारतीय लोकतंत्र में समानता" पर प्रभावी ढंग से चर्चा करने के लिए, इसे एक मौलिक अधिकार के रूप

में संबोधित करें, एक पूर्ण जीवन में इसकी भूमिका पर प्रकाश डालें, इसके सिद्धांतों को परिभाषित करें, और इसके व्यावहारिक अनुप्रयोग का आकलन करने के लिए मौजूदा असमानताओं की आलोचनात्मक जांच करें।

154. The purpose of assessment in social science is:

(1) To facilitate streaming of the students in terms of their learning levels.

(2) To appraise students' perceptivity and ability to understand and connect their learnings with lived realities.

(3) To test the writing skills of students.

(4) To evaluate the students' retention capacity.

सर्वाधिक उपयुक्त उत्तर का चयन कीजिए।

सामाजिक विज्ञान में आकलन का उद्देश्य है :

(1) विद्यार्थियों को उनके अधिगम स्तरों के अनुसार प्रवाही बनाने में सहयोग करना।

(2) विद्यार्थियों के ग्रहण क्षमता तथा अधिगम को समझने और उनकी जीवांत वास्तविकताओं के जोड़ने को आंकना।

(3) विद्यार्थियों के लेखन के कौशल को परखना।

(4) विद्यार्थियों की स्मरण क्षमता का मूल्यांकन करना।

Ans. (2)

सामाजिक विज्ञान में मूल्यांकन का उद्देश्य यह मूल्यांकन करना है कि छात्र अवधारणाओं को कितनी अच्छी तरह समझते हैं और अपनी समझ को वास्तविक दुनिया की स्थितियों पर लागू करते हैं। यह उनकी शैक्षणिक शिक्षाओं को व्यावहारिक अनुभवों और रोजमर्रा की जिंदगी के साथ समझने, विश्लेषण करने और जोड़ने की उनकी क्षमता को मापने पर केंद्रित है।

155. Which of the following question (s) assess the 'Analysing' skill of learners?

(A) What type of clothes do people of Sahara Desert wear?

(B) Climate of Sahara Desert is hot in daytime even then people wear heavy robes. Why? Discuss with reasons and appropriate examples.

(C) 'Present day Sahara used to be a lush green plain'. How could you examine the truthfulness of this argument?

Choose the appropriate option:

(1) (A) and (B)

(2) (B) and (C)

(3) (A) and (C)

(4) Only (B)

निम्न में से कौन सा/से प्रश्न अधिगमकर्ता के 'विश्लेषण' कौशल का आकलन करता है?

(A) सहारा रेगिस्तान में लोग कैसे कपड़े पहनते हैं?

(B) सहारा रेगिस्तान में दिन में बहुत गर्मी होती है तब भी लोग भारी वस्त्र पहनते हैं। ऐसा क्यों होता है? कारणों व उपयुक्त उदाहरणों द्वारा स्पष्ट करें।

(C) 'आज का सहारा कभी हरा-भरा मैदानी इलाका हुआ करता था। इस तर्क की सच्चाई की जाँच आप कैसे कर सकते हैं?

उपयुक्त विकल्प का चुनाव कीजिए:

(1) (A) तथा (B)

(2) (B) तथा (C)

(3) (A) तथा (C)

(4) केवल (B)

Ans. (2)

प्रश्न जो पूछते हैं कि सहारा की गर्म और कठोर जलवायु में लोग भारी वस्त्र क्यों पहनते हैं और हरे-भरे मैदान के रूप में सहारा के अतीत की जांच करना, जलवायु और कपड़ों के बीच संबंधों की खोज और ऐतिहासिक पर्यावरणीय परिवर्तनों की जांच करके कौशल का विश्लेषण करना शामिल है।

156. Which of the following questions assess 'applying' skill of the learner?

(A) How are beaches formed?

(B) How do people modify their environment? Give example from your observation,

(C) What do you think the government can do to help small farmers when they get into debt? Discuss.

Choose the appropriate option:

(1) (A) and (B)

(2) (B) and (C)

(3) (A) and (C)

(4) All (A), (B) and (C)

निम्न में से कौन से प्रश्न अधिगमकर्त्ता के संप्रत्ययों को 'प्रयोग में लाने' के कौशल का आकलन करते है ?

(A) तटों का निर्माण कैसे होता है?

(B) मनुष्य अपने आस-पास के वातावरण को कैसे बदलता है? अपने अवलोकन से उदाहरण दीजिए।

(C) जब छोटे किसान कर्ज में डूब जाते हैं तो आपके अनुसार सरकार उनकी सहायता के लिए क्या कर सकती है? चर्चा कीजिए।

उपयुक्त विकल्प का चयन कीजिए।

(1) (A) और (B)

(2) (B) और (C)

(3) (A) और (C)

(4) (A), (B) और (C) सभी

Ans. (2)

'लागू' कौशल का आकलन करने वाले प्रश्नों के लिए छात्रों को व्यावहारिक, वास्तविक दुनिया के परिदृश्यों में अपने सैद्धांतिक ज्ञान का उपयोग करने की आवश्यकता होती है, जैसे पर्यावरणीय परिवर्तनों के उदाहरण प्रदान करना या विशिष्ट मुद्दों के लिए नीति समाधान प्रस्तावित करना। दोनों प्रकार के प्रश्न सीखी गई अवधारणाओं के व्यावहारिक अनुप्रयोग पर जोर देते हैं।

157. Read the following statements about rubrics:

(A) They add reliability to assessment.

(B) They increase transparency in assessment.

(C) They decrease subjectivity in assessment.

Choose the correct option:

(1) (A) and (B) are correct

(2) (B) and (C) are correct

(3) (A) and (C) are correct

(4) All (A), (B) and (C) are correct

रूब्रिक्स के बारे में निम्न कथनों को पढ़िए:

(A) ये आकलन में विश्वसनीयता को बढ़ा देते हैं।

(B) ये आकलन में पारदर्शिता को बढ़ा देते हैं।

(C) ये आकलन में व्यक्तिपरकता को घटा देते हैं।

सही विकल्प का चुनाव कीजिए:

(1) (A) और (B) सही हैं।

(2) (B) और (C) सही है।

(3) (A) और (C) सही हैं।

(4) (A), (B) और (C) सभी सही हैं।

Ans. (4)

रूब्रिक्स विश्वसनीयता में सुधार के लिए ग्रेडिंग को मानकीकृत करके, पारदर्शिता बढ़ाने के लिए मानदंडों को स्पष्ट रूप से रेखांकित करके और व्यक्तिपरकता को कम करने के लिए मूल्यांकनकर्ता पूर्वाग्रहों को कम करके मूल्यांकन को बढ़ाता है।

158. In a project work the assessments can be done through:

(A) Oral presentation

(B) Written report

Choose the correct option.

(1) Only (A)

(2) Only (B)

(3) Both (A) and (B)

(4) Neither (A) nor (B)

एक परियोजना कार्य में आकलन किया जा सकता है:

(A) मौखिक प्रदर्शन द्वारा

(B) लिखित रिपोर्ट द्वारा

सही विकल्प चुनें।

(1) केवल (A)

(2) केवल (B)

(3) दोनों (A) और (B)

(4) न तो (A) और न ही (B)

Ans. (3)

परियोजना कार्य में, स्पष्टता, संगठन और सामग्री की गहराई का आकलन करने के लिए मौखिक संचार कौशल और लिखित रिपोर्ट का मूल्यांकन करने के लिए मौखिक प्रस्तुतियों के माध्यम से मूल्यांकन किया जा सकता है।

159. Which of the following is considered as a 'secondary source'?

(1) A book review published in a newspaper.

(2) A testimony of a partition survivor.
(3) Photographs of bombings in the Ukraine war.
(4) Girnar Rock inscription of king Rudradaman.

निम्नलिखित में से कौन सा 'द्वितीयक स्रोत' के रूप में माना जाता है ?
(1) समाचार पत्र में प्रकाशित एक किताब की समीक्षा
(2) विभाजन के उत्तरजीवी की आप बीती
(3) युक्रेन युद्ध में बमबारी के चित्र
(4) राजा रूद्रदमन के गिरनार पत्थर पर अंकित

Ans. (1)

किसी समाचार पत्र में प्रकाशित पुस्तक समीक्षा एक द्वितीयक स्रोत है क्योंकि यह मूल, प्रत्यक्ष साक्ष्य प्रदान करने के बजाय किसी अन्य कार्य का विश्लेषण या सारांश प्रस्तुत करती है।

160. In incorporating local knowledge in the classroom, the following issues should be of concern to a social science teacher:
(A) Authenticity of sources
(B) Relevancy to syllabus
(C) Quantity of examples
(D) Interest building
(1) (A), (B) and (C)
(2) (A), (B) and (D)
(3) (A), (C) and (D)
(4) (B), (C) and (D)

कक्षा में स्थानीय ज्ञान को समाविष्ट करने में, सामाजिक विज्ञान के शिक्षक के लिए निम्नलिखित मामले चिंता का विषय होने चाहिए।
(A) स्रोतों की प्रमाणिकता
(B) पाठ्यक्रम के लिए प्रासंगिकता
(C) उदाहरणों की मात्रा
(D) रूचि उत्पन्न करना
(1) (A), (B) (C)
(2) (A), (B) (D)
(3) (A), (C) (D)
(4) (B), (C) (D)

Ans. (2)

कक्षा में स्थानीय ज्ञान को शामिल करते समय, एक सामाजिक विज्ञान शिक्षक को विश्वसनीयता सुनिश्चित करने के लिए स्रोतों की प्रामाणिकता, पाठ्यक्रम के उद्देश्यों के साथ संरेखित करने के लिए पाठ्यक्रम की प्रासंगिकता और ज्ञान को उनके हितों से जोड़कर छात्रों को संलग्न करने के लिए रुचि निर्माण पर ध्यान केंद्रित करना चाहिए।

161. Which of the following should be of utmost concern to ensure proper conduction of social science education? It should be:
(1) learner centric
(2) textbook centric
(3) teacher centric
(4) discipline centric

निम्नलिखित में से कौन सा सामाजिक विज्ञान शिक्षा के सही आयोजन को सुनिश्चित करने के लिए गहन चिंता का विषय हो सकता है ? यह होना चाहिए :
(1) अधिगमकर्ता केंद्रित
(2) पाठ्यपुस्तक केंद्रित
(3) शिक्षक केंद्रित
(4) विद्या-विशेष केंद्रित

Ans. (1)

शिक्षार्थी केंद्रित दृष्टिकोण छात्रों की जरूरतों, रुचियों और सीखने की शैलियों पर ध्यान केंद्रित करता है, और अधिक प्रभावी और आकर्षक शैक्षिक अनुभव को बढ़ावा देता है।

162. What is the relevance of giving an open book test in social science?
(1) To remove fear of examination.
(2) To prevent rote memorisations of content.
(3) To avoid invigilation duties for teachers.
(4) So that students can find exact material for answers from the textbooks.

सामाजिक विज्ञान में खुली पुस्तक परीक्षा की क्या सार्थकता है ?
(1) परीक्षा का भय दूर करना।
(2) विषयवस्तु रटने से बचाना।
(3) शिक्षकों को निरीक्षण से दूर रखना।
(4) तकि छात्र पाठ्यपुस्तकों से उत्तर ढूँढ सके।

Ans. (2)

ओपन बुक टेस्ट छात्रों को केवल तथ्यों को याद रखने के बजाय अवधारणाओं को समझने और लागू करने के लिए प्रोत्साहित करते हैं।

163. Sensitivity and awareness on issues faced by marginal groups can be encouraged by:

(A) identifying the factors that contribute to marginalisation.

(B) making students identify the marginalised communities.

(C) leaving out controversial issues so as not to hurt students' feelings.

(1) (A) and (B)

(2) (B) and (C)

(3) (A) and (C)

(4) (A), (B) and (C)

हाशिये वाले समूहों ने जिन मामलों का सामना किया है उन पर संवेदनशीलता और जागरूकता प्रोत्साहित किया जा सकता है।

(A) हाशियाकरण में योगदान देने वाले कारकों की पहचान करने के द्वारा।

(B) विद्यार्थियों से हाशियाकृत समुदायों की पहचान करवाने के द्वारा।

(C) विवादास्पद मामलों को छोड़ देना ताकि विद्यार्थियों की भावनाएँ आहत न हों।

(1) (A) और (B)

(2) (B) और (C)

(3) (A) और (C)

(4) (A), (B) और (C)

Ans. (1)

सीमांत समूहों द्वारा सामना किए जाने वाले मुद्दों पर संवेदनशीलता और जागरूकता को हाशिए पर योगदान देने वाले कारकों की पहचान करके प्रोत्साहित किया जा सकता है, जो सहानुभूति और समझ विकसित करने में मदद करता है और हाशिए पर रहने वाले समुदायों को पहचानकर उनकी चुनौतियों के बारे में गहरी जागरूकता को बढ़ावा देता है।

164. Which of the following examples would you give to best challenge the stereotypical gender depiction in discussing 'Advertisements'?

(A) female driving in a car endorsement.

(B) A male cooking in a refined oil endorsement.

(C) A female washing clothes in a detergent endorsement.

(D) A working female in a clothing endorsement.

(1) (A) and (B)

(2) (A) and (D)

(3) (B) and (C)

(4) (B) and (D)

निम्नलिखित उदाहरणों में से कौन सा उदाहरण आप विज्ञापनों पर परिचर्चा में रूढ़िबद्ध लैंगिक चित्रण को श्रेष्ठ चुनौती देने के लिए देंगे ?

(A) एक कार बेचान में गाडी चलाती महिला

(B) एक परिष्कृत तेल बेचान में खाना बनाता पुरुष

(C) एक डिटर्जेंट बेचान में कपड़े धोती महिला

(D) वस्त्रों के बेचान में काम करती महिला

(1) (A) और (B)

(2) (A) और (D)

(3) (B) और (C)

(4) (B) और (D)

Ans. (1)

विज्ञापनों में लैंगिक रूढ़िवादिता को चुनौती देने के लिए, विचार करें कि एक महिला कार चलाती है - यह उस रूढ़ि का खंडन करता है कि गाड़ी चलाना एक पुरुष गतिविधि है और एक पुरुष खाना बनाता है - यह इस रूढ़िवादिता को चुनौती देता है कि खाना बनाना पूरी तरह से एक महिला गतिविधि है। दोनों उदाहरण पारंपरिक लिंग भूमिकाओं को बाधित करते हैं और अधिक समावेशी परिप्रेक्ष्य को प्रोत्साहित करते हैं।

165. What can be the purpose for introducing newspaper reading in class?

(1) To develop analytical skills on the basis of news and reports.

(2) To break the monotony of textbook teaching.

(3) To reduce the burden of teachers as students read newspapers in class.

(4) To make students aware of sensational developments in the country.

कक्षा में अखबार पढ़ाने का क्या उद्देश्य हो सकता है ?

(1) समाचार और रिपार्टी के आधार पर विश्लेषणात्मक कौशल विकसित करना।

(2) पाठ्यपुस्तक पढ़ाने की एकरसता तोडना।

(3) छात्रों के कक्षा में समाचार पत्र पढ़ने से शिक्षकों का भार कम होगा।

(4) छात्रों को देश के सनसनीखेज प्रगतियों से वाकिफ करना ।

Ans. (1)

कक्षा में समाचार पत्र पढ़ने की शुरुआत करने का उद्देश्य छात्रों को समाचारों और रिपोर्टों का आलोचनात्मक मूल्यांकन करने, वर्तमान घटनाओं को समझने और वास्तविक दुनिया की स्थितियों में अपने कौशल को लागू करने की अनुमति देकर उनके विश्लेषणात्मक कौशल को विकसित करना है।

166. While 'introducing' the theme Panchayati Raj and Rural administration in a village school, what could be the most appropriate contextualised learning activity for students?

(1) A sarpanch sharing her experiences in the class.

(2) Reading an article on the 73rd Amendment Act.

(3) Watching a documentary on Panchayati Raj.

(4) Asking students their opinions on the Gram Panchayat.

ग्रामीण स्कूल में पंचायती राज एवं ग्रामीण प्रशासन के थीम से परिचित करते समय, विद्यार्थियों के लिए सबसे उपयुक्त संदर्भात्मक अधिगम गतिविधि क्या हो सकती है ?

(1) कक्षा में अपने अनुभवों को साझा करती एक सरपंच ।

(2) 73वें संशोधन अधिनियम पर एक लेख पढ़ना ।

(3) पंचायती राज पर एक वृत्तचित्र देखना ।

(4) विद्यार्थियों से ग्राम पंचायत पर उनके विचार पूछना ।

Ans. (1)

गाँव के स्कूल में पंचायती राज और ग्रामीण प्रशासन को लागू करने का सबसे प्रभावी तरीका एक सरपंच को कक्षा में अपने अनुभव साझा करना है। यह दृष्टिकोण छात्रों को वास्तविक जीवन की अंतर्दृष्टि प्रदान करता है कि पंचायती राज कैसे कार्य करता है, जिससे विषय अधिक प्रासंगिक और आकर्षक हो जाता है।

167. To pedagogically engage a visually challenged student in the class, which of the following would be most appropriate?

(1) Allot one day in a week, when all children have to use only audio material.

(2) Ask one student to take care of this student, as you teach the class.

(3) Give verbal clues regularly to the class asking students to think, imagine or respond

(4) Hold separate class for this student

कक्षा में दृष्टिबाधित विद्यार्थी को शैक्षणिक रूप से शामिल करनें के लिए निम्नलिखित में से कौन सा सर्वाधिक उपयुक्त होगा ?

(1) सप्ताह में एक दिन निर्धारित कीजिए, जब सभी बच्चों को केवल श्रवण-सामग्री का उपयोग करना होगा।

(2) जब आप कक्षा को पढ़ा रहे हों तब एक विद्यार्थी को उस विद्यार्थी की देखभाल करने के लिए कहना ।

(3) कक्षा को नियमित मौखिक संकेत देना और विद्यार्थियों को सोचने, कल्पना करने या उत्तर देने के लिए कहना ।

(4) इस विद्यार्थी के लिए एक अलग कक्षा लगाना ।

Ans. (3)

एक दृष्टिबाधित छात्र को प्रभावी ढंग से संलग्न करने के लिए, कक्षा को नियमित मौखिक सुराग प्रदान करना यह सुनिश्चित करता है कि छात्र को आवश्यक जानकारी प्राप्त हो और वह साथियों के साथ गतिविधियों में एकीकृत हो। यह दृष्टिकोण अलगाव से बचते हुए सामग्री को सुलभ और समावेशी बनाता है।

168. Which teaching strategies would you use to make students aware and sensitised on 'Sanitation Work'?

(A) Lecture method and Questioning

(B) Enacting a Roleplay and Debate

(C) Inviting a person who does this work for Interaction

(D) Documentary screening and Discussion
(1) (A) and (B)
(2) (B) and (C)
(3) (A) and (D)
(4) (C) and (D)

विद्यार्थियों को 'स्वच्छता कार्य' पर अवगत और संवेदनशील बनाने के लिए आप शिक्षण के किस तरीके को अपनाएंगे?

(A) व्याख्यान विधि एवं प्रश्न पूछना
(B) भूमिका निभाने एवं वाद-विवाद
(C) बातचीत के लिए ऐसे व्यक्ति को आमंत्रित करना जो यह कार्य करता है
(D) वृत्तचित्र परदे पर दिखाना एवं परिचर्चा
(1) (A) और (B)
(2) (B) और (C)
(3) (A) और (D)
(4) (C) और (D)

Ans. (4)

'स्वच्छता कार्य' के बारे में जागरूकता और संवेदनशीलता को प्रभावी ढंग से बढ़ाने के लिए, एक स्वच्छता कार्यकर्ता को बातचीत के लिए आमंत्रित करना प्रत्यक्ष अंतर्दृष्टि प्रदान करता है और सहानुभूति को बढ़ावा देता है, जबकि एक वृत्तचित्र की स्क्रीनिंग के बाद चर्चा दृश्य और कथात्मक शिक्षा प्रदान करती है, जिससे छात्रों की समझ बढ़ती है।

169. While discussing about leaders of the Indian National Movement, a teacher is expected to:
(1) discuss only those names mentioned in the textbooks.
(2) aid students to develop cynicism regarding leaders.
(3) eulogise the contribution of all the leaders.
(4) add relevant examples of local leaders.

भारतीय राष्ट्रीय आंदोलन के नेतृत्वकारियों को पढ़ाते हुए एक शिक्षक को:
(1) सिर्फ पाठ्यपुस्तकों में वर्णित नामों की चर्चा करनी चाहिए।
(2) छात्रों में नेताओं के प्रति निराशा (कटुता) पैदा करनी चाहिए।
(3) सभी नेताओं के योगदान का गुणगान करना चाहिए।
(4) स्थानीय नेताओं के प्रासंगिक उदाहरण देना चाहिए।

Ans. (4)

भारतीय राष्ट्रीय आंदोलन के नेताओं पर चर्चा करते समय एक शिक्षक को स्थानीय नेताओं के उदाहरण शामिल करने चाहिए। यह दृष्टिकोण राष्ट्रीय हस्तियों को स्थानीय संदर्भों से जोड़ता है, आंदोलन के व्यापक प्रभाव और पाठ्यपुस्तकों में शामिल नहीं किए गए नेताओं के योगदान के बारे में छात्रों की समझ को बढ़ाता है।

170. Which one of the following statements is/are necessary for promoting equality as a concept in the classroom.

(A) Establishing an inclusive environment
(B) Accommodating different learning styles and disabilities
(1) Only (A)
(2) Only (B)
(3) Both (A) and (B)
(4) Neither (A) nor (B)

निम्नलिखित में से कौन सा कथन कक्षा में एक अवधारणा के रूप में समानता को बढ़ावा देने के लिए आवश्यक है/हैं?

(A) समावेशित माहौल स्थापित करना
(B) अधिगम शैलियों और अक्षमताओं को समायोजित कर लेना
(1) केवल (A)
(2) केवल (B)
(3) दोनों (A) और (B)
(4) दोनों (A) और (B) से कोई नहीं

Ans. (3)

कक्षा में समानता को बढ़ावा देने के लिए, एक समावेशी वातावरण बनाना महत्वपूर्ण है जहां हर छात्र मूल्यवान महसूस करे और सभी के लिए समान अवसर सुनिश्चित करते हुए विविध शिक्षण शैलियों और विकलांगताओं को समायोजित किया जाए।

171. While introducing 'Role of Government in Health', which of the following pictures would be best suitable to initiate discussion in the class?

(A) Picture of a government hospital
(B) Sanitation layout of a locality
(C) Picture of a wholesome meal

(1) (A) and (B)
(2) (A) and (C)
(3) (B) and (C)
(4) (A), (B) and (C)

'स्वास्थ्य में सरकार की भूमिका' पढ़ाने के लिए निम्न में से कौन सा चित्र चर्चा शुरू करने के लिए उपयुक्त होगा?

(A) सरकारी अस्पताल का एक दृश्य
(B) एक मुहल्ले के साफ-सफाई की स्थिति
(C) पौष्टिक आहार युक्त एक थाली का चित्र

(1) (A) और (B)
(2) (A) और (C)
(3) (B) और (C)
(4) (A), (B) और (C)

Ans. (4)

"स्वास्थ्य में सरकार की भूमिका" का परिचय देते समय, उपयुक्त चित्रों में एक सरकारी अस्पताल, एक स्वच्छता लेआउट और एक पौष्टिक भोजन शामिल है। ये छवियां सामूहिक रूप से स्वास्थ्य सेवाओं, स्वच्छता और पोषण में सरकार की भूमिकाओं को दर्शाती हैं, जो स्वास्थ्य संबंधी जिम्मेदारियों पर चर्चा के लिए एक व्यापक आधार प्रदान करती हैं।

172. 'Geography is a discipline which studies the interaction between man and his environment'.
Which of the following concerns seems valid for the above statement?

(1) The statement is grammatically wrong.
(2) The statement is gender biased.
(3) The statement is perfect.
(4) The term 'environment' should be replaced by the term 'surrounding'.

'भूगोल एक ऐसी विद्या - विशेष है जो मनुष्य और उसके वातावरण के बीच के संवाद का अध्ययन करता है।' उपरोक्त कथन के लिए निम्नलिखित व्यक्तव्यों में से कौन सी वैध है ?

(1) कथन व्याकरणिक रूप से गलत है।
(2) कथन लैंगिक भेदभावपूर्ण है।
(3) कवन परिपूर्ण है।
(4) 'वातावरण' शब्द को 'प्रतिवेशी' से बदल देना चाहिए।

Ans. (2)

"भूगोल एक अनुशासन है जो मनुष्य और उसके पर्यावरण के बीच बातचीत का अध्ययन करता है" कथन के साथ मुख्य चिंता यह है कि यह लैंगिक भेदभावपूर्ण है। "मनुष्य" शब्द पुराना और लिंग-विशिष्ट है, और "लोग" या "मानव जाति" जैसा अधिक समावेशी शब्द अधिक उपयुक्त होगा।

173. Consider the two statements given below and choose the correct option:
Statement I: Social science carries a normative responsibility of creating a strong sense of human values.
Statement II: Social science teaching needs to aim at generating in students a critical moral and mental energy, making them alert to existing social realities.

(1) Statement I is true but II is false
(2) Both I and II are false
(3) Statement II is true but I is false
(4) Both I and II are true

निम्नलिखित दिये दो कथनों पर ध्यान दें और सही विकल्प का चयन करें।
कथन I : सामाजिक विज्ञान मानवीय मूल्यों के निर्माण की आदर्श जिम्मेदारी वहन करता है।
कथन II : सामाजिक विज्ञान के अध्यापन को विद्यार्थियों में विवेचनात्मक नैतिक एवं मानसिक उर्जा को पैदा करने पर ध्यान केंद्रित करने की आवश्यकता है, जिससे वे विद्यमान सामाजिक वास्तविकताओं से सजग रहें।

(1) कथन I सही है परन्तु II गलत हैं
(2) कथन I और II दोनों गलत हैं।
(3) कथन II सही है परन्तु I गलत हैं।
(4) कथन I और II दोनों सही हैं।

Ans. (4)

सामाजिक विज्ञान शिक्षण के बारे में दोनों कथन सत्य हैं। सामाजिक विज्ञान की जिम्मेदारी छात्रों में मजबूत मानवीय मूल्यों और नैतिक विचारों को स्थापित करना है। इसका उद्देश्य सामाजिक मुद्दों के बारे में आलोचनात्मक सोच और जागरूकता विकसित करना, छात्रों को सामाजिक वास्तविकताओं से जुड़ने के लिए प्रोत्साहित करना है।

174. Project method in Social Sciences involves

(a) Activity

(b) Discussion

(c) Experiment

(d) Narration

Choose the correct option:

(1) (a), (b) and (c)

(2) (a), (c) and (d)

(3) (a) and (b) only

(4) (c) and (d) only

सामाजिक विज्ञान में परियोजना पद्धति में शामिल हैं

(a) गतिविधि

(b) चर्चा

(c) प्रयोग

(d) वर्णन

सही विकल्प का चयन करें।

(1) (a), (b) तथा (c)

(2) (a), (c) तथा (d)

(3) केवल (a) तथा (b)

(4) केवल (c) तथा (d)

Ans. (3)

सामाजिक विज्ञान की परियोजनाओं में शोध और डेटा संग्रह जैसी व्यावहारिक गतिविधियाँ शामिल होती हैं, जबकि विचारों को साझा करने और अवधारणाओं की समझ को गहरा करने के लिए चर्चाएँ महत्वपूर्ण हैं।

175. The purpose of diagnostic evaluation is to:

(a) obtain information about learner's characters

(b) get to know about the knowledge students already possess

(c) classify learners into categories

(d) to assess the learners

Choose the correct option:

(1) (a), (b) and (c)

(2) (b), (c) and (d)

(3) (d) and (c)

(4) (a) and (b)

नैदानिक मूल्यांकन का उद्देश्य है:

(a) विद्यार्थियों के लक्षणों के बारे में सूचना प्राप्त करना

(b) विद्यार्थियों के पूर्व ज्ञान के बारे में

(c) विद्यार्थियों को श्रेणियों में वर्गीकृत करना

(d) विद्यार्थियों को आँकना

सही विकल्प का चयन करें।

(1) (a), (b) और (c)

(2) (b), (c) और (d)

(3) (d) और (c)

(4) (a) और (b)

Ans. (4)

शिक्षार्थी के चरित्रों के बारे में जानकारी प्राप्त करना व्यक्तिगत गुणों को समझने पर केंद्रित है। छात्रों के पास पहले से मौजूद ज्ञान के बारे में जानना सही ढंग से पहचानता है कि नैदानिक मूल्यांकन निर्देश देने के लिए छात्रों के मौजूदा ज्ञान का आकलन करता है।

176. A Social Science teacher asked students to make rules for their class. These were then written on a chart paper. All the students gave their consent to follow these. The chart paper was pasted in class, so that it can be referred by the students. This can be an introductory activity for which of the following topics?

(1) Diversity

(2) Marginalisation

(3) Democracy

(4) Markets

सामाजिक विज्ञान की शिक्षिका बच्चों की अपनी कक्षा के लिए नियम बनाने को कहती है, और ये नियम एक चार्ट पेपर पर लिखे जाते हैं। सभी बच्चे इन नियमों के पालन की सहमति देते हैं। यह चार्ट कक्षा में चिपका दिया जाता है, ताकि छात्र इसे संदर्भ के तौर पर प्रयोग में ला सकें। इस. गतिविधि को निम्न में से

किस संप्रत्यय को पढ़ाने हेतु प्रारंभिक गतिविधि के रूप में लिया जा सकता है?

(1) चिविधता

(2) हाशियाकरण

(3) प्रजातंत्र

(4) बाजार

Ans. (3)

गतिविधि में छात्रों को कक्षा के नियम बनाना और उन पर सहमत होना शामिल है, जो भागीदारी और आम सहमति के लोकतांत्रिक सिद्धांतों को प्रतिबिंबित करते हैं। यह प्रदर्शित करके लोकतंत्र के परिचय के रूप में कार्य करता है कि सामूहिक निर्णय लेने और सहमत नियमों का पालन कैसे काम करता है।

177. Consider the following statements Assertion (A) and Reason (R) in relation to the nature of Social Science and choose the correct option.

Assertion (A): The social sciences have developed their own distinct methods for dealing with facts in an objective and systematic way.

Reason (R): Unlike the natural sciences, in Social Science it is difficult to insulate the observation and analysis of facts from the pressures of popular sentiment.

(1) Both (A) and (R) are true and (R) is the correct explanation of (A)

(2) Both (A) and (R) are true but (R) is not the correct explanation of (A)

(3) Only (A) is true

(4) Only (R) is true

सामाजिक विज्ञान की प्रकृति के संबंध में निम्नलिखित कथनों अभिकथन (A) और तर्क (R) पर विचार कीजिए तथा सही विकल्प का चयन कीजिए।

अभिकथन (A): सामाजिक विज्ञान ने तथ्यों से वस्तुगत एवं क्रमबद्ध मार्ग (प्रकार) से निपटने हेतु अपनी स्वयं की विशिष्ट विधियाँ विकश्विद्ध की हैं।

तर्क (R): प्राकृतिक विज्ञाप्त से भिन्न (असदृश), सामाजिक विज्ञान में लोकप्रिय भावनाओं के दबाव से तथ्यों के अवलोकन एवं विश्लेषण को पृथक करना कठिन है।

(1) (A) और (R) दोनों सही हैं क्या (R), (A) की सही व्याख्या है।

(2) (A) और (R) दोनों सही हैं परन्तु (R), (A) की सही व्याख्या नहीं है।

(3) केवल (A) सही है।

(4) केवल (R) सही है।

Ans. (2)

दावा (A) सच है क्योंकि सामाजिक विज्ञान वस्तुनिष्ठ विश्लेषण के लिए अलग-अलग तरीकों का उपयोग करते हैं, जबकि कारण (R) भी सच है, लोकप्रिय भावनाओं से टिप्पणियों को अलग करने में कठिनाई को ध्यान में रखते हुए। हालाँकि, कारण (R) सीधे तौर पर दावे (A) की व्याख्या नहीं करता है; यह सामाजिक विज्ञान अनुसंधान में चुनौतियों के बारे में संदर्भ जोड़ता है।

178. Which of the following may be used to denote democracy?

(a) People are equal and free

(b) People are wealthy and prosperous

(c) People resolve conflicts in a better way than others

(d) Government is more accountable and rational

Choose the correct option:

(1) (a) and (b)

(2) (a), (b) and (c)

(3) (b), (c) and (d)

(4) (b) and (d)

लोकतंत्र को दशनि हेतू निम्नलिखित में से कि प्रयोग किया जा सकता है?

(a) लोग समान और स्वतंत्र हैं।

(b) लोग धनी और समृद्ध होते हैं।

(c) लोग संघर्ष को दूसरों की तुलना में बेहतर तरीके से सुलझाते हैं।

(d) सरकार अधिक जवाबदेह और तर्कसंगत है।

सही विकल्प का चयन करें।

(1) (a) तथा (b)

(2) (a), (b) तथा (c)

(3) (b), (c) तथा (d)

(4) (b) तथा (d)

Ans. (4)

लोकतंत्र में आर्थिक समृद्धि एक लक्ष्य है, यह कोई परिभाषित करने वाली विशेषता नहीं है। लोकतंत्र राजनीतिक स्वतंत्रता और भागीदारी पर केंद्रित है। जवाबदेही और तर्कसंगत शासन प्रमुख पहलू हैं, क्योंकि लोकतांत्रिक सरकारों को नागरिकों की जरूरतों और हितों पर प्रतिक्रिया देनी चाहिए।

179. Which of the following questions assess the analytical aspect of the cognitive process

(a) What are national curricular objectives which can be achieved through heritage projects?

(b) How are methods of history useful in the research of (a) science; (b) art and management studies?

(c) In how many regional languages and local dialects 'VividhBharati' programmes are broadcasted?

(d) Write a review on two historical serials you have watched.

(e) What are Bharuds? In which region / State this is popular

Choose the correct option:

(1) (a), (b), (c) and (d) only

(2) (b), (c), (d) and (e) only

(3) (a), (b) and (d) only

(4) (c) and (e) only

निम्नलिखित में से कौन-से प्रश्न संज्ञानात्मक प्रक्रिया के विश्लेषणात्मक पक्ष को आँकते हैं?

(a) वे राष्ट्रीय पाठ्यचर्या उद्देश्य क्या हैं जिनको धरोहर संबंधी परियोजनाओं के द्वारा संपादित (उपार्जित) किया जा सकता है?

(b) इतिहास की विधियाँ (a) विज्ञान; (b) कला एवं प्रबंधन अध्ययनों के शोध में कैसे सहायक हैं?

(c) 'विविधभारती' कार्यक्रमों को कितनी क्षेत्रीय भाषाओं एवं स्थानीय बोलियों में प्रसारित किया गया था?

(d) आपके द्वारा देखे गए दो ऐतिहासिक धारावाहिकों पर समीक्षा लिखिए।

(e) भरूड़ क्या हैं? किस क्षेत्र/राज्य में यह लोकप्रिय है?

सही विकल्प का चयन करें।

(1) केवल (a), (b), (c) और (d)

(2) केवल (b), (c), (d) और (e)

(3) केवल (a), (b) और (d)

(4) केवल (c) और (e)

Ans. (3)

विरासत परियोजनाओं के लिए राष्ट्रीय पाठ्यचर्या उद्देश्यों का विश्लेषण करने में यह समझना शामिल है कि ये परियोजनाएं शैक्षिक लक्ष्यों का समर्थन कैसे करती हैं। यह पता लगाने के लिए कि विज्ञान, कला और प्रबंधन पर ऐतिहासिक शोध विधियाँ कैसे लागू होती हैं, अंतःविषय संबंधों का विश्लेषण करने की आवश्यकता है। ऐतिहासिक धारावाहिकों की समीक्षा लिखने में व्यक्तिगत अवलोकन के आधार पर उनकी सामग्री का आलोचनात्मक मूल्यांकन करना शामिल है।

180. Which of the following are essential elements of a fair trial?

(a) The trial is held in an open court.

(b) A copy of charge sheet and all other evidence that the prosecution presents to the court are given to the accused.

(c) The defence lawyer is not allowed to cross-examine the prosecution witnesses.

(d) Judges decide the matter on the basis of the statements articulated by lawyers.

Choose the correct option:

(1) All (a), (b), (c) and (d)

(2) Only (a), (b) and (c)

(3) Only (a), (b) and (d)

(4) Only (b), (c) and (d)

निम्न में से कौन-से विकल्प निष्पक्ष सुनवाई के मूलभूत तत्व है?

(a) मुकदमा जनता के सामने खुली अदालत में चलाया जाता है।

(b) आरोप-पत्र और अभियोजन पक्ष द्वारा पेश किए गए सभी साक्ष्यों की एक प्रति आरोपी को दी जाती है।

(c) बचाव पक्ष के वकील को अभियोजन पक्ष की ओर से पेश किए गए सारे गवाहों से जिरह करने का मौका नहीं दिया जाता है।

(d) न्यायाधीश अदालत के सामने वकीलों द्वारा दिए गए कथनों के आधार पर फैसला करते हैं।

सही विकल्प का चयन करें।

(1) (a), (b), (c) तथा (d) सभी

(2) केवल (a), (b) तथा (c)

(3) केवल (a), (b) तथा (d)

(4) केवल (b), (c) तथा (d)

Ans. (3)

निष्पक्ष सुनवाई के आवश्यक तत्वों में खुली अदालत में सुनवाई करना, अभियुक्तों को आरोप-पत्र और सबूत की एक प्रति प्रदान करना और यह सुनिश्चित करना शामिल है कि न्यायाधीश वकील के तर्कों के आधार पर निर्णय लें। ये तत्व पारदर्शिता, सूचना तक पहुंच और निष्पक्ष विचार सुनिश्चित करते हैं।

181. The National Medical Commission's Code of Medical Ethics states that every physician should, as far as possible, prescribe drugs which are called:

(1) Genetic medicines

(2) Global brands

(3) Generic medicines

(4) Ancient remedies

राष्ट्रीय चिकित्सा आयोग की चिकित्सा आचार संहिता में कहा गया है। प्रत्येक चिकित्सक को, जहाँ तक संभव हो, उन दवाओं को निर्धारित करना चाहिए जो कहलाती हैं:

(1) आनुवंशिक दवाईयों

(2) वैश्विक ब्रांड

(3) जेनेरिक दवाईयाँ

(4) प्राचीन उपचार

Ans. (3)

जेनेरिक दवाएं खुराक, ताकत, गुणवत्ता और उपयोग में ब्रांडेड दवाओं के बराबर होती हैं, लेकिन आम तौर पर सस्ती होती हैं, जो रोगियों के लिए लागत प्रभावी विकल्प प्रदान करती हैं।

182. Consider the statements (A) and (B) and choose the correct option:

(A) The natural sciences are superior in social sciences and are the domain of bright students.

(B) The social sciences are essential to provide social, cultural and analytical skills required to adjust to an increasingly independent world.

(1) Both (A) and (B) are true

(2) Both (A) and (B) are false

(3) (A) is true but (B) is false

(4) (A) is false but (B) is true

कथन (A) और (B) पर विचार कीजिए और सही विकल्प चुनिये :

(A) प्राकृतिक विज्ञान सामाजिक विज्ञान से श्रेष्ठ है और यह होनहार विद्यार्थियों का क्षेत्र है।

(B) सामाजिक विज्ञान सामाजिक, सांस्कृतिक और विश्लेषणीय कौशलों को प्रदान करने के लिए आवश्यक है जो वर्धमानीय स्वतंत्र विश्व में समन्वय बैठाने के लिए ओवश्यक है।

(1) (A) और (B) दोनों सत्य हैं

(2) (A) और (B) दोनों असत्य है

(3) (A) सत्य है किन्तु (B) असत्य है

(4) (A) असत्य है किन्तु (B) सत्य है

Ans. (4)

कथन (A) गलत है क्योंकि यह गलत तरीके से प्राकृतिक और सामाजिक विज्ञानों के बीच एक पदानुक्रम का सुझाव देता है और बुद्धि को गलत परिभाषित करता है। कथन (B) सत्य है क्योंकि यह दुनिया को समझने और नेविगेट करने के लिए आवश्यक महत्वपूर्ण कौशल विकसित करने में सामाजिक विज्ञान की भूमिका का सटीक वर्णन करता है।

183. Which of the following resources are relevant to discuss the theme 'discrimination'?

(1) Text of Ashokan inscriptions.

(2) Universal Declaration of Human Rights.

(3) Narrative of B.R. Ambedkar's experiences of looking for a place to stay after returning

to India.

(4) Advertisement of a woman washing clothes in a commercial.

'भेदभाव' विषय पर चर्चा करने के लिए, निम्नलिखित में से कौतु सा संसाधन प्रासंगिक है?

(1) अशोक के अभिलेखों की लिपि
(2) मानवाधिकारों की वैश्विक घोषणा
(3) बी. आर. अंबेडकर के भारत लौटने के पश्चात रहने हेतु स्थान ढूँढ़ने के अनुभवों का वृत्तांत
(4) एक विज्ञापन में कपड़े धोते हुए महिला को दर्शाना

Ans. (2)

मानवाधिकारों की सार्वभौम घोषणा मानव अधिकारों, समानता और भेदभाव से मुक्ति को संबोधित करती है, नस्ल, रंग, लिंग, भाषा, धर्म और अन्य आधारों पर भेदभाव से निपटने के सिद्धांतों को रेखांकित करती है, जिससे यह भेदभाव पर चर्चा के लिए अत्यधिक प्रासंगिक हो जाती है।

184. Match the following and choose the appropriate option:

Indicators of assessment	Skills/Abilities
(a) Discussion	(i) Sensitivity towards differently abled, showing concern for environment
(b) Observation	(ii) Making logical connections
(c) Normative concerns	(iii) Reporting, narrating, picture-reading and drawing
(d) Explanation	(iv) Listening expressing opinions and finding out from others

(1) (a)-(iv), (b)-(iii), (c)-(i), (d)-(ii)
(2) (a)-(iv), (b)-(ii), (c)-(i), (d)-(iii)
(3) (a)-(iv), (b)-(iii), (c)-(ii), (d)-(i)
(4) (a)-(ii), (b)-(iii), (c)-(iv), (d)-(i)

नीचे दिए कॉलमों का मिलान करें तथा उपयुक्त विकल्प चुनें:

आकलन के संकेतक	योग्यताएँ/क्षमताएँ
(a) चर्चा	(i) भिन्न क्षमता के प्रति संवेदनशीलता, पर्यावरण के प्रति चिंता प्रदर्शित करना।
(b) अवलोकन	(ii) तार्किक संबंध बनाना
(c) नियामक सरोकार	(iii) रिपोर्टिंग, वर्णन, चित्र-पठन और आरेखण
(d) स्पष्टीकरण	(iv) सुनना, राय व्यक्त करना और दूसरों से पता लगाना

(1) (a)-(iv), (b)-(iii), (c)-(i), (d)-(ii)
(2) (a)-(iv), (b)-(ii), (c)-(i), (d)-(iii)
(3) (a)-(iv), (b)-(iii), (c)-(ii), (d)-(i)
(4) (a)-(ii), (b)-(iii), (c)-(iv), (d)-(i)

Ans. (1)

(a) चर्चा — (iv) सुनना, राय व्यक्त करना और दूसरों से पता लगाना

(b) अवलोकन — (iii) रिपोर्टिंग, वर्णन, चित्र-पठन और आरेखण

(c) नियामक सरोकार — (i) भिन्न क्षमता के प्रति संवेदनशीलता, पर्यावरण के प्रति चिंता प्रदर्शित करना।

(d) स्पष्टीकरण — (ii) तार्किक संबंध बनाना

185. A social science teacher at middle level after completing the topic of conservation of natural vegetation and wildlife wants to assess the coordination skill of her students. Which of the following will best suit to her objective?

(1) Essay writing
(2) Debate
(3) Questions on coordination.
(4) Collage making in groups

मिडिल स्तर पर एक सामाजिक विज्ञान की शिक्षिका प्राकृतिक वनस्पति और वन्य जीवन का संरक्षण विषय को पूरा करके अपने विद्यार्थियों में सहयोग के

कौशल का आकलन करना चाहती है। उसके उद्देश्य की पूर्ति निम्न में किस से सर्वाधिक होगी?
(1) निबन्ध लेखन
(2) वाद-विवाद
(3) सहयोग पर प्रश्न
(4) समूह में कोलाज बनाना

Ans. (4)

समूहों में कोलाज बनाना समन्वय कौशल का आकलन करने के उद्देश्य के लिए सबसे उपयुक्त होगा। इस गतिविधि के लिए छात्रों को एक साथ काम करने, विचारों को साझा करने और एक दूसरे के साथ समन्वय करने की उनकी क्षमता का प्रदर्शन करते हुए एक दृश्य प्रतिनिधित्व बनाने के लिए प्रभावी ढंग से सहयोग करने की आवश्यकता होती है।

186. Involving teachers is considered important in the development of social science assessment to:
(a) integrate contemporary events and prevailing changes.
(b) make curriculum and evaluation only subject-centred and to limit its scope.
(c) save time, labour and money by using teachers only as a resource.
(d) make necessary changes according to the level of teachers by using the experiences of teachers.

Choose the correct option:
(1) Only (a)
(2) (a) and (d) only
(3) (a), (b) and (c) only
(4) (a) and (b) only

सामाजिक विज्ञान के मूल्यांकन रूपरेखा के निर्माण में शिक्षकों की भागीदारी महत्वपूर्ण मानी जाती है:
(a) समसामयिक घटनाओं और प्रचलित परिवर्तनों को समाकलित करने के लिए।
(b) पाठ्यचर्या और मूल्यांकन को केवल विषय केंद्रित बनाने एवं पाठ्यचर्या के दायरे को सीमित करने के लिए।
(c) केवल शिक्षकों को एक संसाधन के रूप में इस्तेमाल कर समय, श्रम और धन की बचत करने के लिए।
(d) शिक्षक के अनुभवों के इस्तेमाल के द्वारा शिक्षकों के स्तर के अनुरूप आवश्यक परिवर्तन करने के लिए।

सही विकल्प का चयन करें।
(1) केवल (a)
(2) केवल (a) और (d)
(3) केवल (a), (b) और (c)
(4) केवल (a) और (b)

Ans. (2)

सामाजिक विज्ञान मूल्यांकन में समसामयिक घटनाओं और परिवर्तनों को एकीकृत करने के लिए शिक्षकों को शामिल करने और उनके अनुभवों और विशेषज्ञता के स्तर के आधार पर अनुकूलन की आवश्यकता होती है।

187. Read the Assertion (A) and Reason (R) statements and choose the correct option.
Assertion (A): Students should be encouraged to ask questions in the classroom.
Reason (R): It will help the introvert students to open up.
(1) Both (A) and (R) are true and (R) is the correct explanation of (A).
(2) Both (A) and (R) are true but (R) is not the correct explanation of (A).
(3) (A) is true but (R) is false.
(4) Both (A) and (R) are false.

अभिकथन (A) और तर्क (R) को पढ़िए तथा सही विकल्प का चयन कीजिए।
अभिकथन (A): विद्यार्थियों को कक्षा में प्रश्न पूछने हेतु प्रोत्साहित किया जाना चाहिए।
तर्क (R): यह अंतर्मुखी विद्यार्थियों को खुलने में सहायता करेगा।
(1) (A) और (R) दोनों सही हैं और (A) की (R) सही व्याख्या करता है।
(2) (A) और (R) दोनों सही हैं लेकिन (A) की (R) सही व्याख्या नहीं करता है।
(3) (A) सही है लेकिन (R) गलत है।
(4) (A) और (R) दोनों गलत हैं।

Ans. (1)

दावा (A) सत्य है क्योंकि उत्साहजनक प्रश्न जुड़ाव और आलोचनात्मक सोच को बढ़ावा देते हैं। कारण (R) भी

सत्य है, क्योंकि यह अंतर्मुखी छात्रों को अधिक आराम से भाग लेने और कक्षा चर्चाओं में शामिल होने में मदद करता है।

188. Read the Assertion (A) and Reason (R) statements carefully and choose the correct option of the following:

Assertion (A): Values can be taught, too.

Reason (R): Social studies is a subject through which all basic values can be taught.

(1) Both (A) and (R) are correct and (R) explains (A).

(2) Both (A) and (R) are correct but (R) does not explain (A).

(3) is true but (R) is false.

(4) Both (A) and (R) are false.

अभिकथन (A) और कारण (R) को सावधानीपूर्वक पढ़िये और निम्नलिखित में से सही विकल्प चुनिये:

अभिकथन (A): नैतिक मूल्य पढ़ाये भी जा सकते हैं।

कारण (R): सामाजिक विज्ञान वह विषय है जिसमें सभी आधारभूत मूल्य पढ़ाये जा सकते हैं।

(1) (A) और (R) दोनों सही हैं और (A) की (R) व्याख्या करता है।

(2) (A) और (R) दोनों सही हैं लेकिन (A) की (R) व्याख्या नहीं करता है।

(3) (A) सत्य है किन्तु (R) असत्य है।

(4) (A) तथा (R) दोनों असत्य हैं।

Ans. (1)

दावा (A) सही है क्योंकि मूल्यों को वास्तव में सिखाया जा सकता है। कारण (R) यह कहकर इसका समर्थन करता है कि सामाजिक अध्ययन बुनियादी मूल्यों को पढ़ाने के लिए उपयुक्त विषय है। इसलिए, कारण (R) बताता है कि दावा (A) सत्य क्यों है।

189. Fundamental Rights and Duties of Indian Constitution are written on the walls of social science classroom. This will make children learn primarily through __________.

(1) Observation

(2) Imagination

(3) Memorisation

(4) Reasoning

कक्षा कक्ष की दीवारों पर भारतीय संविधान में उद्भुत मौलिक अधिकारों और कर्तव्यों को लिखा गया है। यह बच्चों को मुख्यत: ______ के द्वारा सिखाता है।

(1) अवलोकन

(2) कल्पना

(3) याद करना

(4) तर्क

Ans. (1)

कक्षा की दीवारों पर मौलिक अधिकारों और कर्तव्यों को प्रदर्शित करने से बच्चों को मुख्य रूप से अवलोकन के माध्यम से सीखने में मदद मिलती है, क्योंकि वे जानकारी को नियमित रूप से देख और संदर्भ दे सकते हैं।

190. Which of the following may be acquired by learners in a project work that involves engaging students in authentic, real-world problem-solving tasks?

(1) Development of critical thinking skills

(2) Improvement of content knowledge and skills

(3) Enhancement of creativity and innovation

(4) Promotion of collaboration and teamwork

निम्न में से क्या एक परियोजना कार्य जिससे छात्रों को प्रामाणिक, वास्तविक दुनिया की समस्या समाधान के द्वारा अर्जित किया जा सकता हैं?

(1) समालोचनात्मक सोच कौशल का विकास।

(2) विषयी ज्ञान और कौशल में सुधार।

(3) रचनात्मकता और नवीनता में वृद्धि।

(4) सहयोग और टीम वर्क को बढ़ावा देना।

Ans. (3)

रचनात्मकता और नवीनता में वृद्धि: वास्तविक दुनिया की समस्याओं के लिए अक्सर नवीन समाधानों की आवश्यकता होती है, रचनात्मकता को बढ़ावा मिलता है क्योंकि छात्र चुनौतियों का समाधान करने के लिए विभिन्न दृष्टिकोण और विचारों का पता लगाते हैं।

191. A well-designed portfolio assessment in social sciences should be:

(a) purposeful and systematic
(b) reflect regular assignments and activities of student
(c) focus mainly on the preparation of report card
(d) accumulation of student's work over a long period of time

Choose the correct option:
(1) (a), (b) and (c)
(2) (b), (c) and (d)
(3) (a), (c) and (d)
(4) (a), (b) and (d)

सामाजिक विज्ञान में एक अच्छी तरह से तैयार किया हुआ पोर्टफोलियों को:
(a) उद्देश्यपूर्ण व व्यवस्थित होना चाहिये।
(b) विद्यार्थी के नियमित कार्यों व गतिविधियों को दर्शाना चाहिये।
(c) मुख्यत: रिपोर्ट कार्ड बनाने पर केन्द्रित होना चाहिए।
(d) विद्यार्थी के कार्यों का लंबे समय का संग्रह होना चाहिये।

सही विकल्प का चयन करें।
(1) (a), (b) तथा (c)
(2) (b), (c) तथा (d)
(3) (a), (c) तथा (d)
(4) (a), (b) तथा (d)

Ans. (4)

सामाजिक विज्ञान में एक अच्छी तरह से डिज़ाइन किया गया पोर्टफोलियो मूल्यांकन उद्देश्यपूर्ण और व्यवस्थित होना चाहिए, जो छात्र के नियमित असाइनमेंट और गतिविधियों और लंबी अवधि में छात्र के काम के संचय को दर्शाता है।

192. Which method would you use to collect information about the actual and correct status of earthquake victims in your area?
(1) Inquiry method
(2) Survey method
(3) Project method
(4) Problem-solving method

आप अपने क्षेत्र के भूकंप पीड़ित व्यक्तियों की वास्तविक व सही स्थिति के बारे में जानकारी एकत्रित करने के लिए किस विधि का प्रयोग करेंगे?
(1) खोजबीन/पूछताछ विधि
(2) सर्वेक्षण विधि
(3) परियोजना विधि
(4) समस्या समाधान विधि

Ans. (2)

भूकंप पीड़ितों की वास्तविक एवं सही स्थिति की जानकारी एकत्र करने के लिए सर्वेक्षण विधि सर्वाधिक उपयुक्त है। इस पद्धति में डेटा को व्यवस्थित रूप से इकट्ठा करने और उसका विश्लेषण करने, सटीकता और व्यापकता सुनिश्चित करने के लिए संरचित प्रश्नावली और क्षेत्र मूल्यांकन का उपयोग करना शामिल है।

193. Which of the following technique is most effective to assess individual performance of a student working in group task?
(a) Rubrics
(b) Multiple Choice Question
(c) Presentation
(d) Portfolio

Choose the correct option:
(1) (a) and (b)
(2) (b) and (c)
(3) (c) and (d)
(4) (a) and (d)

छोटे-छोटे समूहों में काम कर रहे हो और निम्नलिखित में से कौन-सी मूल्यांकन विधि सबसे ज्यादा उपयुक्त होगी जबकि छात्र छात्रों का अलग-अलग मूल्यांकन करना हो ?
(a) रुचरिक्मा
(b) बहुविकल्पीय प्रश्न
(c) मौखिक प्रस्तुतीकरण
(d) पोर्टफोलियो

सही विकल्प का चयन करें।
(1) (a) तथा (b)
(2) (b) तथा (c)
(3) (c) तथा (d)
(4) (a) तथा (d)

Ans. (4)

रूब्रिक्स छात्र प्रदर्शन के विभिन्न पहलुओं के लिए विस्तृत स्कोरिंग मानदंडों की रूपरेखा तैयार करता है, जबकि पोर्टफोलियो मूल्यांकन छात्रों को समय के साथ व्यक्तिगत योगदान और कौशल को संकलित करने और प्रदर्शित करने में सक्षम बनाता है।

194. According to Indian Constitution this kind of reservation is not a violation of the right to equality.

(1) To give special treatment to someone in order to ensure equal opportunity.
(2) To ensure jobs to people from States where an elected representative or Minister comes from.
(3) To ensure jobs based on nepotism.
(4) To give jobs to close kith and kin of political leaders.

भारतीय संविधान के अनुसार इस प्रकार का आरक्षण समानता के अधिकार की उल्लंघन नहीं है।

(1) समान अवसर सुनिश्चित करने के लिए किसी के साथ विशेष व्यवहार अपनाना।
(2) जिन राज्यों से प्रतिनिधि या मंत्री चुनकर आते हैं उन राज्यों के लोगों को नौकरियां देना।
(3) भाई-भतीजावाद के आधार पर रोजगार सुनिश्चित करना।
(4) राजनेताओं के सगे संबंधियों की नौकरियों देना।

Ans. (1)

भारतीय संविधान के अनुसार, समान अवसर सुनिश्चित करने के लिए किसी को विशेष उपचार देना समानता के अधिकार का उल्लंघन नहीं है। इस प्रकार के आरक्षण का उद्देश्य वंचित समूहों के लिए निष्पक्षता और समान अवसर को बढ़ावा देना है।

195. Which of the following provide scope to develop critical thinking skills?

(a) What role did the Yamuna play in the layout of the Mughal city at Shahjanabad?
(b) What is the purpose of press conference? How does the press conference help you get information on what the government is doing?
(c) Differentiate markets with illustrative examples.
(d) It is necessary for the civil servants to be politically neutral. Explain.
(e) Availability of water is a major factor affecting the settlement pattern. Discuss.

Choose the correct option:

(1) Only (a), (b), (c) and (d)
(2) Only (b), (c), (d) and (e)
(3) Only (a), (b), (d) and (e)
(4) Only (a), (c), (d) and (e)

निम्नलिखित में से कौन आलोचनात्मक चिंतन कौशल को विकसित करने का अवसर प्रदान करता है?

(a) शाहजहाँनाबाद में मुगल शहर तैयार करने में यमुना ने क्या भूमिका निभाई?
(b) प्रेस वार्ता का क्या प्रयोजन है? सरकार क्या कर रही है इस पर सूचना प्राप्त करने में प्रेस वार्ता कैसे (किस प्रकार) आपकी सहायता करती हैं?
(c) निदर्शी उदाहरणों के साथ बाजारों में अंतर कीजिए।
(d) एक लोक-सेवक के लिए यह आवश्यक है कि वह राजनीतिक रूप से तुटस्थ हो। व्याख्या करें।
(e) जल की उपलब्धता बस्ती प्रतिरूप को प्रभावित करने का एक मुख्य कारक है। चर्चा करें।

सही विकल्प का चयन करें।

(1) केवल (a), (b), (c) और (d)
(2) केवल (b), (c), (d) और (e)
(3) केवल (a), (b), (d) और (e)
(4) केवल (a), (c), (d) और (e)

Ans. (2)

महत्वपूर्ण सोच को बढ़ावा देने वाले प्रश्नों में प्रेस कॉन्फ्रेंस के उद्देश्य का विश्लेषण करना, बाजारों के बीच अंतर करना, सिविल सेवकों के लिए राजनीतिक तटस्थता का मूल्यांकन करना और निपटान पैटर्न पर पानी की उपलब्धता के प्रभाव की जांच करना शामिल है। प्रत्येक प्रश्न के लिए विभिन्न कारकों के गहन विश्लेषण और मूल्यांकन की आवश्यकता होती है।

196. A large number of people in rural India who are landless, although their main livelihood source in agriculture are called as:

(a) Marginal farmers

(b) Migrant labourers

(c) Agricultural labourers

(d) Small farmers

Choose the correct option:

(1) (a) and (b) only

(2) (b) and (c) only

(3) (a), (b) and (c) only

(4) (b), (c) and (d) only

ग्रामीण भारत में एक बड़ी संख्या में जो लोग भूमिहीन हैं, जबकि उनकी जीविका का मुख्य स्रोत कृषि है, कहलाते हैं:

(a) सीमांत किसान

(b) प्रवासी श्रमिक मजदूर

(c) कृषीय मजदूर

(d) छोटे किसान

सही विकल्प का चयन करें।

(1) केवल (a) और (b)

(2) केवल (b) और (c)

(3) केवल (a), (b) और (c)

(4) केवल (b), (c) और (d)

Ans. (3)

खेतिहर मजदूर उन खेतों पर काम करते हैं जो उनके पास नहीं हैं और वे आय के लिए मजदूरी पर निर्भर रहते हैं। सीमांत किसानों के पास जमीन के बहुत छोटे भूखंड होते हैं, जबकि प्रवासी मजदूर काम की तलाश में मौसमी या अस्थायी रूप से स्थानांतरित होते हैं।

197. The ideas of Liberty, Equality and Fraternity of the Indian Constitution are borrowed from

(1) American Revolution

(2) French Revolution

(3) Russian Revolution

(4) Magna Carta

भारतीय संविधान में स्वतंत्रता, समानता तथा बंधुत्व के विचार लिए गए थे

(1) अमरीकन क्रांति से

(2) फ्रांसिसी क्रांति से

(3) रूसी क्रांति से

(4) मैग्ना कार्य से

Ans. (2)

भारतीय संविधान में स्वतंत्रता, समानता और बंधुत्व की अवधारणाएं शामिल हैं, जो फ्रांसीसी क्रांति से उत्पन्न हुई हैं। फ्रांसीसी क्रांति ने इन सिद्धांतों को मूलभूत आदर्शों के रूप में प्रचारित किया: स्वतंत्रता (स्वतंत्रता), समानता (समान अधिकार), और बंधुत्व (भाईचारा और एकजुटता)।

198. Which of the following should be considered as gender neutral atmosphere in a school?

(a) A group of girls are making Rangoli

(b) A group of boys are volunteering in annual function.

(c) A group of girls are preparing for dance competition.

(d) A group of boys are arranging refreshments for guests.

Choose the correct option:

(1) (a) and (b)

(2) (b) and (c)

(3) (a) and (c)

(4) (b) and (d)

निम्नलिखित में से कौन-सी स्थिति किसी विद्यालय में 'लिंग' तटस्थ वातावरण का उदाहरण है?

(a) लड़कियों के एक समूह द्वारा रंगोली बनाना

(b) लड़कों के समूह द्वारा वार्षिकोत्सव में मदद करना

(c) लड़कियों के समूह द्वारा नृत्य प्रतियोगिता की तैयारी करना

(d) लड़कों के समूह द्वारा अतिथिओं के लिए जलपान की व्यवस्था करना

सही विकल्प का चयन करें।

(1) (a) तथा (b)

(2) (b) तथा (c)

(3) (a) तथा (c)

(4) (b) तथा (d)

Ans. (2)

स्वयंसेवा और नृत्य दोनों ऐसी गतिविधियाँ हैं जो स्वाभाविक रूप से लिंग-विशिष्ट नहीं हैं। स्वयंसेवा में लिंग की परवाह किए बिना कोई भी शामिल हो सकता है, और नृत्य, एक गतिविधि के रूप में, सभी के लिए खुला रहकर लिंग तटस्थता को बढ़ावा देता है।

199. Which region in India has the highest concentration of Adivasi communities?

(1) North India
(2) South India
(3) East India
(4) West India

भारत के किस क्षेत्र में आदिवासी समुदायों की सघनता सबसे अधिक है?

(1) उत्तर भारत में
(2) दक्षिण भारत में
(3) पूर्वी भारत में
(4) पश्चिम भारत में

Ans. (3)

भारत में आदिवासी समुदाय मुख्य रूप से मध्य और पूर्वी क्षेत्रों में केंद्रित हैं, खासकर झारखंड, छत्तीसगढ़, ओडिशा जैसे राज्यों और बिहार, पश्चिम बंगाल और मध्य प्रदेश के कुछ हिस्सों में। इसलिए, पूर्वी भारत में आदिवासी समुदायों की संख्या सबसे अधिक है।

200. Consider the following statements and choose the correct option:

Statement (A): Investment in non-farm activities in rural areas can reduce the rural urban migration.

Statement (R): Migration increases during particular season when there are no agricultural activities in rural areas.

(1) Both (A) and (R) are true and (R) is the correct explanation of (A)
(2) Both (A) and (R) are true but (R) is not the correct explanation of (A)
(3) (A) is true but (R) is false
(4) Both (A) and (R) are false

निम्नलिखित कथनों पर विचार कीजिए और सही विकल्प चुनिये :

कथन (A): ग्रामीण क्षेत्रों में गैर-कृषि गतिविधियों में निर्देश, ग्रामीण शहरी पलायन को कम कर सकता है।

कथन (R): एक विशिष्ट मौसम के दौरान पलायन में वृद्धि होती है जब ग्रामीण क्षेत्रों में कोई कृषीय गतिविधियाँ नहीं हो रही हो।

(1) (A) और (R) दोनों सही हैं और (A) की (R) सही सुखाख्या करता है।
(2) (A) और (R) दोनों सही हैं लेकिन (A) की (R) सही व्याख्या नहीं करता है।
(3) (A) सही है लेकिन (R) गलत है।
(4) (A) और (R) दोनों गलत हैं।

Ans. (2)

ग्रामीण क्षेत्रों में गैर-कृषि गतिविधियों में निवेश वैकल्पिक नौकरियों की पेशकश और स्थानीय अर्थव्यवस्थाओं को बढ़ावा देकर ग्रामीण-शहरी प्रवास को कम कर सकता है। गैर-मौसम के दौरान अक्सर प्रवासन बढ़ जाता है जब कृषि कार्य दुर्लभ होता है, जिसके कारण लोग अन्यत्र रोजगार की तलाश करते हैं। इन कथनों के बीच संबंध अप्रत्यक्ष है, इसलिए कथन R सीधे कथन A की व्याख्या नहीं करता है।

201. A teacher wants to divide 30 students of her class in small groups for a task on diversity. Which will be the most relevant way to make small groups of students?

(1) As per student's comfort
(2) Bench wise from front to back
(3) According to students marks in last exam from high to low
(4) Heterogenous random groups based on a game

विविधता विषय पर कार्य देने हेतु एक अध्यापिका अपने कक्षा के 30 विद्यार्थियों को छोटे-छोटे समूहों में बाँटना चाह रही है। निम्नलिखित में समूह निर्माण का कौन-सा तरीका सबसे उचित होगा?

(1) विद्यार्थियों की सुविधानुसार
(2) आगे से पीछे के क्रम में बैठने के क्रम के अनुसार
(3) विद्यार्थियों के पिछली परीक्षा में आए अंकों के घटते क्रम में

(4) विषम यादृच्छिक समूह जो किसी खेल पर आधारित हों

Ans. (4)

एक खेल के आधार पर गठित विषम यादृच्छिक समूह, अलग-अलग पृष्ठभूमि और क्षमताओं के छात्रों को मिलाते हैं। यह दृष्टिकोण विविधता को बढ़ावा देता है, उन छात्रों के बीच बातचीत को प्रोत्साहित करता है जो आमतौर पर जुड़ नहीं पाते हैं, और उनके सीखने के अनुभव को समृद्ध करता है।

202. Which one of the following statements accurately reflects the concept of plurality in social science curriculum?

Choose the correct option:

(1) Dominance of a single ideology
(2) Inclusion of multiple perspectives and diverse viewpoints
(3) Exclusion of certain perspectives from social science
(4) Use of complex language in social science curricular materials

सामाजिक विज्ञान पाठ्यचर्या में अनेकत्व की संकल्पना को निम्नलिखित में से कौन-सा कथन सटीकता से दर्शाता है?

सही विकल्प का चयन करें।

(1) एकल विचारधारा की प्रमुखता
(2) अनेक परिप्रेक्ष्यों और विविध दृष्टिकोणों को सम्मिलित करना
(3) सामाजिक विज्ञान से कुछ परिप्रेक्ष्यों का निष्कासन
(4) सामाजिक विज्ञान पाठ्यचर्या सामग्री में कठिन भाषा का उपयोग

Ans. (2)

सामाजिक विज्ञान पाठ्यक्रम में बहुलता की अवधारणा में विभिन्न दृष्टिकोणों को शामिल करना शामिल है, यह सुनिश्चित करना कि छात्रों को सामाजिक मुद्दों की अधिक गहन समझ के लिए विविध विचारों और व्याख्याओं से अवगत कराया जाए।

203. The Constitution determines the relationship among people living in a territory called citizen and also __________.

(1) relationship among people and corporates
(2) relationship among neighbouring countries
(3) relationship among people and government
(4) relationship among neighbouring countries

संविधान एक क्षेत्र में रहने वाले लोगों के बीच नागरिक नामक संबंध निर्धारित करता है और यह __________ को भी निर्धारित करता है।

(1) लोगों और कंपनियों के बीच संबंध
(2) पड़ोसी देशों के बीच संबंध
(3) लोगों और सरकार के बीच संबंध
(4) पड़ोसी देशों और सरकार के बीच संबंध

Ans. (3)

किसी देश का संविधान मौलिक ढांचा स्थापित करता है जो उस देश के नागरिकों के अधिकारों, कर्तव्यों और जिम्मेदारियों को परिभाषित करता है। संविधान परिभाषित करता है कि नागरिक एक-दूसरे के साथ कैसे बातचीत करते हैं और वे सरकार से कैसे संबंधित हैं। यह उन नियमों और सिद्धांतों को स्थापित करता है जो इन दोनों रिश्तों को नियंत्रित करते हैं।

204. Which among the following are objectives of discussing 'equality' during teaching of social science?

(A) Address issues of dignity with the learners
(B) Sensitize learners towards respecting everyone
(C) Explain that all differences are essential in life
(D) Inculcation of values enshrined in the Constitution

Choose the correct option.

(1) (A), (B) and (C)
(2) (B), (C) and (D)
(3) (A), (C) and (D)
(4) (A), (B) and (D)

निम्नलिखित में से कौन से सामाजिक विज्ञान के शिक्षण के समय 'समानता' की चर्चा के उद्देश्य हैं ?

(A) अधिगमकर्ताओं के साथ गरिमा संबंधित मामलों को संबोधित करना

(B) अधिगमकर्ताओं को प्रत्येक व्यक्ति का सम्मान करने के प्रति संवेदनशील बनाना

(C) सभी भिन्नताएँ जीवन में अत्यावश्यक हैं यह समझाना।

(D) संविधान में प्रतिष्ठापित मूल्यों को आत्मसात करवाना।

सही विकल्प का चयन कीजिए:

(1) (A), (B) और (C)
(2) (B), (C) और (D)
(3) (A), (C) और (D)
(4) (A), (B) और (D)

Ans. (4)

सामाजिक विज्ञान शिक्षण में 'समानता' पर चर्चा का उद्देश्य लोकतांत्रिक मूल्यों के प्रति सम्मान, समझ और पालन को बढ़ावा देना है। मुख्य उद्देश्यों में गरिमा को संबोधित करना, सभी के लिए सम्मान को बढ़ावा देना और संवैधानिक मूल्यों को सिखाना शामिल है।

205. We use interdisciplinary approach to teach social sciences to _____.
(Choose appropriate option)

(A) ensure that the teaching of syllabus is completed

(B) enable learning within the boundaries of disciplines

(C) illustrate interconnections and interdependence between disciplines

(D) look at the same topic from different angles of social sciences

(1) (A), (B) and (C)
(2) (A), (B) and (D)
(3) (B) and (C)
(4) (C) and (D)

हम__________को सामाजिक विज्ञान अध्यापन हेतु अंतःशास्त्रीय उपागम का उपयोग करते हैं।
(सही विकल्प का चयन कीजिए)

(A) पाठ्यक्रम का अध्यापन पूर्ण हो गया हैं इसको सुनिश्चित करने।

(B) विषयों की सीमा में अधिगम को समर्थ बनाने।

(C) विषयों में परस्पर संबंधों और परस्पर निर्भरता को स्पष्ट करवाने।

(D) एक ही प्रसंग को सामाजिक विज्ञान के विभिन्न कोणों से देखने।

(1) (A), (B) और (C)
(2) (A), (B) और (D)
(3) (B) और (C)
(4) (C) और (D)

Ans. (4)

सामाजिक विज्ञान शिक्षण में अंतःविषय दृष्टिकोण का उपयोग विषयों के बीच अंतर्संबंधों और अन्योन्याश्रयता को दर्शाने और एक ही विषय को सामाजिक विज्ञान के विभिन्न कोणों से देखने के लिए किया जाता है।

206. While discussing the theme livelihood, a social science teacher is expected to

(1) avoid discussing about domestic work
(2) present only the issues of male workers
(3) highlight only the nature of regular and salaried work
(4) describe the different ways in which people earn their living

आजीविका पर चर्चा करते हुए सामाजिक विज्ञान की एक शिक्षिका से यह उम्मीद की जाती है कि:

(1) घर के काम पर चर्चा न की जाए
(2) सिर्फ पुरुष मजदूरों के मुद्दों को प्रस्तुत किया जाए
(3) केवल नियमित वेतनभोगी काम पर बल दिया जाए
(4) लोग किन विभिन्न तरीकों से अपनी आजीविका चलाते हैं, का वर्णन करे

Ans. (4)

आजीविका के बारे में पढ़ाते समय, एक सामाजिक विज्ञान शिक्षक को उन विविध तरीकों को शामिल करना चाहिए जो लोग आजीविका कमाने के लिए उपयोग करते हैं। यह दृष्टिकोण विभिन्न व्यवसायों और आर्थिक गतिविधियों की व्यापक समझ प्रदान करता है, जो इस विविधता को दर्शाता है कि लोग अपना और अपने परिवार का भरण-पोषण कैसे करते हैं।

207. Choose the best alternative which justifies that why children should be encouraged to ask questions in the classroom during the teaching of social science.

(A) Questions increase the curiosity of the children

(B) Children can be made to realise that they lack intelligence

(C) Questions take learning forward by interactions and lead to conceptual clarity

(D) Children recognise the need to practice their language skills

(1) (A), (B) and (C)

(2) (B), (C) and (D)

(3) (A), (C) and (D)

(4) (A), (B) and (D)

श्रेष्ठ विकल्प का चयन कीजिए जो यह सिद्ध करता है कि क्यों सामाजिक विज्ञान के शिक्षण के समय कक्षा में प्रश्न पूछने के लिए बच्चों को प्रोत्साहित करना चाहिए ?

(A) प्रश्न बच्चों की जिज्ञासा को बढ़ाते हैं।

(B) बच्चों को इसका अहसास कराया जा सकता है कि उनमें बुद्धि की कमी हैं

(C) प्रश्न अधिगम को पारस्परिक क्रियाओं द्वारा आगे की ओर ले जाते हैं तथा संकल्पनात्मक स्पष्टता की ओर बढ़ाते हैं

(D) बच्चें भाषा संबंधी कौशलों के अभ्यास की आवश्यकता को समझते हैं

(1) (A), (B) और (C)

(2) (B), (C) और (D)

(3) (A), (C) और (D)

(4) (A), (B) और (D)

Ans. (3)

सामाजिक विज्ञान कक्षाओं में बच्चों को प्रश्न पूछने के लिए प्रोत्साहित करने से जिज्ञासा बढ़ती है, बातचीत के माध्यम से सीखने में प्रगति होती है और भाषा कौशल में सुधार करने में मदद मिलती है।

208. Which of the following can be considered as the meaningful ways of helping students to understand of India's cultural diversity?

(A) Assigning small group projects on different dimensions of culture

(B) Groups discussing on community festivals

(C) Teacher asking questions in class

(D) Conducting food festivals in class / school

(1) (A), (B) and (C)

(2) (A), (B) and (D)

(3) (A), (C) and (D)

(4) (B), (C) and (D)

'निम्नलिखित में से किनको भारत की सांस्कृतिक विविधता विद्यार्थियों के समझने में सहायता हेतु अर्थपूर्ण तरीकों के रूप में माना जा सकता है?

(A) संस्कृति के भिन्न-भिन्न आयामों पर छोटे समूह वाली प्रायोजनाएँ देना

(B) सामुदायिक पर्वो पर समूह में परिचर्चा करना

(C) कक्षा में प्रश्न पूछता शिक्षक

(D) कक्षा / विद्यालय में खाद्य उत्सव का आयोजन करना

(1) (A), (B) और (C)

(2) (A), (B) और (D)

(3) (A), (C) और (D)

(4) (B), (C) और (D)

Ans. (2)

छात्रों को भारत की सांस्कृतिक विविधता को समझने में मदद करने के लिए, प्रभावी तरीकों में सांस्कृतिक आयामों पर समूह परियोजनाएँ, सामुदायिक त्योहारों पर चर्चा और कक्षा या स्कूल में खाद्य उत्सवों का आयोजन शामिल हैं।

209. A social science teacher usually assigns different tasks to different students. She believes that:

(1) Students don't like the same kind of work being assigned to all

(2) There exist individual differences between students

(3) It promotes competition among students

(4) With this method students will not be able to copy each other's work

सामाजिक विज्ञान की एक शिक्षिका विभिन्न विद्यार्थियों को प्राय: भिन्न-भिन्न कार्य नियत करती है। वह विश्वास करती है कि :

(1) सभी बच्चों को एक ही प्रकार का कार्य दिया जाना उन्हें पसंद नही आता
(2) विद्यार्थियों में व्यक्तिगत भिन्नताएँ होती हैं।
(3) यह विद्यार्थियों में प्रतिस्पर्धा को प्रोत्साहन देता है।
(4) इस विधि से विद्यार्थी एक दूसरे के कार्य की नकल नही कर सकते।

Ans. (2)

एक सामाजिक विज्ञान शिक्षक छात्रों की रुचियों, कौशलों और सीखने की शैलियों में व्यक्तिगत अंतर को पहचानने और संबोधित करने के लिए विभिन्न कार्य सौंपता है।

210. Which of the following may be appropriate while teaching the topic of Partition in India to the social science students?

(A) Reading the archived newspaper reports published from Jaipur in 1940s
(B) Use of record of interviews of people from Tamil Nadu who went from Kerala after reorganization of states
(C) Use of record of interviews of people in Punjab who came from Lahore in 1940s
(D) Watching the movie - Gandhi

(1) (A), (B), (C) and (D)
(2) Only (A), (C) and (D)
(3) Only (B), (C) and (D)
(4) Only (B)

सामाजिक विज्ञान के विद्यार्थियों को भारत का विभाजन के विषय में पढ़ाते समय निम्नलिखित में से कौन सा उपयुक्त होगा ?

(A) 1940 में जयपुर से प्रकाशित अभिलेखित समाचार पत्र रिपोर्ट को पढ़ना।
(B) राज्यों के पुनर्गठन के पश्चात तमिलनाडु से केरल चले जाने वाले व्यक्तियों के साक्षात्कार के अभिलेखन (रेकार्ड) का उपयोग करना।
(C) 1940 में लाहौर से पंजाब में आए लोगों के साक्षात्कार के अभिलेखन (रेकार्ड) का उपयोग करना
(D) गाँधी चलचित्र (मूवी) देखना।

(1) (A), (B), (C) और (D)
(2) केवल (A), (C) और (D)
(3) केवल (B), (C) और (D)
(4) केवल (B)

Ans. (2)

भारत में विभाजन के बारे में पढ़ाते समय, उपयुक्त स्रोतों में 1940 के दशक की संग्रहीत समाचार पत्र रिपोर्ट, विभाजन का अनुभव करने वाले लोगों के साक्षात्कार और ऐतिहासिक संदर्भ के लिए फिल्म "गांधी" शामिल हैं।

211. Suppose there is a discussion on the freebies given in different governments in India in a social science class. What should happen in the discussion?

(A) Since the government is engaged in such activity, it may not be appropriate for a government schoolteacher to discuss these things in the class.
(B) Students may be encouraged to express their views in support or against freebies.
(C) Teachers encourage students to provide evidence of why freebies should be given by governments.
(D) Teachers can help students to draw conclusions based on the vision of the Indian Constitution.

(1) Only (A)
(2) Only (C)
(3) Either (A) or (C)
(4) Both (B) and (D)

कल्पना कीजिए की सामाजिक विज्ञान की कक्षा में भारत में विभिन्न सरकारों में दी गई मुफ्त सुविधाएँ पर चर्चा हो रही है। चर्चा में क्या होना चाहिए?

(A) चूँकि सरकार ऐसी गतिविधि में संलिप्त है तो सरकारी स्कूल के शिक्षक के लिए कक्षा में ऐसी चीज़ो पर चर्चा करना उपयुक्त नहीं होगा।
(B) विद्यार्थियों को मुफ्त सुविधाओं के समर्थन या विरोध में अपने विचारों (मतों) को व्यक्त करने के लिए प्रेरित किया जा सकता है।
(C) शिक्षक सरकारों द्वारा मुफ्त सुविधाएँ क्यों दी जानी चाहिए हेतु प्रमाणों (साक्ष्यों) को उपलब्ध कराने के लिए विद्यार्थियों को प्रेरित करेंगे।

(D) शिक्षक भारतीय संविधान की दृष्टि पर आधारित निष्कर्ष निकालने में विद्यार्थियों की सहायता कर सकते हैं।

(1) केवल (A)
(2) केवल (C)
(3) या तो (A) या फिर (C)
(4) (B) और (D) दोनों

Ans. (4)

सरकारी मुफ्त सुविधाओं के बारे में चर्चा में, छात्रों को अपने विचार साझा करने के लिए प्रोत्साहित करना और भारतीय संविधान के आधार पर निष्कर्ष निकालने में उनकी मदद करना महत्वपूर्ण है।

212. Suppose a social science teacher makes a statement that there has been a sharp rise in the number of people speaking Hindi in India. What are the possibilities that could happen in the social science class to promote critical thinking abilities?

(A) Examine reports of the census of India for different years
(B) Students need to accept it as it was stated by a person who is knowledgeable in social science
(C) Students should counter argue based on newspaper reports
(D) Such statements have no scope to develop critical thinking abilities among students

(1) Only (A)
(2) Only (B)
(3) Only (C) and (D)
(4) Only (A) and (C)

मान लीजिए कि सामाजिक विज्ञान का एक शिक्षक वक्तव्य देता है कि भारत में हिन्दी बोलने वाले लोगों की संख्या में तीव्र वृद्धि हुई है। सामाजिक विज्ञान की कक्षा में आलोचनात्मक चिंतन कौशलों को प्रोत्साहित करने की क्या संभावनाएँ हो सकती हैं ?

(A) भारत की जनगणना की, विभिन्न वर्षों की रिपोर्ट पर विचार करना।
(B) जो भी सामाजिक विज्ञान के जानकार ने व्यक्त किया है, उसे विद्यार्थियों को स्वीकार करने की आवश्यकता है।
(C) समाचारपत्रों को रिपोर्ट के आधार पर विद्यार्थियों को प्रतिवाद करना चाहिए।
(D) ऐसे कथन विद्यार्थियों में तर्कसंगत चिंतन कौशलों का विकास नहीं कर सकते।

(1) केवल (A)
(2) केवल (B)
(3) केवल (C) और (D)
(4) केवल (A) और (C)

Ans. (1)

आलोचनात्मक सोच को बढ़ावा देने के लिए, छात्रों को बयानों को अंकित मूल्य पर स्वीकार करने के बजाय, रुझानों को सत्यापित करने और समझने के लिए विभिन्न वर्षों की जनगणना रिपोर्टों का विश्लेषण करना चाहिए। यह दृष्टिकोण उन्हें साक्ष्य खोजने और डेटा-संचालित विश्लेषण में संलग्न होने के लिए प्रोत्साहित करता है।

213. Creative thinking generates ideas and critical thinking ________.
(Choose the appropriate option)

(1) appreciate those ideas.
(2) motivate those ideas.
(3) evaluates those ideas.
(4) identify those ideas.

रचनात्मक सोच विचारों को उत्पन्न करती है और आलोचनात्मक सोच ________।
(उपयुक्त विकल्प का चुनाव कीजिए)

(1) उन विचारों की सराहना करती है।
(2) उन विचारों को प्रेरित करती है।
(3) उन विचारों का मूल्यांकन करती है।
(4) उन विचारों को पहचानती है।

Ans. (3)

रचनात्मक सोच का अर्थ नए और अभिनव विचारों के साथ आना है, जबकि आलोचनात्मक सोच में उन विचारों के मूल्य और व्यवहार्यता का आकलन और मूल्यांकन करना शामिल है।

214. Read the following statements with regard to history curriculum for schools and choose the appropriate option.

Statement (A): Historians began to recognize that school going children need to be introduced to cultural and social history of India.

Statement (R): The traditional approach to writing history for children based on political history led students to lose interest in the subject and made the subject unpopular.

(1) Both (A) and (R) are true and (R) is the correct explanation of (A)
(2) Both (A) and (R) are true and (R) is not the correct explanation of (A)
(3) (A) is true but (R) is false
(4) (A) is false but (R) is true

विद्यालयों के लिए इतिहास पाठ्यचर्या के संदर्भ में निम्नलिखित कथनों को पढ़िए तथा उपयुक्त विकल्प का चयन कीजिए:

कथन (A) : इतिहासकारों ने यह मानना शुरू किया कि स्कूली बच्चों का भारत के सांस्कृतिक और सामाजिक इतिहास से परिचय कराना आवश्यक है।

कथन (R) : बच्चों के लिए राजनीतिक इतिहास पर आधारित इतिहास लिखना एक परंपरागत उपागम है जो विषय में विद्यार्थियों की रूचि को कम करता है (घटाता है) तथा विषय को उनमें अलोकप्रिय बनाता है।

(1) (A) और (R) दोनों सही हैं तथा (R), (A) की सही व्याख्या है।
(2) (A) और (R) दोनों सही हैं तथा (R), (A) की सही व्याख्या नहीं है।
(3) (A) सही है परन्तु (R) गलत है।
(4) (A) गलत है परन्तु (R) सही है।

Ans. (1)

कथन (A) पाठ्यक्रम में सांस्कृतिक और सामाजिक इतिहास को शामिल करने की दिशा में बदलाव को स्वीकार करता है, जबकि कथन (R) बताता है कि राजनीतिक इतिहास पर पारंपरिक फोकस के कारण छात्रों की रुचि में कमी आई, इस प्रकार पाठ्यक्रम में बदलाव को उचित ठहराया गया।

215. Read the following statements on the role of social science teacher and choose the appropriate option.

(A) After the social science examinations, a few students go for a party to get relieved from the tension caused by the examination.

(R) Incentivisation of examinations lead students to get more interest in social science subjects over the years and hence should be encouraged.

Choose the correct option:

(1) Both (A) and (R) are true and (R) is the correct explanation of (A)
(2) Both (A) and (R) are true but (R) is not the correct explanation of (A)
(3) (A) is true but (R) is false
(4) Both (A) and (R) are false

सामाजिक विज्ञान के शिक्षक की भूमिका पर निम्नलिखित कथनों को पढ़िए और उपयुक्त विकल्प का चयन कीजिए:

(A) सामाजिक विज्ञान की परीक्षा के पश्चात्, कई विद्यार्थी परीक्षा से उत्पन्न चिंता से मुक्त होने के लिए एक पार्टी में जाते हैं।

(R) वर्षों से परीक्षाओं को प्रेरकपरक बनाने से विद्यार्थियों में सामाजिक विज्ञान के प्रतिरूचि बढ़ी है और इसलिए इसे प्रोत्साहित करना चाहिए।

सही विकल्प चुनें।

(1) (A) और (R) दोनों सही हैं और (A) की (R) सही व्याख्या करता है।
(2) (A) और (R) दोनों सही हैं लेकिन (A) की (R) सही व्याख्या नहीं करता है।
(3) (A) सही है लेकिन (R) गलत है।
(4) (A) और (R) दोनों गलत है।

Ans. (3)

कथन (A) सत्य है क्योंकि यह दर्शाता है कि कुछ छात्र

तनाव दूर करने के लिए परीक्षा के बाद जश्न मनाते हैं। कथन (R) गलत है क्योंकि परीक्षाओं को प्रोत्साहित करने से सामाजिक विज्ञान में रुचि नहीं बढ़ती है और यह विषय में जुड़ाव को बढ़ावा देने के लिए अनुशंसित दृष्टिकोण नहीं है।

216. Read the following statements with regard to social science curriculum development and choose the appropriate option.

Statement (A): Social Science curriculum includes many topics which are prone to multiple way of interpretation and connected to what we experience in daily lives.

Statement (R): Social Science carry normative responsibility to create and nurture values such as freedom, trust, mutual respect and respect for diversity.

(1) Both (A) and (R) are true and (R) is the correct explanation of (A).

(2) Both (A) and (R) are true and (R) is not the correct explanation of (A).

(3) (A) is true but (R) is false.

(4) (A) is false but (R) is true.

सामाजिक विज्ञान पाठ्यचर्या के विकास के संदर्भ में निम्नलिखित कथनों को पढ़िए तथा उपयुक्त विकल्प का चयन कीजिए।

कथन (A) : सामाजिक विज्ञान कई ऐसे विषयों को सम्मिलित करता है जोकि व्याख्या के बहु मार्गों की ओर प्रवृत है और जो हमारे दैनिक जीवन के अनुभवों से जुड़े हैं।

कथन (R) : सामाजिक विज्ञान स्वतंत्रता, विश्वास, परस्पर सम्मान एवं विविधता के सम्मान जैसे मानवीय मूल्यों को निर्माण करने और उन्हे पोषित करने की सैद्धांतिक जिम्मेदारी का भी वहन करता है।

(1) (A) और (R) दोनों सही हैं तथा (R), (A) की सही व्याख्या है।

(2) (A) और (R) दोनों सही हैं तथा (R), (A) की सही व्यारव्या नहीं है।

(3) (A) सही है परन्तु (R) गलत है।

(4) (A) गलत है परन्तु (R) सही है।

Ans. (1)

दोनों कथन सटीक हैं, (R) बताता है कि क्यों (A) सत्य है। सामाजिक विज्ञान विषयों की विविध व्याख्याएं और दैनिक जीवन में उनकी प्रासंगिकता आवश्यक मूल्यों को बढ़ावा देने में विषय की भूमिका को रेखांकित करती है।

217. Which of the following topics in history could be taught using lived experiences of a community?

(1) Architectural style of Taj Mahal

(2) Warfare techniques of Turks

(3) Partition of India

(4) Revenue system of Shahjahan

एक समुदाय के जीये गए अनुभवों के प्रयोग से इतिहास में निम्नलिखित में से कौन सा विषय पढ़ाया जा सकता है ?

(1) ताजमहल की वास्तुशिलपिए शैली

(2) तुर्कों की युद्ध की तकनीक

(3) भारत की विभाजन

(4) शाहजहाँ की राजस्व व्यवस्था

Ans. (3)

भारत के विभाजन का गहरा व्यक्तिगत और सामुदायिक प्रभाव पड़ा, और इसे व्यक्तियों और समुदायों के जीवंत अनुभवों के माध्यम से पढ़ाना इसके प्रभावों की अधिक प्रासंगिक और व्यापक समझ प्रदान कर सकता है।

218. Suppose a social science teacher wishes to develop rubric for the topic - Mineral Resources.

Which of the following would become part of the construction of a rubric?

(A) Rating scale

(B) Performance criteria

(C) Social Science goals

(D) Learning outcomes.

(1) (A) and (B)

(2) (B) and (C)

(3) (A), (B) and (C)

(4) (A), (B) and (D)

मान लीजिए कि सामाजिक विज्ञान का एक शिक्षक विषय- 'खनिज संसाधन' पर एक रुबरिक का विकास करना चाहता है। निम्नलिखित में से कौन रूबरिक के निर्माण का एक भाग बनेगा ?

(A) प्रगति मापनी (रेटिंग स्केल)

(B) प्रदर्शन मानक

(C) सामाजिक विज्ञान लक्ष्य

(D) अधिगम प्रतिफल

(1) (A) और (B)

(2) (B) और (C)

(3) (A), (B), और (C)

(4) (A), (B) और (D)

Ans. (4)

रूब्रिक में यह रेखांकित होना चाहिए कि छात्रों का मूल्यांकन कैसे किया जाएगा (रेटिंग स्केल), किन विशिष्ट पहलुओं का मूल्यांकन किया जाएगा (प्रदर्शन मानदंड), और उन्हें क्या सीखने या पूरा करने की आवश्यकता है (सीखने के परिणाम)।

219. When a social science teacher conducts quiz programme on less known freedom fighters in India, she is involved in

(A) Authentic Assessment

(B) Traditional Assessment

(C) Diagnostic Assessment

(D) Formative Assessment

(1) Only (A)

(2) Only (A) and (D)

(3) Only (B) and (C)

(4) Only (B) and (D)

जब सामाजिक विज्ञान की एक शिक्षिका, भारत में निम्न ज्ञात (लेसर नॉन) स्वतंत्रता सेनानियों पर एक प्रश्नोतरी का संचालन करती हैं, तब वह सम्मिलित हैं :

(A) प्रामाणिक आकलन में

(B) पारंपरिक आकलन में

(C) नैदानिक आकलन में

(D) निर्माणात्मक आकलन में

(1) केवल (A)

(2) केवल (A) और (D)

(3) केवल (B) और (C)

(4) केवल (B) और (D)

Ans. (4)

निम्न ज्ञात (लेसर नॉन) स्वतंत्रता सेनानियों पर एक प्रश्नोत्तरी में मानकीकृत प्रश्नों के माध्यम से ज्ञान का परीक्षण करके पारंपरिक मूल्यांकन और फीडबैक प्रदान करके और आगे की शिक्षा का मार्गदर्शन करके रचनात्मक मूल्यांकन शामिल होता है।

220. Which of the following questions assess mainly the social science learning outcome - "Able to recall and remember facts, figures and processes"?

(A) How can a school help in ending caste based Indian society?

(B) How does the Parliament exercise control over the Union Executive? How can it be made more effective?

(C) How many countries are part of ASEAN? Name them.

(D) Name some districts of Rajasthan which share boundaries with Pakistan.

(1) Only (A), (B) and (C)

(2) Only (B), (C) and (D)

(3) Only (B) and (C)

(4) Only (C) and (D)

निम्नलिखित में से कौन से प्रश्न सामाजिक विज्ञान में मुख्यतः तथ्यों, आकृतियों और प्रक्रमों को पुनः स्मरण और याद करने की योग्यता का आकलन करते हैं?

(A) एक विद्यालय जाति आधारित भारतीय समाज को समाप्त करने में किस प्रकार सहायता कर सकता हैं।

(B) संसद केंद्रीय कार्यपालिका पर किस प्रकार नियंत्रण कर सकती है। इसे और अधिक प्रभावशाली कैसे बनाया जा सकता है?

(C) कितने देश आसियान का एक भाग हैं? उनके नाम लिखिये।

(D) राजस्थान के ऐसे कुछ जिलों के नाम लिखिए जो अपनी सीमाएँ पाकिस्तान से साझा करते हैं।

(1) केवल (A), (B) और (C)

(2) केवल (B), (C) और (D)

(3) केवल (B) और (C)

(4) केवल (C) और (D)

Ans. (4)

तथ्यों और आंकड़ों को याद करने के सीखने के परिणाम का मूल्यांकन उन प्रश्नों द्वारा किया जाता है जो विशिष्ट जानकारी मांगते हैं, जैसे कि आसियान देशों की संख्या और पाकिस्तान की सीमा से लगे राजस्थान के जिलों की संख्या।

221. Which of the following may be kept in view to develop evaluation procedures according to the RTE Act 2009?

(A) Promote learning through activities

(B) Provide opportunities for exploration

(C) Make provision for regularity in attendance

(D) Make the child free of fear, trauma and anxiety

(1) Only (A) and (B)
(2) Only (B) and (C)
(3) Only (A), (B) and (C)
(4) Only (A), (B) and (D)

आर.टी.ई. एक्ट 2009 के अनुसार, मूल्यांकन प्रक्रमों के विकास के लिए निम्नलिखित में से किस पर विचार किया जा सकता है?

(A) क्रियाकलापों द्वारा अधिगम को प्रोन्नत करना

(B) अन्वेषण के लिए अवसर प्रदान करना

(C) उपस्थिति में नियमितता का प्रबंध करना

(D) भय, सदमें एवं चिंता से बच्चे को मुक्त करना

(1) केवल (A) और (B)
(2) केवल (B) और (C)
(3) केवल (A), (B) और (C)
(4) केवल (A), (B) और (D)

Ans. (4)

आरटीई अधिनियम 2009 के अनुसार, मूल्यांकन प्रक्रियाओं को गतिविधि-आधारित शिक्षा को बढ़ावा देना चाहिए, अन्वेषण के अवसर प्रदान करना चाहिए और बच्चों के लिए एक सहायक, तनाव मुक्त वातावरण सुनिश्चित करना चाहिए।

222. Which of the following learning outcomes is mainly reflected in the question - What does the word 'equality' mean in the Preamble of the Indian constitution'?

(1) Evaluate and analyse information and its sources
(2) Reason and assess cause and effect
(3) Classify, contrast, and compare
(4) Extrapolate, predict events and its effects

निम्नलिखित में से कौन सा सीखने का परिणाम मुख्य रूप से प्रश्न में परिलक्षित होता है - भारतीय संविधान की प्रस्तावना में 'समानता' शब्द का क्या अर्थ है?

(1) जानकारी एवं उसके स्रोतों का विश्लेषण एवं मूल्यांकन कीजिए।
(2) कारण एवं प्रभाव का आकलन कीजिए एवं कारण दीजिए।
(3) वर्गीकृत कीजिए, विषमता दर्शाइये और तुलना कीजिए।
(4) बहिर्वेशन कीजिए, घटनाओं एवं उनके प्रभावों का पूर्वानुमान लगाइयें।

Ans. (1)

प्रश्न "भारतीय संविधान की प्रस्तावना में 'समानता' शब्द का क्या अर्थ है?" संवैधानिक संदर्भ में शब्द के अर्थ की व्याख्या करके जानकारी का मूल्यांकन और विश्लेषण करने के सीखने के परिणाम को दर्शाता है।

223. Which of the following methods/tools are appropriate for making students understand the concept of gender in classroom?

(A) Life experience

(B) Case studies

(C) Organizing public meeting

(D) Stories

Choose the correct combination from the following:

(1) (A), (B) and (C)
(2) (A) (C) and (D)
(3) (B), (C) and (D)
(4) (A), (B) and (D)

निम्नलिखित में से कौन सी विधियों/ साधन कक्षा में विद्यार्थियों को जेंडर (लैंगिक) की संकल्पना को समझाने के लिए उपयुक्त है?

(A) जीवन के अनुभव
(B) व्यक्ति अध्ययन (केस स्टडीज़)
(C) जनसभा का आयोजन
(D) कहानियाँ
निम्न में से सही जोड़े का चयन कीजिए:
(1) (A), (B) और (C)
(2) (A) (C) और (D)
(3) (B), (C) और (D)
(4) (A), (B) और (D)

Ans. (4)

छात्रों को लिंग की अवधारणा को समझने में मदद करने के लिए, जीवन के अनुभवों का उपयोग करके अमूर्त विचारों को प्रासंगिक बनाया जाता है, केस अध्ययन लिंग मुद्दों में विस्तृत अंतर्दृष्टि प्रदान करते हैं, और कहानियाँ लिंग अवधारणाओं को आकर्षक तरीके से प्रस्तुत करती हैं।

224. To do a project on the topic 'challenges faced by women at workplace', which of the following sources will provide primary information?
(1) Personal Interviews
(2) Biography
(3) Textbook
(4) Newspaper
'महिलाओं को कार्यक्षेत्र में आने वाली चुनौतियों' विषय पर प्रोजेक्ट करने के लिये, निम्नलिखित में से कौन सा स्रोत प्राथमिक सूचना दे सकते हैं?
(1) व्यक्ति साक्षात्कार
(2) जीवनी
(3) पाठ्यपुस्तक
(4) समाचार पत्र।

Ans : (1)

'कार्यस्थल पर महिलाओं के सामने आने वाली चुनौतियों' पर एक परियोजना के लिए, व्यक्तिगत साक्षात्कार प्रत्यक्ष, प्रत्यक्ष खातों के माध्यम से प्राथमिक जानकारी प्रदान करते हैं।

225. To undertake a project with students, what should be the first step?
(1) Planning data collection
(2) Locating sources of data
(3) Deciding the objectives
(4) Analyzing the findings
छात्रों के साथ एक प्रोजेक्ट करने के लिये, सबसे पहला कदम क्या होना चाहिए ?
(1) आँकड़े एकत्रण की योजना बनाना।
(2) आँकड़े के स्रोत को चिह्नित करना I
(3) उद्देश्यों का निर्धारण करना।
(4) खोज का विश्लेषण करना।

Ans : (3)

छात्रों के साथ एक परियोजना शुरू करने में पहला कदम उद्देश्यों का निर्धारण करना है, क्योंकि यह परियोजना की दिशा स्थापित करता है और आगे के कदमों का मार्गदर्शन करता है।

226. A social science teacher could use which of the following assessments to understand why a student is not doing well in geography?
(1) Placement assessment
(2) Summative assessment
(3) Diagnostic assessment
(4) Formative assessment
एक सामाजिक विज्ञान शिक्षिका निम्नलिखित आंकलन में से कौन सा चुन सकती है अगर यह समझना हो क्यों एक विद्यार्थी भूगोल में सफल नहीं है?
(1) स्थापन आंकलन
(2) योगात्मक आंकलन
(3) नैदानिक आंकलन
(4) रचनात्मक आंकलन

Ans : (3)

नैदानिक मूल्यांकन उन विशिष्ट क्षेत्रों की पहचान करने में मदद करता है जहां एक छात्र संघर्ष कर रहा है, जिससे यह पता चलता है कि वे भूगोल में अच्छा प्रदर्शन क्यों नहीं कर रहे हैं।

227. What approach (es) should be kept in mind while teaching social and political life content. Consider the following two statements and choose the correct answer.

(I) Take a unidirectional approach to teach about social political issues and concerns.

(II) Avoid contentious contemporary themes that can impact commonness and homogenity in the class.

(1) Only (I)

(2) Only (II)

(3) Both (I) and (ll)

(4) Neither (I) and (II)

सामाजिक और राजनीतिक जीवन विषय पढ़ाते समय कौन से/ सा उपागम/ उपागमों को ध्यान में रखना चाहिए? निम्नलिखित दो कथन पर विचार कीजिए तथा सही विकल्प का चयन कीजिए।

कथन (I) : सामाजिक-राजनीतिकों मामलो और चिंताओ के बारे में पढ़ाने के लिए एकमार्गी उपागम ले।

कथन (II) : कलहप्रिय समकालीन मूल विषयों की उपेक्षा करें जोकि कक्षा में सामूहिकता एवं एकरूपता को प्रभावित कर सकते हैं।

(1) केवल (I)

(2) केवल (II)

(3) (I) और (II) दोनों

(4) (I) और (II) कोई नहीं।

Ans : (4)

सामाजिक और राजनीतिक जीवन के प्रभावी शिक्षण के लिए, एक बहुदिशात्मक दृष्टिकोण का उपयोग करना चाहिए जो आलोचनात्मक सोच और चर्चा को बढ़ावा देता है। एकदिशात्मक दृष्टिकोण और समसामयिक मुद्दों को नजरअंदाज करने से बचना चाहिए, क्योंकि विविध दृष्टिकोणों से जुड़ने से समझ बढ़ती है।

228. Which of the following statements is essential to make social sciences relevant to elementary school students?

(1) 'Provider a plethors of details facts and information to students'.

(2) 'Textbook must be seen as the ultimate source of knowledge'.

(3) 'Social sciences do not lend themselves to scientific inquiry hence it is easy'.

(4) 'Social science is indispensible for laying the foundations of an analytical mind'.

निम्नलिखित कथनों में से कौन सा कथन प्रारंभिक स्कूल के विद्यार्थियों के लिए सामाजिक विज्ञान को प्रासंगिक बनाने के में अत्यावश्यक है ?

(1) विद्यार्थियों को भरपूर विवरणों, तथ्यों और सूचना उपलब्ध कराना।

(2) पाठ्यपुस्तक को ज्ञान के परम स्रोत के रूप में देखा जाना चाहिए।

(3) सामाजिक विज्ञान का वैज्ञानिक परीक्षण संभव नहीं है इसलिए यह सरल है।

(4) एक विश्लेषणात्मक मानस को बुनियाद रखने के लिए सामाजिक विज्ञान अपरिहार्य है।

Ans : (4)

"विश्लेषणात्मक दिमाग की नींव रखने के लिए सामाजिक विज्ञान अपरिहार्य है।" यह छात्रों में आलोचनात्मक सोच और विश्लेषणात्मक कौशल विकसित करने में सामाजिक विज्ञान के महत्व पर जोर देता है।

229. Consider the following statements and choose the correct option.

(A) Thematic approach is useful for developing a unit plan.

(R) Societal issues are better understood through the study of interdisciplinary content.

(1) Both (A) and (R) are true and (R) is the correct explanation of (A).

(2) Both (A) and (R) are true but (R) is not the correct explanation of (A).

(3) (A) is true but (R) is false.

(4) Both (A) and (R) is false.

निम्नलिखित कथनों पर विचार करें और सही विकल्प का चयन करें:

(A) यूनिट योजना का विकास करने के लिए कथ्यपरक उपागम उपयोगी है।

(R) अंतर्विषयक विषय-वस्तु के अध्ययन के माध्यम से सामाजिक मामलों को बेहतर समझा जाता है।

(1) (A) और (R) दोनों सही है और (A) की (R) सही व्याख्या करता है।

(2) (A) और (R) दोनों सही हैं लेकिन (A) की (R) सही व्याख्या नहीं करता है।

(3) (A) सही है लेकिन (R) गलत है।
(4) (A) और (R) दोनों गलत है।

Ans : (1)

दोनों कथन सत्य हैं और यह कि अंतःविषय सामग्री (R) के माध्यम से सामाजिक मुद्दों को बेहतर ढंग से समझा जाता है, यह सीधे तौर पर बताता है कि विषयगत दृष्टिकोण इकाई योजना (A) के लिए क्यों उपयोगी है।

230. To experientially teach about natural vegetation and wildlife, which of the following methods will be the best pedagogical approach?

(1) Taking students for a nature walk.
(2) Screening a documentary.
(3) Inviting an expert for a talk.
(4) Having group presentations based on information in the textbook.

प्राकृतिक वनस्पति और वन्य जीवन के बारे में अनुभवात्मक रूप से पढ़ाने के लिए, निम्नलिखित विधियों में से कौन सो विधि एक श्रेष्ठ शिक्षाशास्त्रीय उपागम होगी?

(1) विद्यार्थियों को प्रकृति भ्रमण के लिए लेकर जाना।
(2) वृत्तचित्र का प्रदर्शन।
(3) एक विशेषज्ञ को वाचन के लिए आमंत्रित करना।
(4) पाठ्यपुस्तक में उपलब्ध सूचना के आधार पर सामूहिक प्रस्तुतीकरण कराना।

Ans : (1)

प्रकृति की सैर छात्रों को प्राकृतिक वनस्पति और वन्य जीवन का प्रत्यक्ष, व्यावहारिक अनुभव और अवलोकन प्रदान करती है, जिससे पर्यावरण के साथ प्रत्यक्ष बातचीत के माध्यम से उनकी समझ बढ़ती है।

231. Why do you think proper ways of garbage disposal are not available to those living in slums?
This question attempts to assess a student's ability to:

(1) Generalise
(2) Extrapolate and estimate
(3) Reason
(4) Imagine

'आपको लगता है कूड़े का निपटारण कच्ची बस्तियों में रहने वाले व्यक्तियों के लिए उपलब्ध नहीं है? यह प्रश्न प्रयास है छात्र की______ की क्षमता का आंकलन।

(1) सामान्यीकरण करने
(2) अनुमान लगाने
(3) तर्क देने (विवेचना करने)
(4) कल्पना करने

Ans : (3)

तर्क देने में बुनियादी ढांचे और सामाजिक आर्थिक स्थितियों जैसे कारकों पर विचार करते हुए, मलिन बस्तियों में अनुचित कचरा निपटान जैसे मुद्दों के अंतर्निहित कारणों का गंभीर रूप से विश्लेषण और समझना शामिल है।

232. In the middle of teaching a topic, a teacher conducts a test to identify conceptual confusions among students. What kind of assessment is she conducting?

(1) Placement assessment
(2) Summative assessment
(3) Formative assessment
(4) Peer assessment

एक विषय को पढ़ाने के बीच में शिक्षिका विद्यार्थियों में अवधारणात्मक दुविधाओं को जानने के लिए एक टेस्ट आयोजित करती है।

वह किस प्रकार के आंकलन का आयोजन कर रही है?

(1) स्थानन आंकलन
(2) योगात्मक आंकलन
(3) रचनात्मक आंकलन
(4) सहपाठी आंकलन

Ans : (3)

रचनात्मक मूल्यांकन का उपयोग सीखने की प्रक्रिया के दौरान छात्रों की वैचारिक उलझनों को पहचानने और संबोधित करने, उनकी समझ को बढ़ाने और आगे के निर्देश का मार्गदर्शन करने में मदद करने के लिए किया जाता है।

233. A teacher finds the following levels of performance in a test, after the completion of the topic 'Diversity' and 'Discrimination'.
Student (A) can identify prejudice and discrimination in various situations.
Student (B) can define prejudice and stereotyping.
Student (C) can indicate relevant constitutional provisions for specific acts of discrimination.
Arrange the student's performance in the test starting from most conceptually clear.

(1) (A), (B), (C)
(2) (B), (C), (A)
(3) (C), (B), (A)
(4) (C), (A), (B)

'विविधता और भेदभाव' विषय के पूरा होने के बाद शिक्षक टेस्ट में प्रदर्शन के निम्नलिखित स्तरों का पता लगाता है।
विद्यार्थी (A) : विविध परिस्थितियों में पूर्वाग्रह और भेदभाव को पहचानने में समर्थ है।
विद्यार्थी (B) : रूढ़िबद्ध धारणा बनाने और पूर्वाग्रह को परिभाषित करने में समर्थ है।
विद्यार्थी (C) : भेदभाव के विशिष्ट कृत्यों के लिए प्रारंभिक संवैधानिक प्रावधानों की और संकेत करने में समर्थ है।
अवधारणात्मक तौर पर अति स्पष्ट से आरंभ करते हुए टेस्ट में विद्यार्थियों के प्रदर्शन को सुव्यवस्थित कीजिए।

(1) (A), (B), (C)
(2) (B), (C), (A)
(3) (C), (B), (A)
(4) (C), (A), (B)

Ans : (4)

यह व्यवस्था दर्शाती है कि कानूनी ढांचे को समझना स्थितियों की पहचान करने की तुलना में वैचारिक रूप से अधिक गहरा है, जो कि केवल शब्दों को परिभाषित करने से भी अधिक गहरा है।

234. Which among the following would be the opposite of the social science concept 'marginalized'?

(1) Ghettoized
(2) Displaced
(3) Mainstreamed
(4) Stigmatised

निम्नलिखित में से क्या सामाजिक विज्ञान की संकल्पना 'हाशिये पर होना' का विपरीत होगा ?

(1) घेटोआइज़ होना
(2) विस्थापित होना
(3) मुख्यधारा होना
(4) कलंकित

Ans : (3)

मुख्यधारा का तात्पर्य समाज के केंद्रीय या प्रमुख समूहों में एकीकृत होने से है, जो हाशिए पर या किनारे पर धकेल दिए जाने के विपरीत है।

235. History curriculum is expected to discuss mainly about __________.

(A) contradictions
(B) peaceful living of people.
(C) power and dominance
(D) discoveries

Choose the appropriate option.

(1) Only (B)
(2) Only (A) and (B)
(3) (A), (C) and (D)
(4) (A), (B), (C) and (D)

इतिहास पाठ्यचर्या से अपेक्षित है कि यह मुख्यतः चर्चा करे __________ ।

(A) विवादों की
(B) लोगों के शांतिपूर्ण जीवन की
(C) सत्ता एवं प्रभुत्व की
(D) खोजों की

उपयुक्त विकल्प का चुनाव कीजिए।

(1) केवल (B)
(2) केवल (A) तथा (B)
(3) (A), (C) तथा (D)
(4) (A), (B), (C) तथा (D)

Ans : (4)

एक संपूर्ण इतिहास पाठ्यक्रम को विरोधाभासों, शांतिपूर्ण जीवन, शक्ति की गतिशीलता और खोजों को संबोधित करना चाहिए, जो ऐतिहासिक विकास की एक अच्छी तरह से समझ प्रदान करता है।

236. Arrange the following topics/skills in the order in which the teacher needs to focus on them while teaching mapping skills in social science.

(A) Symbols
(B) Sense of directions
(C) Scale of map
(D) Orientation

(1) (D), (C), (B), (A)
(2) (B), (C), (A), (D)
(3) (D), (A), (B), (C)
(4) (B), (A), (D), (C)

निम्नलिखित विषयों / कौशलों को उस क्रम में, जिसमें उन्हें सामाजिक विज्ञान में शिक्षक द्वारा मानचित्र कौशलों को पढ़ाते हुए जोर देने की आवश्यकता है, व्यवस्थित कीजिए-

(A) संकेतक
(B) दिशाओं का ज्ञान
(C) मानचित्र का पैमाना
(D) अवस्थिति

(1) (D), (C), (B), (A)
(2) (B), (C), (A), (D)
(3) (D), (A), (B) (C)
(4) (B), (A), (D), (C)

Ans : (2)

मानचित्रण कौशल को प्रभावी ढंग से सिखाने के लिए, दिशाओं की समझ से शुरुआत करनी चाहिए, फिर मानचित्र के पैमाने को कवर करना चाहिए, प्रतीकों की व्याख्या करनी चाहिए और अभिविन्यास के साथ समाप्त करना चाहिए।

237. The role of a teacher of middle level social sciences includes the following:

(A) Use of variety of instructional strategies
(B) Build bridges to other subjects
(C) Teach students what is right and what is wrong
(D) Encourage students to exercise freedom in a responsible manner

(1) Only (A), (B), (D)
(2) Only (A), (C), (D)
(3) Only (A), (B), (C)
(4) Only (A) and (C)

माध्यमिक स्तर की सामाजिक विज्ञान के शिक्षक की भूमिका में निम्न सम्मिलित है :

(A) विविध प्रकार की निर्देशात्मक योजनाओं का उपयोग करना
(B) अन्य विषयों के साथ संपर्क बनाना
(C) विद्यार्थियों को यह पढ़ाना कि क्या सही है और क्या गलत
(D) समझदार तरीके से स्वतंत्रता का पालन करने के लिए विद्यार्थियों को प्रेरित करना

(1) केवल (A), (B), (D)
(2) केवल (A), (C), (D)
(3) केवल (A), (B), (C)
(4) केवल (A) और (C)

Ans : (1)

एक मध्यम स्तर के सामाजिक विज्ञान शिक्षक को विविध शिक्षण रणनीतियों का उपयोग करना चाहिए, सामाजिक विज्ञान अवधारणाओं को अन्य विषयों से जोड़ना चाहिए, और सीखने और व्यवहार में स्वतंत्रता के जिम्मेदार उपयोग को प्रोत्साहित करना चाहिए।

238. Which of the following materials can be used to locate the distribution of major iron and steel industry?

(A) Atlas
(B) Thematic Map
(C) Sketch Map

(1) (A) and (B)
(2) (A) and (C)
(3) (B) and (C)
(4) (A), (B) and (C)

निम्नलिखित में से किन सामग्रियों का मुख्य लौह एवं

इस्पात उद्योगों के वितरण का पता लगाने में किया जा सकता है?

(A) एट्लस

(B) कथ्यपरक मानचित्र

(C) रेखाचित्र मानचित्र

(1) (A) और (B)

(2) (A) और (C)

(3) (B) और (C)

(4) (A), (B) और (C)

Ans : (1)

प्रमुख लौह और इस्पात उद्योगों के वितरण का पता लगाने के लिए, एटलस औद्योगिक वितरण का एक व्यापक अवलोकन प्रदान करता है। कथ्यपरक मानचित्र विशेष रूप से लोहा और इस्पात जैसे उद्योगों के वितरण को दर्शाता है।

239. In a social science classroom, while making a choice between alternative routes from one place to another the students need to be guided for the following steps. Arrange the steps in order from step (A) to step (D):

(A) Study the consequence of each possible route

(B) Identify various alternative routes

(C) Listing choice with list of reasons for selection

(D) Comparing each possible route according to same set of characteristics

(1) (B), (D), (A), (C)

(2) (D), (A), (B), (C)

(3) (B), (A), (D), (C)

(4) (D), (A), (C), (B)

सामाजिक विज्ञान की एक कक्षा में, एक स्थान से दूसरे स्थान पर जाने के वैकल्पिक रास्तों के बीच चुनाव करते हुए विद्यार्थियों को निम्नलिखित चरणों हेतु मार्गदर्शन देना है। चरणों को चरण (A) से चरण (D) में क्रमित कीजिए।

(A) प्रत्येक रास्ते के परिणामों का अध्ययन करना

(B) विभिन्न वैकल्पिक रास्तों की पहचान करना

(C) चुनावों की सूची बनाना जिसमें चयन के कारणों की सूची भी हो

(D) एक जैसी विशेषताओं वाले सेट के आधार पर संभावित रास्तों की तुलना करना

(1) (B), (D), (A), (C)

(2) (D), (A), (B), (C)

(3) (B), (A), (D), (C)

(4) (D), (A), (C), (B)

Ans : (3)

सबसे पहले, वैकल्पिक मार्गों की पहचान करें, फिर उनके परिणामों का अध्ययन करें, सुसंगत मानदंडों का उपयोग करके उनकी तुलना करें, और अंत में, चयनित मार्ग को चुनें और उचित ठहराएं।

240. Which of the following activity/activities would find place in a social science classroom while teaching 'responsibility of govt. towards its citizens'?

(A) Organizing a mock parliamentary session on 'condition of government health sector in India'.

(B) Organizing a debate in class on 'why govt. should be responsible to its citizens?

(C) Collecting various news related to issues where government had to respond to media and people through press-conferences.

(1) Only (B)

(2) Both (A) and (B)

(3) Both (B) and (C)

(4) All (A), (B) and (C)

'सरकार की अपने नागरिकों के प्रति उत्तरदायित्व / जिम्मेदारी' विषय पढ़ाते हुए एक सामाजिक विज्ञान की कक्षा में निम्न से कौन गतिविधि/गतिविधियाँ स्थान पाएंगी?

(A) 'भारत में सरकारी स्वास्थ्य सेवा क्षेत्र की दशा' विषय पर कक्षा में एक मॉक संसदीय सत्र का आयोजन करना

(B) 'सरकार को अपने नागरिकों के प्रति उत्तरदायी क्यों होना चाहिए' पर एक वाद-विवाद का आयोजन करना।

(C) विभिन्न मुद्दों, जहाँ सरकार को मीडिया व लोगों को प्रेस वार्ता करके उत्तर देना पड़ा, पर आधारित खबरों को इकट्ठा करना।

(1) केवल (B)

(2) (A) तथा (B) दोनों

(3) (B) तथा (C) दोनों

(4) (A), (B) तथा (C) सभी

Ans : (4)

सभी गतिविधियाँ संसदीय सत्रों का मज़ाक उड़ाती हैं, सरकारी ज़िम्मेदारी पर बहस करती हैं, और सरकारी प्रतिक्रियाओं पर समाचार एकत्र करना अपने नागरिकों के प्रति सरकार की ज़िम्मेदारियों के बारे में सिखाने के लिए प्रासंगिक हैं।

241. You are discussing about 'shifting cultivation' and have to locate where Roca and Ladang are practiced. Which countries will you ask students to mark on a world map?

(1) Mexico and Malaysia

(2) Brazil and Malaysia

(3) Mexico and Chile

(4) Brazil and Chile

आप 'स्थानांतरी कृषि' के बारे में चर्चा कर रहे हैं और आपको यह पता लगाना है कि रोका एवं लदांग कहाँ अपनाई जाती है। आप विद्यार्थियों से विश्व मानचित्र पर किन देशों को अंकित करने के लिए कहेंगे?

(1) मैक्सिको और मलेशिया

(2) ब्राज़ील और मलेशिया

(3) मैक्सिको और चिली

(4) ब्राजील और चिली

Ans : (2)

रोका का अभ्यास ब्राज़ील में किया जाता है, और लदांग का अभ्यास मलेशिया में किया जाता है।

242. Which of the following may be essential to promote critical thinking among students studying social sciences? Choose the appropriate option.

(A) Promote students to work individually

(B) Asking thought provoking questions

(C) Training to be keep quiet during teaching

(D) Consider different points of view of students

(1) (A), (B) and (C)

(2) (B), (C) and (D)

(3) (B) and (C)

(4) (B) and (D)

निम्नलिखित में से कौन से सामाजिक विज्ञान के छात्रों में आलोचनात्मक सोच को प्रोत्साहित करने के लिए आवश्यक है ?

उपयुक्त विकल्प चुनें।

(A) छात्रों को व्यक्तिगत रूप से काम करने के लिए प्रोत्साहित करना

(B) विचारोत्तेजक सवाल पूछना

(C) शिक्षण के दौरान चुप रहने का प्रशिक्षण देना

(D) छात्रों के अलग-अलग विचारों को महत्व देना

(1) (A), (B) तथा (C)

(2) (B), (C) तथा (D)

(3) (B) तथा (C)

(4) (B) तथा (D)

Ans : (4)

आलोचनात्मक सोच को बढ़ावा देने के लिए, आवश्यक दृष्टिकोण में विचारोत्तेजक प्रश्न पूछना शामिल है, जो गहन विश्लेषण और प्रतिबिंब को प्रोत्साहित करता है। विभिन्न दृष्टिकोणों पर विचार करना विविध दृष्टिकोणों को समझने और उनका मूल्यांकन करने को बढ़ावा देता है।

243. '................ But my reply to the station master that we were Mahars had gone round among the cart men and not one of them was prepared to suffer being polluted and to demean himself carrying passengers of the untouchable classes'.

As a teacher, which concepts would you relate with this narrative?

(A) Stereotype

(B) Prejudice

(C) Racism

(D) Discrimination
(1) (A) and (B)
(2) (B) and (D)
(3) (A) and (C)
(4) (C) and (D)

"............ लेकिन मैंने स्टेशन मास्टर को जो जवाब दिया था कि हम महार हैं, उसका पता सबको चल गया था। कोई भी गाड़ीवान अछूत वर्ग की सवारी को ले जाकर अपने आप को गंदा और नीचा नहीं बनाना चाहता था। " एक शिक्षक के रूप में, इस वृत्तांत को आप निम्न में से किन संकल्पनाओं के साथ जोड़कर देखेंगे ?

(A) रूढ़िबद्ध धारणा
(B) पूर्वाग्रह
(C) नस्लभेद
(D) भेदभाव
(1) (A) और (B)
(2) (B) और (D)
(3) (A) और (C)
(4) (C) और (D)

Ans : (2)

कथा पूर्वाग्रह और भेदभाव दोनों के मुद्दों को दर्शाती है। पूर्वाग्रह का तात्पर्य एक विशिष्ट समूह के बारे में रखे गए नकारात्मक दृष्टिकोण और विश्वास से है, जबकि भेदभाव में उन पूर्वाग्रहों के आधार पर अनुचित व्यवहार शामिल है।

244. If you have to introduce 'nomads/banjaras' during Medieval India based on sources, you will portray them as:
(1) a colourful and fun-loving community
(2) an aggressive and violent community
(3) an important trading community
(4) an isolated community with no past

अगर आपको स्रोतों पर आधारित मध्य- युगीन भारत के समय के 'धुमंतुओं/ बंजारों' को प्रस्तुत करना है तब आप उन्हें - चित्रित करेंगे :
(1) एक रंग-बिरंगे एवं आनंदप्रिय समुदाय की तरह
(2) एक उग्र एवं हिंसक समुदाय की तरह
(3) एक महत्त्वपूर्ण व्यापार करने वाले समुदाय की तरह
(4) एक अलग-थलग समुदाय की तरह जिसका कोई अतीत नहीं है

Ans : (3)

बंजारे व्यापार और परिवहन में अपनी भूमिका के लिए जाने जाते थे, जो अक्सर विभिन्न क्षेत्रों में माल की आवाजाही को सुविधाजनक बनाते थे।

245. Which of the following are generally recognized as challenges in teaching social science education in schools in India?

(A) There are not sufficient Indian authors who can write quality social science contents.
(B) The amount of content included in social science curriculum is more than what students can cope up.
(C) School textbooks in general and social science textbooks in particular are non-comprehensible.
(D) Teaching social science lack scientific rigour as one can find in natural and physical sciences.
(1) Only (A), (B) and (C)
(2) Only (B), (C) and (D)
(3) Only (A), (B) and (D)
(4) Only (A), (C) and (D)

निम्नलिखित में से किन को भारत के विद्यालयों में सामाजिक विज्ञान शिक्षा के शिक्षण में सामान्यत: चुनौतियों के रूप में माना जाता है?

(A) यहाँ पर पर्याप्त भारतीय लेखक नहीं हैं जो कि गुणवत्ता वाली सामाजिक विज्ञान की विषय-वस्तुएँ लिख सकें।
(B) जितनी विषय-वस्तुओं को विद्यार्थी सम्हाल सकते हैं उससे अधिक विषय-वस्तुएँ सामाजिक विज्ञान पाठ्यचर्या में सम्मिलित हैं।
(C) समान्य तौर पर विद्यालय की पाठ्यपुस्तकें और विशेष रूप से सामाजिक विज्ञान की पाठ्यपुस्तकें बोधगम्य नहीं हैं।
(D) जैसी वैज्ञानिक दृढ़ता प्राकृतिक एवं भौतिक विज्ञान में पाई जाती है वैसी सामाजिक विज्ञान के शिक्षण में नहीं होती है।

(1) केवल (A), (B) और (C)
(2) 3 केवल (B), (C) और (D)
(3) केवल (A), (B) औरं (D)
(4) केवल (A), (C) और (D)

Ans : (2)

भारतीय स्कूलों में सामाजिक विज्ञान शिक्षा पढ़ाने में चुनौतियों में सामग्री की अधिकता, समझ में न आने वाली पाठ्यपुस्तकें और प्राकृतिक और भौतिक विज्ञान की तुलना में वैज्ञानिक कठोरता की कमी शामिल है।

246. Which of the following will not be considered as a primary source in the context of social sciences?

(1) Letters written to friends
(2) Personal diary entries
(3) A book review published in a journal
(4) A handwritten record of the finances of an individual

निम्नलिखित में से किसको सामाजिक विज्ञान के संदर्भ में प्राथमिक स्रोत के रूप में नहीं माना जाएगा ?

(1) मित्रों को लिखे पत्रों को
(2) निजी डायरी की प्रविष्टियों को
(3) जर्नल में प्रकाशित एक पुस्तक की समीक्षा
(4) एक व्यक्ति की हस्तलिखित अर्थप्रबंधों के विवरण

Ans : (3)

एक प्राथमिक स्रोत प्रत्यक्ष साक्ष्य प्रदान करता है, जैसे पत्र या डायरी प्रविष्टियाँ, जबकि किसी जर्नल में पुस्तक समीक्षा एक द्वितीयक स्रोत है क्योंकि यह प्राथमिक स्रोतों का विश्लेषण या व्याख्या करता है।

247. If a student is involved in understanding a government scheme, which of the following better describes the development of critical thinking abilities in her or him?

(1) Reproduce the scheme whose details available in government reports
(2) Describe mainly the benefits and positive dimensions of the scheme
(3) Describe only those aspects which were showing government in poor light
(4) Use different evidence to draw rational conclusions on the scheme

अगर एक छात्र/छात्रा सरकारी योजना समझने में शामिल हैं, निम्नलिखित में से कौन सा उसके आलोचनात्मक क्षमता के विकास को दर्शाता है ?

(1) सरकारी रिपोर्टों में उपलब्ध योजना के विवरणों को जस के तस उतार देना।
(2) योजना के मुख्यतः लाभों और सकारात्मक आयामों का वर्णन करना।
(3) केवल उन आयामों का वर्णन करना जो सरकार को खराब दिखाते हैं।
(4) अलग-अलग साक्ष्यों का उपयोग कर योजना पर विवेकपूर्ण निष्कर्ष निकालना।

Ans : (4)

योजना पर तर्कसंगत निष्कर्ष निकालने के लिए विभिन्न साक्ष्यों का उपयोग, जो आलोचनात्मक सोच क्षमताओं के विकास का सबसे अच्छा वर्णन करता है। इस दृष्टिकोण में कई दृष्टिकोणों से योजना का मूल्यांकन करना और साक्ष्य के आधार पर सूचित निर्णय लेना शामिल है।

248. Which of the following questions provide opportunities to students to develop application aspect of cognition?

(A) What were the duties of the mansabdars?
(B) Who were the major dynasties of South India?
(C) Why buffer stock is created by the government
(D) List public goods available in your area.

(1) Only (A) and (B)
(2) Only (B)
(3) Only (C) and (D)
(4) Only (D)

निम्नलिखित में से कौन से प्रश्न विद्यार्थियों को संज्ञान के अनुप्रयोग पहलू को विकसित करने के अवसर प्रदान करते हैं?

(A) मनसबदारों के कर्त्तव्य क्या थे?
(B) दक्षिणी भारत के मुख्य राजवंश कौन थे?
(C) सरकार द्वारा बफर स्टॉक क्यों बनाया जाता है?
(D) अपने क्षेत्र में उपलब्ध सर्वसाधारण वस्तुओं की सूची बनाइये।

(1) केवल (A) और (B)
(2) केवल (B)
(3) केवल (C) और (D)
(4) केवल (D)

Ans : (4)

अपने क्षेत्र में सार्वजनिक वस्तुओं को सूचीबद्ध करने के बारे में प्रश्न छात्रों को अपने ज्ञान को वास्तविक दुनिया के संदर्भ में लागू करने में मदद करता है, जिससे उनके संज्ञानात्मक अनुप्रयोग कौशल में वृद्धि होती है।

249. Which of the following questions assess the procedural understanding of students?

(A) How we file a case in a Consumer Forum?

(B) Mention three ways in which Koya tribe are dependent upon the forests around them.

(C) Name four districts of Rajasthan which are sharing boundary with Pakistan.

(D) Think about and describe the ways to restore groundwater in your area.

(1) (A), (B) and (C)
(2) (A), (B) and D
(3) (C) and (D)
(4) (A) and (D)

निम्नलिखित में से कौन से प्रश्न विद्यार्थियों की प्रक्रियागत समझ का आंकलन करते हैं?

(A) उपभोक्ता फोरम में कोई केस कैसे दाखिल करते हैं ?

(B) ऐसे तीन मार्गों का उल्लेख कीजिए जिसमें कोया जनजाति अपने आसपास के वनों पर निर्भर हैं।

(C) राजस्थान के चार जिलों के नाम लिखिए जो अपनी सीमाएँ पाकिस्तान के साथ साझा कर रहे हैं।

(D) अपने क्षेत्र में भौम जल को पुनरूद्धार के संदर्भ में विचार कीजिए और उन विधियों का उल्लेख कीजिए।

(1) (A), (B) और (C)
(2) (A), (B) और (D)
(3) (C) और (D)
(4) (A) और (D)

Ans : (4)

हम उपभोक्ता फोरम में मामला कैसे दर्ज करते हैं? इसमें शामिल चरणों और प्रक्रिया के बारे में पूछकर प्रक्रियात्मक समझ का आकलन करता है। जबकि, अपने क्षेत्र में भूजल को बहाल करने के तरीकों के बारे में सोचें और उनका वर्णन करें। किसी समस्या के समाधान के लिए प्रक्रियाओं को समझना और लागू करना शामिल है।

250. "Why do the animals, vegetation and the way people live vary from place to place?" Find out and explain with some examples". This question attempts to assess student's ability to:

(1) Compare experiences
(2) Extrapolate from situations
(3) Provide contrast responses
(4) Apply concepts to different contexts

"विभिन्न स्थानों पर पाए जाने वाले जीव-जंतु, वनस्पति एवं लोगों के रहन-सहन के तरीके इतने भिन्न क्यों है?" कुछ उदाहरण से ज्ञात करें और व्याख्या करें। यह प्रश्न छात्रों की _______ योग्यता का मूल्यांकन करता है।

(1) अनुभवों की तुलना करना
(2) परिस्थितियों से पता लगाना
(3) विषम जवाब उपलब्ध कराना
(4) विभिन्न संदर्भों में अवधारणाएँ लागू करना

Ans : (4)

प्रश्न छात्रों से यह समझाने के लिए कहता है कि जानवरों, वनस्पतियों और जीवन शैली में भिन्नताएं एक स्थान से दूसरे स्थान पर क्यों होती हैं, जिससे उन्हें पर्यावरण और सांस्कृतिक कारकों की अवधारणाओं को विभिन्न संदर्भों और उदाहरणों पर लागू करने की आवश्यकता होती है।

251. To strengthen the concept of markets and their functions, a teacher has three topics in her unit plan.

(A) Markets and value addition.

(B) Neighbourhood markets

(C) Chain of markets

Which of the following sequence of teaching is most suitable?

(1) (A), (B) and (C)
(2) (B), (C) and (A)
(3) (B), (A) and (C)
(4) (A), (C) and (B)

बाजारों और उनकी कार्य-विधियों की संकल्पना को सुदृढ़ करने के लिए, एक शिक्षक के पास उसकी इकाई योजना (युनिट प्लान) में तीन विषय हैं।

(A) बाजार और मूल्य वृद्धि (वैल्यू एडिशन)

(B) मोहल्ले के बाज़ार

(C) बाज़ारो की श्रृंखला

निम्नलिखित में से कौन सा शिक्षण का अनुक्रम अति उपयुक्त है?

(1) (A), (B) और (C)
(2) (B), (C) और (A)
(3) (B), (A) और (C)
(4) (A), (C) और (B)

Ans : (2)

बुनियादी बाजार अवधारणाओं को पेश करने के लिए यह क्रम पड़ोस के बाजारों से शुरू होता है, फिर बाजार के अंतर्संबंधों को दिखाने के लिए बाजारों की श्रृंखला की ओर बढ़ता है, और मूल्य कैसे जोड़ा जाता है यह समझाने के लिए बाजारों और मूल्यवर्धन के साथ समाप्त होता है। यह दृष्टिकोण छात्रों को अधिक जटिल विचारों की खोज करने से पहले एक नींव बनाने में मदद करता है।

252.________ plan contains all curricular and co-curricular activities in social science to be taken in the specified academic year.

(1) Weekly
(2) Daily
(3) Unit
(4) Annual

____योजना सामाजिक विज्ञान की सारी पाठ्यचर्यागत और पाठ्यसहगामी क्रियाकलापों का संकलन होती है जो कि उस विशिष्ट शैक्षिक वर्ष में संचालित किए जाते हैं।

(1) साप्ताहिक
(2) दैनिक
(3) इकाई
(4) वार्षिक

Ans : (4)

वह योजना जिसमें निर्दिष्ट शैक्षणिक वर्ष के लिए सामाजिक विज्ञान में सभी पाठ्यचर्या संबंधी और सह-शैक्षिक गतिविधियाँ शामिल हैं, वार्षिक है।

253.Consider the following statements and choose the correct option:

While teaching gender roles, a teacher should _____.

(A) Sagest different professions for boys and girls

(B) Offer different education for boys and girls

(C) Challenge stereotypes in everyday life.

(1) Only (A) and (B)
(2) Only (B)
(3) Only (A)
(4) Only (C)

निम्नलिखित कथनों पर विचार करे और सही विकल्प का चयन करें।

जेंडर (लैंगिक) भूमिकाओं को सिखाते समय, एक शिक्षक को_______।

(A) लड़के और लड़कियों को अलग व्यवसाय को अपनाने का सुझाव देना चाहिये।

(B) लड़के-लड़कियों की अलग-अलग शिक्षा देनी चाहिये।

(C) दैनिक जीवन में जेंडर (लैंगिक) रूढ़ियों को चुनौती देनी चाहिए।

(1) केवल (A) और (B)
(2) केवल (B)
(3) केवल (A)
(4) केवल (C)

Ans : (4)

लैंगिक भूमिकाएँ सिखाते समय, एक शिक्षक को समानता को बढ़ावा देने और पारंपरिक लैंगिक पूर्वाग्रहों को मजबूत करने से बचने के लिए रोजमर्रा की रूढ़ियों को चुनौती देनी चाहिए। लिंग के आधार पर अलग-अलग पेशे या शिक्षा का सुझाव देना केवल रूढ़िवादिता को मजबूत करता है।